Jürgen Rosenstock

Microsoft Project 2016
Das umfassende Handbuch

Liebe Leserin, lieber Leser,

profitieren Sie von IT-gestütztem Projektmanagement mit Microsoft Project 2016! Alle Projektbeteiligten, vom Administrator über Projektleiter, Projektmitarbeiter, Ressourcenmanager bis hin zu Führungskräften, finden hier alle für Sie wichtigen Informationen. So kann sich jeder effektiv in seine Aufgaben einarbeiten und Schritt für Schritt die erforderlichen Kernprozesse und Funktionen planen, so dass Ihre Projektmanagement-Lösung erfolgreich implementiert werden kann. Eine Besonderheit des Buchs ist sicherlich, das es Ihnen ebenfalls zeigt, wie Sie auch umfangreiche und anspruchsvolle Lösungen mit Project Server oder Project Online umsetzen können.

Die Arbeit an einem solch umfassenden Handbuch, das die Kompetenzen und Erfahrung vieler Autoren in sich vereint, ist naturgemäß ebenfalls ein ehrgeiziges Projekt für sich. Besonders dankbar bin ich, dass es Jürgen Rosenstock geschafft hat, mit seinem hochmotiviertem Team, so viel Know-how in der dritten Auflage seines Buches zu versammeln. Sie werden von dieser Erfahrung profitieren!

Dieses Buch wurde mit großer Sorgfalt lektoriert und produziert. Sollten Sie dennoch Fehler finden oder inhaltliche Anregungen haben, scheuen Sie sich nicht, mit uns Kontakt aufzunehmen. Ihre Fragen und Änderungswünsche sind uns jederzeit willkommen.

Viel Vergnügen beim Lesen!

Wir freuen uns auf den Dialog mit Ihnen.

Ihr Stephan Mattescheck
Lektorat Rheinwerk Computing

stephan.mattescheck@rheinwerk-verlag.de
www.rheinwerk-verlag.de
Rheinwerk Verlag · Rheinwerkallee 4 · 53227 Bonn

Auf einen Blick

TEIL I   Allgemeine Einführung

1	Einführung	25
2	Project, Project Server und Project Online: Übersicht und Positionierung	49
3	Implementierung aus strategischer Sicht	63

TEIL II   Arbeiten mit Microsoft Project

4	Erste Einführung in Project	89
5	Terminplanung	103
6	Ressourcen- und Kostenmanagement	145
7	Projektüberwachung	185
8	Multiprojektmanagement	215
9	Drucken und Optionen	225

TEIL III   Arbeiten mit Project Server

10	Einführung	267
11	Terminplanung mit Microsoft Project Server	279
12	Ressourcen- und Kostenmanagement mit Microsoft Project Server	319
13	Projektüberwachung mit Microsoft Project Server	361
14	Projektwebsites	397
15	Anforderungsmanagement	413
16	Portfoliomanagement	431
17	Berichtswesen	481

TEIL IV   Microsoft-Project-Server-Implementierung

18	Einführung	539
19	Online vs. on premises – Implementierungsszenarien	543
20	Konfiguration von Project Server 2016/Project Online	549
21	Bereitstellung Microsoft Project Server on premises	669
22	Bereitstellung Microsoft Project Online	723

Impressum

Wir hoffen, dass Sie Freude an diesem Buch haben und sich Ihre Erwartungen erfüllen. Bitte teilen Sie uns doch Ihre Meinung mit. Eine E-Mail mit Ihrem Lob oder Tadel senden Sie direkt an den Lektor des Buches: *stephan.mattescheck@rheinwerk-verlag.de*. Im Falle einer Reklamation steht Ihnen gerne unser Leserservice zur Verfügung: *service@rheinwerk-verlag.de*. Informationen über Rezensions- und Schulungsexemplare erhalten Sie von: *sebastian.mack@rheinwerk-verlag.de*.

Informationen zum Verlag und weitere Kontaktmöglichkeiten finden Sie auf unserer Verlagswebsite *www.rheinwerk-verlag.de*. Dort können Sie sich auch umfassend und aus erster Hand über unser aktuelles Verlagsprogramm informieren und alle unsere Bücher versandkostenfrei bestellen.

An diesem Buch haben viele mitgewirkt, insbesondere:

Lektorat Stephan Mattescheck, Erik Lipperts
Korrektorat Marita Böhm
Herstellung Jessica Boyken
Typografie und Layout Vera Brauner
Einbandgestaltung Barbara Thoben, Köln
Titelbild Fotolia: 73010716 © Frank Rohde; Shutterstock: 154551131 © Pressmaster
Satz SatzPro, Krefeld
Druck und Bindung Beltz Bad Langensalza GmbH, Bad Langensalza

Dieses Buch wurde gesetzt aus der TheAntiquaB (9,35/13,7 pt) in FrameMaker. Gedruckt wurde es auf chlorfrei gebleichtem Offsetpapier (90 g/m^2).

Bibliografische Information der Deutschen Nationalbibliothek
Die Deutsche Nationalbibliothek verzeichnet diese Publikation in der Deutschen Nationalbibliografie; detaillierte bibliografische Daten sind im Internet über *http://dnb.d-nb.de* abrufbar.

ISBN 978-3-8362-4111-3
© Rheinwerk Verlag GmbH, Bonn 2016
3., aktualisierte und erweiterte Auflage 2016

Das vorliegende Werk ist in all seinen Teilen urheberrechtlich geschützt. Alle Rechte vorbehalten, insbesondere das Recht der Übersetzung, des Vortrags, der Reproduktion, der Vervielfältigung auf fotomechanischem oder anderen Wegen und der Speicherung in elektronischen Medien.

Ungeachtet der Sorgfalt, die auf die Erstellung von Text, Abbildungen und Programmen verwendet wurde, können weder Verlag noch Autor, Herausgeber oder Übersetzer für mögliche Fehler und deren Folgen eine juristische Verantwortung oder irgendeine Haftung übernehmen.

Die in diesem Werk wiedergegebenen Gebrauchsnamen, Handelsnamen, Warenbezeichnungen usw. können auch ohne besondere Kennzeichnung Marken sein und als solche den gesetzlichen Bestimmungen unterliegen.

Inhalt

Geleitwort 19
Vorwort 21

TEIL I Allgemeine Einführung

1 Einführung   25

1.1	Ausgangslage und Entstehung dieses Buches	27
1.2	Das Autorenteam	29
1.3	Project – ein paar Worte zur Produktbezeichnung	32
1.4	Zielgruppe für dieses Buch	32
1.5	Eckpunkte der neuen Version und Struktur des Buches	34
	1.5.1 Allgemeiner Funktionsüberblick	35
	1.5.2 Struktur des Buches	37
1.6	Das Unternehmensbeispiel für das Buch	38
1.7	Geschichtlicher Abriss Microsoft Project	43
1.8	Philosophie und Erklärungsansatz des Autorenteams	46
1.9	Legende	47

2 Project, Project Server und Project Online: Übersicht und Positionierung   49

2.1	Ausgangslage im Projektmanagement	49
2.2	Betriebliche Ausgangslage und Anforderungen	51
2.3	Microsoft PPM, Komponenten	52
2.4	Das Project-Lizenzmodell	54
2.5	Idee und Positionierung von Microsoft Project und Project Online	57
2.6	Neue Funktionen in Microsoft Project Server 2016	61
	2.6.1 Neu in Project 2016	61
	2.6.2 Neu in Microsoft Project Server 2016	61

3 Implementierung aus strategischer Sicht — 63

3.1	Die Vision	64
3.2	Schritte zur Entwicklung einer Roadmap	66
3.3	Ist-Aufnahme und Potenziale	67
3.4	Strategische Ziele (für den Werkzeugeinsatz) formulieren	70
3.5	Benötigte Prozesse und Systeme festlegen	72
3.6	Organisatorische Strukturen festlegen	76
3.7	Ablauf und Zeitschiene festlegen	79
3.8	Vorgehensmodell für die Einführung von Projektmanagement-Werkzeugen	82
3.9	Risiken der Implementierung von Microsoft Project Server oder Microsoft Project Online	84

TEIL II Arbeiten mit Microsoft Project

4 Erste Einführung in Project — 89

4.1	Struktur und Aufbau	91
4.2	Die ersten Schritte	92
	4.2.1 Die Oberfläche von Microsoft Project Standard 2016	92
	4.2.2 Grundlagen zum Arbeiten mit Microsoft Project	94
	4.2.3 Das erste Projekt	99

5 Terminplanung — 103

5.1	Ein neues Projekt anlegen	104
5.2	Dauer/Anfang/Ende	107
	5.2.1 Dauer	107
	5.2.2 Anfang	108
	5.2.3 Ende	108
5.3	Vorgangsmodus manuell und automatisch	109
	5.3.1 Manuelle Planung – Funktionsweise	110
	5.3.2 Automatische Planung	111

5.4	**Meilensteine**	111
5.5	**Stichtage festlegen**	113
5.6	**Vorgänge löschen, kopieren, verschieben**	114
	5.6.1 Vorgänge löschen	114
	5.6.2 Vorgänge kopieren und einfügen	115
	5.6.3 Vorgänge verschieben	116
5.7	**Gliedern und Strukturieren von Projekten**	117
	5.7.1 Anlegen von Projektsammelvorgang und Gliederungsnummern anzeigen	118
	5.7.2 Vorgänge gliedern	118
	5.7.3 Arbeiten mit Sammelvorgängen bei manueller Planung	119
5.8	**Vorgangsverknüpfungen**	119
	5.8.1 Begrifflichkeiten	120
	5.8.2 Verknüpfen von Vorgängen per Maus	121
	5.8.3 Verknüpfen per Vorgängerspalte	122
	5.8.4 Verknüpfen per Schaltfläche oder Tastenkombination	123
	5.8.5 Verknüpfung per Dialogbox	124
	5.8.6 Verknüpfungen aufheben	125
	5.8.7 Verknüpfungen bearbeiten	125
	5.8.8 Gedanken zum Thema Verknüpfungen	126
5.9	**Puffer und kritischer Pfad**	126
	5.9.1 Puffer	126
	5.9.2 Kritischer Pfad	128
5.10	**Anzeigen des Vorgangspfades**	130
5.11	**Die Zeitachse**	130
	5.11.1 Auswahl von Vorgängen zur Zeitachse	131
	5.11.2 Formatieren der Zeitachse	132
	5.11.3 Hinzufügen von weiteren Zeitachsen	132
	5.11.4 Export von Zeitachsen	133
5.12	**Arbeiten mit Einschränkungsarten**	133
	5.12.1 Projektplanung ohne Einschränkungen	135
	5.12.2 Vorgänge mit Einschränkungen versehen	136
	5.12.3 Einschränkungsarten und der Planungs-Assistent	138
5.13	**Vorgänge unterbrechen**	139
5.14	**Periodische Vorgänge**	140
5.15	**Speichern des Projektplans**	142
	5.15.1 Speichern unter	142
	5.15.2 Speicherformate	143

6 Ressourcen- und Kostenmanagement — 145

6.1 Arbeiten mit Ressourcen (Einführung) — 146
- 6.1.1 Ressourcenarten — 146
- 6.1.2 Ressourcen anlegen — 148
- 6.1.3 Anwesenheitsstatus mit Skype for Business (vormals Lync) anzeigen — 151
- 6.1.4 Kalender — 151
- 6.1.5 Dauer und Arbeit — 156
- 6.1.6 Verhältnis Arbeit, Dauer und Einheit — 157
- 6.1.7 Ressourcen Vorgängen zuordnen — 162
- 6.1.8 Verfügbarkeit und Auslastung — 166
- 6.1.9 Ressourcenüberlastungen beseitigen — 169
- 6.1.10 Auswirkungen von Änderungen der Ressourceneinheiten — 176

6.2 Kostenmanagement — 178
- 6.2.1 Kostenarten in Microsoft Project — 178
- 6.2.2 Kostenkontrolle — 179
- 6.2.3 Budgetplanung — 182

7 Projektüberwachung — 185

7.1 Fortschrittserfassung — 186
- 7.1.1 Grafische Fortschrittserfassung im Gantt-Diagramm — 187
- 7.1.2 Fortschrittserfassung tabellarisch mit Werten — 188
- 7.1.3 Erfassung von aktuellen Werten in Zeitphasen — 190
- 7.1.4 Automatische Fortschrittserfassung — 192

7.2 Projektplanüberwachung — 193
- 7.2.1 Arbeiten mit dem Basisplan — 194
- 7.2.2 Arbeiten mit Fortschrittslinien — 199
- 7.2.3 Projekte vergleichen — 201

7.3 Earned Value Analysis (Leistungswertanalyse) — 203

7.4 Reporting — 208
- 7.4.1 Berichtsfunktionen in Microsoft Project — 208
- 7.4.2 Grafische Berichte — 212

8 Multiprojektmanagement — 215

8.1	Arbeitsweise des Multiprojektmanagements in Project	216
8.2	Übergreifende Vorgänge in Multiprojekten	220
8.3	Verknüpfungen zwischen Projekten	220
8.4	Einfügen von externen Vorgängen	223

9 Drucken und Optionen — 225

9.1	Drucken	225
9.2	Darstellung und Anpassung von Ansichten	230
	9.2.1 Aufruf und Bedienung von Ansichten	230
	9.2.2 Gantt-Diagramme	231
	9.2.3 Netzplandiagramm	233
	9.2.4 Kalender	235
	9.2.5 Masken	235
	9.2.6 Ressourcensichten	237
	9.2.7 Tabellen	237
	9.2.8 Erweiterte Formatierungen	239
	9.2.9 Arbeiten mit eigenen Feldern und Formeln	242
9.3	Optionen und Tastaturbedienung	245
	9.3.1 Optionen	245
	9.3.2 Tastenkombinationen	261

TEIL III Arbeiten mit Project Server

10 Einführung — 267

10.1	Struktur und Aufbau von Teil 3	268
10.2	Microsoft PPM – die Komponenten	269
	10.2.1 Microsoft Project Server	270
	10.2.2 Microsoft Project Professional	270
	10.2.3 Microsoft Project Web App	271
	10.2.4 Architekturänderungen	274
	10.2.5 App Store	274

	10.2.6	Microsoft Project Server in der Cloud	275
	10.2.7	Rollenorganisation für Microsoft Project Server	275
10.3	**Erste Schritte mit Project Server**		**275**
	10.3.1	Anmeldung in Project Professional	276
	10.3.2	Anmeldung in Project Web App	278
	10.3.3	Enterprise-Projekte	278

11   Terminplanung mit Microsoft Project Server   279

11.1	**Project Center**		**279**
	11.1.1	Menüband verwenden	280
	11.1.2	Mit Project-Center-Ansichten arbeiten	281
11.2	**Neues Projekt anlegen**		**284**
	11.2.1	Anlegen eines neuen Projekts über die Microsoft Project Web App	284
	11.2.2	Anlegen eines neuen Projekts mit Microsoft Project	285
	11.2.3	Neue Projektplanvorlagen anlegen	288
	11.2.4	Migration eines lokalen Projekts	289
11.3	**Vorhandenes Projekt öffnen und bearbeiten**		**291**
	11.3.1	Öffnen eines Projekts in der Microsoft Project Web App	292
	11.3.2	Öffnen eines Projekts in Microsoft Project	297
11.4	**Speichern und Veröffentlichen**		**299**
11.5	**Ein- und Auschecken**		**300**
	11.5.1	Auschecken	301
	11.5.2	Einchecken	302
11.6	**Projektberechtigungen**		**303**
11.7	**Mit inaktiven Vorgängen arbeiten**		**304**
11.8	**Multiprojektmanagement**		**306**
	11.8.1	Projekte in Teilprojekte unterteilen	306
	11.8.2	Lieferumfänge (Deliverables)	307
11.9	**Spezielle Anwendungsfälle**		**310**
	11.9.1	Einchecken erzwingen	310
	11.9.2	Offline arbeiten	311
	11.9.3	Cache verwalten	313
	11.9.4	Eigene Warteschlangenaufträge verwalten	314

11.10 Unterschiede der Bearbeitung des Projektplans mit der Microsoft
Project Web App und mit Project Professional 315
    11.10.1 Vor- und Nachteile von Microsoft Project Professional und
Microsoft Project Web App bei der Bearbeitung des Projektplans 315
    11.10.2 Funktionalitäten-Einschränkungen 316
    11.10.3 Zusammenfassung 318

12 Ressourcen- und Kostenmanagement mit Microsoft Project Server 319

12.1 Projektübergreifendes Ressourcenmanagement 319
    12.1.1 Enterprise-Ressourcenpool 319
    12.1.2 Ressourcenpool bearbeiten 323
    12.1.3 Ressourcenverfügbarkeit 329
    12.1.4 Ressourcenzuordnungen 339

12.2 Ressourcen- und Kostenplanung 342
    12.2.1 Projektteam zusammenstellen 342
    12.2.2 Buchungstyp 347
    12.2.3 Mit Ressourcenanforderungen arbeiten 347
    12.2.4 Ressourcen Vorgängen zuordnen 352
    12.2.5 Mit dem Teamplaner arbeiten 354
    12.2.6 Mit Überlastungen umgehen 355
    12.2.7 Kostenmanagement 358

13 Projektüberwachung mit Microsoft Project Server 361

13.1 Fortschrittsrückmeldung 362
    13.1.1 Vorgänge anzeigen 362
    13.1.2 Vorgänge aktualisieren 364
    13.1.3 Vorgangsänderungen genehmigen/ablehnen 366
    13.1.4 Aktualisierung des Projektplans 368
    13.1.5 Ist-Werte im Projektplan schützen 369
    13.1.6 Automatische Genehmigung 370
    13.1.7 Genehmigte und abgelehnte Statusaktualisierungen überprüfen 371
    13.1.8 Vorgänge zur Rückmeldung sperren 372

13.2 Weitere Vorgangsinformationen zurückmelden 373
    13.2.1 Vorgang entfernen 373
    13.2.2 Vorgang neu zuordnen 374
    13.2.3 Vorgang erstellen 375
    13.2.4 Sich selbst einem Projektvorgang zuordnen 376
    13.2.5 Teamvorgänge hinzufügen 376

13.3 Arbeitszeittabellen im einfachen Eingabemodus 377
    13.3.1 Arbeitszeittabelle anzeigen 378
    13.3.2 Arbeitszeittabelle aktualisieren 379
    13.3.3 Arbeitszeittabelle übermitteln 383
    13.3.4 Projektarbeit genehmigen/ablehnen 384
    13.3.5 Arbeitszeittabelle genehmigen 384
    13.3.6 Administrative Zeit planen 386
    13.3.7 Urlaub planen 386
    13.3.8 Arbeitszeittabelle verwalten 388

13.4 Arbeitszeittabellen ohne einfachen Eingabemodus 390
    13.4.1 Arbeitszeittabelle bearbeiten 390
    13.4.2 Zeitrückmeldung auf oberster Ebene 391
    13.4.3 Arbeitszeittabelle genehmigen 391

13.5 Stellvertretungsfunktion 392
    13.5.1 Stellvertretungen verwalten 392
    13.5.2 Als Stellvertretung agieren 393

13.6 Status-Manager und Zuordnungsbesitzer 394
    13.6.1 Status-Manager 394
    13.6.2 Zuordnungsbesitzer 395

14 Projektwebsites   397

14.1 Projektwebsite erstellen 397

14.2 Mit der Projektwebsite arbeiten 398
    14.2.1 Dokumente 400
    14.2.2 Risiken und Probleme 401
    14.2.3 Lieferumfänge 403
    14.2.4 Listenelemente mit anderen Elementen verknüpfen 404

14.3 Projektwebsite verwalten 405
    14.3.1 Neue Listen und Dokumentbibliotheken erstellen 405
    14.3.2 Metadaten verwalten 406

14.3.3	Ansichten verwalten	408
14.3.4	Versionierung einstellen	409
14.3.5	Papierkorb	411
14.3.6	Berechtigungen vergeben	411

15   Anforderungsmanagement   413

15.1   Projektlebenszyklus   413

15.2   Was ist Anforderungsmanagement?   414

15.3   Beispielprozess für das Anforderungsmanagement   415
- 15.3.1   Ideensammlung   417
- 15.3.2   Initiierung   419
- 15.3.3   Planung   425

15.4   Übersicht über die Konfigurationsmöglichkeiten   426
- 15.4.1   Grundkonzepte   426
- 15.4.2   Konzeption von Workflows   429

16   Portfoliomanagement   431

16.1   Grundkonzepte des Portfoliomanagements   431
- 16.1.1   Strategische Unternehmensführung   433
- 16.1.2   Eine Strategie in Geschäftsziele umwandeln   434
- 16.1.3   Das Portfolio steuern   435

16.2   Portfoliomanagement in Project Server   438

16.3   Definition der Unternehmensstrategie   440
- 16.3.1   Geschäftsziele anlegen   441
- 16.3.2   Geschäftsziele priorisieren   444

16.4   Projektbewertung und Auswahl   446
- 16.4.1   Kostenanalyse   447
- 16.4.2   Ressourcenanalyse   461
- 16.4.3   Mit Projektabhängigkeiten arbeiten   473
- 16.4.4   Optimierungsalgorithmen   475
- 16.4.5   Portfolioanalyse und Berichtswesen   479

17 Berichtswesen — 481

17.1 Reporting im Kontext Projektmanagement — 482
- 17.1.1 Zweck von Projektberichten — 482
- 17.1.2 Berichtsempfänger — 483
- 17.1.3 Klassische Berichte — 485

17.2 Technologie-Überblick — 487
- 17.2.1 Die Komponenten — 487
- 17.2.2 Einfluss des Nutzungsmodells — 490

17.3 Datenquellen — 492
- 17.3.1 SharePoint-Server-Datenbank — 493
- 17.3.2 Analysis Services Cubes (OLAP) — 499
- 17.3.3 SharePoint-Inhalte — 504
- 17.3.4 Zugriff über OData — 506

17.4 Excel und Excel Online — 508
- 17.4.1 Überblick — 509
- 17.4.2 Praxisbeispiel: OLAP-Cubes — 511
- 17.4.3 Praxisbeispiel: OData — 515

17.5 SQL Server Reporting Services — 516
- 17.5.1 Überblick — 517
- 17.5.2 Praxisbeispiel: Einfache Projektliste — 518

17.6 Power BI — 524
- 17.6.1 Überblick — 524
- 17.6.2 Praxisbeispiel: Power BI Desktop mit Project Online verbinden — 526
- 17.6.3 Praxisbeispiel: Power BI Content Pack für Project Online — 527

17.7 Sonstige Hinweise — 529
- 17.7.1 Office 365 Project Portfolio Dashboard — 529
- 17.7.2 Entscheidungshilfen — 531
- 17.7.3 Der Berichtssteckbrief — 533

TEIL IV Microsoft-Project-Server-Implementierung

18 Einführung — 539

18.1 Struktur und Aufbau von Teil 4 — 540

19 Online vs. on premises – Implementierungsszenarien 543

20 Konfiguration von Project Server 2016/ Project Online 549

20.1 Sicherheit 551
- 20.1.1 Vergleich der Features für Sicherheitsmodi in Project Server 552
- 20.1.2 Sicherheit (SharePoint-Berechtigungsmodus) 555
- 20.1.3 Sicherheit (Projektberechtigungsmodus) 557
- 20.1.4 Benutzer verwalten (Projektberechtigungsmodus) 560
- 20.1.5 Gruppen verwalten (Projektberechtigungsmodus) 562
- 20.1.6 Kategorien verwalten (Projektberechtigungsmodus) 570
- 20.1.7 Sicherheitsvorlagen verwalten (Projektberechtigungsmodus) 576
- 20.1.8 Benutzersynchronisierungseinstellungen verwalten (Projektberechtigungsmodus) 577
- 20.1.9 Stellvertretungen verwalten (Projektberechtigungsmodus) 578

20.2 Enterprise-Daten 581
- 20.2.1 Benutzerdefinierte Enterprise-Felder und -Nachschlagetabellen 581
- 20.2.2 Enterprise-Global 590
- 20.2.3 Enterprise-Kalender 595
- 20.2.4 Ressourcencenter 598

20.3 Warteschlangen- und Datenbankverwaltung 607
- 20.3.1 Warteschlangenaufträge verwalten 608
- 20.3.2 Warteschlangeneinstellungen 609
- 20.3.3 Enterprise-Objekte löschen 610
- 20.3.4 Einchecken von Enterprise-Objekten erzwingen 612
- 20.3.5 Tägliche Sicherung planen (nur in SharePoint-Zentraladministration) 613
- 20.3.6 Administrative Sicherung (nur in SharePoint-Zentraladministration) 614
- 20.3.7 Administrative Wiederherstellung (nur in SharePoint-Zentraladministration) 615
- 20.3.8 OLAP-Datenbankverwaltung (nur in SharePoint-Zentraladministration) 615

20.4 Aussehen und Verhalten 619
- 20.4.1 Ansichten verwalten 619

20.4.2	Gruppierungsformate	622
20.4.3	Balkendiagrammformate	622
20.4.4	Schnellstart	623

20.5 Zeit- und Vorgangsverwaltung 623

20.5.1	Geschäftszeiträume	624
20.5.2	Zeiträume für Zeitberichte	624
20.5.3	Linienklassifikationen	626
20.5.4	Einstellungen und Standardwerte in der Arbeitszeittabelle	627
20.5.5	Administrative Zeit	629
20.5.6	Vorgangseinstellungen und -anzeige	629
20.5.7	Arbeitszeittabellen verwalten	631
20.5.8	Arbeitszeittabellen-Manager	631
20.5.9	Zu aktualisierende Vorgänge schließen	631

20.6 Betriebsrichtlinien 632

20.6.1	Warnungen und Erinnerungen	632
20.6.2	Weitere Servereinstellungen	633
20.6.3	Serverseitige Ereignishandler	636
20.6.4	Synchronisierung des Active-Directory-Ressourcenpools	636
20.6.5	Verbundene SharePoint-Websites (nicht in SharePoint-Zentraladministration)	637
20.6.6	Einstellungen für die Bereitstellung der Projektwebsite (nur in SharePoint-Zentraladministration)	639
20.6.7	Massenaktualisierung von Projektwebsites	641

20.7 Workflow- und Projektdetailseiten 642

20.7.1	Enterprise-Projekttypen	643
20.7.2	Workflowphasen	646
20.7.3	Workflowstufen	646
20.7.4	Projektdetailseiten	648
20.7.5	Workflows ändern oder neu starten	652
20.7.6	Erstellen eines Project-Workflows mit SharePoint Designer	654
20.7.7	Projektworkfloweinstellungen (nur in SharePoint-Zentraladministration)	663

20.8 Persönliche Einstellungen 666

20.8.1	Meine Warnungen und Erinnerungen verwalten	666
20.8.2	Warnungen und Erinnerungen meiner Ressource verwalten	667
20.8.3	Meine Warteschlangenaufträge	667
20.8.4	Stellvertretungen verwalten (Projektberechtigungsmodus)	667
20.8.5	Als Stellvertretung agieren (Projektberechtigungsmodus)	668

21 Bereitstellung Microsoft Project Server on premises — 669

21.1 Planung — 669
- 21.1.1 Hardware-Voraussetzungen — 670
- 21.1.2 Software-Voraussetzungen — 670
- 21.1.3 Farmskalierung — 670

21.2 Vorbereitung der Installation — 671
- 21.2.1 Benötigte Software — 671
- 21.2.2 Benutzerkonten — 672
- 21.2.3 Installation der Systemvoraussetzungen — 672

21.3 SharePoint-Server-Installation — 675
- 21.3.1 Konfigurations-Assistent — 677
- 21.3.2 Konfiguration der Farm über die Zentraladministration — 681
- 21.3.3 Das Project-Server-Datenbankmodell — 691
- 21.3.4 Bereitstellung einer Infrastruktur für Apps — 693
- 21.3.5 Bereitstellung der Workflow-Infrastruktur — 702
- 21.3.6 OLAP-Cube — 709

21.4 Updates — 710

21.5 Datensicherung und -wiederherstellung — 711
- 21.5.1 Sicherung der Farm über Microsoft SharePoint — 711
- 21.5.2 Wiederherstellung der Farm — 715
- 21.5.3 SQL Server-Sicherung — 716

21.6 Aktualisierung von früheren Project-Server-Versionen — 720

22 Bereitstellung Microsoft Project Online — 723

22.1 Mit Project Online starten — 724
- 22.1.1 Erste Schritte — 724
- 22.1.2 Die Anmeldung für Project Online — 725
- 22.1.3 Einrichtung von Nutzern für Project Online — 728
- 22.1.4 Zugang zu Project Online und Installation des Project Desktop Clients — 729
- 22.1.5 Import von Daten nach Project Online — 730

Anhang 731

A Kategorieberechtigungen 731
B Globale Berechtigungen 741

Index 755

Geleitwort

Im Jahr 1990 erschien die erste Version der Projektmanagement-Software Microsoft Project für Windows mit der Versionsbezeichnung 1.0. Nun hat sich Project in den letzten 26 Jahren umfangreich weiterentwickelt. Im Jahr 2000 wandelte sich Project von einer reinen Stand-Alone-Lösung hin zu einem vernetzten Client-Server-Produkt, dem sogenannten Project Central Server. Im Jahr 2002 wurde daraus, unter Ergänzung vieler neuer Funktionen, der Microsoft Project Server. Im Jahr 2007 stellte Microsoft mit dem sogenannten Microsoft Office Project Portfolio Server ein zusätzliches Produkt als Ergänzung für den Project Server bereit, welches dann in Project Server 2010 vollständig integriert wurde. Mit dieser neuen Version war es möglich, nicht nur operatives Projekt- und Ressourcenmanagement zu realisieren, sondern auch ein organisationsübergreifendes Projektportfoliomanagement abzubilden. Und die damit einhergehenden neuen Funktionsbereiche bieten nun auch die Abbildung eines vollständigen Projektlebenszyklus an. So konnte nun eine Projektidee oder auch Projektanforderung in Project Server angelegt werden. Auf Basis einer Unternehmensstrategie, von Projektbudgets und Ressourcen ließen sich mit Project Server 2010 Bewertungen und Vorschläge für eine Projektauswahl abbilden. Damit aber nicht genug: Project Server bietet seit der Version 2010 auch Funktionen für die Prozessabbildung. Projektworkflows können hinterlegt werden, ein umfangreiches prozessbegleitendes Formularwesen ist möglich. Im Jahr 2012 ergab sich die nächste Neuerung: Mit Project Online wurde Project auch »Cloud ready« und spielt heute eine wichtige Rolle in der Microsoft »Cloud First und Mobile First Strategie«. Mit der Microsoft Cloud kann Project Server auch ohne Einsatz einer eigenen und komplexen Infrastruktur genutzt werden. Mit neuen Lizenzmodellen bieten sich interessante und erweiterte Möglichkeiten, Project flexibel in wachsenden und sich ändernden Projektorganisationen zu nutzen.

Seit dem 2. Quartal 2016 steht nun Project in der Version 2016 zur Verfügung. Und wieder wurde Project im Umfang und mit neuen Funktionen erweitert. Hier in diesem Geleitwort seien davon nur zwei Aspekte erwähnt:

- Project als Rich Client und der Web Client wurden in ihren Funktionen deutlich aufgewertet.
- Die Integration von Project Online in Office 365 ist deutlich erweitert und ergänzt den strukturierten Projektmanagement-Ansatz um wertvolle Komponenten der Zusammenarbeit und Kommunikation aus dem Spektrum des modernen Arbeitsplatzes.

Project ist somit in der Kombination der verschiedenen Funktionsbereiche eine flexible Lösung für das Projekt- und Portfoliomanagement in der Cloud, aber auch konventionell in der eigenen Infrastruktur. Das vorliegende Buch beschreibt ausführlich vieles von dem, was für den Einsatz, die Einführung und Administration von Project in allen seinen Programmvarianten wissenswert ist, und das auf fast 800 Seiten sehr anschaulich und praxisnah. Es ist sowohl für den Projektleiter als Anwender geschrieben als auch für Entscheider, Administratoren und Mitglieder des Projektmanagement-Office, welche sich mit der Einführung und Anwendung von Project in all seinen Programmvarianten beschäftigen.

Mein besonderer Dank gilt dem Autorenteam dieses Buches, das seit vielen Jahren eindrucksvoll seine Erfahrung in Beratung und Implementierung von Project, Project Server und nun auch Project Online unter Beweis stellt und in der Microsoft Project Partner Community eine wichtige Rolle einnimmt.

Die Story im Buch als roter Faden durch alle Facetten von Project und die wirklich umfassenden Inhalte machen dieses Buch zu einem lesenswerten Kompendium für alle, die sich intensiv, egal, in welcher Rolle und mit welchem Aufgabengebiet, mit Project beschäftigen.

Oliver Dittbrenner
Microsoft Deutschland GmbH
Community Team Lead Project & Portfolio Management
Enterprise Partner Group – Specialist Team Unit

Vorwort

Im Jahr 2009 hatte ich gemeinsam mit meinem Autorenteam das erste Buch über Project und Project Server 2010 geschrieben. Seinerzeit hatten wir uns nicht vorstellen können, ein Standardwerk zu erstellen, das es bis ins Jahr 2016 und zur aktuellen Project-Version 2016 schafft.

Vieles hat sich seither in Project und Project Server geändert. Neben vielen neuen Funktionen und Anwendungsbereichen steht Project seit der Version 2013 auch in einer Online-Variante bereit, die in der aktuellen Version weiterentwickelt wurde. Im Kontext mit Microsoft Office 365 ergeben sich viele zusätzliche Einsatzszenarien für das Projekt- und Portfoliomanagement auf Basis von Project. Die Beispielstory des Buches über die Version 2013 haben wir dieses Mal beibehalten. Zu gut ließen sich diverse Anwendungsszenarien damit abbilden. Für den Leser, der bereits mit dem Buch für Project 2013 gearbeitet hat, kann dies von Vorteil sein, da er in vielen Beispielen auf bestehenden Erfahrungen im Kontext mit der neuen Version aufbauen kann.

Wie auch in den vorherigen Auflagen handelt es sich bei diesem dritten Buch über Project um ein Gemeinschaftswerk mehrerer Autoren. Project als Werkzeug ist derart komplex und umfangreich, dass ich als einzelner Autor nur schwer alle Funktionen und Inhalte umfassend erläutern und beschreiben kann. Was liegt hier also näher, als ein Autorenteam zusammenzustellen, welches sich in den vorherigen Auflagen bewährt hat, dazu im Alltag als Kollegen eines Beratungsunternehmens mit Fokus auf Projektmanagement und der Einführung von Project Server erfolgreich als Team zusammenarbeitet und teilweise mehr als 20 Jahre Erfahrung mit Project vorweisen kann.

Kommen wir daher zur Danksagung und beginnen bei der Projektleitung für dieses Buch: Meine SOLVIN-Kolleginnen Livia Galeazzi und Anja Staab haben in diesem Buchprojekt hervorragende Arbeit bei der Planung, Koordination, aber auch Strukturierung des Buches und dessen Inhalte geleistet und dafür viele Wochenenden und Nächte investiert. Und dies war auch für dieses Buch wieder eine große Herausforderung. Schließlich mussten sieben Koautoren koordiniert und die verschiedenen Schreibstile abgestimmt werden. Schließlich soll sich alles wie aus einem Guss lesen lassen.

Meine Mitautoren wirkten bereits teilweise an der ersten und zweiten Auflage mit und haben einen großen Teil zu den umfänglichen Inhalten dieses Buches beigetragen. Hier gilt mein Dank für die Mitarbeit an dieser dritten Auflage: Meine SOLVIN-Kollegen Livia Galeazzi, Oliver Grote, Nadine Keßler, Christoph Mülder und Gerd Walter haben, trotz hohem Zeitdruck und beruflicher Belastungen unermüdlich und vor allem kreativ an diesem Buch mitgeschrieben. Ohne sie hätte dieses Buch nicht entstehen können. Ein weiterer Koautor darf nicht unerwähnt bleiben: Mein Kollege Daniel Hartwig hat einen wesentlichen Beitrag geleistet, dieses Buch, welches ja eigentlich »nur« ein Werkzeug für das Projekt- und Portfoliomanagement beschreibt, mit Aspekten der Projektmanagement-Methodik zu ergänzen.

Die Zeichnungen in diesem Buch stammen, wie auch in vorherigen Auflagen, von meinem guten Freund Gunnar Kleist. Mit viel Witz und Kreativität hat er die Story dieses Buches bebildert. Auch bei ihm möchte ich mich bedanken!

Vonseiten des Rheinwerk Verlags wurden wir wie auch bei der ersten und zweiten Auflage von Stephan Mattescheck professionell und kompetent unterstützt, sodass wir uns auch bei der dritten Auflage fast nur noch auf das eigentliche Schreiben konzentrieren konnten. Auch ihm gilt mein herzlicher Dank.

Am Ende dieser Danksagung erlaube ich mir nun noch, eine private Zeile zu ergänzen. Meine Familie hatte es bereits zum Zeitpunkt der zweiten Auflage vorhergesehen: Beginnt die Arbeit an der dritten Auflage, wird das gemeinsame Familienleben mal wieder eingeschränkt, da ich mich für Wochenenden und Nächte in mein Arbeitszimmer einschließe. Entsprechend war die Begeisterung nach der Ankündigung der dritten Auflage bei meiner kleinen Familie überschaubar. Trotzdem haben mir meine Frau Anke, mein Sohn Henri und meine Tochter Emma so gut wie möglich den Rücken freigehalten und mich bei anderen Dingen entlastet. So hatte ich die notwendige Ruhe zum Schreiben für dieses für Sie hoffentlich hilfreiche und lesenswerte Buch.

Hamburg,
Jürgen Rosenstock

TEIL I
Allgemeine Einführung

Kapitel 1
Einführung

In diesem Kapitel erfahren Sie einiges über die Entstehung dieses Buches und lernen die Autoren kennen. Im Weiteren wird ein erster Überblick über das Werkzeug Project in den Varianten »Stand-Alone«, Project Server und Project Online bereitgestellt. Und natürlich stellen wir Ihnen die Beispielstory für dieses Buch vor.

Wozu wird überhaupt ein Projektmanagement-Werkzeug benötigt? Schließlich basiert die Kunst der erfolgreichen Projektrealisierung nicht allein auf dem Erstellen von Balkendiagrammen am Rechner und dem kreativen Zuordnen von Projektressourcen zu Vorgängen.

Wenn man die großen Projekte aus der Vergangenheit betrachtet, von den Pyramiden bis zum Panamakanal, vom Petersdom bis zum Eiffelturm, dann stellt man fest, dass all diese Vorhaben tatsächlich ohne ein IT-gestütztes Projektwerkzeug, ja tatsächlich sogar ohne Microsoft Project erfolgreich umgesetzt wurden. Wie kann das sein? Wie war das möglich? Für einen Erklärungsversuch schauen wir uns zwei historische Projekte aus deutschen Landen an (siehe Abbildung 1.1):

Abbildung 1.1 Zwei historische Projekte auf einem Blick

- Der Kölner Dom mit einem Projektstart im Jahre 1248 wurde erfolgreich 1880 fertiggestellt, steht noch immer und wird hoffentlich noch lange stehen, auch wenn er durch die Kölner U-Bahn-Projekte Anfang 2013 ein wenig erschüttert wurde.
- Die Hohenzollernbrücke, erfolgreich in den Jahren 1907 bis 1911 errichtet, wäre noch heute im Einsatz, wäre sie nicht im Frühjahr 1945 arg ramponiert worden. Zumindest einige Pfeiler stehen weiterhin standhaft im Rhein, und zwei Original-Brückenteile sind noch in Duisburg-Ruhrort und in Hiltrup im Einsatz.

Beide Vorhaben konnten seinerzeit in einem deutlich großzügiger bemessenen Zeitrahmen realisiert werden. Beim Kölner Dom waren dies im Zeitraum des ersten Bauabschnitts immerhin ca. 300 Jahre. Bei der Hohenzollernbrücke dauerte der Bau immerhin noch ca. vier lange Jahre. In der Vergangenheit war der Begriff »Zeit« einfach großzügiger definiert als heute, und die Arbeitskräfte standen in großer Zahl und »kostengünstiger« zur Verfügung. Hinzu kam, dass viele Aufgaben lange nicht so arbeitsteilig definiert waren.

Erwähnenswert ist noch ein Projekt aus neuerer Zeit, welches auf dem Bild gerade über die alte Hohenzollernbrücke fährt: der ICE 3, ein Sinnbild moderner Eisenbahntechnik. Dieser hätte möglicherweise ohne eine DV-gestützte Projektmanagement-Software nicht entwickelt werden können, da die Anforderungen an Zeit, Qualität und Kosten deutlich anspruchsvoller kalkuliert und die Komponenten deutlich kleinteiliger sind. Hinzu kommt, dass eine erfolgreiche Projektdurchführung in Zeit und Budget auch unter Wettbewerbsaspekten nicht zu unterschätzen ist. Dauert das Projekt einfach zu lang und erhöht sich das Budget ungeplant, so kann sich das Projektergebnis später auch nur schwerlich am Markt behaupten. Daher ist heute nur schwer vorstellbar, dass Projekte ab einer gewissen Größenordnung ohne Einsatz eines IT-gestützten Planungswerkzeugs zum Erfolg geführt werden können.

Welche Funktionen muss ein Werkzeug entsprechend der heutigen Anforderungen bereitstellen? Die folgende Übersicht bietet, stark vereinfacht, eine kleine Auswahl von beispielhaften Anforderungen aus den operativen Projektphasen:

- Abbildung der für das Projekt relevanten Phasen des Projektlebenszyklus mit den dazugehörigen Daten und Informationen
- Darstellung aller Arbeitspakete, jeweils mit Abhängigkeit zu Vorgänger- und Nachfolgervorgängen
- Erfassung von Werten wie z. B. Dauer, Arbeitsaufwand, Kosten etc.
- grafische Darstellung des zeitlichen Ablaufs des Projekts
- Zuordnung von Mitarbeitern zu Arbeitspaketen und Berücksichtigung der Verfügbarkeit
- transparenter Informationsaustausch zwischen den beteiligten Personen, z. B. Projektleiter, Projektmitarbeiter und Auftraggeber etc.

- Bereitstellung von Berichten für das laufende und strategische Projektcontrolling
- Verwaltung aller projektbegleitenden Informationen und Dokumente

Können diese Anforderungen überhaupt mit Microsoft Project abgebildet werden, handelt es sich hierbei doch, umgangssprachlich ausgedrückt, um ein einfaches »Balkenschubserprogramm«?

Nun hat sich Microsoft Project im Laufe der letzten Jahre umfangreich weiterentwickelt, und der Funktionsumfang wächst von Version zu Version weiter. Und gerade durch den Einsatz von Project in einer Client-Server-Variante als Project Server oder über Project Online bieten sich diverse neue Anwendungsszenarien für eine komplexe Projektorganisation im Gesamtkontext eines wirklichen Projektportfoliomanagements. Im Gegensatz zu vielen Produkten von Drittanbietern lässt sich das Produkt aus dem Hause Microsoft umfangreich und sehr flexibel anpassen und erweitern. So sind Project und natürlich auch der Project Server oder Project Online nicht als Nischenprodukt, sondern als weitverbreitete Standardwerkzeuge im branchenübergreifenden Einsatz zu finden.

Das vorliegende Buch versucht nun, Ihnen als Leser einen möglichst umfangreichen Einblick in die Anwendung Microsoft Project als lokales Werkzeug und natürlich auch im vernetzten Einsatz in Anbindung an den Microsoft Project Server oder Project Online zu geben.

1.1 Ausgangslage und Entstehung dieses Buches

Circa im Jahr 2007 formulierte der Verlag Galileo Press, heute Rheinwerk Verlag, aus Bonn das Ziel, auch ein Buch über Microsoft Project und Microsoft Project Server zu veröffentlichen. Nur woher bekommt man den geeigneten Autor für solch komplexe Themen? Zeitgemäß startete die Suche u. a. über XING. Gefunden wurde der mögliche Autor Jürgen Rosenstock. Aufgrund der Umfänglichkeit von Project und Project Server wurde gleich am Anfang diskutiert, das Buch idealerweise von einem Autorenteam schreiben zu lassen. Dadurch ließen sich alle Themen rund um Project, u. a. die verschiedenen Anwendungsbereiche, die Implementierung und Administration, noch tiefer gehend beschreiben. Auch die dritte Auflage dieses Buches wurde von einem Autorenteam geschrieben.

Aber von Anfang an:

Jürgen Rosenstock beschäftigt sich seit Ende der 1980er-Jahre mit dem Thema Microsoft Project. Anfang der 1990er-Jahre als Freiberufler aktiv in Beratung und Schulungen rund um Microsoft Project tätig, gründete er 1996 gemeinsam mit zwei Partnern das Unternehmen SOLVIN. Heute berät die SOLVIN GmbH als Beratungsunternehmen ihre Kunden rund um das Projekt- und Portfoliomanagement. Für die Anwendung von Methoden und Prozessen setzt SOLVIN auf die Werkzeuge Project und SharePoint. Seit Anfang der 2000er-Jahre ist SOLVIN Microsoft-Partner, seit 2006 auch zertifiziert als Gold-Partner für Projekt- und Portfoliomanagement für erfolgreiche und vor allem nachhaltige Implementierungen von Microsoft Project und Microsoft Project Server in vielen namhaften deutschen und internationalen Unternehmen.

Wie bereits erwähnt, war bereits am Anfang deutlich, dass ein Buch über Project nur schwerlich von einer einzelnen Person geschrieben werden kann. Zu umfangreich sind die verschiedensten Themenbereiche, die sich mit Project beschäftigen. Schließlich soll es bei dem Buch nicht nur um die Anwendung von Microsoft Project und Microsoft Project Server gehen. Zusätzlich sollen neben Grundlagen zur Anwendung auch die Einführung des Systems sowie die Themen Installation und Anpassung umfassend und praxisnah behandelt werden.

So entstand die Idee, die Kollegen von Jürgen Rosenstock aus dem Consulting-Team der SOLVIN GmbH mit in das Buchprojekt einzubinden. So war es möglich, für jeden Themenbereich des Buches einen verantwortlichen und erfahrenen Spezialisten auszuwählen. Die an diesem Buch beteiligten Koautoren werden im folgenden Abschnitt vorgestellt.

In Absprache mit dem Verlag entschied man sich, kein Buch über Microsoft Project in der Version 2007 zu schreiben, sondern sich auf die kommende Version Microsoft Project Server 2010 zu konzentrieren. So entstand das seinerzeit seiten- und vielleicht auch inhaltsstärkste Buch über Microsoft Project und Microsoft Project Server in deutscher Sprache.

Im Jahr 2011 zeichnete sich die neue Version von Microsoft Project und Microsoft Project Server mit der Nummer »2013« ab. Auf Basis des Erfolgs des ersten Buches haben Verlag und Autoren ohne langes Überlegen mit dem neuen Buch begonnen, welches im Jahr 2013 erschien.

Sowohl bei Project 2010 als auch bei Project 2013 kam es dem Autorenteam zugute, dass durch die enge Zusammenarbeit mit Microsoft viele Funktionen sehr zeitig bereitgestellt wurden. Gleiches gilt auch für das aktuelle Project 2016. So konnten bereits im Jahr 2014 und 2015 erste Erfahrungen zur »damals kommenden« Version gesammelt werden. Und nach den ersten auch offiziellen Informationen über Project 2016 konnten erste umfangreiche Evaluierungen mit bestehenden Project-Kunden den Erfahrungshorizont der Autoren erweitern. Die vielfältigen fachlichen und beruflichen Erfahrungen der Autoren kommen Ihnen beim Lesen dieses Buches hoffentlich zugute.

1.2 Das Autorenteam

Ein umfassendes Buch über Project 2016 zu schreiben ist eine große Herausforderung. Die Funktionsbereiche sind umfangreich, und diverse begleitende Bereiche wie Implementierung, Konfiguration sowie Administration gehören berücksichtigt.

Das unten vorgestellte Autorenteam ist hier möglicherweise gut aufgestellt, da sich alle Beteiligten im beruflichen Alltag als Consultants eines Beratungsunternehmens für das Projekt- und Portfoliomanagement mit Project beschäftigen. Viele Kollegen beschäftigen sich schon seit mehr als 10 Jahren mit Project, manche bereits seit 1990, als die erste Project-Version für Windows erschien. Entsprechend hoch ist unser Anspruch, Ihnen als Leser umfassend und aktuell ein bestmögliches Bild über Project bereitzustellen.

Im Folgenden stellen wir diese Autoren kurz vor:

Livia Galeazzi

Jahrgang 1984, studierte Wirtschaftsingenieurwesen mit dem Schwerpunkt Projektmanagement. Hierbei kam sie das erste Mal auch mit Microsoft Project in Berührung. Livia Galeazzi ist gebürtige Französin, zog im Jahr 2005 nach Hamburg und lebt seit einiger Zeit mit ihrer Familie in Nürnberg. Bei SOLVIN beschäftigt sie sich seit Anfang 2007 als Consultant mit der Einführung von integrierten Portfoliomanagement- und Projektmanagement-Systemen. Neben der Tätigkeit als Consultant und Projektmanagerin beschäftigt sich Livia Galeazzi auch mit der Konfiguration und dem Support im Umfeld Microsoft Project Server und Microsoft SharePoint Server.

In ihrer Freizeit veröffentlicht sie gemeinsam mit Freunden Anthologien für Kurzgeschichtenliebhaber und verbringt viel Zeit mit ihrer kleinen Familie.

Nadine Keßler

Jahrgang 1989, gelernte Bankkauffrau, studierte Informatik mit dem Schwerpunkt Wirtschaftsinformatik. Bei SOLVIN hat sie in Zusammenarbeit mit weiteren Kollegen bereits einige Microsoft-Project-Server-Systeme erfolgreich implementiert und ist dabei in den unterschiedlichsten Bereichen wie z. B. Beratung, Administration und Konfiguration tätig. Neben der Tätigkeit als Consultant ist Nadine Keßler hauptsächlich im Berichtswesen aktiv. Dabei führt sie neben der Bereitstellung von Business-Intelligence-Lösungen für Microsoft-Project-Server-Umgebungen auch Kundentrainings und Workshops für den Einsatz von Microsoft-Reporting-Technologien durch.

Neben ihrem Hobby, dem Reiten, verbringt sie ihre Freizeit am liebsten mit ihren Freunden und der Familie.

Oliver Grote

Jahrgang 1973, Bankkaufmann und Dipl.-Wirtschaftsinformatiker (FH), ist bei SOLVIN im Consulting- und Lösungsbereich tätig. Seine Erfahrungen in Microsoft Project Server reichen zurück bis zur Version 2003. Neben der Tätigkeit als Consultant im Umfeld Microsoft Project Server und Microsoft SharePoint Server ist Oliver Grote ausgewiesener Spezialist für das Thema Berichtswesen. Neben der reinen Erstellung von Berichten führt er auch Kundentrainings und Workshops zum Thema durch.

Wenn er sich in seiner Freizeit nicht gerade seiner Familie widmet, dreht sich bei ihm alles um das runde Leder und besonders um den erfolgreichsten norddeutschen Verein.

Daniel Hartwig

Jahrgang 1976, zertifizierter Projektmanager (IPMA Level C), studierte Wirtschaftsinformatik mit Schwerpunkt im Projektmanagement. Bei SOLVIN verantwortet er als Mitglied des Managementboards den Bereich Consulting, Solutions & Services und ist damit für die meisten Microsoft-Project-Server-Implementierungsprojekte mit verantwortlich. Sein Schwerpunkt liegt in der Beratung zu organisatorischen Themen rund um den Einsatz des Microsoft Project Servers. Dazu gehören u. a. die Implementierung von Prozessen im Projekt- und Projektportfoliomanagement sowie der Aufbau von Projektmanagement-Offices (PMOs). Vor seiner Zeit bei SOLVIN konnte er dazu einige praktische Erfahrungen als langjähriger Leiter eines Projektbüros sammeln.

In der Freizeit steht die Familie im Mittelpunkt. Außerdem wird natürlich jede Gelegenheit zum Radfahren oder zur Pflege alter Freundschaften genutzt.

Christoph Mülder

Jahrgang 1969, Dipl.-Betriebswirt (BA), Fachrichtung Wirtschaftsinformatik, arbeitet mit Microsoft Project Server (Project Central) seit der Version 2000. Bei SOLVIN ist er als Senior Consultant für die technische Installation und Administration von Microsoft-Project-Server- und Microsoft-SharePoint-Server-Systemen in Kundenprojekten verantwortlich. Weiter beschäftigt er sich mit diversen Spezialthemen im Umfeld von Microsoft Project Server, z. B. der Fachadministration, dem Support und der Erweiterung des Microsoft Project Servers.

Wenn er sich in seiner Freizeit nicht gerade um seine Familie kümmert, fährt er leidenschaftlich gern Rennrad, paddelt mit seinem Kajak Slalom und denkt dabei über weitere administrative Herausforderungen mit dem Microsoft Project Server nach.

Jürgen Rosenstock

Jahrgang 1965, beschäftigt sich bereits seit 1990 mit Microsoft Project. Damals sammelte er anhand der Version Project 1.0 für Windows erste Erfahrungen mit dem PC-gestützten Projektmanagement. Auf dieser Grundlage und nach ersten Erfahrungen mit Kunden gründete Jürgen Rosenstock mit zwei weiteren Partnern 1996 das Unternehmen SOLVIN, welches sich seit nunmehr 20 Jahren intensiv mit der Implementierung von Project beschäftigt. Heute ist er als einer von zwei Geschäftsführern übergreifend verantwortlich für das Produktmanagement, Marketing und den Vertrieb von Beratungs- und Implementierungsleistungen rund um Projektmanagement und Project.

Privat steht die Familie im Vordergrund, und wenn irgend möglich, paddelt er mit dem Kajak auf der Unterelbe oder der Ostsee.

Anja Staab

Jahrgang 1971, Dipl.-Sozialpädagogin, jedoch seit Ende der 90er-Jahre beruflich in der IT-Branche tätig. Von der Administration von Microsoft-Server-Produkten über IT-Consulting und IT-Servicemanagement hat sie sich auf den Bereich Projektmanagement sowie die Produkte Microsoft Project Server und Microsoft SharePoint Server spezialisiert. Bei SOLVIN verantwortet sie heute das Produktmanagement z. B. für die SOLVIN-eigenen Produkte wie TrackTimesheet und andere Erweiterungen sowie Partnerprodukte.

Nach der Arbeit trifft man sie beim Laufen an der Trave, auf dem Rennrad oder mit den Wanderschuhen in den Bergen.

Gerd Walter

Jahrgang 1974, beschäftigte sich im Rahmen seiner Diplomarbeit 1998 mit der Bewertung verschiedener Projektmanagement-Werkzeuge. Sein damaliger Favorit war natürlich Microsoft Project. Seit der Microsoft-Project-Server-Version 2002 ist sein beruflicher Fokus auf die Implementierung von vernetzten Projektsystemen gerichtet. Als Senior Consultant und Leiter der SOLVIN-Niederlassung-Süd beschäftigt sich Gerd Walter bei SOLVIN mit der technischen Implementierung des Microsoft Project Servers und des Microsoft SharePoint Servers. Daneben ist seine Aufgabe die strategische und prozessuale Beratung im Umfeld des Microsoft Project Servers.

In seiner Freizeit ist Gerd Walter aktiv im Wintersport, betreibt jedoch als Schwabe auch diverse Wassersportarten, die ihn immer wieder in den Norden bis an die Ostsee führen.

1.3 Project – ein paar Worte zur Produktbezeichnung

In den vergangenen Jahren war die Bezeichnung der verschiedenen Project-Programmvarianten recht einfach. Es gab Project als Standard und als Professional, wobei die Professional-Version sich mit dem Microsoft Project Server verbinden ließ und als webbasierte Oberfläche die Microsoft Project Web App genutzt werden konnte. Der Microsoft Project Server wurde in der Infrastruktur des Unternehmens installiert. Für on-premises-Installationen treffen diese Aussagen auch nach wie vor unverändert zu.

Mittlerweile ist Project als Client auch ein Bestandteil von Office 365, und der Project Server in der Cloud nennt sich zum Zeitpunkt der Drucklegung dieses Buches Project Online.

Außerdem ist es möglich, mit Project Online Professional, der cloudbasierten Variante von Project Professional, auf einen lokal installierten Project Server zuzugreifen.

Die Produktvarianten sind also zahlreicher und ihr Zusammenspiel ist auf den ersten Blick verwirrender geworden. Einen ausführlichen Überblick über die unterschiedlichen Varianten finden Sie bei der Vorstellung des Lizenzmodells in Abschnitt 2.4, »Das Project-Lizenzmodell«.

Die cloudbasierte Anwendung von Project und Project Online fand anfänglich noch keine große Verbreitung im deutschsprachigen Raum. Dies hat sich jedoch seit Anfang des Jahres 2016 rapide geändert. Das cloudbasierte Arbeiten stellt mittlerweile eine immer weiter verbreitete Alternative zu den klassischen lokalen sogenannten on-premises-Versionen dar.

Die Grundbedienelemente und Funktionen sind im Großen und Ganzen identisch, daher können beide Versionen, Cloud und on premises, in diesem Buch berücksichtigt werden.

Von Fall zu Fall und vor allem für die übergreifende Beschreibung von Funktionen werden wir im Buch nur von Project sprechen, meinen damit jedoch alle Varianten, sowohl im lokalen als auch vernetzten Einsatz, Online oder on premises.

1.4 Zielgruppe für dieses Buch

Bevor man in diesem Buch von Zielgruppen spricht, muss ein kurzer Blick auf den Gesamtkomplex »Project« geworfen werden. Unter diesem Begriff können zwei Einsatzgebiete zusammengefasst werden:

- *Lokales Arbeiten* mit Project ohne Anbindung an einen Server:
Der Projektleiter arbeitet für sich allein mit Project, erstellt und bearbeitet Projekt-

pläne und berücksichtigt bei Bedarf das Ressourcenmanagement. Die Kommunikation mit den Projektbeteiligten erfolgt manuell, Informationen werden per Ausdruck oder in Dateiform bereitgestellt, die Projektpläne können nur lokal gespeichert werden.

- *Organisationsübergreifendes Arbeiten* mit Project in Anbindung an eine zentrale »Projekt-Datenbank«:
Der Projektleiter arbeitet ebenfalls mit Project, allerdings vernetzt mit Project Server oder Project Online. Dies bedeutet z. B., dass alle projektrelevanten Informationen zentral bereitgestellt werden und die Projektbeteiligten per Microsoft Project Web App oder Project Online Essentials rechteabhängig auf diese Daten zugreifen können. Hinzu kommen diverse weitere Funktionen, wie z. B. das Projektantragswesen und das Projektportfoliomanagement und bei Bedarf auch die Anwendung eines umfassenden Projektlebenszyklus.

Beide Einsatzgebiete können branchenübergreifend angewendet werden. Durch den hohen Grad der Anpassbarkeit von Project kann das Programm für verschiedenste Anwendungsszenarien genutzt und erweitert werden.

Für das oben beschriebene Einsatzgebiet, das lokale Arbeiten mit Microsoft Project, können die folgenden Zielgruppen definiert werden:

- *Der Projektleiter*
Dieser erstellt umfangreiche Projektpläne und ordnet den Arbeitsvorgängen Ressourcen zu. Im weiteren Verlauf steuert er das Projekt und hält es aktuell. Der Projektleiter nutzt Project auch für die Abbildung von Szenarien sowie die Bereitstellung von Informationen. – Dieses Buch gibt dem Projektleiter einen umfangreichen Funktionsüberblick sowie eine Anleitung und hilfreiche Hinweise zu ihrer Anwendung.

- *Mitarbeiter im Project Management Office (PMO)*
Diese Instanz betreut im übergreifenden Sinn die Projektorganisation und stellt im fachlichen Sinn die Werkzeuge für das Projektmanagement bereit. – Dieses Buch gibt dem Project Management Office eine Übersicht über die Anwendung von Project und Tipps und Tricks für die Anpassung des lokalen Clients für die Projektorganisation. Zusätzlich werden verschiedenste Einsatzgebiete von Project für das Projekt- und Portfoliomanagement vorgestellt.

Für das oben beschriebene organisationsübergreifende Arbeiten in Anbindung an den Project Server/Project Online können neben den bereits aufgeführten Kreisen weitere Gruppen benannt werden, wobei für den Projektleiter und das Project Management Office oftmals das Arbeiten in Anbindung an einen Server sogar mehr Sinn machen kann. Zielgruppen für das organisationsübergreifende Arbeiten mit Project Server oder Project Online sind u. a.:

- *Der Projektleiter*
  wie oben beschrieben, allerdings eingebettet in einer übergreifenden Organisation in Anbindung an den Project Server oder Project Online
- *Das Project Management Office*
  wie oben beschrieben, ebenfalls eingebettet in eine übergreifende Organisation und in Anbindung an den Project Server oder Project Online
- *Der Fachadministrator*
  Dieser ist für die Anpassung und Pflege des Systems aus Anwendungssicht zuständig. Diese Person sollte in enger Abstimmung mit dem Project Management Office agieren und ist so gesehen auch für den laufenden Betrieb des Projektsystems aus fachlicher Perspektive verantwortlich. Der Fachadministrator findet in diesem Buch Anleitung und Tipps und Tricks zu den wesentlichen Konfigurations- und Installationsaufgaben.
- *Der Entscheider*
  Dieser erhält mit dem Buch einen umfassenden Einblick in die Einsatzszenarien und Anwendungsbeispiele von Microsoft Project und Microsoft Project Server oder Project Online

Sicherlich gibt es noch viel mehr Zielgruppen für dieses umfassende Buch. Kurz zusammengefasst, wir haben versucht, ein Handbuch über Project bereitzustellen, welches dem Leser keine Frage unbeantwortet lassen soll. So ganz wird dies sicherlich nicht erreicht werden können, da die Komplexität und die Zahl der Anwendungsfälle von Project sehr hoch sind. So hoffen wir, eine gute Auswahl an Themen getroffen zu haben, um Ihnen beim Arbeiten mit Project sowie der Einführung und Anpassung des Systems hilfreich zur Seite zu stehen.

1.5 Eckpunkte der neuen Version und Struktur des Buches

Die Einarbeitung der Autoren in das neue Project 2016 verlief erst einmal unspektakulär. Große Neuerungen sind auf den ersten Blick nicht erkennbar. Während ein Wechsel von den Vorversionen 2007 auf 2010 riesig war, u. a. konnte man endlich auch bereits im Standard Projektportfoliomanagement anwenden und Projektprozesse abbilden, so waren die Unterschiede von den Versionen 2010 auf 2013 und jetzt auch auf die neue Version 2016 erst einmal überschaubar. Auf den zweiten Blick tut sich aber doch eine ganze Menge. Die Art des Arbeitens im Cloud-Kontext bietet übergreifend völlig neue Einsatzszenarien für Project. Und auch in der sogenannten on-premises-Version werden mit der Version 2016 neue Funktionen bereitgestellt.

Eine Herausforderung für die Autoren ist noch ein weiterer interessanter Aspekt: Microsoft stellt gerade für die Online-Versionen von Project nicht mehr erst alle drei

Jahre neue Funktionen bereit. Vielmehr werden laufend und vor allem auch unterjährig neue Funktionen zur Verfügung gestellt. In diesem Buch versuchen wir, so gut wie möglich auf die neuesten Features einzugehen.

Was den Cloud-Kontext betrifft, stellte sich den Autoren natürlich auch eine weitere spannende Frage: Wie können für die verschiedenen Lesergruppen am besten die Unterschiede in Funktion und Arbeitsweise von Project in der on-premises- und Online-Variante abgegrenzt werden, ohne die Inhalte des Buches zu sehr aufzuteilen? Hierzu wurde wie folgt vorgegangen:

Zwar unterscheiden sich die Online- und die on-premises-Version von Project bezogen auf die eingesetzte Infrastruktur enorm, die wesentlichen Grundfunktionen und Arbeitsweisen sind jedoch fast identisch. Entsprechend sind die Kapitel, welche die funktionale Anwendung von Project beschreiben, übergreifend für Online und on premises geschrieben. Sollten Unterschiede in Funktion und Arbeitsweise vorhanden sein, so werden diese im Text angemerkt.

Bevor die funktionalen Neuerungen von Project 2016 vorgestellt werden, erhalten Sie im Folgenden zunächst einen sehr allgemeinen Funktionsüberblick.

1.5.1 Allgemeiner Funktionsüberblick

Wenn man Project als Gesamtbegriff für Microsoft Project und Microsoft Project Server oder Project Online nutzt, muss man erst einmal zwei Einsatzgebiete unterscheiden:

- *Lokales Projektmanagement mit Microsoft Project*
  Dies bedeutet, dass der Anwender ohne jegliche Vernetzung mit Microsoft Project lokal arbeitet. Funktionen werden bereitgestellt für das Projekt- und Ressourcen- sowie das Kostenmanagement.
- *Vernetztes Projektmanagement mit Microsoft Project Server*
  Durch den Einsatz des Microsoft Project Servers kann nicht nur organisationsübergreifend gearbeitet werden, es stehen seit Microsoft Project Server 2010 auch weitere Funktionsbereiche für das Projektantragswesen und das Projektportfoliomanagement zur Verfügung.

Anders ausgedrückt, Microsoft Project ist für den einzelnen Projektleiter das richtige Werkzeug, während der Microsoft Project Server mit der Webclient-Oberfläche Microsoft Project Web App für alle Projektbeteiligten von der Ressource über den Controller bis zum Auftraggeber genutzt werden kann.

Die Funktionsbereiche von Microsoft Project insgesamt, also auch unter Einbeziehung des Microsoft Project Servers oder Project Online, lassen sich wie folgt darstellen (siehe Abbildung 1.2):

- *Projektantrag*
  Formulieren einer Idee, Erstellen eines Antrags
- *Projektauswahl*
  Welche Projekte sollen realisiert werden? Strategie
- *Projektplanung*
  Projekt-, Termin- und Ressourcenplanung
- *Projektrealisierung*
  Steuerung, Überwachung, Optimierung

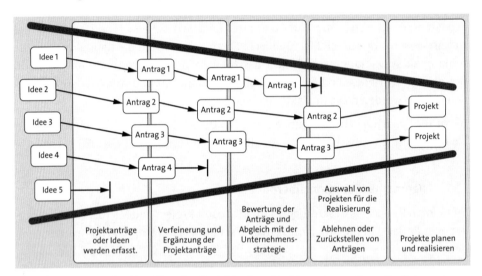

Abbildung 1.2 Von der Idee über den Projektantrag bis hin zur operativen Realisierung

Um diese Funktionsbereiche der Prozessdarstellung abbilden zu können, baut der Microsoft Project Server seit der Version 2010 auf Microsoft SharePoint Server in der jeweiligen korrespondierenden Version auf. Anders gesagt, wird der Microsoft Project Server bis zur Version 2013 bei der Installation auf den Microsoft SharePoint Server »aufgesetzt«. In der Konsequenz bedeutete dies bis zur Version 2013, dass der Microsoft Project Server nur unter Bereitstellung eines Microsoft SharePoint Servers genutzt werden kann. In der Version 2016 sind Project Server und SharePoint Server noch stärker miteinander verschmolzen, sodass der Project Server gar keine eigene Installation mehr benötigt, auch die Datenbanken von Project und SharePoint sind miteinander verschmolzen.

Eine Übersicht über die neuen Funktionen von Project 2016, des Project Servers 2016 und von Project Online finden Sie in Abschnitt 2.6, »Neue Funktionen in Microsoft Project Server 2016«.

1.5.2 Struktur des Buches

Wie kann man ein Buch optimal gestalten, welches eine sehr vielschichtige Zielgruppe ansprechen soll? Wie umfangreich und wie strukturiert muss dieses Buch sein, das sich sowohl an Einsteiger richtet als auch für erfahrene Anwender und sogar Administratoren des Project Servers interessant sein soll?

Folgende Bereiche und Themen werden in dem Buch abgebildet:

- Ausgangslage für werkzeugunterstütztes Projekt- und Portfoliomanagement
- lokales Projektmanagement mit Microsoft Project 2016 Standard ohne Anbindung an den Project Server oder Project Online
- vernetztes Projektmanagement mit Microsoft Project 2016 und der Project Web App oder Project Online Essentials
- Projektcontrolling und Berichtswesen
- Installation und Administration eines Project Servers

Um diesen Herausforderungen gerecht zu werden, wurden im Inhalt des Buches alle für die Abbildung eines vollständigen Projektlebenszyklus (siehe Abbildung 1.3) von der Idee zum hoffentlich erfolgreichen Projektabschluss notwendigen Elemente aufgeführt und erläutert.

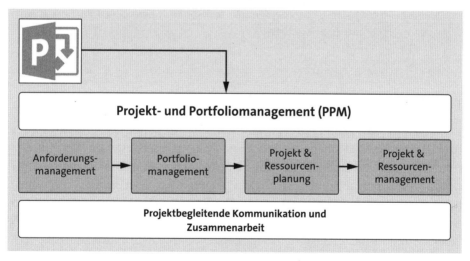

Abbildung 1.3 Darstellung des Projektlebenszyklus mit Project Server oder Project Online 2016

Grundsätzlich ist das Buch in vier Bereiche aufgeteilt. Im Einführungsteil wird übergreifend die Ausgangslage im Projektmanagement diskutiert, der Versuch einer Positionierung von Microsoft Project und Project Server unternommen und auch das Thema Implementierung eines Werkzeugs aus strategischer Sicht besprochen.

In Teil 2 wird das Thema Microsoft Project umfangreich behandelt. Anhand einer beispielhaften Story werden nahezu alle Funktionen an Beispielen vorgestellt.

In Teil 3 liegt der Schwerpunkt beim organisationsübergreifenden Projektmanagement auf der Basis von Project Server und Project Online. Manche Themen aus Teil 2 des Buches finden Sie hier erneut, allerdings mit dem Schwerpunkt auf den zusätzlichen Funktionalitäten, die Microsoft Project in Anbindung an den Project Server und Project Online bereitstellt. Auch erweiterte Themen, die nur in Anbindung an Project Server und Project Online zur Verfügung stehen, wie z. B. Anforderungs- und Portfoliomanagement sowie die Arbeit mit den Projektwebsites und dem Berichtswesen, werden in Teil 3 behandelt.

In Teil 4 werden Project Server on premises und Online einander gegenübergestellt sowie die technischen Grundlagen zur Konfiguration und Installation vorgestellt.

> **Wiederholungen im Buch?**
>
> Wie oben bereits erwähnt, gibt es im Buch einige kleine Überschneidungen, welche von den zwei Varianten lokales und vernetztes Projektmanagement mit Microsoft Project herrühren. In anderen Kapiteln werden manche Inhalte zu anderen Themenkomplexen, wenn auch kurz, wiederholt. Dies ist allerdings durchaus beabsichtigt, da nicht jeder Leser dieses Buch wirklich von Anfang bis Ende durchliest. Für die »Querleser« führen wir in manche Themen einfach noch einmal neu ein, um so ein besseres Verständnis zu gewährleisten.

1.6   Das Unternehmensbeispiel für das Buch

Project, Project Server und Project Online werden branchenübergreifend in den verschiedensten Unternehmens- und Fachbereichen eingesetzt. Das Ziel des Autorenteams ist es, mit diesem Buch dem Leser eine Grundlage für eine effiziente Einarbeitung in Project in allen seinen Produktvarianten für verschiedene Zielgruppen bereitzustellen. Dies gelingt wohl am besten mit einem anschaulichen Beispiel. Nur welches Beispiel ist wirklich branchenübergreifend und lässt sich auf verschiedenste Bereiche und Fachabteilungen im Unternehmen anwenden? Anwendungsbereiche könnten z. B. sein:

- ein Unternehmen, welches Tätigkeiten aus verschiedensten Branchen anwendet
- ein Beispiel, welches über eine vielfältige Organisation mit unterschiedlichen Rollen einer Projektorganisation verfügt
- die Darstellung eines vollständigen Projektlebenszyklus vom Projektantrag über die Projektauswahl bis zum operativen Projekt und Ressourcenmanagement

In der ersten Auflage dieses Buches für Microsoft Project Server 2010 wurde das Thema Planung und Realisierung von Wasserrutschen als Beispielgrundlage verwendet. Dieses Thema stammte aus einer viralen Marketingkampagne von Microsoft zur Bewerbung der damaligen Version 2010. Diese handelte vom Ingenieur Bruno Kammerl, dessen Traum es war, die längste und größte Wasserrutsche am Matterhorn zu bauen. Diese Geschichte wurde im Buch weiterentwickelt und beschrieb den Aufbau eines Unternehmens, welches die Weiterentwicklung und den weltweiten Einsatz dieser Wasserrutschen behandelte.

Ursprünglich war der Gedanke des Autorenteams, diese Geschichte in den folgenden Auflagen des Buches weiterzuentwickeln. Allerdings hatte sich der Project Server 2013 natürlich weiterentwickelt. So wurde nach einigen Diskussionen entschieden, eine völlig neue Story für das Buch zu wählen, die auch in dieser dritten Auflage für Project 2016 genutzt wird. Folgende Eckpunkte sollten hierbei noch berücksichtigt werden:

- Die Story sollte auf alle Szenarien und Funktionsbeispiele des Buches passen.
- Plakative Beispiele sollten vermieden werden, z. B. »Wir bauen ein Haus«, »Wir projektieren nach PMBOK ...«, »Wir bereiten eine Betriebsfeier vor« etc., also eigentlich alle Beispiele, die man schon zu oft in Schulungen, Präsentationen und anderen Büchern behandelt hat.
- Ein gewisser »Witz« in der Story sollte das Buch von anderen Büchern klar unterscheidbar machen und Ihnen die Arbeit mit dem Buch möglichst angenehm gestalten.
- Ein gewisser Bezug zu polarisierenden und aktuellen Projekten und Situationen sollte Aufmerksamkeit schaffen.

Also hatten wir uns auch mit einem Blick in die Presse der vergangenen Jahre diverse komplexe Projektvorhaben angesehen. Und hier wurde wirklich eine Menge geboten:

- der Neubau einer Konzerthalle in Hamburg, die sogenannte *Elbphilharmonie*, bei welcher das Budget und auch der Zeitrahmen massiv überschritten wurden
- Der avisierte Umbau des *Stuttgarter Hauptbahnhofs* von einem Kopf- zu einem Durchgangsbahnhof. Neben Überschreitungen des Budgets und vermutlich auch des Zeitrahmens gibt es hier diversen Klärungsbedarf auch bei der technischen Realisierbarkeit.
- der *Leipziger City-Tunnel* u. a. als Kernstück für den neuen S-Bahn-Ring, bei welchem das Budget ständig nach oben korrigiert werden muss
- der Neubau des *Flughafens Berlin Brandenburg*, bei dem diverse Termine für die Inbetriebnahme nicht eingehalten werden konnten und auch das Budget immer weiter überschritten wird

Nun ist uns als Autoren nicht bekannt, inwieweit bei diesen Großprojekten auf Project und Project Server Project Online gesetzt wurde. Und wir glauben nicht, dass man nur unter Einsatz der in diesem Buch beschriebenen Werkzeuge den oben genannten Projekten zum Erfolg verholfen hätte.

Und so stoßen wir hier auf eine zweite Herausforderung, die sich im Zusammenhang mit einem Unternehmensbeispiel für ein Project-Buch ergibt: Project, Project Server oder auch Project Online gelten bei vielen Projektleitern nicht wirklich als die Werkzeuge, mit denen man ein wirklich seriöses Projekt-, Ressourcen- und Portfoliomanagement betreiben kann (siehe Abbildung 1.4).

- ▶ **Phase 1** → **Enorme Begeisterung**
  - Einfache Installation des Programms/sieht aus wie Microsoft Office.
- ▶ **Phase 2** → **Allmähliche Ernüchterung**
  - Software ist ja doch recht komplex.
- ▶ **Phase 3** → **Panik**
  - Irgendwie stimmen die Termine nicht mehr.
- ▶ **Phase 4** → **Flucht in Nebensächlichkeiten**
  - Balkenpläne lassen sich schön malen.
- ▶ **Phase 5** → **Bestrafung Unschuldiger**
  - Praktikanten helfen bei der Pflege der Pläne.
- ▶ **Phase 6** → **Vernichtung der Microsoft Project-Pläne**
  - Plan wird in Microsoft Excel neu erstellt.

Abbildung 1.4 Kann man mit Microsoft Project wirklich erfolgreich Projekte planen?

Aufgrund unserer Erfahrung mit dem Thema Projektmanagement-Beratung und mit der Einführung von Project, Project Server und Project Online können wir Sie beruhigen: Man kann mit Project erfolgreich Projekte planen, es gibt durchaus zufriedene Unternehmen! So wurden Project, Project Server und Project Online in verschiedensten Projektorganisationen in unterschiedlichen Branchen mit komplexen Anforderungen eingeführt. Das Projekt-, Ressourcen- und Projektportfoliomanagement konnte so unter Einsatz von Project, Project Server und Project Online oftmals optimiert und deutlich effizienter gestaltet werden.

Allerdings ist die Wahl des Werkzeugs, hier natürlich Project, nur eines der Puzzleteile, die zum Erfolg führen. Genauso wichtig, wenn nicht sogar bedeutender, sind die folgenden Aspekte:

- ▶ das Vorhandensein einer zentralen Projektorganisation und eines Projektbüros (Projektmanagement-Office – PMO)
- ▶ einheitlich definierte Vorgaben für Standards und Prozesse
- ▶ Akzeptanz der Standards, Prozesse und auch des Werkzeugs

Diese Reihe ließe sich beliebig fortsetzen. Aber die Frage bleibt offen, welches Unternehmensbeispiel passt zu dieser Ausgangslage? Fassen wir uns kurz. Wovon handelt das Unternehmensbeispiel?

... dem Neubau eines Flughafens!

Gerade das Thema Flughafen ist reizvoll. In kaum einem anderen Projekt sind so viele verschiedene Projektarten im Detail zu berücksichtigen, ist die Planung und Steuerung derart vielschichtig und der Gesamtumfang so komplex. Und die aus den Medien bekannten Probleme in Berlin sind nicht einzigartig. Von Herausforderungen im Flughafenneubau und Erweiterungen hört man auch aus München, Frankfurt, Kassel-Calden, Nantes, London u. v. m.

Das Autorenteam behauptet nicht, dass mit Project, Project Server oder Project Online durchgängig all diese Herausforderungen zu lösen sind. Vielleicht wird ja sogar auf den genannten Baustellen mit Microsoft Project und Microsoft Project Server gearbeitet (siehe Abbildung 1.5).

Abbildung 1.5 Es muss doch einen Grund geben, warum Project in so vielen Projekten Anwendung findet.

Für das erfolgreiche Projektmanagement reicht ein Werkzeug allein eh nicht aus, vielmehr sind klar strukturierte Prozesse und ein qualifiziertes Projektteam neben vielen weiteren Aspekten mindestens genauso wichtig, wenn nicht sogar noch wichtiger. Um sich jedoch allgemein und trotzdem in vielen Themenkomplexen sehr speziell mit Project, Project Server oder Project Online zu beschäftigen, ist das Beispiel Flughafenneubau durchaus geeignet und für das Autorenteam sehr reizvoll. Und so machten wir uns im Winter 2012 freudig und hochmotiviert an die Erstellung der zweiten Ausgabe des Microsoft-Project-Server-Buches. Und da die Story in der zweiten Auflage bei unseren Lesern sehr gut ankam, wenden wir sie auch in der nun dritten Auflage für Project 2016 an (siehe Abbildung 1.6)!

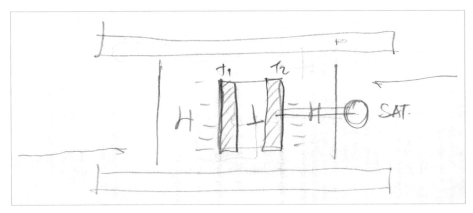

Abbildung 1.6 Die erste Skizze des Flughafens AIRPORT Bielefeld

Und ist diese Story ernst gemeint? Dieses Beispiel ist so umfangreich, dass wir denken, dass alle Aspekte und Funktionalitäten von Project, Project Server und Project Online ausführlich praxisnah vorgestellt werden können. Vielleicht gelingt es uns ja auch, Ihnen mit dieser provozierenden Geschichte über manch langweilige Passage der Funktionserläuterungen hinwegzuhelfen.

Und wir weisen, wie oben bereits erwähnt, daraufhin, dass wir wissen, dass die Werkzeuge Project, Project Server und Project Online nicht alleine die Garanten für ein erfolgreiches Projekt-, Ressourcen- und Portfoliomanagement sind. Bei einem großen Projekt wie dem hier behandelten Neubau eines Flughafens können diese Werkzeuge jedoch in einem abgestimmten Zusammenspiel zwischen Prozessen, Standards und vor allem den Beteiligten durchaus zum Erfolg führen. Und genauso möchten wir dieses Buch verstanden wissen: als kleiner Ratgeber für die Projektorganisation, die neben vielen anderen Kompetenzen auf die hier im Buch vorgestellten Programmkomponenten und Funktionen setzt.

Nach der Auswahl der Geschichte für das Buch stellte sich die Frage, wo denn nun der Flughafen beispielhaft gebaut werden sollte. Die großen Hauptstädte schieden hier aus, da so nur Vergleiche zu bereits vorhandenen Flughäfen aufkommen würden. So entschieden wir uns im Autorenteam für einen Ort, den es gar nicht gibt, um mögliche Irritationen und Verwechslungen zu vermeiden: Bielefeld. Oder gibt es diesen Ort doch (siehe *http://de.wikipedia.org/wiki/Bielefeldverschwörung*)?

> **Haben die Autoren dieses Buches Erfahrung im Flughafenbau?**
> Diese Frage kann mit einem klaren Nein beantwortet werden. Alle Beispielprojekte und Szenarien entstammen der freien Fantasie der Autoren, sind sehr plakativ formuliert und haben nicht den Anspruch, z. B. einen tatsächlichen Projekt- oder Teilprojektplan widerzuspiegeln. Im Fokus steht vielmehr der Wissensaufbau beim Leser zu den Themen Project, Project Server und Project Online.

Erwähnt werden kann jedoch, dass einige der Autoren Project und Microsoft Project Server bei einem nicht näher genannten und bereits in Betrieb befindlichen Flughafen eingeführt haben.

Die Geschichte handelt also vom Neubau eines internationalen Verkehrsflughafens mit dem Namen AIRPORT Bielefeld und dem IATA-Code AIRBI (siehe Abbildung 1.7).

Abbildung 1.7 Erster Entwurf des Piktogramms für den neuen Airport

Anmerkung: Eine Verwechslung mit dem Flughafen Windelsbleiche (IATA-Code BFE) wäre rein zufällig und ist nicht beabsichtigt.

1.7 Geschichtlicher Abriss Microsoft Project

- *Microsoft Project 1.0 – April 1990 (Dezember 1990)*
  Diese erste Version von Microsoft Project erschien zuerst mit einer Runtime-Version. Später wurde ein vorhandenes Microsoft Windows 2.0 vorausgesetzt. Als Hardware wurde damals ein 80286er-Rechner vorausgesetzt.

- *Microsoft Project 2.0*
  Diese Version wurde aus den Autoren unbekannten Gründen ausgesetzt.

- *Microsoft Project 3.0 – Februar 1992 (Januar 1993)*
  Erstmalig konnte die Version 3.0 erweitert mit Makros angepasst werden, es gab eine Druckvorschau, DDE und OLE erlaubten einen ersten vorsichtigen Datenaustausch mit anderen Programmen. Elf Monate später erschien eine aktualisierte 3.0-Version mit einigen Verbesserungen.

- *Microsoft Project 4.0 – April 1994*
  Erstmalig wurden Workgroup-Funktionen auf Basis von Status- und Fortschrittsaustausch per E-Mail (*wgsetup.exe*) bereitgestellt. Balkendiagramme konnten individuell angepasst werden, und es wurde eine Kalendersicht bereitgestellt. Im Bereich des Datenaustauschs konnten Microsoft-Project-Daten nach Microsoft Access 2.0 übergeben werden.

- *Microsoft Project 4.1 – Juli 1995*
  Mit der Version 4.1 stand die erste 32-Bit-Version zur Verfügung. Endlich konnten längere Dateinamen (vorher 8 Zeichen) gespeichert werden. Die Workgroup-Funktionalitäten wurden weiter verbessert.

- *Microsoft Project 98 – Oktober 1998*
  Mit den Sichten »Vorgang: Einsatz« und »Ressource: Einsatz« standen nun anpassbare Zeitphasendarstellungen zur Verfügung. Vorgänge ließen sich endlich unterbrechen, und Verzögerungen konnten mit Fortschrittslinien dargestellt werden. Viele weitere Funktionen wurden zusätzlich zur Verfügung gestellt, z. B. Leistungssteuerung von Vorgängen. Zusammengefasst kann gesagt werden, dass Microsoft Project langsam erwachsen wurde.

- *Microsoft Project 2000 und Microsoft Project Central*
  Mit der Version 2000 wurde parallel auch ein erster »Projekt-Server« für das vernetzte Projektmanagement bereitgestellt. Dieser erlaubte es, Projekt- und Ressourcendaten über verteilte Standorte rechteabhängig bereitzustellen. Der Zugriff erfolgte neben Microsoft Project auch über einen Webclient. Der Microsoft-Project-Client hatte sich nur leicht verändert. Dauer und Arbeit konnten ab jetzt auch mit der Zeiteinheit »Monat« erfasst werden. Stichtage pro Vorgang konnten angelegt werden, die Dauer eines Vorgangs ließ sich mit »Geschätzt« kennzeichnen. Einfache Berechnungen, z. B. Basisplanabweichungen, konnten ab sofort mit eigenen Formeln berechnet, die Ergebnisse auch grafisch dargestellt werden. Ab sofort ließen sich Vorgänge auch, alternativ zur Sammelvorgangszuordnung, nach eigenen Kriterien gruppieren.

- *Microsoft Project 2002 und Microsoft Project Server*
  Der »Projekt-Server« Project Central wurde durch den Microsoft Project Server 2002 abgelöst. Aus dem bisherigen Microsoft Project 2000 wurden zwei Programmversionen: Microsoft Project Standard für den nicht vernetzten Desktop-Betrieb und Microsoft Project Professional für das vernetzte Arbeiten mit dem neuen Microsoft Project Server. Mit Microsoft Project konnten endlich elf Basispläne gespeichert und mit der Löschtaste [Entf] endlich keine Vorgänge mehr mit einem Mausklick gelöscht werden. Viele Automatismen in Microsoft Project wurden durch den Einsatz von Smart Tags beherrschbarer. Mit der neuen Portfolioanalyse konnten ab sofort umfangreiche Auswertungen für das Projekt- und Ressourcencontrolling bereitgestellt werden. Die webbasierte Oberfläche des Microsoft Project Servers baute erstmals auf Microsoft SharePoint auf und konnte dadurch flexibel angepasst werden.

- *Microsoft Office Project 2003 und Microsoft Office Project Server*
  Diese Version erschien kurz nach der Vorgängerversion 2002 und ist eher als Mini-Update zu bezeichnen. Microsoft Project und der Project Server sind in der

Version 2003 weiter gereift und wurden in vielen Details optimiert. Aus dem Microsoft Project Web Access konnten Listen nach Microsoft Excel exportiert werden, statt der SharePoint Team Services setzte der Microsoft Project Server 2003 auf die Microsoft SharePoint Services. Damit lagen projektbegleitende Dokumente nicht mehr im Dateisystem, sondern in der Datenbank Microsoft SQL Server.

- *Microsoft Office Project 2007, Microsoft Office Project Server und Microsoft Project Portfolio Server*
  Die Version 2007 war eine vollständige Neuentwicklung mit einer Vielzahl von neuen Funktionen und Komponenten. Im Bereich des webbasierten Arbeitens wurde die Oberfläche nun vollständig in die Microsoft SharePoint Services eingebunden. Die Kommunikation zwischen Microsoft Project und dem Microsoft Project Server wurde für den Einsatz im Internet optimiert, ein Zugriff war nun über HTTP und Port 80 möglich, was einen standortübergreifenden Einsatz deutlich erleichterte. Auch direkt in Microsoft Project hatte sich eine Menge getan. Nach vielen Jahren wurde endlich die Funktion »Mehrfaches Rückgängigmachen« bereitgestellt. Durch automatische farbige Formatierungen können Änderungen in den Microsoft-Project-Tabellen seitdem sofort angezeigt werden. Mit sogenannten Smart Tags werden dem Projektleiter sofort Varianten bei der Änderung von Dauer, Arbeit und Zuordnungseinheiten angeboten, um z. B. die Änderung der Vorgangsdauer besser zu erkennen und nachzuvollziehen.

  Zu erwähnen ist noch der Microsoft Project Portfolio Server, welcher parallel mit dem Microsoft Project Server eingesetzt werden konnte. Dieses Produkt wurde von dem britischen Beratungsunternehmen UMT erworben und teilweise an Microsoft-Standards angepasst. Mit dem Microsoft Project Portfolio Server konnten nun auch Prozesse des Anforderungs- und des Portfoliomanagements abgebildet werden.

- *Microsoft Project 2010 und Microsoft Project Server*
  Mit der Version 2010 verschwand die Bezeichnung »Office« aus dem Produktnamen, und seitdem kann nun unter Einsatz des Microsoft Project Servers 2010 (oder jünger) ein vollständiger Projektlebenszyklus abgebildet werden. Dies wurde u. a. durch die vollständige Einverleibung des Microsoft Project Portfolio Servers ermöglicht. Und statt auf die Microsoft SharePoint Services zu setzen, wird ab dieser Version der Microsoft SharePoint Server 2010 benötigt. Hierdurch können umfangreiche Prozessabbildungen realisiert werden.

  Auch der Client Microsoft Project 2010 wurde gründlich überarbeitet: Erstmals seit Erscheinen der Version Microsoft Project 1.0 für Windows wurde die Oberfläche komplett überarbeitet. Statt Menüleisten stehen nun Menübänder, auf Neudeutsch *Ribbons*, für die Funktionsauswahl zur Verfügung. Die Projekterstellung und -bearbeitung wurden gründlich entrümpelt und optimiert. Kurz gesagt, sind die vielfältigen Automatismen entschärft und seit dieser Version durchschaubarer geworden, sodass ein normaler Microsoft-Project-Anwender nicht mehr einfach sagen kann: »Der Plan und seine Vorgänge haben sich schon wieder automatisch verschoben ...«

- *Microsoft Project Server 2013 – November 2012*
  Mit der Version Microsoft Project Server 2013 wagt Project den Schritt in die Cloud. Der Microsoft Project Server kann nun in zwei verschiedenen Versionen eingesetzt werden: entweder als Project Online oder als Project on premises konventionell in der Unternehmensinfrastruktur installiert. Die SharePoint-Einbettung ist deutlich intensiviert, es lassen sich deutlich mehr Funktionen im Browser anwenden. Im Client Microsoft Project selbst sind die Änderungen eher überschaubar, es gibt z. B. ein neues Reporting-Modul.

- *Microsoft Project Server 2016 und Project Online – 2. Quartal 2016*
  Die aktuellen Versionen bringen auf den ersten Blick nicht viele Neuigkeiten. Zu erwähnen sind die neuen Funktionen für das Ressourcenmanagement, die sogenannten Heatmaps für die bessere Auslastungs- und Überlastungsanzeige von Ressourcen sowie der sogenannte Resource-Engagement-Prozess. Zusätzlich gibt es neue Möglichkeiten für das Reporting mit Power BI, die Darstellung von Mehrfach-Timelines sowie eine verbesserte Hilfefunktion im Project-Client.
  Eine ausführlichere Beschreibung der neuen Funktionen finden Sie in Abschnitt 2.6, »Neue Funktionen in Microsoft Project Server 2016«.

- *Microsoft Project Server 20XX – irgendwann in der nahen Zukunft*
  Man darf gespannt sein, wie sich Project, Project Server und Project Online in Zukunft weiterentwickeln werden. Zum Standard werden auf jeden Fall die Sprachsteuerung und eine Anbindung an die Gestensteuerung von Microsoft Kinect sowie an das Fitness-Armband Microsoft Band gehören. Auch ist davon auszugehen, dass die Druckfunktion um eine 3D-Komponente für fassbare Balkendiagramme erweitert wird. In den ersten Vorkonzepten sind auch eine Anbindung an Facebook sowie eine XING-Schnittstelle für die Personalbeschaffung im Ressourcenmanagement berücksichtigt. Lesen Sie dazu doch einfach die kommende vierte Auflage dieses Buches beim Rheinwerk-Verlag ...

1.8 Philosophie und Erklärungsansatz des Autorenteams

Bereits beim Schreiben der ersten Auflage dieses Buches über Microsoft Project 2010 und Microsoft Project Server 2010 wurde im Kreise der Autoren immer wieder über Erklärungsweise und unterschiedliche Arten der Erläuterung von Vorgehen und Prozessen diskutiert.

Project, Project Server sowie Project Online stellen eine sehr große Anzahl von verschiedensten Funktionalitäten bereit. Das System kann beliebig für unterschiedlichste Zielgruppen und in verschiedenen Branchen eingesetzt und angepasst werden. Hinzu kommt noch, dass sich Funktionen unterschiedlich anwenden lassen. Soll z. B. die Maus gewählt werden, oder nutze ich lieber die Tastatursteuerung; wähle ich Felder aus der Vorgangstabelle aus, oder nutze ich stattdessen Dialogboxen? Weiter geht es mit grundsätzlichen »Glaubensfragen«: Sollte man nur eine oder auch mehrere Ressourcen einem Vorgang zuordnen, und ist für das sichere Arbeiten eher die Einstellung FESTE ARBEIT oder FESTE DAUER zu wählen?

Wir, das heißt das Autorenteam, sind hier zu einer für uns pragmatischen Lösung gekommen: Es gibt verschiedene Wege zum Ziel, es gibt verschiedene Arbeitsweisen und unterschiedliche Projektkulturen, jede kann durchaus ihre Berechtigung haben. Die verschiedenen Funktionen und Prozesse in der Anwendung des Microsoft Project Servers und in den Modulen Project, Project Server und Project Online werden nach bestem Wissen und Gewissen und vor allem aufbauend auf der Erfahrung der Autoren erläutert. Es wird nicht der Anspruch auf Vollständigkeit oder den »besten« Weg erhoben. Das Autorenteam kennt sicherlich auch goldene Regeln in der Anwendung von Project. Welche hier aber für die verschiedensten Einsatzgebiete zu empfehlen sind, möchten und können wir ohne Kenntnisse der Anforderungen der vielschichtigen Lesergruppen nicht vorgeben und halten uns hier vorsichtig zurück. Dennoch haben wir natürlich nicht darauf verzichtet, unsere Erfahrungen in viele Hinweise und Tipps einfließen zu lassen, um Ihnen den Umgang mit dem doch an manchen Stellen komplexen Werkzeug zu erleichtern.

Wir hoffen, damit Ihren Anforderungen an dieses Buch gerecht zu werden, egal, welcher Zielgruppe Sie angehören.

1.9 Legende

Im Buch werden die folgenden Hervorhebungen verwendet:

Vorsicht – Hinweis auf den vorsichtigen Umgang mit einer Funktion oder sogar darauf, eine Vorgehensweise zu vermeiden

Hinweis – eine Funktion sollte unter Berücksichtigung bestimmter Aspekte eingesetzt werden.

Tipp – das Arbeiten mit den Werkzeugen von Microsoft Project und anderen Modulen kann möglicherweise erleichtert oder vereinfacht werden.

Neu in der Version 2016 – Hinweis auf eine neue oder geänderte Funktion in der Version 2016

Cloud – Hinweise zu Erläuterungen im Zusammenhang mit Microsoft Project und Microsoft Project Server in der Cloud

Im Text werden u. a. die folgenden Formatierungen verwendet:

- *Begriff* – Begriff steht für eine klare und sich wiederholende Benennung.
- SCREENELEMENT – mit Screenelement sind Schaltflächen, Menübandbereiche, Reiter und andere Elemente auf dem Bildschirm gemeint.
- [Tastatur] – Tastatur steht für Tastaturbefehle.

Kapitel 2
Project, Project Server und Project Online: Übersicht und Positionierung

Dieses Kapitel beschäftigt sich mit den grundsätzlichen Themen, die eine Organisation vor Einführung von Project, Project Server oder Project Online 2016 berücksichtigen sollte. Wie stellt sich eine typische Ausgangslage in einem Unternehmen vor der Einführung dar? Wie positioniert sich hier Project, und durch welche Eckdaten zeichnen sich die verschiedenen Project-Varianten aus?

Projektmanagement ist in der Sache eigentlich nichts Neues. Viele große Vorhaben wie z. B. der Bau historischer Gebäude, Anlagen und Unternehmungen historischer Baudenkmäler und Ereignisse wurden ohne große Nennung der Begrifflichkeit *Projektmanagement* geplant und oftmals auch erfolgreich realisiert, siehe auch Kapitel 1, »Einführung«. Und das Ganze geschah auch noch ohne den Einsatz eines IT-gestützten Werkzeugs.

Wie kann es da sein, dass der Bedarf nach einem Werkzeug immer höher wird und dem Thema teilweise sogar mehr Aufmerksamkeit als der Einführung von Prozessen und Standards zugestanden wird?

2.1 Ausgangslage im Projektmanagement

Um die derzeitige Ausgangslage im Projektmanagement einfach zu beschreiben, sollte das unten dargestellte Magische Dreieck betrachtet werden. Eigentlich soll einfach nur ein neuer Flughafen geplant und gebaut werden.

Aber bei diesem Vorhaben zeigen sich die folgenden Herausforderungen:

- *Ergebnis & Qualität:*
  Der neue Flughafen soll möglichst modern und technisch auf dem neuesten Stand sein. Alle Komponenten eines modernen Verkehrsflughafens sollen so gut wie möglich aufeinander abgestimmt sein und später einen reibungslosen Betrieb des Flughafens ermöglichen.

- *Zeit & Termin:*
  Der Flughafen soll in einem festgelegten Zeitfenster bis zu einem bestimmten Termin fertiggestellt werden. Eine Fertigstellung soll z. B. zu einem bestimmten Termin erfolgen, da die Flugpläne der beteiligten Fluggesellschaften mit dem Fertigstellungstermin abgestimmt sind.
- *Aufwand & Ressourcen:*
  Reiner Sonnenschein als Gesamtprojektleiter in der Story in diesem Buch stehen für die Umsetzung seiner Planung nur begrenzte Mittel und Mitarbeiter zur Verfügung. Die Investoren stellen nur ein begrenztes Budget für das Gesamtprojekt zur Verfügung, welches unbedingt eingehalten werden muss.

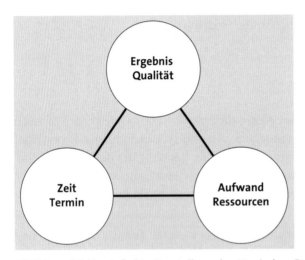

Abbildung 2.1 Vereinfachte Darstellung des Magischen Dreiecks

Die Herausforderungen entsprechen dem oben dargestellten Magischen Dreieck. Übergreifend kann man sagen, dass in aktuellen Projekten mit immer weniger Mitteln in immer kürzerer Zeit immer mehr erreicht werden muss. Diese Anforderungen kennen Sie sicher auch aus Ihrem eigenen Projektleben. So wird ein optimierendes und vorausschauendes Projekt- und Ressourcenmanagement auf Basis von validen Daten ein immer wichtigerer Garant für den erfolgreichen Projektabschluss.

Genau hier kann ein Werkzeug für das Projekt-, Portfolio- und Ressourcenmanagement helfen. Und genau hier setzt auch Project an.

Es stellt sich die Frage, welche Chancen und Risiken die Einführung von Werkzeugen für eine beispielhafte Organisation wie den Neubau des AIRPORT Bielefeld in sich birgt. Welche Voraussetzungen technischer und prozessualer Art müssen berücksichtigt werden?

2.2 Betriebliche Ausgangslage und Anforderungen

Die ersten Planungsschritte für den Neubau des AIRPORT Bielefeld sind noch einfach. Die erste Vorplanung ist überschaubar und muss noch nicht wirklich detailliert sein.

Doch langsam steigen die Anforderungen. Die Zahl der Teilprojekte und vor allem auch die der Beteiligten wächst stetig. Wo ursprünglich bei der Planung noch Pioniergeist herrschte, wirken die ständig zunehmenden Anforderungen fast dämpfend. Hinzu kommt, dass das Projekt von der Öffentlichkeit aufmerksam verfolgt wird. Werden Budget, Termin oder Qualität nicht eingehalten, so hat dies nicht nur Folgen innerhalb der Flughafenplanungsgesellschaft AIRBI GmbH, auch die Wahrnehmung des Projekts in der Öffentlichkeit wird darunter leiden.

Auf dieser Basis muss sich die AIRBI Planungsgesellschaft immer weiter mit dem Thema Werkzeuge für das Projektmanagement beschäftigen.

Die Ausgangslage der Planungsgesellschaft lässt sich folgendermaßen beschreiben:

- Es gibt keine einheitliche Vorgabe für den Einsatz eines Projektmanagement-Werkzeugs. Daher werden neben Project auch Excel und/oder Word und PowerPoint für die Planung und Abbildung des Projektmanagements verwendet.
- Es existieren keine Standards für die Projektplanung, keine einheitlichen Projektvorlagen und keine übergreifend definierten Begrifflichkeiten.
- Ressourcen werden ohne Rücksprache und Überprüfung der Verfügbarkeit kurzfristig Projektvorgängen zugeordnet.
- Es gibt keine Transparenz auf Knopfdruck über Daten der Projektplanung und -steuerung der operativen Projektphase. Soll-/Ist-Vergleiche über Termine, Aufwände und Kosten können nur mit hohem Aufwand oder gar nicht erstellt werden.

Welche Anforderungen an Prozesse und Funktionalitäten ergeben sich für die AIRBI GmbH nun konkret an ein zukünftiges Projektmanagement-Werkzeug?

Um die Anforderungen entsprechend umsetzen zu können, sollte man sich natürlich erst einmal einen Überblick über die aktuell verfügbaren Software-Systeme verschaffen.

Natürlich fällt der Blick hier auch auf Project. Ein erstes Argument, welches für Project sprechen kann, ist die Möglichkeit der iterativen Einführung des Werkzeugs. In einer ersten Ausbaustufe reicht möglicherweise das Modul Project ohne Project Server oder Project Online aus. In der zweiten Ausbaustufe kann dann Project an den Project Server oder Project Online angebunden werden und zusätzlich die Project Web App genutzt werden, um eine optimale Vernetzung aller Projektbeteiligten zu gewährleisten.

Eine nähere Erläuterung zu Einführungsverlauf und -strategie finden Sie in Kapitel 3, »Implementierung aus strategischer Sicht«.

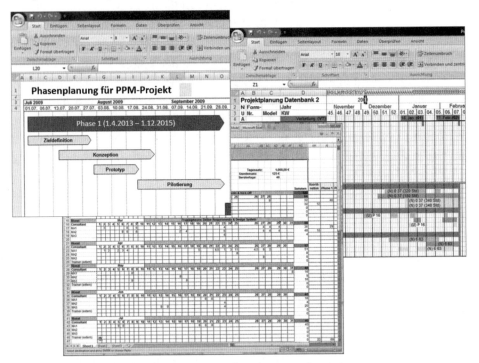

Abbildung 2.2 Beispiel für die Projektplanung mit Microsoft Excel

2.3 Microsoft PPM, Komponenten

Im Laufe der Jahre hat sich Microsoft Project umfangreich weiterentwickelt. Neben dem Microsoft Project Server 2007 kam im Jahr 2007, wie schon in Abschnitt 1.7, »Geschichtlicher Abriss Microsoft Project«, kurz erwähnt, der Microsoft Project Portfolio Server für die Abbildung eines Projektantragswesens und das Projektportfoliomanagement hinzu.

Um alle Anwendungsgebiete mit einem Begriff zu beschreiben, wurde seit Ende der 2000er-Jahre der Name Microsoft EPM (Enterprise Project Management) verwendet. Microsoft EPM stand als Oberbegriff für die Sammlung von Microsoft-Werkzeugen, die zur Abbildung eines vollständigen Projektlebenszyklus genutzt werden können, auch unter Einbeziehung von SharePoint-Funktionen.

Seit ca. 2012 gibt es nun, zumindest aus Sicht von Microsoft, einen Nachfolger für die Begrifflichkeit EPM, und zwar PPM. PPM steht für Projektportfoliomanagement, berücksichtigt begrifflich jedoch noch stärker auch die Einbeziehung des Portfoliomanagements in den Funktionsumfang von Project.

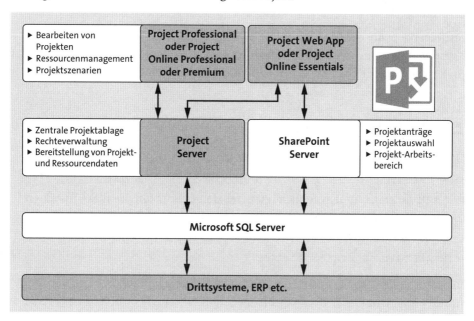

Abbildung 2.3 Die Komponenten von Microsoft PPM in der on-premises-Variante

Leicht abgewandelt lassen sich die Komponenten von Microsoft PPM auch in der Variante für Project Online wie folgt darstellen:

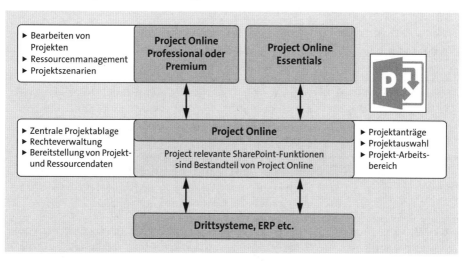

Abbildung 2.4 Die Komponenten von Microsoft PPM in der Online-Variante

Wie schon oben dargestellt, bietet Microsoft PPM mit allen Komponenten und Modulen eine optimale Erweiterbarkeit für die wachsende und sich ändernde Projektorganisation.

Im folgenden Abschnitt erhalten Sie eine detaillierte Beschreibung aller Project-Komponenten. Eine weitere Übersicht über die Komponenten aus Anwendungssicht findet sich in Abschnitt 10.2, »Microsoft PPM – die Komponenten«.

2.4 Das Project-Lizenzmodell

Das neue Project wird in seinen verschiedenen Ausprägungsarten in zwei unterschiedlichen Lizenz- und Bereitstellungsmodellen zur Verfügung gestellt:

- Als Dauerlizenz für den zeitlich unbegrenzten Einsatz (on premises, installiert in der eigenen Infrastruktur). Die Dauerlizenz ist sowohl als sogenannte Volumenlizenz für Unternehmen als auch als Einzelarbeitsplatz verfügbar.
- als Mietlizenz für den Cloud-Service

In der folgenden Tabelle 2.1 sind die Lizenzen aus übergreifender Sicht für die on-premises-Variante mit ihren Einsatzgebieten dargestellt. Hierbei wurde auch der Microsoft SharePoint Server berücksichtigt:

Lizenz	Einsatzgebiet
Microsoft Project Server	zentrale Administration der Projekt-, Ressourcen- und Benutzerdaten
Microsoft Project Professional	Erstellen und Bearbeiten von Projektplänen sowie Ressourcenmanagement. Die Professional-Lizenz enthält bereits eine *Client Access License* (CAL), siehe unten.
Microsoft Project Web App-CAL (Client Access License)	Lizenz für den Zugriff auf den Microsoft Project Server per Microsoft Project Web App. Webbasierte Kommunikation, Projektbearbeitung, Ressourcenmanagement und Controlling etc.
Microsoft SharePoint Server	Microsoft Project Server basiert technisch auf Microsoft SharePoint Server. Daher ist auch pro Server eine Microsoft-SharePoint-Server-Lizenz notwendig.
Microsoft SharePoint Standard-CAL (Client Access License)	Jeder Project-Server-Benutzer greift automatisch auch auf SharePoint Server zu und kann dort Funktionalitäten wie Dokumentenmanagement, Listen oder die SharePoint-Suche nutzen. Dazu benötigt er diese Lizenz.

Tabelle 2.1 Lizenzmodell Microsoft Project Server für die on-premises-Version

Lizenz	Einsatzgebiet
Microsoft SharePoint Enterprise-CAL (Client Access License)	Project Server verwendet auch SharePoint-Funktionalitäten wie die Excel Services oder die Performance Point Services. Daher wird die Enterprise-CAL zusätzlich je Benutzer benötigt.

Tabelle 2.1 Lizenzmodell Microsoft Project Server für die on-premises-Version (Forts.)

Neben den direkten Lizenzen für den Einsatz des Microsoft Project Servers werden noch weitere Lizenzen, falls nicht bereits in der Organisation vorhanden, benötigt:

Lizenz	Einsatzgebiet
Microsoft Windows Server	Betriebssystem für jeden Server der Microsoft-Project-Server-Installation
Microsoft Windows Server-CAL	Jeder Benutzer, der auf Windows Server zugreift, benötigt eine CAL. Diese ist allerdings ziemlich sicher bereits vorhanden, da dies ja vermutlich nicht die ersten Windows-Server Ihrer Organisation sind.
Microsoft SQL Server	Das zugrunde liegende Datenbanksystem.
Microsoft SQL Server-CAL	Sie benötigen entweder für jeden Benutzer eine SQL Server-CAL, oder Sie lizenzieren den Microsoft SQL Server pro Prozessor. Dann ersetzt die CPU-Lizenz die SQL Server-Lizenz sowie die SQL Server-CALs. Der Microsoft SQL Server wird pro physischen Prozessor lizenziert, ein Quad-Core-Prozessor benötigt also nur eine Lizenz. Ab welcher Benutzerzahl die CPU-Lizenzierung günstiger ist, hängt von Ihrem Lizenzmodell und der verwendeten SQL Server-Version (Standard, Enterprise) ab.

Tabelle 2.2 Weitere benötigte Lizenzen für den Einsatz von Project in der on-premises-Variante

Im August 2016 wird das Modell für die in der Cloud verfügbaren Project-Lizenzen umgestellt. In der folgenden Tabelle 2.3 sind die ab diesem Zeitpunkt gültigen Lizenzen aus übergreifender Sicht für die Online-Variante in der Cloud mit ihren Einsatzgebieten dargestellt, soweit dies schon zum Zeitpunkt der Verfassung dieses Buches bekannt ist:

Lizenz	Einsatzgebiet
Project Online Premium	Project Online Premium steht für den Zugang zu einem cloudbasierten »Project Server« in vollem Funktionsumfang. Dieser erlaubt die zentrale Administration der Projekt-, Ressourcen- und Benutzerdaten sowie alle weiteren Funktionen zur Bearbeitung von Projekt-, Portfolio- und Ressourcendaten im Projektlebenszyklus. Ebenso ist in dieser Lizenz die Click-to-Run-Version von Project Professional enthalten (Project Online Professional, siehe nächste Tabellenzeile).
Project Online Professional	Von den Funktionen identisch mit Project Professional (Rich Client), wird jedoch per Click-to-Run als Download bereitgestellt. Mit Project Online Professional kann auf die »Server«-Funktionen von Project Online zugegriffen werden, mit Ausnahme der Funktionen Resource Engagements, Demand Management sowie Portfolioplanung und -reporting.
Project Online Essentials	Diese Lizenz kann nicht eigenständig genutzt werden, sondern wird nur in Kombination mit Project Online für die typischen Tätigkeiten von Projektmitarbeitern bereitgestellt. Für erweiterte Planungstätigkeiten im Projekt und Ressourcenmanagement wird Project Online Professional bzw. Premium benötigt. (Project Essentials kann auch für Project Server on premises verwendet werden.)

Tabelle 2.3 Lizenzmodell Microsoft Project Online

Im Gegensatz zur on-premises-Version von Project werden keine zusätzlichen weiteren Server-Lizenzen benötigt.

Die bis zum 1. August 2016 verfügbaren Lizenzen sollen laut den uns vorliegenden Informationen wie in Tabelle 2.4 dargestellt transferiert werden:

Bis zum 31. Juli 2016		Ab dem 1. August 2016
Project Lite	→	Project Online Essentials
Project Pro für Office 365	→	Project Online Professionell
Project Online	→	Project Online Premium
Project Online with Project Pro for Office 365	→	Project Online Premium

Tabelle 2.4 Altes und neues Lizenzmodell Project Online

Der Funktionsumfang von Project Online wird zukünftig wie in der folgenden Abbildung 2.5 dargestellt abgegrenzt:

Features	Office 365 Suites*	Project Online Essentials	Project Online Professional	Project Online Premium
Planner	•			
Update Tasks, Issues & Risks		•	•	•
Submit Timesheets		•	•	•
Project Desktop Client			•	•
Web Interface for Project Management			•	•
Project Scheduling and Costing			•	•
Manage Tasks & Resources			•	•
Project Collaboration			•	•
Portfolio Planning & optimization				•
Demand Management				•
Resource Management				•
Portfolio Reporting				•

* Aktuell kein integraler Bestandteil von Project, kann aber funktional verbunden werden.

Abbildung 2.5 Abgrenzung der Project-Online-Varianten ab dem 1. August 2016 (Quelle: Microsoft)

2.5 Idee und Positionierung von Microsoft Project und Project Online

Die Idee hinter Microsoft Project ist kurz definiert: Mit einem einfach zu bedienenden Werkzeug sollen ohne viel Aufwand Projekte geplant und gesteuert werden können. Der Einsatz des Microsoft Project Servers oder alternativ Project Online ist hier etwas umfangreicher zu beschreiben:

▶ Alle Projekt- und Ressourcendaten werden in einer zentralen Datenbank verwaltet und bereitgestellt.

▶ Über einfache webbasierte Sichten können alle Projektbeteiligten auf diese Daten rechte- und rollenabhängig zugreifen.

▶ Das System kann iterativ eingeführt werden und lässt sich bereits mit Bordmitteln einfach anpassen und erweitern.

Für das vernetzte Projekt- und Ressourcenmanagement wird am Markt eine Vielzahl von verschiedensten Werkzeugen mit unterschiedlichsten Ausprägungen angeboten. Grundsätzlich lassen sich die Werkzeuge in drei Kategorien aufteilen:

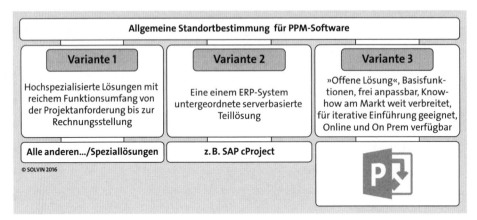

Abbildung 2.6 Positionierung des Project Servers und Project Online im Wettbewerb mit anderen Produkten

Im Folgenden werden die drei Varianten vorgestellt:

- *Variante 1*

  Variante 1 beschreibt im Großen und Ganzen alle am Markt verfügbaren Projektmanagement-Lösungen außer Project Server und Project Online sowie den SAP-Projektmanagement-Komponenten. Diese Werkzeuge verfügen über einen sehr hohen Grad an Funktionalitäten, bieten feinstes Terminmanagement, eine umfangreiche Ressourcenabstimmung und produktabhängig eine komplette Faktura und Prozessabbildung. Sie werden in der Regel direkt vom Hersteller angeboten, implementiert und angepasst. Sollte ein Werkzeug aus dieser Variante zu 100 % Ihre Anforderungen treffen, so könnte eine Implementierung durchaus sinnvoll sein.

  Mögliche Nachteile können sein: Da die Lösung direkt vom Hersteller implementiert wird, werden auch Anpassungen ausschließlich durch ihn vorgenommen. So kann sich eine gewisse Abhängigkeit vom Hersteller ergeben. Dieser ist oftmals mehr an der Weiterentwicklung seines Produkts und weniger an Anpassungen interessiert. Auch im Rahmen der Preisgestaltung für Beratung und Anpassungen kann es durch nicht vorhandenen oder sehr überschaubaren Wettbewerb Nachteile geben. Dies sind natürlich nur Annahmen, welche jedoch bei einer Werkzeugrecherche berücksichtigt werden sollten.

- *Variante 2*

  Variante 2 beschreibt Projektmanagement-Werkzeuge, welche über SAP bereitgestellt werden. Diese sind optimal in das Gesamtpaket SAP eingebettet und bieten

einen großen Funktionsumfang. Kritisch wird oftmals der Aufwand für Anpassungen sowie die Komplexität und die aufwendige Handhabung angemerkt. Durch die umfangreiche Einbettung in Prozesse lassen sich Projekte, Ressourcenmanagement, Szenarien etc. nicht »mal eben« realisieren, sondern es sind umfassende Anpassungen nötig. Diese Aussage kann nicht verallgemeinert werden, sollte jedoch ebenfalls bei der Recherche berücksichtigt werden.

- *Variante 3*
  Die 3. Variante beschreibt Project Server oder alternativ Project Online. Die Meinungen über dieses Produkt gehen weit auseinander. Die eine Seite kritisiert den zu hohen Funktionsumfang und die unübersichtlichen Automatismen, die andere Seite wiederum bemängelt zu wenig Funktionalitäten und Prozessabbildungen. Die Ursachen hierfür liegen oft in der nicht ausreichenden Ausrichtung von Project Server und Project Online an die tatsächlichen Erfordernisse. Project Server, Project Online und vor allem der Client Microsoft Project werden oft »mal eben so nebenbei« installiert und gleich für die Anwendung freigegeben. Project Server und Project Online können, müssen aber nicht zwingend sofort angepasst werden. Sie eignen sich durchaus für eine iterative Einführung, im ersten Schritt z. B. für die einfache Datenkonsolidierung von lokalen Plänen auf einer zentralen Instanz. Weitere Anpassungen können Schritt für Schritt, bedarfsgerecht und oftmals auf Basis von Office-Techniken sowie Microsoft Visual Studio angepasst werden, wobei die Anpassungsmöglichkeiten bei Project Server grundsätzlich größer bzw. einfacher umzusetzen sind als bei Project Online. Am Markt existiert eine Vielzahl von Implementierungs- und Lösungspartnern. Auch diese Punkte sollten im Vergleich mit den beiden ersten Varianten berücksichtigt werden.

Zusammenfassend können folgende Argumente, je nach Anforderung, für die Implementierung eines Microsoft Project Servers sprechen:

- *Transparenz*
  Alle Projekt- und Ressourcendaten können per Browser, Microsoft Excel, Microsoft Reporting Services, Power BI etc. für alle Projektbeteiligten bereitgestellt werden.

- *Know-how in der Bedienung weitverbreitet*
  Grundkenntnisse in Project sind weitverbreitet, Seminare und Literatur werden in unzähligen Varianten angeboten. Das Unternehmen, das einen Project Server oder Project Online einsetzt, hat selbst die Möglichkeit, die offene Architektur an die eigenen Erfordernisse anzupassen.

- *Beliebige Skalierbarkeit*
  Der Project Server basiert auf Microsoft SharePoint Server und dem Microsoft SQL Server und kann so wie diese auch nahezu beliebig skaliert werden. Anwenderzahlen im höheren vier- bis fünfstelligen Bereich sind erfolgreich in vielen großen

Unternehmen bereits realisiert. Project Online kann entsprechend der Cloud-Kapazitäten ebenfalls beliebig skaliert werden.

▶ *Einbettung in SharePoint*
Durch die Einbettung in SharePoint sind eine Vielzahl von Individualisierungen für verschiedenste Projektorganisationen und Branchen möglich. Prozesse nach PMI, Prince2 etc., projektbegleitendes Kommunikationsmanagement, Informationsmanagement sowie die Verwaltung von projektbegleitenden Informationen können beliebig realisiert werden.

Der einfachste Mehrwert des Einsatzes von Project Server und Project Online wird in Abbildung 2.7 dargestellt. Durch die Nutzung von Microsoft Project quasi als Office-Werkzeug werden Pläne einfach nur zentral auf einem Project Server oder Project Online anstatt wie bisher lokal gespeichert. Durch eine einfache Veröffentlichung des Plans können so alle relevanten Projekt- und Ressourceninformationen rechteabhängig per Browser bereitgestellt werden. Die Projekt- und Ressourcendaten können so per Standardschnittstelle nach Microsoft Excel oder erweitert über die Microsoft Reporting Services, Power BI oder Microsoft Excel Services für Auswertungen herangezogen werden. Solch ein Grundsystem kann bereits mit überschaubarem Aufwand eingeführt werden.

Abbildung 2.7 Projektübersicht mit Microsoft Project Web App

2.6 Neue Funktionen in Microsoft Project Server 2016

Im Folgenden erhalten Sie eine einfache und sicherlich nicht ganz vollständige Übersicht über die wesentlichen Neuerungen aufgeteilt nach Microsoft Project und Microsoft Project Server.

2.6.1 Neu in Project 2016

- *Mehrfache Zeitachsen:* Seit Microsoft Project 2013 steht dem Projektleiter die Funktion Zeitachse zur Verfügung. Mit dieser Funktion können gezielt Vorgänge aus dem Projekt ausgewählt und in einem Zeitstrahl grafisch dargestellt werden. Dieser Zeitstrahl konnte z. B. für eine Projektzusammenfassung als Grafik nach Microsoft PowerPoint übernommen werden. Nun wird die Funktion Zeitachsen in Microsoft Project 2016 weiter verbessert: Während in der Version 2013 nur eine Zeitachse für das Projekt abgebildet werden kann, lassen sich in Microsoft Project 2016 bis zu 10 Zeitachsen darstellen. Dies ist z. B. sehr hilfreich, wenn grafisch für verschiedene Projektphasen jeweils unabhängige Zeitachsen dargestellt werden sollen.
- *»Was möchten Sie tun«:* Manche Befehle und Funktionen in Microsoft Project sind nicht sofort auffindbar. Der ungeübte Anwender musste in den Vorversionen erst mehrere Menübänder sichten, bis er die richtige Funktion gefunden hatte. Hier soll nun die neue Funktion »Tell me what you want to do«, in der deutschen Version »Was möchten Sie tun«, unterstützen. Bei ersten Tests zeigt sich, dass fast alle Funktionen hier aufgeführt sind. Bei der Eingabe von Suchbegriffen werden unterhalb der Eingabezeile direkt Menüs zur Auswahl angezeigt. Aus diesen kann dann die Funktion gestartet werden.

2.6.2 Neu in Microsoft Project Server 2016

- *Ressourcenanforderungen/Resource Engagements:* Neue Funktionen werden auch für das Ressourcenmanagement mit Microsoft Project Server 2016 bereitgestellt. Die Resource Engagements ersetzen die alte Funktion »Ressourcenplan«. Nach abgesendeter Ressourcenanfrage kann nun der Ressourcenmanager in der Microsoft Project Web App die Anfrage prüfen und gegebenenfalls freigeben. Möglich ist auch, dass der Ressourcenmanager eine alternative Ressource statt der angefragten Ressource vorschlägt. Die neue Funktion Resource Engagements ist bereits schon länger für Project Online verfügbar und nun mit 2016 auch in der on-premises-Version enthalten. Neu ist auch die Darstellung der Ressourcenauslastung bzw. -überlastung, welche in der Microsoft Project Web App nun auch farblich dargestellt werden kann.

- *Neue Kontextmenüs im Project Center:* Im Project Center werden die Listeneinträge pro Projekt ähnlich wie bereits in den vergangenen SharePoint-Versionen nun auch mit einem Kontextmenü ausgestattet. Damit können direkt am Listeneintrag weitere Informationen und zusätzliche Funktionen aufgerufen werden.
- Bessere Darstellung der Auslastung von Ressourcen mit *Heatmaps*
- *Integration Power BI:* Power BI ist eine Sammlung von Business-Intelligence-Werkzeugen, die besonders für die Erstellung von Dashboards geeignet sind. Dieser Dienst wird zurzeit ausschließlich in der Cloud bereitgestellt, wobei die Quelle der Daten durchaus on premises gehalten werden kann. Mit den unterschiedlichen Werkzeugen können Daten modelliert, transformiert und aufbereitet werden, ohne dass tiefer gehende IT-Kenntnisse erforderlich sind. Power BI ist auch gut geeignet, um Projektdaten aus Fremdsystemen mit den Daten aus Project Server zu verbinden, die dann gemeinsam auf einer Plattform ausgewertet werden können. Interessant sind vor allem die Drilldown-Funktionalitäten, die es z. B. erlauben, von der Projektebene direkt auf Vorgangs- oder Zuordnungsebene zu navigieren. Besonderes Highlight ist die Q/A-Funktion, wo direkte Fragen in natürlicher Sprache an den Datenbestand formuliert werden können. Dadurch können sowohl die benötigten Felder und Filter als auch die Darstellung und Sortierung gesteuert werden. Die so erstellten Auswertungen können dann mit einem Klick an ein Dashboard angeheftet werden, sodass diese später weiterhin zur Verfügung stehen.

Interessant ist sicherlich die Information, dass die Project-Komponenten in den Versionen 2013 und 2016 miteinander gemischt eingesetzt werden können. So können z. B. für einen neuen Project Server 2016 oder Project Online noch 2013er-Project-Client-Lizenzen verwendet werden.

Sicherlich haben sich noch einige andere Dinge in Project 2016, Project Server 2016 oder Project Online geändert. Aufgrund ihrer überschaubaren Bedeutung sind diese jedoch hier nicht separat aufgelistet. Vielmehr werden sie in den folgenden Kapiteln nach ihrer Themenbereichszugehörigkeit erwähnt.

Kapitel 3
Implementierung aus strategischer Sicht

Bevor ein Projektmanagement-Werkzeug in einem Unternehmen eingeführt wird, sollten einige strategische Überlegungen angestellt werden. Welche Vision steht hinter dem Vorhaben? Wie steht es um den Reifegrad im Hinblick auf die Projektmanagement-Kultur? Für welche Zielgruppe und in welchem Umfang ist die Einführung des Projektmanagement-Werkzeugs sinnvoll?

Vor der Einführung eines Projektmanagement-Werkzeugs sollten Sie sich darüber klar sein, dass der Erfolg, aber auch der Misserfolg eines solchen Projekts recht weitreichende Folgen hat. Sollte die erste Einführung eines Projektmanagement-Werkzeugs misslingen, so können Sie erfahrungsgemäß davon ausgehen, dass Sie die damit verbundenen Ziele für eine längere Zeit nicht erreichen können, denn die Mitarbeiter Ihrer Organisation werden dann einem erneuten Versuch einer Einführung wahrscheinlich eher abwehrend gegenüberstehen.

Deshalb ist es eine Notwendigkeit, dieses Vorhaben strukturiert anzugehen. Um diesem Vorsatz gerecht zu werden, sollten Sie die Einführung von Projektmanagement-Werkzeugen selbst als ein Projekt begreifen, idealerweise sogar als Teilprojekt eines größeren Kontextes, nämlich der Definition und Etablierung von Projektmanagement-Standards bzw. einer Projektmanagement-Kultur in Ihrem Unternehmen. Bevor Sie jedoch dieses Projekt Hals über Kopf aufsetzen, ist es sinnvoll, sich über ein generelles strategisches Vorgehen bzw. die mit diesem Projekt verbundenen strategischen Ziele Gedanken zu machen.

Was ist nun konkret im Vorfeld der Implementierung von Projektmanagement-Werkzeugen zu beachten, um eine Einführung möglichst erfolgreich zu gestalten? Diese Frage stellt sich natürlich auch Heinrich Schmidt, Vorstand der Flughafenplanungsgesellschaft AIRBI GmbH. Er steht vor der Herausforderung, seinen durchaus erfahrenen Projektmanagern und Ingenieuren, im Besonderen Reiner Sonnenschein, adäquate Werkzeuge zur Projektplanung, aber auch einen organisatorischen Rahmen an die Hand zu geben. Darüber hinaus steht über allem die Wahrnehmung des Bauprojekts in der Öffentlichkeit als ein in jeder Hinsicht professionell gesteuertes Vorhaben in seinem Fokus. Und nicht zuletzt ist der Bau eines Flughafens ein höchst komplexes Vorhaben mit vielen Teilprojekten, Zulieferern sowie entsprechenden rechtlichen Rahmenbedingungen. Für Heinrich Schmidt steht fest, dass es ohne technische Unterstützung und einen hohen Organisationsgrad unmöglich ist, diese Komplexität beherrschbar zu machen.

Dieses Kapitel soll Ihnen einfach und übersichtlich einige Grundgedanken bei der Entwicklung einer Strategie für die nachhaltige Einführung von Projektmanagement-Standards und -werkzeugen anhand von beispielhaften Vorgehensweisen näherbringen, sodass auch Ihr Implementierungsprojekt ein Erfolg werden kann!

3.1 Die Vision

Vor jeder Einführung eines vernetzten und IT-gestützten Projektsystems sollte die *Vision* für ein solches Vorhaben formuliert werden. Diese Vision ist idealerweise Teil der Vision einer Projektmanagement-Kultur im Unternehmen.

Heinrich Schmidt weiß um die Öffentlichkeitswirksamkeit des Flughafens Bielefeld und des Handelns der Flughafenplanungsgesellschaft AIRBI GmbH. Die *Stakeholder* im *Projektumfeld* erwarten eine professionelle Umsetzung des Gesamtprojekts. Außerdem gilt es, wie oben geschildert, die Komplexität des Gesamtvorhabens beherrschbar zu machen.

> **Stakeholder und Projektumfeld**
>
> *Stakeholder* sind Projektbeteiligte, vom Projekt betroffene und am Projekt interessierte Parteien – vereinfacht Personen, Personengruppen und Organisationen innerhalb des Projektumfeldes mit einer direkten oder indirekten Beziehung zum Projekt (vergleiche auch die Definition *Projektbeteiligte* laut DIN 69901-5), beispielsweise:
>
> ▶ Politiker
> ▶ Einwohner angrenzender Orte
> ▶ Bürgerinitiativen, z. B. »Viel Lärm um nichts – ohne uns!«
> ▶ Projektmitarbeiter/Mitarbeiter der AIRBI GmbH
> ▶ Zulieferer
> ▶ ...
>
> Die DIN 69904 definiert das *Projektumfeld* als das »Umfeld, in dem ein Projekt entsteht und durchgeführt wird, das das Projekt beeinflusst und von dessen Auswirkungen beeinflusst wird«. Hierzu zählen neben den Stakeholdern beispielsweise auch sachliche Einflüsse wie Gesetze, Richtlinien und Normen.

Für den Erfolg des Gesamtvorhabens sind natürlich die Einhaltung des Fertigstellungstermins und möglichst auch des Gesamtbudgets die höchsten Ziele, aber es ist mindestens genauso wichtig, die Einzelinteressen der Stakeholder und die durch das Projektumfeld gegebenen Rahmenbedingungen angemessen zu berücksichtigen. Darauf wollen wir an dieser Stelle bewusst nicht detailliert eingehen. Die Teilaspekte »Non den Stakeholdern wahrgenommene Professionalität im Projektmanagement« und »Beherrschbarkeit der Komplexität« sollen uns hier nun als zwei wesentliche Einflussgrößen für den Erfolg des Gesamtvorhabens und damit für die Formulierung der *Vision* näher beschäftigen.

Was muss Heinrich Schmidt erreichen, um zum einen dafür zu sorgen, dass die Stakeholder den Bau des Flughafens als professionell bewerten, und zum anderen selbst während des komplexen Projekts den Überblick zu behalten? Er notiert folgende wesentlichen Eckpunkte:

- Transparenz
- Nachvollziehbarkeit des Gesamtvorhabens
- integrierte Steuerung des Gesamtvorhabens

Heinrich Schmidt betrachtet in Ruhe seine formulierten Eckpunkte und ahnt, dass er für die Sicherstellung von Transparenz und Nachvollziehbarkeit neben Prozessstandards im Projektmanagement sowie klar definierten Rollen und Verantwortlichkeiten auch ein Werkzeug benötigt, das ihn in die Lage versetzt, das Gesamtvorhaben in unterschiedlichen Detailtiefen gegenüber den verschiedenen Interessengruppen regelmäßig darzustellen. Natürlich muss dieses Werkzeug auch eine Grundlage für die integrierte Steuerung des Gesamtvorhabens bieten. Es muss also ermöglichen, Termine, Kosten, inhaltliche Aspekte, Risiken und Dokumente immer in einem Gesamtkontext (über alle Teilprojekte hinweg) zu betrachten, wenn es darum geht, im Projektverlauf Entscheidungen (von Tragweite) zu treffen.

Je länger Heinrich Schmidt darüber nachdenkt, umso klarer wird ihm, dass er nicht allein für eine wahrgenommene Professionalität im Projektmanagement und die Beherrschbarkeit der Komplexität sorgen kann. Und auch der Gesamtprojektleiter Reiner Sonnenschein kann sicher trotz seiner weitreichenden Erfahrung die gewünschte Wahrnehmung bei den Stakeholdern nicht allein erzeugen. Deshalb beschließt Heinrich Schmidt intuitiv, später die Stabsstelle Projekt- und Portfoliomanagement um ein zentrales Projektmanagement-Office (PMO) zu erweitern. Er stellt sich vor, dass künftig Projektassistenzen für die Einhaltung der Prozessstandards sorgen und sicherstellen, dass die Teilpläne jederzeit nachvollziehbar aufgebaut werden. Außerdem müssen für die zahlreichen Infoveranstaltungen die entsprechenden Inhalte aufbereitet werden. Das Team »Controlling« und auch das Projektmarketing benötigen aktuelle Informationen aus den Projektplänen, Berichte und Zuarbeiten.

Aber wie zu Projektmanagement- und damit zu Werkzeugstandards kommen? Heinrich Schmidt fragt seine langjährige Vertraute und erfahrene Managementberaterin Ida Burchhardt, ob sie ihm bei der Entwicklung dieser Standards helfen könnte.

Ida Burchhardt ist sofort begeistert von seinen Grundgedanken und sieht auch, dass für ein so ambitioniertes Vorhaben wie einen Flughafenbau ein PMO den durchgängigen Einsatz von Projektmanagement-Werkzeugen sicherstellen kann. Gemeinsam mit Heinrich Schmidt bringt sie seine Gedanken zur Vision auf den Punkt. Konkret formulieren die beiden folgende Vision:

»Wir zeichnen uns durch ein professionelles Projektmanagement sowie eine integrierte Steuerung des Gesamtvorhabens aus und können den Stand des Flughafenbaus Bielefeld jederzeit transparent und nachvollziehbar darstellen!«

Ida Burchhardt und Heinrich Schmidt ist klar, dass sie diese Vision noch weiter in konkrete Ziele verfeinern sollten, um das Projekt »Einführung eines Projektmanagement-Werkzeugs« im Kontext der Entwicklung einer Projektmanagement-Kultur klar zu umreißen. Ausgehend von der Frage »Wo stehen wir heute?«, soll die nach dem Motto »Wo wollen wir hin?« skizzierte Vision durch ganz konkrete Anforderungen an den Funktionsumfang des Werkzeugs unterfüttert werden.

3.2 Schritte zur Entwicklung einer Roadmap

Nach der Definition der groben Vision können sich Heinrich Schmidt und Ida Burchhardt im nächsten Schritt um die Details kümmern. Dabei wollen sie als Ergebnis einen konkreten Plan für die Einführung und dauerhafte Etablierung einer »Projektmanagement-Kultur mit Werkzeug« entwickeln. Dieser Plan soll hier als Roadmap bezeichnet werden, da er sich von einer operativen Detailplanung noch deutlich unterscheidet.

Zur Erarbeitung der Roadmap empfiehlt Ida Burchhardt, folgende Schritte zu durchlaufen:

1. *Ist-Aufnahme und Potenziale*
   Wo steht die AIRBI GmbH heute im Projekt-, Multiprojekt- und Projektportfoliomanagement?
2. *Strategische Ziele formulieren*
   Was soll konkret erreicht werden?
3. *Benötigte Prozesse und Systeme festlegen*
   Welche Prozesse und Werkzeuge werden mit welchen Funktionen benötigt, um diese Ziele zu erreichen?
4. *Organisatorische Strukturen festlegen*
   Wie könnte ein Struktur- und Organisationsmodell aussehen, um die nötige Verbindlichkeit und eine effiziente integrierte Steuerung über alle Teilprojekte sicherzustellen?

5. *Ablauf und Zeitschiene festlegen*
   Welche Ziele (Prozesse, Systemfunktionen, organisatorischen Strukturen) sollen bis wann umgesetzt bzw. eingeführt werden?
6. *Investitionsplanung durchführen*
   Welche Sach-, Personal- und Finanzmittel müssen bis wann bereitgestellt werden?

Wir wollen hier auf die ersten fünf Schritte näher eingehen. Schritt 6 folgt auf Basis von Schritt 5 und ist von individuellen Konditionen Ihrer Organisation abhängig, wie Ihrem Beratungsbedarf und den Fähigkeiten Ihrer Mitarbeiter. Darüber hinaus besteht auch eine nicht unwesentliche Abhängigkeit zur Art und Weise der technischen Umsetzung. Beispielsweise starten Sie mit einer cloudbasierten Werkzeugvariante schneller und skalieren die Investitionen anhand des tatsächlichen Bedarfs bzw. der tatsächlich vorhandenen Benutzerzahl. Diese Faktoren wollen wir hier ausblenden und auf eine beispielhafte Kalkulation verzichten.

Eventuell stellen Sie sich jetzt die Frage, ob solch aufwendige Vorbereitungen (Vision, Roadmap usw.) für die Implementierung einer einfachen Standardsoftware gerechtfertigt sind. Vergegenwärtigen Sie sich noch einmal, wie viel vom Erfolg dieser ersten Einführung abhängt, und bedenken Sie die Risiken eines solchen Projekts. In Abschnitt 3.9, »Risiken der Implementierung von Microsoft Project Server oder Microsoft Project Online«, werden zur Verdeutlichung einige typische Risiken aus verschiedenen vergangenen Implementierungsprojekten erläutert. Doch zunächst zurück zur Roadmap-Entwicklung und dem ersten Schritt »Ist-Aufnahme und Potenziale«.

3.3 Ist-Aufnahme und Potenziale

Ida Burchhardt beleuchtet mit Heinrich Schmidt die momentane Situation im Projektmanagement der AIRBI GmbH.

Einige erfahrene Mitarbeiter wurden eingestellt, die das Projektmanagement-Handwerk beherrschen. Das ist eine gute Basis, um das Projekt Flughafenbau professionell zu steuern. Bislang wurden jedoch weder Prozessstandards noch Werkzeuge festgelegt, und der Aufbau des Projektmanagement-Office (PMO) war bis dato auch nur eine Absichtserklärung.

Ida Burchhardt schlägt eine strukturierte Analyse der Ausgangssituation vor. Beispielsweise könnte eine Standortbestimmung im Projektmanagement anhand von Reifegradmodellen durchgeführt werden. Ein prominenter Vertreter ist das *Capability Maturity Model Integrated* (CMMI, vergleiche auch *http://cmmiinstitute.com*), das seinen Ursprung in der Beurteilung der Reife von Software-Entwicklungsprozessen hat und heute für verschiedenste Managementprozesse angewendet werden kann.

Zusätzlich macht Ida Burchhardt auch noch einmal deutlich, dass es beim Flughafenbau nicht nur um die Beurteilung des Projektmanagements eines einzelnen Projekts geht, wie es die Öffentlichkeit gern wahrnimmt, sondern eher um den Reifegrad in der Disziplin »Beherrschen einer ganzen Projektlandschaft« (*Programm-/Multiprojektmanagement*).

Zudem werden die Mitarbeiter und Interessengruppen im Projektumfeld nach und nach bestimmt viele tolle Ideen haben, den Flughafenbau sowie später den Betrieb noch besser zu machen. Diese wollen beurteilt und in bestehende oder zukünftige Projekte integriert werden, um deren Potenzial überhaupt nutzen zu können (*Projektportfoliomanagement*).

Und zu guter Letzt erinnert sie auch noch daran, nicht nur auf das erfahrene Personal und das Werkzeug zu schauen, sondern den Aufbau einer ganzen Projektmanagement-Kultur mit mehreren Dimensionen im Blick zu haben.

> **Multiprojekt-, Programm- und Projektportfoliomanagement**
> Während man die gleichzeitige Planung und übergreifende Steuerung mehrerer Projekte allgemein als *Multiprojektmanagement* bezeichnet, ist beim *Programmmanagement* die übergreifende Steuerung inhaltlich zusammenhängender Projekte gemeint. Beim Flughafenbau kann man deshalb mit Recht von einem Programm sprechen.
>
> Mit *Projektportfoliomanagement* ist das ganzheitliche Management eines Projektportfolios im Rahmen der Frage »Machen wir die richtigen Projekte und Programme?« gemeint. Dazu gehören neben der Steuerung der parallel laufenden Projekte auch die Bewertung von Ideen und die strategische Einplanung neuer Vorhaben.

Heinrich Schmidt ist sprachlos. Er soll das Unternehmen erst einmal einem langwierigen Reifegradprozess unterziehen, und das noch über mehrere Dimensionen? Bei allem Verständnis für die Notwendigkeit einer Roadmap, damit kann er sich jetzt nicht aufhalten. Er muss kurzfristig einen Rahmenplan für das Gesamtvorhaben Flughafenbau vorlegen und einen Fertigstellungstermin nennen.

Ida Burchhardt beruhigt ihn und möchte eher pragmatisch vorgehen. Sie vereinfacht die Reifegradstufen des CMMI und formuliert abweichend folgende Stufen bzw. Level:

- *Level 1 – Initiative:* Ideen sind vorhanden, Einzelne preschen vor.
- *Level 2 – Übungsphase:* gute Absichten, erste Standardisierung erkennbar
- *Level 3 – Standards:* Standards sind kommuniziert und akzeptiert.
- *Level 4 – Messbarkeit:* messbare Verbesserungen feststellbar
- *Level 5 – kontinuierliche Verbesserung:* Optimierung der Standards

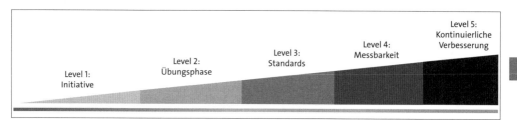

Abbildung 3.1 Bewertungsmaßstab für die Ist-Situation

Sie konfrontiert Heinrich Schmidt mit einer Matrix und fragt ihn, wie er die Situation der Flughafenplanungsgesellschaft in je wenigen Stichworten in den Disziplinen Projekt-, Programm- und Projektportfoliomanagement im Hinblick auf die aktuelle Kultur, die Fähigkeiten der Mitarbeiter, die Prozesse, die Instrumente/Systeme (Werkzeuge) und die bestehenden organisatorischen Strukturen einschätzt.

Heinrich Schmidt formuliert kurz und präzise seine Gedanken. Ida Burchhardt schätzt auf Basis ihrer Erfahrungen den jeweils »gefühlten« Reifegrad und markiert den entsprechenden Level in den einzelnen Elementen der Matrix. Gemeinsam schauen sie auf das Ergebnis:

Kategorie	**Unternehmens-kultur**	**Fähigkeiten**	**Prozesse**	**Instrumente/ Systeme**	**Organisatorische Strukturen**
Projekt-management 1 2 3 4 5	Fokus auf Struktur und Ergebnisse vorhanden 1 2 3 4 5	Erfahrene Mitarbeiter an Bord, die proaktiv handeln 1 2 3 4 5	Einheitliche Prozesse sind noch **nicht definiert** 1 2 3 4 5	Standardwerkzeuge sind noch **nicht definiert** 1 2 3 4 5	Klare Verantwortlichkeiten definiert 1 2 3 4 5
Programm- und Multiprojekt-management (MPM) 1 2 3 4 5	Die Begriffe Programm und Multiprojekt sind verbreitet im Denken und Handeln 1 2 3 4 5	Intuitives übergreifendes Denken seitens der Mitarbeiter, Verständnis für Gesamtkontext 1 2 3 4 5	Prozesse zur projektübergreifenden Planung und Steuerung sind **noch nicht definiert** 1 2 3 4 5	Integriertes System zum Management aller Teilprojekte und Ressourcen **nicht vorhanden** 1 2 3 4 5	Aufbau eines PMO beabsichtigt, Management-unterstützung gegeben 1 2 3 4 5
Projektportfolio-management (PPM) 1 2 3 4 5	Der Begriff ist bekannt, aber eine weitere **gefühlte Baustelle** 1 2 3 4 5	Erfahrene Mitarbeiter mit »Portfoliodenken« an Bord 1 2 3 4 5	Für die Priorisierung von Ideen/Projekten existieren **keine Kriterien/Prozesse** 1 2 3 4 5	Integriertes System zum Projektportfoliomanagement **nicht vorhanden** 1 2 3 4 5	Aufbau eines PMO beabsichtigt, aber zunächst Aufbau MPM im Fokus 1 2 3 4 5

Abbildung 3.2 Ausgangslage Projektmanagement-Kultur bei der AIRBI GmbH

Heinrich Schmidt schüttelt den Kopf und meint, genauso schlau wie vor der Analyse zu sein. Das Fehlen von Prozess- und Werkzeugstandards hatte er ja schon zu Beginn festgestellt. Ida Burchhardt teilt seine Meinung nicht ganz. Denn durch die erarbeitete Matrix wissen beide, auf welchen Feldern Ziele, Anforderungen und Maßnahmen zu definieren sein werden, um die zuvor formulierte Vision wahr werden zu lassen.

Beispielsweise kann eine konsequente Ausrichtung des Projektcontrollings auf die Qualität der Ergebnisse von Teilprojekten (neben Zeit- und Kostenfaktoren) als Teil des Ganzen (und damit auch als Input für abhängige Projekte) zu einer spürbaren Programmmanagement-Kultur beitragen. Die Mitarbeiter sollten auf die projektübergreifende Denkweise durch Trainings ausgerichtet werden. Regelmäßige übergreifende Statusmeetings werden auf unterschiedlichen Ebenen einzurichten sein, um die Schnittstellen zwischen Teilprojekten in den Griff zu bekommen (Prozesse zur Programmsteuerung). Und es muss ein Werkzeug gefunden werden, mit dem man kurzfristig den Rahmen des Gesamtprojekts darstellen und später das gesamte Programm beherrschbar machen kann, ganz zu schweigen von der Integration neuer Ideen. Das PMO muss natürlich vermitteln können, wie das Werkzeug funktioniert, und zur Informationsdrehscheibe ausgebaut werden.

Und so sprühen die Gedanken der beiden auf Basis weniger Stichworte, und sie merken gar nicht, dass sie schon bei der Formulierung einzelner Ziele sind. Diese werden wir im nächsten Abschnitt skizzieren, uns dabei aber auf die Dimension »Instrumente/Systeme« der oben skizzierten Matrix und damit auf das Projektmanagement-Werkzeug konzentrieren.

3.4 Strategische Ziele (für den Werkzeugeinsatz) formulieren

Beim Gedanken an die Komplexität des Flughafenbaus ist Heinrich Schmidt schnell klar, dass er am liebsten ein »durchgängiges« Projektmanagement-Werkzeug hätte. Sich mit vielen verschiedenen Systemen und Schnittstellen untereinander herumzuschlagen, macht weder Spaß noch erhöht es die Wahrscheinlichkeit einer hohen Datenqualität. Im Ergebnis der Ist-Aufnahme hatte er gemeinsam mit Ida Burchhardt ja festgestellt, dass eventuell bestehende Werkzeuge vernachlässigt werden können und in der Dimension »Instrumente/Systeme« auf einer »grünen Wiese« neu gebaut werden kann.

Außerdem muss Reiner Sonnenschein schnell in die Rahmenplanung einsteigen können. Da ist keine Zeit für den Aufbau eines komplexen und vielschichtigen Systems zum übergreifenden Management aller Teilprojekte und Ressourcen. Es muss ein Werkzeug gefunden werden, das sich in Bezug auf die über die Zeit wachsenden Anforderungen ausbauen lässt.

Einige Zeit später stehen folgerichtig bereits einige Ziele auf seinem Zettel:

1. Es wird *ein Projektmanagement-Werkzeug* für das Projekt-, Programm- und Projektportfoliomanagement, das generisch genug ist, um einen *Ausbau der Funktionalität über die Zeit* zu erlauben, benötigt.
2. Das Werkzeug erlaubt eine *transparente Darstellung des Gesamtvorhabens* und der Teilprojekte innerhalb des Unternehmens durch Veröffentlichung von Plänen und Statusberichten sowie gegenüber dem Projektumfeld durch Berichte und Basisdaten für Projektmarketing und -controlling.
3. *Nachhaltiger Einsatz des Werkzeugs* und Sicherung der Investition durch Verbindlichkeit: *Alle* Mitarbeiter nutzen *das eine System*.
4. *Akzeptanz* des eingesetzten Werkzeugs durch *alle* Beteiligten im Unternehmen (Projektleiter, Projektteams, Führungskräfte, Controller usw.) durch ein an Prozessstandards angelehntes Bedienkonzept, eine intuitive Handhabung und die Beteiligung der Mitarbeiter am Einführungsprozess
5. *Effizienz* im Hinblick auf den Einsatz von Ressourcen und Finanzmitteln im Flughafenbau durch eine Abbildung der projektübergreifenden Planung im Werkzeug und entsprechende Berichte als Grundlage für organisatorische Steuerungsprozesse, z. B. bei Ressourcenkonflikten
6. *Aktualität von Informationen* für die Steuerung der Teilprojekte und des Programms insgesamt durch eine zentrale Auskunftsbasis (Datenbank, die flexibel abgefragt werden kann)

Nach Rücksprache mit Reiner Sonnenschein kommen noch sehr konkrete Funktionsanforderungen an das Werkzeug hinzu, wie beispielsweise:

- die Abbildung von Projektstrukturplänen oder Vorgangshierarchien
- die Verbindung von Arbeitspaketen in eine logische Reihenfolge durch Anordnungsbeziehungen
- das projektübergreifende Verknüpfen von Arbeitspaketen und Meilensteinen (Programm- bzw. Multiprojektsicht)
- eine projektübergreifende Ressourceneinsatzplanung
- eine Zeiterfassung, um die Ressourcenplanung zu verifizieren und die Teilprojekte später »abrechnen« zu können
- ...

Mit diesen Zielen und ersten Funktionsanforderungen wollen Heinrich Schmidt und Reiner Sonnenschein mithilfe von Ida Burchhardt nun an die Identifikation der benötigten Prozesse und an die eigentliche Werkzeugauswahl gehen.

3.5 Benötigte Prozesse und Systeme festlegen

Obgleich wir uns in dem vorangegangenen Kapitel bei der Formulierung von strategischen Zielen auf die Instrumente/Systeme und damit das Projektmanagement-Werkzeug beschränkt haben, sei an dieser Stelle erwähnt, dass bei der Formulierung dieser Ziele und Funktionsanforderungen die dazugehörigen Prozesse immer eine Rolle spielen. Ein Projektmanagement-Werkzeug ist nun einmal Mittel zum Zweck.

Heinrich Schmidt und Ida Burchhardt nehmen deshalb die oben formulierten Ziele im Hinblick auf ihre Konsequenzen auf Prozesse und Systeme (Projektmanagement-Werkzeug) genauer unter die Lupe. In den folgenden Tabellen finden Sie beispielhaft für die oben formulierten Ziele den groben Bedarf an zu etablierenden oder zu optimierenden Prozessen und die notwendigen Systemeigenschaften.

Ziel 1: ein (einziges) Werkzeug für das Projekt-, Programm- und Projektportfoliomanagement und *Ausbau der Funktionalität* über die Zeit

Prozesse (Beispiele)	Systemeigenschaften (Beispiele)
▶ Projektmanagement-Prozess, basierend auf einem allgemein für das Unternehmen gültigen Vorgehensmodell und entsprechenden Teilprozessen, z. B. Planungsprozessen, Steuerungsprozessen, Änderungsmanagement und vielem mehr ▶ Programmmanagement-Prozesse zur Steuerung des Gesamtvorhabens, z. B. der Teilprozess »Projektübergreifendes Ressourcenmanagement« ▶ Projektportfoliomanagement-Prozesse, z. B. Ideenbewertung, Portfolioplanung, Portfoliosteuerung	▶ umfassendes System, das grundsätzlich Funktionen für alle drei Disziplinen (Projekt-, Programm-/Multiprojekt- und Projektportfoliomanagement) bereitstellt ▶ Die Systemnutzung soll über die Zeit ausgebaut werden können, das heißt, man muss zunächst mit der Unterstützung der zu definierenden Projektmanagement-Prozesse starten können und kann später Funktionen zum Programm- und Portfoliomanagement ohne größeren Anpassungs- und Migrationsaufwand ergänzen. ▶ …

Tabelle 3.1 Bedarf Prozesse und Systemeigenschaften für Ziel 1

Ziel 2: Das Werkzeug erlaubt eine *transparente Darstellung* des Gesamtvorhabens, u. a. durch Veröffentlichung von Plänen und Statusberichten.

Prozesse (Beispiele)	Systemeigenschaften (Beispiele)
▶ Stakeholder- und Kommunikationsmanagement ▶ Steuerungsprozesse, die hauptsächlich auf regelmäßig zu erstellenden Statusberichten und Statusmeetings basieren ▶ …	▶ Abbildung von Plänen, Teilplänen und der Zusammenhänge zwischen den Teilprojekten ▶ Möglichkeit, Pläne und Statusdaten zentral auszuwerten und in individuell gestaltbaren Berichten darzustellen ▶ Export von Plan- und Statusinformationen in Formate, die von Zulieferern, vom Controlling und Projektmarketing ohne großen Aufwand weiterverwendet werden können, z. B. Darstellung eines Zeitstrahls in einer Präsentation ▶ …

Tabelle 3.2 Bedarf Prozesse und Systemeigenschaften für Ziel 2

Ziel 3: Nachhaltiger Einsatz des Werkzeugs und Sicherung der Investition durch Verbindlichkeit: Alle Mitarbeiter nutzen das eine System.

Prozesse (Beispiele)	Systemeigenschaften (Beispiele)
▶ Bereitstellungsprozesse (Jeder involvierte Mitarbeiter bekommt ohne bürokratischen Aufwand Zugriff entsprechend seiner Berechtigungen.) ▶ Unterstützungsprozesse (technischer und fachlicher Support für die Nutzer des Systems) ▶ …	▶ standortübergreifende Zugangsmöglichkeit für alle Mitarbeiter (webbasiertes Werkzeug von Vorteil) ▶ langfristiger Support durch den Hersteller und regelmäßige Systemupdates ▶ …

Tabelle 3.3 Bedarf Prozesse und Systemeigenschaften für Ziel 3

Ziel 4: Akzeptanz des eingesetzten Werkzeugs durch alle Beteiligten im Unternehmen

Prozesse (Beispiele)	Systemeigenschaften (Beispiele)
▶ Bereitstellungs- und Unterstützungsprozesse (wie zu Ziel 3) ▶ Kommunikationsprozesse zum Prozess- und Systemeinsatz (Marketing für Prozessstandards und Werkzeug) ▶ Trainings (Präsenzschulungen, gegebenenfalls Web Based Trainings [WBT]) ▶ …	▶ intuitive Bedienung ▶ Integration in die bestehende Systemlandschaft ▶ Hilfesysteme ▶ …

Tabelle 3.4 Bedarf Prozesse und Systemeigenschaften für Ziel 4

Ziel 5: Effizienz im Hinblick auf den Einsatz von Ressourcen und Finanzmitteln durch eine Abbildung der projektübergreifenden Planung im Werkzeug

Prozesse (Beispiele)	Systemeigenschaften (Beispiele)
▶ projektindividuelles Ressourcen- und Kostenmanagement ▶ projektübergreifendes Ressourcen- und Kostenmanagement ▶ Projekt- und Programmcontrolling ▶ …	▶ Transparenz über die projektübergreifende Ressourcenauslastung »auf Knopfdruck« ▶ Transparenz über die Kostensituation durch individuelle Berichte unter Berücksichtigung der unternehmensspezifischen Kontierungselemente, Kostenarten, Kostenstellen etc. ▶ Möglichkeit der Gestaltung individueller Berichte als Basis für das Controlling ▶ …

Tabelle 3.5 Bedarf Prozesse und Systemeigenschaften für Ziel 5

Ziel 6: Aktualität von Informationen für die Projektsteuerung durch eine zentrale Auskunftsbasis

Prozesse (Beispiele)	Systemeigenschaften (Beispiele)
▶ regelmäßig wiederkehrende Steuerungsprozesse (u. a. durch »Rituale«, z. B. wiederkehrende Meetingformate auf Basis von Systemoutputs) ▶ regelmäßige Informationsprozesse ▶ …	▶ datenbankgestütztes System mit optimierten Datenstrukturen für das Reporting ▶ Unterscheidung verschiedener Datenstände (Ursprungsplan, genehmigter Ausführungsplan, Forecast-Planung) und bewusste Veröffentlichung von Daten als »aktuell gültig« ▶ …

Tabelle 3.6 Bedarf Prozesse und Systemeigenschaften für Ziel 6

Mit diesen Gedanken kann es nun an die Werkzeugauswahl gehen. Nach einer kurzen Phase der Marktsichtung stellt das mittlerweile rudimentär geschaffene Projektteam fest, dass *Microsoft Project Professional 2016* in Verbindung mit *Microsoft Project Server 2016* und den dazugehörigen Basissystemen *Microsoft SharePoint 2016* und *Microsoft SQL Server* die oben beschriebenen Systemeigenschaften abdecken kann. Das Team hatte sich zu diesem Zeitpunkt bereits zielgerichtet informiert und einige Anbieter ihre Tools präsentieren lassen. Sie waren überzeugt, dass die Microsoft-Systeme für die im Moment noch etwas groben Anforderungen einen sehr flexiblen Ansatz und damit alle Möglichkeiten des schrittweisen Ausbaus bieten. Durch die optimale Einbettung in die bestehende Systemlandschaft schien zudem die Schaffung einer breiten Benutzerakzeptanz »ein Kinderspiel« zu sein.

Alternativ zum Einsatz der oben genannten Microsoft-Produkte on premises, das heißt, innerhalb der lokalen IT-Infrastruktur Ihres Unternehmens ist auch der cloudbasierte Einsatz in Form von Microsoft Project Online möglich. Bei Ihren strategischen Überlegungen im Hinblick auf die Technologie ist diese Unterscheidung wichtig. Mit Cloud-Lösungen ersparen Sie sich die Investition von Zeit und Geld in die Bereitstellung der technischen Basissysteme und können Ihr System anhand des tatsächlichen Nutzerverhaltens skalieren. Mehr dazu in den folgenden Kapiteln dieses Buches.

Die Identifikation der Prozesse und eines geeigneten Werkzeugs wäre geschafft! Heinrich Schmidt ist erleichtert. In seinem Kopf wird das Bild von der Zukunft immer klarer. Klar wird ihm vor allem, dass das Ganze mit Investitionen in die Technik verbunden sein wird. Aber diese Investitionen werden sich lohnen, wenn ihm die Öffentlichkeit erst mal ein professionelles Projektmanagement bescheinigen wird!

Heinrich Schmidt erinnert sich jedoch plötzlich daran, dass die oben angesprochenen Prozesse auch durch das Personal mit Leben gefüllt werden müssen. Ida Burchhardt meint, dass sie sich doch auch schon am Anfang der Strategieentwicklung einig waren, dass ein Projektmanagement-Office (PMO) mit Projektassistenzen aufgebaut werden muss, um Prozesse und Werkzeug überhaupt etablieren zu können. Der nächste Schritt ist folgerichtig, über die notwendigen aufbauorganisatorischen Strukturen und die benötigten Fähigkeiten der entsprechenden Mitarbeiter nachzudenken.

3.6 Organisatorische Strukturen festlegen

Die Erleichterung schwindet augenblicklich bei Heinrich Schmidt. Also auch noch eine Investition ins Personal! Und gutes Personal zu finden ist schwierig und dauert. Dabei wollte er doch schnell loslegen. Ida Burchhardt versucht, die Stimmung zu heben, und meint, auch hier mit einem pragmatischen Ansatz schnell einen Überblick schaffen zu können. Sie nennt zunächst typische Rollen im Projekt-, Programm- und Projektportfoliomanagement und bittet Heinrich Schmidt, den für den ersten Schritt nötigen Bedarf zu skizzieren:

Rolle	Typische Verantwortungsbereiche	Werkzeugsicht	Im ersten Schritt benötigt?
Management	▶ Steuerung des Unternehmens	▶ »Cockpit« über alle (Teil-)Projekte	ja
Programm-manager	▶ Steuerung des Gesamtvorhabens Flughafenbau	▶ »Cockpit« über alle (Teil-)Projekte ▶ Darstellung von Teilplänen und Abhängigkeiten im Detail ▶ Berichte über das Gesamtvorhaben	ja
(Teil-)Projektleiter	▶ Steuerung eines (Teil-)Projekts innerhalb des Programms	▶ Planung Einzelprojekt ▶ Berichte zum Einzelprojekt ▶ …	teilweise

Tabelle 3.7 Typische Rollen und deren Aufgaben

3.6 Organisatorische Strukturen festlegen

Rolle	Typische Verantwortungsbereiche	Werkzeugsicht	Im ersten Schritt benötigt?
Projektmanagement-Office (PMO)	▶ Sicherstellen von Transparenz und Aktualität der Daten ▶ Entwicklung/Einhaltung der Prozessstandards ▶ Werkzeugstandards und -betreuung ▶ ...	▶ »Cockpit« und Detailsicht auf einzelne Projekte ▶ Konfiguration entsprechend der Projektmanagement-Standards ▶ Administration und Weiterentwicklung ▶ Anwenderbetreuung ▶ ...	ja, ein erster Mitarbeiter
Projektassistenz	▶ Unterstützung der einzelnen Projektleiter bzw. des Programmmanagers bei der Organisation des jeweiligen Projekts/des Programms	▶ Planung Einzelprojekt ▶ Berichte zum Einzelprojekt ▶ Dokumentenmanagement ▶ Änderungsmanagement ▶ ...	nein
Projektmitarbeiter und Zulieferer	▶ Umsetzung der Arbeitspakete	▶ Planung einzelner Teilaufgaben ▶ Statusmeldungen zu einzelnen Teilaufgaben	teilweise
Gremium zur Steuerung des Programms	▶ Freigabe von Plänen, Meilensteinen, Finanzmitteln etc. für das Gesamtvorhaben	▶ »Cockpit« über alle (Teil-)Projekte ▶ ...	ja

Tabelle 3.7 Typische Rollen und deren Aufgaben (Forts.)

Rolle	Typische Verantwortungsbereiche	Werkzeugsicht	Im ersten Schritt benötigt?
Gremien zur Steuerung der Einzelprojekte	▶ Freigabe von Plänen, Meilensteinen, Finanzmitteln etc. für je ein (Teil-)Projekt	▶ Berichte zu einem (Teil-)Projekt	nein
Gremium zur Steuerung des Projektportfolios	▶ Portfolioplanung: u. a. Priorisierung von Projekten und Ideen ▶ Portfoliosteuerung: Überwachung aller Projekte im Unternehmen	▶ Ideen- und Anforderungsmanagement ▶ Priorisierung von Ideen, Anforderungen und laufenden Projekten ▶ Szenarien zur Optimierung der Investitionen und der Ressourcenverteilung	nein

Tabelle 3.7 Typische Rollen und deren Aufgaben (Forts.)

Für die Gestaltung der Roadmap haben sich Heinrich Schmidt und Ida Burchhardt relativ schnell Klarheit verschafft, welche Rollen kurzfristig zu etablieren wären. Erwähnt sei an dieser Stelle, dass neben der Personalbeschaffung je nach Bedarf die gewünschten Fähigkeiten der Mitarbeiter u. a. durch Trainings (weiter) zu entwickeln sind. Im Schritt »Ist-Aufnahme« wurde ja in einer Matrix neben der Dimension »Organisatorische Strukturen« auch die Ausgangslage in der Dimension »Fähigkeiten« beurteilt. Im Hinblick auf die Entwicklung des gewünschten Soll-Zustands sind diese beiden Dimensionen in einem engen Zusammenhang zu betrachten.

Die bis hierhin skizzierten Ziele, die Umsetzung der identifizierten Prozess- und Systemanforderungen sowie die Etablierung der notwendigen organisatorischen Strukturen sind, wie schon mehrfach angesprochen, »ziemlich dicke Bretter«, die nicht unbedingt kurzfristig »gebohrt« werden können. Insofern ist es notwendig, die Umsetzung der Prozessgestaltung, des System- und des Organisationsaufbaus sukzessive voranzutreiben, wobei das Unternehmen kurzfristig für die grundlegenden Prozesse arbeitsfähig gemacht werden muss. Heinrich Schmidt hatte deshalb ja auch bereits mit der Möglichkeit des Systemausbaus über die Zeit ein wichtiges Ziel formuliert. Im nächsten Schritt möchte er mit Ida Burchhardt deshalb genau diese Ausbaustufen und die jeweiligen Zeiträume dafür festlegen.

3.7 Ablauf und Zeitschiene festlegen

Eingangs haben sich Heinrich Schmidt und Ida Burchhardt die Entwicklung einer Roadmap vorgenommen. Doch wie soll diese Roadmap nun konkret aussehen?

Mit einer Roadmap legen Sie einen groben Plan zur Strategieumsetzung fest. Entsprechend erarbeiten Sie in der Roadmap strategierelevante Maßnahmen zur Umsetzung Ihrer formulierten Vision über einen längeren Zeitraum (> 1 Jahr). Sie hat damit lediglich einen vorbereitenden Charakter bezüglich der Detailplanung der einzelnen Maßnahmen im Zeitverlauf.

Mit der Erarbeitung dieser Roadmap entsteht also ein Bild, das grob skizzierte Maßnahmen (und Meilensteine) im Zeitverlauf zeigt. Basierend auf der Betrachtung verschiedener Dimensionen im ersten Schritt »Ist-Aufnahme«, haben Heinrich Schmidt und Ida Burchhardt konkrete Ziele und erste Ansätze zu den benötigten Prozessen, Systemen (Instrumenten), organisatorischen Strukturen (Rollen) und implizit auch zur Entwicklung der Fähigkeiten der Mitarbeiter der AIRBI GmbH erarbeitet. Konsequenterweise sollte das Roadmap-Bild dann auch alle diese Dimensionen berücksichtigen.

Bei der Erarbeitung der bisherigen Teilergebnisse hatte Heinrich Schmidt immer wieder erwähnt, dass er die AIRBI GmbH möglichst schnell im Hinblick auf das Projektmanagement arbeitsfähig machen möchte. Kurzfristig soll ein Rahmenterminplan für den Flughafenbau (im Sinne eines Programmplans bzw. Masterplans) entstehen, sodass mit den relevanten Stakeholdern im Projektumfeld über den avisierten Zeit- und Budgetbedarf diskutiert werden kann. Damit hat Heinrich Schmidt bereits implizit Prioritäten für die Realisierung der Ziele gesetzt. Im Schritt »Organisatorische Strukturen festlegen« hat er dies sogar explizit getan.

Damit kann bereits relativ gut der Umfang einer ersten Iteration skizziert werden.

> **Iteration**
> Als Iteration wird hier ein Entwicklungsschritt im Sinne der Roadmap bezeichnet, in dem mehrere Maßnahmen in den unterschiedlichen Dimensionen gebündelt werden.

Auf dem Weg zum Roadmap-Bild machen sich Heinrich Schmidt und Ida Burchhardt deshalb zunächst über die Priorisierung der zuvor entwickelten Maßnahmen und die daraus folgenden möglichen Iterationen Gedanken. Sie definieren dabei folgende vier, in Tabelle 3.8 dargestellten Iterationen mit entsprechend beispielhaften Inhalten.

Nr.	Prozesse	Instrumente/Systeme	Organisatorische Strukturen/Fähigkeiten
1	▶ Vorgaben für das Projektmanagement (allgemeines Vorgehensmodell und entsprechende Teilprozesse) definieren (Ergebnis: Projektmanagement-Handbuch) ▶ Stakeholder- und Kommunikationsmanagement aufsetzen ▶ Projekt- und Programmcontrolling aufsetzen ▶ Trainings Microsoft Project 2016 aufsetzen ▶ …	▶ Einsatz Microsoft Project 2016 (Client) für schnelle Transparenz zum Ablauf des Gesamtvorhabens ▶ Entwicklung erster Entwürfe und Vorlagen für Statusberichte und für das Cockpit – noch unabhängig vom Projektmanagement-Werkzeug ▶ …	▶ Ernennung von Reiner Sonnenschein zum Programmmanager ▶ Einstellung eines Mitarbeiters zum Aufbau des PMO und Beauftragung dieses Mitarbeiters, erste Standards zum Vorgehensmodell und Reporting zu erarbeiten ▶ Einstellung (Teil-)Projektleiter in Abhängigkeit vom Rahmenplan ▶ Aufsetzen Management-Board (Programm)
2	▶ Programmmanagement-Prozesse zur Steuerung des Gesamtvorhabens aufsetzen (Fokus: Termine und Kosten) ▶ projektindividuelles und projektübergreifendes Kostenmanagement ▶ Bereitstellungsprozess Microsoft Project Server 2016 ▶ Unterstützungsprozesse, Systemnutzung und PM-Standards ▶ Kommunikationsprozesse zum Prozess- und Systemeinsatz (Marketing für Prozessstandards und Werkzeug) ▶ Trainings Microsoft Project Server 2016 ▶ …	▶ Einsatz Microsoft Project Server 2016 für die projektübergreifende Terminsteuerung ▶ Reporting auf Basis der Daten in Microsoft Project Server 2016 ▶ technische Umsetzung Cockpit ▶ Vorlagen zur Kostenplanung und Steuerung – noch unabhängig vom Projektmanagement-Werkzeug ▶ Weiterentwicklung der Dokumentenvorlagen ▶ …	▶ PMO-Ausbau: Projektassistenzen ▶ Einstellung (Teil-)Projektleiter in Abhängigkeit vom Rahmenplan ▶ Aufsetzen Lenkungskreise für die Einzelprojekte ▶ Verzahnung Lenkungskreise und Management-Board für das Programm ▶ …

Tabelle 3.8 Roadmap: Iterationen und darin enthaltene Maßnahmen

3.7 Ablauf und Zeitschiene festlegen

Nr.	Prozesse	Instrumente/Systeme	Organisatorische Strukturen/Fähigkeiten
3	▶ projektindividuelles und projektübergreifendes Ressourcenmanagement ▶ Trainings Microsoft Project Server 2016 (Fokus Ressourcenmanagement) ▶ …	▶ Einsatz Microsoft Project Server 2016 für übergreifendes Ressourcen- und Kostenmanagement ▶ Weiterentwicklung der Dokumentenvorlagen ▶ …	▶ Weiterentwicklung und Ausbau bestehender Strukturen
4	▶ Projektportfoliomanagement-Prozesse, z. B. Ideenbewertung, Portfolioplanung, Portfoliosteuerung ▶ …	▶ Einsatz Microsoft Project Server 2016 für ein nachhaltiges Projektportfoliomanagement ▶ …	▶ Ausbau PMO zum Projektportfoliomanagement-Office ▶ Erweiterung des bestehenden Management-Boards um Agendapunkte zum Projektportfoliomanagement-Board

Tabelle 3.8 Roadmap: Iterationen und darin enthaltene Maßnahmen (Forts.)

Anstelle von Microsoft Project Server 2016 können Sie analog den Einsatz von Microsoft Project Online in der Dimension »Instrumente/Systeme« planen, sofern Sie sich für die Nutzung eines cloudbasierten Projektmanagement-Systems entschieden haben.

Nun gilt es, einen zeitlichen Rahmen für die Umsetzung der einzelnen Iterationen festzulegen. Auf Basis der Erfahrungen von Ida Burchhardt wird als Ziel definiert, jeden der vier definierten Iterationsschritte in etwa drei Quartalen umzusetzen. Dabei soll nach gut 18 Monaten ein wichtiger Zwischenmeilenstein erreicht werden – eine funktionierende integrierte Programmsteuerung sowie »Transparenz auf Knopfdruck«. Innerhalb von drei Jahren sollen dann in allen Disziplinen (Projekt-, Programm- und Projektportfoliomanagement) Prozesse, Systeme und organisatorische Strukturen aufgebaut sein und soll damit die oben formulierte Vision wahr werden.

Mit dieser grob definierten Zeitschiene kann Heinrich Schmidt nun auch die entsprechenden Investitionen in die Infrastruktur und das Personal planen. Diesen letzten Schritt wollen wir an dieser Stelle, wie oben erwähnt, nicht erläutern. Als Ergebnis aller Überlegungen ist das Roadmap-Bild in Abbildung 3.3 entstanden.

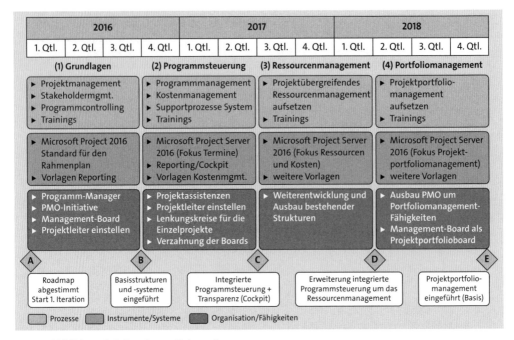

Abbildung 3.3 Roadmap-Entwurf

An dieser Stelle sei noch einmal erwähnt, dass speziell die Einführung der Instrumente und Systeme innerhalb der jeweiligen Iteration im Detail eine projektorientierte Vorgehensweise erfordert. In dem entstandenen Roadmap-Entwurf ist beispielsweise die Einführung von Microsoft Project Server 2016 oder alternativ Microsoft Project Online ab der zweiten Iteration vorgesehen. Dazu wird es erforderlich sein, auf Basis der bereits formulierten Ziele und groben Funktionsanforderungen sehr detaillierte Anforderungen für die Konfiguration des Systems und für die Entwicklung der Berichte zu erarbeiten, diese Anforderungen umzusetzen, zu testen und schließlich produktiv zu nutzen. Um dies erfolgreich zu bewältigen, stellen wir Ihnen im nächsten Abschnitt ein erprobtes Verfahren vor.

3.8 Vorgehensmodell für die Einführung von Projektmanagement-Werkzeugen

Wenn Sie die Roadmap für Ihr Unternehmen festgelegt und sich für Microsoft Project Server oder Microsoft Project Online entschieden haben, müssen Sie noch überlegen, wie Sie dieses System als zentrales Projektmanagement-Werkzeug in Ihre Organisation einführen. Hierfür gibt es auf Microsoft Project Server bzw. Microsoft Project Online spezialisierte Anbieter, die auf Basis ihrer Erfahrungen Vorgehensmodelle entwickelt haben. So schlägt auch Ida Burchhardt vor, ein erprobtes Vorgehensmodell aus ihrer Beratungspraxis zu nutzen (siehe Abbildung 3.4).

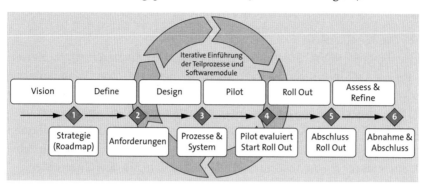

Abbildung 3.4 Vorgehensmodell zur Einführung von Microsoft Project Server 2016 oder Microsoft Project Online

Dieses Vorgehensmodell zeichnet sich auf der einen Seite durch eine klare Struktur mit aufbauenden Phasen und eindeutigen Meilensteinen aus. Auf der anderen Seite berücksichtigt es jedoch auch die Möglichkeit des iterativen Vorgehens. So durchläuft hier jede Iteration das Vorgehensmodell von der Phase »Define« bis zum »Roll Out« mit der Option eines »Assess & Refine« am Ende. Vor der ersten Iteration steht die Phase »Vision«, in der mit der Roadmap als zentrales Instrument eine Gesamtstrategie für den Systemaufbau und -ausbau definiert wird.

Im Folgenden erläutern wir Ihnen die Phasen kurz:

- *Phase 1: »Vision« – Erarbeitung einer Einführungsstrategie*
  Vor der ersten Iteration erarbeiten Sie eine generelle Einführungsstrategie, wie oben skizziert.

- *Phase 2: »Define« – Anforderungsprofil und »rapid prototype«*
  In dieser Phase erarbeiten Sie die Anforderungen Ihrer Organisation an ein zukünftiges Microsoft-Project-Server-Pilotsystem in Workshops und setzen diese in einen »rapid prototype« um

- *Phase 3: »Design« – Prototyping*
  Aufbauend auf den Ergebnissen der Phase »Define«, wird der Prototyp agil weiterentwickelt, bis das System für einen (produktiven) Pilotbetrieb freigegeben werden kann. Abschließend wird das Gesamtsystem in einer Systembeschreibung dokumentiert.

- *Phase 4: »Pilot«*
  Nach Produktivsetzung des freigegebenen Systems muss sich dieses mit ausgewählten Projekten bzw. Projektgruppen in einer Pilotphase bewähren. Am Ende dieser Phase werden anhand der Erfahrungen der Pilotgruppe Verbesserungen in der Systemkonfiguration identifiziert und umgesetzt.

- *Phase 5: »Roll Out«*
  In der Phase »Roll Out« wird der Microsoft Project Server bzw. Microsoft Project Online für alle betroffenen Bereiche des Unternehmens in Betrieb genommen.

- *Phase 6: »Assess & Refine«*
  Nach der ersten Betriebsphase für den entsprechend erweiterten Nutzerkreis werden gegebenenfalls erforderliche Nacharbeiten umgesetzt sowie Dokumente wie Verantwortlichkeiten »in die Linie« übergeben. Außerdem kann in dieser Phase das nächste Projekt entlang der Roadmap vorbereitet werden, sofern Sie Pausen zwischen den Iterationen vorsehen. Diese Phase kann optional bei mehreren unterbrechungsfrei hintereinander umgesetzten Iterationen auch als einzelne Projektabschlussphase im Anschluss an alle Iterationen durchgeführt werden.

3.9 Risiken der Implementierung von Microsoft Project Server oder Microsoft Project Online

Die AIRBI GmbH hat sich im Rahmen der Strategieentwicklung für die Einführung eines Microsoft-Projektmanagement-Systems entschieden und auch bereits festgelegt, wie die Einführung des Werkzeugs konkret ablaufen soll. Na dann sollte ab hier alles reibungslos verlaufen, oder nicht?

In diesem Abschnitt lernen Sie nun die Risiken kennen, die typischerweise die Einführung von Projektmanagement-Werkzeugen begleiten. Diese liegen weniger am Produkt selbst als vielmehr in der Natur von Projekten. So polarisiert Microsoft Project sehr stark. Möglicherweise beginnen die Mitarbeiter anfänglich Erfolg versprechende Pläne zu erstellen, wechseln dann aber in der Bearbeitung z. B. immer wieder zu Microsoft Excel. Das folgende Erfahrungsmodell wird Ihnen als Microsoft-Project-Anwender möglicherweise nicht ganz fremd sein:

- *Phase 1 – enorme Begeisterung*
  Einfache Installation des Programms/sieht aus wie Microsoft Office.

- *Phase 2 – allmähliche Ernüchterung*
  Die Software ist ja doch recht komplex.

- *Phase 3 – Panik*
  Irgendwie stimmen die Termine nicht mehr.

- *Phase 4 – Flucht in Nebensächlichkeiten*
  Balkenpläne lassen sich schön malen.

- *Phase 5 – Bestrafung Unschuldiger*
  Praktikanten helfen bei der Pflege der Pläne.

- *Phase 6 – Verwerfen der Microsoft-Project-Pläne*
  Der Plan wird in Microsoft Excel neu erstellt.

Tritt genau dieser Verlauf ein, das heißt, verweigern die Anwender den Einsatz von Microsoft Project, können Sie die Einführung des Projektmanagement-Werkzeugs als gescheitert betrachten.

Welche Risiken im Detail können zu solch einem Verlauf führen?

- *Prozesse sind nicht klar und verbindlich definiert.*
  Dieses Risiko besteht, wenn bei Ihnen keine Projektmanagement-Standards und verbindlichen Vorgaben vorhanden sind, mit anderen Worten, wenn jeder nach seiner eigenen Fasson arbeitet. Begrifflichkeiten und Standards sind dann nicht vereinbart. Um das zu verhindern, hat Heinrich Schmidt innerhalb der ersten Iteration die parallele Entwicklung von Projektmanagement-Prozessen und entsprechende Trainings vorgesehen.

- *Die Verantwortlichen und Ansprechpartner sind nicht benannt.*
  Niemand ist für das System wirklich verantwortlich. Es gibt niemanden, der Standards und die Verbindlichkeit des Einsatzes überwacht und steuernd eingreift. Sie können hier gegensteuern, indem Sie parallel den Aufbau von organisatorischen Strukturen und die klare Definition von Rollen vornehmen. Auch dieser Punkt ist deshalb zusätzlich zur Systemeinführung in der Roadmap vorgesehen.

- *Das System wird nicht akzeptiert.*
  Dieses Risiko kann zum Problem werden, wenn Sie nur wenige Beteiligte vor der Einführung an der Konzeption des Systems beteiligen und die Gründe für die Einführung des Systems nicht ausreichend kommunizieren. In diesem Fall wird den Mitarbeitern der mögliche Mehraufwand zur Erarbeitung und Aktualisierung von Projektplänen sehr wohl auffallen, jedoch nicht der Nutzen.

  Mit der Nutzung eines bewährten Vorgehensmodells können Sie die betroffenen Mitarbeiter in die Anforderungsdefinition (Define) sowie in die Entwicklung des Prototyps (Design) einbinden. Die Pilotgruppe stellt zudem mit ihrem Feedback sicher, dass der Roll Out auf die gesamte Organisation ein Erfolg werden kann. Außerdem beinhaltet die Roadmap den Aufbau von Bereitstellungs- und Unterstützungsprozessen durch ein Projektmanagement-Office (PMO), um den Benutzern die nötige Sicherheit und einen zentralen Anlaufpunkt bei Fragen zu geben.

Diese drei Risiken seien hier exemplarisch erwähnt. Sie sehen, dass die Entwicklung einer Roadmap und damit einer Einführungsstrategie sowie die Anwendung eines strukturierten Vorgehensmodells bei der eigentlichen Werkzeugeinführung diese Risiken erheblich eindämmen können.

TEIL II

Arbeiten mit Microsoft Project

Kapitel 4
Erste Einführung in Project

Dieses Kapitel beschreibt den Einsatz von Project im Einsatz ohne Anbindung an Project Server oder Project Online im reinen »Stand-Alone«-Betrieb. Dabei wird auch darauf eingegangen, wie Project entweder per Click2Run oder konventionell installiert werden kann. Im Weiteren werden die ersten Grundfunktionen für das erste Erstellen eines einfachen Plans mit Project auf Basis der Beispielstory des Buches »AIRPORT Bielefeld« erklärt.

Die Flughafengesellschaft AIRBI GmbH hat Reiner Sonnenschein als zentralen Projektleiter beauftragt, mit der Planung eines neuen Flughafens für die Stadt Bielefeld zu beginnen. Der offizielle Name des Flughafens wurde bereits festgelegt und wird uns durch das Projekt begleiten: AIRPORT Bielefeld.

Als Werkzeug für die Projektplanung hat man sich auf die weitverbreitete Standardsoftware Microsoft Project in der Version 2016 festgelegt. Die Einzelplatzversion kann für die ersten Planungsphasen durchaus ausreichen.

Also informiert sich Reiner Sonnenschein, wie er am besten in den Besitz dieser Software kommen kann. Die erste Recherche ist nun allerdings verwirrend. Project in der Desktop-Lösung wird in drei verschiedenen Varianten angeboten. Die Unterschiede der Varianten lassen sich jedoch schnell erklären:

- *Project Online Professional oder Premium*: Diese Varianten lassen sich einzeln oder über eine entsprechende Office-365-Suite mit einem monatlichen Preis einfach mieten. Nach einer sogenannten Click2Run-Version, welche automatisch mit neu erscheinenden Funktionen stets aktuell gehalten wird, kann sofort mit der Projektplanung begonnen werden. Wichtig ist noch der Hinweis, dass Project Online Professional und Premium sich später über Project Server oder auch über Project Online vernetzen lassen.
- *Project Professional*: Diese Variante wird regulär gekauft und lässt sich ebenfalls später bei Bedarf mit Project Server vernetzen. Die Bereitstellung erfolgt über die klassische DVD oder über einen *.msi*-File (Installationsdatei).
- *Project Standard*: Diese Variante kann nur als reine »Stand-Alone«-Lösung genutzt werden. Eine Anbindung an Project Server oder Project Online ist nicht möglich. Ein wichtiger Hinweis ist noch, dass die Standard-Variante einige kleine funktio-

nale Einschränkungen im Vergleich zu den anderen Varianten hat. Siehe dazu auch unten stehende Informationen.

Detaillierte Informationen zur Project-Implementierung finden Sie auch in Kapitel 3, »Implementierung aus strategischer Sicht«.

Abbildung 4.1 Microsoft Project Standard 2016

Nur in Microsoft Project Professional verfügbare Funktionen

- Teamplaner: grafisches Planen von Ressourcen über das gesamte Projekt unter Berücksichtigung deren Verfügbarkeit
- Inaktive Vorgänge: Vorgänge können, falls sie augenblicklich nicht benötigt werden, auf inaktiv gesetzt werden. Eine spätere Aktivierung ist jederzeit möglich.
- Anzeige der Anwesenheit von Ressourcen aus Skype for Business
- Synchronisation mit Microsoft-SharePoint-Listen: Projekte können mit SharePoint-Listen synchronisiert werden.
- Anbindung an den Microsoft Project Server: wie oben erwähnt, nur über Microsoft Project Professional möglich. Hierzu verfügt die Professional bereits über eine Client Access License für Project Server.

Update von Standard auf Professional

Sollten Sie die spätere Einführung eines Microsoft Project Servers zumindest nicht ausschließen, so empfiehlt es sich unbedingt, bereits am Anfang auf die Professional-Version zu setzen. Microsoft bietet in der Regel, bis auf gelegentliche »Promo-Angebote«, kein Update von der Standard-Version auf die Professional-Version an, sodass die Microsoft-Project-Professional-Version komplett neu erworben werden muss.

Natürlich entscheidet sich Reiner Sonnenschein für eine der beiden Pro-Varianten, da nicht auszuschließen ist, dass er bei steigendem Umfang der Projektarbeit nicht ohne Project Server oder Project Online auskommen wird.

4.1 Struktur und Aufbau

Dieses Kapitel orientiert sich an der Perspektive des Projektplaners und begleitet Sie durch die wesentlichen planerischen und operativen Projektphasen mit der Anwendung Microsoft Project. Zu Beginn verschaffen Sie sich gemeinsam mit Reiner Sonnenschein einen Überblick über die wichtigsten Elemente der Anwenderoberfläche. Nach dieser grundlegenden Einführung in Microsoft Project starten Sie direkt mit der praktischen Anwendung des Programms.

So, wie Reiner Sonnenschein die Planung und die Realisierung seines Projekts Neubau eines Flughafens AIRPORT Bielefeld erlebt, sind auch die nächsten Abschnitte aufgeteilt und aufgebaut.

Als Erstes legt Reiner Sonnenschein in Microsoft Project eine Projektidee als einfachen Plan an. In diesem erfasst er die ersten Gedanken und Arbeitsschritte für das kommende Projekt.

Nach dem Sammeln der ersten Gedanken geht es zügig weiter zum eigentlichen Projektplan. Diesen erweitert er Schritt für Schritt um weitere Daten, z. B. um Dauern der Vorgänge (Arbeitspakete) und weitere Details. Während der Erstellung dieser Vorgangsliste bringt Reiner Sonnenschein die Vorgänge in eine logische Reihenfolge und gliedert diese nach den ersten groben Projektphasen. Nachdem die erste Projektstruktur festgelegt ist, werden die relevanten Vorgänge in Abhängigkeit gesetzt, das heißt miteinander verknüpft.

In den nächsten Arbeitsschritten kümmert sich Reiner Sonnenschein um die Ressourcen und die Frage, wer und in welcher Menge die Arbeit an den Vorgängen abarbeiten soll. Dabei prüft Reiner Sonnenschein auch, ob die Vorgänge wie geplant abgearbeitet werden können oder ob er vielleicht zu wenige Ressourcen zur Verfügung hat, um die geplanten Termine entsprechend der Planung einzuhalten. Also werden als erster Schritt für das Ressourcenmanagement Ressourcen in Microsoft Project angelegt und anschließend den jeweiligen Vorgängen zugeordnet.

Bereits an dieser Stelle kann Reiner Sonnenschein Informationen über die Auslastung und Verfügbarkeit der Ressourcen ablesen. Um mögliche Ressourcenkonflikte zu lösen, wird er später die Funktion für den sogenannten *Kapazitätsabgleich* nutzen. Ziel dieser Funktion ist die Modellierung einer Ressourcenverteilung auf Vorgänge ohne Überlastung bei möglichst optimaler Projektlaufzeit.

Sobald Reiner Sonnenschein die Planung abgeschlossen hat, legt er einen *Basisplan* zur Fixierung des ersten Planungsstandes fest, der ihm als Referenzplan dient, um spätere Planabweichungen sofort erkennen zu können. Nur so kann er während der Projektdurchführung den Überblick behalten und bei Bedarf rechtzeitig gegensteuern. Genauso wichtig wie dieser Vergangenheitsbezug während der Realisierung von Reiner Sonnenscheins Flughafenneubau ist natürlich auch die Aktualisierung des Projektplans. Alle sich ergebenden Änderungen müssen in dem Plan berücksichtigt werden. Dadurch ist gewährleistet, dass Reiner Sonnenschein nicht nur eine realistische Abbildung der Wirklichkeit erhält, sondern auch eine präzise Fortschrittsermittlung für sein Projekt. Um zu jeder Zeit genau die Informationen zu erhalten, die er als Projektleiter benötigt, lernt Reiner Sonnenschein neben zahlreichen unterschiedlichen Ansichten auch vordefinierte Berichte und die Druckfunktionalitäten in Project kennen. Am Ende dieses Kapitels kann Reiner Sonnenschein dank einer umfassenden Projektplanung mit Project den pünktlichen Abschluss einer ersten Bauphase des AIRPORT Bielefeld feiern.

Hinweis zu Empfehlungen

Die in den folgenden Kapiteln beschriebenen Vorgangsweisen stellen oft Empfehlungen dar. Das Bearbeiten von Vorgängen kann z. B. über die Tastatur oder auch über die Maussteuerung erfolgen. Auch die Reihenfolge der Dateneingabe oder die Strukturierung von Projektplänen kann auf unterschiedliche Art und Weise vorgenommen werden. Ebenso existieren verschiedenste Meinungen über die richtige Vorgehensweise zur Projektplanerstellung. Die hier vorgestellten Varianten stellen einfach nur eine individuelle beste Vorgehensweise und somit Empfehlung der Autoren dar. Würden alle Varianten erläutert werden, würde dies den Umfang des Buches mindestens verdoppeln und die Lektüre sehr unübersichtlich gestalten. Gleiches gilt auch für den Umfang der Erläuterungen. Würden wirklich alle Funktionen und Details des Programms beschrieben werden, so wäre dieses Buch kaum mehr lesbar.

4.2 Die ersten Schritte

Lernen Sie nun die ersten Schritte in der Arbeit mit Microsoft Project kennen: einen ersten Überblick über die Oberfläche, einige wesentliche Grundlagen sowie das Anlegen eines Projekts.

4.2.1 Die Oberfläche von Microsoft Project Standard 2016

Sobald Sie Microsoft Project öffnen, sehen Sie als Erstes den neu gestalteten Bereich BACKSTAGE mit der Auswahl ZULETZT VERWENDET und NEU (siehe Abbildung 4.2). Backstage steht hier für eine Vielzahl von Befehlen, welche bei normaler Programmanzeige über den Menübandpunkt DATEI angezeigt werden.

4.2 Die ersten Schritte

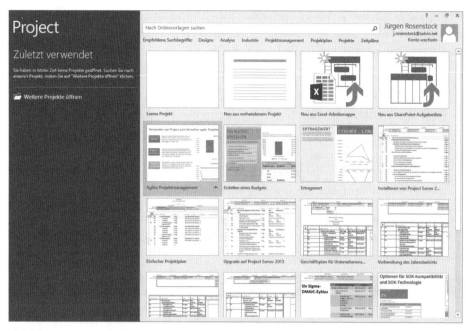

Abbildung 4.2 Startbildschirm von Microsoft Project Standard 2016

Unter der Auswahl Neu werden verschiedene beispielhafte Vorlagen angeboten. In diesem frühen Planungsstadium verfügt Reiner Sonnenschein noch über keine Vorlagen für die Planung des AIRPORT Bielefeld, sodass er erst einmal die Vorlage Leeres Projekt auswählt. Eine Erläuterung zum Anlegen von eigenen Vorlagen finden Sie in Abschnitt 5.15.2, »Speicherformate«.

Nach dem Aufruf der leeren Vorlage erhält Reiner Sonnenschein Microsoft Project in der normalen Bearbeitungssicht, in der er nun mit der Projekterstellung beginnen könnte (siehe Abbildung 4.3).

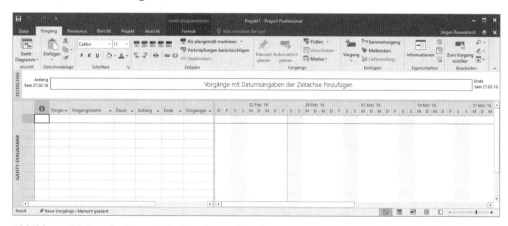

Abbildung 4.3 Bearbeitungssicht in Microsoft Project 2016

4 Erste Einführung in Project

Bevor er dies tut, betrachtet er noch einmal die Elemente der Bearbeitungssicht. Mit dem Aufruf dieser Sicht wird automatisch ein leerer Projektplan *Projekt1* angelegt. Der Bildschirm wird in drei Bereiche aufgeteilt:

- *Menübänder*, auch Ribbons genannt, können teilweise kontextsensitiv verschiedene Befehle anzeigen.
- Die *Zeitachse* stellt ausgewählte Vorgänge in einem projektübergreifenden Zeitstrahl dar.
- Im *Ansichtsbereich* können verschiedene Projektdetails in verschiedenen Ansichten für die Bearbeitung dargestellt werden, z. B. Projekttabellen, Detailsichten, Ressourcenübersichten etc.

Beim Start von Microsoft Project zeigt der Ansichtsbereich automatisch die Ansicht GANTT-DIAGRAMM (siehe Abbildung 4.4). Sie können über das Menüband ANSICHT in andere Ansichten wechseln.

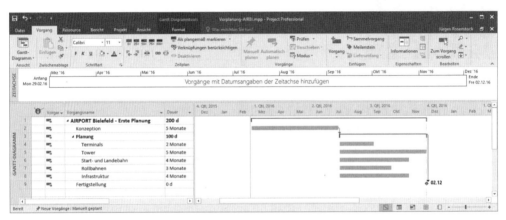

Abbildung 4.4 Gantt-Darstellung in Microsoft Project

Gantt

Der Begriff *Gantt* ist keine Abkürzung für einen Fachbegriff. Gantt ist der Nachname des US-amerikanischen Ingenieurs und Unternehmensberaters Henry Gantt (1861–1919). Henry Gantt entwickelte eine grafische Darstellung der zeitlichen Abfolge von Aktivitäten in Form von Balken, welche auf einer Zeitachse aufgelistet sind. Anders als beim Netzplan steht hier die Dauer bzw. die zeitliche Abfolge von Vorgängen im Fokus.

4.2.2 Grundlagen zum Arbeiten mit Microsoft Project

Wie kann Reiner Sonnenschein Microsoft Project so einsetzen, dass das Programm das Projekt- und Ressourcenmanagement bei der Planung und Realisierung optimal unterstützt? Wie kann Project Reiner Sonnenschein seriöse und verlässliche Daten als Grundlage zur Bewertung und Entscheidung bereitstellen? Diese Fragen werden in den folgenden Abschnitten behandelt und bilden eine erste Grundlage für den Einsatz von Project Standard.

Detaillierungsgrad

Vor der Erstellung eines Plans sollte Reiner Sonnenschein zuerst grundlegende Überlegungen anstellen, etwa über Umfang und Detaillierungsgrad der Planung. Für die Erstellung des Projektplans wird häufig Microsoft Project eingesetzt. In der laufenden operativen Projektarbeit wird dagegen weniger mit Microsoft Project, sondern eher wieder auf Werkzeuge wie Microsoft Excel zurückgegriffen, siehe auch Kapitel 2, »Project, Project Server und Project Online: Übersicht und Positionierung«. Die Ursachen hierfür liegen oft in der Tatsache, dass zwar mit Leidenschaft umfangreiche Projektpläne erstellt werden, die Arbeit für die spätere Aktualisierung dagegen häufig unterschätzt wird. Ein vermeintlich einfacher zu bedienendes Microsoft Excel ist hier jedoch nicht unbedingt die Lösung, da Microsoft Project durchaus einfach und flexibel eingesetzt werden kann. Hierfür müssen nur ein paar Regeln eingehalten werden: Achten Sie beim Erstellen des Projektplans darauf, nur so detailliert zu planen, dass Sie später im laufenden Projekt in der Ihnen dann zur Verfügung stehenden Zeit den Plan aktuell halten können. Das hört sich trivial an, ist aber eine große Herausforderung in der Anwendung, gerade bei der Festlegung des Detaillierungsgrades der Planung. Es werden Vorgänge für Besprechungen und andere Arbeiten erfasst, die zum Grundrauschen eines jeden Projekts gehören. Hinzu kommt das Anlegen einer zu hohen Zahl von Verknüpfungen. Beachten Sie bei der Planerstellung, welche Daten Sie zur Projektsteuerung brauchen. Ist es für den Erfolg des Projekts beispielsweise maßgeblich, dass Sie jede Besprechung oder jede Detailaufgabe verfolgen? Können nicht Tätigkeiten des Projektalltags als administrative Tätigkeiten zusammengefasst werden? So lässt sich zumindest der Aufwand einplanen und berücksichtigen. Es könnte also beim Anlegen eines Plans hinterfragt werden:

- Welche Vorgänge müssen unbedingt im Projektplan dargestellt werden?
- Kann ich diese Vorgänge wenigstens wochenaktuell pflegen oder sind sie viel zu detailliert erfasst?
- Lassen sich trotz des Umfangs der Planung jederzeit im laufenden Projekt Änderungen und Verschiebungen von Vorgängen vornehmen?

Bezogen auf die Beispielgeschichte dieses Buches, den Neubau des AIRPORT Bielefeld, kann hier eine einfache Regel für zukünftige Projekte definiert werden: Reiner Sonnenschein erfasst nur die Vorgänge und Detaildaten in seinen Projektplänen, die er wirklich für die Übersicht zur Steuerung seines Projekts und für das Berichtswesen benötigt. Und diese Daten werden wiederum nur so detailliert erfasst, dass er diese auch wirklich selbst aktualisieren kann.

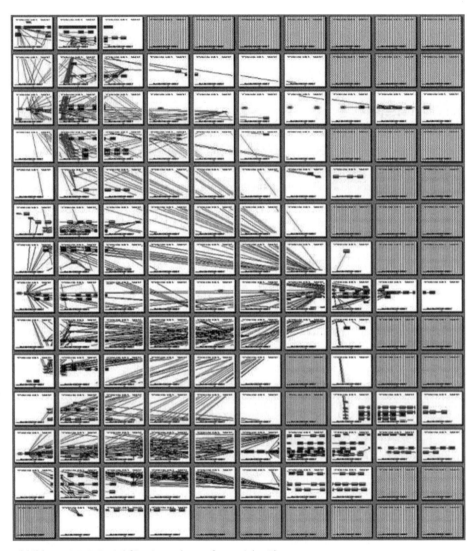

Abbildung 4.5 Beispiel für eine sehr umfangreiche Planung

Empfehlung zur Vereinfachung des Projektplans

Eine gewisse Vereinfachung schafft die Festlegung von Mindestdauern bei Projektvorgängen. Vorgänge sollten keine Dauer unter 1 Tag haben. Sollte ein Vorgang z. B. nur 3 Stunden dauern, so würde ein Nachfolger mit einer ganztägigen Dauer bei Beginn des ersten Vorgangs um 8:00 Uhr bereits um 11:00 Uhr beginnen und entsprechend im weiteren Projekt auch um 11:00 Uhr abgeschlossen werden.

Sinnvoll ist hier, mit Vorgangszeitfenstern zu arbeiten, in welchen die Arbeit erbracht wird. Für einen Vorgang werden 3 Stunden Arbeit erbracht. Der Vorgang

(Zeitfenster) dauert 1 Tag. Die Vorgangsdauern passen dann in ein festes Raster von morgens bis abends. Bei der Planung und Steuerung von umfangreichen Projekten muss ansonsten bei Berücksichtigung genauer Arbeitszeiten pro Tag ein entsprechender Mehraufwand berücksichtigt werden. Stehen für diesen Mehraufwand ausreichende Projektplaner zur Verfügung, so können natürlich auch stundengenau geplante Projekte mit Microsoft Project realisiert werden (siehe Abbildung 4.5). Diese Aussagen und Einschätzungen gelten natürlich auch für andere Projektmanagement-Softwareprodukte.

Eine weitere Vereinfachung kann erreicht werden, indem z. B. administrative Tätigkeiten wie wöchentliche Statusbesprechungen und andere projektbegleitende Vorgänge nicht einzeln als Vorgänge erfasst, sondern in einem separaten Vorgang »Projektbegleitende Tätigkeiten« zusammengefasst werden.

Art der Planung

Wie sollte nun geplant werden? Reiner Sonnenschein hat eine Menge Ideen zu möglichen Arbeitsschritten. Diese müssen nach einer gewissen Struktur und nach einem Vorgehensmodell erfasst werden, natürlich nicht in einer Microsoft-Excel-Liste, sondern in Microsoft Project.

Um einen Projektplan immer transparent und handhabbar zu halten, empfiehlt es sich, die Arbeitspakete nach einem vorhandenen oder noch zu definierenden Vorgehensmodell zu strukturieren. Bei der Auswahl der Struktur bieten sich verschiedenste Varianten auf Basis unterschiedlicher Projektmanagement-Standards an.

Reiner Sonnenschein möchte erst einmal Erfahrungen bei der Planerstellung sammeln und baut einen einfachen Plan in der ersten Gliederungsebene (siehe Abbildung 4.6). Die ersten Vorgänge in dieser ersten Liste sollten sich, falls möglich, schon ungefähr den ersten Projektphasen annähern. Dieser Plan wird dann im laufenden Planungsprozess mit tiefer gehenden Teilvorgängen präzisiert und gegliedert und kann so schon einem ersten möglichen Vorgehensmodell für zukünftige Projekte des Neubaus des AIRPORT Bielefeld entsprechen.

Strukturierung von Projekten durch den Einsatz von Vorgehensmodellen
Beim Neuanlegen eines Plans stellt sich oft die Frage, wie Vorgänge in einer logischen Struktur angeordnet werden können. Verfügt die eigene Organisation nicht über ein vorgegebenes Vorgehensmodell, so lohnt sich ein Blick ins Netz: Für verschiedenste Projektarten finden sich hier interessante Ansätze zur Strukturierung und Gliederung von Plänen. Zum Beispiel kann sich Reiner Sonnenschein in der Bauplanung an der Honorarordnung für Architekten und Ingenieure (HOAI) ausrichten. Dieses Modell enthält auch ein Vorgehensmodell mit Leistungsphasen, welches sich gut in Project abbilden lässt.

4 Erste Einführung in Project

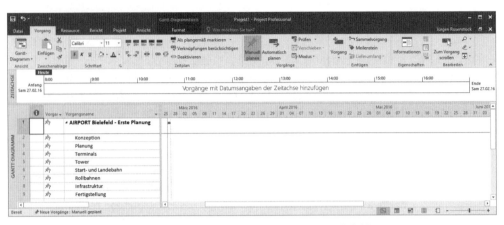

Abbildung 4.6 Erste Ideenliste für den Bau des AIRPORT Bielefeld

Gedanken zum sicheren Arbeiten mit Microsoft Project

Zwei häufige Kritikpunkte an Microsoft Project lauten: »Das Programm macht, was es will« und »Meine Vorgänge verschieben sich von allein«. Um diesen Kritikpunkten zu begegnen, konnte man bereits in der »Vorvorvorgänger«-Version 2007 mit einigen Einstellungen und Anpassungen vorbeugen. Zum Beispiel war es möglich, einzelne Vorgänge mit einer Einschränkung »Muss anfangen am« zu versehen, um so einem versehentlichen Verschieben vorzubeugen. Seit Microsoft Project 2010 und natürlich auch in 2016 stehen diverse Funktionen für einen sicheren Umgang mit Projektplänen zur Verfügung. Diese lernen Sie im Folgenden Schritt für Schritt kennen.

Arbeiten wie in Excel

Die größte Konkurrenz für Microsoft Project am Markt der Projektmanagement-Werkzeuge ist und bleibt Microsoft Excel. Für Excel spricht eine einfache Bearbeitung von Werten in Zeilen und Spalten. Was in Microsoft Excel fehlt, ist die einfache grafische Darstellung sowie die Verknüpfung zwischen Vorgängen und Ressourcen. Was ist hier einfacher, als ausgewählte Microsoft-Excel-Funktionen einfach in Microsoft Project bereitzustellen? Abbildung 4.7 zeigt ein typisches Beispiel dafür. Statt klarer Werte können auch einfach nur Platzhalter und Informationen in Zellen erfasst werden.

Abbildung 4.7 Eingabe von Texten statt Werten

Alles wieder rückgängig?

Bevor Reiner Sonnenschein mit der Planung in Microsoft Project beginnt, muss er unbedingt eine Einstellung an Microsoft Project vornehmen, um noch mehr mögliche Fehler in der Planbearbeitung rückgängig machen zu können.

Abbildung 4.8 Pfeile für Rückgängigmachen und Wiederherstellen

Seit der Version Microsoft Project 2007 können die letzten 99 Arbeitsschritte rückgängig gemacht werden. Leider ist in Microsoft Project in der Standardeinstellung nur das Rückgängigmachen von 20 Schritten voreingestellt. Dieser Wert kann jedoch sehr einfach auf 99 erhöht werden:

1. Klicken Sie auf den Menübandbereich DATEI, auch *Backstage* genannt.
2. Im nun erscheinenden Untermenü wählen Sie den Befehl OPTIONEN aus.
3. Im anschließenden Bereich OPTIONEN wählen Sie den Unterbereich ERWEITERT aus.
4. Hier ändern Sie nun den Wert von EBENEN RÜCKGÄNGIG MACHEN auf »99«.

Die Anzahl von 99 Schritten für das Rückgängigmachen gilt auch für das Wiederherstellen von Arbeitsschritten.

4.2.3 Das erste Projekt

Nun soll es losgehen. Reiner Sonnenschein hat sich ganz grob mit dem Programm Microsoft Project vertraut gemacht, kennt ungefähr die aus Microsoft Office vertraute Anwendungsoberfläche und möchte nun seine Gedanken zum Neubau des AIRPORT Bielefeld als ersten Projektplan in Microsoft Project anlegen.

Dafür startet er als Erstes Microsoft Project über das Startmenü seines Rechners. Er wählt als Vorlage *Leeres Projekt* und erhält entsprechend automatisch einen leeren Projektplan mit der Standardansicht GANTT-DIAGRAMM, den er nun mit Vorgängen befüllen kann.

Er möchte mit einer *Top-down-Planung* beginnen. Top-down steht hier für die Planung beginnend in der höchsten Gliederungsebene. Erst werden die groben Phasen definiert, und später können diverse kleinere Teilaufgaben erfasst werden. Reiner Sonnenschein kennt also noch gar nicht alle Einzelheiten des Projekts, sondern möchte vorerst grob die Idee entwickeln (siehe Abbildung 4.9).

Abbildung 4.9 Erste Flugsimulationen im Rahmen der Vorplanung

Das Erfassen von Vorgängen ist recht einfach. Die Eingabe erfolgt wie in einer Microsoft-Excel-Tabelle. Der Cursor wird per Maus oder Tastatur in die gewünschte Zeile gesetzt, und die Eingabe kann beginnen:

1. Geben Sie einfach den Vorgangsnamen ein.
2. Jede Eingabe wird mit der ⏎-Taste oder mit dem Verschieben des Cursors per Tastatur abgeschlossen.
3. Bestätigung der Eingabe

So erfasst Reiner Sonnenschein Schritt für Schritt weitere Vorgänge zur Formulierung der ersten Projektplanung.

> **Microsoft Project per Tastatur steuern**
> Microsoft Project kann statt mit der Maus auch nahezu vollständig per Tastatur mit verschiedenen Tastenkombinationen bedient werden. Die nachträgliche Zellbearbeitung, z. B. bei Änderung des Vorgangsnamens, kann etwa mit der Taste F2 vorgenommen werden. Weitere Tastenkombinationen finden Sie in Abschnitt 9.3.2, »Tastenkombinationen«.

Die vorerst grob definierte Projektidee möchte Reiner Sonnenschein später mit diversen Detailvorgängen verfeinern. Seit Microsoft Project 2010 wird dies auch auf Sammelvorgangsebene (aggregierte Arbeitspakete) unterstützt. Das heißt, dass Sie auf einer übergeordneten Ebene (sogenannte Sammelvorgänge) Aufwände für Projektphasen oder -abschnitte in einem ersten Schritt grob schätzen und die Schätzwerte in einem zweiten Schritt auf einzelne, darunterliegende Vorgänge verteilen können (siehe Abbildung 4.10).

4.2 Die ersten Schritte

Abbildung 4.10 Erfassen von Werten direkt auf Sammelvorgangsebene (hier Dauer)

Auch können in die erste Planung bestehende »Planmodule« aus anderen Quellen, z. B. aus Microsoft Excel, in Microsoft Project eingefügt bzw. einfach hineinkopiert werden. Verfügen Sie bereits über eine Vorgangsliste aus anderen Programmen, können Sie diese nach Microsoft Project kopieren und hier mit den Daten weiterarbeiten.

Beim Erfassen von weiteren Aufgaben innerhalb des Projekts können Vorgänge in der Planung immer tiefer gegliedert werden. Das heißt, Sie erzeugen eine hierarchische Struktur innerhalb des Projektplans, z. B. nach dem Schema Projekt, Teilprojekt/Modul und Aufgabe oder Projektphase, Aufgabenpaket und Vorgang.

Zum weiteren Untergliedern von Vorgängen markieren Sie diese einfach mit der Maus, und nutzen Sie dann, wie in Abbildung 4.11 dargestellt, die Schaltfläche für das Herauf- und Herunterstufen von Vorgängen.

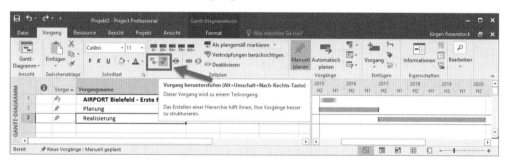

Abbildung 4.11 Schaltflächen für das Höher- und Tieferstufen von Vorgängen

Das Ergebnis wird wie in Abbildung 4.12 dargestellt.

	Vorga...	Vorgangsname	Dauer	Anfang	Ende
1	★	▲ AIRPORT Bielefeld - Erste Planung	200 d	Mon 29.02.16	Fre 02.12.16
2	★	Konzeption	5 Monate	Mon 29.02.16	Fre 15.07.16
3	★	▲ Planung	100 d	Mon 18.07.16	Fre 02.12.16
4	★	Terminals	2 Monate	Mon 18.07.16	Fre 09.09.16
5	★	Tower	5 Monate	Mon 18.07.16	Fre 02.12.16
6	★	Start- und Landebahn	4 Monate	Mon 18.07.16	Fre 04.11.16
7	★	Rollbahnen	3 Monate	Mon 18.07.16	Fre 07.10.16
8	★	Infrastruktur	4 Monate	Mon 18.07.16	Fre 04.11.16
9	★	Fertigstellung	0 d	Mon 05.12.16	Mon 05.12.16

Abbildung 4.12 Eingerückte Vorgänge im Projektplan mit übergeordneten Sammelvorgängen

Hierbei fällt Ihnen vielleicht auf, dass der tiefer gestufte Vorgang nicht als Balken angezeigt wird. Dies hängt mit seinem Status MANUELL GEPLANT zusammen. Der Vorgang ist entsprechend der Voreinstellung auf manuelle Berechnung eingestellt. Siehe auch Abschnitt 5.3, »Vorgangsmodus manuell und automatisch«.

Damit Reiner Sonnenschein die Übersicht in seinem Projekt behält und auch nicht zu viel nachträglichen Pflegeaufwand hat, versucht er, seinen Projektplan nicht zu detailliert und zu tief zu gliedern. Hierbei sollte er über die folgenden Varianten der Projektplanung nachdenken (siehe Abbildung 4.13):

- *Top-down*: Planung vom Groben ins Feine. Anwendungsbeispiel: Der Plan wird in der obersten Gliederungsstruktur geplant, z. B. Konzeption, Planung, Realisierung. Hierzu werden grobe Zeitumfänge und z. B. Termine erfasst. Detailvorgänge werden erst später erfasst.

- *Bottom-up*: Erst werden Detailvorgänge geplant. Anwendungsbeispiel: Es werden von Anfang an bereits Detailvorgänge erfasst. Diese werden später in eine Struktur, z. B. in ein Vorgehensmodell, überführt.

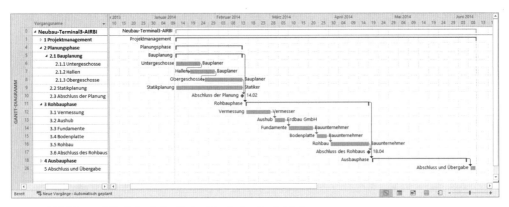

Abbildung 4.13 Beispielhaft strukturierter Projektplan

Kapitel 5
Terminplanung

In diesem Kapitel liegt der Fokus auf der detaillierten Planung mit Project ohne Anbindung an den Microsoft Project Server oder Project Online. Wie lege ich Vorgänge an, wie gliedere ich mein Projekt, und wie verknüpfe ich die Vorgänge? Hinzu kommen diverse weitere Grundlagen zur professionellen Planung mit Project.

Reiner Sonnenschein strukturiert nun seine Vorgangsliste und erhält so einen ersten groben Projektplan. Als weiteres Detail erfasst er noch die Dauer von Vorgängen in der Spalte DAUER der Vorgangstabelle, siehe auch Abschnitt 5.2, »Dauer/Anfang/Ende«. Neben normalen Vorgangsdauern erfasst Reiner Sonnenschein auch erste Meilensteine in seinem Projekt. Als Meilensteine werden besondere Ereignisse in einem Projekt, z. B. Kick-off-Termine, Abnahmen oder Liefertermine bezeichnet. Im Microsoft-Project-Projektplan können Meilensteine einfach durch Eingabe des Wertes »0« in die Spalte DAUER erstellt werden.

Meilensteine

Die Bedeutung von Meilensteinen darf in der Projektplanerstellung nicht unterschätzt werden. Durch Meilensteine können Sie den zeitlichen Projekterfolg einfacher messbar machen. Meilensteine können den Abschluss, aber auch den Beginn von Phasen und Arbeitspaketen sowie die Fertigstellung von wichtigen Lieferumfängen kennzeichnen. Sie können damit auch Abnahmetermine überwachen.

Wählen Sie die Bezeichnung des Meilensteins entsprechend deutlich. Ein Name wie »Phase 1 fertig« reicht hier nicht unbedingt aus. Sinnvoll kann z. B. eine Benennung wie »Phase abgenommen und freigegeben« sein, um die Verbindlichkeit des Meilensteins zu kennzeichnen.

Zur besseren Überwachung von Meilensteinen sollten Sie diese durch Stichtage ergänzen, siehe auch Abschnitt 5.5, »Stichtage festlegen«.

Natürlich können Sie im Rahmen der weiteren Planung immer wieder diverse weitere Vorgänge ergänzen und die Struktur verändern sowie Verschiebungen in der Reihenfolge der Vorgänge vornehmen.

5 Terminplanung

5.1 Ein neues Projekt anlegen

Nach dem Arbeiten mit einer ersten einfachen Project-Vorgangsliste möchte Reiner Sonnenschein nun einen richtigen Projektplan erstellen. Beim Neustart von Project erscheint als Erstes eine Auswahl von Projektvorlagen, die als Grundlage für einen neuen Plan verwendet werden können.

Zwar findet sich hier keine Vorlage für den Neubau eines Flughafens, trotzdem können die Vorlagen durchaus interessante Anregungen für eine neue Planung enthalten. Zum Beispiel gibt es Vorlagen für agiles Arbeiten, Budgetplanungen, Planungen nach Six Sigma und viele andere.

Reiner Sonnenschein startet mit einer leeren Vorlage, siehe Abbildung 5.1.

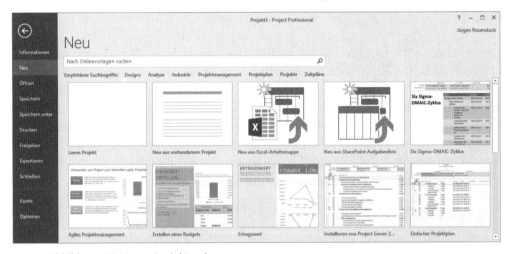

Abbildung 5.1 Neues Projekt anlegen

Hier erscheint nun eine Auswahl mit diversen beispielhaften Vorlagen. Reiner Sonnenschein stellt enttäuscht fest, dass hier keine Vorlage für den Neubau eines Flughafens zu finden ist, und wählt so die Vorlage LEERES PROJEKT aus. Mit dieser Auswahl erhält er einen leeren Plan in der Standardansicht GANTT-DIAGRAMM.

Office.com-Vorlagen

Vielleicht lohnt sich für Sie ein Versuch, über NACH ONLINEVORLAGE SUCHEN nützliche Vorlagen zu finden. Zukünftig sollen hier diverse Beispielprojekte über Office.com angeboten werden. Zum Zeitpunkt der Drucklegung dieses Buches war die Auswahl allerdings noch recht übersichtlich.

Im nächsten Schritt möchte Reiner Sonnenschein die ersten Stammdaten des Projektplans erfassen. Hierfür wählt er aus dem Menübandbereich PROJEKT die Schaltfläche PROJEKTINFORMATION aus (siehe Abbildung 5.2).

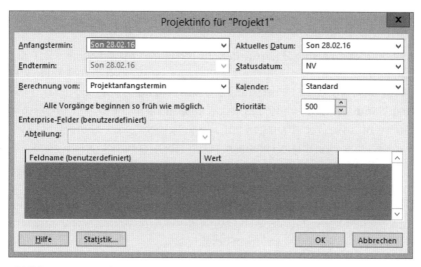

Abbildung 5.2 Projektinformationen

In diesem Dialog stehen die folgenden Felder zur Verfügung:

- ANFANGSTERMIN: Wann soll das Projekt beginnen? Alle Vorgänge ohne Vorgängerverknüpfung werden auf diesen Anfangstermin geschoben.
- ENDTERMIN: Die Eingabe dieses Feldes ist abhängig vom folgenden Feld BERECHNUNG VOM. Eine Eingabe ist nur bei Rückwärtsrechnung möglich. Ansonsten wird hier, abhängig von der gesamten Projektdauer, der Endtermin berechnet.
- BERECHNUNG VOM: Mit diesem Feld legen Sie fest, in welcher Form das Projekt berechnet werden soll. Zur Auswahl stehen ANFANGSTERMIN oder ENDTERMIN. Diese beiden Varianten werden auch als Vorwärts- bzw. Rückwärtsrechnung bezeichnet. Der Unterschied ergibt sich daraus, dass bei der Vorwärtsrechnung durch das gesetzte Anfangsdatum alle Vorgänge so früh wie möglich beginnen. Arbeiten Sie dagegen mit der Rückwärtsrechnung, beginnen alle Vorgänge so spät wie möglich in Abhängigkeit zu ihren Verknüpfungen. Durch diese Rückwärtsplanung ergeben sich häufig Planungsfehler. Kürzen Sie z. B. bei einem Vorgang in der Planung die Dauer, so verschiebt Project den Projektanfangstermin noch weiter nach hinten.
- AKTUELLES DATUM: Mit diesem Feld wird im Standard das Systemdatum angezeigt. Stimmt dies nicht mit dem tatsächlichen Datum überein, können Sie es hier ändern, um z. B. Berechnungen für eine automatische Projektaktualisierung durchzuführen. Weiter kann dieses Feld auch für die Darstellung der Fortschrittslinie genutzt werden. Siehe auch Abschnitt 7.2.2, »Arbeiten mit Fortschrittslinien«.
- STATUSDATUM: Das Statusdatum wird ausgewählt, um statt des aktuellen Datums zum ausgewählten Datum (Stichtag) Berichte über Zeit, Kosten oder Leistung eines Projekts festzulegen. Solange kein Statusdatum festgelegt ist, steht in diesem Feld NV (= nicht verfügbar). Dieses Feld greift z. B. bei der sogenannten *Earned*

Value Analysis (Fertigstellungswert), siehe auch Abschnitt 7.3, »Earned Value Analysis (Leistungswertanalyse)«.

- KALENDER: In diesem Feld wählen Sie den Basiskalender für das Projekt aus. Ein Basiskalender enthält projekttypische Arbeitszeiten und arbeitsfreie Zeiten, z. B. Feiertage für das Projekt. Die Einstellung des Basiskalenders sollten Sie noch vor Beginn der Planungen prüfen und bei Bedarf ändern, da nachträgliche Anpassungen teilweise massive Auswirkungen auf alle Vorgänge haben können, die sich durch nachträglich eingefügte Feiertage verschieben könnten. Siehe auch Abschnitt 6.1.4, »Kalender«.

- PRIORITÄT: Das Feld PRIORITÄT erlaubt Ihnen den Eintrag eines Wertes von 1 bis 1.000. Durch diese Einstufung kann das Projekt in seiner Bedeutung unter Einsatz des automatischen Kapazitätsabgleichs höher priorisiert werden, siehe auch Abschnitt 6.1.9, »Ressourcenüberlastungen beseitigen«.

- ABTEILUNG: Dieses Feld ist nur in Anbindung an Project Server oder Project Online relevant. Auf Basis des Feldes ABTEILUNG können Projekte und andere Elemente verschiedenen Mandanten eines Project Servers oder Project Online zugeordnet werden; Näheres dazu in Abschnitt 20.2.1, »Benutzerdefinierte Enterprise-Felder und -Nachschlagetabellen«.

- ENTERPRISE-FELDER (BENUTZERDEFINIERT): Diese Auswahl findet nur Einsatz bei einer Anbindung von Project Professional an den Microsoft Project Server oder Project Online. Hiermit wird das Anlegen von projektübergreifenden benutzerdefinierten Feldern, sogenannten *Enterprise-Feldern*, möglich. In diesem Dialog könnten so Felder zur Kategorisierung des Projekts, z. B. nach Standort, Projektart etc., ausgewählt werden.

Die Vorwärtsrechnung
Die Vorwärtsrechnung entspricht sicher den häufigsten Anwendungsfällen und macht Ihnen das Hineinversetzen in den Projektplan wesentlich einfacher als die Rückwärtsrechnung. Die Rückwärtsrechnung wenden Sie an, wenn Sie den spätesten Termin für den Projektstart errechnet bekommen möchten. Dies kann sinnvoll sein, wenn Sie einen vorgegebenen fixen Fertigstellungstermin für das Projekt haben.

Die Rückwärtsrechnung
Die Rückwärtsrechnung kann auch eine Fehlerquelle darstellen. Werden bei bestimmten Vorgängen Dauern gekürzt, fangen ein Projekt oder Vorgänge noch später an. Hier sollten Sie fest vereinbarte Vorgänge entsprechend rechtzeitig fixieren.

5.2 Dauer/Anfang/Ende

Reiner Sonnenschein erfasst nun neue Vorgänge zur Planung des Flughafenneubaus. Zu diesen Vorgängen möchte er auch die Vorgangsdauern sowie den Anfang und das Ende der Vorgänge erfassen, soweit ihm diese bekannt sind.

5.2.1 Dauer

Die Dauer beschreibt das Zeitfenster eines Vorgangs, in welchem die Vorgangsarbeit erbracht wird, siehe auch Abschnitt 4.2.2, »Grundlagen zum Arbeiten mit Microsoft Project«. Hierbei werden arbeitsfreie Zeiten nicht mitgerechnet. Haben Sie beispielsweise einen Vorgang, der Donnerstag startet und 4 Tage dauert, so endet er bei Verwendung eines Standardkalenders mit arbeitsfreien Wochenenden am Dienstag, nicht etwa am Sonntag.

Einheit	Bedeutung	Beispiel (bei Drucklegung)
Min	Minuten	90min
Std	Stunden	36h (es erscheint 36 Std.)
T	Tage	2t (es erscheint 2d)
W	Wochen	2W (muss großgeschrieben werden)
M	Monate	1M (muss großgeschrieben werden)

Tabelle 5.1 Zeiteinheiten

Wenn Sie eine andere Einheit als Tag verwenden möchten, müssen Sie nach Eingabe der Zahl die gewünschte Einheit mit angeben. Die gültigen Einheiten zeigt Ihnen Tabelle 5.1.

Leider ist die Form der Eingabe von Dauern zum Zeitpunkt der Drucklegung dieses Buches noch fehlerhaft. Bei der Vorversion war die Beachtung der Groß- und Kleinschreibung irrelevant, und es konnte durchgängig mit deutschen Abkürzungen gearbeitet werden (Hinweise dazu in Tabelle 5.1).

In Project gibt es noch eine weitere Art der Dauer: die *fortlaufende Dauer*. Fortlaufende Dauer bezeichnet die Zeit, die zur Erledigung eines Vorgangs benötigt wird, basierend auf einem 24-Stunden-Tag und einer 7-Tage-Woche einschließlich Feiertagen und arbeitsfreien Tagen. Fortlaufende Dauern werden durch das Voranstellen eines f bei der Eingabe definiert (Eingabe zum Zeitpunkt der Drucklegung dieses Buches noch fehlerhaft, Eingaben in Klammern berücksichtigen), also fmin, fstd (Eingabe »1fh«), ft (Eingabe »1fd«), fw (Eingabe »1fW«), fm (Eingabe »1fM«). Fortlaufende Dauern können Sie z. B. bei Produktionsprozessen verwenden, die im Mehrschichtbetrieb Tag und Nacht durchlaufen.

Sind Sie sich bei der Angabe der Dauer nicht sicher oder kann sich die Dauer noch ändern, so können Sie dem Wert der Dauer noch direkt ein Fragezeichen anfügen, welches für *Geschätzte Dauer* steht. Diese Kennzeichnung hat keine Auswirkung auf den Plan, sondern dient nur als Hinweis.

5.2.2 Anfang

Mit dem ANFANG wird der Start des Vorgangs definiert. Dieses Datum wird im Standard automatisch berechnet entsprechend der Einbettung des Vorgangs in die Vorgangsliste, z. B. unter Berücksichtigung von Verknüpfungen. Sie können dieses Feld aber auch selbst überschreiben.

Überschreiben des Feldes »Anfang«
Durch das Überschreiben dieses Feldes wird der Vorgang, welcher im Standard die Einschränkungsart SO FRÜH WIE MÖGLICH besitzt, auf ANFANG NICHT FRÜHER ALS umgestellt. Damit beeinflussen Sie die automatische Berechnung von Vorgängen. Geben Sie ein Datum manuell ein, so kann dieser Vorgang beim Verkürzen von Vorgängervorgängen nicht früher anfangen, sich aber durchaus bei Verlängerung des Vorgängers nach hinten verschieben. Zu Einschränkungsarten siehe auch Abschnitt 5.12, »Arbeiten mit Einschränkungsarten«.

5.2.3 Ende

Mit dem Feld ENDE wird der Abschluss des Vorgangs beschrieben. Dieses Feld ist identisch mit dem Feld FERTIG STELLEN aus Microsoft Project 2010. Es wird automatisch auf Basis des Anfangstermins und der Dauer des Vorgangs berechnet. Ein Überschreiben des Feldes ist möglich, wirkt sich jedoch nachhaltig auf das Verhalten des Vorgangs aus, da die Einschränkungsart des *Vorgangs von* SO FRÜH WIE MÖGLICH auf ENDE NICHT FRÜHER ALS geändert wird.

Projekte können bis 2149 dauern.
Ein Argument für den Einsatz von Project beim Neubau eines Flughafens hat Reiner Sonnenschein in der erweiterten Einschränkung des Projektendes gefunden. Während in den Vorgängerversionen bis Version 2010 von Project Projekte eine maximale Laufzeit bis zum 31.12.2049 hatten, so wurde die Laufzeit in Microsoft Project 2016 um eben mal 100 Jahre auf den spätesten Endtermin 31.12.2149 verlängert (siehe

Abbildung 5.3). So lassen sich nun auch komplexe Bauvorhaben wie ein Flughafen, Stuttgart 21 oder der Rückbau eines Kernkraftwerkes in Project abbilden. ;-)

Abbildung 5.3 Maximale Projektlaufzeit bis 2149

Reiner Sonnenschein möchte zu seinen Vorgängen sogenannte *Vorgangsnotizen* erfassen. Diese Notizen können z. B. auf Besonderheiten des Vorgangs hinweisen oder darüber informieren, ob bestimmte Dinge bei der Bearbeitung des Vorgangs zu beachten sind. Um eine Vorgangsnotiz zu einem Vorgang zu ergänzen, klicken Sie einfach mit der rechten Maustaste auf den vorgesehenen Vorgang. Im Kontextmenü erscheint die Dialogbox INFORMATIONEN ZUM VORGANG. Neben Text können Sie in dem Fenster auch Grafiken und Tabellen erfassen bzw. einfügen.

5.3 Vorgangsmodus manuell und automatisch

Wie schon in Abschnitt 4.2.3, »Das erste Projekt«, erwähnt, bestand in der Projektplanung mit den Vorgängerversionen bis Microsoft Project 2010 immer ein großes Risiko beim automatischen Berechnen von Projektdaten. Auf Basis dieser ständigen Neuberechnung konnten sich Vorgänge und weitere Vorgangsinformationen leicht und ungewollt ändern. Wurde z. B. ein Vorgang um 1 Tag verlängert, konnte dies dazu führen, dass sich mindestens 200 Nachfolgervorgänge ebenfalls verschoben. Kritisiert jemand Microsoft Project, dann häufig mit der Aussage: »Meine Vorgänge verschieben sich von ganz allein, und das Programm macht eh, was es will.« Es wurde auch bereits erwähnt, dass eine große Herausforderung im sicheren Planen mit Project besteht.

Wie kann nun Reiner Sonnenschein Project nutzen, um seinen Flughafenneubau wirklich sicher zu planen und versehentliche Neuberechnungen auszuschließen? Hierfür steht die Funktion VORGANGSMODUS zur Verfügung, die in den *Varianten* MANUELL GEPLANT und AUTOMATISCH GEPLANT genutzt wird.

Im Standard ist für alle Vorgänge der Modus MANUELL GEPLANT voreingestellt, die automatische Berechnung ist also deaktiviert. Sie können den standardmäßigen Vorgangsmodus für das Projekt, aber auch für einzelne Vorgänge ändern (siehe Abbildung 5.4).

5 Terminplanung

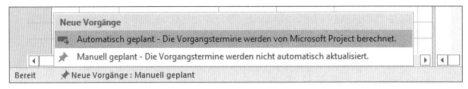

Abbildung 5.4 Auswahl des Vorgangsmodus für Vorgänge

Manuelle Vorgänge können sich nicht durch die Veränderung der Dauer oder das Verschieben eines verknüpften Vorgängervorgangs ebenfalls verschieben. Weitere Daten des auf MANUELL GEPLANT gestellten Vorgangs werden jedoch berechnet, z. B. der Fortschritt des Vorgangs mit Auswirkung auf die Vorgangskosten, das heißt die abhängigen Werte Dauer, Arbeit, Einheit und Kosten, siehe auch Abschnitt 6.1.6, »Verhältnis Arbeit, Dauer und Einheit«.

5.3.1 Manuelle Planung – Funktionsweise

Bei Erfassen des Anfangs, des Endes und/oder der Dauer im Modus MANUELL GEPLANT wird nicht automatisch der Anfangs- und Endtermin berechnet. Bei Erfassen eines Anfangstermins wird nicht automatisch eine Dauer hinterlegt. Dies kommt Reiner Sonnenschein bei der Planung sehr entgegen, da er sich erst mal mit der sehr groben Erfassung der Projektdaten beschäftigt. So kann er anfänglich in Project genauso grob wie sonst in Microsoft Excel arbeiten (siehe Abbildung 5.5).

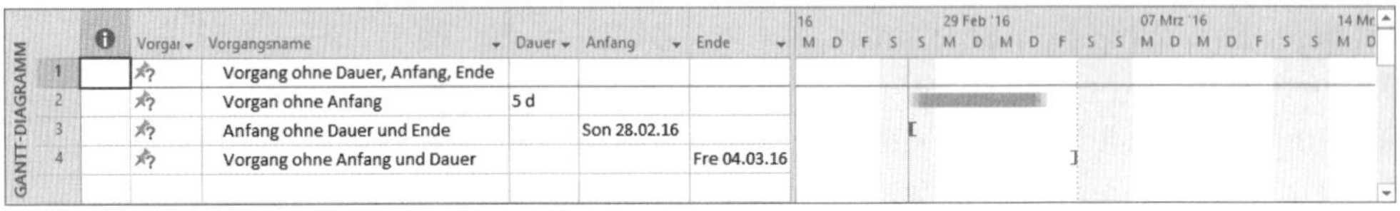

Abbildung 5.5 Darstellung der manuellen Planung und Kennzeichnung

In den Standardansichten wird in der Spalte VORGANGSMODUS die jeweils aktive Einstellung dargestellt, und hier können Sie diese auch pro Vorgang ändern.

Wichtig ist auch die Berücksichtigung des Verhaltens bei Vorgangsverknüpfungen. Wird der Vorgängervorgang eines Vorgangs verschoben, wirkt sich dies nicht auf den Nachfolgervorgang aus, wenn dieser im Modus MANUELL GEPLANT eingestellt ist (siehe Abbildung 5.6). Siehe auch Abschnitt 5.8, »Vorgangsverknüpfungen«.

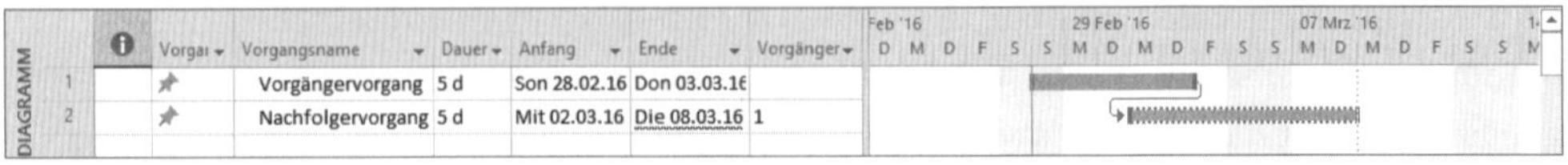

Abbildung 5.6 Manuell geplanter Vorgang verschiebt sich trotz Verknüpfung nicht.

5.3.2 Automatische Planung

Alternativ zur manuellen Planung können Sie auch im Vorgangsmodus AUTOMATISCH GEPLANT arbeiten (siehe Abbildung 5.7). Hierbei berechnet sich der Anfang eines Vorgangs automatisch in Abhängigkeit von den Verknüpfungen seiner Vorgänger.

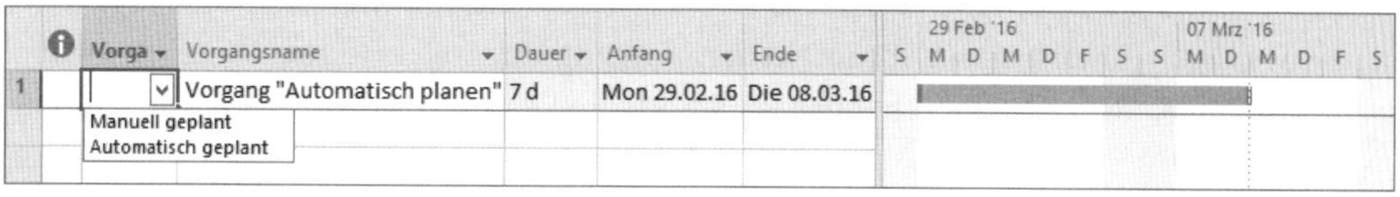

Abbildung 5.7 Darstellung und Einstellung des Vorgangsmodus »Automatisch geplant«

Empfehlung zum Planungsmodus

Um die Funktion MANUELL GEPLANT optimal einzusetzen, empfiehlt sich z. B. die folgende Vorgehensweise: Im Rahmen einer ersten Projektplanung können Vorgänge durchaus auf AUTOMATISCH GEPLANT gesetzt werden. Dies kann Ihnen bei der Abbildung von Szenarien helfen, indem Sie so verschiedene Varianten Ihres Projektplans berechnen können.

Im weiteren Planungsprozess und bei der Vereinbarung von Terminen empfiehlt es sich dagegen durchaus, die Vorgänge, welche sich vorerst nicht mehr verschieben sollen, auf MANUELL GEPLANT zu setzen.

Veränderungen in berechneten Feldern blau markiert

Sowohl bei manuellem und als auch bei automatischem Vorgangsmodus werden Veränderungen der berechneten Felder DAUER, ARBEIT, ANFANG und ENDE in der Tabelle mit einer hellblauen Markierung angezeigt. Sobald Sie eine neue Eingabe vornehmen, verschwindet diese Markierung, und bei durch diese Eingabe verursachten Änderungen werden Ihnen nun diese durch neue hellblaue Markierungen in der Tabelle angezeigt.

5.4 Meilensteine

Meilensteine kennzeichnen Ereignisse in einem Projektplan. Als Meilensteine werden z. B. Kick-off-Termine, Abnahmen oder Liefertermine bezeichnet. Eine andere Definition von Meilensteinen besagt, dass Meilensteine die Lieferung definierter Ergebnisse im Plan kennzeichnen sollen.

In einem Project-Projektplan können Meilensteine z. B. den Projektstart oder das Projektende bezeichnen. Auch kann ihr Einsatz bei Phasenbeginn oder Phasenende sinnvoll sein, siehe auch in der Einführung von Kapitel 6, »Ressourcen- und Kostenmanagement«. Für Reiner Sonnenschein ist das Setzen von ausreichenden Meilensteinen im Plan durchaus wichtig. Mit diesen Meilensteinen kann er z. B. im Projektplan für den Flughafenneubau gut erkennen, wann der Bau der Terminals beginnt oder wann das Richtfest des Towers stattfinden soll.

Sie können einen Meilenstein sehr einfach setzen: Sie definieren die Vorgangsdauer des für den Meilenstein vorgesehenen Vorgangs einfach mit dem Wert »0«, wobei die *Einheit* der Dauer unerheblich ist. Sie erhalten dann eine Darstellung wie in Abbildung 5.8.

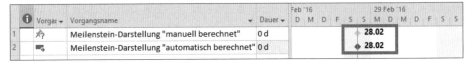

Abbildung 5.8 Meilenstein mit manueller und automatischer Berechnung

Sie können auch einen vorhandenen Vorgang als Meilenstein kennzeichnen, indem Sie ihm einfach die Eigenschaft »Meilenstein« zuordnen. Dies ist auch möglich, wenn der Vorgang eine Dauer ungleich null hat (siehe Abbildung 5.9). Die Darstellung im Gantt-Diagramm kann aber ein wenig irritierend sein, da die Information der Dauer entsprechend dem eigentlichen Wert nicht korrekt dargestellt wird.

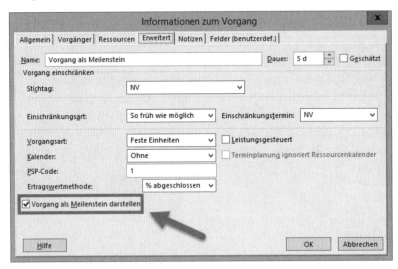

Abbildung 5.9 Meilenstein mit einer Dauer von 5 Tagen und dem Dialog »Informationen zum Vorgang« für die Definition des Meilensteins

1. Doppelklicken Sie auf die Zeile des vorgesehenen Vorgangs. Oder markieren Sie den Vorgang, und klicken Sie in dem Menüband VORGANG auf die Schaltfläche INFORMATIONEN.

2. Das Fenster INFORMATIONEN ZUM VORGANG öffnet sich.
3. Wechseln Sie zur Registerkarte ERWEITERT.
4. Aktivieren Sie die Option VORGANG ALS MEILENSTEIN DARSTELLEN.

> **Vorgangseinschränkungen**
>
> Sollten Sie mit Vorgangseinschränkungen arbeiten (siehe auch Abschnitt 5.12, »Arbeiten mit Einschränkungsarten«), achten Sie darauf, dass bei Meilensteinen mit der Dauer »0« der Meilenstein mit der Einschränkungsart MUSS ANFANGEN AM um 8:00 (Standardkalender) stattfindet.
>
> Sollte der Meilenstein mit der Dauer »0« mit der Einschränkungsart MUSS ENDEN AM versehen sein, so findet dieser Meilenstein um 17:00 (Standardkalender) statt. Diese Differenz von 1 Arbeitstag kann bei der Nachverfolgung von Verknüpfungen zu Irritationen führen.

5.5 Stichtage festlegen

Eine Möglichkeit der Kennzeichnung von Ereignissen, Einschränkungen oder Terminwarnungen besteht in einer visuellen Darstellung des Stichtages. Der Unterschied zwischen Meilenstein und Stichtag besteht darin, dass der Stichtag vom eigentlichen Anfangs- und Enddatum des Vorgangs unabhängig ist. Mit dem Stichtag können Sie ein zusätzliches Datum im Vorgang ergänzen. Überschreitet das Ende des Vorgangs den definierten Stichtag, so erscheint eine Warnmeldung in der sogenannten *Indikatorenspalte* am linken Bildschirmrand der Vorgangstabelle. Die Indikatorenspalte enthält wichtige Informationen zu einem Vorgang, wie z. B. eine Einschränkung oder den Hinweis, dass Notizen angefügt sind.

Den Stichtag können Sie für die warnende Darstellung einer Terminüberschreitung nutzen, z. B. im Fall Reiner Sonnenscheins dafür, dass er den Termin für das Einholen von Genehmigungen überschritten hat (siehe Abbildung 5.10).

Abbildung 5.10 Darstellung des Stichtages, überschritten und noch im Plan

Um einen Vorgang mit einem Stichtag zu versehen, gehen Sie wie folgt vor:

1. Doppelklicken Sie auf den Vorgang, der einen Stichtag erhalten soll.
2. Öffnen Sie das Fenster INFORMATIONEN ZUM VORGANG, und wechseln Sie zur Registerkarte ERWEITERT.

3. Geben Sie in das Feld STICHTAG das betreffende Datum ein (siehe Abbildung 5.11).

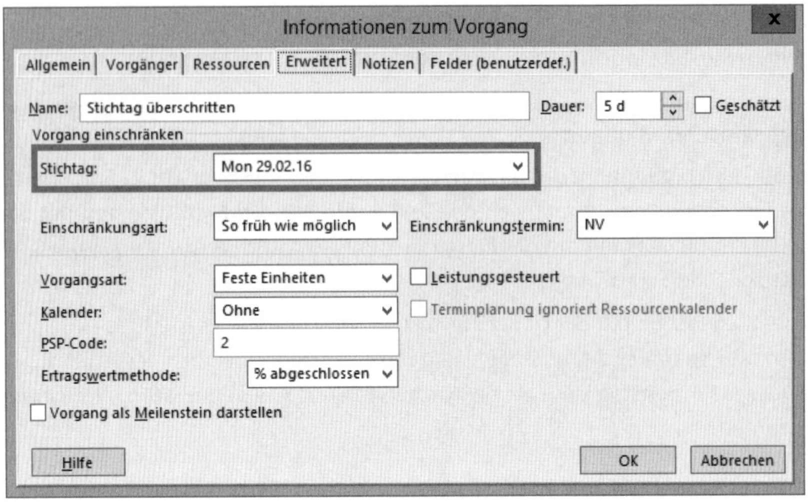

Abbildung 5.11 Dialog für das Definieren eines Stichtages

4. Klicken Sie auf OK. Der definierte Stichtag wird nun grafisch im Balkendiagramm als grüner Pfeil angezeigt.

Verzögert sich der Vorgang, sodass das Ende über den Stichtag hinaus verschoben wird, erscheint in der Indikatorenspalte ein Warnhinweis.

5.6 Vorgänge löschen, kopieren, verschieben

Nachdem Reiner Sonnenschein nun die ersten Vorgänge und Vorgangsdetails erfasst hat, stellt er fest, dass nun Änderungen im Plan erforderlich werden. Manche Vorgänge müssen wieder gelöscht werden, andere müssen einfach in der Struktur neu angeordnet werden. Auch kann es notwendig sein, Vorgänge von einem Projektplan in einen anderen Projektplan zu kopieren.

5.6.1 Vorgänge löschen

Für das Löschen von Vorgängen stehen verschiedene Funktionen zur Verfügung:

- Für das Löschen per Tastatur markieren Sie den Zeilenkopf des Vorgangs (dargestellt mit grauem Feld und Zeilennummer) und drücken die [Entf]-Taste.
- Alternativ können Sie auch die [Entf]-Taste direkt in einer Zelle drücken. Hiermit wird nur der Zellinhalt selbst gelöscht. Bei diesem Vorgehen taucht links von der Zelle ein sogenanntes *Smart Tag* auf, das Ihnen beim Anklicken mit der Maus die

5.6 Vorgänge löschen, kopieren, verschieben

Optionen DEN VORGANGSNAMEN LÖSCHEN oder DEN VORGANG LÖSCHEN anbietet (siehe Abbildung 5.12).

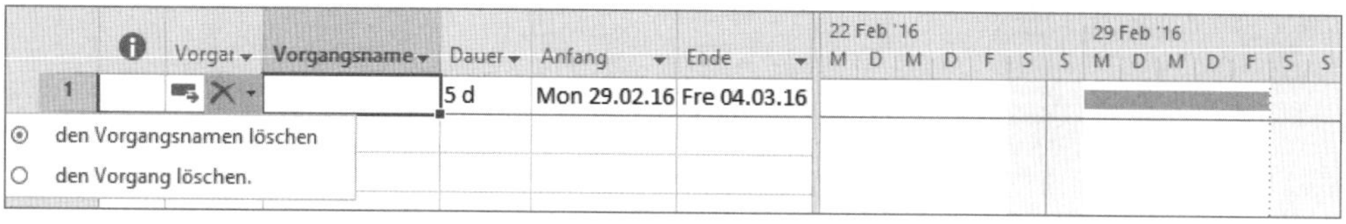

Abbildung 5.12 Smart Tag zum Löschen von Zellen oder Vorgängen

5.6.2 Vorgänge kopieren und einfügen

Auch für das Kopieren von Vorgängen stehen mehrere Varianten zur Verfügung: Vor dem Kopieren müssen Sie zunächst den oder die Vorgänge markieren. Hierbei müssen Sie darauf achten, dass durch das Klicken des *Zeilenkopfes* der vollständige Vorgang markiert wird. Nur so werden auch nicht angezeigte Felder und Vorgangsinformationen beim Kopieren berücksichtigt. Wollen Sie nur die sichtbaren Felder kopieren, so reicht das Markieren derselben.

Nach dem Markieren können Sie den Vorgang einfach per Tastatur mit der Tastenkombination [Strg] + [C] in die Zwischenablage kopieren. Alternativ dazu können Sie auch per Maus die bekannten Office-Schaltflächen für das Kopieren verwenden, welche über das Menüband im Bereich VORGANG angeboten werden. Bei einer dritten Variante kann auch über das Kontextmenü durch das Klicken mit der rechten Maustaste ausgewählt werden.

Für das Einfügen eines Vorgangs markieren Sie, wie oben beschrieben, einfach die Zelle und nutzen eine der drei Varianten: Tastenkombination [Strg] + [V] für Einfügen, die Office-Schaltfläche für das Einfügen im Menübandbereich VORGANG oder den Auswahlpunkt VORGANG EINFÜGEN im Kontextmenü der Zielzeile (siehe Abbildung 5.13).

Sollen der oder die Vorgänge in ein anderes Projekt kopiert werden, so wechseln Sie über die Windows-Taskzeile am unteren Bildschirmrand zu dem anderen Projekt, oder nutzen Sie die Tastenkombination [Strg] + [F6] für das Wechseln zwischen Dokumentenfenstern. Am Ziel nutzen Sie wieder die oben beschriebenen Vorgehensvarianten.

> **Smart Tags**
>
> Achten Sie auf Smart Tags. Diese geben an verschiedenen Stellen in der Vorgangs- und Ressourcentabelle Ratschläge zu alternativen Aktionen, z. B. beim Löschen von Vorgangs- oder Ressourcennamen und beim Ändern von Ressourcenzuordnungen.

5 Terminplanung

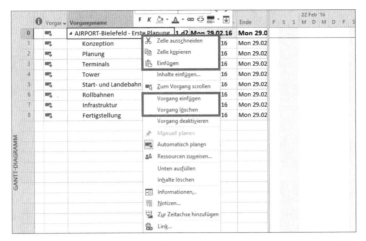

Abbildung 5.13 Kontextdialog für das Kopieren, Verschieben und Löschen von Vorgängen

5.6.3 Vorgänge verschieben

Um Vorgänge in einer Projektplanstruktur neu zu positionieren oder in ein anderes Projekt zu verschieben, wählen Sie einfach die folgende Vorgehensweise:

1. Markieren Sie den Vorgang oder die Zeilen, welche Sie verschieben wollen.
2. Nutzen Sie entweder die Tastenkombination [Strg] + [X], die Office-Schaltfläche für das AUSSCHNEIDEN von Elementen im Menüband VORGANG oder den Befehl AUSSCHNEIDEN im Kontextmenü.
3. Setzen Sie den Cursor in die Zelle oder den Zellbereich, in den Sie die verschobenen Elemente einfügen wollen. Wollen Sie einen Vorgang zwischen zwei schon bestehenden Vorgängen einfügen, so platzieren Sie den Cursor in der Vorgangszeile unter der Zeile, in die der Vorgang eingefügt werden soll.
4. Nutzen Sie entweder die Tastenkombination [Strg] + [V], die Office-Schaltfläche für das EINFÜGEN von Elementen im Menüband VORGANG oder den Befehl EINFÜGEN im Kontextmenü.

Unterschiede zwischen Verschieben und Ausschneiden/Einfügen

Das Verschieben eines Vorgangs innerhalb des Plans ist nicht dasselbe, wie ihn mit Ausschneiden/Einfügen an eine andere Stelle zu setzen.

Beim Verschieben mit der Maus bleibt der Vorgang erhalten und wird nur in seiner Position verändert. Beim Ausschneiden/Einfügen wird der Vorgang ausgeschnitten und dann das Original gelöscht. Dabei werden intern neue IDs für den Vorgang und die Zuordnungen angelegt. Insbesondere bei der Verwendung von Fortschrittsrückmeldungen durch Ressourcen mit Microsoft Project Server kann es hier zu Datenverlust kommen.

> **Drag & Drop ist einfacher**
> Wer es nun noch ganz einfach haben will, der nutzt die Maus für das Kopieren und Verschieben von Vorgängen oder Zellinhalten. Die entsprechenden Elemente werden einfach markiert, erneut angeklickt und dann mit gleichzeitig gedrückter Strg - und Maustaste zum Ziel geschoben. Hier werden zuerst die Maustaste und dann die Strg -Taste losgelassen, und schon sind die Elemente kopiert. Machen Sie das Gleiche ohne Strg -Taste, so wird nur ein Element (das angeklickte) zum neuen Ziel verschoben.

5.7 Gliedern und Strukturieren von Projekten

Im nächsten Schritt möchte Reiner Sonnenschein nun die Vorgänge seines Plans, die nach wie vor eigentlich nur aus einer Liste bestehen, strukturieren. Umfangreiche Projekte bestehen aus übergreifenden Hauptaufgaben, denen jeweils wieder Teilaufgaben zugeordnet sind. Dadurch ergibt sich eine inhaltliche Gliederung der Projektaktivitäten. Eine solche Gliederung schafft bei großen Projekten eine bessere Übersicht.

Project verfügt daher über diverse Funktionen, mit denen Sie die inhaltliche Gliederung nach den Anforderungen Ihres Projekts umsetzen können. Die sich aus einer Gliederung ergebenden Zusammenfassungen werden in Project *Sammelvorgänge* genannt. Hierbei werden zwei Varianten unterschieden:

▶ *Projektsammelvorgang*
Der Projektsammelvorgang steht über dem gesamten Projekt und aggregiert die untergeordneten Werte der Teilvorgänge, wie z. B. die Dauer der gesamten Projektvorgänge, zu einer Gesamtdauer des Projekts. Er ist im Hintergrund immer vorhanden, wird aber im Standard in der Vorgangstabelle und im Gantt-Diagramm nicht dargestellt.

▶ *Sammelvorgang*
Der Sammelvorgang fasst die ihm untergeordneten Teilvorgänge zusammen und aggregiert, wie auch der Projektsammelvorgang, deren Werte (siehe Abbildung 5.14).

Abbildung 5.14 Darstellung von Sammel- und Projektsammelvorgang

5.7.1 Anlegen von Projektsammelvorgang und Gliederungsnummern anzeigen

Der erste Schritt vor dem Gliedern eines Projekts sollte das Anzeigen des Projektsammelvorgangs sein. Hiermit schaffen Sie eine erste Struktur Ihres Plans. Gehen Sie dazu wie folgt vor:

1. Wählen Sie den Menübandbereich FORMAT aus.
2. Aktivieren Sie hier auf der rechten Seite des Menübandes den Auswahlpunkt PROJEKTSAMMELVORGANG.

Um die Gliederungsstruktur auch in der Vorgangstabelle zu verdeutlichen, kann zusätzlich die GLIEDERUNGSNUMMER vor den Vorgängen und Sammelvorgängen angezeigt werden. Die Auswahl der Gliederungsnummer finden Sie oberhalb der Auswahl PROJEKTSAMMELVORGANG (siehe Abbildung 5.15).

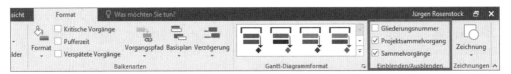

Abbildung 5.15 Einblenden von Gliederungsnummer, Sammel- und Projektsammelvorgang

5.7.2 Vorgänge gliedern

Wie erzeugt man nun aus einer Liste von Vorgängen eine Gliederungsstruktur und nimmt damit auch Gruppierungen vor? Gehen Sie hierfür folgendermaßen vor:

1. Markieren Sie mit der Maus oder über die Tastatur per Cursor die Vorgänge, die Sie tiefer stufen wollen.
2. Klicken Sie nun auf die Schaltfläche TIEFERSTUFEN (siehe Abbildung 5.16).
3. Der oder die ausgewählten Vorgänge werden nun wie gewünscht tiefer gestuft.
4. Um Vorgänge wieder höher zu stufen, verwenden Sie einfach die Schaltfläche HÖHERSTUFEN links daneben.

Abbildung 5.16 Höher- und Tieferstufen von Vorgängen

Anzahl Gliederungsebenen

Die Anzahl der Gliederungsebenen eines Projekts sollte überschaubar bleiben, da der Plan ansonsten zu unübersichtlich wird. Denken Sie hierbei immer daran, dass Sie den Plan nach Projektstart auch pflegen und aktuell halten müssen.

Um beim Arbeiten mit dem Projektplan eine gewisse Übersicht zu wahren, können Sie die Anzahl der anzuzeigenden Gliederungsebenen einschränken.

Hierfür können Sie entweder die Symbole PLUS oder MINUS vor dem SAMMELVORGANG nutzen oder die Schaltfläche GLIEDERUNG, die Sie über den Menübandbereich ANSICHT finden, wie in Abbildung 5.17 dargestellt.

Abbildung 5.17 Gliederungsebenen anzeigen

5.7.3 Arbeiten mit Sammelvorgängen bei manueller Planung

Sammelvorgänge, welche mit dem Vorgangsmodus MANUELL GEPLANT versehen sind, zeigen neben der Aggregation der Dauer der untergeordneten Vorgänge auch eigene Werte für die Dauer an. Der Wert der eigenen Dauer kann von dem der Aggregation abweichen (siehe Abbildung 5.18). Der eigene Wert des Sammelvorgangs wird als schwarzer Balken dargestellt. Die Aggregation der untergeordneten Vorgänge wird blau oder rot angezeigt. Die rote Darstellung zeigt an, ob sich der Sammelvorgang im Verhältnis zum untergeordneten Vorgang im kritischen Pfad befindet, siehe auch Abschnitt 5.9, »Puffer und kritischer Pfad«.

Abbildung 5.18 Darstellung von Sammelvorgang mit Status »Manuell geplant«

5.8 Vorgangsverknüpfungen

In diesem Abschnitt lernen Sie, wie Vorgänge entsprechend ihrer Abhängigkeit mit Anordnungsbeziehungen verknüpft werden können. Dies ist z. B. sinnvoll, um eine vorgesehene logische Reihenfolge von Vorgangsabläufen darzustellen. Neben der Darstellung dienen diese Vorgangsverknüpfungen auch der Berechnung der Auswirkung von Abhängigkeiten zwischen Vorgängen (siehe Abbildung 5.19). Vorgänge können z. B. erst beginnen, wenn deren Vorgänger abgeschlossen sind.

Über diese Verknüpfungen im Projektplan kann Reiner Sonnenschein sicherstellen, dass die Termine der Vorgänge möglichst dynamisch im Projektplan berechnet werden, solange sie nicht fixiert sind, z. B. durch den Modus MANUELL GEPLANT oder eine Vorgangseinschränkung, siehe auch Abschnitt 5.12, »Arbeiten mit Einschränkungsarten«.

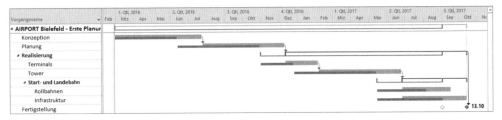

Abbildung 5.19 Auswirkung von Verknüpfungen bei Verlängerung der Dauer eines Vorgängers

Auswirkungen von Verknüpfungen

Wie erwähnt, wirken sich Verknüpfungen auf verknüpfte nachfolgende Vorgänge aus. Bei einem Projekt von mehr als 20 bis 30 Vorgängen sind diese Verknüpfungen nicht immer ersichtlich. Daher empfiehlt es sich vor dem Ändern von Werten des Vorgängers, die Auswirkungen auf die nachfolgenden verknüpften Vorgänge zu prüfen. Die Auswirkungen von Verknüpfungen lassen sich mit der neuen Funktion VORGANGSPFAD, siehe auch Abschnitt 5.10, »Anzeigen des Vorgangspfades«, sehr gut darstellen.

5.8.1 Begrifflichkeiten

Für das Verknüpfen von Vorgängen werden die Begrifflichkeiten *Vorgänger* und *Nachfolger* in Microsoft Project verwendet.

- *Vorgänger*: Wie im normalen Sprachgebrauch üblich, ist der Vorgang, von dem ein anderer Vorgang abhängt, der Vorgänger dieses Vorgangs.
- *Nachfolger*: Der Vorgang, dessen Anfang oder Ende von einem anderen Vorgang abhängt, heißt Nachfolger.
- *Anordnungsbeziehung*: Vorgangsverknüpfungen müssen nicht immer in logischer Reihenfolge nacheinander dargestellt werden. Tabelle 5.2 zeigt die verschiedenen Varianten auf.

Anordnungsarten	Beschreibung	Balken
Ende-Anfang (EA) (Eingabe: Vorgängernummer EA)	Ist der Vorgänger abgeschlossen, kann der Nachfolger beginnen. Beispiel: Vorgang B kann erst anfangen, wenn Vorgang A abgeschlossen ist.	
Anfang-Anfang (AA) (Eingabe: Vorgängernummer AA)	Zwei Vorgänge haben den gleichen Anfangstermin. Beispiel: Vorgang B muss starten, wenn Vorgang A begonnen hat.	
Ende-Ende (EE) (Eingabe: Vorgängernummer EE)	Zwei Vorgänge haben den gleichen Endtermin. Beispiel: Vorgang B muss beendet werden, wenn Vorgang A zu einem Ende gekommen ist.	
Anfang-Ende (AE) (Eingabe: Vorgängernummer AE)	Der Vorgänger beginnt, wenn der Nachfolger fertig ist. Beispiel: Wenn Vorgang A anfängt, muss Vorgang B beendet sein.	

Tabelle 5.2 Anordnungsbeziehungen

▶ *Zeitabstände*: Ist ein Vorgang abgeschlossen und der Nachfolger soll erst verzögert, z. B. nach 2 Tagen, starten, spricht man von einem Zeitabstand. Dieser Zeitabstand kann auch negativ sein. Das heißt, dass der Nachfolger z. B. 2 Tage vor Ende des Vorgängers starten kann. Sie können auch einen prozentualen Zeitabstand definieren, z. B. der Nachfolger startet nach der Hälfte des Vorgängers.

Wie erstellt man nun eine Verknüpfung zwischen Vorgängen? Hierfür können verschiedene Vorgehensweisen angewandt werden.

5.8.2 Verknüpfen von Vorgängen per Maus

Verknüpfen per Maus – die einfachste Verknüpfung in Microsoft Project erfolgt per Ziehen einer Verknüpfungslinie mit der Maus:

1. Klicken Sie mit der linken Maustaste im GANTT-DIAGRAMM auf den Balken des Vorgängervorgangs.
2. Halten Sie die Maustaste gedrückt, und führen Sie den Mauszeiger auf den Balken des Nachfolgervorgangs. Es erscheint als Mauszeiger das Verknüpfungssymbol.
3. Lassen Sie genau auf dem Nachfolgervorgang die Maustaste los. Der richtige Moment zum »Loslassen« ist in dem Augenblick angezeigt, wenn der Balken des Nachfolgervorgangs grau eingerahmt angezeigt wird. Die Verknüpfung wird nun mit einer Linie innerhalb der grafischen Linie im Balkendiagramm dargestellt.

5.8.3 Verknüpfen per Vorgängerspalte

Statt der Maus können Sie auch die Tastatur für die manuelle Eingabe einer Verknüpfung nutzen:

1. Verschieben Sie den senkrechten Bildschirmteiler so weit nach rechts, dass die Spalte VORGÄNGER angezeigt wird.
2. Setzen Sie den Cursor in die Vorgangszeile des Nachfolgervorgangs und dort in die Spalte VORGÄNGER.
3. Geben Sie die Vorgangsnummer des Vorgängers ein (siehe Abbildung 5.20), und bestätigen Sie dies mit der ⏎-Taste.

Abbildung 5.20 Verknüpfen von Vorgängen per Tabelle

Bei den Verknüpfungen per Vorgängerspalte können diverse Varianten gewählt werden. In Tabelle 5.3 finden Sie eine Übersicht über unterschiedlichste Verknüpfungsvarianten, die in der Spalte VORGÄNGER erfasst werden können.

Spalte Vorgänger (Schreibweise)	Anwendungsbeispiel und Funktionsbeschreibung
2	Standardverknüpfung. Der Vorgang kann erst nach dem Ende von Vorgang 2 beginnen.
2;3	Standardverknüpfung eines Vorgangs mit mehreren Vorgängern. Der Vorgang kann erst nach dem Ende von Vorgang 2 und nach dem Ende von Vorgang 3 beginnen.
2EA-1t	Der Vorgang beginnt 1 Tag vor dem Ende des Vorgangs 2. Dies führt zu einer zeitlichen Überschneidung von 1 Tag. EA steht für Ende/Anfang.
2AA	Der Nachfolgervorgang und der Vorgängervorgang (hier 2) haben den gleichen Anfang. AA steht für Anfang/Anfang.
2;3AA	Der Vorgang kann erst nach Ende von Vorgang 2 und gleichzeitig mit dem Anfang von Vorgang 3 beginnen.

Tabelle 5.3 Verknüpfungsvarianten der Spalte »Vorgänger«

5.8 Vorgangsverknüpfungen

Spalte Vorgänger (Schreibweise)	Anwendungsbeispiel und Funktionsbeschreibung
5EE	Der Vorgänger (hier 5) und der Nachfolger haben das gleiche Ende. EE steht für Ende/Ende.
3AA+3t	Der Vorgang muss 3 Tage nach dem Anfang von Vorgang 3 beginnen.
4AA+40 %;3EA+3t	Wenn 40 % von Vorgang 4 durchgeführt sind, muss dieser Vorgang beginnen. Außerdem muss Vorgang 3 schon 3 Tage beendet sein.
3AE	Vorgang 3 beginnt, wenn dieser Vorgang beendet ist. AE steht für Anfang/Ende.

Tabelle 5.3 Verknüpfungsvarianten der Spalte »Vorgänger« (Forts.)

Bei einfachen Ende-Anfang-Beziehungen (EA) genügt die Angabe des Vorgängers bzw. der Vorgänger. Das Kürzel EA muss nicht separat angegeben werden.

Zum Zeitpunkt der Drucklegung dieses Buches gab es noch Einschränkungen bei der einheitlichen deutschen Schreibweise von Dauern. Dies wirkt sich auch auf die zeitlichen Einschränkungen von Verknüpfungen aus. Siehe dazu auch die Hinweise in Abschnitt 5.2.1, »Dauer«.

5.8.4 Verknüpfen per Schaltfläche oder Tastenkombination

Eine dritte Variante für Verknüpfungen ist die Nutzung der dafür vorgesehenen Schaltfläche im Menüband VORGANG (siehe Abbildung 5.21).

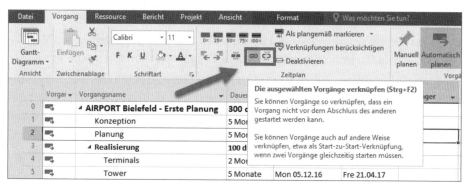

Abbildung 5.21 Schaltflächen »Vorgänge verknüpfen« und »Vorgangsverknüpfungen auflösen«

1. Markieren Sie die Vorgänge, die Sie verknüpfen wollen, mit der linken Maustaste. Nicht direkt hintereinanderliegende Vorgänge markieren Sie einfach durch Gedrückthalten der [Strg]-Taste. Auf diese Art und Weise können Sie eine beliebige Anzahl von Vorgängen für die Verknüpfung durch Markieren auswählen.
2. Drücken Sie anschließend mit der linken Maustaste die Schaltfläche VORGÄNGE VERKNÜPFEN im Menüband VORGANG. Alternativ zur Schaltfläche können Sie auch die Tastenkombination [Strg] + [F2] verwenden.

5.8.5 Verknüpfung per Dialogbox

Für umfangreiche Verknüpfungen kann auch der Dialog INFORMATIONEN ZUM VORGANG verwendet werden. Dies kann z. B. bei der Umsetzung verschiedener Arten von Verknüpfungen für einen Vorgang sinnvoll sein. Außerdem sehen Sie hier auch die Namen und nicht nur die Nummern der Vorgänge. Gehen Sie hierbei folgendermaßen vor:

Abbildung 5.22 Verknüpfen per Dialog und Auswahl des Vorgängers

1. Klicken Sie mit der linken Maustaste doppelt auf den Vorgang, den Sie mit Vorgängern verknüpfen wollen. Es erscheint der Dialog INFORMATIONEN ZUM VORGANG.
2. Wechseln Sie auf den Reiter VORGÄNGER. Sie sehen nun eine Tabelle, in der Sie die folgenden Felder per Auswahlliste auswählen können: VORGANGSNAME, ART der Verknüpfung (siehe Abbildung 5.22). Zusätzlich können Sie noch einen positiven oder negativen Zeitabstand auswählen.
3. Nach dem Definieren des ersten Vorgängers können Sie noch weitere Vorgänger definieren.
4. Haben Sie die Vorgänger ausgewählt, so bestätigen Sie diesen Dialog mit OK.

5.8.6 Verknüpfungen aufheben

Sollte eine Verknüpfung wieder aufgehoben bzw. gelöscht werden, so können Sie diese jederzeit wieder entfernen. Hierfür stehen mehrere Wege zur Wahl:

- Markieren Sie die betreffenden Vorgänge, und drücken Sie im Menüband VORGANG die Schaltfläche VORGANGSVERKNÜPFUNG RÜCKGÄNGIG MACHEN. Diese befindet sich direkt rechts neben der oben bereits vorgestellten Schaltfläche VORGÄNGE VERKNÜPFEN.
- Alternativ können Sie nach dem Markieren auch die Tastenkombination [Strg] + [⇧] + [F2] verwenden.

5.8.7 Verknüpfungen bearbeiten

Bestehende Verknüpfungen lassen sich beliebig bearbeiten. Folgende zwei Möglichkeiten können sinnvoll sein:

- Doppelklicken Sie im Diagramm mit der Maus genau auf die Verknüpfungslinie. Es erscheint der Dialog ANORDNUNGSBEZIEHUNG (siehe Abbildung 5.23). Mithilfe dieses Dialogs können Sie den Typ der Beziehung ändern, einen positiven oder negativen Zeitabstand festlegen oder die Anordnungsbeziehung löschen.

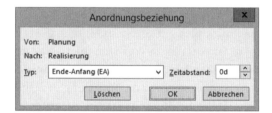

Abbildung 5.23 Dialog »Anordnungsbeziehung«

Anzeige der Spalte »Nachfolger«

Bei Erstellen von Verknüpfungen wird in der Standard-Vorgangstabelle die Spalte VORGÄNGER angezeigt. Für ein bisschen mehr Übersicht können Sie sich auch die Spalte NACHFOLGER einblenden lassen. Hierfür klicken Sie einfach mit der rechten Maustaste auf den Spaltenkopf VORGÄNGER. Sie erhalten ein Kontextmenü, welches u. a. den Befehl SPALTE EINFÜGEN anzeigt. Klicken Sie nun auf SPALTE EINFÜGEN, und geben Sie den Begriff »Nachfolger« ein. Bestätigen Sie diese Auswahl mit [↵], und Sie können sich in der Tabelle sowohl die Vorgänger- als auch die Nachfolgervorgänge anzeigen lassen.

5.8.8 Gedanken zum Thema Verknüpfungen

Über den Sinn und die Anwendung von Verknüpfungen gibt es bei erfahrenen Microsoft-Project-Anwendern verschiedenste und zum Teil sich widersprechende Ansichten und Meinungen:

- Jeder Vorgang sollte einen Vorgänger und einen Nachfolger haben. Nur so kann man direkte Auswirkungen bei Vorgangsänderungen anzeigen lassen.
- Verknüpfungen sollten nur über Sammelvorgänge vorgenommen werden.
- Verknüpfungen sollten nicht über Sammelvorgänge vorgenommen werden.

Für Reiner Sonnenscheins Plan gelten stellvertretend für viele andere Projekte u. a. die folgenden Anforderungen:

- Tatsächliche Abhängigkeiten im Plan sollen nachvollziehbar im Projektplan dargestellt werden.
- Bei Verschiebungen oder Verlängerungen der Dauer von Vorgängervorgängen sollen die Auswirkungen direkt im Projektplan bei den nachfolgenden Vorgängen angezeigt werden.
- Der Pflegeaufwand von Vorgängen sollte durch den Projektbesitzer (Ersteller und Bearbeiter des Plans) handhabbar sein. Vielleicht sollten zu viele Verknüpfungen vermieden werden.

So gesehen, liegt es an Ihnen, für Ihren Projektplan ein gesundes Mittelmaß an Verknüpfungen zu finden. Für das korrekte Funktionieren von Szenarien »Was wäre, wenn« sollte auf jeden Fall jeder Vorgang direkt oder indirekt über einen Sammelvorgang verknüpft sein. Hier kann es auch sinnvoll sein, vor der Erstellung des eigentlichen Plans einfach verschiedene Varianten von Verknüpfungen zu testen und deren Auswirkungen auf den Plan nach Ihren Anforderungen zu bewerten.

5.9 Puffer und kritischer Pfad

Reiner Sonnenschein hat sich im vorherigen Kapitel mit dem Thema Vorgangsverknüpfungen beschäftigt. Neben den rein logischen Gedanken zur Anwendung von Vorgangsverknüpfungen bei der Darstellung von Abhängigkeiten sollten aber auch die Begrifflichkeiten *Puffer* und *kritischer Pfad* berücksichtigt werden. Im Folgenden werden sie kurz vorgestellt.

5.9.1 Puffer

Die *Pufferzeit* ist ein zeitlicher »Spielraum« eines Vorgangs oder Meilensteins vor einem vorgegebenen Endtermin. Reiner Sonnenschein plant in seinem Projekt z. B.

mehrere Vorgänge parallel. Diese Vorgänge haben eine unterschiedliche Dauer. Der Vorgang »Rollbahnen anlegen« benötigt 2 Monate für die Fertigstellung. Die Vorgänge »Start- und Landebahn anlegen« benötigen 4 Monate, »Vorfeld anlegen« und »Rollgassen anlegen« benötigen maximal nur 3 Monate. Alle Vorgänge beginnen zum gleichen Zeitpunkt und müssen spätestens abgeschlossen sein, wenn der nachfolgende Meilenstein »Fertigstellung Flachbauten« beginnt. So könnten die kürzeren Vorgänge also auch eine Woche länger dauern oder eine Woche später anfangen, ohne den nachfolgenden Meilenstein zu gefährden (siehe Abbildung 5.24). Der Spielraum, über den die kürzeren Vorgänge hier verfügen, nennt sich *Puffer*. Der Puffer nennt sich in der Programmsprache von Microsoft Project *Freie Pufferzeit*.

Abbildung 5.24 Darstellung von kritischen Vorgängen und Vorgängen mit Puffer

In Project stehen weitere Felder für die Informationen zum Vorgangspuffer bereit:

- FREIE PUFFERZEIT: Die im Project-Plan dargestellte FREIE PUFFERZEIT bezeichnet die Zeitspanne, um die sich ein Vorgang verschieben kann, ohne dass dies zu einer Verzögerung des direkt nachfolgenden Vorgangs führt.
- GESAMTE PUFFERZEIT: Dieses Feld gibt an, um wie viel sich der Vorgang verschieben lässt, ohne das Projektende zu gefährden. Der Puffer gilt also vorgangsübergreifend unabhängig vom direkt nachfolgenden Vorgang.

Für die Darstellung des Puffers können die jeweiligen Datenspalten FREIE PUFFERZEIT und GESAMTE PUFFERZEIT in die aktuelle Vorgangstabelle eingeblendet werden. Hierfür klicken Sie einfach mit der rechten Maustaste auf den Spaltenkopf, auf dessen linker Seite Sie die Spalte einfügen wollen (siehe Abbildung 5.25).

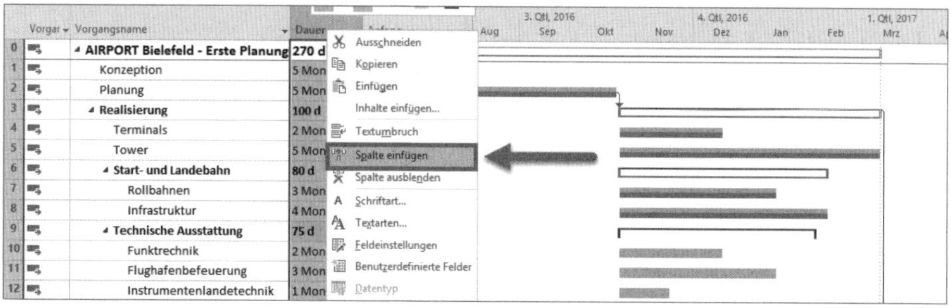

Abbildung 5.25 Kontextmenü für das Einfügen von Spalten

In dem dann erscheinenden Auswahlfeld geben Sie den gewünschten Feldnamen an und bestätigen die Auswahl mit ⏎ (siehe Abbildung 5.26).

Vorgang	Vorgangsname	Dauer	gesamte Pufferzeit	März 2016 28 04 09 14 19 24 29
1	Rollbahnen anlegen		Gesamte Pufferzeit	
2	Start- und Landebahnen anlegen	4 Monate	0 Monate	
3	Vorfeld anlegen	3 Monate	1 Monat	
4	Rollengassen anlegen	3 Monate	1 Monat	
5	Fertigstellung Flachbauten	0 d	0 d	

Abbildung 5.26 Auswahl des Feldnamens für die einzufügende Spalte

Einfacher ist jedoch der Wechsel der Anzeigetabelle über ANSICHT • TABELLE: BE-RECHNETE TERMINE. In den letzten beiden Spalten werden die Werte GESAMTER PUFFER und FREIER PUFFER angezeigt. Zusätzlich werden die Datumsfelder SPÄTESTER ANFANG und SPÄTESTES ENDE angezeigt.

Ausblenden des Puffers

Manchmal mag es auch sinnvoll sein, den Puffer im Projekt auszublenden, um den Projektfortschritt nicht zu sehr zu gefährden: »Man hat ja bei dem Puffer noch so viel Zeit ...« Rein theoretisch und vielleicht auch sehr selten kann das Bewusstsein über vorhandenen Puffer bei den Projektmitarbeitern zu einer zu entspannten Einstellung zum Projekt führen. Dies kann durchaus ein Risiko darstellen, da der Puffer in der Regel kurz vor Projektabschluss durch diverse Verzögerungen oft wieder verbraucht wird.

5.9.2 Kritischer Pfad

Durch die Verknüpfung von Vorgängen kann sich, wie eben beschrieben, durch verfügbare Zeitfenster der oben beschriebene Puffer ergeben. Sind Vorgänge dagegen so verknüpft, dass sich zwischen Vorgängern und Nachfolgern kein Puffer befindet, spricht man vom *kritischen Pfad* (siehe Abbildung 5.27). Vorgänge, die keinen Puffer haben, werden als *kritisch* bezeichnet.

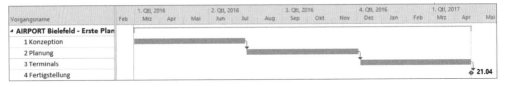

Abbildung 5.27 Direkt verknüpfte Vorgänge im kritischen Pfad

Verlängert sich nur ein Vorgang im kritischen Pfad, so hat dies unmittelbare Auswirkung auf alle nachfolgenden Vorgänge. Dieser kritische Pfad kann in Project in zwei Varianten genutzt werden:

5.9 Puffer und kritischer Pfad

- *Kritischer Pfad für das Gesamtprojekt*: Der kritische Pfad verläuft durch das gesamte Projekt und berücksichtigt alle in einer Reihe direkt und indirekt (unterhalb von Sammelvorgängen) verknüpften Vorgänge.
- *Kritischer Pfad für Teilprojekte/Phasen*: Im Projektplan können mehrere kritische Pfade dargestellt werden. Möchte Reiner Sonnenschein z. B. für einzelne Module seines Projektplans den kritischen Pfad darstellen, obwohl das gesamte Projekt nicht kritisch ist, so kann er diese separate Darstellung wie folgt einstellen: Wählen Sie im Menübandbereich DATEI den Unterpunkt OPTIONEN aus. Es öffnet sich der Dialog PROJECT-OPTIONEN. Hier wiederum wählen Sie den Unterbereich ERWEITERT. Aktivieren Sie nun unten den vorletzten Auswahlpunkt MEHRERE KRITISCHE WEGE BERECHNEN (siehe Abbildung 5.28).

Größere Projekte brauchen größere Puffer

Ein Vorgang wird als kritisch angezeigt, sobald sein Puffer gleich 0 ist. Bei größeren Projekten, die über mehrere Wochen oder Monate laufen, sollten Sie sich den kritischen Pfad jedoch schon anzeigen lassen, wenn die Puffergröße bereits ein bestimmtes Maß unterschreitet, z. B. 1 Woche. Die Einstellung für die Sensibilität des Puffers können Sie im oben vorgestellten Dialog PROJECT-OPTIONEN • ERWEITERT ganz unten unter VORGÄNGE SIND KRITISCH, FALLS PUFFER KLEINER ODER GLEICH ändern (siehe Abbildung 5.28).

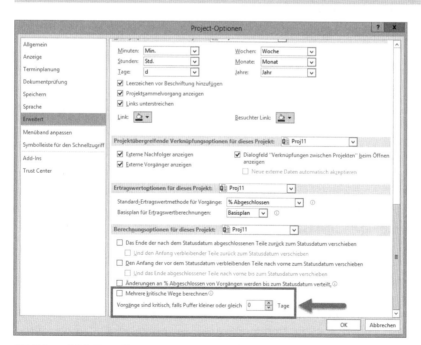

Abbildung 5.28 Einstellungen von Optionen für den kritischen Pfad und die Toleranz des kritischen Pfades

5.10 Anzeigen des Vorgangspfades

Die Funktion VORGANGSPFAD stellte eine Neuerung in Microsoft Project 2013 dar und erlaubt eine bessere Nachvollziehbarkeit von Vorgänger- und Nachfolgerbeziehungen im Projektplan.

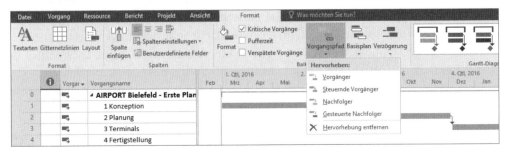

Abbildung 5.29 Aufruf der Funktion »Vorgangspfad« über das Menüband »Format«

Die Anzeigen zum Vorgangspfad können Sie über das Menüband FORMAT und die Schaltfläche VORGANGSPFAD aufrufen (siehe Abbildung 5.29):

- *Vorgänger*: Vorgänge, die mit einem nachfolgenden Vorgang verknüpft sind und vor diesem ausgeführt werden
- *Steuernde Vorgänger*: Vorgänge, die vor dem ausgewählten Vorgang stattfinden und sich ohne Puffer direkt auf den Nachfolger auswirken. Beim Verschieben eines steuernden Vorgängervorgangs wird der ausgewählte Vorgang ebenfalls verschoben.
- *Nachfolger*: Vorgänge, die mit dem ausgewählten Vorgang verknüpft sind und nach diesem stattfinden
- *Gesteuerte Nachfolger*: Vorgänge, die nach dem ausgewählten Vorgang stattfinden und direkt von ihm ohne Puffer beeinflusst werden. Beim Verschieben eines ausgewählten Vorgangs wird der gesteuerte nachfolgende Vorgang ebenfalls verschoben.

Die Darstellung der jeweiligen Vorgangspfade erfolgt durch das Auswählen von Vorgängen durch den Cursor oder die Maus. Die jeweiligen Vor- und Nachfolger werden im GANTT-DIAGRAMM direkt farbig angezeigt.

5.11 Die Zeitachse

Seit der Version Microsoft Project 2010 steht dem Anwender eine weitere Option zur Darstellung des Projektplans zur Verfügung. Auf einer Art Zeitstrahl können ausgewählte Vorgänge in einer sogenannten ZEITACHSE dargestellt werden. Mit der aktuellen Version Project 2016 können nun sogar 10 Zeitachsen dargestellt werden.

Abbildung 5.30 Aktivieren/Deaktivieren der Zeitachsendarstellung

Sollte die Zeitachse/n im Standard nicht angezeigt werden, so können Sie sie jederzeit über das Menüband FORMAT und das Auswahlkästchen ZEITACHSE aktivieren (siehe Abbildung 5.30).

5.11.1 Auswahl von Vorgängen zur Zeitachse

Die Zeitachsen zeigen im Standard keine Vorgänge an. Sie müssen diese Vorgänge einzeln auswählen. Dies kann Reiner Sonnenschein z. B. bei der gezielten Präsentation seines Projekts vor verschiedenen Zielgruppen helfen. Diesen sollen nur die wirklich relevanten Vorgänge in einer sehr einfachen und transparenten Darstellung gezeigt werden. Zu viele Detailvorgänge würden den Betrachter hier vielleicht nur verwirren. Um die Vorgänge für die Darstellung auszuwählen, gehen Sie wie folgt vor:

1. Markieren Sie den oder die Vorgänge, welche Sie in einer Zeitachse anzeigen lassen wollen. Ein Vorgang kann nur einer Zeitachse zugeordnet werden.
2. Klicken Sie mit der rechten Maustaste auf die markierten Vorgänge. Im Kontextmenü wählen Sie den Befehl ZUR ZEITACHSE HINZUFÜGEN aus. Die Vorgänge werden nun oben im Zeitachsenfenster angezeigt.

Erweiterte Einstellungen der Zeitachsen lassen sich über einen direkten Klick in eine Zeitachse anzeigen. Ist der Bereich der Zeitachse ausgewählt, werden über das Menüband FORMAT spezielle Zeichentools für die Zeitachse angezeigt (siehe Abbildung 5.31).

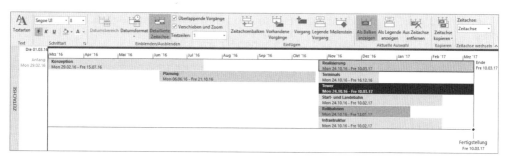

Abbildung 5.31 Darstellung der Zeitachse und der Einstellungsoptionen

Anfangs- und Endtermin notwendig

Beachten Sie bei Vorgängen im Modus MANUELL GEPLANT, dass diese über einen Anfangs- und einen Endtermin verfügen müssen, wenn Sie sie zur Zeitachse hinzufügen wollen.

5.11.2 Formatieren der Zeitachse

Die Zeitachsen lassen sich beliebig formatieren. Für das Formatieren gehen Sie folgendermaßen vor:

1. Klicken Sie auf das zu formatierende Element der Zeitachse. Dies kann sowohl ein Textelement der Skala als auch eine grafische Vorgangsdarstellung sein. Im Menüband erscheint automatisch der Bereich FORMAT ZEICHENTOOLS.
2. Wählen Sie nun die gewünschte Formatierung, z. B. Schrift, Schriftgrad, Schriftfarbe oder Elementfarbe, aus.

Darstellung von Sammelvorgängen

Um die Übersichtlichkeit der Zeitachsen zu erhöhen und bestimmte Vorgangselemente zu betonen, können einzelne Sammelvorgänge, Vorgänge und Meilensteine oberhalb oder unterhalb der Zeitachsen dargestellt werden. Ziehen Sie hierfür einfach das entsprechende Element mit der Maus über oder unter den Balkenbereich der Zeitachse.

5.11.3 Hinzufügen von weiteren Zeitachsen

Bei sehr großen Plänen oder einer großen Anzahl von Vorgängen, welche einer Zeitachse hinzugefügt werden sollen, kann es sinnvoll sein, mehrere Zeitachsen anzuzeigen.

Während in der Version 2013 nur eine Zeitachse verwendet werden konnte, ist nun mit 2016 die Verwendung mehrerer (bis zu zehn) Zeitachsen möglich.

Für das Hinzufügen von Zeitachsen gehen Sie wie folgt vor:

1. Klicken Sie mit der Maus in den Zeitachsenbereich in Project. Es wird oben automatisch das dazuhörige Menüband FORMAT eingeblendet.
2. Im Menüband FORMAT klicken Sie nun auf die Schaltfläche ZEITACHSENBALKEN. Es wird eine zusätzliche Zeitachse eingeblendet.

Den weiteren Zeitachsen können weitere Vorgänge zugeordnet werden. Hierfür muss einfach nur die neue Zeitachse mit der Maus markiert werden, und dann werden die gewünschten Vorgänge über die oben beschriebene Art und Weise per Kontextmenü über Rechtsklick auf dem jeweiligen Vorgang ausgewählt. Alternativ können Vorgänge per Drag & Drop zwischen den Zeitachsen verschoben werden.

5.11.4 Export von Zeitachsen

Die Zeitachsen lassen sich neben der Darstellung in Project auch in anderen Programmen anzeigen. Die unten stehenden Exportvarianten unterscheiden sich u. a. durch ihre verschiedenen Auflösungen. So hat die Variante für den Versand per E-Mail die niedrigste Auflösung:

- FÜR E-MAIL: Eine oder mehrere Zeitachsen werden auf maximale Dokumentenbreite skaliert, sodass sie optimal in der E-Mail dargestellt werden können. Bei Auswahl dieser Option wird die Zeitachse in der Zwischenablage für die Übernahme in eine E-Mail bereitgestellt.

- FÜR PRÄSENTATION: Die Zeitachsen werden ähnlich breit wie im Project-Fenster dargestellt. Bei Auswahl dieser Option wird die Zeitachse in der Zwischenablage für die Übernahme in eine PowerPoint-Präsentation bereitgestellt. In PowerPoint lassen sich die einzelnen Bestandteile der Grafik beliebig formatieren und weiterbearbeiten.

- VOLLE GRÖSSE: Hier werden die Zeitachsen ähnlich wie bei der Übernahme in eine Präsentation über die Zwischenablage bereitgestellt, allerdings in der gleichen Breite wie in Project. Eine Bearbeitung ist ebenfalls möglich.

Um eine der obigen Varianten auszuwählen, klicken Sie einfach mit der rechten Maustaste in die Zeitskala. In dem dann erscheinenden Kontextmenü finden Sie die Auswahl unter ZEITACHSE KOPIEREN... Bei der Auswahl einer Variante wird diese in die Zwischenablage eingefügt.

5.12 Arbeiten mit Einschränkungsarten

Der erste Projektplan für den Flughafenneubau AIRPORT Bielefeld stellt für Reiner Sonnenschein die zentrale Basis für die Überwachung und Steuerung seines Projekts dar. Wie aber bereits erwähnt, können sich in Project Vorgänge durchaus einfach und teilweise ungewollt verschieben, siehe auch »Gedanken zum sicheren Arbeiten mit Project« in Abschnitt 4.2.2. Um das ungewollte und teilweise nicht nachvollziehbare Verschieben von Vorgängen zu vermeiden oder beherrschbar zu machen, stellt Project hierfür eine Standardfunktion zur Verfügung, das Arbeiten mit sogenannten *Einschränkungsarten*. Diese Einschränkungsarten können einen Vorgang entweder fixieren oder aber in seiner »Bewegungsfreiheit« einschränken. Zum Beispiel kann ein Vorgang zwar früher beginnen, aber auf keinen Fall auf einen späteren Termin verschoben werden.

Das Arbeiten mit diesen Einschränkungsarten ist denkbar einfach: Legen Sie einen neuen Vorgang an, und ist die Berechnung des Vorgangs auf automatisches Planen gesetzt (Vorgangsmodus AUTOMATSCH GEPLANT), so wird dieser im Standard mit der Einschränkungsart SO FRÜH WIE MÖGLICH versehen. Diese Einschränkungsart kann jedoch flexibel geändert werden.

Insgesamt gibt es acht verschiedene Einschränkungsarten. Sechs von diesen Einschränkungsarten müssen mit einem Einschränkungsdatum versehen werden. In Tabelle 5.4 finden Sie eine Übersicht über die verschiedenen Einschränkungsarten.

Einschränkungsart	Funktion
ANFANG NICHT FRÜHER ALS	Der Anfang eines Vorgangs kann nicht vorverlegt werden. Jedoch kann der Vorgang später anfangen. Beispiel: Die Betonarbeiten können erst nach der Frostperiode begonnen werden.
ANFANG NICHT SPÄTER ALS	Der Anfang eines Vorgangs kann sich nicht nach hinten verschieben. Der Vorgang kann jedoch früher anfangen. Beispiel: Reiner Sonnenschein möchte spätestens zu einem bestimmten Termin mit dem Bau von Terminal 1 beginnen. Diese Einschränkungsart wird automatisch bei Eingabe eines Anfangstermins im Vorgang vergeben.
ENDE NICHT FRÜHER ALS	Das Ende eines Vorgangs darf nicht früher liegen als das definierte Einschränkungsdatum. Das Ende kann sich jedoch weiter nach hinten verschieben. Beispiel: Die Baustellensicherung darf nicht vor Ende der Rohbauphasen beendet werden. Diese Einschränkungsart wird automatisch bei Eingabe eines Fertigstellungstermins im Feld ENDE des Vorgangs vergeben.
ENDE NICHT SPÄTER ALS	Das Ende des Vorgangs darf nicht später als der vorher definierte Einschränkungstermin sein. Das Ende kann aber früher stattfinden. Beispiel: Der Abschluss einer Bauphase muss spätestens zum vorgegebenen Termin der Inbetriebnahme stattfinden, kann aber durchaus auch früher enden bzw. fertig sein.

Tabelle 5.4 Übersicht der Einschränkungsarten

Einschränkungsart	Funktion
MUSS ANFANGEN AM	Der Vorgang muss zu einem festen Termin beginnen und kann weder früher noch später starten.
	Beispiel: Das Richtfest des Towers muss zum festgelegten Termin stattfinden, da diverse Gäste zur Veranstaltung eingeladen wurden.
MUSS ENDEN AM	Der Vorgang muss zu einem festen Termin enden und kann weder früher noch später abgeschlossen sein.
	Beispiel: Der Flughafenneubau muss an einem festen Termin abgenommen werden, da die Bauprüfer nur zu diesem Zeitpunkt verfügbar sind.
SO FRÜH WIE MÖGLICH	Der Vorgang soll so früh wie möglich beginnen, aufgrund von vorherigen Vorgängen kann er sich aber auch nach hinten verschieben.
	Beispiel: Die Erdbauarbeiten sollen so früh wie möglich beginnen, könnten notfalls aber in Abhängigkeit von Vorgängern auch später stattfinden.
SO SPÄT WIE MÖGLICH	Der Vorgang soll so spät wie möglich beginnen, kann aber durchaus auch früher beginnen, wenn verknüpfte Vorgänge dies zulassen.
	Beispiel: Die neuen Teppiche in den Terminalbereichen sollen so spät wie möglich verlegt werden, um mögliche Verunreinigungen während der Bauphase zu vermeiden.

Tabelle 5.4 Übersicht der Einschränkungsarten (Forts.)

Überschreiben von Einschränkungsarten bei manueller Eingabe

In der Regel wird das Datum für den Termin ANFANG oder ENDE durch Project berechnet. Sollten Sie diese Felder manuell eintragen, beachten Sie, dass hierbei die vorhandenen Einschränkungsarten wie folgt überschrieben werden:

Eingabe des Datums für ANFANG ergibt ANFANG NICHT FRÜHER ALS, und Eingabe des Datums für ENDE ergibt ENDE NICHT FRÜHER ALS. Überprüfen Sie daher nach Eingabe dieser Daten, ob die Einschränkungsarten für Ihre Vorgänge noch zutreffend sind.

5.12.1 Projektplanung ohne Einschränkungen

Im Standard werden, wie oben bereits erwähnt, beim Anlegen eines Projekts alle Vorgänge mit der Einschränkungsart SO FRÜH WIE MÖGLICH *versehen*.

5 Terminplanung

In Abbildung 5.32 sehen Sie, wie sich in einem solchen Plan Vorgangsverspätungen auswirken. Zur Verdeutlichung haben wir mit der Funktion BASISPLAN die Soll-Daten gespeichert. Die Funktion Basisplan lernen Sie in Abschnitt 7.2.1, »Arbeiten mit dem Basisplan«, kennen. Alle Vorgänge in der Darstellung sind mit der Einschränkungsart SO FRÜH WIE MÖGLICH versehen. Die grauen Balken kennzeichnen die ursprüngliche Planung, die farbigen blauen Balken zeigen die Verschiebung der Nachfolger, nachdem sich der Vorgang Vorplanung verlängert hat.

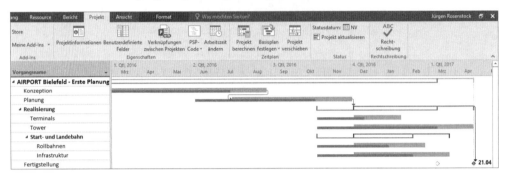

Abbildung 5.32 Verschiebung von Vorgängen mit der Einschränkung »So früh wie möglich«

Diese in Abbildung 5.32 gezeigte Planung ohne Einschränkungen ist für das Aufzeigen von Szenarien sinnvoll. Ist der Plan aber Basis und Dokumentation für Ist-Daten, so sollten die wesentlichen Vorgänge mit Einschränkungsarten fixiert werden.

Einschränkungsarten

Einschränkungsarten können nur Vorgängen im Modus AUTOMATISCH GEPLANT zugeordnet werden.

5.12.2 Vorgänge mit Einschränkungen versehen

Für das Setzen von Einschränkungen bei Vorgängen können verschiedene Vorgehensweisen gewählt werden:

- Setzen von Einschränkungen per Dialog: Klicken Sie doppelt auf den Vorgang, dessen Einschränkung Sie ändern wollen. Es erscheint der Dialog INFORMATIONEN ZUM VORGANG. Wählen Sie hier den Reiter ERWEITERT aus, und bestimmen Sie mit dem entsprechenden Auswahlfeld die Einschränkung. Neben der EINSCHRÄNKUNGSART können Sie in diesem Dialog auch den EINSCHRÄNKUNGSTERMIN festlegen (siehe Abbildung 5.33).

- Einfügen von Spalten für Einschränkungsarten: Statt per Dialogbox können Sie die Einschränkungen auch über Spalten in der Vorgangstabelle festlegen. Klicken Sie hierfür mit der rechten Maustaste auf den Spaltenkopf, auf dessen linker Seite

Sie die Spalte EINSCHRÄNKUNGSART einfügen wollen. Klicken Sie im Kontextmenü auf den Befehl EINFÜGEN SPALTE, und geben Sie den Begriff »Einschränkungsart« ein (siehe Abbildung 5.34). Auf die gleiche Art und Weise können Sie auch die Spalte EINSCHRÄNKUNGSTERMIN einfügen.

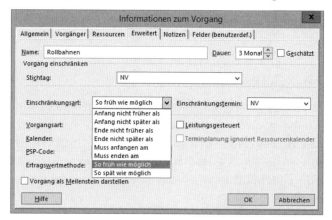

Abbildung 5.33 Festlegen von Einschränkungsarten per Dialog

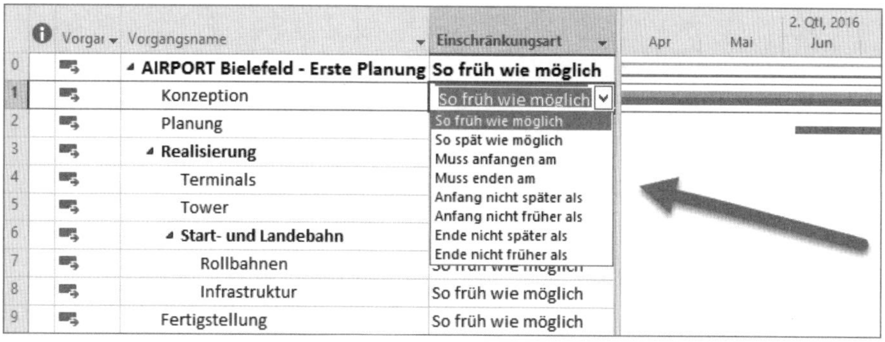

Abbildung 5.34 Vorgangstabelle mit Spalte »Einschränkungsart«

Alle Einschränkungsarten, außer SO FRÜH WIE MÖGLICH und SO SPÄT WIE MÖGLICH, werden in der Indikatorenspalte der Vorgangstabelle angezeigt (siehe Abbildung 5.35).

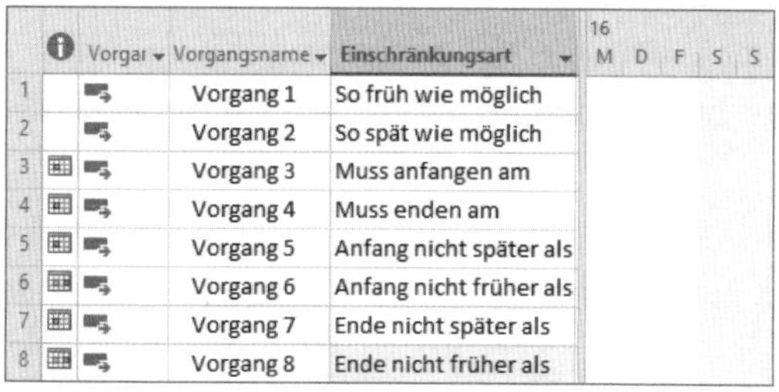

Abbildung 5.35 Grafische Kennzeichnung von Einschränkungsarten

Einschränkungsarten für Meilensteine
Meilensteine für einen Start oder einen Abschluss sowie feste Ereignisse sollten mit den Einschränkungsarten MUSS ANFANGEN AM und MUSS ENDEN AM versehen werden. Dadurch sichern Sie Ihr Projekt in Phasen ab, sodass sich bei Änderungen nicht das gesamte Projekt verschieben kann. Siehe auch Abschnitt 5.4, »Meilensteine«.

5.12.3 Einschränkungsarten und der Planungs-Assistent

Beim Arbeiten mit Einschränkungsarten erscheint regelmäßig auch der PLANUNGS-ASSISTENT. Wir empfehlen Ihnen, die Informationen des Planungs-Assistenten zur Kenntnis zu nehmen, da Sie vor lauter Einschränkungen leicht den Überblick verlieren können. Allerdings können die Dialoge des Planungs-Assistenten teilweise auch verwirren. Wenn Sie z. B. die Einschränkungsart MUSS ANFANGEN AM festlegen, erscheint folgender Dialog (siehe Abbildung 5.36).

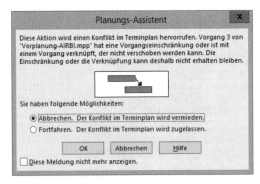

Abbildung 5.36 Warnung beim Setzen der Einschränkungsart

Nun haben Sie eigentlich wissentlich die Einschränkungsart MUSS ENDEN AM festgelegt. Der Vorschlag des Planungs-Assistenten, auf ANFANG NICHT FRÜHER ALS zu wechseln, ist hier nicht unbedingt passend.

Hilfreich ist der Planungs-Assistent auf jeden Fall, wenn die Terminplanung mit den Einschränkungsarten kollidiert. Verlängert sich z. B. der Vorgang »Erdarbeiten« um 1 Monat und ist der nachfolgende Vorgang »Bau des Rollweges« mit der Einschränkung MUSS ENDEN AM versehen, so erscheint folgender Dialog des Planungs-Assistenten.

Die obige Meldung erscheint nicht nur, wenn sich der direkte Vorgänger eines fixierten Vorgangs verschiebt, sondern auch bei Verschiebungen von Vorgängen, welche weit vorn im kritischen Pfad mit diesem Vorgang verknüpft sind. Daher muss die Meldung im Dialog genau geprüft werden.

Brechen Sie nach dem Erscheinen des oben dargestellten PLANUNGS-ASSISTENTEN den Dialog ab, können Sie die Ursache der Meldung beseitigen und den Terminplan gegebenenfalls korrigieren. Sollten Sie stattdessen die Auswahl FORTFAHREN. DER KONFLIKT IM TERMINPLAN WIRD ZUGELASSEN (siehe Abbildung 5.36) oder wie in Abbildung 5.37 FORTFAHREN. DIE EINSCHRÄNKUNG ›MUSS ENDEN AM‹ WIRD FESTGELEGT. auswählen, kann sich der Vorgänger beliebig weiter verlängern. Es erscheint keine neue Warnmeldung.

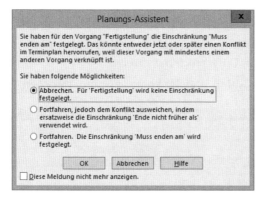

Abbildung 5.37 Der Vorgänger kollidiert mit dem fixierten Nachfolger.

Empfehlung für das Arbeiten mit Einschränkungsarten

Grundsätzlich empfiehlt sich beim Arbeiten mit Einschränkungsarten die folgende Arbeitsweise:

Vorgänge werden unter Angabe der Arbeit und Dauer erfasst und anschließend in Vorgänger- und Nachfolgerverknüpfungen verbunden.

Dadurch, dass Vorgänge standardmäßig mit der Einschränkungsart SO FRÜH WIE MÖGLICH versehen werden, kann die Dauer eines Projektplans durch die Angabe der Vorgangsdauer und der Verknüpfungen zwischen Vorgängen frei berechnet werden. Eine Ausnahme stellen Vorgänge dar, welche bereits terminlich festgelegt sind. Diese festen Termine sollten unbedingt mit der Vorgangsart MUSS ANFANGEN AM versehen werden. Die terminliche Festlegung trifft z. B. in folgenden Fällen zu:

- Der Termin ist mit dem Auftraggeber fest vereinbart.
- Der Termin ist bereits mit der zugeordneten Ressource fest vereinbart.

5.13 Vorgänge unterbrechen

Reiner Sonnenschein beschäftigt sich in der Projektplanung des AIRPORT Bielefeld u. a. mit dem Einbau von Feuerschutzanlagen in den verschiedenen Gebäudeteilen.

Die entsprechenden Vorgänge werden durch diverse Gründe immer wieder unterbrochen. Trotzdem hat der Vorgang *einen* Anfang und *ein* Ende. Daher kann es sinnvoll sein, diesen Vorgang zu unterbrechen.

Vorgangsunterbrechungen können Sie folgendermaßen setzen (siehe Abbildung 5.38):

1. Markieren Sie den entsprechenden Vorgang.
2. Klicken Sie im Menüband VORGANG auf die Schaltfläche VORGANG UNTERBRECHEN.
3. Fahren Sie nun mit der Maus auf den Vorgang und hier genau auf die Datumsposition, an der der Vorgang unterbrochen werden soll. Es erscheint ein einfacher Dialog, der das ausgewählte Datum zur Unterbrechung anzeigt.
4. Klicken Sie nun auf die gewünschte Position, und der Vorgang ist unterbrochen.

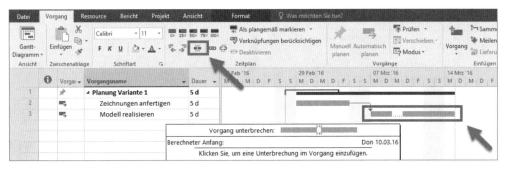

Abbildung 5.38 Schaltfläche für Vorgangsunterbrechung

Vorgangsunterbrechungen können auch systemseitig entstehen, sobald z. B. Rückmeldungen (sogenannte *Aktuelle Arbeit*) für einen Vorgang erfasst werden und an einem Tag keine AKTUELLE ARBEIT, sondern 0 Stunden geleistet werden, siehe dazu Kapitel 7, »Projektüberwachung«.

Vorgangsunterbrechungen können Sie löschen, indem Sie den Teilbalken rechts neben der Unterbrechung mit gedrückter linker Maustaste wieder an die linken Balkenteile heranziehen.

5.14 Periodische Vorgänge

Reiner Sonnenschein möchte in seinem Projektplan die regelmäßigen Projektleiter-Besprechungen planen. Gedacht hat er hier an einen Wochenintervall und einen Termin jeweils am Dienstag. Um diese Vorgänge nicht manuell anlegen zu müssen, nutzt er einfach die Funktion WIEDERKEHRENDE AUFGABEN. Diese Funktion lässt sich über das Menüband VORGANG und die Schaltfläche VORGANG mit dem Unterpunkt PERIODISCHER VORGANG... aufrufen (siehe Abbildung 5.39).

5.14 Periodische Vorgänge

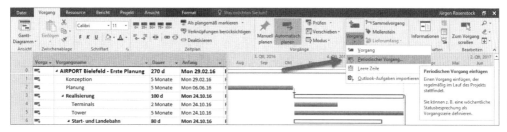

Abbildung 5.39 Einfügen von periodischen Vorgängen

Besser keine Besprechungen in Microsoft Project planen
Zwar gibt es in Microsoft Project die Funktion für das Planen von wiederkehrenden Aufgaben. Auf der anderen Seite würde durch das zusätzliche Planen von solchen doch sehr granularen Vorgängen der Projektplan unnötig aufgebauscht. So gesehen, sollten Vorgänge wie Besprechungen entweder als Grundlast oder gar nicht erst geplant werden. Argumentiert werden kann möglicherweise auch damit, dass Besprechungen den Verlauf eines Projekts nicht wirklich beeinflussen und so auch nicht erfasst werden müssen. Siehe dazu auch Abschnitt 4.2.2, »Grundlagen zum Arbeiten mit Microsoft Project«.

In dem nun erscheinenden Dialog finden Sie diverse Einstellungen für die einzufügenden periodischen Vorgänge, z. B. können Sie neben dem Intervall und der DAUER auch den Wochentag auswählen (siehe Abbildung 5.40).

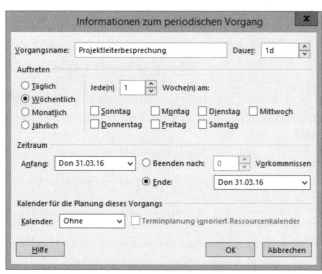

Abbildung 5.40 Einstellungen für den zu erstellenden periodischen Vorgang

5.15 Speichern des Projektplans

Natürlich muss Reiner Sonnenschein seinen Projektplan auch speichern. Dies sollte er allerdings recht bewusst machen. Zwar wird beim Speichern der Projektplan gesichert. Gleichzeitig wird jedoch der Speicher für das Rückgängigmachen der letzten Arbeitsschritte gelöscht, siehe auch Unterabschnitt »Alles wieder rückgängig?« in Abschnitt 4.2.2. Daher sollte vor dem Speichern kurz überlegt werden, ob die letzten Planänderungen wirklich richtig und sinnvoll waren.

Der Speicherprozess in Microsoft Project funktioniert nahezu analog zu denen in anderen Programmen des Microsoft-Office-Pakets.

Speichern ist wichtig

Jedem ist eigentlich klar, dass ein Dokument, ob in Word oder Excel oder wie hier in Microsoft Project, regelmäßig gespeichert werden sollte. In Microsoft Project kommt dem Speichern aber möglicherweise noch mehr Bedeutung zu. Der Grund hierfür ist einfach: Oftmals ist der Projektplan in Microsoft Project die einzige Datengrundlage für die Termin- und Ressourcenplanung eines Projektleiters. Dies hört sich lapidar an, ist aber nach Erfahrung der Autoren dieses Buches ein häufiges Problem. Ist der Plan zerstört oder sind versehentliche Änderungen mit gespeichert worden, so fehlen plötzlich wichtige Daten, und der Projektleiter steht im wahrsten Sinne planlos vor seinem Projekt. Neben dem regelmäßigen Speichern ist jedoch auch die Versionierung von Projekten wichtig. Hierfür bietet Microsoft Project seit der Version 2000 die Funktion PROJEKTVERSIONEN VERGLEICHEN, siehe auch Abschnitt 7.2.3, »Projekte vergleichen«.

5.15.1 Speichern unter

Der Befehl SPEICHERN UNTER dient dem Speichern von Projektplänen, für die noch kein Dateiname und Speicherort angegeben wurde oder die unter einem neuen Dateinamen gespeichert werden sollen.

Für das SPEICHERN UNTER gehen Sie wie folgt vor:

1. Wählen Sie aus dem Menübandbereich DATEI den Unterbefehl SPEICHERN UNTER aus.
2. Es erscheint der Dialog SPEICHERN UNTER.
3. In diesem Dialog können Sie nun zuerst den Speicherort auswählen und anschließend einen Namen für den Projektplan angeben (siehe Abbildung 5.41).

Ist der Projektplan nun gespeichert, können Sie im Laufe der weiteren Planbearbeitung den Plan einfach mit der Schaltfläche SPEICHERN im Menüband AUFGABEN speichern.

5.15 Speichern des Projektplans

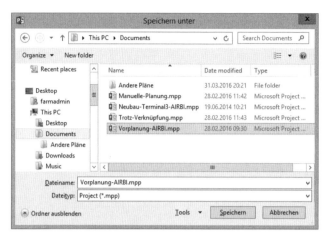

Abbildung 5.41 Dialog »Speichern unter« in Microsoft Project

5.15.2 Speicherformate

Microsoft Project ermöglicht das Speichern von Projektplänen in unterschiedlichen Dateiformaten:

- Project (2010, 2013, 2016)
- Project 2007
- Project 2000 – 2003
- Project-Vorlage (*.mpt)
- PDF (Portable Document Format)
- XPS (XML Paper Specification)
- XLS bzw. XLSX (Excel-Arbeitsmappe)
- Binäre Excel-Arbeitsmappe
- Excel 97-2003-Arbeitsmappe
- durch Tabs getrennter Text
- CSV (Trennzeichen-getrennt)
- XML

Speichern von Vorlagen

Mit dem Format *.mpt können Vorlagen für Projektpläne gespeichert werden. Dies kann z. B. bei wiederkehrenden Projekten sinnvoll sein. Beim Speichern von Vorlagen können Sie in einem dann erscheinenden Dialog festlegen, welche Bestandteile eines Projektplans in der Vorlage hinterlegt werden, z. B. Basisplanwerte, aktuelle Werte etc. Vorlagen können über den Menübandbereich DATEI und den Menüpunkt NEU aufgerufen werden. Siehe auch Abschnitt 5.1, »Ein neues Projekt anlegen«.

Kapitel 6
Ressourcen- und Kostenmanagement

Ohne Ressourcen geht im Projekt nichts. Aber mit der Ressourcenzuordnung beginnen in Microsoft Project auch die Herausforderungen. Denn mit der einfachen Ressourcenzuordnung ist es nicht getan. Wie viel Arbeit wird auf die Vorgangsdauer verteilt? Welche Arbeitszeiten von Ressourcen sind zu berücksichtigen? Wann sind Ressourcen überlastet, und wie kann dies erkannt werden? Und was kostet der Ressourceneinsatz eigentlich?

Reiner Sonnenschein hat alle inhaltlichen und terminlichen Komponenten für das Projekt Neubau des AIRPORT Bielefeld in seinem Projektplan abgebildet. Nun muss er sich Gedanken machen, mit welchen internen und externen Mitarbeitern und Unternehmen das Projekt realisiert werden soll. Kurz gefasst, es geht um die Ressourcenplanung. Und dies ist in der täglichen Anwendung genau der Zeitpunkt, in dem sich das Verhältnis eines Microsoft-Project-Anwenders zu Microsoft Project deutlich verschlechtert. Dabei ist es einfach wie im täglichen Leben: Termine planen ist einfach, denn hier geht es nur um Start- und Endtermine und Dauern.

Abbildung 6.1 Hinter der Ressourcenplanung kann sich manche Überraschung verbergen.

Wenn aber den Terminen Ressourcen zugeordnet werden, kommen die Komponente Arbeitsmenge und vor allem die prozentuale Zuordnung hinzu. Und auf Verfügbarkeiten der Ressourcen muss auch noch geachtet werden. Dieses Kapitel beschäftigt sich daher sehr umfangreich mit dem Thema Ressourcenmanagement und sollte für die Projektarbeit mit Microsoft Project auf jeden Fall verinnerlicht werden.

6.1 Arbeiten mit Ressourcen (Einführung)

Reiner Sonnenschein muss entscheiden, welche Vorgänge in seinem Projektplan durch welche Ressourcen bearbeitet werden sollen, und diese Ressourcen dann mit einer zu definierenden Menge an Arbeit den Vorgängen zuordnen.

Bevor er die Ressourcen den Vorgängen zuordnet, muss er für sein Projekt erst einmal einen Ressourcenpool anlegen, in dem alle Ressourcen verwaltet werden. Hierbei können nicht nur Personen als Ressourcen zugeordnet werden. Neben der Arbeitskraft können genauso Material- und Kostenressourcen im Projektplan eingeplant werden.

Bei der Ressourcenplanung muss Reiner Sonnenschein natürlich auch auf deren Verfügbarkeit und bestehende Zuordnung zu anderen Tätigkeiten und Projekten achten. Hierfür stehen in Microsoft Project diverse Ansichten und Diagramme zur Verfügung, die im Weiteren vorgestellt werden.

Sollten sich Vorgänge plötzlich projektbedingt verschieben oder Ressourcen nicht mehr zur Verfügung stehen, muss Reiner Sonnenschein in seinem Projekt flexibel reagieren und entsprechend dem Projektziel steuernd eingreifen.

Entsprechend dieser beispielhaften Szenarien lernen Sie in diesem Kapitel praxisnah das Ressourcenmanagement mit Microsoft Project kennen. In diesem Kapitel werden die Funktionalitäten des Ressourcenmanagements im lokalen Microsoft-Project-Einsatz ohne Server oder Project-Online-Anbindung dargestellt. Die hiervon abweichenden bzw. erweiterten Funktionalitäten in Verbindung mit dem Project Server oder Project Online lernen Sie in Kapitel 12, »Ressourcen- und Kostenmanagement mit Microsoft Project Server«, kennen.

6.1.1 Ressourcenarten

Bevor Reiner Sonnenschein mit der Ressourcenplanung anfängt, muss er sich erst einmal ein paar grundlegende Gedanken darüber machen, welche Ressourcenarten in Microsoft Project überhaupt verwendet werden können.

Die folgenden Varianten können eingesetzt werden:

- ARBEIT – eine reale oder generische Person, welche ihre Leistung in Form von Arbeit erbringt

- MATERIAL – Gegenstände, z. B. Räume, Maschinen, Ausrüstungsgegenstände oder tatsächliche Materialverbräuche, welche für den Vorgangsfortschritt benötigt werden
- KOSTEN – Kosten, welche im Rahmen des Fortschritts einem Vorgang in Höhe ihres Verbrauchs zugeordnet werden, z. B. Reisekosten

Arbeitsressourcen können, wie oben erwähnt, nicht nur als Person, sondern auch als generische Ressource angelegt werden.

Der Begriff *generische Ressourcen* steht für nicht nominierte Ressourcen (N. N.), die z. B. aus einer Qualifikation (Skill) oder nur aus einer Abteilungszugehörigkeit bestehen. Die generische Ressource ist nicht direkt mit einer Person verbunden.

Generische Ressourcen finden ihre Anwendung z. B. in der Vorplanung eines Projekts. In dieser Vorplanung ist noch nicht genau bekannt, welche Personen am Projekt mitarbeiten werden. Daher ordnet man zuerst generische Ressourcen dem Projekt und den Vorgängen zu. Im weiteren Verlauf können dann die generischen Ressourcen durch tatsächliche Personenressourcen ersetzt werden.

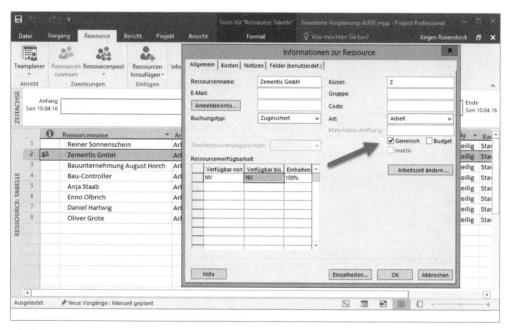

Abbildung 6.2 Erstellung von generischen Ressourcen und Darstellung in Ressourcentabelle

In der Auswahl in Abbildung 6.2 steht auch die Option zur Verfügung, eine Ressource BUDGET zu erstellen. Diese Art von Ressourcen werden in Abschnitt 6.2.3, »Budgetplanung«, behandelt.

6.1.2 Ressourcen anlegen

Nach dem Kennenlernen verschiedener Ressourcenarten möchte Reiner Sonnenschein nun die zukünftigen Projektmitarbeiter und externe Unternehmen im Projektplan den entsprechenden Vorgängen zuordnen. Bevor er dies tut, muss er diese u. a. im Ressourcenpool des Projekts erfassen. Hierfür geht er folgendermaßen vor:

1. Über den Menübereich VORGANG wählen Sie links unter der Schaltfläche GANTT-DIAGRAMM das kleine Auswahldreieck aus. Sie erhalten eine Liste von verschiedensten Ansichten. Hier wählen Sie die Ansicht RESSOURCEN: TABELLE aus.
2. In dieser Tabelle können Sie jetzt Zeile für Zeile Ressourcen erfassen.

Für das Erfassen von Ressourcen stehen Ihnen die in Tabelle 6.1 aufgeführten Felder zur Verfügung.

Spaltentitel	Bedeutung
RESSOURCENNAME	Der Name sollte sprechend sein, wird bei Vorgangszuordnung rechts vom Vorgangsbalken angezeigt.
ART	Hier kann zwischen den Ressourcenarten ARBEIT, MATERIAL und KOSTEN unterschieden werden.
MATERIALBESCHRIFTUNG	Falls Sie mit Materialressourcen arbeiten, können Sie hier die Beschriftung eingeben, z. B. Einheiten wie kg oder m u. Ä.
KÜRZEL	Angabe eines unternehmensinternen Kürzels
GRUPPE	Das Feld GRUPPE kann z. B. für Abteilungsbezeichnungen verwendet werden.
MAX	Dieses Feld gibt die maximal verfügbare Einheit einer Ressource an, z. B. bei einer Person maximal 100 %, bei zwei nicht direkt namentlich genannten Ressourcen, etwa einer Firma, welche mit zwei Mitarbeitern zur Verfügung steht, maximal 200 %. Eine Halbtagskraft könnte mit 50 % angegeben werden.
STANDARDSATZ	Der Standardsatz bezieht sich auf die Kosten pro Stunde. Sie können hier statt 50,00 €/Std. auch einen Tagessatz von 400,00 €/Tag angeben. Gleiches gilt auch für die Einheiten Minuten und Monate.

Tabelle 6.1 Mögliche Angaben in der Ressourcentabelle

Spaltentitel	Bedeutung
ÜBERSTUNDENSATZ	Der Überstundensatz steht für den Tagessatz plus Aufschlag für die Überstunde. Sollte eine Ressource mehr als die verfügbaren Stunden pro Tag arbeiten, werden die weiteren Stunden nicht automatisch als Überstunden berechnet. Stattdessen müssen Überstunden in der Zuordnung separat angegeben werden.
KOSTEN/EINSATZ	Diese Kosten beziehen sich auf die Zuordnung einer Ressource pro Vorgang. Diese könnten z. B. Bereitstellungskosten sein.
FÄLLIG AM	Wann werden die Kosten während des Vorgangsfortschritts fällig, am ANFANG, ANTEILIG oder am ENDE?
BASISKALENDER	Jeder Ressource kann ein eigener Kalender zugeordnet werden. Reiner Sonnenschein kann so z. B. unterschiedliche Feiertage seiner Ressourcen aus Niedersachsen und Nordrhein-Westfalen berücksichtigen. Siehe auch Abschnitt 6.1.4, »Kalender«.
CODE	Dieses Feld kann z. B. für Kostenstellen-Codes verwendet werden.

Tabelle 6.1 Mögliche Angaben in der Ressourcentabelle (Forts.)

Reiner Sonnenschein kann beim Anlegen von Ressourcen im Ressourcenpool noch diverse weitere Spalten auswählen. Hierfür muss er einfach doppelt auf die Tabellenzeile der zu bearbeitenden Ressource klicken. Er erhält danach den Dialog INFORMATIONEN ZUR RESSOURCE (siehe Abbildung 6.3).

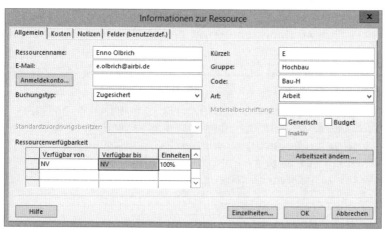

Abbildung 6.3 Erweiterte Ressourceneigenschaften

In diesem Dialog kann eine Vielzahl von weiteren Informationen für Ressourcen erfasst werden. Eine kurze Auswahl stellen wir Ihnen im Folgenden vor:

- BUCHUNGSTYP: Eine Ressource kann einem Vorgang entweder als VORGESEHEN oder als ZUGESICHERT zugeordnet werden. Diese Unterscheidung kann im Ressourcencontrolling für die Auswertung genutzt werden. Der Status VORGESEHEN kann für eine noch fehlende Freigabe durch den Ressourcenmanager stehen. Ist die Buchung einer Ressource fest vereinbart, kann der Status ZUGESICHERT verwendet werden.

- RESSOURCENVERFÜGBARKEIT: Steht eine Ressource z. B. nur in den Sommermonaten und hier nur zu einem bestimmten Prozentsatz zur Verfügung, so können diese Einschränkungen im Feld RESSOURCENVERFÜGBARKEIT erfasst werden.

- ARBEITSZEIT ÄNDERN …: Hinter dieser Schaltfläche verbergen sich die Einstellungen für den individuellen Ressourcenkalender einer Ressource, z. B. für die Erfassung von Urlauben und anderen Abwesenheiten, welche die Verfügbarkeit einer Ressource im Projekt beeinflussen können. Diese Funktion wird im Abschnitt 6.1.4, »Kalender«, erläutert.

- Abschnitt KOSTEN: In diesem Abschnitt können für eine Ressource sowohl Kosten, welche ab einem bestimmten Termin erfasst werden, als auch unterschiedliche *Kostensatztabellen*, z. B. unterschiedliche Kostensätze für bestimmte Tätigkeitsarten, angelegt werden.

- Abschnitt NOTIZEN: Unter diesem Reiter können diverse weitere Informationen zu der ausgewählten Ressource erfasst werden.

- Abschnitt FELDER (BENUTZERDEFINIERT): Sie können in Microsoft Project eigene Felder für die Kategorisierung von Ressourcen anlegen (siehe auch Abschnitt 9.2.9, »Arbeiten mit eigenen Feldern und Formeln«). Diese Felder können Sie z. B. für die Erfassung von Skills oder von anderen Eigenschaften der Ressource verwenden.

Bei Einsatz von Project Server oder Project Online kommen diesem Dialog weitere Bedeutung zu, siehe dazu Abschnitt 11.1, »Project Center«, ff. und Abschnitt 20.2.4, »Ressourcencenter«.

Migration nach Project Server

Sollten Sie den Projektplan mit den angelegten Ressourcen später auf einem Project Server oder Project Online speichern, so werden diese nicht im zentralen Ressourcenpool abgelegt und auch nicht im serverbasierten Ressourcencontrolling geführt. Stattdessen werden diese Ressourcen nur als sogenannte lokale Ressourcen gelistet, siehe auch Abschnitt 12.1.1, »Enterprise-Ressourcenpool«.

6.1.3 Anwesenheitsstatus mit Skype for Business (vormals Lync) anzeigen

Ab der Version Microsoft Project 2013 ist eine Anzeige der Anwesenheit von Ressourcen per Microsoft Lync bzw. Skype for Business möglich. Skype for Business steht z. B. für Messaging und Telefonie und kann u. a. auch in Microsoft SharePoint eingesetzt werden. Auch kann Skype for Business als Nachfolger von Microsoft Netmeeting bezeichnet werden. Was bringt Skype for Business Reiner Sonnenschein in seinem Projekt? Nun, sobald bei den Details zu einer Ressource auch eine gültige E-Mail-Adresse eingetragen und in Skype for Business verfügbar ist, wird z. B. in der Gantt-Balkendiagramm-Ansicht, aber auch in der Ressourcentabelle bei der entsprechenden Ressource der Anwesenheitsstatus angezeigt (siehe Abbildung 6.4). Im Weiteren kann über die Messaging- und Telefonie-Funktion über den angezeigten Skype-for-Business-Dialog direkt Kontakt mit der Ressource aufgenommen werden.

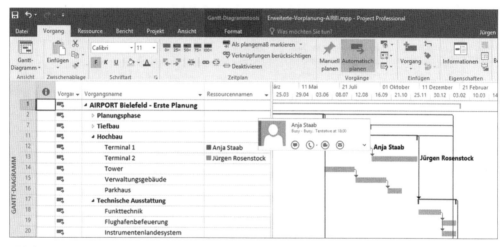

Abbildung 6.4 Status aus Microsoft Skype for Business anzeigen

Die Anzeige der Anwesenheit einer Ressource ist nicht an die übergreifenden Verfügbarkeitsfunktionen einer Ressource gekoppelt. Das heißt, dass der Dialog keine Information darüber bereitstellt, ob eine Ressource einem Vorgang zugeordnet werden kann oder bereits an einem anderen Vorgang arbeitet.

6.1.4 Kalender

Microsoft Project arbeitet in der Standardinstallation mit einem sogenannten *Standardkalender*. Dieser zeichnet sich durch die folgenden Eckwerte aus:

- Arbeitszeit pro Tag – 8 Stunden
- Arbeitszeit pro Woche – 40 Stunden
- Arbeitsbeginn – 8:00 Uhr

- Mittagspause – 12:00–13:00 Uhr
- Arbeitsende – 17:00 Uhr
- Feiertage – nur Samstage und Sonntage, ansonsten keine Feiertage hinterlegt

Die übergreifenden Werte des Standardkalenders können Sie unter dem Menübandbereich DATEI und dort unter der Auswahl OPTIONEN • TERMINPLANUNG bearbeiten (siehe Abbildung 6.5).

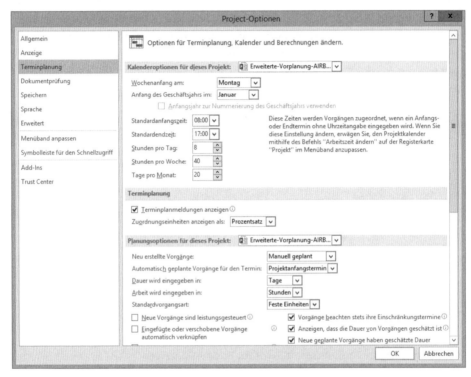

Abbildung 6.5 Anpassungen des Projektkalenders

Bei der Anwendung von Kalendern werden in Microsoft Project die folgenden Begriffe verwendet:

- *Basiskalender*: ein Kalender, der mit übergreifenden Werten als Basis für Projekt-, Ressourcen- oder auch Vorgangskalender verwendet werden kann
- *Projektkalender*: Dieser Kalender gilt übergeordnet für alle Kalender des Projekts. Die »untergeordneten« Kalender des Projekts, z. B. Vorgangskalender und Ressourcenkalender, können allerdings unabhängig angepasst werden. Die Auswahl des Projektkalenders für ein Projekt erfolgt über das Menüband PROJEKT und dort wiederum über die Schaltfläche PROJEKTINFORMATION (siehe Abbildung 6.6).
- *Vorgangskalender*: Diese Kalender können Vorgängen individuell zugeordnet werden. Dies kann z. B. sinnvoll sein, wenn Reiner Sonnenschein das Teeren der

Start- und Landebahn am Wochenende oder nachts durchführen lassen möchte und der Projektkalender hier keine Arbeitszeit zulässt.

- *Ressourcenkalender*: Jede Ressource kann, z. B. abhängig vom Wohnort, einen eigenen Kalender in Abhängigkeit von Feiertagen oder auch individuellen Urlaubstagen besitzen.

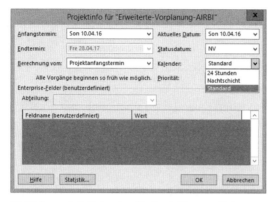

Abbildung 6.6 Kalender für Projekt auswählen

Auch wenn oben stehend bereits vier verschiedene Kalender aufgeführt worden sind, basieren diese doch auf dem gleichen Kalenderelement. Dies bedeutet, dass Sie sich verschiedene Kalender beispielsweise für Bundesländer anlegen und diese dann sowohl als Projekt- als auch als Vorgangs- oder als Ressourcenkalender verwenden können. Um einen eigenen Kalender zu erstellen, wählen Sie einfach den folgenden Weg:

1. Wählen Sie das Menüband PROJEKT aus. Klicken Sie hier auf die Schaltfläche ARBEITSZEIT ÄNDERN (siehe Abbildung 6.7).

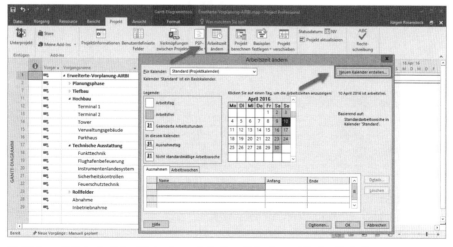

Abbildung 6.7 Aufruf der Dialogbox »Arbeitszeit ändern« für das Erstellen eines neuen Kalenders

2. Um hier nun einen neuen Kalender zu erstellen, klicken Sie oben rechts auf die Schaltfläche Neuen Kalender erstellen. Sie erhalten anschließend einen Dialog, um den neuen Kalender zu benennen (siehe Abbildung 6.8).

Abbildung 6.8 Namen für neuen Kalender vergeben

3. Nach Benennung können Sie den neuen Kalender nun basierend auf einem vorhandenen Kalender erweitern oder einen völlig neuen Kalender erstellen.
4. Nach Bestätigung des Dialogs mit OK sehen Sie nun oben rechts im Dialog Arbeitszeit ändern im Auswahlfeld den neuen Kalender.

Dieser neue Kalender kann nun im Dialog Arbeitszeit ändern angepasst werden. Gehen Sie hierzu z. B. für das Anlegen einer arbeitsfreien Woche wie folgt vor:

1. Wählen Sie aus der Monatsübersicht den oder die Tage durch Markieren mit der Maus aus (siehe Abbildung 6.9).

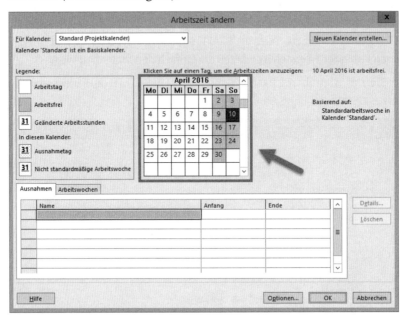

Abbildung 6.9 Auswählen der Kalendertage

2. Nach Auswahl der zu ändernden Tage tragen Sie nun in der Tabelle unterhalb des Reiters Ausnahmen einen Namen für die arbeitsfreie Zeit ein.

3. In den Spalten ANFANG und ENDE können Sie das Datum erneut ändern.
4. Klicken Sie nun rechts von der Tabelle auf die Schaltfläche DETAILS. Sie erhalten den in Abbildung 6.10 dargestellten Dialog.

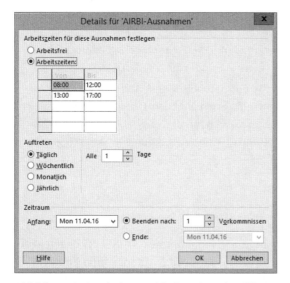

Abbildung 6.10 Arbeits- und freie Zeiten detailliert anzeigen

In diesem Dialog können Sie nun eine Vielzahl von Einstellungen vornehmen:

- ARBEITSZEITEN FÜR DIESE AUSNAHMEN FESTLEGEN: Sie können hier, anstatt den ganzen Tag als arbeitsfrei zu definieren, auch bestimmte eingeschränkte oder erweiterte Arbeitszeiten angeben.
- AUFTRETEN: Bei der Anpassung einzelner Tage kann hier eine Wiederholung eingestellt werden.
- ZEITRAUM: Im ZEITRAUM wird festgelegt, wie oft die Wiederholung eintreten sollte.

Eine weitere Einstellungsmöglichkeit ergibt sich, wenn Sie den Reiter ARBEITSWOCHEN auswählen (siehe Abbildung 6.9). Hier kann ebenfalls ein Name für die Ausnahme eingegeben werden. Der Zeitraum ergibt sich entweder aus der Auswahl darüber oder durch Eingabe in die Felder ANFANG und ENDE.

Individuelle Kalender

Mit der oben beschriebenen Vorgehensweise können Sie auch individuelle Kalender pro Ressource erfassen. Wenn die Ressource bereits angelegt wurde, können Sie dies über den obigen Weg tun. Sie müssen hierfür nur die Ressource auswählen. Oder Sie bearbeiten den Kalender bereits gleich beim Anlegen der Ressource, siehe auch Abschnitt 6.1.2, »Ressourcen anlegen«.

Auswirkungen von Ressourcenkalendern auf ein Projekt

Wenn Sie in einen Ressourcenkalender z. B. den Urlaub eintragen, hat dies bei Zuordnung der Ressource zu einem Vorgang direkte Auswirkung auf das Projekt und dessen Vorgänge. Eine Ressource kann nicht an einem Tag, an dem sie laut Kalender abwesend ist, an einem Vorgang arbeiten. Ist die Ressource bereits zugeordnet und wird die Abwesenheit nachträglich erfasst, wird die Zuordnung und damit auch der Vorgang auf das nächste Zeitfenster verschoben oder auch verlängert.

Dies können Sie verhindern, indem Sie auf den betreffenden Vorgang in der Vorgangstabelle doppelt klicken. In dem nun erscheinenden Dialog INFORMATIONEN ZUM VORGANG aktivieren Sie im Reiter ERWEITERT die Auswahl TERMINPLANUNG IGNORIERT RESSOURCENKALENDER. Natürlich ist diese Funktionalität kritisch, da Sie damit den Urlaub einer Ressource ignorieren.

6.1.5 Dauer und Arbeit

Reiner Sonnenschein hat für die Vorgänge des Neubauprojekts AIRPORT Bielefeld die verschiedenen Dauern der Vorgänge erfasst und für fixe Anfangs- und Endtermine *Vorgangseinschränkungen* erstellt. Die Dauer stellt jedoch nur das Zeitfenster dar, in dem ein Vorgang erledigt werden soll. Der Wert ARBEIT, der in Microsoft Project in dem gleichnamigen Feld erfasst werden kann, gibt an, wie viele Stunden (Tage, Wochen oder Monate) Arbeit innerhalb dieses Zeitfensters zu erledigen sind, um den Vorgang fertigzustellen. Ein Vorgang kann beispielsweise 5 Tage dauern, jedoch müssen nur 2 Tage Arbeit geleistet werden.

Um die Werte der Arbeit für einen Vorgang zu erfassen, bieten sich die folgenden Varianten an:

Einfügen der Spalte »Arbeit«

Sie können in die Standard-Vorgangstabelle, aber auch in jede andere Tabelle die Spalte ARBEIT einfügen. Es empfiehlt sich, gleich beim Erfassen der Dauer auch die Arbeit zu erfassen. So gesehen, sollte diese Spalte in allen relevanten Tabellen, die Sie zur Vorgangserfassung verwenden, eingefügt werden:

1. Klicken Sie mit der rechten Maustaste auf den Spaltenkopf, an dessen linker Position Sie die Spalte ARBEIT einfügen möchten.
2. Es erscheint ein Kontextmenü. Wählen Sie dort den Befehl SPALTE EINFÜGEN aus.
3. Im Spaltenkopf der nun erscheinenden neuen Spalte wählen Sie das Feld ARBEIT aus und bestätigen dies mit der ⏎-Taste.

Auswahl der Tabelle »Arbeit«

Alternativ zum Einfügen der Spalte ARBEIT können Sie auch die Vorgangstabelle ARBEIT auswählen. Diese enthält neben der Spalte ARBEIT weitere relevante Felder für den Einsatz von ARBEIT.

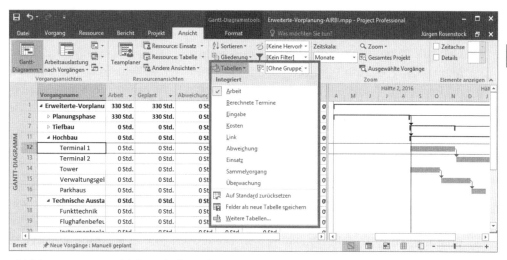

Abbildung 6.11 Auswahl der Tabelle »Arbeit« in der Vorgangstabelle

Gehen Sie hier wie im Folgenden beschrieben vor:

1. Wählen Sie das Menüband ANSICHT aus.
2. Im mittleren Bereich des Menübandes finden Sie den Auswahlpunkt TABELLEN. Hier wählen Sie nun die Tabelle ARBEIT aus (siehe Abbildung 6.11).

> **Ressourcenzuordnung bei Vorgängen ohne Arbeitsfestlegung**
>
> Sollte für einen Vorgang keine Arbeit erfasst werden, so werden Ressourcen immer zu 100 % (oder ihren maximalen Einheiten, sofern diese als < 100 % definiert sind) zugeordnet. Dies entspricht in der Regel nicht den Tatsachen, da eine Ressource am Arbeitstag auch mit verschiedensten Nebentätigkeiten belastet wird, und führt auch immer wieder zu Überlastungen im Projekt, da eine Ressource oftmals an mehreren Vorgängen parallel arbeiten kann.

6.1.6 Verhältnis Arbeit, Dauer und Einheit

Nun ist es fast so weit. Reiner Sonnenschein hat ein Ressourcenteam zusammengestellt, Kalender für Abwesenheiten und Urlaube angelegt und möchte nun die Ressourcen den Vorgängen zuordnen. Bevor er dies tut, muss er sich folgende Dinge verdeutlichen:

Solange er nur Arbeit und Dauer der Vorgänge pflegt und keine Ressourcen zuweist, kann er Arbeit und Dauer einfach unabhängig voneinander ändern. Sobald er jedoch Ressourcen zuweist, gilt folgender Zusammenhang:

Arbeit = Dauer × Einheiten

Für eine Gleichung gilt, dass sie immer erfüllt sein muss. Ändert Reiner Sonnenschein einen der drei Parameter, so muss sich zwingend ein weiterer Parameter ebenfalls ändern, damit die Gleichung noch zutrifft. Das ist erfahrungsgemäß der Moment, der Microsoft-Project-Neueinsteiger zum Verzweifeln bringt: Sie erhöhen die Dauer eines Vorgangs, und das System ändert z. B. die Arbeit automatisch. Dabei können Sie sehr genau beeinflussen, wie sich Project verhalten soll, wie Ihnen die nächsten Abschnitte verdeutlichen.

Einheit als Ergebnis der Zuordnung

Ordnet Reiner Sonnenschein eine Ressource, z. B. seinen Projektmitarbeiter Enno Olbrich, einem Vorgang mit einer DAUER von 1 Monat mit einer ARBEIT von 80 Stunden zu, ergibt sich, entsprechend der Verfügbarkeit der Ressource, eine Zuordnung von 50 % (siehe Abbildung 6.12). Dieser Wert wird in Microsoft Project *Einheit* genannt.

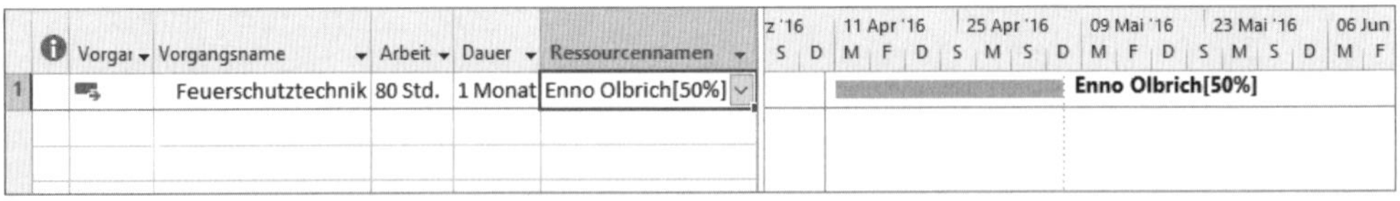

Abbildung 6.12 Zuordnung einer Ressource mit 50 %

Zuordnung von 100 % vermeiden

Eine Zuordnung von 100 % oder eine Arbeitsmenge für eine Ressource, welche das Zeitfenster eines Vorgangs ausfüllt, sollte vermieden werden.

Zwar wird in Microsoft Project im Standardkalender eine Mittagspause berücksichtigt, siehe auch Abschnitt 6.1.4, »Kalender«, trotzdem ist es recht unwahrscheinlich, dass eine Ressource wirklich zu 100 % an einem Vorgang arbeitet. Gründe hierfür sind z. B. ein normaler Anteil von administrativen Tätigkeiten oder die Bearbeitung von anderen Aktivitäten des Tagesgeschäfts. Bei 100 %-Zuordnung einzelner Ressourcen im Projektplan ist unbedingt deren Plausibilität zu klären, um eine möglichst realitätsnahe und valide Ressourcenplanung zu gewährleisten.

Der Wert EINHEIT wird in Project generiert, sobald eine Ressource einem Vorgang zugeordnet wird. Der Prozentwert steht immer für das Verhältnis der Arbeit zur Dauer entsprechend der Ressourcenzuordnung. Der Wert der EINHEIT wird in der Standardansicht GANTT-DIAGRAMM rechts vom Vorgangsbalken angezeigt. Eine Ausnahme besteht bei einer Zuordnungseinheit von genau 100 %. Dieser Wert wird nicht am Vorgangsbalken angezeigt.

Vorgangsart

Eine besondere Herausforderung beim Umgang mit ARBEIT, DAUER und EINHEIT ergibt sich aus der Änderung der einzelnen Werte. Hierbei sind die folgenden Begrifflichkeiten von Bedeutung:

- FESTE ARBEIT
- FESTE DAUER
- FESTE EINHEITEN

Eine dieser Einstellungen kann pro Vorgang und auch als Vorgabe für das gesamte Projekt fest definiert werden. Diese Einstellung nennt sich *Vorgangsart*. Die Einstellung einer VORGANGSART und eine daraufolgende Änderung der ARBEIT, DAUER oder EINHEIT beeinflusst jeweils die korrespondierenden Werte. Ändern Sie z. B. die EINHEIT eines Vorgangs, so kann dies, je nach Voreinstellung, den Wert der ARBEIT und der DAUER beeinflussen. Tabelle 6.2 stellt die Auswirkungen der verschiedenen Einstellungen dar.

Vorgangsart	Änderung der Dauer	Änderung der Arbeit	Änderung der Einheit
FESTE DAUER	ARBEIT wird neu berechnet.	EINHEIT wird neu berechnet.	ARBEIT wird neu berechnet.
FESTE ARBEIT	EINHEIT wird neu berechnet.	DAUER wird neu berechnet.	DAUER wird neu berechnet.
FESTE EINHEITEN (STANDARD)	ARBEIT wird neu berechnet.	DAUER wird neu berechnet.	DAUER wird neu berechnet.

Tabelle 6.2 Auswirkungen der Vorgangsarten

Diese Tabelle müssen Sie allerdings weder auswendig lernen noch sich an den Monitor per Post-it kleben. Das Verhalten ist einfach zu erklären. Sie definieren über die Vorgangsart, welcher Wert gleich bleiben soll. Ändern Sie einen der anderen beiden Werte, muss sich daher der andere ändern. Ändern Sie den Wert, der eigentlich fest bleiben soll, greift eine interne Priorisierung von Project: Die Einheiten sind das Wichtigste, gefolgt von der Arbeit.

6 Ressourcen- und Kostenmanagement

> **Wertänderungen bei Vorgängen mit Ressourcenzuordnung**
> Ändern Sie bei einem Vorgang, welcher mit einer Ressourcenzuordnung versehen ist, den Wert der ARBEIT, der DAUER oder der EINHEIT, so hat dies unmittelbare Auswirkungen auf die korrespondierenden Werte. Bei Änderung der ARBEIT oder EINHEIT kann sich auch die DAUER des Vorgangs ändern. Dies kann dann direkte Auswirkungen auf die nachfolgenden verknüpften Vorgänge haben. Diese Wertänderungen und Verschiebungen sind nicht leicht nachvollziehbar. Dies ist oft Grund für Ärgernisse bei ungeübten Microsoft-Project-Anwendern, die ihre Pläne aufgrund der Änderungen nicht mehr beherrschen. Siehe auch Abschnitt 6.1.4, »Kalender«. Weitere Informationen hierzu finden Sie im folgenden Absatz.

Für eine bessere Nachvollziehbarkeit der Veränderungen von Dauer, Arbeit und Einheit bei Wertänderungen, siehe Kasten »Wertänderungen bei Vorängen mit Ressourcenzuordnung«, werden in Microsoft Project sogenannte *Smart Tags* angezeigt. Diese erscheinen direkt nach Änderungen eines Wertes in der Zeile des jeweiligen Vorgangs. Wird die Maus über das Smart Tag gefahren, wird eine Auswahl angeboten. In dieser Auswahl wird noch einmal nachgefragt, welche Art der Änderung wirklich vorgenommen werden soll (siehe Abbildung 6.13).

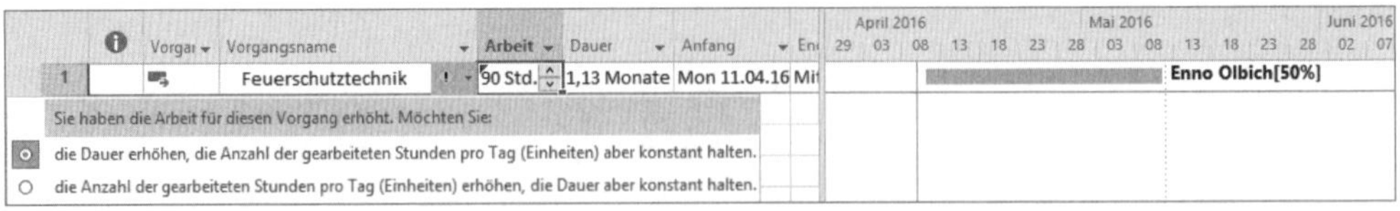

Abbildung 6.13 Smart Tag zur Überprüfung bei Wertänderungen

Darstellung der Vorgangsart

Um die Vorgangsart mehrerer Vorgänge eines Projekts transparent darzustellen, empfiehlt es sich, einfach eine Spalte für die Anzeige der Vorgangsart anzuzeigen. Diese heißt in der Spaltenauswahl nicht Vorgangsart, sondern nennt sich nur ART:

1. Klicken Sie mit der rechten Maustaste auf den Spaltenkopf, an dessen linker Seite Sie die Spalte ART einfügen möchten.
2. Es erscheint ein Kontextmenü. Wählen Sie dort den Befehl SPALTE EINFÜGEN aus.
3. Im Spaltenkopf der neuen Spalte wählen Sie das Feld ART aus und bestätigen dies mit der ⏎-Taste.

Sie können nun auch direkt über die Felder in der Spalte ART die Vorgangsart des jeweiligen Vorgangs ändern.

Eine weitere Möglichkeit der Änderung der Vorgangsart ist das Arbeiten mit dem Dialog INFORMATIONEN ZUM VORGANG. Im Register des Reiters ERWEITERT finden Sie das Feld VORGANGSART (siehe Abbildung 6.14).

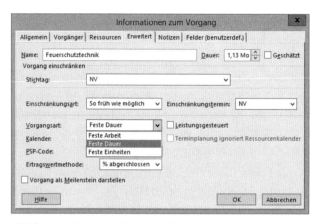

Abbildung 6.14 Einstellung der Vorgangsart

Eine weitere wichtige Einstellung, die im Zusammenhang mit der Vorgangsart steht, ist die Einstellung LEISTUNGSGESTEUERT. Diese Funktion erläutern wir im folgenden Abschnitt direkt in der praktischen Anwendung der Ressourcenzuordnung.

Leistungsgesteuert

Neben der VORGANGSART wirkt sich auch das Feld LEISTUNGSGESTEUERT auf das Verhalten des Vorgangs bei Änderungen aus. Im Standard sind in Microsoft Project neue Vorgänge auf die Vorgangsart FESTE EINHEITEN LEISTUNGSGESTEUERT eingestellt.

Die Leistungssteuerung kann die Zuordnung von Ressourcen beeinflussen, sie bezieht sich auf die prozentuale Verteilung der Arbeit bestehender Vorgänge bei der nachträglichen Zuordnung von Ressourcen. Die Leistungssteuerung sagt aus, dass sich zusätzliche Ressourcen positiv auf einen Vorgang auswirken – dass er also entweder kürzer dauert oder die Ressourcen mit weniger Einheiten daran arbeiten müssen.

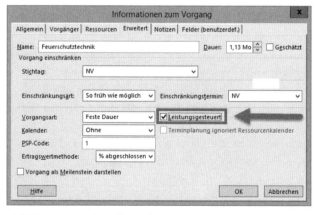

Abbildung 6.15 Einstellung der Leistungssteuerung

Beispiel: Zwei Konstrukteure schaffen die gleiche Arbeit in der halben Zeit (FESTE ARBEIT, LEISTUNGSGESTEUERT). FESTE EINHEITEN, LEISTUNGSGESTEUERT verhält sich hier gleich.

Bei Projektmeetings dagegen ist das z. B. definitiv nicht der Fall, hier sollte die Leistungssteuerung deaktiviert werden, weil sonst das Meeting je nach Vorgangsart entweder durch zusätzliche Ressourcen immer kürzer wird oder die Ressourcen irgendwann nur noch mit 5 % dem Vorgang zugewiesen werden. Die sinnvolle Einstellung in diesem Fall ist daher: FESTE DAUER, nicht leistungsgesteuert.

Definieren Sie einen Vorgang mit FESTE DAUER und LEISTUNGSGESTEUERT (siehe Abbildung 6.15), so darf sich die Dauer des Vorgangs beim Hinzufügen von Ressourcen nicht verändern (Sie haben ja *feste* Dauer definiert). Daher teilt sich der Aufwand bei bestehender Dauer auf die Ressourcen auf – statt einer Ressource zu 100 % arbeiten jetzt zwei Ressourcen zu je 50 % am Vorgang.

6.1.7 Ressourcen Vorgängen zuordnen

Nun aber, Reiner Sonnenschein startet mit der Ressourcenzuordnung. Hierzu hat er als Ausgangslage die folgenden Schritte unternommen, die in den vorhergehenden Abschnitten erläutert wurden:

- Anlegen von Ressourcen (siehe Abschnitt 6.1.2, »Ressourcen anlegen«)
- Anpassen von Kalendern für Projekt und Ressourcen (siehe Abschnitt 6.1.4, »Kalender«)
- Erfassen von Arbeitswerten für die Vorgänge (siehe Abschnitt 6.1.5, »Dauer und Arbeit«)

Auf dieser Basis möchte er nun Ressourcen Vorgängen zuordnen.

Mit der Zuordnung der Ressourcen zu einem Vorgang können Sie festlegen, welche Ressource welche Aufgaben durchführt bzw. welches Material für einen Vorgang benötigt wird. Sie können auch festlegen, mit welchem Aufwand (Arbeit) oder welcher prozentualen Menge die Ressource an dieser Aufgabe beteiligt werden soll.

100 %-Zuordnungen vermeiden

Wird eine Ressource einem Vorgang zugeordnet, der noch keine Werte in der Spalte ARBEIT enthält, beträgt die Zuordnung immer 100 %, also z. B. 8 Stunden bei einer Vorgangsdauer von 1 Tag. Dies ist in der Regel unrealistisch und daher zu vermeiden. Schließlich ist es äußerst unwahrscheinlich, dass ein Mitarbeiter wirklich zu 100 % an einem Arbeitspaket arbeitet. Berücksichtigt werden müssen hier auch Dinge wie »Dienstgänge«, Kommunikation mit Kollegen, Rüstzeiten etc. Auch ist eine Ressource durchaus mit zwei Vorgängen am Tag beschäftigt. Hier käme es bei 100 %-Zuordnungen zu massiven Überlastungen und Verfälschungen in den Auslastungsreports.

6.1 Arbeiten mit Ressourcen (Einführung)

Zuordnungen von Ressourcen in der Regel linear

Wird eine Ressource einem Vorgang, wie hier beschrieben, zugeordnet, so erfolgt die Zuordnung in den Zeitphasen immer linear. Es kann jedoch durchaus sein, dass eine Ressource z. B. an bestimmten Tagen oder Wochen unterschiedlich stark an einem Arbeitspaket arbeitet. Sollte also eine ungleichmäßige Zuordnung nach Zeitphasen gewünscht sein, so sollte dies bei der Planung entsprechend berücksichtigt werden. Erläuterungen hierzu finden Sie in Abschnitt 6.1.9, »Ressourcenüberlastungen beseitigen«.

Für die Zuordnung von Ressourcen stehen Ihnen verschiedene Arbeitsweisen zur Verfügung. Im Folgenden stellen wir Ihnen die gängigsten davon vor.

Zuordnung per Spalte »Ressourcen«

Die Zuordnung über die Einblendung einer geeigneten Spalte stellt die einfachste Variante dar, einem Vorgang Ressourcen zuzuordnen.

Gehen Sie hierbei wie folgt vor:

1. Verbreitern Sie in der Standardansicht GANTT-DIAGRAMM die Tabelle auf der linken Seite so, dass die Spalte RESSOURCENNAMEN angezeigt wird.
2. Wechseln Sie nun zu dem Vorgang, dem Sie Ressourcen zuordnen möchten, und klicken Sie in die Spalte RESSOURCENNAMEN.
3. In der sich nun öffnenden Auswahl wählen Sie die Ressourcen per Klick aus. Diese werden damit zu gleichen Teilen dem Vorgang zugeordnet (siehe Abbildung 6.16).

Abbildung 6.16 Zuordnung von Ressourcen über die Spalte »Ressourcennamen«

Bei dieser Vorgehensweise ist es nicht möglich, die Ressourcen mit unterschiedlichen Arbeitsmengen dem Vorgang zuzuordnen. Für diese Anforderung empfehlen sich die folgenden Varianten der Ressourcenzuordnung.

Festlegung der Arbeitsmenge vor Ressourcenzuordnung

Bei der oben beschriebenen Zuordnung von Ressourcen über die Auswahl in der Ressourcenspalte empfiehlt es sich bereits vor Zuordnung die Menge der Arbeit im Verhältnis zur Dauer des Vorgangs zu erfassen. Auf diese Weise kann möglicherweise eine spätere aufwendigere Korrektur der Werte Dauer, Arbeit und Einheiten entfallen.

Änderung der Vorgangsart beachten

Achten Sie vor der Zuordnung von Ressourcen zu Vorgängen unbedingt auf die eingestellte Vorgangsart, siehe auch Abschnitt 6.1.6, »Verhältnis Arbeit, Dauer und Einheit«. Werden zwei Ressourcen einem Vorgang mit einer Dauer von 10 Tagen und 40 Stunden Arbeit und der Einstellung FESTE EINHEITEN zugeordnet, so verdoppelt sich die Arbeit des Vorgangs automatisch von 40 auf 80 Stunden. Möchten Sie nicht, dass sich die Arbeitsmenge ändert, so können Sie, wie unter Abschnitt 6.1.6 beschrieben, die Vorgangsart FESTE ARBEIT wählen, wobei sich hier bei der Zuordnung von mehr als einer Ressource wiederum die Dauer des Vorgangs ändern kann. Dem können Sie wiederum mit der Vorgangsart FESTE DAUER vorbeugen, wobei sich hier wiederum die Arbeitsmenge ändert, jedoch die prozentuale Zuordnung gleich bleibt.

Zuordnung per Dialog »Ressourcen zuordnen«

Möchten Sie Ressourcen unter Berücksichtigung prozentualer Mengen einem Vorgang zuordnen, so empfiehlt sich der Weg über den Dialog RESSOURCEN ZUORDNEN. Gehen Sie dabei folgendermaßen vor:

Abbildung 6.17 Aufruf des Dialogs »Ressourcen zuordnen«

1. Rufen Sie den Dialog über die Schaltfläche RESSOURCEN ZUWEISEN aus dem Menübandbereich RESSOURCE auf (siehe Abbildung 6.17).

2. Markieren Sie den oder die Vorgänge, denen Sie eine oder mehrere Ressourcen zuordnen wollen.
3. Möchten Sie einfach eine Ressourcenzuordnung entsprechend zur Menge der geplanten Arbeit eines Vorgangs vornehmen, können Sie eine oder mehrere markierte Ressourcen per Ziehen mit gedrückter Maustaste auf den oder die Vorgänge zuordnen.

Möchten Sie die prozentuale Zuordnung ändern, so tragen Sie im Dialog RESSOURCE ZUORDNEN in der Spalte EINH. (Einheit) einfach bei einer oder mehreren Ressourcen den gewünschten Wert ein, und ordnen Sie die Ressourcen dann per Schaltfläche ZUORDNEN den markierten Vorgängen zu. Sie können in das Feld EINH. auch eintragen, wie viele Stunden oder Tage die Ressource an dem Vorgang arbeiten soll, z. B. »4std« oder »3t«, Project berechnet dann automatisch die daraus resultierenden Einheiten.

Zuordnung per Fensterteilung

Eine sehr komfortable Variante der Ressourcenzuordnung wird über die Ansicht VORGANG: MASKE angeboten. Diese Maske bietet Ihnen die Möglichkeit der Eingabe aller relevanten Daten und Vorgangseinstellungen:

1. Für den Aufruf der geteilten Fensteransicht wählen Sie aus dem Menübandbereich ANSICHT rechts die Auswahl DETAILS. Sie erhalten damit einen geteilten Bereich. Im unteren Fensterausschnitt finden Sie nun die Ansicht VORGANG: MASKE (siehe Abbildung 6.18).

Abbildung 6.18 Zuordnung von Ressourcen mit geteilter Ansicht

2. Wählen Sie im oberen Bereich den Vorgang aus, dem Ressourcen zugeordnet werden sollen.
3. Links unten wählen Sie aus den verfügbaren Ressourcen die gewünschten aus und erfassen zusätzlich die Werte für EINHEIT und/oder ARBEIT. Weiter können Sie in

dieser Maske die Werte für die Vorgangsart sowie diverse andere Einstellungen auswählen.

4. Nach erfolgter Auswahl müssen Sie diese Maske über die Schaltfläche OK bestätigen. Erst dann werden die Eingaben in den Projektplan übernommen.

Ressourcenersetzung

In Project können bereits zugeordnete Ressourcen durch andere Ressourcen ersetzt werden. Dies erscheint besonders dann sinnvoll, wenn zu Planungszwecken generische Ressourcen zugeordnet wurden und durch Personenressourcen ersetzt werden sollen.

Zum Ersetzen von Ressourcen gehen Sie folgendermaßen vor:

1. Öffnen Sie den Dialog RESSOURCEN ZUORDNEN über die oben bereits beschriebene Schaltfläche im Menübereich RESSOURCE.

2. Wählen Sie den Vorgang aus, bei dem eine bestehende Ressourcenzuordnung ersetzt werden soll, und markieren Sie die zu ersetzende Ressource.

3. Klicken Sie nun auf die Schaltfläche ERSETZEN. Es erscheint der Dialog RESSOURCE ERSETZEN (siehe Abbildung 6.19). Hier wählen Sie eine oder mehrere Ressourcen für die Ersetzung aus und bestätigen den Dialog mit OK.

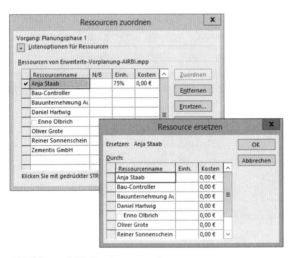

Abbildung 6.19 Ersetzen von Ressourcen

6.1.8 Verfügbarkeit und Auslastung

Beim Zuordnen von Ressourcen zu den Vorgängen hat sich Reiner Sonnenschein bereits einige Gedanken über die eigentliche Verfügbarkeit von Ressourcen gemacht. Können die Ressourcen einfach so zugeordnet werden, oder sollte er vorher prüfen, ob diese nicht schon an anderen Vorgängen oder Projekten arbeiten?

6.1 Arbeiten mit Ressourcen (Einführung)

Zum Prüfen der Verfügbarkeit bietet Project eine einfache Darstellung an. Mit dieser können Sie sich anzeigen lassen, ob Ressourcen innerhalb des aktiven Projekts bereits zur gleichen Zeit anderen Vorgängen zugeordnet sind.

Prüfen Sie die Verfügbarkeit einer Ressource folgendermaßen:

1. Öffnen Sie den Dialog RESSOURCEN ZUORDNEN per Schaltfläche im Menübandbereich RESSOURCE, und markieren Sie den Vorgang, dem die zu analysierende Ressource zugeordnet ist.
2. Klicken Sie hier auf die Schaltfläche DIAGRAMM (siehe Abbildung 6.20). Im unteren Bildschirmbereich öffnet sich ein Diagramm und zeigt Ihnen die Zuordnung an (siehe Abbildung 6.21). Über das Menüband ANSICHT und die Auswahl DETAILS können weitere Ansichten zu den Ressourcenzuordnungen angezeigt werden.

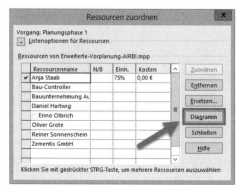

Abbildung 6.20 Aufruf der Diagrammdarstellung im Dialog »Ressourcen zuordnen«

3. Sie können mit der rechten Maustaste in das Diagramm klicken und sich über eine Auswahl im Kontextmenü weitere Zuordnungsdetails anzeigen lassen.

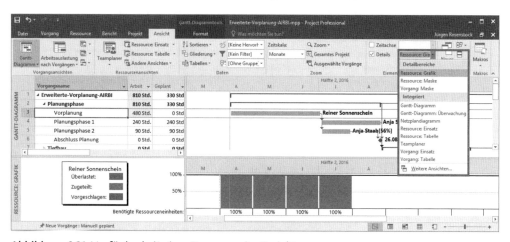

Abbildung 6.21 Verfügbarkeit einer Ressource im Projekt

Projektübergreifende Verfügbarkeitsanalyse mit Project Server

Mit Microsoft Project ist eine komfortable Analyse der Verfügbarkeit innerhalb eines Projekts möglich. Möchten Sie sich über mehrere Projekte oder für die gesamte Projektorganisation die Verfügbarkeit und Zuordnung von Ressourcen anzeigen lassen, empfiehlt sich der Einsatz des Microsoft Project Servers. Siehe dazu auch Abschnitt 12.1.3, »Ressourcenverfügbarkeit«, und Abschnitt 12.2.6, »Mit Überlastungen umgehen«.

Eingeschränkte Alternative mit Project Standard

Microsoft Project Standard bietet als eingeschränkte Alternative für ein projektübergreifendes Ressourcenmanagement und dabei auch für die Analyse der projektübergreifenden Ressourcenverfügbarkeit die Funktionalität GEMEINSAME RESSOURCENNUTZUNG an.

Um diese Funktion zu nutzen, erstellen Sie eine zusätzliche Microsoft-Project-Datei, in welcher Sie jedoch nur Ressourcen erfassen. Mit Ihren eigentlichen Projektplänen können Sie nun auf diese Ressourcendatei zugreifen. Nutzen Sie hierfür den Dialog GEMEINSAME RESSOURCENNUTZUNG, welchen Sie über den Menübandbereich RESSOURCE und die Schaltfläche RESSOURCENPOOL/GEMEINSAME RESSOURCENNUTZUNG aufrufen können. Da diese Art von Ressourcenmanagement über mehrere verknüpfte Dateien organisiert wird, können gelegentliche Irritationen nicht vermieden werden. Daher raten wir vom Einsatz dieser Funktion ab.

Seit Microsoft Project 2010 werden Ressourcenüberlastungen in der Indikatorenspalte der Vorgangstabelle angezeigt. In dieser werden bei der Zuordnung von Ressourcen, die bereits überlastet sind oder durch die Zuordnung überlastet werden, rote Symbole angezeigt (siehe Abbildung 6.22).

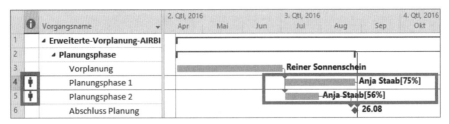

Abbildung 6.22 Darstellung von überlasteten Ressourcen im Projektplan

Durch einen Klick mit der rechten Maustaste auf die roten Symbole werden Optionen zur Beseitigung der Überlastung angezeigt. Eine Erläuterung dazu finden Sie im folgenden Abschnitt.

6.1.9 Ressourcenüberlastungen beseitigen

Reiner Sonnenschein kann nun Ressourcenüberlastungen bereits nach einer Zuordnung in Project anzeigen lassen. Nur was muss er tun, um diese Ressourcenüberlastungen zu beseitigen?

Hierfür bieten sich in Project verschiedene Funktionen an.

Vorgangsverschiebungen

Oftmals wird eine Ressourcenüberlastung durch die Zuordnung einer Ressource zu zwei parallelen Vorgängen hervorgerufen. Sollte es der Terminplan zulassen, kann einfach der Vorgang mit der niedrigeren Priorität auf einen späteren Termin verschoben werden, an dem die Ressource verfügbar ist. Hierbei müssen jedoch die Verknüpfungen der Vorgänge sowie der kritische Pfad und der verfügbare Puffer berücksichtigt werden, siehe auch Abschnitt 5.9, »Puffer und kritischer Pfad«.

Abbildung 6.23 Vorgangsverschiebung zur Beseitigung der Überlastung

Wie Sie in Abbildung 6.23 sehen, kann der Vorgang Planungsphase 2 hinter den Vorgang Planungsphase 1 verschoben werden, um so die Überlastung der Projektmitarbeiterin Anja Staab zu beseitigen.

Automatischer Kapazitätsabgleich

Eine sehr komfortable Beseitigung von Ressourcenüberlastungen wird über den sogenannten *automatischen Kapazitätsabgleich* angeboten. Mit dieser Funktion können in einem gesamten Projekt oder auch einem Multiprojekt alle Ressourcenüberlastungen beseitigt werden.

Sollte der Projektleiter mit den durch den automatischen Kapazitätsabgleich erstellten Verschiebungen nicht zufrieden sein, so kann er diese jederzeit durch das Entfernen von sogenannten *Abgleichsverzögerungen* rückgängig machen.

Die Anwendung des automatischen Kapazitätsabgleichs lässt verschiedene Szenarien zu. Die Schaltflächen hierfür finden Sie im Menübandbereich FORMAT im Bereich EBENE (siehe Abbildung 6.24):

▶ AUSWAHL ABGLEICHEN: Mit dieser Funktion werden nur die in der Vorgangstabelle markierten Vorgänge auf Basis ihrer Ressourcenüberlastung abgeglichen.

▶ RESSOURCE ABGLEICHEN: Diese Schaltfläche ermöglicht es Ihnen, eine oder mehrere Ressourcen über das gesamte Projekt abzugleichen. Hierfür öffnet sich ein Dialog, in dem eine oder mehrere Ressourcen markiert werden können.

▶ ALLE ABGLEICHEN: Diese Auswahl gleicht alle Ressourcen über alle Vorgänge des Projekts ab.

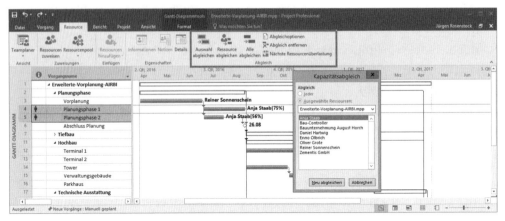

Abbildung 6.24 Funktionen für den automatischen Kapazitätsabgleich

Nach der Durchführung des automatischen Kapazitätsabgleichs können Sie diesen durch die in Abbildung 6.24 angezeigte Schaltfläche ABGLEICH ENTFERNEN auch wieder rückgängig machen. So werden alle Überlastungen wiederhergestellt.

Über die Schaltfläche NÄCHSTE RESSOURCENÜBERLASTUNG können Sie, ohne Überlastungen zu beseitigen, in umfangreichen Projekten von Überlastung zu Überlastung springen.

Um sich die durch den Kapazitätsabgleich ergebenden Änderungen im Projektplan anzeigen zu lassen, nutzen Sie am besten die Ansicht BALKENDIAGRAMM: ABGLEICH, welche ein wenig versteckt in Microsoft Project bereitgestellt wird. Gehen Sie für den Aufruf der Ansicht wie folgt vor:

1. Klicken Sie über den Menübandbereich ANSICHT links auf die Schaltfläche GANTT-DIAGRAMM.

2. Hierbei öffnet sich ein Menü, aus dem Sie wiederum den Punkt WEITERE ANSICHTEN auswählen.

3. Es erscheint die Dialogbox WEITERE ANSICHTEN. Aus der hier enthaltenen Liste wählen Sie die Ansicht BALKENDIAGRAMM: ABGLEICH aus (siehe Abbildung 6.25).

In der nun dargestellten Grafik können Sie genau den Status eines jeden der Vorgänge vor und nach dem Abgleich sehen (siehe Abbildung 6.26). Zusätzlich wird in der Vorgangstabelle noch die Spalte ABGLEICHSVERZÖGERUNG angezeigt. Diese Spalte könnten Sie nun nutzen, um manuell für einzelne Vorgänge den Abgleich zu bearbeiten oder durch Löschen des Wertes zu entfernen.

6.1 Arbeiten mit Ressourcen (Einführung)

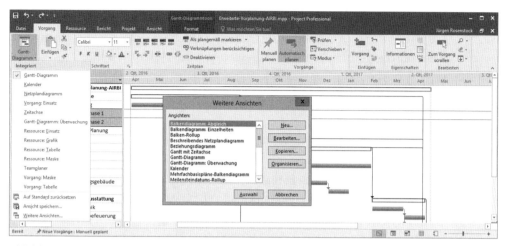

Abbildung 6.25 Auswahl von weiteren Ansichten

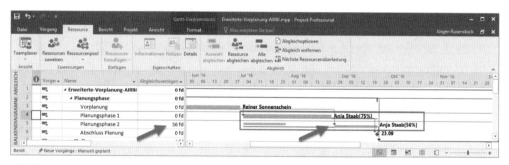

Abbildung 6.26 Darstellung der Ansicht »Balkendiagramm: Abgleich«

Um den automatischen Kapazitätsabgleich noch komfortabler nutzen zu können, sollten Sie über die Schaltfläche ABGLEICHSOPTIONEN den Dialog für die möglichen Einstellungen aufrufen (siehe Abbildung 6.27).

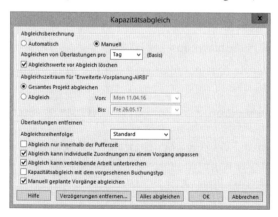

Abbildung 6.27 Einstellungen für den automatischen Kapazitätsabgleich

Die folgenden Einstellungen sind besonders hervorzuheben:

- ABGLEICHSWERTE VOR ABGLEICH LÖSCHEN: Sollten Sie vorher bereits einen Abgleich durchgeführt haben, würde dieser hier wieder gelöscht werden.
- ABGLEICHSZEITRAUM: Für welchen Zeitraum sollen Überlastungen beseitigt werden?
- ABGLEICHSREIHENFOLGE
    - NUR NR.: Hier wird der Abgleich von oben nach unten entsprechend der Vorgangsnummer realisiert.
    - STANDARD: Der Abgleich berücksichtigt nacheinander Vorgänger, Puffer, Anfangstermine, Prioritäten und Einschränkungsarten.
    - PRIORITÄT, STANDARD: Der Abgleich berücksichtigt zuerst Prioritäten und dann die Abgleichsreihenfolge STANDARD, wie oben beschrieben.

Interessant ist das Setzen von Prioritäten. Diese können Sie nicht nur für einzelne Vorgänge, sondern auch für Projekte insgesamt definieren. So können Sie die Abgleichsreihenfolge mit Ihren eigenen Prioritäten beeinflussen. Prioritäten für Projekte definieren Sie über den Dialog PROJEKTINFORMATION:

1. Rufen Sie über den Menübandbereich PROJEKT die Schaltfläche PROJEKTINFORMATION auf.
2. Geben Sie hier die Priorität in das entsprechende Feld ein. Alle Projekte und Vorgänge haben eine Standardpriorität von 500 in einem Bereich von 1 bis 1.000, wobei 1.000 die höchste Priorität darstellt.

Den projektübergreifenden Ressourcenabgleich können Sie nur in der Multiprojektdarstellung nutzen, siehe auch Abschnitt 5.9, »Puffer und kritischer Pfad«.

Sie können Prioritäten auch pro Vorgang definieren, indem Sie die Spalte PRIORITÄT in der Vorgangstabelle einfügen. Gehen Sie dazu wie folgt vor:

1. Klicken Sie mit der rechten Maustaste auf den Spaltenkopf, an dessen linker Seite Sie die Spalte PRIORITÄT einfügen wollen.
2. Wählen Sie aus der Feldliste das Feld PRIORITÄT aus.
3. Nachdem Sie die Spalte eingefügt haben, können Sie in diese pro Vorgang die PRIORITÄT eintragen.

Prioritätenhierarchie beachten
Wenn Sie sowohl mit Projekt- als auch mit Vorgangsprioritäten arbeiten, achten Sie in Multiprojekten darauf, dass die Priorisierung eines Projekts immer über den Priorisierungen von Vorgängen niedriger priorisierter Projekte stehen.

Kapazitätsabgleich über die Funktion »Automatisch«

Der Dialog für die Einstellungen zum Kapazitätsabgleich enthält auch eine Funktion AUTOMATISCH. Hiermit wird automatisch jede Zuordnung abgeglichen, bei der eine Ressourcenüberlastung auftreten würde. Hier besteht das Risiko, dass Sie die Neuberechnungen im Projektplan nicht mehr nachvollziehen können. Daher empfehlen wir Ihnen, den Ressourcenabgleich nur manuell durchzuführen.

Projektübergreifender Kapazitätsabgleich

Der Kapazitätsabgleich kann auch projektübergreifend verwendet werden. Hierfür nutzen Sie einfach die Multiprojekttechnik, siehe auch Abschnitt 5.9, »Puffer und kritischer Pfad«. Sie können in einem Multiprojekt einzelne Vorgänge aus verschiedenen Projekten so verschieben lassen, bis alle Ressourcenüberlastungen beseitigt sind.

Anmerkungen zum Kapazitätsabgleich

Der KAPAZITÄTSABGLEICH rechnet bei Überlastungen nach simplen mathematischen Regeln. Diese Regeln entsprechen nicht immer den Anforderungen des Projektplans. Sie sollten also nach Nutzung des Kapazitätsabgleichs immer das berechnete Ergebnis überprüfen.

Der Kapazitätsabgleich lässt z. B. keine Überlappungen von Vorgängen zu. Ist eine Ressource zu zwei parallel laufenden Vorgängen mit jeweils 75 % zugeordnet, so wäre es vielleicht wünschenswert, dass bei 150 % Zuordnung der Ressource zu den beiden Vorgängen nur die Überlastung von 50 % auf ein nachfolgendes Zeitfenster geschoben wird. Der zweite Vorgang könnte so weiterhin parallel beginnen, es würden jedoch nur 25 % sofort geleistet werden. Die restlichen 75 % würden nach Abschluss des ersten Vorgangs geleistet werden. Im Folgenden finden Sie eine einfache Darstellung der Ausgangslage (siehe Abbildung 6.28) und einen möglichen Lösungsansatz.

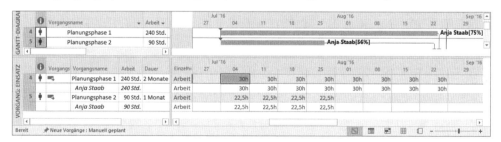

Abbildung 6.28 Ressource Anja Staab noch überlastet

Zur Vereinfachung und weiteren Betrachtung stellen wir das Projekt und dessen Arbeitszeiten schematisch dar (siehe Abbildung 6.29) und überlegen, welche Arbeitsverteilung wohl die beste wäre.

6 Ressourcen- und Kostenmanagement

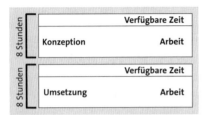

Abbildung 6.29 Schematische Darstellung der Vorgänge mit Arbeitszeiten und verfügbaren Zeiten

Der KAPAZITÄTSABGLEICH ergibt nun das folgende Ergebnis (siehe Abbildung 6.30).

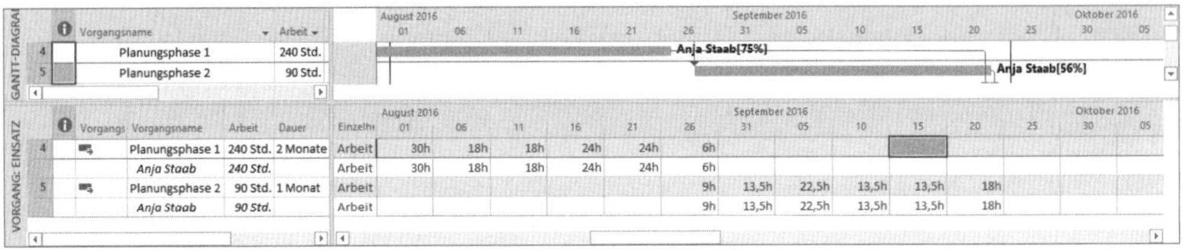

Abbildung 6.30 Die Überlastung ist behoben, doch nicht optimal aufgeteilt.

Dabei sollte die ideale Verteilung der Arbeit wie in Abbildung 6.31 aussehen.

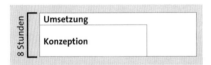

Abbildung 6.31 Schematische Darstellung eines möglichen Ergebnisses nach manueller Beseitigung der Überlastung

Das Ergebnis der manuellen Anpassung in Microsoft Project stellt sich folgendermaßen dar (siehe Abbildung 6.32).

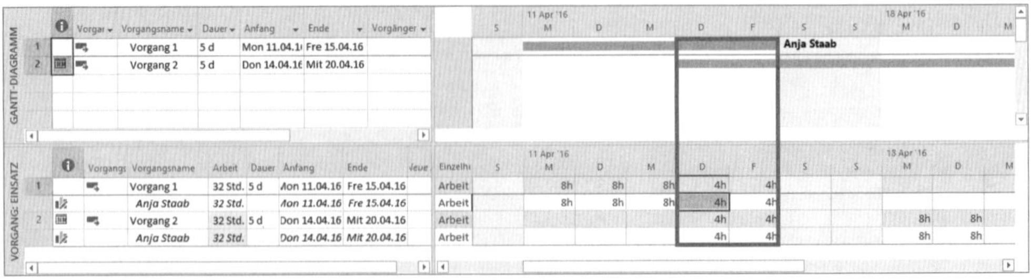

Abbildung 6.32 Ergebnis nach einem manuellen Kapazitätsabgleich mit Microsoft Project

Möchten Sie Überlappungen von Vorgängen in Ihrem Projektplan darstellen, sollten Sie dafür eine Ansichtskombination nutzen, wie in Abbildung 6.33 zu sehen.

6.1 Arbeiten mit Ressourcen (Einführung)

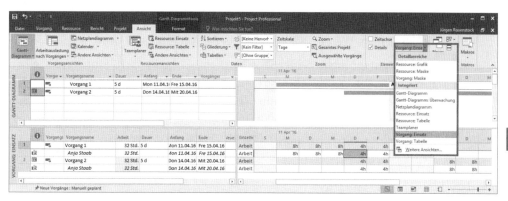

Abbildung 6.33 Einstellungen der Ansicht für die genaue Darstellung der Zuordnungsmengen

Diese können Sie folgendermaßen zusammenstellen:

1. Klicken Sie im Menübandbereich ANSICHT auf die Einstellung DETAILS.
2. Sie erhalten nun eine Bildschirmteilung. Öffnen Sie rechts vom Auswahlkästchen die Auswahl ANSICHTEN.
3. In dieser Auswahl wählen Sie die Ansicht VORGANG: EINSATZ aus (siehe Abbildung 6.33).

In der nun zusammengestellten Ansicht können Sie oben die zu bearbeitenden Vorgänge auswählen. Im unteren Bildschirmbereich haben Sie nun die Möglichkeit, pro Vorgang und Zeitphase die Arbeit exakt einzutragen. Wenn die tageweise Planung für Sie zu detailliert ist, können Sie die Zeitskala auf z. B. Wochen oder Monate stellen, um die Zeiten gröber über einen längeren Zeitraum zu planen. Nutzen Sie hierfür einfach die Zoom-Tasten unten rechts im Windows-Fenster.

Die Veränderungen, die sich durch die Eingaben ergeben, können direkt mit einem gespeicherten Basisplan verglichen werden, siehe Abschnitt 7.2.1, »Arbeiten mit dem Basisplan«. Klicken Sie hierfür einfach mit der rechten Maustaste in die Tabelle. In dem dann erscheinenden Kontextmenü wählen Sie nun das Feld GEPLANTE ARBEIT aus, schon erscheint diese in einer zusätzlich angezeigten Zeile in der Tabelle (siehe Abbildung 6.34).

Abbildung 6.34 Darstellung von geplanter Arbeit

175

6.1.10 Auswirkungen von Änderungen der Ressourceneinheiten

Wie verhält sich der Wert im Feld EINHEITEN bei Änderungen?

Sie haben z. B. ursprünglich einer Ressource eine Arbeit von 10 Stunden für einen Zeitraum von 5 Tagen zugewiesen, so ergibt dies Zuordnungseinheiten von 25 %. Dieser Prozentwert gilt auch für jeden einzelnen Tag, wie sich in der Ansicht RESSOURCE: EINSATZ darstellen lässt (siehe Abbildung 6.35).

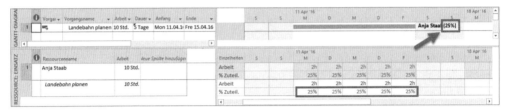

Abbildung 6.35 Ansicht »Ressource: Einsatz«: Einheiten mit Zeitphasen

Wenn Sie jetzt die Arbeit neu verteilen, indem Sie für den ersten Tag der Woche 6 Stunden Arbeit und für die verbleibenden 4 Tage der Woche jeweils 1 Stunde Arbeit zuweisen, kommt es zu unterschiedlichen Prozentwerten für die einzelnen Tage (siehe Abbildung 6.36).

Abbildung 6.36 Einheiten – geänderter Höchstwert

Für Montag beträgt der Wert % ZUTEIL. jetzt 75 %. Dies ist der maximale Wert, den diese Zuordnungseinheiten im Zeitverlauf aufweisen. Dieser Wert findet sich im Feld HÖCHSTWERT wieder. Der Wert der Zuordnungseinheiten bleibt bei dem ursprünglich zugewiesenen Wert von 25 %. Wenn Sie den Vorgang verlängern, erfolgt dies auch automatisch mit einer Zuteilung der Ressource von 25 %, wie Sie es ursprünglich festgelegt haben. Wie schon in Abschnitt 6.1.6, »Verhältnis Arbeit, Dauer und Einheit«, erläutert, wird der Wert EINHEITEN im GANTT-DIAGRAMM neben dem Ressourcennamen angezeigt, außer der Wert beträgt genau 100 %. Die hier angezeigte Zahl zeigt immer an, zu welchem Prozentwert Sie die Ressource ursprünglich zugeteilt haben. Der Wert ändert sich nur, wenn Sie ihn selbst aktiv und direkt anpassen.

> **Anzeige des Wertes »Einheit« im Gantt-Diagramm**
>
> Die angezeigte Zahl der Ressourceneinheiten im GANTT-DIAGRAMM kann zu falschen Schlüssen führen, da dort immer der aktiv von Ihnen eingetragene Wert der Einheiten steht. Ändern Sie die Werte ARBEIT oder DAUER, kann dies Einfluss auf den Wert EINHEIT haben, ohne dass sich dies auf die angezeigte Zahl auswirkt. Dies verdeutlicht auch das folgende Beispiel.

Wenn Sie zwei Kopien unseres Beispielvorgangs erstellen und die Vorgangsart einmal auf FESTE ARBEIT und einmal auf FESTE DAUER konfigurieren, so können Sie folgendes Szenario durchspielen:

Wenn Sie im Vorgang mit der Einstellung FESTE ARBEIT die Dauer z. B. von 10 auf 2 Tage ändern, so muss Project, wie oben erklärt, die Einheit anpassen. Das tut es auch – an jedem einzelnen Tag arbeitet die Ressource nun 5 Stunden statt vorher 2 Stunden und damit 62,5 %. Der Wert neben dem Ressourcennamen bleibt aber auf 25 % bestehen – Sie haben ihn ja nicht aktiv geändert.

Ebenso ist es im Vorgang mit der Einstellung FESTE DAUER. Wir ändern die Arbeit auf den doppelten Wert (20 Stunden). Das sind damit 4 Stunden pro Tag bzw. 50 %. Die Zahl neben dem Ressourcennamen bleibt aber auch hier bei 25 % (siehe Abbildung 6.37).

Abbildung 6.37 Einheiten-Änderung von »Arbeit« oder »Dauer«

> **Neues Verhalten des Wertes »Einheiten« ab Version 2010**
>
> Das hier beschriebene Verhalten stellt eine gravierende Änderung zwischen Microsoft Project 2007 und den Folgeversionen 2010, 2013 und 2016 dar. Vor 2010 zeigte das Feld EINHEITEN immer den Maximalwert der Einheiten im Zeitverlauf einer Zuordnung an, und bei Verlängerungen der Zuordnung wurde die Ressource mit diesem Maximalwert zugeordnet.

6.2 Kostenmanagement

Bei einem Projekt wie dem Neubau eines Verkehrsflughafens muss natürlich auch die Kostenseite berücksichtigt werden. In Reiner Sonnenscheins Projekt fallen z. B. Kosten u. a. für Baumaterialien und umfangreiche Arbeitsressourcen an. Diese Kosten möchte er bereits in der Planung des Projekts berücksichtigen. In der operativen Phase der Projektsteuerung sollen die geplanten Kosten dann mit den tatsächlich anfallenden Kosten in einem laufenden Soll-Ist-Abgleich überwacht werden.

In den folgenden Abschnitten lernen Sie die wesentlichen Funktionen für das projektbegleitende Kostenmanagement kennen.

6.2.1 Kostenarten in Microsoft Project

Zur Klärung der ersten Begrifflichkeiten lernen Sie im Folgenden die unterschiedlichen Kostenarten in Microsoft Project kennen:

- *Kostensatzabhängige Kosten*: Diese Kosten sind abhängig vom Kostensatz der Ressource, welcher pro Zeiteinheit berechnet wird (Kostensatz: Ressourcenkosten pro Stunde, z. B. Arbeit in Stunden multipliziert mit dem Stundensatz in € bzw. der Projektwährung).
- *Kosten pro Einheit*: Diese Kosten werden auch als Materialkosten bezeichnet. Zum Beispiel werden für den Bau einer Landebahn Beton, Stahl und andere Materialien verwendet. Diese können einem Vorgang zugeordnet werden.
- *Kosten pro Einsatz* (Fixkosten pro Ressourceneinsatz): Ein Pauschalbetrag für den Einsatz einer Ressource, der anstelle von oder zusätzlich zu einem variablen Kostensatz anfallen kann. Bei einer Ressource der Art ARBEIT fallen die Kosten pro Einsatz jedes Mal an, wenn die Ressource verwendet wird. Dies könnten etwa einfach Kosten der Bereitstellung sein, z. B. bei einer Anreise.
- *Feste Kosten* (Fixkosten pro Vorgang): Kosten für einen Vorgang, die unabhängig von der Vorgangsdauer oder der von einer Ressource erledigten Arbeit konstant bleiben. Dies sind z. B. Kosten, die nicht für eine Ressource, sondern für einen Vorgang festgelegt werden. Feste Kosten ändern sich nicht und sind unabhängig von der Menge der zugeordneten Ressourcenarbeit oder der Dauer des Vorgangs. Wurden feste Kosten (pauschal) für die Arbeit vereinbart, bleiben die Kosten gleich, egal, wie viel Zeit für den Vorgang benötigt wird. Die festen Kosten werden nicht separat als Summe im Sammelvorgang oder Projektsammelvorgang ausgewiesen, sondern automatisch zu den Gesamtkosten addiert.
- *Kostenressourcen*: Kosten, die nicht vom Arbeitsumfang einer Aufgabe oder der Aufgabendauer abhängen, z. B. Flugtickets oder Unterbringung. Sie verhalten sich

ähnlich wie feste Kosten, Sie können aber durch die Auswahl der Kostenressource dokumentieren, um was für Kosten es sich handelt, und später z. B. alle Reisekosten in Ihrem Projekt auswerten.

- *Budgetressourcen*: Über Budgetressourcen können Sie Ihrem Projekt ein zugrunde liegendes Budget für Kosten und Arbeit zuordnen und somit den Mittelabfluss in seiner Gesamtheit überwachen. Budgets können nur auf Projektebene angewendet werden, indem dem PROJEKTSAMMELVORGANG eine BUDGETRESSOURCE zugewiesen wird. Das bedeutet jedoch nicht, dass ein Projekt nicht seinen Kostenrahmen überschreiten kann, siehe Abschnitt 6.2.3, »Budgetplanung«.

6.2.2 Kostenkontrolle

Zur Erläuterung der praktischen Anwendung stellen wir an einem Beispiel die vollständige Abbildung der Kostenarten dar. Sowohl Personalressourcen, feste Kosten als auch variable Kosten werden berücksichtigt, ausgewertet, gegenübergestellt und grafisch angezeigt.

Als Erstes müssen die Kostendaten natürlich in den Ressourceneigenschaften hinterlegt werden. In der Ansicht RESSOURCE: TABELLE gibt Reiner Sonnenschein die in Abbildung 6.38 dargestellten Informationen ein.

Ressourcenname	Art	Max.	Standardsa	Überstd.-Sat	Kosten/Einsatz
Reiner Sonnenschein	Arbeit	100%	0,00 €/Std.	0,00 €/Std.	0,00 €
Anja Staab	Arbeit	100%	0,00 €/Std.	0,00 €/Std.	0,00 €
Reisekosten	Kosten				
Projektbudget	Kosten				
Leihwagen	Arbeit	100%	0,00 €/Std.	0,00 €/Std.	0,00 €

Abbildung 6.38 Kostendaten für Ressourcen

Für Ressourcen vom Typ ARBEIT wird zunächst der Standardstundensatz eingegeben. Für die Kostenressource steht diese Eingabe nicht zur Verfügung, da hier später Eingaben im Projektplan erfolgen. Die Materialressource wird zusätzlich zum Standardsatz mit Kosten hinterlegt, die für jeden Einsatz anfallen.

Bei der Zuordnung der Arbeitsressource werden die Kosten sofort ausgewiesen. Die Berechnung erfolgt nach der Formel: Arbeit in Stunden multipliziert mit dem Stundensatz der Ressource.

Reiner Sonnenschein hat für sich selbst einen kalkulatorischen Stundensatz von 100 € eingetragen. Sobald er nun auf einen Vorgang zugeordnet wird, errechnet Project anhand des Stundensatzes und der Arbeit die Kosten für den Vorgang (siehe Abbildung 6.39).

6 Ressourcen- und Kostenmanagement

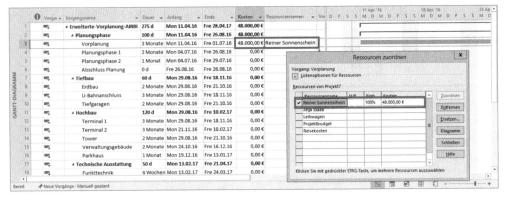

Abbildung 6.39 Berechnete Kosten

Um die Kosteninformationen einsehen zu können, hat Reiner Sonnenschein in der Tabelle die Spalten FESTE KOSTEN und KOSTEN eingeblendet (siehe Abbildung 6.40). Alternativ werden in der Tabelle KOSTEN alle relevanten Kostenspalten angezeigt.

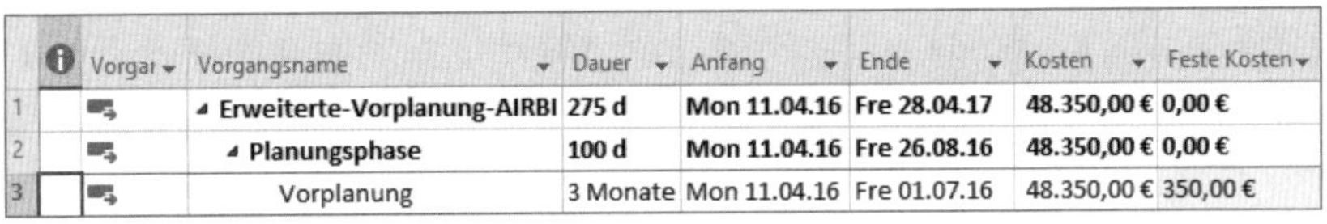

	Vorgar	Vorgangsname	Dauer	Anfang	Ende	Kosten	Feste Kosten
1	▬	▲ Erweiterte-Vorplanung-AIRBI	275 d	Mon 11.04.16	Fre 28.04.17	48.350,00 €	0,00 €
2	▬	▲ Planungsphase	100 d	Mon 11.04.16	Fre 26.08.16	48.350,00 €	0,00 €
3	▬	Vorplanung	3 Monate	Mon 11.04.16	Fre 01.07.16	48.350,00 €	350,00 €

Abbildung 6.40 Erfassen von festen Kosten

Neben Arbeitsleistung benötigt Reiner Sonnenschein noch Materialien zum Anfertigen der Zeichnungen. Dafür trägt er einfach 350 € bei dem Vorgang in die Spalte FESTE KOSTEN ein. Die Berechnung der Gesamtkosten für den Vorgang erfolgt automatisch.

Da das Flughafengelände doch recht groß ist und Reiner Sonnenschein mobil sein muss, beschafft er sich noch einen kleinen Leihwagen, welchen er als Materialressource den entsprechenden Vorgängen zuordnet (siehe Abbildung 6.41). Der Autoverleiher verlangt hierfür 100 € pro Tag. Die Kaution beträgt 250 € und wird in den Eigenschaften der Ressource unter KOSTEN PRO EINSATZ ERFASST.

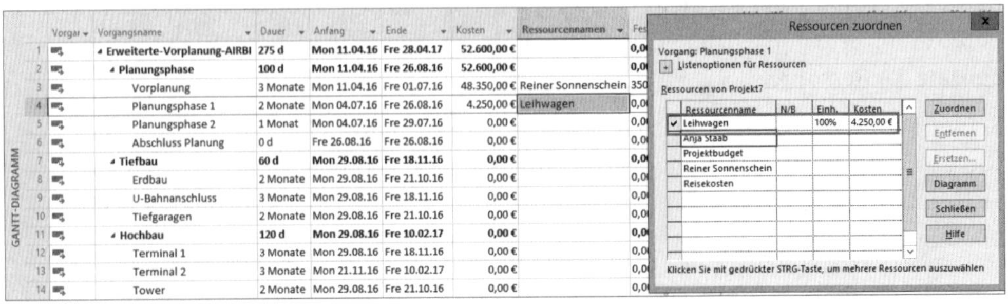

Abbildung 6.41 Materialressource für Leihwagen plus Mietzeit

6.2 Kostenmanagement

> **Einheiten bei Materialressourcen**
> Bei der Zuordnung von Materialressourcen wird die Menge der Einheiten idealerweise in der Dialogbox RESSOURCEN ZUORDNEN vorgenommen. Bei dem obigen Beispiel sind dies z. B. 40 Einheiten für 40 Tage entsprechend der Vorgangdauer von 2 Monaten.

Im Rahmen der Planungsphase fallen diverse Reisekosten zu verschiedenen Projektbeteiligten an. Diese sollen ebenfalls Vorgängen zugeordnet werden. Hierfür verwendet Reiner Sonnenschein die sogenannten *Kostenressourcen* (siehe Abbildung 6.42).

	Ressourcenname	Art	Max.	Standardsatz	Überstd.-Satz	Kosten/Einsatz
1	Reiner Sonnenschein	Arbeit	100%	100,00 €/Std.	0,00 €/Std.	0,00 €
2	Anja Staab	Arbeit	100%	0,00 €/Std.	0,00 €/Std.	0,00 €
3	Reisekosten	Kosten				
4	Projektbudget	Kosten				
5	Leihwagen	Arbeit	100%	100,00 €/d	0,00 €/Std.	250,00 €

Abbildung 6.42 Kostenressource

Verwendet Reiner Sonnenschein eine Ansichtskombination (im unteren Bereich VORGANG: EINSATZ), kann er direkt den Anfall der Kosten zeitphasenbasiert eingeben bzw. planen. Berücksichtigt er nun also 500 € für Reisekosten, werden diese als Ressourceneinheiten mit abgebildet und auf die Gesamtkosten des Projekts angerechnet.

> **Unterschied Arbeits- und Kostenressource**
> Der wichtige Unterschied zwischen einer Arbeits- und einer Kostenressource steckt bereits im Namen: Denn im Gegensatz zu einer Person, die Leistung erbringt, also einen Wert in der Spalte ARBEIT stehen hat, verursacht die Kostenressource keine Arbeit, sondern KOSTEN.

Diese Gesamtkosten können Sie sich anzeigen lassen, indem Sie den PROJEKTSAMMELVORGANG mit einblenden, siehe auch Abschnitt 5.7, »Gliedern und Strukturieren von Projekten«.

> **Kostenberichte**
> Während in Microsoft Project 2010 recht einfache Funktionen für das Berichtswesen im Umfeld Kosten bereitgestellt wurden, verfügt Microsoft Project ab der Version 2013 über eine neue Art von Berichten, welche über das Menüband BERICHT aufgerufen und genutzt werden können, siehe auch Abschnitt 7.4.1, »Berichtsfunktionen in Microsoft Project«.

6.2.3 Budgetplanung

Eine nützliche Funktion in Microsoft Project ist BUDGETRESSOURCE. Sie können zu jedem Ressourcentyp (ARBEIT, MATERIAL, KOSTEN) eine Ressource mit der Eigenschaft BUDGET anlegen. Diese Ressourcen können nur auf Projektsammelvorgangsebene zugewiesen werden. Über diesen Weg ist es möglich, Kosten- oder Stundenbudgets auf Projektebene zu planen, um sie anschließend mit dem tatsächlichen Verbrauch zu vergleichen. Damit auch Budgetänderungen dokumentiert werden können, werden Kosten- und Stundenbudgets beim Speichern eines Basisplans ebenfalls abgespeichert, siehe auch Abschnitt 7.2.1, »Arbeiten mit dem Basisplan«.

Reiner Sonnenschein möchte gerne das Gesamtbudget seines Projekts überwachen und richtet sich dafür eine BUDGETRESSOURCE vom Typ KOSTEN ein (siehe Abbildung 6.43).

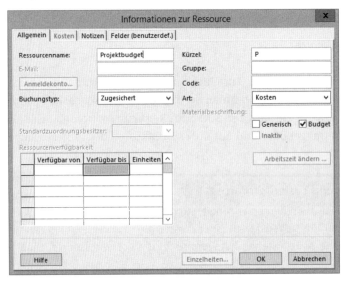

Abbildung 6.43 Budgetressource vom Typ »Kosten«

Budgetressourcen

Budgetressourcen können nur einem Projekt, nicht aber einem Vorgang zugeordnet werden. Budgetressourcen können ausschließlich einem Projektsammelvorgang zugeordnet werden!

Im nächsten Schritt weist er die Budgetressource dem Projektsammelvorgang zu (siehe Abbildung 6.44). Natürlich ist er sich darüber klar, dass es nicht ganz einfach ist, hier einen seriösen Wert für das Budget eines Flughafenneubaus anzusetzen.

Abbildung 6.44 Zuordnung der Budgetressource

> **Ansicht »Ressource: Einsatz«**
>
> Die Eingabe des Projektbudgets erfolgt in der Ansicht Ressource: Einsatz und ist auch nur hier möglich. Dafür hat sich Reiner Sonnenschein die Spalten Budget, Kostenbudget und Arbeitsbudget zusätzlich eingefügt. In der Spalte Budget können Sie ablesen, dass es sich um eine Budgetressource handelt. Da Reiner Sonnenschein mit einer Budgetressource vom Typ Kosten arbeitet, kann er nur in die Spalte Kostenbudget Werte eintragen. Verwenden Sie eine Budgetressource vom Typ Arbeit, so ist dies genau umgekehrt nur in der Spalte Arbeitsbudget möglich.

Reiner Sonnenschein kehrt nun in die ursprüngliche Ansicht Gantt-Diagramm zurück. Dort fügt er die Spalte Kostenbudget ebenfalls ein (siehe Abbildung 6.45). Nun kann er eine zuverlässige Kontrolle über das geplante Budget und die tatsächlich geplanten Projektkosten durchführen. Wie bereits erwähnt, ist dies auch mit dem Arbeitsbudget möglich.

0	Vorgar	Vorgangsname	Kostenbudget	Ressourcennamen	Kosten
0		▲ Airport-Bielefeld	1.000.000.000,00 €	Projektbudget	52.600,00 €
1		▲ Erweiterte-Vorplanung-AIRBI			52.600,00 €
2		▲ Planungsphase			52.600,00 €
3		Vorplanung		Reiner Sonnenschein	48.350,00 €
4		Planungsphase 1		Leihwagen	4.250,00 €

Abbildung 6.45 Überwachung des Kostenbudgets

Denkbar ist hier die Erstellung einer Ampel (berechnetes grafisches Symbol) als Indikator, z. B. für einen frühzeitigen Budgetverbrauch oder gar eine -überschreitung. Dies ist besonders intuitiv, und die Spalte Kostenbudget kann wieder ausgeblendet werden und gibt den Platz für weitere Informationen frei, siehe auch Abschnitt 9.2.9, »Arbeiten mit eigenen Feldern und Formeln«.

Kapitel 7
Projektüberwachung

Mit der Ressourcenzuordnung ist die Planung erst einmal beendet. Nun geht es an die Phasen der Überwachung und Steuerung des Projekts. In diesem Kapitel lernen Sie, wie der Fortschritt der Arbeit im Projekt überwacht werden kann. Hierbei wird nach verschiedenen Verfahren und natürlich auch unterschiedlichen Darstellungen des Fortschritts unterschieden.

Der Projektüberwachung kommt im Projektmanagement ein besonderer Stellenwert zu. Die Planung an sich ist einfach und unverbindlich. Hier geht es um eine präsentable Darstellung des Vorhabens und ein transparentes Aufzeigen des Projektvorhabens.

Auf Basis der Projektüberwachung können sich jedoch diverse Änderungen und Umplanungen des Projektplans ergeben. Hier den Überblick zu behalten ist die große Kunst in Project, an der viele Anwender scheitern. Daher sollten Sie die folgenden Abschnitte mit Bedacht lesen.

Themen sind hierbei:

- *Fortschrittserfassung*: Hierbei geht es um die Erfassung der geleisteten Arbeit im Projektplan.
- *Projektplanüberwachung*: Die Überwachung des Projektplans beschäftigt sich mit der Darstellung des Fortschritts und dem Erkennen von Verzögerungen.
- *Ertragswertanalyse*: Diese Methode erlaubt eine bessere Analyse des tatsächlichen Fortschritts der Arbeit in Bezug auf die Frage, was wirklich geleistet wurde.
- *Reporting*: Wie kann der Fortschritt des Projekts übergreifend dargestellt werden? Welche Möglichkeiten bietet Microsoft Project zur Darstellung des Projektstatus?
- *Multiprojektmanagement*: Diese Funktionen erlauben einen Überblick über ein Programm oder eine Zusammenfassung von mehreren Teilprojekten. So kann auch über große Vorhaben übergreifend der Fortschritt dargestellt und überwacht werden.

7.1 Fortschrittserfassung

Nachdem Reiner Sonnenschein seine erste Vorplanung mit Project erstellt und bearbeitet hat, beginnen nun auch schon die ersten Schritte der Umsetzung des Flughafenneubaus, die er natürlich auch in seiner Projektplanung erkennen möchte. Dazu möchte er gern den aktuellen Fortschritt der Vorgänge und Arbeitspakete im Projekt erfassen. Nur auf Basis von aktuellen Werten im Projektplan kann er Project auch als Werkzeug für die Steuerung des Projekts in der operativen Phase nutzen.

Abbildung 7.1 Ohne Fortschrittsüberwachung verliert der Projektleiter leicht den Überblick.

Für diese Fortschrittserfassung bietet Project die folgenden Funktionalitäten:

- Erfassung des Fortschritts auf Basis der prozentualen Dauer (% ABGESCHLOSSEN)
- Erfassung des Fortschritts auf Basis der prozentualen Arbeit (% ARBEIT ABGESCHLOSSEN)
- Erfassung des Fortschritts auf Basis aktueller Arbeit und verbleibender Arbeit
- Erfassung von Arbeitswerten pro Zeitphase, z. B. Arbeit pro Tag (aktuelle Arbeit)

Neben den obigen Feldern gibt es noch das Feld PHYSISCH ABGESCHLOSSEN (%). Dieses Feld hat in der operativen Fortschrittserfassung jedoch nur informativen Charakter und kann nicht für die Anzeige des Fortschritts, z. B. im Balkendiagramm, genutzt werden. Auch hat dieses Feld keine Verknüpfung zu den anderen Fortschrittsfeldern.

Das Feld PHYSISCH ABGESCHLOSSEN (%) wird im Rahmen der *Leistungswertanalyse* (Earned Value Analysis) benötigt, siehe auch Abschnitt 7.3, »Earned Value Analysis (Leistungswertanalyse)«.

Fertigstellungsgrad

Das Feld PHYSISCH ABGESCHLOSSEN (%) steht für den sogenannten *Fertigstellungsgrad*. Dieses Feld lässt sich ideal als erweiterte Fortschrittsinformation verwenden. Im Gegensatz zu geleisteter Arbeit und abgeschlossener Dauer steht das Feld PHYSISCH ABGESCHLOSSEN (%) für den tatsächlichen Fortschritt eines Vorgangs. Das Bauunternehmen, welches die Rollwege des Flughafens erstellt, hat bereits 80 % der vorgesehenen Arbeitsmenge benötigt. Allerdings sind die Rollwege erst zu ca. 20 % fertiggestellt.

7.1.1 Grafische Fortschrittserfassung im Gantt-Diagramm

Die einfachste Fortschrittserfassung lässt sich mit dem GANTT-DIAGRAMM realisieren. Gehen Sie hierzu wie folgt vor:

1. Bewegen Sie den Mauszeiger genau an den Anfang des Vorgangs, den Sie aktualisieren möchten. Es erscheint ein Prozentzeichen mit einem kleinen dreieckigen Pfeil nach rechts.
2. Sobald Sie dieses Symbol sehen, drücken Sie die rechte Maustaste, halten diese gedrückt und ziehen mit der Maus langsam nach rechts.
3. Sie erhalten jetzt auf der linken Seite Ihrer Mausposition einen schwarzen Fortschrittsbalken. Weiter erscheint ein kleines Fenster, welches Ihnen den Fortschritt genau darstellt (siehe Abbildung 7.2).

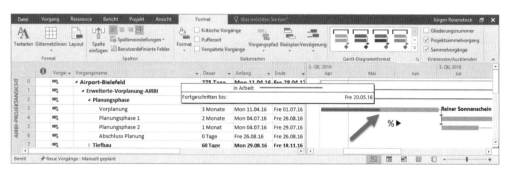

Abbildung 7.2 Erfassen des Fortschritts mit der Maus

Die oben vorgestellte Aktualisierung des Vorgangsfortschritts wirkt sich auf das Feld % ABGESCHLOSSEN und bei den dem Vorgang zugeordneten Arbeitswerten auch auf das Feld %ARBEIT ABGESCHLOSSEN aus.

Da sich die Arbeit (wie unter Abschnitt 6.1.9, in Abbildung 6.32 erläutert) auch ungleichmäßig über die Vorgangsdauer verteilen kann, kann es vorkommen, dass die Werte in den Feldern % ABGESCHLOSSEN und % ARBEIT ABGESCHLOSSEN variieren.

Ist ein Vorgang zu 100 % abgeschlossen, das heißt, ist die Fortschrittslinie über die vollständige Länge des Vorgangs gezogen worden, erkennen Sie diesen Abschluss durch die Anzeige eines blauen Häkchens in der Indikatorenspalte (siehe Abbildung 7.3).

ⓘ	Vorga	Vorgangsname	Dauer	Anfang	Ende
0	⇒	⊿ Airport-Bielefeld	275 Tage	Mon 11.04.16	Fre 28.04.17
1	⇒	⊿ Erweiterte-Vorplanung-AIRBI	275 Tage	Mon 11.04.16	Fre 28.04.17
2	⇒	⊿ Planungsphase	100 Tage	Mon 11.04.16	Fre 26.08.16
3	✓ ⇒	Vorplanung	3 Monate	Mon 11.04.16	Fre 01.07.16

Abbildung 7.3 Darstellung eines abgeschlossenen Vorgangs

7.1.2 Fortschrittserfassung tabellarisch mit Werten

Neben der oben vorgestellten Möglichkeit, den Fortschritt per Maus zu erfassen, können Sie den Fortschritt alternativ auch per Eingabe in der Tabelle ARBEIT erfassen. Gehen Sie hierfür folgendermaßen vor:

1. Öffnen Sie aus dem Menübandbereich ANSICHT die Auswahl TABELLEN.
2. Aktivieren Sie hier die Ansicht ÜBERWACHUNG (siehe Abbildung 7.4).

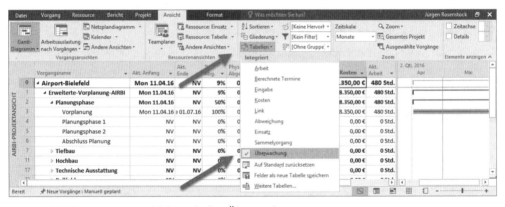

Abbildung 7.4 Auswahl der Tabelle »Überwachung«

Die nun angezeigte Tabelle enthält diverse neue Felder für die Erfassung des Vorgangsfortschritts (siehe Abbildung 7.5), die im Folgenden kurz erklärt werden:

▶ AKTUELLER ANFANG und AKTUELLES ENDE: Der AKTUELLE ANFANG wird erst angezeigt, wenn der Vorgang begonnen ist. Das Feld AKTUELLES ENDE wird erst bei Abschluss des Vorgangs angezeigt. Sie können beide Felder manuell füllen, wenn Sie einen von der Planung abweichenden Vorgangsbeginn oder ein abweichendes -ende dokumentieren möchten.

▶ % ABGESCHLOSSEN und PHYSISCH ABGESCHLOSSEN (%): Das Feld % ABGESCHLOSSEN korrespondiert mit dem Vorgangsbalken im Balkendiagramm (wie unter Abschnitt 7.1.1, »Grafische Fortschrittserfassung im Gantt-Diagramm«, erläutert). Das

Feld PHYSISCH ABGESCHLOSSEN (%) wird für die Leistungswertanalyse verwendet und dient sonst nur der Erfassung des Fertigstellungsgrades zur reinen Information.

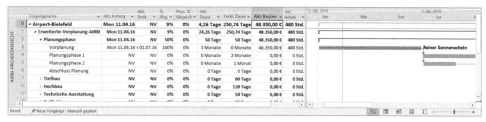

Abbildung 7.5 Erfassen von aktuellen Werten in der Tabelle »Überwachung«

- AKTUELLE DAUER und VERBLEIBENDE DAUER: Das Feld AKTUELLE DAUER korrespondiert mit dem Fortschrittsbalken im Balkendiagramm. Das Feld VERBLEIBENDE DAUER berechnet sich aus dem Fortschritt des Feldes AKTUELLE DAUER, kann aber auch manuell überschrieben werden. Durch dieses Überschreiben verlängert oder verkürzt sich die Vorgangsdauer.

- AKTUELLE KOSTEN: Das FELD AKTUELLE KOSTEN wird auf Basis von VORGANGSKOSTEN berechnet. Diese können entweder durch die ARBEIT von Ressourcen mengenabhängig entstehen oder auch aus FESTEN KOSTEN oder KOSTENRESSOURCEN stammen.

- AKTUELLE ARBEIT: Die AKTUELLE ARBEIT ist eines der zentralen und relevantesten Felder für die Fortschrittserfassung. Denkbar ist z. B. das Szenario, dass ein Mitarbeiter dem Projektleiter genau den Stundenwert der geleisteten Arbeit zurückmeldet, den dieser hier entsprechend eintragen kann.

Feld »Verbleibende Arbeit« zusätzlich einfügen

Hilfreich wäre in dieser Tabelle neben dem oben genannten Feld VERBLEIBENDE DAUER das Feld VERBLEIBENDE ARBEIT, welches Sie per Rechtsklick auf einen Spaltenkopf mit dem Befehl SPALTE EINFÜGEN ergänzen können. Eingaben in dieses Feld können sich in zwei Varianten auswirken:

- Vorgangsarten FESTE EINHEITEN oder FESTE ARBEIT: Wird der Wert VERBLEIBENDE ARBEIT durch Eingabe erhöht, verlängert sich der Vorgang, da die Dauer nicht fixiert wurde.

- Vorgangsart FESTE DAUER: Wird der Wert VERBLEIBENDE ARBEIT erhöht, bleibt die Vorgangsdauer erhalten, allerdings erhöht sich die VERBLEIBENDE ARBEIT dann pro Tag, was wiederum zu Überlastungen führen kann.

Zur Vorgangsart siehe auch Abschnitt 6.1.7, »Ressourcen Vorgängen zuordnen«.

> **Abweichende Feldbeschriftung in Spaltenköpfen**
> In der Version Project 2013 und 2016 weichen die Beschriftungen der Spalten Aktuelle Arbeit, Aktuelle Dauer, Aktuelle Kosten, Aktueller Anfang und Aktuelles Ende von der tatsächlichen Benennung in den Feldlisten ab. Hier heißen die Felder z. B. Ist-Arbeit etc. Sichtbar wird diese Diskrepanz z. B. in der Tabelle Überwachung.

7.1.3 Erfassung von aktuellen Werten in Zeitphasen

Die oben vorgestellten Methoden der Fortschrittserfassung geben keine genaue Auskunft darüber, in welcher Zeitphase, z. B. Tag oder Woche, der Fortschritt geleistet wurde. Nun benötigt Reiner Sonnenschein jedoch für eine bessere Beurteilung des Voranschreitens des Projekts eine genauere Erfassungsmöglichkeit. So möchte er gern wissen, ob an bestimmten Tagen mehr oder weniger als vorgesehen geleistet wurde und dadurch ein Vorgang früher oder später fertig wird.

Microsoft Project bietet für die Rückmeldung nach Zeitphasen eine komfortable Maske an. Um mit dieser zu arbeiten, gehen Sie wie folgt vor:

1. Klicken Sie, wie in Abbildung 7.6 dargestellt, im Menübandbereich Ansicht auf die Option Details. Sie erhalten einen geteilten Bildschirm.
2. Öffnen Sie nun rechts von der Option Details die Auswahl der Ansichten, und wählen Sie die Ansicht Vorgang: Einsatz aus.
3. In der nun in der unteren Fensterhälfte dargestellten Ansicht klicken Sie mit der rechten Maustaste in die Tabelle. Sie erhalten ein Kontextmenü.
4. In diesem Kontextmenü können Sie weitere Felder auswählen, welche in der Tabelle als Zeile angezeigt werden sollen, z. B. das Feld Geplante Arbeit, siehe auch Abschnitt 7.2.1, »Arbeiten mit dem Basisplan«. Wählen Sie nun die Felder Ist-Arbeit und Geplante Arbeit aus. Das Feld Ist-Arbeit heißt eigentlich Aktuelle Arbeit oder Akt. Arbeit und wird auch als solches dann in der Tabelle angezeigt (siehe Abbildung 7.6).

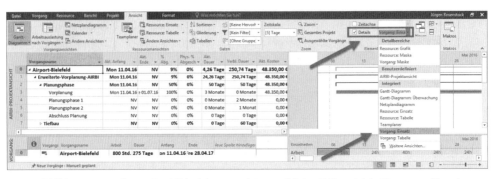

Abbildung 7.6 Teilung des Bildschirms und Auswahl der Teilansicht »Vorgang: Einsatz«

Mit der nun erscheinenden zusätzlichen Zeile können Sie für jeden Vorgang und jede Ressource pro Zeiteinheit Fortschrittswerte per direkte Eingabe erfassen.

In Abbildung 7.7 wird ein »ungleichmäßiger« Fortschritt dargestellt. Pro Zeitphase können zurückgemeldet werden:

- weniger Stunden als die GEPLANTE ARBEIT
- mehr Stunden als die GEPLANTE ARBEIT
- 0 Stunden für keine erbrachte Arbeit in der Zeiteinheit. Wird keine Arbeit in einer Zeitphase erbracht, so wird der Vorgang, wie in Abbildung 5.38 dargestellt, automatisch unterbrochen.

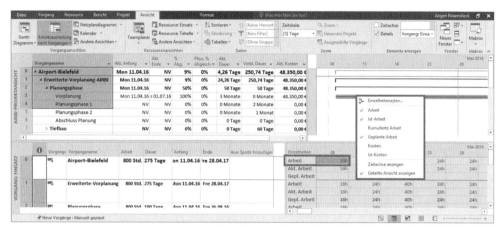

Abbildung 7.7 Erweiterte Ansicht »Vorgang: Einsatz« mit zusätzlichen Feldern für die Eingabe der geleisteten Arbeit

---

Verteilung von Vorgangsarbeit

Sie können die obige Darstellung auch für die Verteilung von Vorgangsarbeit verwenden. Wenn Sie z. B. möchten, dass am Montag und Dienstag weniger als von Mittwoch bis Freitag gearbeitet wird, so können Sie die gewünschten Zeitwerte einfach in die Zeile ARBEIT eintragen. Achten Sie hierbei auf die sich möglicherweise ändernde Vorgangsdauer.

Konsequenzen geänderter Zeitwerte

Wenn Sie mehr, weniger oder gar keine Arbeit für den geleisteten Vorgangsfortschritt eintragen, kann dies die Vorgangsdauer oder die Menge der Arbeit abhängig von der VORGANGSART pro Zeiteinheit beeinflussen, siehe auch Abschnitt 6.1.6, »Verhältnis Arbeit, Dauer und Einheit«.

- Vorgangsart FESTE EINHEITEN oder FESTE ARBEIT: Wird mehr, weniger oder keine Arbeit eingetragen, verlängert oder verkürzt sich die Vorgangsdauer, da sich die Erfassung der aktuellen Arbeit auf den Wert VERBLEIBENDE ARBEIT auswirkt.
- Vorgangsart FESTE DAUER: Wird mehr, weniger oder keine Arbeit eingetragen, bleibt die Vorgangsdauer erhalten. Allerdings reduziert oder erhöht sich die Arbeit an den Folgetagen, was wiederum zu Überlastungen von Ressourcen führen kann.

Zoom-Funktion

Im obigen Beispiel wird von einer Fortschrittserfassung pro Tag ausgegangen. Sie können allerdings durch die Zoom-Funktion des Programms die Skalierung des Projektplans z. B. auch auf Wochen oder Monate vergröbern und so z. B. eine Erfassung von Wochenwerten berücksichtigen.

7.1.4 Automatische Fortschrittserfassung

Statt mit der Maus oder per Eingabe in die Tabelle ÜBERWACHUNG kann alternativ auch per Automatismus der Fortschritt im Projekt erfasst werden. Hierfür stehen die folgenden Funktionen zur Verfügung, welche auch in Abbildung 7.8 angezeigt werden:

Abbildung 7.8 Funktionen für die automatisierte Erfassung des Vorgangsfortschritts

- prozentualen Fortschritt mit 25 %, 50 %, 75 % oder 100 % per Schaltfläche auf markierten Vorgängen erfassen
- Mit der Funktion Vorgänge ALS PLANMÄSSIG MARKIEREN werden markierte Vorgänge bis zum aktuellen Datum als abgeschlossen gekennzeichnet.
- Die Funktion VORGÄNGE AKTUALISIEREN bietet als Alternative zur Überwachungstabelle die Möglichkeit, mehrere Vorgänge mit aktuellen Fortschrittswerten zu versehen. Diese müssen Sie für die Aktualisierung nur markieren. Die Fortschrittswerte müssen Sie dafür dann nur noch in der in Abbildung 7.9 dargestellten Dialogbox eingeben.

Abbildung 7.9 Erfassen von Fortschritten für mehrere Vorgänge

Wenn Sie gleich das ganze Projekt aktualisieren möchten, können Sie über den Menübandbereich PROJEKT noch die Schaltfläche PROJEKT AKTUALISIEREN auswählen (siehe Abbildung 7.10).

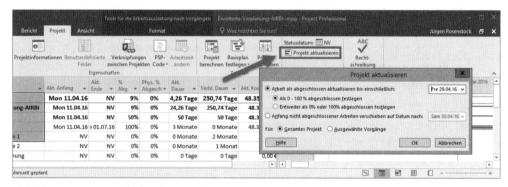

Abbildung 7.10 Auswahl für das Aktualisieren eines gesamten Projekts

7.2 Projektplanüberwachung

Nachdem das Projekt Flughafenneubau AIRPORT Bielefeld gestartet ist und Reiner Sonnenschein den aktuellen Projektfortschritt erfasst hat, benötigt er nun eine Funktion in Microsoft Project, um Transparenz über das Soll und Ist des Projektplans zu erhalten. Hierbei braucht er die folgenden Informationen:

- Welche Auswirkungen haben Terminverschiebungen auf den Projektplan?
- Wie entwickeln sich die Werte für ARBEIT, DAUER und KOSTEN pro Vorgang und über das gesamte Projekt?
- Sind alle Vorgänge im Plan, sind die Leistungen rechtzeitig erbracht worden?

Um diese Informationen zu erhalten, stellt Microsoft Project verschiedene Funktionen zur Verfügung. Dazu gehören u. a.:

- BASISPLAN – Soll-Ist-Vergleich für die Felder ANFANG, ENDE, ARBEIT, DAUER und KOSTEN

- FORTSCHRITTSLINIEN – Darstellung der aktuellen Arbeit in Gegenüberstellung zu einem Status- oder dem aktuellen Datum
- PROJEKTVERSIONEN VERGLEICHEN – Vergleich verschiedener Versionen von Project-Projektdateien

In den folgenden Abschnitten lernen Sie diese Funktionalitäten kennen.

7.2.1 Arbeiten mit dem Basisplan

Hinter dem Begriff *Basisplan* versteckt sich eine Vielzahl von Funktionen zur Projektplanüberwachung. Dabei ist die Grundlage des Basisplans sehr simpel. Diese baut auf genau fünf Basisfeldern auf, und zwar den Feldern ANFANG, ENDE, ARBEIT, DAUER und KOSTEN. Diese Felder werden in den folgenden drei »Aggregatzuständen« verwendet (siehe auch Tabelle 7.1):

- BERECHNET: Ihre Eingaben in die oben genannten Felder werden als *berechnet* bezeichnet. Geben Sie eine Änderung ein, werden, entsprechend den Vorgangseinstellungen, andere korrespondierende Felder ebenfalls berechnet bzw. neu berechnet.
- GEPLANT: Damit Sie die Änderungen der Berechnung zu einem bestimmten Zeitpunkt, z. B. zum Projektstart, fixieren können, werden die berechneten Felder in die Felder GEPLANT... kopiert. So erhalten Sie die Grundlage für den Soll-Ist-Vergleich. Sollten Sie sich diese Felder vor der Speicherung des Basisplans anzeigen lassen, so enthalten diese noch den Eintrag NV, der für die Eigenschaft »Nicht vorhanden« steht.
- AKTUELL: Beginnt Ihr Projekt und erfassen Sie erste Werte für den Projektfortschritt, so werden die Felder aktualisiert gefüllt. Das Feld AKTUELLES ENDE wird z. B. erst vom System gefüllt, wenn der Fortschritt des Vorgangs bei 100 % liegt. Allerdings können Sie dieses Feld auch manuell füllen. Die Felder mit der Eigenschaft *Aktuell* werden in Abschnitt 7.1.2, »Fortschrittserfassung tabellarisch mit Werten«, erläutert.

Bereich	Berechnet	Geplant	Aktuell
ANFANG	(Berechneter) ANFANG	GEPLANTER ANFANG	AKTUELLER ANFANG
ENDE	(Berechnetes) ENDE	GEPLANTES ENDE	AKTUELLES ENDE
ARBEIT	(Berechnete) ARBEIT	GEPLANTE ARBEIT	AKTUELLE ARBEIT
DAUER	(Berechnete) DAUER	GEPLANTE DAUER	AKTUELLE DAUER
KOSTEN	(Berechnete) KOSTEN	GEPLANTE KOSTEN	AKTUELLE KOSTEN

Tabelle 7.1 Für das Arbeiten mit dem Basisplan relevante Felder

7.2 Projektplanüberwachung

Nutzen des Basisplans

Mit dem Basisplan steht Ihnen als Projektleiter ein äußerst wirksames Werkzeug zur Verfügung. Sie können damit sehr anschaulich Verzögerungen und Abweichungen der Planung darstellen. Auswirkungen von Vorgangsverzögerungen und Verlängerungen von Vorgangsdauern können sowohl tabellarisch als auch grafisch dargestellt werden. Damit lassen sich dann Fragen wie »Warum dauert wieder alles länger?« zumindest mit ihren Abweichungen gut beantworten und begründen.

Basisplan festlegen

Pro Projekt können elf Basispläne verwendet werden. Hierbei hat der erste Basisplan keine Nummer und heißt einfach *Basisplan*. Die folgenden Basispläne sind von 1–10 nummeriert.

Abbildung 7.11 Aufruf für das Speichern des Basisplans

Um einen Basisplan zu speichern, gehen Sie wie folgt vor:

1. Rufen Sie im Menübandbereich Projekt die Schaltfläche Basisplan festlegen auf. Es erscheint ein Auswahlmenü. Klicken Sie hier auf Basisplan festlegen... (siehe Abbildung 7.11).
2. Es erscheint die Dialogbox zum Speichern des Basisplans.
3. Wählen Sie nun den gewünschten Basisplan zum Speichern aus.

In dem Dialog Basisplan festlegen können Sie die folgenden Einstellungen wählen (siehe Abbildung 7.12):

- Wählen Sie aus elf möglichen Basisplänen den gewünschten aus.
- Speichern Sie alternativ einen Zwischenplan. Beachten Sie, dass der Zwischenplan jedoch nur die Felder Anfang und Ende, nicht aber die Felder Arbeit, Dauer und Kosten speichert.
- Entscheiden Sie, ob Sie einen Basisplan für das gesamte Projekt oder nur für ausgewählte Vorgänge speichern möchten.

7 Projektüberwachung

Abbildung 7.12 Wählen der Basisplaneinstellungen

Basispläne anzeigen lassen

Nachdem Reiner Sonnenschein nun einen Basisplan erfolgreich gespeichert hat, möchte er diesen gern in Microsoft Project darstellen, um einen Überblick über das Soll/Ist seines Plans zu erhalten. Hierfür stehen ihm verschiedene Ansichten zur Verfügung:

- grafische Darstellung des Basisplans
- tabellarische Darstellung des Basisplans

Um eine grafische Darstellung des Soll/Ist des Projekts zu erhalten, gehen Sie wie folgt vor:

1. Wechseln Sie in den Menübandbereich FORMAT, und klicken Sie dort auf die Schaltfläche BASISPLAN.
2. Sie erhalten nun eine Auswahl von elf Basisplänen. Wählen Sie hier den Basisplan aus, den Sie gespeichert haben (siehe Abbildung 7.13).

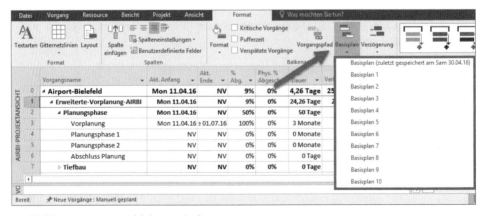

Abbildung 7.13 Auswahl des Basisplans

Die grafische Darstellung des Basisplans ist eigentlich selbsterklärend (siehe Abbildung 7.14):

- Farbige (blaue/rote) Balken stehen für die berechneten Werte entsprechend dem Soll/Ist des Projektplans.
- Die grauen Balken zeigen die Werte des Basisplans an.

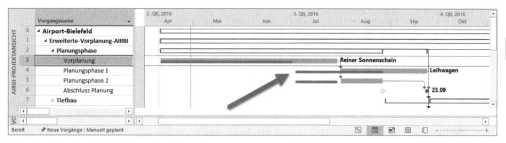

Abbildung 7.14 Grafische Darstellung eines Basisplans

Alternativ zur grafischen Darstellung von Abweichungen vom Basisplan können diese auch tabellarisch dargestellt werden. Hierfür stehen diverse Tabellen in Project zur Verfügung:

1. Wählen Sie über den Menübandbereich ANSICHT die Schaltfläche TABELLEN aus.
2. Wählen Sie nun in der Auswahlliste die Ansicht ABWEICHUNG aus (siehe Abbildung 7.15).

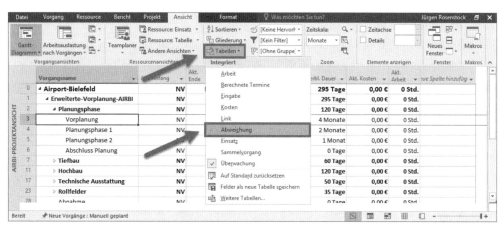

Abbildung 7.15 Anzeigen einer Tabelle zur Darstellung des Basisplans und möglicher Abweichungen

Sie erhalten nun eine Ansicht mit einigen Spalten für ABWEICHUNG und Darstellung der ursprünglichen Soll-Werte. Sie können diese Tabelle mit beliebigen weiteren Spalten ergänzen. Hier bieten sich z. B. die Spalten GEPLANTE DAUER, GEPLANTE KOS-

TEN etc. an (siehe Abbildung 7.16). Weitere Felder des Basisplans können Sie sich auch in den Ansichten ARBEIT und KOSTEN darstellen lassen.

Vorga	Vorgangsname	Anfang	Ende	Geplanter Anfang	Geplantes Ende	Abw. Anf.	Abw. Ende	ue Spalte
0	▲ Airport-Bielefeld	Mon 11.04.16	Fre 26.05.17	Mon 11.04.16	Fre 28.04.17	0 Tage	20 Tage	
1	▲ Erweiterte-Vorplanung-AIRBI	Mon 11.04.16	Fre 26.05.17	Mon 11.04.16	Fre 28.04.17	0 Tage	20 Tage	
2	▲ Planungsphase	Mon 11.04.16	Fre 23.09.16	Mon 11.04.16	Fre 26.08.16	0 Tage	20 Tage	
3	Vorplanung	Mon 11.04.16	Fre 29.07.16	Mon 11.04.16	Fre 01.07.16	0 Tage	20 Tage	
4	Planungsphase 1	Mon 01.08.16	Fre 23.09.16	Mon 04.07.16	Fre 26.08.16	20 Tage	20 Tage	
5	Planungsphase 2	Mon 01.08.16	Fre 26.08.16	Mon 04.07.16	Fre 29.07.16	20 Tage	20 Tage	
6	Abschluss Planung	Fre 23.09.16	Fre 23.09.16	Fre 26.08.16	Fre 26.08.16	20 Tage	20 Tage	
7	▷ Tiefbau	Mon 26.09.16	Fre 16.12.16	Mon 29.08.16	Fre 18.11.16	20 Tage	20 Tage	
11	▷ Hochbau	Mon 26.09.16	Fre 10.03.17	Mon 29.08.16	Fre 10.02.17	20 Tage	20 Tage	
17	▷ Technische Ausstattung	Mon 13.03.17	Fre 19.05.17	Mon 13.02.17	Fre 21.04.17	20 Tage	20 Tage	
23	▷ Rollfelder	Mon 26.09.16	Fre 11.11.16	Mon 29.08.16	Fre 14.10.16	20 Tage	20 Tage	

Abbildung 7.16 Tabellarische Anzeige des Basisplans

Basisplan bearbeiten

Sollte der Basisplan von einzelnen Vorgängen und hier möglicherweise bei einzelnen Feldern nicht mit dem Soll übereinstimmen, so kann er jederzeit angepasst werden. Sie können z. B. alle Felder des Basisplans in der in Abbildung 7.16 dargestellten Tabelle ändern. Alternativ kann, wie oben bereits erwähnt, der Dialog für das Speichern des Basisplans eines Projekts auch für das teilweise Überschreiben von Basisplandaten eines Projekts genutzt werden.

Basisplan löschen

Sie haben auch die Möglichkeit, einen Basisplan teilweise oder auch ganz zu löschen. Zum Löschen von Basisplänen gehen Sie wie folgt vor:

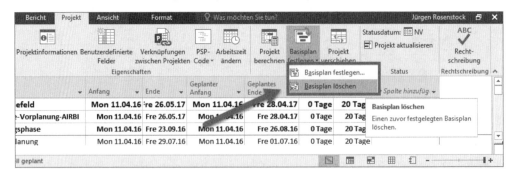

Abbildung 7.17 Aufruf des Dialogs »Basisplan löschen«

1. Klicken Sie im Menübandbereich PROJEKT auf die Schaltfläche BASISPLAN FESTLEGEN (siehe Abbildung 7.17). Es öffnet sich ein Untermenü.

2. Klicken Sie im Untermenü auf den Befehl BASISPLAN LÖSCHEN. Sie erhalten den Dialog BASISPLAN LÖSCHEN (siehe Abbildung 7.18).
3. Im Dialog wählen Sie nun den zu löschenden Basisplan aus. Zusätzlich können Sie einstellen, ob Sie den Basisplan für das gesamte Projekt oder nur für einen Teil davon, also für markierte Vorgänge, löschen wollen.

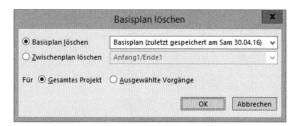

Abbildung 7.18 Dialog »Basisplan löschen«

7.2.2 Arbeiten mit Fortschrittslinien

Eine sehr transparente Möglichkeit, einen Verzug der aktuellen Arbeit an Vorgängen darzustellen, bietet die Anzeige sogenannter *Fortschrittslinien*.

Abbildung 7.19 Aufruf der Funktion »Fortschrittslinien«

Diese Fortschrittslinien kann Reiner Sonnenschein z. B. auch durchaus ergänzend mit einer Basisplan-Ansicht zeigen, um mögliche Verzögerungen noch deutlicher aufzuzeigen.

Zum Aufruf der Fortschrittslinien gehen Sie wie folgt vor:

1. Klicken Sie im Menübandbereich FORMAT auf die Schaltfläche GITTERNETZLINIEN und in der sich dann öffnenden Auswahl auf den Befehl FORTSCHRITTSLINIEN (siehe Abbildung 7.19).
2. Sie erhalten den Dialog FORTSCHRITTSLINIEN (siehe Abbildung 7.20).

In diesem Dialog haben Sie nun die Möglichkeit, sich verschiedene Fortschrittslinien anzeigen zu lassen.

Reiner Sonnenschein möchte sich jeden Morgen beim Öffnen seines Projektplans den tagesaktuellen Status des Arbeitsfortschritts zum AKTUELLEN DATUM anzeigen lassen. Die Werte des Arbeitsfortschritts basieren hierbei auf seinen vorherigen Eingaben, siehe dazu auch Kapitel 13, »Projektüberwachung mit Microsoft Project Server«.

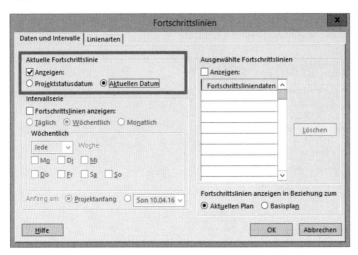

Abbildung 7.20 Einstellungen für Fortschrittslinien

Für die Darstellung der gewünschten Fortschrittslinie wählt er oben im Dialog unter ANZEIGEN die Einstellung zum AKTUELLEN DATUM aus. Das aktuelle Datum entspricht dem Systemdatum. So wird an jedem neuen Tag die Fortschrittslinie in der Zeitschiene weiter nach rechts verschoben. Auf diese Art wird die Abweichung zur vergangenen bereits geleisteten Arbeit auf Basis des Feldes % ABGESCHLOSSEN grafisch dargestellt. Ist die aktuelle Arbeit bis zum aktuellen Datum abgeschlossen, so zeigt die Fortschrittslinie keinen »Knick« an.

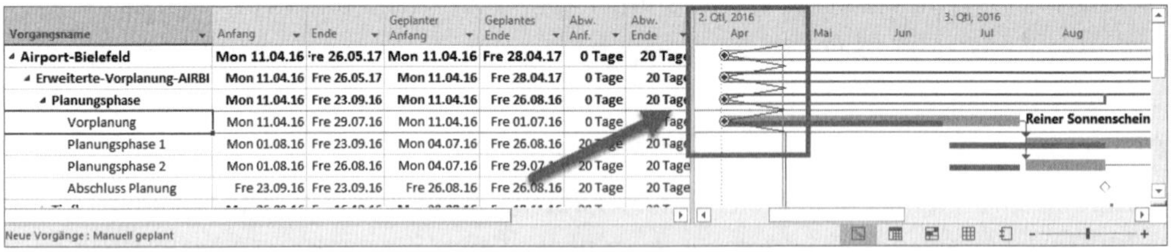

Abbildung 7.21 Darstellung der Fortschrittslinie zum aktuellen Datum

Im Dialog FORTSCHRITTSLINIEN können Sie noch diverse weitere Einstellungen und Optionen wählen:

- Sie können Fortschrittslinien entsprechend einem festen Intervall wählen, z. B. pro Woche und zu bestimmten festen Daten.

- Sie können auch Fortschrittslinien anzeigen in Beziehung zum Basisplan als Variante wählen.
- Über den Reiter Linienarten haben Sie die Möglichkeit, die Fortschrittslinie im Format anzupassen.

7.2.3 Projekte vergleichen

Der Projektplan für den Neubau des AIRPORT Bielefeld wächst und ändert sich durch Projektänderungen von Tag zu Tag. Häufig werden neue Vorgänge erfasst, vorhandene Vorgänge gelöscht, verschoben oder einfach nur umbenannt. Hinzu kommen die bereits erwähnten Terminverschiebungen und Änderungen in verschiedenen Vorgangs- und Ressourcenfeldern.

Um diese Veränderungen anzuzeigen, reichen die Felder des Basisplans nicht aus. Daher bietet Microsoft Project die Funktionalität Projekte vergleichen an. Mit dieser Funktion können alle Unterschiede zwischen zwei Projektplanversionen dargestellt werden, welche in den Vorgangs- und Ressourcentabellen vorgenommen worden sind. Hierfür werden zwei Microsoft-Project-Dateien miteinander verglichen. Die Unterschiede zwischen den beiden Plänen werden dann in einer dritten Datei ausführlich aufgezeigt.

Folgende Anwendungsszenarien für die Funktion »Projekte vergleichen« sind möglich:

- Reiner Sonnenschein trifft sich zu einer Projektbesprechung mit seinen Projektmitarbeitern, und es ist zu erwarten, dass sich diverse Änderungen im Projektplan ergeben. Daher sichert Reiner Sonnenschein den Plan in einer Kopie der Microsoft-Project-Datei, damit er nach der Besprechung die Pläne vergleichen kann.
- Reiner Sonnenschein reichen die elf Basispläne nicht aus. Er möchte zur besseren Nachvollziehbarkeit der Veränderungen des Projektplans einmal in der Woche einen Status speichern und so über die nächsten Monate die Veränderungen im Projektplan nachvollziehen können.
- Reiner Sonnenschein stellt den Projektplan einem Subunternehmer zur Verfügung, welcher diverse Vorgänge für seine Gewerke ergänzt. Um besser nachvollziehen zu können, was der Subunternehmer verändert hat, nutzt Reiner Sonnenschein die Funktion Projekte vergleichen, indem er seinen eigenen Plan mit dem veränderten Plan des Subunternehmers vergleicht.

Die Funktionalität Projekte vergleichen ist folgendermaßen aufgebaut:

- Der Original- und der geänderte Plan werden miteinander verglichen. Um den Vergleich überschaubar zu machen, müssen die Felder, die für die Darstellung der

Veränderung genutzt werden sollen, angegeben werden. Dies geschieht mit der Angabe einer Vorgangs- und/oder einer Ressourcentabelle.

▶ Um die Differenzen zwischen den beiden Versionen aufzuzeigen, wird ein dritter Plan erzeugt, welcher genau die Differenz anzeigt. Dieser »Differenzplan« dient nur der Darstellung.

Um mit der Funktionalität PROJEKTE VERGLEICHEN zu arbeiten, gehen Sie wie folgt vor:

1. Wählen Sie im Menüband BERICHT über die Schaltfläche PROJEKTE VERGLEICHEN den Dialog PROJEKTVERSIONEN VERGLEICHEN aus (siehe Abbildung 7.22).

Abbildung 7.22 Aufruf des Dialogs »Projektversionen vergleichen«

2. In dem nun erscheinenden Dialog können Sie aus der oberen Liste das Projekt auswählen, welches Sie mit dem bereits geöffneten vergleichen möchten (siehe Abbildung 7.23).

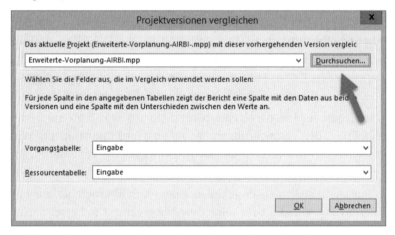

Abbildung 7.23 Auswahl der Projektversionen für den Vergleich

3. Im unteren Bereich des Dialogs wählen Sie anhand der Tabellen die Felder aus, die Sie für den tabellarischen Vergleich heranziehen möchten.
4. Nach dem Bestätigen mit OK erhalten Sie den sogenannten VERGLEICHSBERICHT (siehe Abbildung 7.24).

7.3 Earned Value Analysis (Leistungswertanalyse)

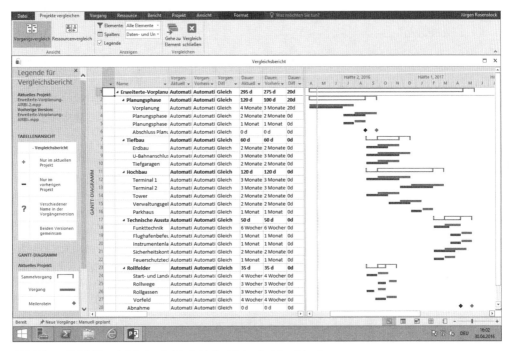

Abbildung 7.24 Vergleichsbericht als Extrakt der beiden Versionen

7.3 Earned Value Analysis (Leistungswertanalyse)

In den vorherigen Abschnitten wurden bereits verschiedene Methoden zur Fortschrittserfassung in Projekten vorgestellt. Hinzu kamen Erläuterungen der Funktionen des Basisplans zur Darstellung von Abweichungen von Plan- und berechneten Daten sowie Ist-Daten. Ein in der Praxis sehr häufig anzutreffendes Verfahren, den Fortschritt in einem Projekt nicht nur zu erfassen (»10 %, fertig«), sondern auch zu bewerten, ist die *Earned Value Analysis*, die im Deutschen nach DIN 69903 offiziell *Leistungswertanalyse* heißt. Mithilfe der Leistungswertanalyse können Sie vor Ende des Projekts erkennen, ob die Kosten im Rahmen liegen, und den Wert des bisher Erreichten ermitteln.

Microsoft Project stellt standardmäßig eine Reihe von Feldern zur Verfügung, die Sie im Rahmen der Leistungswertanalyse verwenden können. Folgende Voraussetzungen müssen erfüllt sein, um die Leistungswertanalyse verwenden zu können:

▶ Sie benötigen einen Basisplan.

▶ Sie müssen in der Planung auch Kosten erfassen – am besten nicht nur vorgangsfix, sondern auch Stundensätze und/oder Materialkosten.

▶ Sie müssen sich für eine von zwei Methoden zur Ermittlung des Fortschritts entscheiden.

Der letzte Punkt bedarf einer näheren Erläuterung. Sie haben die drei Prozentwerte kennengelernt, die in Microsoft Project verwendet werden. Der Wert % ARBEIT ABGESCHLOSSEN spielt für die Fortschrittsermittlung in der Leistungswertanalyse keine Rolle. Verwendet wird standardmäßig das Feld % ABGESCHLOSSEN. Alternativ können Sie das Feld PHYSISCH ABGESCHLOSSEN (%) verwenden.

Da % ABGESCHLOSSEN auf der verstrichenen Dauer des Projekts basiert, ist seine Verwendung kritisch. Besser, allerdings auch aufwendiger ist es, das Feld PHYSISCH ABGESCHLOSSEN (%) zu verwenden. Sie können für jedes Projekt und bei Bedarf auch für einzelne Vorgänge abweichend einstellen, welches Feld genutzt werden soll. Standardmäßig verwendet Microsoft Project das Feld % ABGESCHLOSSEN (siehe Abbildung 7.25). Auf Projektebene konfigurieren Sie die Methode über OPTIONEN • ERWEITERT • STANDARD-ERTRAGSWERTMETHODE FÜR VORGÄNGE. Auf Vorgangsebene können Sie sich das Feld ERTRAGSWERTMETHODE anzeigen lassen, um die Einstellung zu überprüfen oder gegebenenfalls zu ändern.

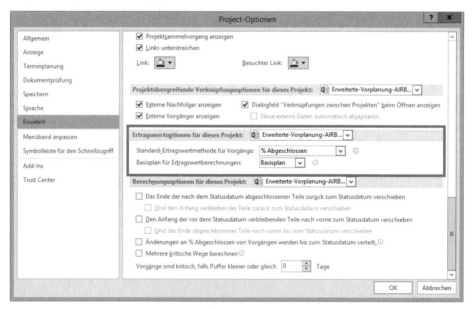

Abbildung 7.25 Einstellungen für die Ertragswertmethode

Schauen wir uns nun die Leistungswertmethode am praktischen Beispiel an. Im Rahmen des Flughafenneubaus AIRPORT Bielefeld müssen u. a. Start- und Landebahnen gebaut werden. Für diese muss eine größere Menge Beton als Belag verarbeitet werden. Dazu definieren wir folgende in Abbildung 7.26 dargestellte Ressourcen.

7.3 Earned Value Analysis (Leistungswertanalyse)

Abbildung 7.26 Leistungswertmethode: Definition der Ressourcen

Für die Planung der Start- und Landebahn legt Reiner Sonnenschein einen Sammelvorgang »Start- und Landebahn-Nord« und Untervorgänge für die Erstellung des Planums, der Tragschicht und der Decke an. Für die Arbeit der Ressource »Straßenbauer« werden ca. 2 Wochen veranschlagt. Hinzu kommt der Verbrauch von Beton und Kies (siehe Abbildung 7.27).

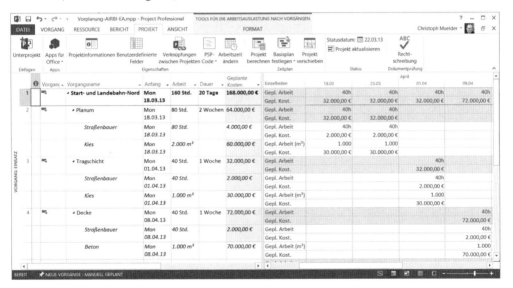

Abbildung 7.27 Leistungswertanalyse: Projektplan (1)

Die geplanten Kosten des Vorgangs »Planum« betragen 64.000 €. Davon sind 4.000 € Lohnkosten und 60.000 € Materialkosten.

Nun nehmen wir an, die erste Woche ist verstrichen, und wir fragen den Straßenbauer nach seinem Arbeitsfortschritt. Er berichtet uns: »Ich habe insgesamt 40 h gearbeitet. Ich habe 1.500 m³ Kies verbraucht und ein Viertel der Startbahn fertiggestellt. Für den Rest der Startbahn werde ich wohl noch einmal 1.500 m³ Kies benötigen.«

Er hat also nach der Hälfte der Zeit ein Viertel der Arbeit geschafft und bereits 75 % des Materials verbraucht. Außerdem schätzt er, dass der Materialverbrauch um 50 %

über der geplanten Materialmenge liegt. Das klingt schon ohne ein entsprechendes Projektmanagement-Werkzeug und ohne weiteres Nachrechnen nicht gut ...

Tragen wir die bekannten Werte in den Projektplan ein (siehe Abbildung 7.28).

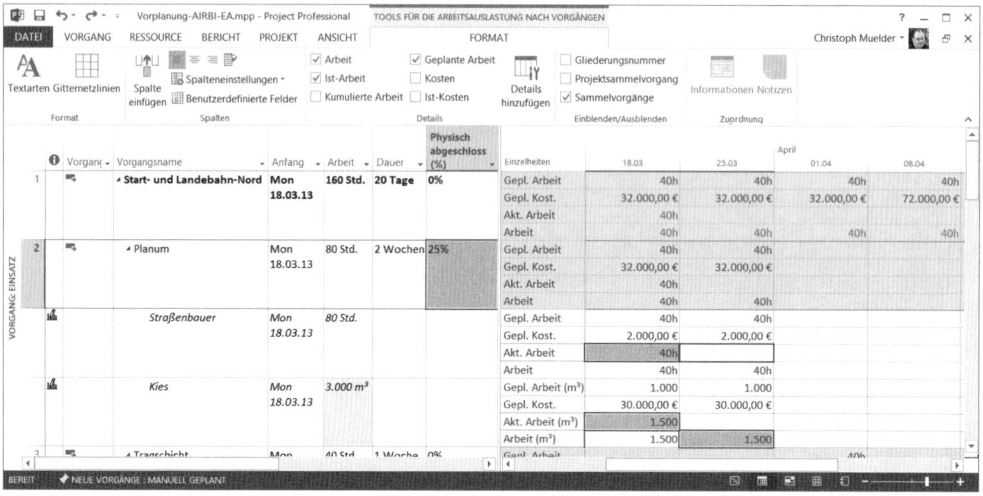

Abbildung 7.28 Leistungswertanalyse: Projektplan (2)

Dazu können wir uns jetzt einige der Felder anzeigen lassen, die Microsoft Project im Rahmen der Leistungswertanalyse zur Verfügung stellt (siehe Tabelle 7.2). In Klammern jeweils die englischen Begriffe (Project akzeptiert beim Hinzufügen der Spalten sowohl die deutschen als auch die englischen Begriffe).

Feld	Beschreibung
SKBA (BCWS)	Soll-Kosten berechneter Arbeit: Welche Kosten sollten bisher angefallen sein? Summe der geplanten Kosten von Beginn des Vorgangs bis zum Stichtag
SKAA (BCWP)	Soll-Kosten aktueller Arbeit: Welche Kosten sollten beim aktuellen Fertigstellungsgrad angefallen sein? geplante Kosten × Fertigstellungsgrad
IKAA (ACWP)	Ist-Kosten aktueller Arbeit: Welche Kosten sind bis zum Projektstatusdatum tatsächlich angefallen? Summe der aktuellen Kosten bis zum Projektstatusdatum
KA (CV)	Kostenabweichung: SKAA – IKAA Differenz zwischen Soll- und Ist-Kosten der aktuellen Arbeit

Tabelle 7.2 Felder der Leistungswertanalyse und ihre Bedeutung

7.3 Earned Value Analysis (Leistungswertanalyse)

Feld	Beschreibung
PA (SV)	Planabweichung: SKAA – SKBA Differenz zwischen den Kosten des bis zum Stichtag geplanten und des tatsächlich erreichten Fertigstellungsgrades
KLI (CPI)	Kosteneffizienz (Kosten-Leistungs-Index): SKAA / IKAA Werte > 0 deuten auf eine Kostenersparnis im Projekt hin. Werte < 0 zeigen eine mögliche Kostensteigerung an.
PLI (SPI)	Zeiteffizienz (Plan-Leistungs-Index) SKAA / SKBA Werte > 0 deuten auf eine vorzeitige Fertigstellung hin. Werte < 0 zeigen eine mögliche Verspätung an.

Tabelle 7.2 Felder der Leistungswertanalyse und ihre Bedeutung (Forts.)

Für unsere Start- und Landebahn sieht das nun wie folgt aus. So hätten für 25 % der Startbahn 16.000 € Kosten anfallen sollen. Tatsächlich sind dafür aber Kosten von 47.000 € angefallen (siehe Abbildung 7.29).

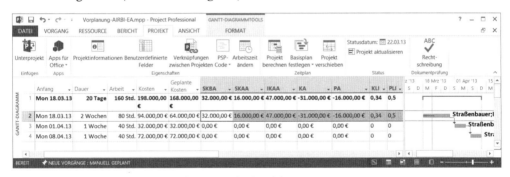

Abbildung 7.29 Leistungswertanalyse: Projektplan (3)

Eine entscheidende Bedeutung bei der Leistungswertanalyse kommt der korrekten Messung des erreichten Fortschritts zu. Dieser ist in der Praxis meist nicht ganz so einfach zu messen wie bei unserem Beispiel.

> **Arbeitspakete**
> Teilen Sie das Projekt in viele kleine überschaubare Arbeitspakete auf. Das ermöglicht eine bessere Bewertung des Fortschritts der einzelnen Arbeitspakete. Vermeiden Sie es außerdem, Diskussionen über den richtigen Prozentwert zu führen.

> Beschränken Sie sich in der Bewertung auf wenige zulässige Prozentwerte, z. B. 0 %/ 25 %/50 %/75 %/100 %. Es ist in der Praxis teilweise auch üblich, nur zwischen 0 % und 100 % zu unterscheiden oder begonnene Arbeitspakete grundsätzlich mit 50 % zu bewerten.

7.4 Reporting

Die Funktionen für das Berichtswesen mit Microsoft Project waren in den Vorversionen nicht wirklich erwähnenswert. Die Kernfunktion wurde seit Microsoft Project 4.0 nicht mehr wirklich verbessert und die später bereitgestellte Funktion *Grafische Berichte* war auch nur in sehr begrenztem Rahmen einsetzbar.

Seit der Version Microsoft Project 2013 steht ein völlig neues Berichtswesen zur Verfügung, welches im Folgenden erläutert wird.

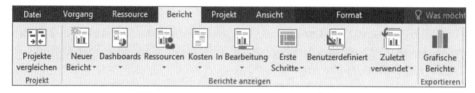

Abbildung 7.30 Menüband »Bericht«

Das Menüband BERICHT ist in drei Bereiche aufgeteilt (siehe Abbildung 7.30):

- PROJEKT: Hier finden Sie die Funktion PROJEKTE VERGLEICHEN, die Sie bereits in Abschnitt 7.2.3, »Projekte vergleichen«, kennenlernen konnten.
- BERICHTE ANZEIGEN: Hier finden Sie die Befehle für die eigentliche neue Reporting-Funktion.
- EXPORTIEREN: Hier finden Sie mit der Schaltfläche GRAFISCHE BERICHTE eine rudimentäre Funktion für den Export von Microsoft-Project-Daten nach Microsoft Excel oder Microsoft Visio.

Im Folgenden werden die neuen Reportfunktionen und die Export-Funktion GRAFISCHE BERICHTE vorgestellt.

7.4.1 Berichtsfunktionen in Microsoft Project

Mit den neuen Berichtsfunktionen werden vier Berichtsarten angeboten. Hierzu gehören:

- Dashboards – Sammlung verschiedener projektübergreifender Übersichten
- Ressourcenberichte – Übersichten über Ressourcen, z. B. Ressourcenüberlastungen

- Kosten – verschiedene Kostenberichte
- Fortschrittsberichte – Berichte, welche den Fortschritt von Vorgängen und des gesamten Projekts widerspiegeln

Die verschiedenen vorgefertigten Reports bieten eine erste gute Orientierung. Da Reiner Sonnenschein für das Berichtswesen jedoch noch über diverse weitere individuelle Dinge berichten möchte, liegt der Fokus in diesem Abschnitt auf der Neuerstellung eines Berichts.

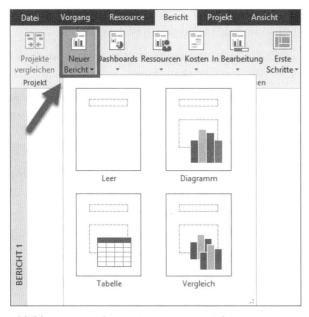

Abbildung 7.31 Anlegen eines neuen Berichts

Für das Erstellen eines neuen Berichts gehen Sie wie folgt vor:

1. Wählen Sie das Menüband BERICHT aus, und klicken Sie hier auf die Schaltfläche NEUER BERICHT (siehe Abbildung 7.31).
2. Wählen Sie nun die Auswahl LEER aus (natürlich können Sie auch mit den anderen Vorlagen starten, für die folgende Erklärung eignet sich jedoch die leere Vorlage besser).
3. In dem anschließenden Dialog vergeben Sie einen Namen für den Bericht, z. B. »Projektstatusbericht AIRPORT Bielefeld«. Es erscheint nun eine leere Seite, auf der der neue Bericht erstellt werden kann.

Nach diesen Schritten erscheint automatisch und kontextbezogen das Menüband ENTWURF, welches verschiedene Funktionen für das Erstellen und Bearbeiten von Berichten bereitstellt (siehe Abbildung 7.32).

Abbildung 7.32 Einfügen von Elementen in den neuen Bericht

Als Erstes fügt Reiner Sonnenschein eine Überschrift ein. Hierfür klickt er auf die Schaltfläche TEXTFELD und klickt anschließend mit dem Mauszeiger auf die Position des Berichts, an der die Überschrift erscheinen soll. Zusätzlich fügt er über die Schaltfläche BILDER das Logo des AIRPORT Bielefeld in den neuen Bericht ein.

Als Nächstes sollen die Felder PROJEKTSTART und PROJEKTENDE übergeordnet auf dem Bericht eingefügt werden. Hier wird wie folgt vorgegangen:

1. Klicken Sie auf die Schaltfläche TABELLE im Menüband ENTWURF. Es erscheint eine kleine Tabelle mit den Feldern NAME, ANFANG, ENDE und % ABGESCHLOSSEN. Benötigt werden jedoch nur die Felder ANFANG und ENDE.
2. Nun erscheint automatisch auf der rechten Seite des Microsoft-Project-Fensters eine Auswahl für Projektfelder sowie weitere Einstellmöglichkeiten. Hier können Sie zusätzliche Felder auswählen oder vorhandene abwählen, z. B. die Felder NAME und % ABGESCHLOSSEN (siehe Abbildung 7.33).

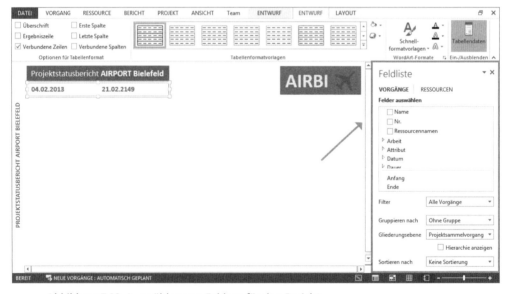

Abbildung 7.33 Auswählen von Feldern für den Bericht

Die oben angezeigte Feldliste wird auch für die Feldauswahl bei Diagrammen genutzt. Als Nächstes soll ein Diagramm eingefügt werden. Hierfür gehen Sie wie folgt vor:

1. Klicken Sie im Menüband BERICHT auf die Schaltfläche DIAGRAMM. Es erscheint eine Auswahl von verschiedenen Diagrammtypen. Wählen Sie hier die vorgeschlagene Form GRUPPIERTE SÄULEN (fahren Sie mit der Maus über die Darstellung, diese wird dann vergrößert dargestellt).
2. Wählen Sie nun das gewünschte Diagramm aus, und bestätigen Sie die Auswahl mit OK. Das Diagramm erscheint nun mitten auf der Bildseite.
3. Nehmen Sie in dem auf der rechten Seite erscheinenden Bereich FELDLISTE die gewünschte Auswahl von Feldern sowie weitere Einstellungen für Filter, Gruppierungen und Gliederungsebenen etc. vor.
4. Positionieren Sie anschließend das Diagramm mit der Maus an der gewünschten Position Ihres Berichts.
5. Bei einem Klick in das Diagramm erscheint kontextbezogen das Menüband ENTWURF mit verschiedenen Auswahlmöglichkeiten zur Formatierung.

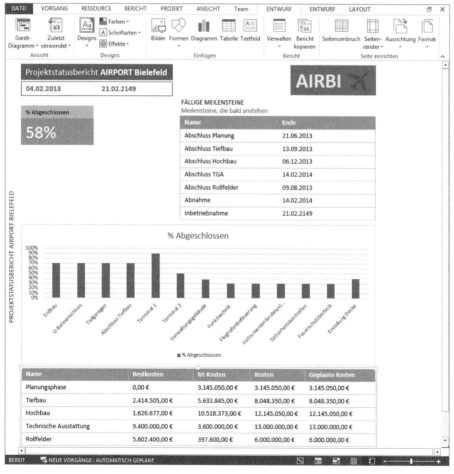

Abbildung 7.34 Individueller Report über den aktuellen Projektstatus

Der erstellte Bericht (siehe Abbildung 7.34) kann nun einfach mit dem Druckbefehl gedruckt werden, siehe Abschnitt 9.1, »Drucken«. Bereits in der Berichtsansicht können Sie über das Menüband ENTWURF den SEITENUMBRUCH, die SEITENRÄNDER sowie die AUSRICHTUNG und das FORMAT des Berichts einstellen (siehe Abbildung 7.35). Im Weiteren können Sie mit der Schaltfläche BERICHT KOPIEREN den gesamten Bericht in die Zwischenablage kopieren und danach z. B. für eine Präsentation nach PowerPoint übernehmen.

Abbildung 7.35 Funktionen für das Weitergeben und Drucken eines Berichts

> **Individuellen Bericht auch für andere Projekte nutzen**
>
> Sie können den individuell erstellten Bericht auch für andere Projektpläne nutzen, indem Sie ihn entweder in andere Pläne hineinkopieren oder auch in die sogenannte *Global.mpt* kopieren, siehe auch den Abschnitt »Erweitert« in Abschnitt 9.3.1. Gehen Sie hierfür einfach bei aktivem Bericht in das Menüband ENTWURF. Hier klicken Sie auf die Schaltfläche VERWALTEN. In dem nun erscheinenden Untermenü wählen Sie den ORGANISATOR aus. Der nun erscheinende Dialog bietet die Funktionen für das erweiterte Bereitstellen Ihres Reports.

7.4.2 Grafische Berichte

Über die Schaltfläche GRAFISCHE BERICHTE im Menüband BERICHT können Sie verschiedene weitere Berichte aufrufen. Diese können eine sinnvolle Ergänzung sein, da sie nicht nur grafisch dargestellt, sondern auch in Microsoft Excel und/oder Microsoft Visio weiter bearbeitet werden können (siehe Abbildung 7.36). So gesehen ist die Bezeichnung GRAFISCHE BERICHTE ein wenig irreführend. Voraussetzung hierfür ist allerdings eine Installation von Microsoft Excel (für andere Berichte auch Microsoft Visio).

Bereits vordefinierte Berichte geben Ihnen einen groben Überblick über die Kostenverteilung unter den einzelnen Ressourcen. In Microsoft Excel können Sie die automatisch generierte Grafik noch mit allen dort zur Verfügung stehenden Möglichkeiten formatieren und Datenreihen/Zeiträume ein- oder ausblenden.

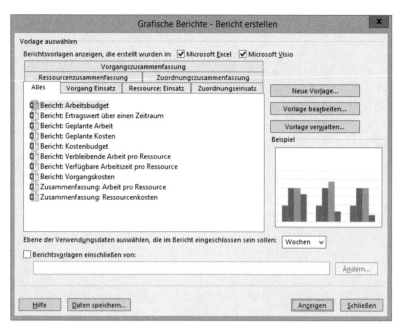

Abbildung 7.36 Dialog für das Erstellen von grafischen Berichten

Kapitel 8
Multiprojektmanagement

Sollen mehrere Projekte zu einem Programm zusammengefügt werden oder ist eine Planung zu groß, um sie in einem Project-Plan zu bearbeiten, so bietet sich die Funktion »Multiprojektmanagement« in Microsoft Project an. Multiprojekte sind auch dann sinnvoll, wenn mehrere Personen gleichzeitig an einer Planung arbeiten sollen. In diesem Kapitel lernen Sie, wie Sie mehrere einzelne Pläne zu einem Hauptprojekt zusammenfassen und Abhängigkeiten zwischen diesen erstellen.

Der ursprüngliche Projektplan von Reiner Sonnenschein wächst und wächst und kann somit nicht mehr von einem Planer allein bearbeitet werden. Daher macht es für Reiner Sonnenschein nun Sinn, sich mit dem sogenannten *Multiprojektmanagement* von Project zu beschäftigen. Statt des Begriffs Multiprojektmanagement wird gelegentlich auch von Mehrprojekttechnik oder Programmmanagement gesprochen. Dahinter verbirgt sich ein einfaches, aber sehr hilfreiches Konstrukt. Mehrere einzelne Projektpläne werden zu einem Gesamtprojekt zusammengefügt, können aber auch als einzelne Projekte von unterschiedlichen Planern bearbeitet werden.

Abbildung 8.1 Gerade im Multiprojekt sind klare Abstimmungen notwendig.

Für Reiner Sonnenschein gibt es hier zwei Anwendungsszenarien für das Multiprojektmanagement:

- *Verteiltes Arbeiten*
  Der AIRPORT-Bielefeld-Projektplan soll von mehreren Personen aus den verschiedenen Gewerken bearbeitet werden. Dies ist mit einem einzelnen Project-Projektplan nicht möglich, da dieser nicht von mehreren Personen zeitgleich bearbeitet werden kann, sondern nur von einem Anwender. Also wird der Projektplan für die Bearbeitung in *Unterprojekte* (auch Teilprojekte genannt) aufgeteilt und in einem Multiprojekt für die Gesamtübersicht zusammengeführt.

- *Umgang mit sehr großen Projektplänen*
  Ein Projektplan mit einer größeren dreistelligen Zahl an Vorgängen kann in der Handhabung unübersichtlich werden. So kann Reiner Sonnenschein den Plan nach verschiedenen Phasen und Gewerken aufteilen und für eine Gesamtsicht in einem Multiprojekt wieder zusammenführen.

Nur ein Projektplanbearbeiter

Es empfiehlt sich im Umgang mit Project-Projektplänen und so auch mit Project-Multiprojektplänen, dass der einzelne Plan nur von einer Person bearbeitet und somit Änderungen auch nur von dieser Person verantwortet werden. Anderenfalls sind Änderungen in einzelnen Plänen aufgrund von Verknüpfungen und der damit verbundenen möglichen unbeabsichtigten Verschiebung von Vorgängen nicht nachvollziehbar (siehe Abschnitt 8.1, »Arbeitsweise des Multiprojektmanagements in Project«).

8.1 Arbeitsweise des Multiprojektmanagements in Project

Mit Project können verschiedene Projekte zu sogenannten Multiprojekten zusammengeführt werden. Dies kann in folgenden Fällen sinnvoll oder auch notwendig sein:

- Falls Projektpläne zu komplex werden, sollten diese z. B. im Rahmen der weiteren Bearbeitung auf Teilprojekte aufgeteilt werden.

- Mehrere Personen sollen einen Projektplan bearbeiten. Grundsätzlich kann aber ein Projektplan nur von einer Person bearbeitet werden (das heißt nicht zeitgleich von mehreren), da Pläne nur einmal mit Schreibrecht geöffnet werden können. Teilprojektleiter sind dadurch für ihren Projektplan verantwortlich (siehe Abbildung 8.2).

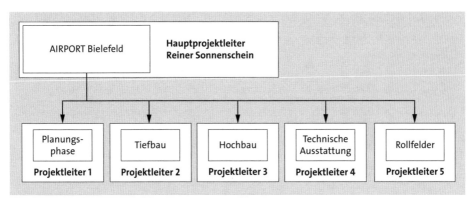

Abbildung 8.2 Mögliche Architektur des Multiprojekts

Rein technisch ist die Erstellung eines Projektplans sehr simpel. Zwei oder mehrere Teilprojekte werden in ein Multiprojekt eingefügt. Hierbei sind weitere Verschachtelungen in tiefere Ebenen möglich.

Mit Project möchte Reiner Sonnenschein nun schnell ein Multiprojekt erstellen. Er möchte gern die relevanten Teilprojekte, wie in Abbildung 8.2 dargestellt, gemeinsam in einem Multiprojekt abbilden. Mit diesem Multiprojekt möchte er die Zusammenhänge und Abhängigkeiten zwischen den Projekten aufzeigen und Vorgänge in Abhängigkeit über beide Projekte hinweg darstellen. Hinzu kommt, dass die Teilprojektpläne kurzfristig von anderen Projektplanern geplant und gesteuert werden sollen.

Für die Erstellung des Multiprojekts gehen Sie folgendermaßen vor:

1. Erstellen Sie einen leeren Projektplan, in den Sie die späteren Teilprojekte einfügen können. Alternativ können Sie auch einen vorhandenen Projektplan verwenden, der programmübergreifende Vorgänge enthält.
2. Klicken Sie im Menüband PROJEKT auf die Schaltfläche UNTERPROJEKT (siehe Abbildung 8.3).
3. Sie erhalten nun den Dialog PROJEKT EINFÜGEN. In diesem wählen Sie das oder die Projekte aus, welche Sie in das Multiprojekt einfügen wollen (siehe Abbildung 8.4).
4. Bestätigen Sie den Dialog mit OK, und Sie erhalten ein fertiges Multiprojekt.

Abbildung 8.3 Befehl für das Einfügen von Teilprojekten

8 Multiprojektmanagement

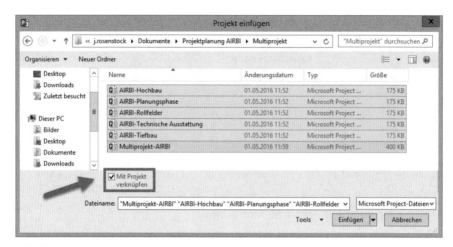

Abbildung 8.4 Dialog »Projekt einfügen«

In dem Multiprojekt werden nun die eingefügten Teilprojekte angezeigt (siehe Abbildung 8.5).

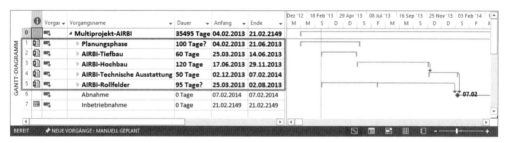

Abbildung 8.5 Zusammengeführte Teilprojekte

Für eine bessere Übersicht empfiehlt es sich, noch den Projektsammelvorgang über den Menübandbereich FORMAT und den Befehl PROJEKTSAMMELVORGANG einzublenden, siehe auch Abschnitt 5.7, »Gliedern und Strukturieren von Projekten«. Die einzelnen eingefügten Projekte können nun innerhalb des Multiprojekts zur besseren Darstellung aufgeklappt werden.

Schreibschutz aktivieren

Falls Sie mit mehreren Personen gemeinsam an einem Multiprojekt arbeiten, kann es durch Verknüpfungen zwischen den Teilprojekten zu ungewünschten Vorgangsverschiebungen in nachfolgenden Projekten kommen. Eine weitere Gefahr kann sein, dass der Hauptprojektleiter, der Zugang zum Multiprojekt hat, von diesem aus versehentlich Änderungen in den Teilprojekten durchführt. Um dies zu vermeiden, sollten die Teilprojekte nur schreibgeschützt in das Multiprojekt eingefügt werden, wie in Abbildung 8.6 dargestellt.

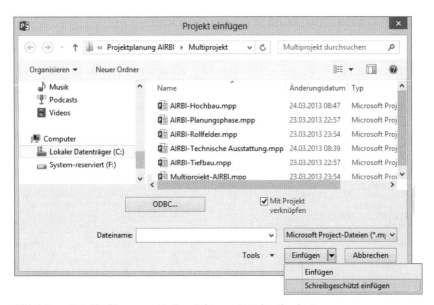

Abbildung 8.6 Einfügen von Teilprojekten mit Schreibschutz

Das Speichern eines Multiprojekts gestaltet sich geringfügig aufwendiger. Sie werden bei jedem Speichern gefragt, ob Sie die eingefügten Teilprojekte ebenfalls speichern möchten (siehe Abbildung 8.7). Bestätigen Sie hier die Abfrage mit Bedacht, da die eingefügten Teilprojekte von anderen Projektleitern stammen können, die mit Ihren Änderungen nicht unbedingt einverstanden sein könnten.

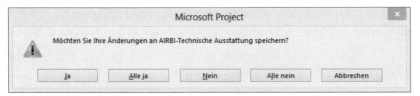

Abbildung 8.7 Abfrage für Speichern bei Multiprojekten

Konstruktion Multiprojekt

Vor Aufbau eines Multiprojekts empfiehlt es sich, einen sehr genauen Plan, am besten eine Skizze über die Verteilung der Teilprojekte und damit die Konstruktion des Multiprojekts zu machen. Im laufenden Projekt kann es sonst immer wieder zu fehlender Transparenz und einem nicht abgestimmten Umgang mit den Projektplänen kommen. Die Vorbereitung könnte z. B. im Zusammenhang mit dem Projekt-Kick-off oder dem Organisationsaufbau des Projekts stattfinden.

8.2 Übergreifende Vorgänge in Multiprojekten

Um eine Multiprojektumgebung so realitätsnah wie möglich darzustellen, sollte man auch übergreifende Vorgänge, z. B. für das Projektmanagement und administrative Vorgänge, einrichten (siehe Abbildung 8.8). Um projektübergreifende Vorgänge einzufügen, achten Sie darauf, dass die eingefügten Teilprojekte geschlossen bzw. zugeklappt sind. Sonst könnten einzufügende Vorgänge versehentlich in die Teilprojekte eingefügt werden.

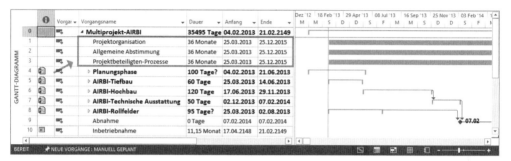

Abbildung 8.8 Administrative Vorgänge im Multiprojekt

8.3 Verknüpfungen zwischen Projekten

Reiner Sonnenschein möchte gern die vorhandenen Abhängigkeiten zwischen den verschiedenen AIRPORT-Bielefeld-Projekten aufzeigen. Hierbei stehen ihm für die Verknüpfung zwischen Projekten verschiedene Varianten zur Verfügung, welche beim Arbeiten in der Multiprojektumgebung unterschiedliche Auswirkungen haben können:

- Verknüpfung zwischen Vorgängen zweier Projekte
- Einfügen von externen Vorgängen (siehe hierzu den nächsten Abschnitt)

Um Verknüpfungen zwischen den Vorgängen zweier Projekte zu erstellen, öffnen Sie das Multiprojekt. In diesem Multiprojekt erstellen Sie die Verknüpfungen mit der bereits in Abschnitt 5.8, »Vorgangsverknüpfungen«, beschriebenen Vorgehensweise.

Nach dem Erstellen der Verknüpfung wird in der Vorgängerspalte des zweiten Projekts der folgende Pfad aufgezeigt (siehe Abbildung 8.9): *C:\Users\r.sonnenschein\Documents\Projektplanung AIRBI\Multiprojekt\AIRBI-Hochbau.mpp\1*

Beim Speichern des Multiprojekts werden Sie nun auch aufgefordert, alle eingebundenen Projekte ebenfalls zu speichern. Dies sollten Sie bei den beteiligten Projekten auf jeden Fall tun, da ansonsten die Informationen über die Verknüpfung in diesen nicht hinterlegt werden würden und die Verknüpfung damit nicht wirksam wird.

8.3 Verknüpfungen zwischen Projekten

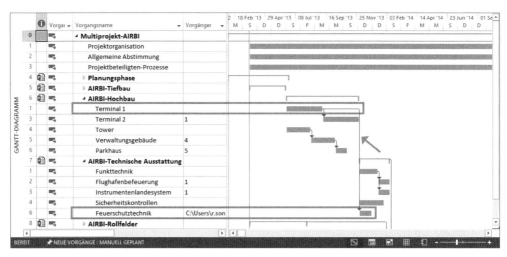

Abbildung 8.9 Verknüpfung zwischen Vorgängen zweier Projekte

Wie wirkt sich nun eine Verlängerung des externen Vorgängers aus dem Projekt AIRBI-Hochbau auf den nachfolgenden Vorgang des Projekts AIRBI-Technische Ausstattung aus? Der Rohbau des Terminal 1 verlängert sich aufgrund von Widrigkeiten um 4 Monate. Dies hat natürlich Auswirkungen auf die nachfolgenden Vorgänge des Projekts, welches sich mit dem technischen Innenausbau beschäftigt. Entsprechend der Verknüpfung verschiebt sich so der folgende Vorgang »Feuerschutztechnik« ebenfalls (siehe Abbildung 8.10 und Abbildung 8.11).

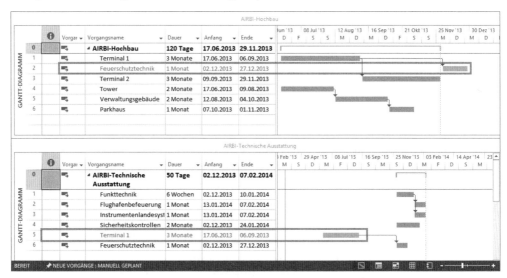

Abbildung 8.10 Darstellung der externen Vorgänge in verbundenen Teilprojekten

8 Multiprojektmanagement

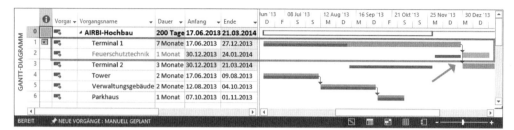

Abbildung 8.11 Auswirkung der Verschiebung auf externen Vorgang, unter Einsatz des Basisplans dargestellt

Die tatsächliche Verschiebung des Folgevorgangs erfolgt allerdings erst nach dem Öffnen des separaten Folgeprojekts. Hierbei erscheint der folgende Dialog (siehe Abbildung 8.12).

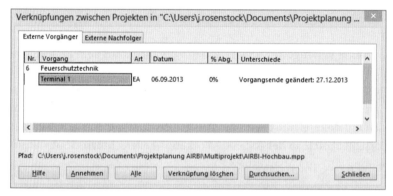

Abbildung 8.12 Dialog »Verknüpfung zwischen Projekten«

Dieser Dialog weist Reiner Sonnenschein auf die Veränderung des Vorgangsendes des externen Vorgangs »Terminal 1« hin. Die Folgerung für Reiner Sonnenschein ist hier, dass sich nun in seinem Projekt der verknüpfte Vorgang »Feuerschutztechnik« nach hinten verschiebt.

Über die Schaltfläche VERKNÜPFUNG LÖSCHEN kann er die Verbindung zum externen Vorgänger und damit auch die eigentlich benötigte Verschiebung aufheben. Klickt er stattdessen auf ANNEHMEN, wird die Auswirkung auf seinen Vorgang sofort wirksam. Ist sich Reiner Sonnenschein noch unsicher und möchte vor Aktivierung der Auswirkung durch den externen Vorgänger seinen Projektplan noch einmal prüfen, so muss er einfach nur auf die Schaltfläche SCHLIESSEN klicken. Um die Änderungen durch den externen Vorgang später zu akzeptieren, kann Reiner Sonnenschein jederzeit den Dialog VERKNÜPFUNG ZWISCHEN PROJEKTEN wieder öffnen (siehe Abbildung 8.13).

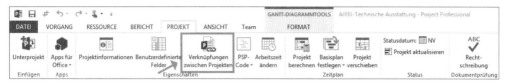

Abbildung 8.13 Aufruf des Dialogs »Verknüpfung zwischen Projekten«

Keine Warnung bei verknüpften Projektsammelvorgängen

Sie können zwischen Projekten Vorgänge und Sammelvorgänge beliebig verknüpfen. Sollten Sie jedoch Projektsammelvorgänge verknüpfen, erhalten Sie bei Verschiebungen im vorhergehenden Projekt keine Warnung in Form des automatischen Erscheinens des Dialogs VERKNÜPFUNGEN ZWISCHEN PROJEKTEN. So können Terminverschiebungen der Vorgänge sehr leicht übersehen werden.

Dialog »Verknüpfungen zwischen Projekten« regelmäßig prüfen

Der Dialog VERKNÜPFUNGEN ZWISCHEN PROJEKTEN zeigt Ihnen alle externen Vorgänge und Nachfolger Ihres Projekts an. Sie sollten daher in Multiprojekten diesen Dialog regelmäßig prüfen.

Aktivierung des Planungs-Assistenten

Sie sollten, soweit möglich und sinnvoll, die Vorgänge in Plänen mit externen Vorgängern mit der Einschränkung MUSS ANFANGEN AM oder ANFANG NICHT FRÜHER ALS versehen. Hierdurch wird bei Terminkonflikten im Nachfolgerprojekt bereits bei der Veränderung eines Vorgangs im Vorgängerprojekt der Planungs-Assistent angezeigt.

Alternativ können Sie auch die verknüpften Vorgänge des Nachfolgerprojekts auf den Vorgangsmodus MANUELL GEPLANT setzen.

8.4 Einfügen von externen Vorgängen

Eine weitere Möglichkeit, Verknüpfungen zwischen Projekten zu erstellen, ist das Einbetten von externen Vorgängen per Zwischenablage. Diese Variante hat zwar nicht direkt etwas mit dem Multiprojekt zu tun, wird aber in diesem Zusammenhang öfter genutzt. Hierzu gehen Sie wie folgt vor:

1. Markieren Sie den Vorgang über den Zeilenkopf, welchen Sie in ein anderes Projekt einfügen möchten.
2. Kopieren Sie diesen Vorgang, z. B. per $\boxed{\text{Strg}}$ + $\boxed{\text{C}}$, in die Zwischenablage.
3. Wechseln Sie zum nächsten Projekt, in welches Sie den Vorgang einfügen möchten.

4. Nutzen Sie nun für die Zwischenablage nicht den normalen Befehl EINFÜGEN, sondern den Befehl INHALTE EINFÜGEN.

5. Im Dialog INHALTE EINFÜGEN wählen Sie die Option VERKNÜPFUNG EINFÜGEN aus (siehe Abbildung 8.14).

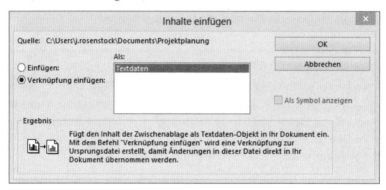

Abbildung 8.14 Aufruf des Dialogs »Inhalte einfügen«

6. Erstellen Sie vor dem Einfügen des externen Vorgangs auf jeden Fall eine Leerzeile, z. B. mit der ⌜Einfg⌝-Taste, da ansonsten vorhandene Vorgänge überschrieben werden.

Der eingefügte Vorgang wird im Projekt als gewöhnlicher Vorgang angezeigt, nur eine kleine Markierung in den eingefügten Zellen weist auf die Verknüpfung hin (siehe Abbildung 8.15).

Abbildung 8.15 Markierung eingebetteter Vorgänge

Vorsichtiger Umgang mit Multiprojektmanagement empfohlen

So fehlerfrei die Funktionen des Multiprojektmanagements technisch auch nutzbar sind, so sehr wird doch auf einen sehr bewussten Einsatz dieser Funktionen hingewiesen. Das verteilte Arbeiten über mehrere Projekte und der Einsatz von Verknüpfungen zwischen diesen, auch durch die Mitarbeit mehrerer Teilprojektleiter, sind oftmals nicht immer nachvollziehbar. Wie von Geisterhand verschieben sich Vorgänge, ohne dass dies gleich bemerkt wird. Die Menge der Hinweisdialoge überfordert manchen Anwender, sodass er diese rasch wieder wegklickt. Sollte die Anwendung des Multiprojektmanagements wirklich sinnvoll sein, so sollte diese bewusst geschehen und entsprechend in der Projektdokumentation hinterlegt sein.

Kapitel 9
Drucken und Optionen

Das Drucken von Plänen stellt in Project oft die Kür dar. Wie bekomme ich 500 oder mehr Vorgänge aus einem 5-jährigen Projekt auf eine einzige DIN-A4-Seite?

In diesem Kapitel lernen Sie die Herausforderungen des Druckens und verschiedene Tipps und Tricks dazu kennen. Im weiteren Teil des Kapitels werden die Optionen zur Individualisierung von Microsoft Project ausführlich erläutert.

9.1 Drucken

Für viele Project-Anwender stellt die Druckfunktion immer wieder eine Herausforderung dar. Die vielfältigen Einstellmöglichkeiten sind aufgrund der Komplexität der Projektpläne aber auch durchaus berechtigt. Allerdings ist das Problem hierbei nicht unbedingt nur in der Druckfunktion von Microsoft Project selbst zu suchen. Vielmehr kann das Programm dann Schwierigkeiten beim optimalen Ausdruck von Projektplänen haben, wenn der Anwender z. B. versucht, einen Plan mit mehr als 500 Vorgängen und einer Laufzeit von drei Jahren auf eine einzige DIN-A4-Seite zu drucken.

Wie aber kann nun Reiner Sonnenschein möglichst einfach seine AIRPORT-Bielefeld-Planung so auf Papier bringen, dass der Plan lesbar bleibt und sich der Aufwand für das Drucken im Rahmen hält? Er versucht sich hier an der ersten groben AIRPORT-Bielefeld-Vorplanung mit einer Dauer von gesamt ca. 200 Tagen und einer Anzahl von 37 Vorgängen.

In einer zentralen Maske finden Sie jetzt, neben der Vorschau, die wesentlichen Funktionen für das Drucken von Projektplänen (siehe Abbildung 9.1):

- DRUCKEN: Unter der Auswahl DRUCKEN können Sie den Schnelldruck starten und die Anzahl der Drucke einstellen. Schnelldruck bedeutet hier, dass der Druck sofort ohne weitere Abfragen startet.

9 Drucken und Optionen

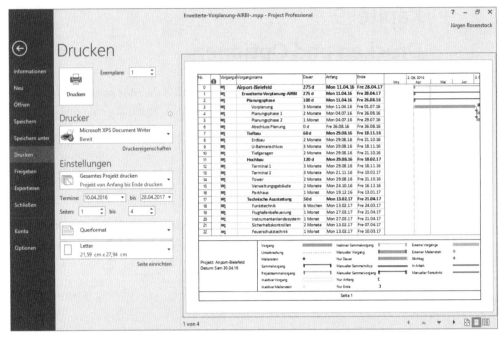

Abbildung 9.1 Aufruf der Druckfunktion

Schnelldruck

Sie sollten den Schnelldruck nur mit Bedacht verwenden, da die erste Skalierung gerade bei größeren Projekten zu hohem Papierverbrauch führen kann. Bei dem oben genannten Projektplan würden z. B. im Standard bereits 4 Seiten ausgedruckt, da die Zeitskala einen hohen Detaillierungsgrad aufweist.

- DRUCKER: Hier wählen Sie den gewünschten Drucker aus der Liste der auf Ihrem Rechner installierten Drucker aus.
- EINSTELLUNGEN: Unter der Auswahl EINSTELLUNGEN finden Sie verschiedene Einstellungen, um den Umfang des Ausdrucks festzulegen (siehe Abbildung 9.2). Weiter können Sie hier auch Vorgangsnotizen auf einer separaten Seite drucken und die Anzahl der Vorgangsspalten der Vorgangstabelle einstellen. Zusätzlich haben Sie die Möglichkeit, zwischen Hoch- und Querformat sowie zwischen verschiedenen Papierformaten zu wählen.

Sie können die Skalierung Ihres Projektplans sehr einfach mit dem Fenster ZEITACHSE beeinflussen, siehe Abschnitt 5.11, »Die Zeitachse«. Gehen Sie hierfür in die normale Projektansicht, und lassen Sie sich das Fenster ZEITACHSE zusätzlich anzeigen. Nun können Sie über die rechte und linke Begrenzungslinie den Ausschnitt des Projektfensters beeinflussen und zusätzlich mit dem Balken über der Zeitachse den Ausschnitt des Projekts im Fenster wählen. Dies wirkt sich dann entsprechend auch auf die Skalierung des Drucks aus (siehe Abbildung 9.3).

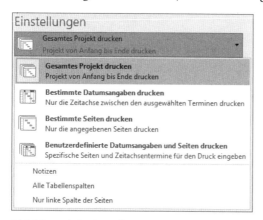

Abbildung 9.2 Einstellungen im Druckdialog

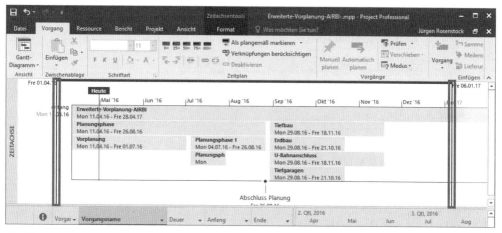

Abbildung 9.3 Zoomen für den Ausdruck mit der Zeitachse

Alternativ zum Zoomen mit der Zeitachse können Sie auch den Zoomregler am unteren rechten Bildschirmrand verwenden (siehe Abbildung 9.4).

Abbildung 9.4 Zoomregler für das Skalieren der Ansicht

Um nun den Ausdruck weiter entsprechend Ihrer Vorgaben anzupassen, wählen Sie die Auswahl SEITE EINRICHTEN aus (siehe Abbildung 9.5).

9 Drucken und Optionen

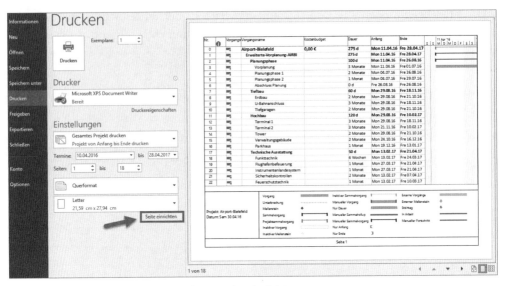

Abbildung 9.5 Aufruf des Dialogs »Seite einrichten«

Der Dialog SEITE EINRICHTEN bietet nun eine Vielzahl von Funktionen, die im Folgenden kurz vorgestellt werden (siehe Abbildung 9.6).

Abbildung 9.6 Dialog »Seite einrichten«

Neben den bereits geschilderten Einstellungen für die Skalierung des Projektplans und der damit verbundenen Verteilung auf eine bestimmte Menge Seiten kann auch die oben genannte Funktion SKALIERUNG hilfreich sein. Hier können Sie entweder per Prozentwert den Projektplan auf eine bestimmte Seitenanzahl zoomen oder den Seitenumfang gleich fest anpassen, indem Sie die Seitenanzahl und die horizontale und vertikale Verteilung der Projektplan-Inhalte vorgeben.

Über die Reiter KOPFZEILE und FUSSZEILE haben Sie die Möglichkeit, den Ausdruck weiter zu individualisieren (siehe Abbildung 9.7).

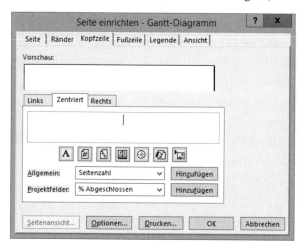

Abbildung 9.7 Kopf- und Fußzeile anpassen

Sollte mit den oben bereits aufgeführten Funktionalitäten eine optimale Verteilung und Skalierung des Projektplans nicht möglich sein, so können Sie in dem folgenden Dialog noch weitere Einstellungsmöglichkeiten verwenden. Von großer Bedeutung ist hierbei die Auswahl ZEITSKALA IN SEITE EINPASSEN im Register ANSICHT (siehe Abbildung 9.8), welche allerdings dazu führen kann, dass Beschriftungen an Vorgangsbalken abgeschnitten werden. In diesem Fall müssten Sie den Datumsbereich unter DRUCKEN • EINSTELLUNGEN • TERMINE geringfügig nachbessern (siehe Abbildung 9.5). Der Befehl ZEITSKALA IN SEITE EINPASSEN führt dazu, dass das Diagramm die für den Druck benötigten Seiten optimal ausnutzt. Das Zusammenspiel mit den anderen Skalierungsfunktionen führt dann in der Regel zur optimalen Skalierung Ihres Projektplans. Testen Sie also diese verschiedenen Einstellungen durch Aktivieren und Deaktivieren, bis Sie zum für Sie besten Ergebnis kommen.

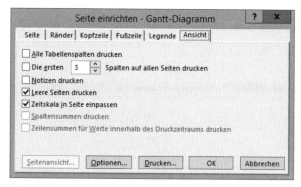

Abbildung 9.8 Weitere Anpassung des Ausdrucks

9.2 Darstellung und Anpassung von Ansichten

In den vorherigen Kapiteln wurden zum Thema Ansichten bereits einige Anwendungsbeispiele gezeigt. Verwirrend ist schon der Begriff *Ansichten* in Project an sich. Einerseits wird er für Ansichten selbst verwendet, andererseits umfasst die Auswahl des Menübandes ANSICHT jedoch auch Tabellen und z. B. die Darstellung von Netzplandiagrammen. Wozu dienen diese verschiedensten Ansichten überhaupt?

Reiner Sonnenschein hat mittlerweile einige Projektpläne erstellt und bearbeitet. Diese möchte er sich gern zur besseren Bearbeitung und Analyse unterschiedlich darstellen. Damit Sie noch besser die Logik der verschiedenen Ansichten verstehen können, stellen wir als Erstes die Architektur einer Projektdatei stark vereinfacht dar. Diese besteht im Prinzip aus vier Bereichen:

- *Projektdaten*
  Projektübergreifende Daten, z. B. Projektbudget oder Projektgesamtdauer
- *Vorgänge*
  Arbeitspakete und übergeordnete Elemente, wie z. B. Sammelvorgänge und Projektsammelvorgänge
- *Ressourcen*
  Projektmitarbeiter, generische Ressourcen und Materialien
- *Ressourcenzuordnungen*
  Auflistungen über Ressourcenzuordnungen zu Arbeitspaketen, wer macht was wann und in welcher Menge etc.

Um den Überblick über Planung und aktuellen Status des Projekts zu erlangen und verschiedene Szenarien abbilden zu können, benötigt Reiner Sonnenschein diverse Darstellungen dieser vier Bereiche in Microsoft Project. Diese Ansichten werden im Folgenden näher erläutert.

9.2.1 Aufruf und Bedienung von Ansichten

Für die Auswahl und die Bearbeitung von Ansichten wird das Menüband ANSICHT bereitgestellt. In diesem sind alle wesentlichen Funktionalitäten zusammengefasst (siehe Abbildung 9.9).

Abbildung 9.9 Menüband »Ansicht«

9.2 Darstellung und Anpassung von Ansichten

Erweiterte Funktionen werden über ein kontextbezogenes Menüband, abhängig von der jeweils aufgerufenen Ansicht, bereitgestellt und sind abhängig vom ausgewählten Bildschirmelement des Projektplans (siehe Abbildung 9.10).

Abbildung 9.10 Kontextbezogenes Menüband »Gantt-Diagrammtools«

9.2.2 Gantt-Diagramme

Unter dem Gesamtbegriff Ansichten wird auch die der Darstellung GANTT-DIAGRAMM geführt (siehe auch Abschnitt 4.2.1, »Die Oberfläche von Microsoft Project Standard 2016«). Diese sogenannten Gantt-Ansichten bestehen immer aus einer grafischen Darstellung auf der rechten Seite des Bildschirms und sind mit einer ausgewählten Tabelle auf der linken Seite verbunden. Die Elemente der linken Tabelle werden grafisch auf der rechten Seite im Gantt-Diagramm dargestellt (siehe Abbildung 9.11). Der Name der Ansicht wird auf der linken Seite des Bildschirms in senkrechter Schrift angezeigt.

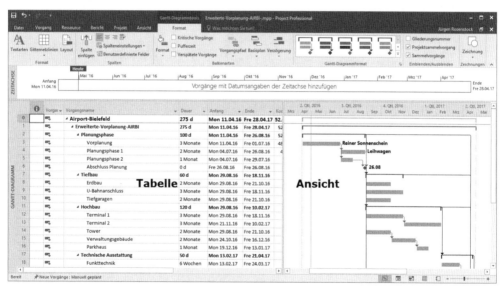

Abbildung 9.11 Bildschirmaufteilung für Ansichten und Tabellen

Sie können diese Ansichten in verschiedenen Varianten zur unterschiedlichen Darstellung von Inhalten anpassen. Zum Beispiel können Sie zusätzlich den BASISPLAN (siehe Abschnitt 7.2.1, »Arbeiten mit dem Basisplan«) oder die FORTSCHRITTSLINIE (siehe Abschnitt 7.2.2, »Arbeiten mit Fortschrittslinien«) im GANTT-DIA-

GRAMM anzeigen lassen. Diese Änderungen lassen sich als individuelle Ansichten speichern und können dann jederzeit wieder aufgerufen werden (siehe Abbildung 9.12).

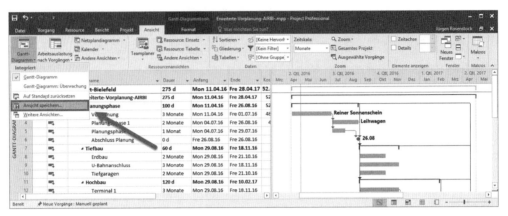

Abbildung 9.12 Speichern und Aufrufen von Ansichten

Unter dem Menüpunkt WEITERE ANSICHTEN können diverse weitere Ansichten, die Microsoft Project bereitstellt, aufgerufen werden (siehe Abbildung 9.13).

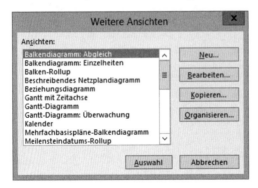

Abbildung 9.13 Dialog »Weitere Ansichten«

In diesem Dialog stehen noch weitere Funktionen zur Verfügung, welche auch für andere Ansichten und für Tabellen und Masken verwendet werden können:

- NEU – Erstellen einer neuen Ansicht
- BEARBEITEN – Bearbeiten einer vorhandenen Ansicht
- KOPIEREN – Kopieren einer vorhandenen Ansicht, um diese z. B. zu verändern und unter einem neuen Namen zu speichern
- ORGANISIEREN – Administration der Ansichten und anderer Elemente, siehe unten

9.2 Darstellung und Anpassung von Ansichten

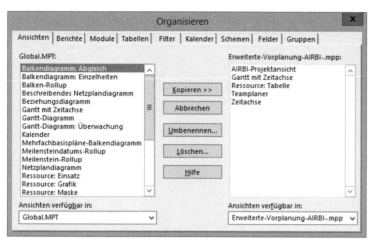

Abbildung 9.14 Dialog »Organisieren«

Mit dem Dialog ORGANISIEREN werden die folgenden Funktionen bereitgestellt (siehe Abbildung 9.14):

- KOPIEREN: Ansichten werden in der Regel pro Projekt erstellt und können so auch in andere Pläne kopiert werden. Weiter ist es möglich, Ansichten auch in die sogenannte *Global.mpt*, die zentrale Vorlage von Microsoft Project, zu speichern (siehe auch den Unterabschnitt »Global.mpt« in Abschnitt 9.3).

- UMBENENNEN: Mit der Funktion UMBENENNEN können Sie die Bezeichnung Ihrer Ansichten ändern.

- LÖSCHEN: Ansichten, die nicht mehr benötigt werden, können Sie über die Funktion LÖSCHEN entfernen.

> **Organisiert werden können alle anpassbaren Elemente**
> Die oben vorgestellten Funktionen des Dialogs ORGANISIEREN können für alle anpassbaren Elemente innerhalb von Microsoft Project verwendet werden. Dies gilt u. a. für das Administrieren von Berichten, Tabellen, Filtern, Feldern etc.

9.2.3 Netzplandiagramm

In Microsoft Project können Sie Ihre Projektpläne auch als Netzplan darstellen lassen. Der Netzplan dient der erweiterten Darstellung des kritischen Pfades sowie der Darstellung von Abhängigkeiten innerhalb des Projekts. Sie können die Netzplandarstellung über die Schaltfläche NETZPLANDIAGRAMM im Menübandbereich ANSICHT aufrufen (siehe Abbildung 9.15).

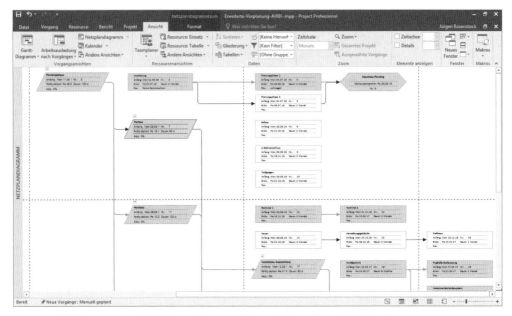

Abbildung 9.15 Aufruf, Darstellung und Bearbeiten eines Netzplandiagramms (Ansicht kleiner gezoomt)

Mit einem Klick mit der rechten Maustaste in die Netzplanansicht werden im Kontextmenü zusätzliche Formatierungs- und Bearbeitungsmöglichkeiten angezeigt. Zusätzlich erhalten Sie bei Aktivierung der Ansicht NETZPLANDIAGRAMM ein erweitertes Menüband NETZPLANDIAGRAMMTOOLS mit diversen weiteren Funktionen (siehe Abbildung 9.16).

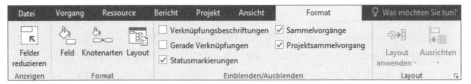

Abbildung 9.16 Erweitertes Menüband für die Formatierung des Netzplans

»Brainstorming« im Netzplan

Beim Sammeln der ersten Gedanken für ein kommendes Projekt können die ersten Arbeitspakete auch in der Netzplandarstellung erstellt werden. Auf diese Art und Weise kann die Struktur des Projekts einfach und übersichtlich aufgebaut werden. Für das Neuerstellen eines Vorgangs ziehen Sie einfach mit gedrückter Maustaste über den Bereich des Netzplans. Zum Verknüpfen von Vorgängen verbinden Sie diese mit der Maus.

9.2.4 Kalender

Für die kalendarische Darstellung Ihres Projekts stellt Microsoft Project eine spezielle Kalendersicht zur Verfügung (siehe Abbildung 9.17).

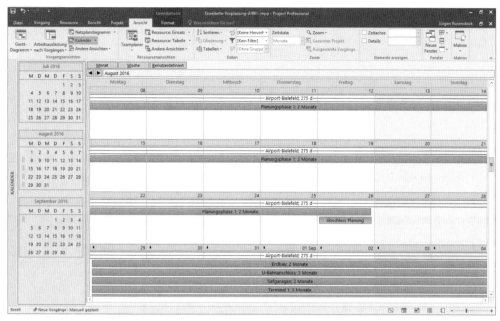

Abbildung 9.17 Kalenderdarstellung des Projektplans

Auch für die Anpassung der Kalendersicht steht ein spezielles Menüband mit der Bezeichnung KALENDERTOOLS zur Verfügung (siehe Abbildung 9.18).

Abbildung 9.18 Kalendertools

9.2.5 Masken

Neben den Ansichten, Netzplänen und Kalendersichten sollten Sie auch die sogenannten *Masken* kennen, welche allerdings nie ein gesamtes Projekt, sondern nur einzelne Datensätze, z. B. Vorgänge und Ressourcen, darstellen können (siehe Abbildung 9.19). Daher ist die Darstellung von Masken nur in Kombination mit einer weiteren Ansicht wirklich sinnvoll.

9 Drucken und Optionen

Abbildung 9.19 Maskensicht

Masken können Sie, wie oben dargestellt, direkt aufrufen. Der Aufruf einer Maske in Kombination mit einer Ansicht erfolgt u. a. über das Menüband ANSICHT. Wenn Sie hier die Schaltfläche DETAILS auf der rechten Seite des Menübandes anklicken, erhalten Sie eine einfache Bildschirmteilung (siehe Abbildung 9.20).

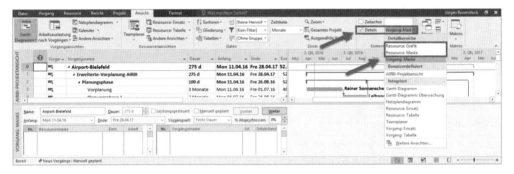

Abbildung 9.20 Fensterteilung und Maskenauswahl

Auch die Maskensicht lässt sich über sogenannte TOOLS FÜR »VORGANG: MASKE« anpassen, wobei keine wirklichen Möglichkeiten zur Anpassung bereitstehen. Sie können jedoch per Rechtsklick in die Maske verschiedene Maskenvarianten auswählen (siehe Abbildung 9.21).

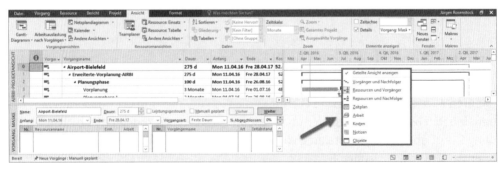

Abbildung 9.21 Tools für »Vorgang: Maske«

9.2.6 Ressourcensichten

Die oben genannten Ansichten können Sie für die Darstellung von Vorgangsdaten nutzen. Für die detaillierte Ansicht von Ressourcen und Ressourcenzuordnungen finden Sie weitere umfangreiche Darstellungen im Menübandbereich ANSICHT (siehe Abbildung 9.22).

Abbildung 9.22 Auswahl weiterer Ressourcenansichten

> **Teamplaner**
> Die Ressourcenzuordnungsansicht TEAMPLANER steht nur in Microsoft Project Professional zur Verfügung. In der Programmversion Microsoft Project Standard steht der Teamplaner nicht zur Verfügung. Der Teamplaner wird in Abschnitt 12.2.5, »Mit dem Teamplaner arbeiten«, erläutert.

9.2.7 Tabellen

In Microsoft Project können Sie alle Informationen über Vorgänge, Ressourcen und Ressourcenzuordnungen auch tabellarisch darstellen lassen. Bereits in der Basisinstallation von Microsoft Project stehen diverse Tabellen zur Auswahl (siehe Abbildung 9.23).

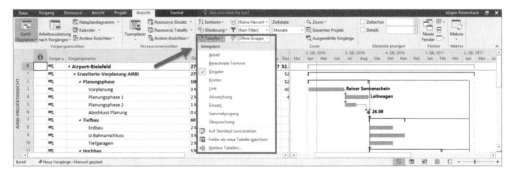

Abbildung 9.23 Aufruf von Tabellen

Sie können eigene Tabellen je nach Ihren Anforderungen erstellen oder vorhandene Tabellen beliebig anpassen und erweitern. Die Befehle für das Löschen vorhandener Spalten oder das Einfügen neuer Spalten finden Sie im Kontextmenü, welches Sie beim Klick mit der rechten Maustaste auf einen vorhandenen Spaltenkopf erhalten.

Sie können auch über den Spaltenkopf rechts von einer jeden Tabelle auf die Schaltfläche NEUE SPALTE HINZUFÜGEN klicken.

Die Veränderungen Ihrer Tabellen bleiben innerhalb des Projektplans erhalten. Sie können über das Tabellenmenü (siehe Abbildung 9.24) mit dem Befehl FELDER ALS NEUE TABELLE SPEICHERN auch neue Tabellen anlegen. Zusätzliche Funktionen finden Sie unter dem Befehl WEITERE TABELLEN...

Abbildung 9.24 Funktionen für mehr Übersicht in Tabellen

Für mehr Übersicht in Tabellen können Sie die folgenden Funktionen nutzen (siehe Abbildung 9.24):

- SORTIEREN: Mit dem Befehl SORTIEREN können Vorgänge nach Feldern, wie z. B. Anfangstermin, Nummer, Priorität etc., sortiert werden. Die Gliederungsstruktur bleibt beim Sortieren erhalten.

- GLIEDERUNG: Mit dem Befehl GLIEDERUNG können Sie die Anzahl der gewünschten Gliederungsebenen im Balkendiagramm einstellen. Dies kann, z. B. für die Präsentation des Projektplans, mehr Übersicht schaffen.

- HERVORHEBEN: Mit der Funktion HERVORHEBEN können Vorgänge, welche über eine bestimmte Eigenschaft verfügen, farblich hervorgehoben werden (siehe Abbildung 9.25).

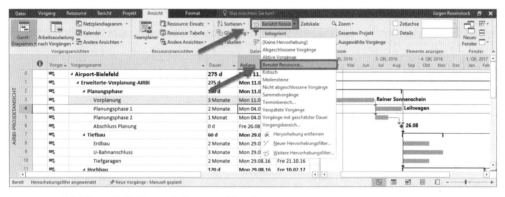

Abbildung 9.25 Hervorheben von Vorgängen

- FILTERN: Mit der Funktion FILTERN können Vorgänge abhängig von ihren Eigenschaften gefiltert werden. Zum Beispiel können Sie nach Meilensteinen oder Vorgängen, denen eine bestimmte Ressource zugeordnet ist, filtern.

- GRUPPIEREN: Mit der Funktion GRUPPIEREN kann die vorhandene Struktur eines Projektplans aufgehoben und der Plan nach anderen Kriterien neu strukturiert werden. Zum Beispiel können die Vorgänge nach Prioritäten zusammengefasst werden. Interessant ist auch die Möglichkeit, Vorgänge nach eigenen Kriterien zu gruppieren. Hierfür können Sie eigene Felder anlegen, siehe auch Abschnitt 9.2.9, »Arbeiten mit eigenen Feldern und Formeln«.

9.2.8 Erweiterte Formatierungen

Wie im vorherigen Abschnitt erläutert, können Tabellen individuell nach Ihren Anpassungen gestaltet werden. Zu dieser Gestaltung gehören u. a. das Formatieren der Schrift in Tabellen sowie die Gestaltung von Vorgangsbalken und Gitternetzlinien. Die wichtigsten Formatierungen werden im Folgenden kurz vorgestellt.

Schriftformatierung

Für das Formatieren der Schrift stehen in Microsoft Project zwei Funktionen zur Verfügung:

- *Formatieren der Schrift pro Zelle*: Für das Formatieren einzelner Zellen müssen Sie diese lediglich markieren und anschließend aus dem Menüband VORGANG die Office-konformen Funktionen verwenden (siehe Abbildung 9.26).

Abbildung 9.26 Einfache Schriftformatierung pro Zelle

- *Formatieren von Textarten*: Mit Microsoft Project können Sie in Tabellen auch eine bedingte Formatierung verwenden. Zum Beispiel können Sie Meilensteine in einer Tabelle kursiv oder unterstrichen darstellen lassen. Weiter können Sie auch die Textdarstellung, wie z. B. die Anzeige von Ressourcen in Diagrammen, gezielt anpassen. Rufen Sie dafür einfach über das Menüband FORMAT den Dialog TEXTARTEN auf (siehe Abbildung 9.27).

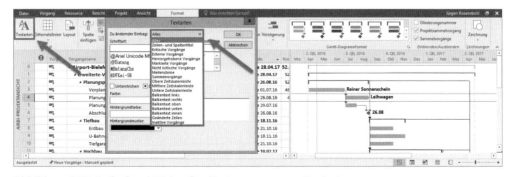

Abbildung 9.27 Aufruf und Dialog für die Anpassung von Textarten

Gitternetz

Für eine noch bessere Übersicht können in Gantt-Diagrammen weitere Linien, z. B. für die Darstellung eines Gitternetzes, erstellt werden. Wählen Sie hierfür einfach aus dem Menüband FORMAT die Schaltfläche GITTERNETZLINIEN aus, und klicken Sie anschließend auf die zu erstellende oder zu ändernde Linie (siehe Abbildung 9.28).

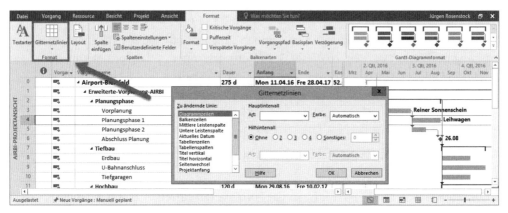

Abbildung 9.28 Erstellen und Bearbeiten von Gitternetzlinien

Layout

Mit der Funktion LAYOUT können Sie die Darstellung der Verknüpfungslinien sowie weitere Details der Balkendarstellung anpassen (siehe Abbildung 9.29).

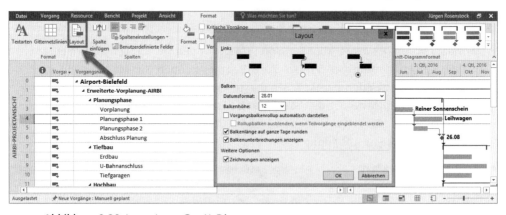

Abbildung 9.29 Layout von Gantt-Diagrammen anpassen

Balken aus Diagrammen formatieren

Sie haben bereits einige Anpassungsmöglichkeiten von Balkendiagrammen kennengelernt, z. B. wie man den Basisplan oder auch den kritischen Pfad anzeigt. Sie können auch einzelne Balken formatieren oder neue Balkenarten erstellen. Für das Formatieren von Balken wählen Sie aus dem Menüband FORMAT einfach die Schaltfläche FORMAT aus (siehe Abbildung 9.30).

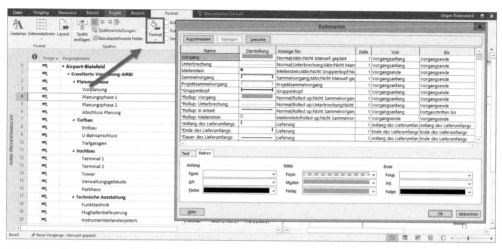

Abbildung 9.30 Vorhandene Balken formatieren und neue Balken erstellen

Über das Register TEXT in der unteren Hälfte des Dialogs haben Sie die Möglichkeit, die Vorgangsbalken mit zusätzlichen Beschriftungen, z. B. Vorgangsnamen oder Kosten, zu versehen.

Zeichenfunktion

Mit der Zeichenfunktion haben Sie die Möglichkeit, das Balkendiagramm mit weiteren Elementen, z. B. Logos, zu ergänzen oder durch Markierung Elemente des Diagramms hervorzuheben. Die Zeichenfunktion finden Sie im Menüband FORMAT unter der Schaltfläche ZEICHNUNG (siehe Abbildung 9.31).

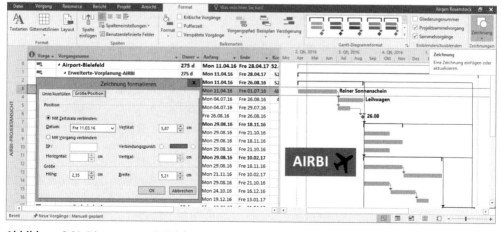

Abbildung 9.31 Diagramm mit Zeichnungen ergänzen und mit Terminen verknüpfen

Elemente, die Sie in ein Diagramm einfügen, können direkt mit einem Vorgangsbalken oder Meilenstein verknüpft werden. Auf diese Weise verschieben sich die Elemente automatisch bei Neuterminierungen des Vorgangs. Nutzen Sie hierfür den Befehl Eigenschaften im Menü unterhalb von Zeichnungen.

9.2.9 Arbeiten mit eigenen Feldern und Formeln

Eine Project-Datei enthält bereits Hunderte von Feldern für das Erfassen von Projekt-, Vorgangs- und Ressourcendatensätzen. Trotzdem können Sie beliebige weitere Felder ergänzen.

Zum Beispiel möchte Reiner Sonnenschein in den AIRPORT-Bielefeld-Projektplänen die Vorgänge nach folgenden Kriterien kategorisieren:

- *Risiko-Vorgang*: Der Vorgang verdient eine besondere Aufmerksamkeit, da seine erfolgreiche Durchführung mit einem Risiko verbunden ist.
- *Berichtsrelevant*: Der Vorgang soll für bestimmte Berichte verwendet werden.

Das Anlegen von Feldern ist einfach. Wählen Sie im Menübandbereich Format die Schaltfläche Benutzerdefinierte Felder aus (siehe Abbildung 9.32).

Hier können Sie die folgenden Einstellungen wählen:

- Feld (Entität): Möchten Sie ein Vorgangs- oder ein Ressourcenfeld erstellen (Projektfelder können nur in Anbindung an einen Microsoft Project Server erstellt werden), nutzen Sie diese Einstellung.

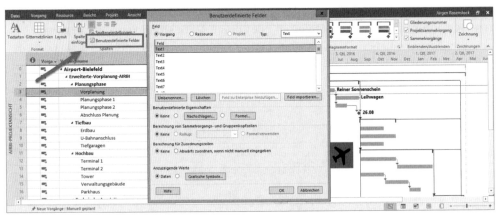

Abbildung 9.32 Erstellen und Anpassen von individuellen Feldern

- Typ: Sie können hier nach verschiedenen Feldarten auswählen. Alle Felder, bis auf das Feld Gliederungscode, können auch mit Formeln zur Berechnung von Feldinhalten versehen werden.

9.2 Darstellung und Anpassung von Ansichten

- BENUTZERDEFINIERTE EIGENSCHAFTEN: Alle Felder, bis auf das Feld ATTRIBUT, können um Wertelisten ergänzt werden. Über die Schaltfläche FORMEL können Sie umfangreiche Berechnungen über Felder durchführen, siehe auch die Beispielampel weiter unten in diesem Abschnitt.

- BERECHNUNG VON SAMMELVORGANGS- UND GRUPPENKOPFZEILEN: Mit dieser Auswahl können Sie die Aggregation von Werten aus eigenen Feldern in Sammelvorgängen oder Gruppierungskopfzeilen anpassen.

- ANZUZEIGENDE WERTE: Alle Felder, außer Gliederungscodes, können alternativ auch als Grafik angezeigt werden, z. B. in Ampelfarben.

Mit den oben kurz vorgestellten Funktionen lässt sich z. B. die folgende Ampel erstellen (siehe Abbildung 9.33).

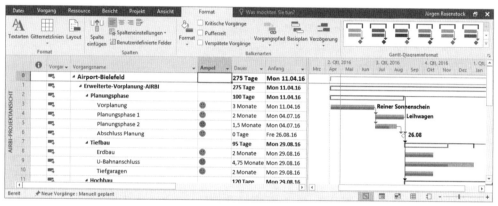

Abbildung 9.33 Darstellung einer Ampel pro Vorgang für das Aufzeigen der Abweichung der Dauer vom Basisplan

Reiner Sonnenschein möchte die in Abbildung 9.33 dargestellte Ampelspalte in seinen Projektplänen bei abweichender Vorgangsdauer in der Vorgangstabelle anzeigen lassen. Für die Erstellung einer Ampel gehen Sie folgendermaßen vor:

1. Klicken Sie im Menübandbereich FORMAT auf die Schaltfläche BENUTZERDEFINIERTE FELDER. Sie erhalten den gleichnamigen Dialog (siehe Abbildung 9.34).
2. Wählen Sie als Entität VORGANG und als Typ z. B. ZAHL aus.
3. Geben Sie dem Feld über der Schaltfläche UMBENENNEN einen eindeutigen Namen zur Beschriftung in der Tabelle, z. B. »Ampel«.
4. Klicken Sie auf die Schaltfläche FORMEL.
5. Stellen Sie nun über die Schaltfläche FELD und FUNKTION die folgende Funktion zusammen:

```
ProjDateDiff([Geplantes geschätztes Ende];[Berechnetes Ende])/
[Minuten pro Tag]
```

9 Drucken und Optionen

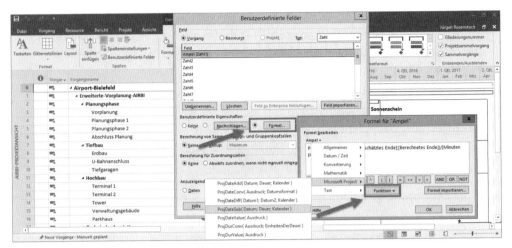

Abbildung 9.34 Erstellen der Funktion

Erläuterung zur Funktion

Die Funktion ProjDateDiff ermittelt die Differenz zwischen zwei Terminen, hier zwischen Geplantes geschätztes Ende und Berechnetes Ende als Dauer, also ohne arbeitsfreie Zeit. Da Microsoft Project intern immer in Minuten rechnet, wird auch das Ergebnis in Minuten geliefert. Daher muss es noch durch die Anzahl der Minuten pro Tag geteilt werden. Das entsprechende Projektfeld »Minuten pro Tag« korrespondiert mit der Einstellung in den Projektoptionen (Stunden pro Tag, Standardwert: 8).

Als Ergebnis der Funktion werden nun allerdings lediglich Zahlenwerte angezeigt. Reiner Sonnenschein möchte sich jedoch eine grafische Ampel anzeigen lassen. Das erreicht er folgendermaßen:

1. Wählen Sie hierfür die Schaltfläche GRAFISCHE SYMBOLE aus.
2. Sie erhalten nun den Dialog GRAFISCHE SYMBOLE FÜR »AMPEL«, in dem Sie die Ergebnisse der Formel mit einem Operator und einem Schwellwert versehen. Entsprechend der Bedeutung des Schwellwertes können Sie nun eine passende Ampel auswählen (siehe Abbildung 9.35).

Kriterien für grafische Indikatoren

Die Kriterien für grafische Indikatoren werden von oben nach unten geprüft. Sobald eine Bedingung zutrifft, wird die entsprechende Anweisung ausgeführt und keine weitere Prüfung durchgeführt. Wenn Sie daher Prüfungen z. B. auf >0 und >5 durchführen wollen, so müssen Sie unbedingt die >5-Prüfung oben (also vorher) durchführen lassen.

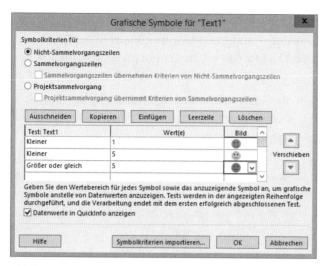

Abbildung 9.35 Erstellen der Ampel

9.3 Optionen und Tastaturbedienung

Im folgenden Abschnitt behandeln wir ausgewählte Funktionen, die nicht unbedingt in die obige Struktur der Erläuterungen passen, jedoch nicht unerwähnt bleiben sollten.

9.3.1 Optionen

Wie jedes Microsoft-Office-Programm verfügt auch Project über eine Vielzahl von Einstellungs- und Konfigurationsmöglichkeiten. Mit diesen ist es z. B. möglich, Project noch weiter an die Organisationsanforderungen der AIRPORT-Bielefeld-Gesellschaft anzupassen. Den Dialog OPTIONEN rufen Sie über das Menüband DATEI auf.

> **Änderungen in den Programmoptionen**
>
> Die folgenden Einstellungen können das Verhalten von Project beeinflussen. Sie sollten daher nur sehr bewusst Änderungen in den im Folgenden beschriebenen Masken vornehmen. Nach Änderungen in den Programmoptionen sollten Sie deren Auswirkungen auf Ihre Projektpläne stets prüfen, um weiterhin eine sichere Terminplanung gewährleisten zu können. Es empfiehlt sich, die Änderungen in den Optionen für eine bessere Nachvollziehbarkeit zu dokumentieren.

Im Folgenden erklären wir Ihnen die wichtigsten Einstellungs- und Konfigurationsmöglichkeiten in Microsoft Project.

Allgemein

Im Abschnitt ALLGEMEIN des Dialogs PROJECT-OPTIONEN können in der Tat die »allgemeinsten« Dinge für Microsoft Project eingestellt werden (siehe Abbildung 9.36):

- BENUTZEROBERFLÄCHENOPTIONEN
  Mit dieser Auswahl können Sie verschiedene Anzeigenvarianten der QuickInfo auswählen. Die QuickInfo steht für Hinweistexte, die Sie erhalten, wenn Sie mit dem Mauszeiger über einem Menüpunkt verweilen.

- PROJECT-ANSICHT
  Unter dem Begriff STANDARDANSICHT können Sie z. B. wählen, ob Sie sich beim Start von Microsoft Project ein spezielles Balkendiagramm oder auch eine individuelle AIRPORT-Bielefeld-Ansicht o. Ä. anzeigen lassen wollen. Wählen Sie hierbei einfach eine Ansicht aus den vorhandenen Listen aus.

  Mit dem DATUMSFORMAT definieren Sie selbiges z. B. für Vorgangstabellen, aber auch für Dialoge und andere Masken.

- MICROSOFT OFFICE-KOPIE PERSONALISIEREN
  Zwar gehört Microsoft Project nicht zu den Microsoft-Office-Produkten. Trotzdem können Sie es wie ein Office-Produkt personalisieren. Diese Daten werden u. a. mit dem Projektplan gespeichert und können z. B. auch beim Ausdruck zum Anzeigen der Kopf- oder Fußzeile eines Projekts angezeigt werden. Zur Personalisierung gehört auch die Einstellung eines Office-Hintergrundes und eines Office-Designs.

- STARTOPTIONEN
  Hier können Sie festlegen, mit welcher Ansicht Microsoft Project gestartet werden soll, entweder mit dem sogenannten Backstage-Bereich als Startbildschirm oder mit der direkten Projektbearbeitungssicht.

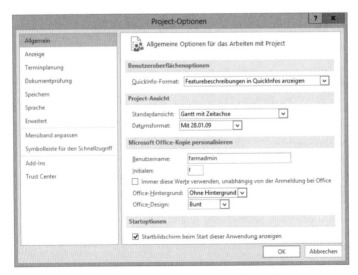

Abbildung 9.36 Dialog »Project-Optionen • Allgemein«

Anzeige

Im Abschnitt ANZEIGE finden Sie weitere, immer noch recht allgemeine Einstellungen für Microsoft Project (siehe Abbildung 9.37):

- KALENDER
  Im Standard ist hier der gregorianische Kalender voreingestellt. Sie können aber auch auf den in vielen islamischen Ländern verwendeten Hijri-Kalender oder den in Thailand geläufigen Sonnenkalender umsteigen.

- WÄHRUNGSOPTIONEN FÜR DIESES PROJEKT
  Unter diesem Punkt können Sie neben der Auswahl einer Währung auch die Einstellung der Anzeige der gewählten Währung anpassen. Microsoft Project erlaubt nur die Darstellung einer Währung pro Projektplan.

- INDIKATOREN UND OPTIONSFELDER ANZEIGEN FÜR
  Sie können in diesem Bereich Standardanzeigen ausblenden lassen. Dies gilt z. B. für RESSOURCENZUORDNUNGEN, die blauen Hervorhebungen von Neuberechnungen jeweils für die Felder ARBEIT, EINHEITEN und DAUER, wie auch für ÄNDERUNGEN AN ANFANGS- UND ENDTERMINEN. Mit dem Befehl LÖSCHUNGEN IN DEN NAMENSSPALTEN wird ein Hinweis angezeigt, wenn Sie einen Vorgangsnamen versehentlich löschen.

- DIESE ELEMENTE ANZEIGEN
  Sie können die Bearbeitungszeile, die Ihnen vielleicht noch aus Microsoft Project 2007 oder Microsoft Excel bekannt ist, anzeigen lassen.

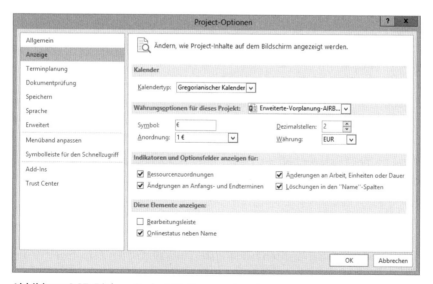

Abbildung 9.37 Dialog »Project-Optionen • Anzeige«

Terminplanung

Der Bereich TERMINPLANUNG beinhaltet eine Vielzahl von Einstellungen, welche sich auf Berechnungen des Terminplans, der Kalender und weitere Berechnungen auswirken (siehe Abbildung 9.38):

- ▶ KALENDEROPTIONEN FÜR DIESES PROJEKT
  Als Erstes sollten Sie unter dieser Einstellung festlegen, für welches Projekt die Einstellungen dieser Maske gelten sollten. Sie können dann Details wie den Wochenanfang des Kalenders sowie den Beginn eines Geschäftsjahres festlegen. Weiter bietet der Bereich Einstellungen für die Standardzeiten, welche übergreifend für alle Vorgänge ohne klare Uhrzeitangaben für Anfangs- und Endtermine gelten. Diese Einstellungen sind dem Projektkalender übergeordnet. Daher sollten Sie den Projektkalender, welchen Sie über das Menüband PROJEKT aufrufen können, ebenfalls anpassen. Siehe auch Abschnitt 6.1.4, »Kalender«.

- ▶ TERMINPLANUNG
  Hier können Sie wählen, ob Sie sich Nachrichten zu Terminplaninkonsistenzen, etwa dem Beginn eines Nachfolgervorgangs vor dem Ende des Vorgängervorgangs, anzeigen lassen wollen. Weiter haben Sie die Möglichkeit, die Zuordnungseinheiten von Ressourcen entweder als Prozentwert oder als Zahl anzeigen zu lassen.

- ▶ PLANUNGSOPTIONEN FÜR DIESES PROJEKT
  Auch hier beachten Sie vor Änderungen immer, für welches Projekt Sie die folgenden Einstellungen vornehmen.

  - NEU ERSTELLTE VORGÄNGE
    Hier stellen Sie den gewünschten Vorgangsmodus, MANUELL GEPLANT oder AUTOMATISCH GEPLANT, ein.

  - AUTOMATISCH GEPLANTE VORGÄNGE FÜR DEN TERMIN
    Wann sollen neu erfasste Vorgänge beginnen, zum gesetzten Projektanfang laut Projektinformation oder entsprechend dem aktuellen Datum?

  - DAUER WIRD EINGEGEBEN IN
    Sie können hier festlegen, ob die Dauer Ihrer Vorgänge in Minuten, Stunden, Tagen, Wochen oder in Monaten bei Eingabe eines einfachen Zahlenwertes definiert wird.

  - ARBEIT WIRD EINGEGEBEN IN
    Sie können hier festlegen, ob die Arbeit Ihrer Vorgänge in Minuten, Stunden, Tagen, Wochen oder in Monaten bei Eingabe eines einfachen Zahlenwertes definiert wird.

9.3 Optionen und Tastaturbedienung

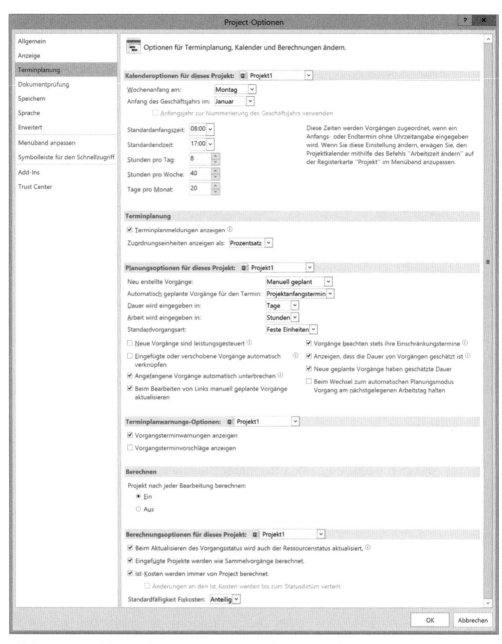

Abbildung 9.38 Dialog »Project-Optionen • Terminplanung«

- STANDARDVORGANGSART
  Hier legen Sie fest, welche Standardvorgangsart für neue Vorgänge voreingestellt sein soll. Der voreingestellte Standard FESTE EINHEITEN wird unbewusst

sehr häufig eingesetzt, führt aber auch immer wieder zu Irritationen. Sie sollten sich hier zwischen FESTE ARBEIT oder FESTE DAUER entscheiden. Siehe auch Abschnitt 6.1.6, »Verhältnis Arbeit, Dauer und Einheit«.

- NEUE VORGÄNGE SIND LEISTUNGSGESTEUERT
  Hier legen Sie fest, wie sich die Vorgänge beim Hinzufügen weiterer Ressourcen standardmäßig verhalten sollen, siehe auch Abschnitt 6.1.6.

- EINGEFÜGTE ODER VERSCHOBENE VORGÄNGE AUTOMATISCH VERKNÜPFEN
  Diese Funktion legt fest, dass nachträglich erfasste Vorgänge, die zwischen bereits verknüpfte Vorgänge eingefügt werden, automatisch mit ihrem Folgevorgang verknüpft werden. Dadurch verschieben sich die nachfolgenden Vorgänge um die Dauer des eingefügten Vorgangs. Diese Funktion ist mit großer Vorsicht zu verwenden.

- ANGEFANGENE VORGÄNGE AUTOMATISCH UNTERBRECHEN
  Wählen Sie diese Option, um die Neuberechnung der verbleibenden Dauer und Arbeit von Vorgängen zuzulassen und das automatische Unterbrechen von Vorgängen zu ermöglichen. Dies erfolgt immer dann, wenn durch Fortschrittserfassung ein Vorsprung oder eine Verzögerung im Zeitplan entsteht. Der Nachteil, wenn dieses Kontrollkästchen deaktiviert ist, wiegt schwer. Dann werden Fortschrittsinformationen an den ursprünglich geplanten Terminen erfasst, unabhängig von den eingetretenen Ist-Terminen. Analog dazu wird die verbleibende Arbeit nicht automatisch neu geplant, um die Vorgangsbeziehung beizubehalten.

- VORGÄNGE BEACHTEN STETS IHRE EINSCHRÄNKUNGSTERMINE
  Durch das Deaktivieren werden die von Ihnen gesetzten Einschränkungen ignoriert, Vorgänge werden trotz Ihrer Einschränkungsart verschoben. In der Indikatorenspalte wird hier extra ein Hinweis als Warnsymbol angezeigt.

- ANZEIGEN, DASS VORGÄNGE GESCHÄTZTE DAUER HABEN
  Diese Anzeige wird mit einem Fragezeichen hinter dem Wert eines Vorgangs angezeigt. Diese Fragezeichen können, z. B. um Irritationen zu vermeiden, ausgeblendet werden.

- NEUE GEPLANTE VORGÄNGE HABEN GESCHÄTZTE DAUER
  Mit dieser Einstellung werden die Dauern aller Vorgänge automatisch mit einem Fragezeichen versehen, um darauf hinzuweisen, dass es sich bei der Dauer von 1TAG um den Standardwert für einen Vorgang handelt und nicht um eine aktiv erfasste Dauer.

- BEIM WECHSEL ZUM AUTOMATISCHEN PLANUNGSMODUS VORGANG AM NÄCHSTGELEGENEN ARBEITSTAG HALTEN
  Damit wird vermieden, dass sich ein Vorgang, der vorher noch mit dem VOR-

gangsmodus Manuell geplant versehen war, nach dem Umschalten auf den Vorgangsmodus Automatisch geplant komplett verschiebt.

- **Terminplanwarnungs-Optionen**
Auch hier wählen Sie zuerst aus, für welches Projekt die Einstellungen gelten. Mit den Einstellungen Vorgangsterminwarnungen anzeigen und Vorgangsterminvorschläge anzeigen wird das Anzeigen des Planungs-Assistenten gesteuert.

- **Berechnen**
Mit dieser Funktion wird das automatische Berechnen aktiviert. Wenn Sie die automatische Berechnung deaktivieren, werden auch bei Vorgängen mit dem Vorgangsmodus Automatisch geplant keine Berechnungen durchgeführt. Sie können jederzeit Neuberechnungen durch Drücken der Taste F9 durchführen.

- **Berechnungsoptionen für dieses Projekt**
Auch hier wählen Sie erst aus, für welches Projekt die Änderungen gelten sollen.

    - Beim Aktualisieren des Vorgangsstatus wird auch der Ressourcenstatus aktualisiert.
    Durch das Deaktivieren dieses Kästchens wird bei Änderungen des Ressourcenstatus der Vorgangsstatus nicht aktualisiert und umgekehrt bei Änderungen des Vorgangsstatus der Ressourcenstatus nicht verändert.

    - Eingefügte Projekte werden wie Sammelvorgänge berechnet.
    Durch diese Einstellung wird ein eingefügtes Projekt bei der Berechnung des kritischen Pfades berücksichtigt.

    - Ist-Kosten werden immer von Project berechnet.
    Trotz Zuordnung von Ressourcen mit Kostensätzen und Vorgangsfortschritt werden keine Kosten für den Vorgang berechnet. Die Kostenverteilung wird unabhängig von der Ressourcenzuordnung bis zum Projektstatusdatum verteilt.

    - Standardfälligkeit fester Kosten
    Im Standard werden Feste Kosten anteilig zum Vorgangsfortschritt berechnet. Hier können Sie alternativ auch eine Fälligkeit am Anfang oder zum Ende des Vorgangs berechnen.

Dokumentprüfung

Der Bereich Dokumentprüfung beschäftigt sich mit diversen Funktionalitäten zur vereinfachten Eingabe von Texten, z. B. per AutoKorrektur, und mit der Rechtschreibprüfung (siehe Abbildung 9.39). Die Funktionalitäten sind allgemeiner Microsoft-Office-Standard und haben keine spezifischen Microsoft-Project-Bestandteile. Daher wird auf diesen Bereich hier nicht weiter eingegangen.

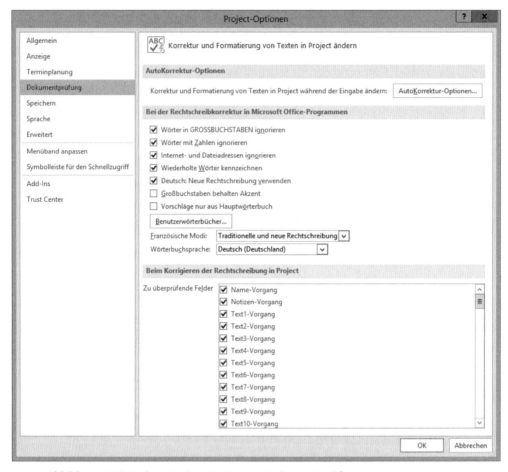

Abbildung 9.39 Dialog »Project-Optionen • Dokumentprüfung«

Speichern

Unter diesem Punkt werden, wie der Name schon sagt, die Funktionalitäten zum Speichern in Microsoft Project verwaltet (siehe Abbildung 9.40).

Folgende Einstellungen sind möglich:

- DATEIEN IN DIESEM FORMAT SPEICHERN
  Hier legen Sie das gewünschte Speicherformat fest. Wird z. B. in Ihrer Organisation noch mit der Vorgängerversion von Microsoft Project gearbeitet, so könnten Sie hier das Format für Microsoft Project 2007 oder 2003 voreinstellen. Somit bleiben Ihre Dateien auch mit älteren Project-Versionen kompatibel.

- STANDARDSPEICHERORT
  Hier stellen Sie den Pfad ein, unter welchem Ihre Projekte im Standard gespeichert werden sollen.

- AUTOMATISCHE SPEICHERUNG ALLE

    Sie können, um einen folgenschweren Datenverlust weiter auszuschließen, die Speicherung zu festgelegten Zeitpunkten aktivieren. Dies führt jedoch dazu, dass alle Befehle bis zum automatischen Speichern nicht mehr rückgängig gemacht werden können. Daher sollten Sie eine automatische Speicherung keinesfalls ohne Rückfrage aktivieren.

- VORLAGEN SPEICHERN

    Hier legen Sie fest, in welchem Pfad Ihre Vorlagen gespeichert werden.

- CACHE

    Die Einstellung des Cache ist nur für Microsoft Project Professional notwendig. Sie legen hier die Speichergröße für die Verwaltung von Microsoft Project in der Microsoft-Project-Server-Anbindung fest.

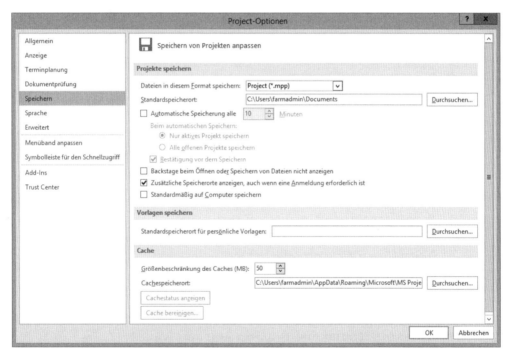

Abbildung 9.40 Dialog »Project-Optionen • Speichern«

Sprache

Über den Auswahlbereich SPRACHE haben Sie die Möglichkeit, verschiedene Sprachen vorzuhalten und auszuwählen (siehe Abbildung 9.41). Sie können hier sowohl die Sprache bestimmen, in der Sie Eingaben machen (dies ist für die automatische Rechtschreib- und Grammatikprüfung relevant), als auch die Spracheinstellungen für Symbolleisten und Menüs festlegen. Voraussetzung dafür ist, dass die entsprechenden Sprachpakete zuvor auch auf Ihrem Rechner installiert worden sind.

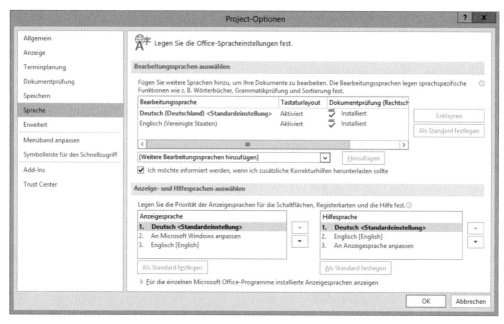

Abbildung 9.41 Dialog »Project-Optionen • Sprache«

Erweitert

Unter ERWEITERT werden folgende Punkte bereitgestellt (siehe Abbildung 9.42 und Abbildung 9.43):

- ALLGEMEIN
  - AUTOFILTER BEI NEUEN PROJEKTEN AKTIVIEREN
    Die Funktion AUTOFILTER ist automatisch aktiviert und wird in den relevanten Spaltenköpfen der verschiedenen Tabellen angezeigt.
  - DIALOGFELD 'PROJEKTINFO' FÜR NEUE PROJEKTE ANZEIGEN
    Beim Erstellen eines neuen Projekts wird automatisch der Dialog PROJEKTINFO gezeigt.
  - FEHLER DES BENUTZEROBERFLÄCHEN-ADD-INS ANZEIGEN
    Sollten beim Oberflächen-Add-In Fehler auftreten, so werden diese in Microsoft Project angezeigt.
  - BEIM START ZULETZT VERWENDETE DATEI ÖFFNEN
    Der zuletzt in Microsoft Project gespeicherte Projektplan wird beim Start von Project automatisch geöffnet.
  - EBENEN RÜCKGÄNGIG MACHEN
    Sie können die Ebenen zum Rückgängigmachen auf bis zu »99« erhöhen.

Abbildung 9.42 Dialog »Project-Optionen • Erweitert«

▶ PROJECT WEB APP
Diese Einstellung ist nur im Betrieb von Microsoft Project Professional in Anbindung an einen Microsoft Project Server relevant. Mit dieser Funktion können Teammitglieder (Ressourcen) Vorgangszuordnungen von Vorgängen, die ihnen zugeordnet sind, ändern.

▶ PLANUNGS-ASSISTENT
Der Planungs-Assistent macht diverse Vorschläge in der Projektbearbeitung. Geübte Anwender können hier die Funktionen des Planungs-Assistenten deaktivieren.

9 Drucken und Optionen

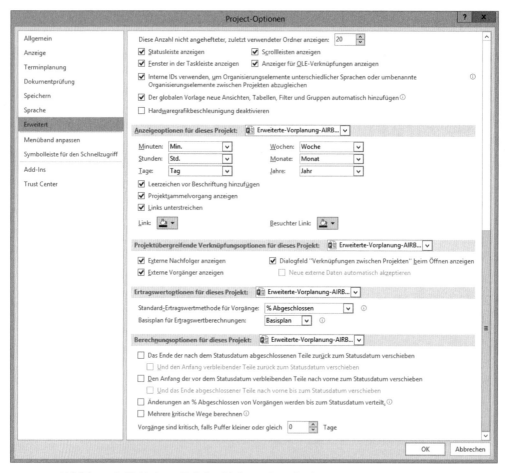

Abbildung 9.43 Unterer Teil des Dialogs »Erweitert«

- ALLGEMEINE OPTIONEN FÜR DIESES PROJEKT
  - NEUE RESSOURCEN UND VORGÄNGE AUTOMATISCH HINZUFÜGEN
    Durch das Deaktivieren der Funktion wird ein versehentliches Neuanlegen von Ressourcen durch eine Eingabe in der Spalte RESSOURCENNAMEN verhindert. Neue Ressourcen können so nur über den Dialog RESSOURCEN ZUORDNEN oder die Ressourcentabelle erfasst werden. Außerdem können Sie hier für alle hinzugefügten Arbeitsressourcen die Stundensätze eintragen, die als Vorgabe hinterlegt werden sollen.

- BEARBEITEN
  - DRAG & DROP VON ZELLEN AKTIVIEREN
    Zellen können per Ziehen mit der Maus in den Tabellen verschoben werden.
  - MARKIERUNG NACH DEM DRÜCKEN DER EINGABETASTE IN DIE NÄCHSTE ZELLE VERSCHIEBEN

Diese Funktion ist identisch mit der in Microsoft Excel. Wenn Sie die ⏎-Taste drücken, wird die Markierung auf die nächste darunterliegende Zelle verschoben.

- **Aktualisierung automatischer Verknüpfungen bestätigen**
Bei Änderungen von Verknüpfungen von externen Vorgängern erscheint eine Bestätigung.

- **Direkte Zellbearbeitung aktivieren**
Diese Funktion ist nur aktiv, wenn Sie sich die Bearbeitungszeile anzeigen lassen. Sollte die direkte Zellbearbeitung nicht aktiviert sein, so können Sie Änderungen in Zellen der Tabellen nur über die Bearbeitungszeile vornehmen.

▶ **Anzeige**

- **Die Anzahl zuletzt geöffneter Dokumente anzeigen**
Hierüber können Sie in der Liste Zuletzt verwendet bis zu 50 Projektpläne anzeigen lassen.

- **Statusleiste anzeigen**
Die Statusleiste zeigt diverse Informationen zum Projekt und den Zoomregler an. Sie können die Statusleiste ausblenden, um noch mehr Platz für Tabellenzeilen in Microsoft Project zu erhalten.

- **Fenster in der Taskleiste anzeigen**
Hiermit können Sie das Anzeigen von Symbolen für Projektfenster in der Taskleiste deaktivieren.

- **Interne IDs verwenden**
Mit dieser Funktion werden die internen IDs im Dialog Organisieren für Elemente, z. B. Tabellen und Ansichten, höher priorisiert als Klarnamen.

- **Neue Ansichten, Tabellen, Filter und Gruppen automatisch zur globalen Vorlage hinzufügen**
Wenn Sie Elemente, z. B. Tabellen oder Ansichten, neu erstellen, werden diese automatisch der *Global.mpt* zugeordnet, sodass Sie diese Elemente auch in anderen Projekten nutzen können.

▶ **Anzeigeoptionen für dieses Projekt**
Die Einstellungen beeinflussen die Darstellung von Inhalten des Projektplans sowie die Darstellung von Projektsammelvorgängen.

▶ **Projektübergreifende Verknüpfungsoptionen für dieses Projekt**
Auch hier beachten Sie vor Änderungen immer, für welches Projekt Sie die folgenden Einstellungen vornehmen. Diese Einstellungen regeln die Darstellung von externen Verknüpfungen, siehe auch Abschnitt 8.4, »Einfügen von externen Vorgängen«.

▶ **Ertragswertoptionen für dieses Projekt**
Beachten Sie vor Änderungen in diesem Bereich, für welches Projekt Sie die fol-

genden Einstellungen vornehmen. Die Einstellungen für die Ertragswertoptionen teilen sich in die eigentliche Berechnungsmethode und die Selektion des Basisplans, der für die Berechnung verwendet werden soll. Siehe hierzu auch Abschnitt 7.3, »Earned Value Analysis (Leistungswertanalyse)«.

- ▶ BERECHNUNGSOPTIONEN FÜR DIESES PROJEKT
  Die folgenden Punkte sind für die Berechnung der Leistungswertanalyse von Bedeutung, siehe Abschnitt 7.3.
  - DAS ENDE DER NACH DEM STATUSDATUM ABGESCHLOSSENEN TEILE ZURÜCK ZUM STATUSDATUM VERSCHIEBEN
    Wird aktueller Fortschritt nach dem in der PROJEKTINFO eingestellten Statustermin erfasst, so wird dieser automatisch mit dem entsprechenden Vorgangsteil hinter das Statusdatum verschoben.
  - UND DEN ANFANG VERBLEIBENDER TEILE ZURÜCK ZUM STATUSDATUM VERSCHIEBEN
    Die verbleibende Arbeit wird zurück zum Statusdatum verschoben.
  - DEN ANFANG DER VOR DEM STATUSDATUM VERBLEIBENDEN TEILE NACH VORNE ZUM STATUSDATUM VERSCHIEBEN
    Vorgangsarbeit, die bei angefangenen Vorgängen nicht erbracht wurde, wird auf den direkten Zeitraum hinter dem Statusdatum verschoben. Hierbei wird der Vorgang von Fall zu Fall auch unterbrochen.
  - UND DAS ENDE DER VOR DEM STATUSDATUM VERBLEIBENDEN TEILE NACH VORNE ZUM STATUSDATUM VERSCHIEBEN
    Hierbei bleibt der Vorgang zusammen und wird nicht unterbrochen.
  - ÄNDERUNGEN AN % ABGESCHLOSSEN VON VORGÄNGEN WERDEN BIS ZUM STATUSDATUM VERTEILT
    Die erbrachte Arbeit, welche über % ABGESCHLOSSEN erfasst wird, verteilt sich nur bis zum Statusdatum.
  - MEHRERE KRITISCHE WEGE BERECHNEN
    Normalerweise wird ein kritischer Weg für das gesamte Projekt berechnet. Sie können aber auch für einzelne Projektphasen, z. B. unterhalb von parallel laufenden Sammelvorgängen, separate kritische Pfade anzeigen lassen. Bei aktiver Funktion werden auch nicht verknüpfte Vorgänge im kritischen Pfad angezeigt.
  - VORGÄNGE SIND KRITISCH, FALLS PUFFER KLEINER ODER GLEICH X TAGE
    Mit dieser Option können Sie die Sensibilität des kritischen Pfades beeinflussen. Stellen Sie einen Wert höher »0« Tage ein, z. B. »5« Tage, so wird bereits bei einem Rest von »5« Tagen Puffer der Vorgangspfad als kritisch angezeigt.

Menüband anpassen

Möglicherweise benötigen Sie zusätzliche Schaltflächen auf den Microsoft-Project-Menübändern oder möchten überflüssige Schaltflächen aus Platzgründen entfernen. Hierfür können Sie zwischen der Befehlsauswahl auf der linken Seite und der Menübanddarstellung auf der rechten Seite spezifische Schaltflächen austauschen (siehe Abbildung 9.44).

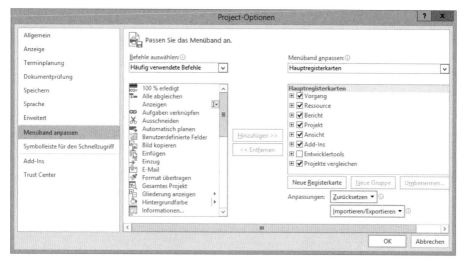

Abbildung 9.44 Dialog »Project-Optionen • Menüband anpassen«

Symbolleiste für den Schnellzugriff

An der oberen linken Ecke des Microsoft-Project-Fensters befindet sich die Symbolleiste für den sogenannten *Schnellzugriff*. Diese können Sie beliebig anpassen. Zur Auswahl stehen alle verfügbaren Microsoft-Project-Funktionen, welche Sie aus der Befehlsauswahl auf der linken Seite des Dialogs in die Liste für den Schnellzugriff übernehmen können (siehe Abbildung 9.45).

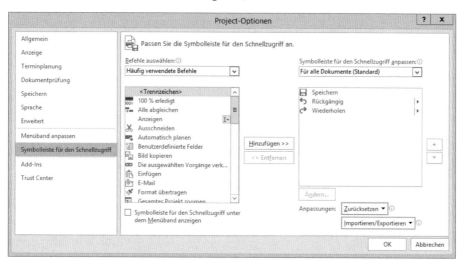

Abbildung 9.45 Dialog »Project-Optionen • Symbolleiste für den Schnellzugriff«

Add-Ins

Über die Option ADD-INS haben Sie die Möglichkeit, Zusatzfunktionen in Microsoft Project zu implementieren und zu aktivieren (siehe Abbildung 9.46). Dies können z. B. verschiedene Makros und andere Erweiterungen sein.

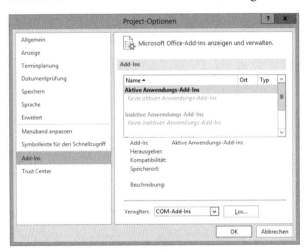

Abbildung 9.46 Dialog »Project-Optionen • Add-Ins«

Trust Center

Mit dem Trust Center können Sie u. a. die Makrosicherheit reduzieren, um Drittanwendungen starten zu können (siehe Abbildung 9.47). Sie sollten diese Einstellungen nur nach gründlichen Überlegungen über die Herkunft der Add-Ins und Erweiterungen ändern.

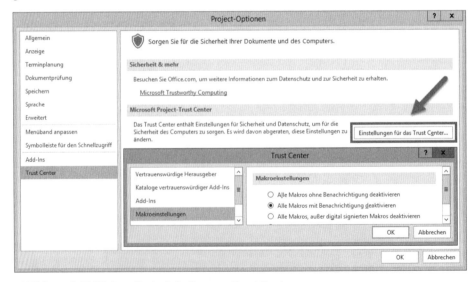

Abbildung 9.47 Dialog »Project-Optionen • Trust Center«

Global.mpt

Microsoft Project nutzt, genau wie z. B. Word, eine zentrale Vorlage, in welcher die globalen Einstellungen abgelegt werden. Zu den globalen Einstellungen gehören u. a. die Einstellungen aus dem Dialog OPTIONEN.

Die zentrale Vorlage oder auch Globaldatei in Microsoft Project wird als *Global.mpt* bezeichnet. Diese wird in der Regel im Benutzerpfad unter *C:\Users\[benutzername]\ AppData\Roaming\Microsoft\MS Project\15\1033\Global.MPT* abgelegt. Sie enthält u. a. alle standardmäßig vorhandenen Ansichten und Tabellen, wie z. B. die Ansicht GANTT-DIAGRAMM.

Wenn Sie sich etwa darüber ärgern, in jedem neuen Projekt wieder die Spalte ARBEIT in die der Ansicht GANTT-DIAGRAMM zugeordnete Tabelle EINGABE hinzufügen zu müssen, so können Sie entweder über die *Global.mpt* die standardmäßige Tabelle bearbeiten, oder Sie kopieren sich Ihre eigene Ansicht in die *Global.mpt*.

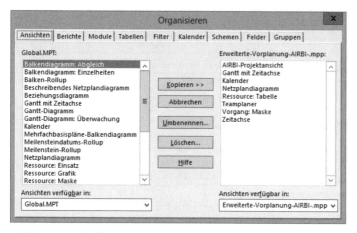

Abbildung 9.48 Dialog zur Verwaltung von Inhalten der Globaldatei

Sie können den Dialog zum Verwalten der Inhalte der Globaldatei z. B. über die Dialoge WEITERE ANSICHTEN, WEITERE TABELLEN etc. und über die Schaltfläche ORGANISIEREN aufrufen (siehe Abbildung 9.48).

9.3.2 Tastenkombinationen

Project lässt sich mit einer Vielzahl von Tastenkombinationen nahezu ohne Maus bedienen. Im Folgenden finden Sie eine Übersicht über die wichtigsten Tastenkombinationen. Wir haben uns hier allerdings auf die wesentlichen Tastenkombinationen konzentriert. Sollten Sie noch mehr Tastenkombinationen kennenlernen wollen, drücken Sie in Project einfach die Taste F1 und suchen nach Tastenkombinationen. Dann werden Sie merken, dass Tabelle 9.1 durchaus ausreichend sein kann.

Bereich/Befehl	Tastenkombination
Dateiverwaltung	
PROJEKTDATEI ÖFFNEN MIT DEM BACKSTAGE-BEREICH	Strg + O
PROJEKTDATEI ÖFFNEN MIT DEM ÖFFNEN-DIALOG	Strg + F12
NEUES PROJEKT ERSTELLEN	Strg + N
PROJEKTDATEI MIT DATEINAMEN SPEICHERN	F12
PROJEKTDATEI ZWISCHENSPEICHERN	Strg + S
PROJEKTDATEI SCHLIESSEN	Strg + F4
PROJEKTDATEI-PROJEKTFENSTER VERKLEINERN	Strg + F5
PROJEKTDATEI-PROJEKTFENSTER MAXIMIEREN	Strg + F10
WECHSELN ZWISCHEN FENSTERAUSSCHNITTEN	F6
WECHSELN ZWISCHEN PROJEKTDOKUMENTEN	Strg + F6
PROJECT BEENDEN	Alt + F4
WINDOWS-EXPLORER STARTEN	⊞ + E
ALLE GEÖFFNETEN PROGRAMMFENSTER AUF SYMBOLGRÖSSE VERKLEINERN	⊞ + M
DRUCKEN ÜBER DRUCKMASKE IM BACKSTAGE-BEREICH	Strg + P
Erfassen und Bearbeiten von Projektdaten	
EINEN SCHRITT RÜCKGÄNGIG	Strg + Z
MANUELLE PLANUNG FÜR VORGANG FESTLEGEN	Strg + ⇧ + M
AUTOMATISCHE PLANUNG FÜR VORGANG FESTLEGEN	Strg + ⇧ + A
NACH UNTEN AUSFÜLLEN	Strg + D
DIREKTE ZELLBEARBEITUNG	F2
MARKIEREN VON ZELLEN	⇧ + Cursor-Tasten
ANZEIGEN VON VORGANGS-/RESSOURCEN-/ZUORDNUNGSINFO	⇧ + F2
LÖSCHEN VON ZELLEN	Entf

Tabelle 9.1 Tastenkombinationen für Microsoft Project

Bereich/Befehl	Tastenkombination
Vorgangszeilen einfügen	[Einfg]
Vorgangszeilen löschen	[Strg] + [-] (Nummernblock)
Tieferstufen von Vorgängen	[Alt] + [⇧] + [→]
Höherstufen von Vorgängen	[Alt] + [⇧] + [←]
Verknüpfen von Vorgängen	[Strg] + [F2]
Löschen von Verknüpfungen	[Strg] + [⇧] + [F2]
Verschieben des Gantt-Diagramms (Zeitskala)	[Alt] + [→] oder [←]
Zoomen (Zeitachse)	[Strg] + Scrollrad der Maus
Entfernen aller Filter	[F3]
Zurücksetzen der Sortierreihenfolge und Deaktivieren von Gruppierung	[⇧] + [F3]
Neuberechnen eines Projekts	[F9]
Suchen/Gehe zu gesuchtem Feld	[Strg] + [F] oder [F5]
Gehe zu Vorgangsnummer oder Datum	[F5]
Hilfedialog öffnen	[F1]

Tabelle 9.1 Tastenkombinationen für Microsoft Project (Forts.)

TEIL III
Arbeiten mit Project Server

Kapitel 10
Einführung

In diesem Kapitel geht es um das vernetzte Projektmanagement mit Microsoft Project Server. Welche Komponenten werden benötigt und für welche Aufgaben eingesetzt?

Reiner Sonnenschein konnte mit Microsoft Project 2016 erfolgreich Termine, Ressourcen und Kosten planen. Allerdings hat er im Laufe der Projektlaufzeit einige Schwierigkeiten erkannt. Viele sind am Flughafenbau beteiligt und brauchen Informationen aus seinem Projektplan: Die Mitarbeiter aus seinem Team wollen wissen, was sie wann zu tun haben; der Vorstand der Flughafenplanungsgesellschaft will wissen, wie weit das Projekt ist; das Controlling will wissen, wie genau das Budget verbraucht wird. Der Projektplan enthält zwar grundsätzlich diese Daten, aber nicht in einer Form, die für andere schnell verständlich ist. Außerdem braucht man Microsoft Project, um die Datei zu öffnen, das haben viele nicht.

Die Problematik des Informationsaustauschs gibt es auch in der anderen Richtung: Als Projektleiter will Reiner Sonnenschein von allen regelmäßige Fortschrittsberichte haben. Der eine sagt, er ist zur Hälfte fertig, der andere, dass er noch 2 Wochen braucht. Der dritte hat technische Probleme mit dem Rohbau des Tower-Gebäudes entdeckt und schickt dazu eine Excel-Liste. Diese Informationen müssen alle verwaltet werden, und der Projektplan muss natürlich entsprechend aktualisiert werden. Der Aufwand ist sehr hoch (siehe Abbildung 10.1).

Abbildung 10.1 Die Planung des Flughafens wird komplexer, auch der Testflugbetrieb muss berücksichtigt werden.

So ist der Zeitpunkt erreicht, um mit der zweiten Iteration der in Abschnitt 3.7, »Ablauf und Zeitschiene festlegen«, erarbeiteten Roadmap für die Einführung des Projektmanagementsystems bei der AIRBI GmbH fortzufahren: der Einführung des Microsoft Project Servers. Mit seinen zusätzlichen Funktionalitäten wird er die Prozesse besser unterstützen. Von nun an arbeiten die Mitarbeiter der AIRBI GmbH also mit dem Project Server.

Zur schrittweisen Einführung von Microsoft Project Server lesen Sie mehr in Kapitel 3, »Implementierung aus strategischer Sicht«.

10.1 Struktur und Aufbau von Teil 3

In diesem Kapitel begleiten Sie Reiner Sonnenschein und seine Projektmitarbeiter, wie sie die Funktionen von Microsoft Project Server verwenden, um unternehmensweite Projektmanagement-Prozesse zu unterstützen. Zuerst entdecken Sie die verschiedenen Komponenten und Grundfunktionalitäten des Project Servers. Danach finden Sie heraus, was der Project Server konkret an der Arbeit der Projektleiter der Flughafenplanungsgesellschaft AIRBI GmbH ändert.

Die Projekte müssen auf dem Project Server angelegt und für Berichtszwecke veröffentlicht werden. Die Ressourcenplanung läuft nicht mehr allein mit lokalen Ressourcen, sondern verwendet Daten aus dem zentralen Ressourcenpool. Dadurch kann auch projektübergreifend die Ressourcenverfügbarkeit überprüft werden. In der Überwachungsphase können Projektmitarbeiter direkt über die Weboberfläche ihren Fortschritt berichten, und die Projektleiter können diese Fortschritte genehmigen und in den Projektplan importieren.

Zusätzlich zu dieser Ergänzung vorhandener Planungsfunktionalitäten bietet der Project Server ganz neue Anwendungsbereiche: Über die Kollaborationsplattform Microsoft SharePoint werden Projektdokumente und -listen in Projektwebsites von den jeweiligen Teams verwaltet. Gleichzeitig fängt Reiner Sonnenschein schon an, die zukünftige Erweiterung des Flughafens zu planen. Er sammelt Projektideen und führt einen neuen Prozess ein, um diese zu bewerten und auszuwählen. Dafür setzt er die Funktionen ANFORDERUNGSMANAGEMENT sowie PORTFOLIOANALYSE ein. In Kapitel 17, »Berichtswesen«, lernen Sie die verschiedenen Auswertungsmöglichkeiten des Microsoft-Project-Server-Systems kennen. Zu guter Letzt verlassen wir die Anwendungsseite, und Sie lernen in den letzten beiden Kapiteln die Konfiguration, Installation und Wartung des Systems kennen.

10.2 Microsoft PPM – die Komponenten

Der elementare Bestandteil eines PPM-Systems ist eine zentrale und möglichst transparente Bereitstellung der Projektdaten, die vor, während und nach Abschluss eines Projekts entstehen. Die besondere Herausforderung liegt nicht im Ablegen und Archivieren der Informationen, vielmehr entscheidet die Qualität des Datenzugriffs über den Nutzen und Erfolg eines Systems (siehe Abbildung 10.2). Denn was für einen Mehrwert bringt Ihnen ein mehrere Gigabyte fassender Datenspeicher an Projektdateien, wenn Ihnen jegliche Möglichkeit fehlt, diese Daten schnell und einfach darzustellen, zu analysieren oder zu verwerten? Sie könnten sie ebenso gut ausdrucken und im 2. Untergeschoss einer angemieteten Lagerhalle deponieren.

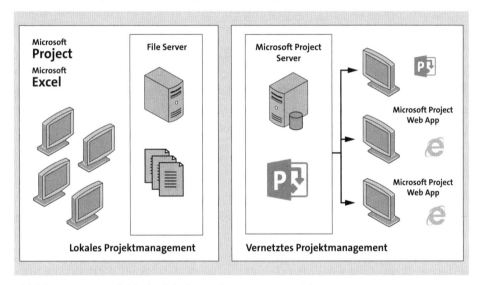

Abbildung 10.2 Vergleich des lokalen und vernetzten Projektmanagements

Wir werden Ihnen im folgenden Abschnitt einen kurzen Überblick über die im Microsoft PPM verwendeten Technologien und Komponenten geben und deren Funktion erläutern. Dieser kurze Blick hinter die Kulissen wird Sie nicht zu einem IT-Fachmann bzw. einer IT-Fachfrau machen, aber er wird Sie zu einem besseren Verständnis der Architektur und der Datenflüsse führen und es Ihnen so ermöglichen, Ihre tägliche technische Projektarbeit und das ganze System zu verstehen.

Das Microsoft-PPM-System besteht aus folgenden Komponenten:

- Microsoft Project Professional 2016
- Microsoft Project Web App
- Microsoft Project Server 2016

Um die Daten projektübergreifend zu verwalten, ist eine Server-Client-Architektur notwendig. Der Server ist die zentrale Komponente, der die Daten zur Bearbeitung und Auswertung bereitstellt. Um auf die Daten zuzugreifen, benutzen Sie als Anwender sogenannte Clientanwendungen, die in der Lage sind, die Dienste des Servers in Anspruch zu nehmen. Eine dieser Anwendungen im PPM-System sollte Ihnen aus den vorangegangenen Kapiteln schon bekannt sein. Es ist das Programm Microsoft Project 2016. Das andere ist die Project Web App.

10.2.1 Microsoft Project Server

Der Project Server ist, wie der Name schon sagt, die Serveranwendung im Client-Server-Modell, welches weiter oben beschrieben wurde. Er stellt Ihnen als Clientanwender Dienste zur Verfügung, mit denen Sie auf Projektdaten zugreifen können.

Der Microsoft Project Server ist eine Anwendung, die auf dem Microsoft SharePoint Server aufsetzt und diesen um Projektmanagement-Funktionalitäten erweitert. Der Microsoft Project Server besteht aus einer Vielzahl von Schnittstellen und Funktionen, die u. a. die Kommunikation mit den Clientanwendungen Microsoft Project Professional und Microsoft Project Web App ermöglichen.

10.2.2 Microsoft Project Professional

Microsoft Project haben Sie schon in der Standard-Version in Teil 2 dieses Buches kennengelernt. Microsoft Project 2016 in der Professional-Version wird um einige Funktionalitäten erweitert, insbesondere mit der Möglichkeit, sich mit dem Microsoft Project Server zu verbinden (siehe Abbildung 10.3). Dadurch können Sie Ihre Projektpläne direkt auf einem Project Server speichern, statt lokal auf Ihrem Computer und diese Daten somit für andere Anwender zur Verfügung zu stellen.

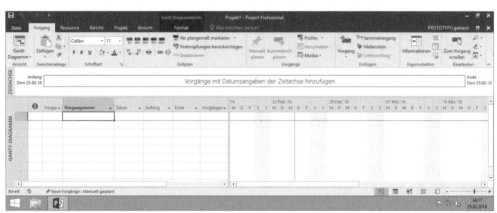

Abbildung 10.3 Microsoft Project Professional

10.2.3 Microsoft Project Web App

Die Microsoft Project Web App ist eine Weboberfläche, die es erlaubt, auf Projekt- und Ressourcendaten einfach mit dem Browser zuzugreifen. Während Microsoft Project Professional für die Bearbeitung der Projektpläne eingesetzt wird, bietet die Project Web App eine Vielzahl zusätzlicher Funktionalitäten, u. a. für Projektbeteiligte, die selbst keine Projekte planen, aber Informationen zum Projekt sehen oder liefern müssen. Ob Mitarbeiter Ist-Zeiten erfassen, Führungskräfte eine Übersicht über Ressourcenauslastung sehen wollen oder Portfoliomanager eine Analyse des Projektportfolios fahren wollen, immer steht die Project Web App im Mittelpunkt. Die Startseite der Project Web App ist Ihr Einstieg in die Informationswelt Ihrer Projektorganisation. Nachdem Sie die Startseite geöffnet haben, listet die Project Web App offene Vorgänge, neu zugewiesene Risiken und diverse andere relevante Informationen auf, in die Sie involviert sind oder die für Sie von Interesse sein könnten (siehe Abbildung 10.4).

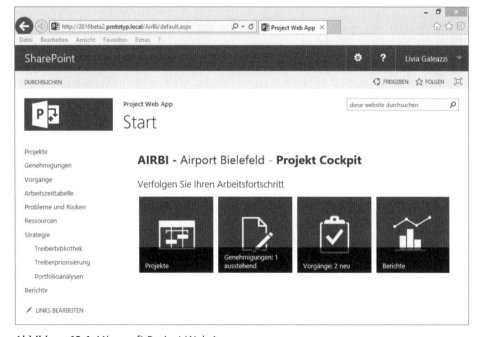

Abbildung 10.4 Microsoft Project Web App

Navigation

Die Navigation lässt sich in zwei Navigationsbereiche einteilen:

- die globale Navigation
- die Schnellstart-Navigation

Die *globale Navigation* finden Sie oberhalb des aktuellen Seiteninhalts in Form einer Reiternavigation. In diesem Bereich werden unterschiedliche Menübänder angezeigt, je nachdem, auf welcher Seite Sie sich befinden.

Das Menüband DURCHSUCHEN beinhaltet den Titel der Seite sowie einen Link zur Hauptseite.

Weitere Menübänder erlauben die Arbeit mit den Inhalten, die jeweils auf der Seite angezeigt werden (siehe Abbildung 10.5). Sie öffnen die jeweiligen Menübänder, indem Sie auf den Reiter klicken.

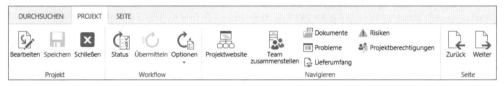

Abbildung 10.5 Menüband

Die *Schnellstart-Navigation* oder *Schnellstartleiste* wird am linken Seitenrand angezeigt und erlaubt die Navigation zwischen den verschiedenen Bereichen innerhalb der Project Web App. Da dieses Navigationselement für jede Seite konfigurierbar ist, muss diese nicht immer einheitlich gestaltet sein. Welche Elemente Sie hier sehen können, hängt auch mit Ihren Berechtigungen zusammen.

Standardkonfiguration

In der Standardkonfiguration sind einige der Funktionalitäten der Project Web App ausgeblendet. Diese vereinfachte Konfiguration soll den Einstieg für neue Anwender erleichtern. Mit Administratorberechtigungen können Sie die zusätzlichen Bereiche aktivieren. Mehr Informationen dazu lesen Sie in Kapitel 20, »Konfiguration von Project Server 2016/Project Online«.

Projekte

Unter dem Link PROJEKTE finden Sie das PROJECT CENTER. Dort sehen Sie eine Übersicht über alle veröffentlichten Projekte und deren Projektattribute in einer Gantt-Darstellung. Im Menüband gibt es einen Reiter PROJEKT, der Ihnen weitere Werkzeuge zum Bearbeiten der Projekte an die Hand gibt. Mit einem Klick auf den Projektnamen gelangen Sie in die Projektdetails, in denen Sie das Projekt auch inhaltlich editieren können.

Im PROJECT CENTER können Sie auf unterschiedliche Ansichten zurückgreifen. In diesen Ansichten sind die Spalten, Filter und Gruppierungen fest definiert und bieten somit die Möglichkeit, schnell die gewünschten Informationen zu bekommen. In

Abschnitt 11.1, »Project Center«, können Sie mehr über die Funktionen und Möglichkeiten des Project Centers lesen.

Genehmigungen

Unter GENEHMIGUNGEN laufen alle Rückmeldungen von Mitarbeitern für Ihre Projekte zusammen. Projektleiter und Arbeitszeittabellen-Manager haben hier die Möglichkeit, Zeiten, Projektfortschrittsmeldungen oder Änderungen zu genehmigen oder abzulehnen. Dazu lesen Sie mehr in Kapitel 13, »Projektüberwachung mit Microsoft Project Server«.

Vorgänge

Im Abschnitt VORGÄNGE finden Projektmitarbeiter Informationen zu ihren Vorgängen, denen sie in einem oder mehreren Projekten auf dem Server zugeordnet sind. Hier können Sie sich eine Übersicht über ihre Aufgaben in den Projekten verschaffen. Hier können sie auch die für diese Aufgaben geleisteten Arbeitsstunden zurückmelden. Dazu später mehr in Kapitel 13, »Projektüberwachung mit Microsoft Project Server«.

Arbeitszeittabelle

Neben der Möglichkeit, projektspezifische Arbeitsstunden in VORGÄNGE als Projektfortschrittsmeldung zu buchen, können Projektmitarbeiter auch allgemeine administrative Arbeitszeiten erfassen und übermitteln.

In den Arbeitszeittabellen kann eine Vollzeitrückmeldung stattfinden, inklusive Projektarbeit, Tagesgeschäft und Abwesenheiten. Mehr zu Arbeitszeittabellen erfahren Sie in Kapitel 13, »Projektüberwachung mit Microsoft Project Server«.

Probleme und Risiken

Unter dem Menüpunkt PROBLEME UND RISIKEN finden Projektmitarbeiter einen Überblick über alle Probleme und Risiken, die ihnen in den jeweiligen Projekten zugeordnet sind. Über die Verwaltung von Problemen und Risiken lesen Sie mehr in Kapitel 14, »Projektwebsites«.

Strategie

Im Bereich STRATEGIE werden die Funktionen des Portfoliomanagements gruppiert. Dort können Sie zentrale Projektbewertungen durchführen und Ihr Projektportfolio verwalten (siehe Kapitel 16, »Portfoliomanagement«).

Berichte

Im Bereich BERICHTE werden benutzerdefinierte Berichte und Dashboards bearbeitet und angezeigt. Der Bereich BERICHTE wird in Kapitel 17, »Berichtswesen«, erläutert.

10.2.4 Architekturänderungen

Seit der Version 2013 von Project Server gab es noch zwei Datenbanken, jeweils für Project-Server- und SharePoint-Inhalte. Diese zwei Datenbanken sind jetzt zu einer einzigen zusammengeführt worden.

10.2.5 App Store

Microsoft Project Server war schon immer eine flexible Plattform, die nach Bedarf erweitert werden kann. Seit der Version 2013 können Sie Project Server, wie viele andere Microsoft-Software-Produkte, auch mit sogenannten Apps erweitern.

Apps sind Webanwendungen, die die vorhandene SharePoint- und Project-Server-Installation nicht ändern, sondern einfach ergänzen. Durch diese Architektur können Drittanbieter Project Server erweitern, ohne etwas physisch auf dem Project Server zu installieren. Sie bieten eigene Dienste, die sich in die Microsoft-Project-Server-Oberfläche integrieren.

Das App-Modell ist vor allem sehr wichtig, wenn Project Server in der Cloud verwendet werden soll (Project Online). Apps bringen aber auch Vorteile für on-premises-Installationen. Dadurch, dass diese Anwendungen nicht direkt auf dem Project Server laufen, haben die Kunden weniger Risiken und Wartungsaufwände. Außerdem sind alle Apps im Store von Microsoft verifiziert. Apps machen es möglich, den Project Server günstig und unkompliziert um interessante Features zu erweitern.

Die Project-Server-Apps können Sie zusammen mit anderen SharePoint-Apps im Office Store finden, sie werden von Microsoft-Partnern angeboten. Die Apps müssen zentral vom Administrator aktiviert werden. Mehr dazu lesen Sie in Kapitel 20, »Konfiguration von Project Server 2016/Project Online«.

Eigene Apps entwickeln
Auch eigene Lösungen können Sie als Apps entwickeln. In diesem Fall werden die Apps nicht über den App Store zur Verfügung gestellt, sondern über einen internen Katalog von SharePoint.

10.2.6 Microsoft Project Server in der Cloud

Wie viele andere Microsoft-Produkte steht Project Server nun auch in der Cloud zur Verfügung. Konkret bedeutet das, dass Microsoft die Software, die IT-Infrastruktur und den technischen Support zusammen anbietet. Die Cloud-Version des Project Servers wird *Project Online* genannt. Mit Project Online müssen Aufgaben wie Hardware-Beschaffung, Datenbankadministration oder Serververwaltung nicht von Ihrer IT-Abteilung übernommen werden. Sie melden sich an, und Ihnen wird eine Project-Server-Instanz angeboten, die Sie gleich anwenden können. Mehr dazu lesen Sie in Teil 4, »Microsoft-Project-Server-Implementierung«.

10.2.7 Rollenorganisation für Microsoft Project Server

In einem PPM-System arbeiten und kommunizieren unterschiedlichste Personen und Personenkreise miteinander. Diese Personen nehmen bestimmte Rollen im Projektmanagement ein und müssen nicht auf *eine* Funktion oder Aufgabe im Unternehmen beschränkt sein. Je nachdem, welche Rolle der Benutzer im Projektmanagement wahrnimmt, hat er mehr oder weniger Rechte im System, um die darin enthaltenen Daten zu sehen, zu ändern oder auszuwerten. Diese Rechte werden dem Benutzer über Project-Server-Gruppen und Berechtigungen erteilt. Mehr zu Berechtigungen lesen Sie in Abschnitt 20.1, »Sicherheit«.

Die Rolle eines Benutzers richtet sich entweder nach der Funktion im Unternehmen, also seiner Position in der Unternehmensstruktur, oder nach den ihm zugeordneten Aufgaben in dem jeweiligen Projekt. Die Projektmanagement-Rollen der Flughafenplanungsgesellschaft AIRBI GmbH wurden wie folgt definiert:

- *Management*: Anwender, die innerhalb ihres Bereichs oder Teams Projektmitarbeiter managen, die in einem oder mehreren Projekten mitarbeiten
- *Projekt- und Portfoliomanagement*: Anwender, die Projektmanagement-Prozesse entwickeln und das Projektportfolio planen und steuern
- *Projektleiter*: Anwender, die eigene Projekte planen, steuern und überwachen
- *Projektmitarbeiter*: Anwender, denen innerhalb der Projekte Aufgaben zugeordnet sind

10.3 Erste Schritte mit Project Server

Um Projekte zentral auf dem Microsoft Project Server zu verwalten, müssen Sie erst einen Zugriff auf den Server erhalten. In den meisten Fällen werden Sie sich mit Ihrem normalen Active-Directory-Konto auf dem Microsoft Project Server anmelden, also mit Ihrem gewohnten Benutzernamen und Kennwort, die Sie auch bei der Windows-Anmeldung verwenden. Meist werden Sie diese Informationen auch nicht erneut eingeben müssen, sondern es werden Ihre vorhandenen Anmeldeinformationen durchgereicht.

10.3.1 Anmeldung in Project Professional

Bevor Sie Microsoft Project Professional für die Arbeit mit Microsoft Project Server verwenden können, müssen Sie ein Serverkonto zur Identifizierung der jeweiligen Microsoft-Project-Server-Sitzung konfigurieren. Nachdem Sie dieses Konto einmal erstellt haben, können Sie es bei jeder Anmeldung benutzen.

Serverkonto erstellen

Zur Erstellung eines Kontos führen Sie die folgenden Schritte aus:

1. Starten Sie Microsoft Project Professional.
2. Klicken Sie auf DATEI • INFORMATIONEN.
3. Klicken Sie auf die Schaltfläche KONTEN VERWALTEN.
4. Das Standardkonto nach der Installation von Microsoft Project Professional ist das lokale Konto COMPUTER, welches die lokale Arbeit ohne Microsoft Project Server erlaubt. Klicken Sie auf HINZUFÜGEN, um ein Serverkonto zu erstellen.
5. Als KONTONAME können Sie einen beliebigen Namen verwenden, z. B. AIRBI.
6. Unter der Project-Server-URL müssen Sie die URL der Microsoft-Project-Web-App-Hauptseite eintragen, z. B. *https://ppmdemo.solvin.com/AIRBI*.

   Um dieses Konto standardmäßig beim Öffnen von Microsoft Project Professional zu verwenden, können Sie die Option ALS STANDARDKONTO FESTLEGEN wählen (siehe Abbildung 10.6).

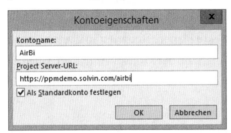

Abbildung 10.6 Konto erstellen

7. Klicken Sie anschließend auf OK, um das neue Konto zu speichern.
8. Zum Schluss wählen Sie in der Liste der Project-Server-Konten die Option VERBINDUNGSSTATUS MANUELL STEUERN, bevor Sie auf OK klicken. Diese Option erlaubt

Ihnen später die Auswahl, ob Sie lokal oder mit Microsoft Project Server arbeiten möchten.

> **Project-Server-URL**
>
> Wenn Sie die URL über Kopieren/Einfügen eintragen, beachten Sie, dass Sie nicht aus Versehen auch einen Seitennamen mit kopieren, z. B. *default.aspx*. Wenn Sie statt *https://ppmdemo.solvin.com/AIRBI* die URL *https://ppmdemo.solvin.com/AIRBI/default.aspx* eintragen, wird die Verbindung mit dem Microsoft Project Server nicht funktionieren.

Anmeldung mit dem Serverkonto am Microsoft Project Server

Nachdem Sie ein Serverkonto erstellt haben, öffnen Sie Microsoft Project Professional wie üblich:

- bei Windows 7 über START • ALLE PROGRAMME • MICROSOFT OFFICE • MICROSOFT PROJECT 2016
- bei Windows 8 oder 10 über Ihre App-Liste oder über die Suche

Wenn Sie, wie oben beschrieben, die Option VERBINDUNGSSTATUS MANUELL STEUERN gewählt haben, können Sie beim Start der Anwendung das Konto AIRBI auswählen. Klicken Sie auf OK, um Project Professional in Verbindung mit Project Server zu öffnen (siehe Abbildung 10.7).

Abbildung 10.7 Anmeldung

Den Verbindungsstatus können Sie folgendermaßen sicherstellen:

1. Gehen Sie in die sogenannte *Backstage-Ansicht* von Project Professional, indem Sie in der Menüleiste auf DATEI klicken.
2. Anschließend wechseln Sie in den Bereich INFORMATIONEN, sollten Sie noch nicht in diesem Bereich sein. Im Abschnitt PROJECT WEB APP-KONTEN lesen Sie den Hinweis AIRBI VERBUNDEN ALS BENUTZER. Sind Sie nicht mit einem Project Server verbunden, sehen Sie den Hinweis ES BESTEHT KEINE VERBINDUNG ZU PROJECT WEB APP.

10.3.2 Anmeldung in Project Web App

Die Anmeldung in der Microsoft Project Web App erfolgt im Internet Explorer. Sie müssen nur die richtige URL eingeben. Bei der AIRBI GmbH ist es:

https://ppmdemo.solvin.com/AIRBI

Je nach Sicherheitseinstellung werden Sie automatisch mit Ihrem normalen Windows-Benutzerkonto angemeldet oder müssen sich erneut anmelden.

10.3.3 Enterprise-Projekte

Ein Enterprise-Projekt ist nichts anderes als ein Microsoft-Project-Projektplan, der auf einem Microsoft Project Server gespeichert ist und von dort aus geöffnet und bearbeitet werden kann. Im Gegensatz zu Projekten, die als individuelle Datei verwaltet werden, werden Enterprise-Projekte in einer zentralen Datenbank gespeichert. Dadurch können diese Daten ausgewertet werden in Statusberichten oder Ressourcenübersichten.

In Project Server wird unterschieden zwischen Enterprise-Projekten und SharePoint-Vorgangslisten (*Lightweight project* auf English). SharePoint-Vorgangslisten sind keine Projektentitäten, sondern nur einfach Listen von Aufgaben und haben eine sehr eingeschränkte Funktionalität. In diesem Buch werden wir uns mit der Arbeit mit Enterprise-Projekten beschäftigen.

Enterprise-Projekttyp

In Microsoft Project Server werden Projekte in Projekttypen unterschieden. Diese Funktionalität erlaubt es, für unterschiedliche Arten von Projekten von vornherein besondere Eigenschaften festzulegen. Ein Projekttyp ist mit einer eigenen Projektplanvorlage verknüpft, aber auch mit eigenen Formularen zur Bearbeitung der Projektstammdaten und einer eigenen Vorlage für die Projektwebsite (mehr zu den Projektwebsites lernen Sie später in Kapitel 14, »Projektwebsites«).

Projekttypen können bei Bedarf bestimmten Abteilungen zugeordnet werden. So wird der Projekttyp »Werbekampagne« der Abteilung »Marketing« zugeordnet, sodass nur Mitarbeiter dieser Abteilung diesen Projekttyp in der Project Web App zur Auswahl haben.

Der Projekttyp wird bei der Projekterstellung gewählt. Mehr dazu lesen Sie in Abschnitt 11.2.1, »Anlegen eines neuen Projekts über die Microsoft Project Web App«.

Kapitel 11
Terminplanung mit Microsoft Project Server

Dieses Kapitel beschäftigt sich mit der Planung von Projekten in Anbindung an den Microsoft Project Server. Ergänzend zu dem Kapitel über das lokale Projektmanagement mit Microsoft Project lernen Sie hier die erweiterten Funktionen durch den Einsatz des Microsoft Project Servers kennen.

In Kapitel 6, »Ressourcen- und Kostenmanagement«, konnten Sie bereits lesen, wie Reiner Sonnenschein bei der Terminplanung in Microsoft Project ohne Anbindung an den Project Server vorgeht. In diesem Kapitel lernen Sie nun die Unterschiede der Terminplanung bei Verwendung des Servers kennen.

Ob Sie mit oder ohne Project Server arbeiten, macht für die Terminplanung eines einzelnen Projekts keinen wesentlichen Unterschied. Reiner Sonnenschein wird in Project Server wie bekannt Vorgänge anlegen und verknüpfen, Meilensteine festlegen und Termineinschränkungen definieren. Die Arbeit auf dem Server beeinflusst die Planung nur am Rande. Allerdings stehen weitere Funktionalitäten zur Verfügung: Verschiedene Elemente wie Kalender, Ansichten oder Felder können zentral auf dem Server konfiguriert werden statt für jedes Projekt einzeln. Die Projektdaten werden für alle berechtigten Anwender zur Verfügung gestellt. Um diese Zusammenarbeit zu unterstützen, existieren wichtige Funktionen wie VERÖFFENTLICHEN oder EINCHECKEN.

In diesem Kapitel werden wir auf die Einzelheiten der Projektplanung auf einem Project Server eingehen. Für mehr Informationen über die Vorgangserstellung und -planung selbst lesen Sie bitte Kapitel 6 »Terminplanung«.

11.1 Project Center

Das Project Center ist ein zentraler Einstiegspunkt und eine Kernkomponente im unternehmensweiten Projektmanagement, da es Zugriff auf alle Projektdaten liefert. Führungskräfte oder Teammitglieder der Flughafengesellschaft AIRBI GmbH finden dort Informationen zu den laufenden Projekten. Projektleiter können dort neue Projekte erstellen und Informationen aktualisieren (siehe Abbildung 11.1).

11 Terminplanung mit Microsoft Project Server

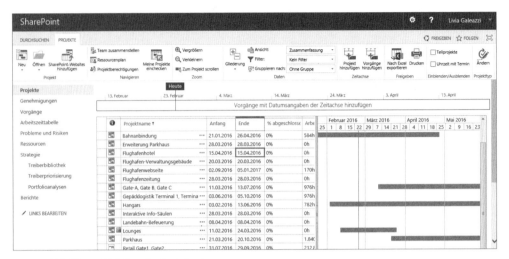

Abbildung 11.1 Das Project Center

Um das PROJECT CENTER zu öffnen, gehen Sie bitte wie folgt vor:

1. Öffnen Sie die Project Web App.
2. Klicken Sie in der linken Navigation auf PROJEKTE.

Dort werden die bereits vorhandenen Projekte gelistet, die Sie als Anwender sehen oder bearbeiten dürfen.

11.1.1 Menüband verwenden

Die diversen Funktionen des Project Centers erreichen Sie im Menüband. Um es einzublenden, klicken Sie auf PROJEKTE über der Projektliste.

Abbildung 11.2 Das Menüband »Projekte«

Im Menüband finden Sie Schaltflächen für verschiedene Aktionsmöglichkeiten (siehe Abbildung 11.2):

- Erstellung von neuen Projekten
- Öffnen und Verwalten von vorhandenen Projektdaten
- Anzeige und Personalisierung des Project Centers

Welche Funktionalitäten Ihnen tatsächlich zur Verfügung stehen, ist von Ihrer Rolle innerhalb der Organisation abhängig. Bei der AIRBI GmbH dürfen alle Projektleiter die Daten der eigenen Projekte bearbeiten. Bei den Projekten, die von anderen Projektleitern verwaltet werden, haben sie lediglich Leserechte zu Informationszwecken. Teammitglieder dagegen haben nur einen Lesezugriff auf die Projekte, an denen sie mitarbeiten. Als Hauptprojektleiter und Verantwortlicher für das Projektportfoliomanagement hat Reiner Sonnenschein natürlich einen erweiterten Zugriff auf alle Projektdaten inklusive Controllingansichten. Auch in Ihrer Organisation wird ein Berechtigungskonzept entwickelt, das bestimmt, für welche Projekte Sie welche Zugriffsrechte haben. Wie Berechtigungen in Project Server erteilt werden, lesen Sie in Abschnitt 20.1, »Sicherheit«.

11.1.2 Mit Project-Center-Ansichten arbeiten

Im Project Center werden üblicherweise verschiedene Ansichten angeboten, die unterschiedliche Projektdaten darstellen. Sie können zwischen den Ansichten wechseln, um unterschiedliche Daten anzuzeigen. Diese Ansichten werden vom Administrator zentral konfiguriert und für die berechtigten Anwender zur Verfügung gestellt. Als normaler Anwender können Sie nicht selbst neue Ansichten erstellen. Allerdings können Sie die vorhandenen Ansichten für sich leicht personalisieren und damit bestimmte Informationen, die Ihnen wichtig sind, hervorheben. Ihre Änderungen bleiben erhalten, auch wenn Sie den Browser verlassen.

Ansicht wechseln

Über das Dropdown-Menü ANSICHT können Sie zwischen verschiedenen Ansichten wechseln (siehe Abbildung 11.3). Die Anzahl und Inhalte der Ansichten kann je nach Konfiguration unterschiedlich sein. Auch Ihre Berechtigungen haben einen Einfluss darauf, welche Ansichten Sie sehen. Mehr Informationen über die Konfiguration von Ansichten erhalten Sie in Kapitel 20, »Konfiguration von Project Server 2016/Project Online«.

Abbildung 11.3 Die Ansicht wechseln

Filter und Gruppierungen

Unter dem Dropdown-Menü ANSICHT finden Sie die Steuerelemente FILTER und GRUPPIEREN NACH. Reiner Sonnenschein möchte z. B. die Filterfunktion benutzen, um Projekte anzuzeigen, die ab dem 01.02.2016 anfangen:

1. Im Dropdown-Menü FILTER wählen Sie BENUTZERDEFINIERTER FILTER. Die Filteroptionen werden angezeigt.
2. Wählen Sie folgende Optionen (siehe Abbildung 11.4):
    - FELDNAME: ANFANG
    - TEST: IST GRÖSSER ALS
    - WERT: »01.02.2016«
3. Klicken Sie auf OK. Der Filter wird gesetzt.
4. Sie können den Filter wieder entfernen, indem Sie im Dropdown-Menü die Option KEIN FILTER wählen.

Abbildung 11.4 Einen Filter konfigurieren

Zusätzlich möchte Reiner Sonnenschein die Projekte nach dem jeweils verantwortlichen Projektleiter gruppieren:

1. Im Dropdown-Menü GRUPPIEREN NACH wählen Sie das Feld BESITZER.
2. Die Projekte im Project Center werden nun gruppiert.
3. Sie können die Gruppierung wieder aufheben, indem Sie die Option OHNE GRUPPE wählen.

Spalten

Sie können die Reihenfolge der Spalten einfach per Drag & Drop ändern.

Klicken Sie auf den Pfeil neben dem Spaltennamen, um die folgenden Funktionen zu nutzen:

- ▸ SPALTE AUSBLENDEN
- ▸ SPALTEN KONFIGURIEREN: um ausgeblendete Spalten wieder einzublenden
- ▸ SORTIEREN
- ▸ FILTERN

Zeitachse

Die Zeitachse, die über der Projektliste zu sehen ist, können Sie zur Visualisierung von wichtigen Projektterminen verwenden. Dort können wahlweise der Zeitverlauf eines gesamten Projekts oder einzelne Vorgänge bzw. Meilensteine angezeigt werden. Die Zeitachse darf nur von Anwendern mit entsprechenden Berechtigungen bearbeitet werden, und die dort dargestellten Projekte und Vorgänge sind für alle sichtbar.

Um ein Projekt der Zeitachse hinzuzufügen, gehen Sie folgendermaßen vor (siehe Abbildung 11.5):

1. Selektieren Sie das Projekt in der Projektliste, indem Sie auf die entsprechende Zeile klicken.
2. Klicken Sie auf PROJEKT HINZUFÜGEN im Menüband.

Abbildung 11.5 Schaltflächen zur Bearbeitung der Zeitachse

Um einzelne Vorgänge hinzuzufügen, sind es folgende Schritte:

1. Selektieren Sie das Projekt in der Projektliste, indem Sie auf die entsprechende Zeile klicken.
2. Klicken Sie auf VORGÄNGE HINZUFÜGEN im Menüband.
3. Wählen Sie den gewünschten Vorgang oder Meilenstein aus, und klicken Sie auf OK.

Sie können die Balken und Meilensteine in der Zeitachse formatieren. Klicken Sie auf ein Element in der Zeitachse, um ein weiteres Menüband ZEITACHSE mit den Zeitachseneinstellungen zu öffnen (siehe Abbildung 11.6).

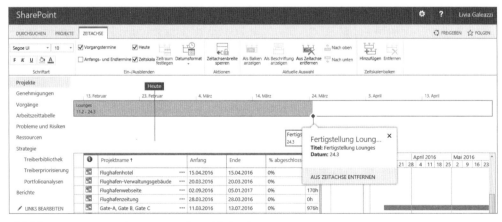

Abbildung 11.6 Formatierungsmenü und Zeitachse

Jeder kann so die Termine hervorheben, die für ihn am relevantesten sind. Die Zeitachse bietet für Reiner Sonnenschein eine Möglichkeit, die wichtigsten Meilensteine aus allen Projekten im Blick zu haben. Die Projektleiter dagegen stellen nur die Meilensteine und Vorgänge dar, die einen direkten Einfluss auf ihr Projekt haben.

11.2 Neues Projekt anlegen

Bisher haben wir gesehen, wie das Project Center einen schnellen Einblick in die Projektdaten bietet. Um diese Daten dort überhaupt darstellen zu können, müssen natürlich zuerst Projekte auf dem Server gespeichert werden.

Christoph Mülder ist Projektleiter für das Projekt »Lounges«. Damit die Passagiere der verschiedenen Fluglinien einen angenehmen Aufenthalt im AIRPORT Bielefeld haben, müssen nicht nur die Wände der Lounges stehen, auch die Inneneinrichtung und die Ausstattung müssen rechtzeitig fertig sein. So will Christoph Mülder eine geordnete Planung dafür mit Project sicherstellen. Während Reiner Sonnenschein zunächst Microsoft Project auf seinem Computer lokal verwendet hatte, wird Christoph Mülder das Projekt auf dem neuen Microsoft Project Server anlegen, um die Kollaborationsfunktionalitäten verwenden zu können. Er öffnet seinen Browser und gibt die URL der Microsoft Project Web App ein.

11.2.1 Anlegen eines neuen Projekts über die Microsoft Project Web App

Neue Projekte kann man am besten über das Project Center anlegen. Um ein neues Projekt im Project Center zu erstellen, gehen Sie folgendermaßen vor:

1. Klicken Sie auf PROJEKTE.
2. Oben im Menüband klicken Sie auf NEU.
3. Eine Auswahl der Möglichkeiten zur Erstellung eines neuen Projekts wird angezeigt (siehe Abbildung 11.7):
   - IN PROJECT PROFESSIONAL: Mit dieser Option wird Project Professional geöffnet, um direkt mit der Terminplanung anzufangen.
   - ENTERPRISE-PROJEKT: Mit dieser Option wird zuerst ein Formular zur Eingabe der Projektstammdaten im Browser geöffnet.
   - SHAREPOINT-VORGANGSLISTE: Über diese Option erstellen Sie kein richtiges Projekt, sondern eine Projektwebsite mit einer einfachen Vorgangsliste. SharePoint-Vorgangslisten bieten sehr eingeschränkte Funktionalitäten, sind aber einfacher zu bedienen als ein normales Projekt in Microsoft Project.

– Weitere unternehmensspezifische Projekttypen können konfiguriert werden. Zur Konfiguration der Projekttypen lesen Sie den Abschnitt 20.7.1, »Enterprise-Projekttypen«.

Abbildung 11.7 Neues Projekt erstellen

4. Wählen Sie den Projekttyp ENTERPRISE-PROJEKT, um ein neues Projekt zu erstellen. Ein einfaches Formular zur Anlage des Projekts wird angezeigt.
5. Tragen Sie den Projektnamen »Lounges« ein, und geben Sie das Anfangsdatum ein.
6. Klicken Sie auf FERTIG STELLEN, um das Projekt zu erstellen.

Im Schnellstartmenü links sind nun der Projektname sowie weitere Menüpunkte sichtbar, die Ihnen erlauben, Projektinformationen zu bearbeiten. Das Projekt ist im PROJECT CENTER sichtbar und kann weiterbearbeitet werden.

> **SharePoint-Vorgangslisten**
> SharePoint-Vorgangslisten verwenden nicht die Planungslogik von Microsoft Project. Sie bieten lediglich eine einfache Liste von Vorgängen, die miteinander verknüpft werden können. Funktionen wie Soll-Ist-Vergleich, Ressourcenmanagement usw. stehen nicht zur Verfügung. Im Folgenden werden wir immer über die Funktionalitäten der Enterprise-Projekte sprechen.

11.2.2 Anlegen eines neuen Projekts mit Microsoft Project

Erfahrene Anwender von Microsoft Project in der lokalen Variante werden vielleicht lieber direkt Microsoft Project Professional öffnen, um ein neues Projekt zu erzeugen. Dabei sollten Sie beachten, dass Sie Project Professional mit dem Project Server verbinden. Dafür folgen Sie bitte den Anweisungen in Abschnitt 10.3.1, »Anmeldung in Project Professional«.

Um ein gänzlich neues Projekt zu erstellen und zu planen, wählen Sie beim Öffnen von Project Professional LEERES PROJEKT (siehe Abbildung 11.8).

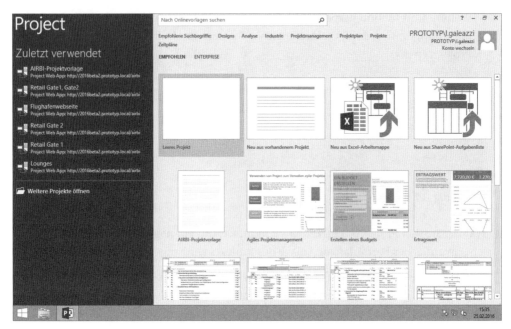

Abbildung 11.8 Neues Projekt in Microsoft Project Professional

Projekt aus Projektplanvorlage erstellen

Projektplanvorlagen erleichtern den Planungsbeginn und halten den anfänglichen Aufwand in der Planungsphase gering. Auch zur Standardisierung von Projektplänen können Projektplanvorlagen sehr nützlich sein. So werden viele Projektplanvorlagen auf Basis einer Projektmanagement-Methodik erstellt, welche im Unternehmen zum Einsatz kommt.

Durch den Project Server stehen nun allen Projektleitern einheitliche Projektplanvorlagen zur Verfügung, welche zentral durch ein *Projektmanagement-Office* (*PMO*) oder durch eine Personengruppe mit entsprechenden Aufgaben verwaltet und gepflegt werden können. Bei der AIRBI GmbH werden alle Vorlagen von Reiner Sonnenschein zuerst freigegeben.

Ein Projekt auf Basis einer Enterprise-Vorlage erstellen Sie auf folgende Weise:

1. Öffnen Sie Microsoft Project Professional.
2. Klicken Sie auf ENTERPRISE, um die Enterprise-Vorlagen einzublenden (siehe Abbildung 11.9).
3. Wählen Sie eine Vorlage aus, indem Sie einmal darauf klicken.
4. Bearbeiten Sie das Projekt.

Wenn Sie mehr über die Inhalte von Vorlagen wissen möchten, lesen Sie bitte weiter.

11.2 Neues Projekt anlegen

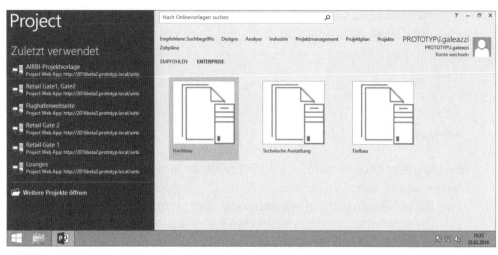

Abbildung 11.9 Projekt aus Projektplanvorlage erstellen

Speichern des neuen Projekts

Vor dem Speichern liegt das Projekt nur im lokalen Cache von Project Professional. Zum Speichern des neuen Projekts auf dem Project Server genügt ein Klick auf die Schaltfläche SPEICHERN in der Schnellzugriffleiste von Project Professional. Da Sie mit dem Project Server verbunden sind, öffnet sich der Dialog IN PROJECT WEB APP SPEICHERN automatisch zum Speichern auf dem Server (siehe Abbildung 11.10).

Abbildung 11.10 Speichern-Fenster

Nachträgliche Zuordnung eines Enterprise-Projekttyps

Wenn Sie einen Projektplan direkt über Project Professional anlegen, wird das Projekt mit dem Standard-Enterprise-Projekttyp angelegt. Das gilt auch dann, wenn Sie dort eine Vorlage ausgewählt haben. Sie haben allerdings die Möglichkeit, nachträglich einen anderen Projekttyp zuzuordnen. Dazu navigieren Sie zum PROJECT CENTER. Dort wählen Sie das Projekt aus, indem Sie in die entsprechende Zeile klicken.

Anschließend klicken Sie auf die Schaltfläche ÄNDERN PROJEKTTYP ganz rechts im Menüband (siehe Abbildung 11.11).

Abbildung 11.11 Projekttyp ändern

Im angezeigten Fenster können Sie den Projekttyp auswählen. Falls noch keine Projektwebsite besteht, wird die Website-Vorlage des neuen Projekttyps bei der Erstellung der Seite berücksichtigt. Allerdings wird die verlinkte Projektplanvorlage nicht mehr verwendet, da Sie schon einen Projektplan angelegt haben. Außerdem kann der neue Projekttyp mit einem Workflow verbunden sein, dazu lesen Sie mehr in Kapitel 15, »Anforderungsmanagement«.

11.2.3 Neue Projektplanvorlagen anlegen

Über Project Professional können Sie auch einen Projektplan als Vorlage speichern, wenn Sie die dafür notwendigen Berechtigungen besitzen. Jeder Projektplan kann als Basis für eine Vorlage benutzt werden. Dafür gehen Sie folgendermaßen vor:

1. Öffnen Sie den Projektplan in Project Professional.
2. Klicken Sie auf DATEI • SPEICHERN UNTER.
3. Als Typ wählen Sie VORLAGE (siehe Abbildung 11.12). Die anderen Felder können Sie alle leer lassen. Auch Pflichtfelder müssen Sie beim Speichern einer Vorlage nicht ausfüllen.

Abbildung 11.12 Vorlage speichern

4. Eine Liste von Informationen wird angezeigt, die Sie aus der Vorlage entfernen sollten (siehe Abbildung 11.13):

- WERTE ALLER BASISPLÄNE
- AKTUELLE WERTE
- RESSOURCENSÄTZE
- FESTE KOSTEN
- VORGÄNGE, DIE AUF PROJECT WEB APP VERÖFFENTLICHT WORDEN SIND. Hier ist die Übersetzung optimierungsbedürftig. Es sind nicht die veröffentlichten Vorgänge selbst, die entfernt werden, sondern die Information im Hintergrund, ob diese schon veröffentlicht wurden oder nicht.

In der Regel sollten Sie alle Optionen auswählen, bevor Sie auf SPEICHERN klicken.

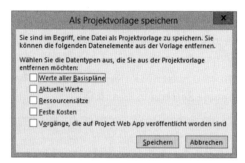

Abbildung 11.13 Werte aus der Projektvorlage entfernen

11.2.4 Migration eines lokalen Projekts

Vor der Einführung des Project Servers haben Sie vielleicht schon mit Microsoft Project in der lokalen Version gearbeitet. Womöglich haben Sie sogar während der Einführung des Project Servers aktuelle Projekte, die Sie mit Microsoft Project planen und managen.

Es wäre natürlich ärgerlich, müssten Sie Ihren kompletten Plan nochmals in einem Enterprise-Projekt auf dem Project Server nachbauen und Vorgang für Vorgang neu anlegen. Deshalb lernen Sie in diesem Abschnitt, wie Sie einen bereits existierenden Projektplan in Microsoft Project in ein Enterprise-Projekt migrieren.

Öffnen des lokalen Projekts

Bevor Sie Ihr lokales Projekt auf dem Server speichern können, müssen Sie es in Project Professional öffnen, während Sie mit dem Project Server verbunden sind:

1. Starten Sie Microsoft Project Professional.
2. Klicken Sie auf DATEI • ÖFFNEN.
3. Navigieren Sie zum Speicherort Ihrer lokalen Microsoft-Project-Datei, und klicken Sie anschließend auf ÖFFNEN.

Lokale Ressourcen ersetzen

Die bisherigen Ressourcen in Ihrem Projektplan hatten keine unternehmensweite Gültigkeit, da sie nur in Ihrem lokalen Projektplan existierten und keine Informationen aus anderen Projekten/Tätigkeiten widerspiegeln konnten. Deshalb werden diese Ressourcen auch als *lokale Ressourcen* bezeichnet und sollten in einem PPM-System vermieden werden.

Um die Vorteile wie Verfügbarkeitsgrafiken und Auslastungswerte eines zentralen Ressourcenpools nutzen zu können, müssen Sie Ihre *lokalen Ressourcen* durch *Enterprise-Ressourcen* aus dem globalen Enterprise-Ressourcenpool ersetzen. Gehen Sie wie folgt vor, um lokale Ressourcen zu ersetzen:

1. Klicken Sie im Menüband auf den Reiter RESSOURCE.
2. Klicken Sie auf RESSOURCEN HINZUFÜGEN und im folgenden Dropdown-Menü auf TEAM AUS ENTERPRISE ZUSAMMENSTELLEN.
3. Es erscheint ein Dialog, der Sie darauf hinweist, dass Sie Enterprise-Kalender benötigen, um diese Funktion nutzen zu können. Bestätigen Sie mit JA.

> **Enterprise und lokale Kalender**
> Kalender definieren die Arbeitstage sowie die Arbeitszeit, die für ein Unternehmen, ein Projekt oder eine Ressource gelten. Beachten Sie, dass sich die Kalender der Enterprise-Ressourcen von denen der lokalen Ressourcen unterscheiden können und sich dies auf Ihre Terminplanung auswirken kann. Lesen Sie mehr über Kalender in Abschnitt 12.1.3, »Ressourcenverfügbarkeit«.

4. Wählen Sie auf der rechten Seite die zu ersetzende lokale Ressource aus Ihrem Plan aus.
5. Suchen und markieren Sie das entsprechende Enterprise-Pendant zu Ihrer lokalen Ressource.
6. Klicken Sie auf ERSETZEN, um die lokale Ressource aus dem Plan zu löschen und durch die Enterprise-Ressource zu ersetzen.
7. Wiederholen Sie die Schritte 4–6 für alle lokalen Ressourcen.

Speichern des migrierten Projekts

Da Sie Ihr Projekt von einem lokalen Verzeichnis aus geöffnet haben, reicht ein Klick auf das Speichern-Symbol nicht, da Project Professional Ihre Änderungen damit wieder in die lokale Projektdatei (*Projektname.mpp*) speichert. Klicken Sie stattdessen auf DATEI • SPEICHERN UNTER • SPEICHERN, um den Speichern-Dialog des Project Servers zu öffnen.

Danach gehen Sie wie beim Speichern eines Enterprise-Projekts vor, wie in Abschnitt 11.4, »Speichern und Veröffentlichen«, beschrieben.

> **Import-Assistent**
>
> Wenn Sie in Ihrem bestehenden Projektplan bereits Aufwände (durch Ressourcen geleistete Arbeit) erfasst oder in diesem Plan lokale Vorgangsfelder gepflegt haben, deren Informationen Sie in Enterprise-Vorgangsfelder übernehmen wollen, sollten Sie für den Import den Assistenten PROJEKT IN ENTERPRISE IMPORTIEREN verwenden. Dafür selektieren Sie bei der Option SPEICHERN UNTER die Option IMPORT-ASSISTENT VERWENDEN (siehe Abbildung 11.14).

Abbildung 11.14 Import-Assistent

11.3 Vorhandenes Projekt öffnen und bearbeiten

Vorhandene Projekte können Sie entweder über die Microsoft Project Web App oder über Microsoft Project öffnen. Auch die Bearbeitung der Daten ist über beide Oberflächen möglich. Anwender, die keine Projekte planen und nicht über Project Professional verfügen, werden immer die Microsoft Project Web App verwenden. Wenn Sie als Projektleiter aber beide Tools benutzen können, ist die freie Wahl manchmal verwirrend. Denn was ist besser: Project Web App oder Project?

In den meisten Fällen wird es mit Microsoft Project Server 2016 Geschmackssache sein, denn mit dieser Version sind für die Bearbeitung von Projektplänen in der Project Web App viele Funktionalitäten hinzugekommen, sodass Sie weniger Unterschiede finden werden. Generell ist Folgendes zu empfehlen:

▶ Wie bereits im oberen Abschnitt erwähnt, sollten Sie neue Projekte eher mit der Project Web App erstellen. In der Project Web App können Sie einen sogenannten

Projekttyp bei der Erstellung wählen. Dadurch werden dem Projekt gleich die richtigen Formulare und Vorlagen zugeordnet. Projekte, die über Project Professional erzeugt werden, werden zuerst dem Standardprojekttyp zugeordnet. Gegebenenfalls muss der Projekttyp nachträglich korrigiert werden.

- Die Bearbeitung von Projektstammdaten ist einfacher in der Project Web App, denn die Weboberfläche stellt konfigurierbare Formulare (Projektdetailseiten) zur Verfügung. In Project Professional werden die Projektstammdaten in einem kleinen Fenster und alphabetisch sortiert dargestellt.
- Bei der Bearbeitung des Projektplans selbst ist es davon abhängig, welche Planungsarbeiten Sie durchführen wollen. Bei der Terminplanung gibt es kaum noch Unterschiede, sodass Sie hierfür gut auch die Project Web App nutzen können. Für die umfangreiche Ressourcenplanung ist jedoch noch immer Project Professional besser geeignet. Die Project Web App hat gewisse Funktionseinschränkungen im Vergleich zu Microsoft Project. Lesen Sie dazu Abschnitt 11.10.2, »Funktionalitäten-Einschränkungen«.

In den folgenden Abschnitten werden wir immer beide Wege beschreiben. Probieren Sie einfach beide Oberflächen aus, um herauszufinden, wie Sie am liebsten arbeiten.

11.3.1 Öffnen eines Projekts in der Microsoft Project Web App

Um ein vorhandenes Projekt zu öffnen, navigieren Sie zum PROJECT CENTER und klicken auf den Projektnamen in der Liste oder benutzen die Schaltfläche ÖFFNEN im Menüband, um den Projektplan und weitere Details eines Projekts einzusehen. Folgende Optionen stehen Ihnen hier zur Auswahl (siehe Abbildung 11.15):

- IM BROWSER
- IM BROWSER ZUR BEARBEITUNG
- IN MICROSOFT PROJECT
- IN MICROSOFT PROJECT ZUR BEARBEITUNG

Abbildung 11.15 Projekt im Project Center öffnen

Da Sie ein Projekt immer lesend oder schreibend öffnen können, sehen Sie auch für beide Applikationen (Project Web App und Project Professional) zwei Optionen.

11.3 Vorhandenes Projekt öffnen und bearbeiten

Wählen Sie IM BROWSER. Das Projekt wird geöffnet. Sie können links im Schnellstart den Projektnamen sowie die Begriffe PROJEKTDETAILS und TERMINPLAN sehen. Diese zwei Elemente sind sogenannte *Projektdetailseiten*, dort können Projektinformationen gelesen oder gepflegt werden. Zusätzlich finden Sie auch einen Link zur PROJEKTWEBSITE. Die Projektwebsite ist eine Kollaborationsplattform für das Projektteam. Mehr Informationen dazu lesen Sie in Kapitel 14, »Projektwebsites«.

Projektdetailseiten

In Projektdetailseiten werden Projektinformationen auf unterschiedlichen Seiten dargestellt. Die Anzahl und die Gestaltung dieser Seiten können sich je nach Konfiguration ändern. Projektdetailseiten sind vor allem hilfreich, um Stammdaten darzustellen und zu pflegen.

Bei der AIRBI GmbH sehen Sie zwei Projektdetailseiten:

- PROJEKTDETAILS
- TERMINPLAN

In dieser Konfiguration ist die Seite PROJEKTDETAILS ein Formular, das die Stammdaten enthält (siehe Abbildung 11.16), während die Seite TERMINPLAN den Projektplan beinhaltet (siehe Abbildung 11.17).

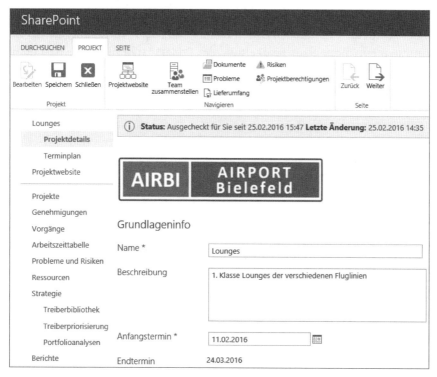

Abbildung 11.16 Projektdetails

11 Terminplanung mit Microsoft Project Server

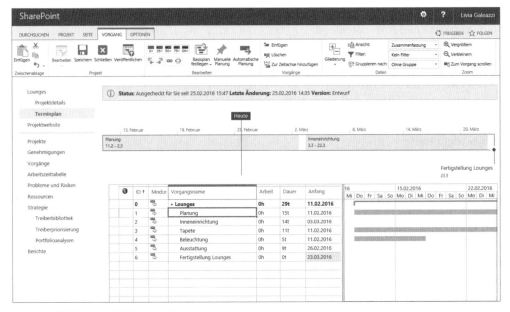

Abbildung 11.17 Terminplan

Zur Konfiguration der Projektdetailseiten lesen Sie Abschnitt 20.7.4, »Projektdetailseiten«.

Auf allen Projektdetailseiten steht das Menüband PROJEKT zur Verfügung, in dem Sie die wichtigsten Funktionen zur Bearbeitung der Projektdaten finden. Je nachdem, auf welcher Projektdetailseite Sie sich befinden, können weitere Menübänder zur Verfügung stehen. Klicken Sie auf PROJEKT, um die Schaltflächen anzuzeigen (siehe Abbildung 11.18).

Abbildung 11.18 Menüband »Projekt«

Sie navigieren zwischen den Projektdetailseiten, indem Sie die Links im Schnellstart benutzen oder die Schaltflächen ZURÜCK und WEITER im Menüband PROJEKT anwenden.

Projektstammdaten bearbeiten

Projektstammdaten können Sie über die Projektdetailseite PROJEKTDETAILS bearbeiten. Navigieren Sie zuerst zu dieser Seite. Sie haben momentan das Projekt nur schreibgeschützt geöffnet, sodass Sie die Projektinformationen sehen, aber nicht editieren können. Klicken Sie auf die Schaltfläche BEARBEITEN, um das Projekt im Bearbeitungsmodus zu öffnen.

Folgende Funktionen stehen Ihnen auf dieser Seite zur Verfügung:

- PROJEKTNAMEN ÄNDERN
- BESCHREIBUNG DES PROJEKTS PFLEGEN
- PROJEKTANFANGSDATUM BEARBEITEN: Dieses Feld hat direkte Auswirkungen auf den Terminplan.
- BESITZER WECHSELN: Der BESITZER des Projekts ist standardmäßig der Benutzer, der das Projekt erstellt hat. Er hat besondere Zugriffsberechtigungen auf das Projekt und darf es bearbeiten. Siehe dazu das Berechtigungskonzept in Abschnitt 20.1, »Sicherheit«. Ändert sich der Bearbeiter des Projektplans im Verlauf Ihres Projekts, z. B. durch Projektleitungswechsel, oder werden bei Ihnen Projekte standardmäßig nicht vom Projektleiter, sondern etwa durch das Projektmanagement bzw. das PMO erstellt, so können Sie diese Funktion des Besitzerwechsels nutzen.

Nachdem Sie das Projekt bearbeitet haben, klicken Sie auf SPEICHERN, um Ihre Änderungen zu speichern.

Projektplan bearbeiten

Mit der Projektdetailseite TERMINPLAN steht Ihnen ein Werkzeug zur Anzeige und Bearbeitung des Projektplans zur Verfügung. Über diese Seite können Sie direkt im Browser Projektvorgänge erstellen und planen.

Wechseln Sie zunächst auf die Projektdetailseite TERMINPLAN. Falls Sie das Projekt schreibgeschützt geöffnet haben, klicken Sie im Menüband auf die Schaltfläche BEARBEITEN. Die Optionen, die Ihnen hier zur Verfügung stehen, sind eine Sammlung der wichtigsten Funktionalitäten der Projektbearbeitung, die Sie von Microsoft Project her kennen. Um einen neuen Vorgang zu erstellen, gehen Sie hier folgendermaßen vor (siehe Abbildung 11.19):

- Klicken Sie in eine leere Zelle der Spalte VORGANGSNAMEN, und tragen Sie einen Wert ein.
- Fügen Sie eine leere Zeile ein, indem Sie die Schaltfläche EINFÜGEN im Reiter VORGANG des Menübandes benutzen, oder tippen Sie auf der Tastatur auf die Taste [Einfg].
- Klicken Sie mit der rechten Maustaste in die erste Spalte (graue Spalte), und wählen Sie NEUER VORGANG.

Ergänzen Sie die notwendigen und Ihnen bekannten Feldwerte wie Start-/Endtermin, Dauer oder weitere benutzerdefinierte Felder.

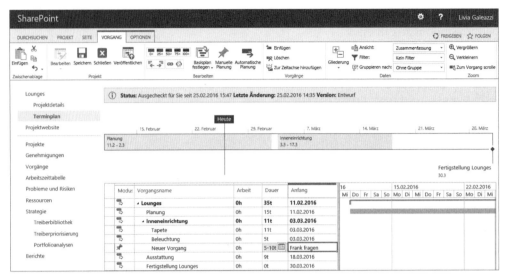

Abbildung 11.19 Einen neuen Vorgang einfügen

Um einen Vorgang zu löschen, haben Sie folgende Möglichkeiten:

- Markieren Sie eine Zelle des zu löschenden Vorgangs, und wählen Sie LÖSCHEN aus dem Reiter VORGANG im Menüband.
- Klicken Sie mit der rechten Maustaste in die erste Zelle des Vorgangs, und wählen Sie aus dem Kontextmenü VORGANG LÖSCHEN (siehe Abbildung 11.20).

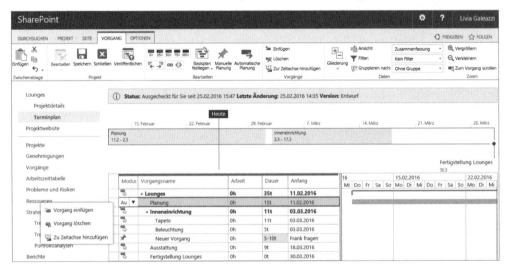

Abbildung 11.20 Löschen/Einfügen eines Vorgangs über das Kontextmenü

11.3 Vorhandenes Projekt öffnen und bearbeiten

> **Tragen Sie ein, was Sie wissen oder nicht wissen**
>
> Mit der Funktion MANUELLE PLANUNG können Sie beliebige Werte in die Datums- und Dauerfelder schreiben. Wenn Sie also wissen, dass der Vorgangsstarttermin von dem Kollegen Simon Taraz abhängig ist, dann schreiben Sie z. B. »Termin abhängig von Simon Taraz« in das Vorgangsfeld.
>
> Sie können aber auch explizit Felder leer lassen und erst ausfüllen, wenn Sie wirklich die nötigen Informationen vorliegen haben. Mehr zu dieser Funktionalität lernen Sie in Abschnitt 5.3.1, »Manuelle Planung – Funktionsweise«.

Ebenso können Sie schon Vorgänge verknüpfen, wie Sie es auch in Microsoft Project machen würden:

1. Markieren Sie zwei Vorgänge.
2. Klicken Sie anschließend auf die Schaltfläche VERKNÜPFEN.

Andere Funktionalitäten stehen Ihnen im Browser zur Verfügung, wie z. B. die Zeitachse oder der Basisplan. Diese werden bedient wie in Microsoft Project (siehe dazu Abschnitt 5.11, »Die Zeitachse«, und Abschnitt 7.2.1, »Arbeiten mit dem Basisplan«). Gewisse Einschränkungen im Vergleich zu Microsoft Project existieren, mehr erfahren Sie in Abschnitt 11.10, »Unterschiede der Bearbeitung des Projektplans mit der Microsoft Project Web App und mit Project Professional«.

11.3.2 Öffnen eines Projekts in Microsoft Project

Um ein Enterprise-Projekt in Project Professional zu öffnen, müssen Sie sich erst mit Microsoft Project am Project Server anmelden, wie Sie es bereits in Abschnitt 10.3.1, »Anmeldung in Project Professional«, gelernt haben. Gehen Sie wie folgt vor:

1. Öffnen Sie Microsoft Project Professional, und wählen Sie das Profil AIRBI.
2. Klicken Sie auf WEITERE PROJEKTE ÖFFNEN oder auf DATEI und ÖFFNEN.
3. Wählen Sie AIRBI unter PROJECT WEB APP, und klicken Sie auf die Schaltfläche DURCHSUCHEN.
4. Klicken Sie doppelt auf die Überschrift DIE LISTE ALLER PROJEKTE ANZEIGEN, um die Projekte, die in der Datenbank vorhanden sind, anzuzeigen.

   Eine Liste der Projekte, die Sie öffnen dürfen, wird angezeigt (siehe Abbildung 11.21). Falls die Liste zu lang und unübersichtlich ist, können Sie über das Dropdown-Menü GRUPPIEREN NACH z. B. nach PROJEKTABTEILUNGEN gruppieren.
5. Wählen Sie einen beliebigen Projektplan, und öffnen Sie ihn.

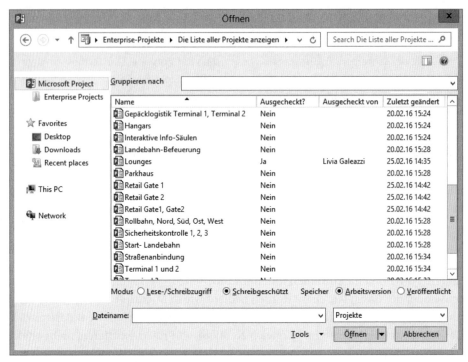

Abbildung 11.21 Dialog »Öffnen« in Project Professional

Die weitere Bearbeitung erfolgt, wie in Kapitel 4, »Erste Einführung in Project«, ff. bereits beschrieben.

Projektstammdaten bearbeiten

In der Microsoft Project Web App werden die Projektinformationen auf einer Projektdetailseite angezeigt und überarbeitet. In Microsoft Project Professional können Sie die Projektfelder ebenso anzeigen, indem Sie die Schaltfläche PROJEKTINFORMATIONEN im Menüband PROJEKT verwenden.

Über dieses Fenster können Sie auch das Projektanfangsdatum bearbeiten. Allerdings fehlen zwei Felder, die Ihnen in der Project Web App angezeigt wurden: PROJEKTNAME und BESITZER. Diese zwei Felder können nicht über die Projektinformationen bearbeitet werden. Auch mehrzeilige Textfelder wie BESCHREIBUNG können nur im Browser überarbeitet werden. Alle anderen Projektfelder können Sie dort bearbeiten; allerdings ist die Bearbeitung hier weniger benutzerfreundlich, wenn viele Felder konfiguriert wurden. Die Felder werden in alphabetischer Reihenfolge dargestellt und sind nicht in Formularen organisiert. Projektstammdaten sollten Sie daher in der Regel über die Project Web App bearbeiten.

Projektplan bearbeiten

Die Bearbeitung des Projektplans in Project Professional unterscheidet sich größtenteils nicht von der Arbeit mit Project Standard, wie in Kapitel 4, »Erste Einführung in Project«, ff. ausführlich beschrieben. Vorgänge werden wie gewohnt angelegt, bearbeitet und verknüpft. Es gibt eine Ausnahme: Für die Projektplanung haben Sie im Vergleich zur Standard-Version in Project Professional zusätzlich die Möglichkeit, Vorgänge zu deaktivieren. Diese Funktion wird in Abschnitt 11.7, »Mit inaktiven Vorgängen arbeiten«, beschrieben.

11.4 Speichern und Veröffentlichen

Von jedem Projektplan existieren zwei Versionen: die Version *Entwurf* und die Version *Veröffentlicht*. Nur Anwender, die Schreibrechte auf dem Projektplan haben, können auf die Entwurf-Version zugreifen. Dieses Vorgehen erlaubt dem Projektleiter, den Projektplan schrittweise zu überarbeiten. Zum Beispiel wird Reiner Sonnenschein seine erste Planung nur speichern, solange er die Struktur und die Terminplanung noch überarbeiten will. So sind seine ersten Entwürfe noch nicht für alle anderen Projektbeteiligten sichtbar. Wenn er mit der Planung fertig ist, klickt er auf VERÖFFENTLICHEN, um die Planung öffentlich zu machen und alle Beteiligten über den aktuellen Stand zu informieren.

Nur veröffentlichte Projekte werden in den unterschiedlichen Ansichten in der Project Web App angezeigt. Auch die meisten Berichte basieren auf veröffentlichten Daten (siehe Kapitel 17, »Berichtswesen«). Es ist deswegen wichtig, den Projektplan zu veröffentlichen, sobald die Projektinformationen berichtet werden sollen.

> **Entwurf und Veröffentlicht-Version können inhaltlich variieren**
> Wenn Sie ein Projekt schreibgeschützt in der Project Web App öffnen, wird immer die veröffentlichte Version des Projektplans angezeigt. Wenn Sie aber auf die Schaltfläche BEARBEITEN klicken, um den Plan zu überarbeiten, wird die Entwurf-Version dargestellt. Falls es Abweichungen zwischen veröffentlichter und gespeicherter Version gibt, werden Sie deswegen unterschiedliche Planzustände sehen, je nachdem, ob Sie das Projekt schreibgeschützt oder zur Bearbeitung geöffnet haben.

In Project Professional können Sie Ihren Projektplan wie folgt speichern und veröffentlichen:

▶ Das Speichern des Projekts erfolgt wie in Microsoft-Office-Anwendungen über die Schaltfläche SPEICHERN im Menü DATEI. Damit wird die Entwurf-Version des Projekts aktualisiert.

- Das Veröffentlichen erfolgt über DATEI • VERÖFFENTLICHEN. Falls noch keine Projektwebsite für das Projekt erstellt wurde, wird der in Abbildung 11.22 dargestellte Dialog angezeigt.

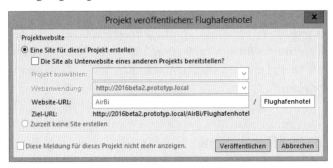

Abbildung 11.22 Dialog zur Erstellung einer Projektwebsite

Dieser Dialog steuert die Erstellung der Projektwebsite. Mehr zu Projektwebsites lesen Sie in Kapitel 14, »Projektwebsites«.

In der Project Web App, im Terminplan, können Sie Ihren Projektplan wie folgt speichern und veröffentlichen (siehe Abbildung 11.23):

- Das Speichern des Projekts erfolgt über die Schaltfläche SPEICHERN im Menüband PROJEKT oder im Menüband VORGANG.

- Das Veröffentlichen des Projekts erfolgt über die Schaltfläche VERÖFFENTLICHEN im Menüband VORGANG.

Abbildung 11.23 Speichern und Veröffentlichen in der Project Web App

11.5 Ein- und Auschecken

Ihr Projekt oder Ihre Projekte liegen zentral auf dem Microsoft Project Server, und es gibt womöglich mehrere Personen, vielleicht sogar ganze Gruppen von Personen im Unternehmen, die das (technische) Recht haben, Ihre Projekte zu bearbeiten. Dies birgt einige Risiken, vor allem aber das Risiko der Dateninkonsistenz. Haben mehrere Benutzer das Projekt geöffnet und würden nun ihre Änderungen speichern, so würden sie gegenseitig ihre Änderungen immer wieder überschreiben, und nur die Projektplanversion der zuletzt ausgeführten Speicheraktion würde weiterhin Bestand im Microsoft Project Server haben.

Um dies zu vermeiden, gibt es das Ein-/Auscheckverfahren. Öffnen Sie ein Projekt zur Bearbeitung, so wird dieses Projekt auf dem Server als ausgecheckt markiert. Es wird auch festgehalten, von welchem Benutzer und zu welcher Uhrzeit das Projekt ausgecheckt wurde. Versucht nun ein anderer Benutzer, das Projekt zur Bearbeitung zu öffnen und somit auch auszuchecken, wird er durch eine Meldung darauf hingewiesen, dass das Projekt nur schreibgeschützt geöffnet werden kann. Das Projekt wird erst wieder zur Bearbeitung freigegeben, wenn Sie es schließen und wieder einchecken.

11.5.1 Auschecken

Ein Projekt wird immer ausgecheckt, wenn es im Bearbeitungsmodus geöffnet wird. Ein explizites Auschecken, wie z. B. über eine entsprechende Schaltfläche, gibt es nicht. Um ein Projekt auszuchecken, müssen Sie es im Bearbeitungsmodus öffnen, entweder in der Project Web App oder in Project Professional, wie in Abschnitt 11.3, »Vorhandenes Projekt öffnen und bearbeiten«, beschrieben. Falls das Auschecken nicht möglich ist, ist wahrscheinlich das Projekt bereits für einen anderen Anwender ausgecheckt. Dies können Sie sehr einfach feststellen:

- In den Projektdetails können Sie in der Statuszeile sehen, ob das Projekt bereits ausgecheckt ist und von wem. Die Statuszeile finden Sie unterhalb des Menübandes (siehe Abbildung 11.24).

Abbildung 11.24 Statuszeile in der Project Web App

- In Project Professional, im Öffnen-Fenster, werden ausgecheckte Projekte als solche gekennzeichnet. Wenn Sie das Projekt schreibgeschützt öffnen, wird ebenso eine Statuszeile angezeigt, über die Sie das Projekt nachträglich auschecken können (siehe Abbildung 11.25).

Abbildung 11.25 Statuszeile in Project Professional

> **Ausgecheckt für Sie in einer anderen Sitzung**
>
> Sie werden vielleicht in der Statuszeile lesen, das Projekt sei »Ausgecheckt für Sie in einer anderen Sitzung«. Es bedeutet, das Projekt ist in einem anderen Fenster ausgecheckt geblieben, z. B.:
>
> - Sie versuchen, das Projekt in der Project Web App auszuchecken, obwohl es bereits für Sie in Project Professional ausgecheckt ist.
> - Sie versuchen, das Projekt in der Project Web App auszuchecken, obwohl es bereits für Sie in einem anderen Browser-Fenster ausgecheckt ist.

11.5.2 Einchecken

Das Projekt wird wieder eingecheckt, wenn Sie die Bearbeitung beenden, indem Sie das Projekt schließen. In Project Professional checken Sie Ihr Projekt so ein:

1. Klicken Sie auf DATEI, dann auf SCHLIESSEN.
2. Sie werden gefragt, ob Sie das Projekt einchecken möchten (siehe Abbildung 11.26). Bestätigen Sie mit OK.

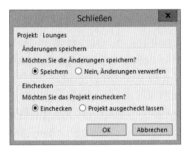

Abbildung 11.26 Einchecken in Project Professional

In der Project Web App ist das Verfahren ähnlich:

1. In den Projektdetails öffnen Sie das Menüband PROJEKT und klicken auf die Schaltfläche SCHLIESSEN.
2. Sie werden gefragt, ob Sie das Projekt einchecken möchten (siehe Abbildung 11.27). Bestätigen Sie mit OK.

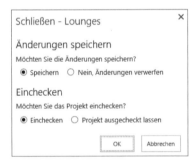

Abbildung 11.27 Einchecken in der Project Web App

Projekte bleiben ausgecheckt

Wenn Sie im Bearbeitungsmodus für ein Projekt sind und dieses somit für Sie ausgecheckt ist, bleibt es so lange ausgecheckt, bis Sie das Projekt über die Project Web App schließen.

Schließen Sie nur Ihren Browser, ohne das Projekt vorher ordnungsgemäß einzuchecken, so werden andere Benutzer das Projekt nicht einchecken und bearbeiten kön-

> nen. Beachten Sie auch, dass ein Projekt nicht gleichzeitig in der Microsoft Project Web App und in Microsoft Project Professional ausgecheckt werden kann. Wenn Sie das Projekt in der Web App ausgecheckt lassen, können Sie dieses Projekt nicht mit Microsoft Project Professional bearbeiten. Am besten checken Sie Ihre Projekte immer ein, wenn Sie mit der Bearbeitung fertig sind.

11.6 Projektberechtigungen

Das Bearbeiten eines Projektplans in der Project Web App stellt Christoph Mülder, den Projektleiter für die Lounges, vor ganz neue Möglichkeiten und Funktionen auch in Bezug auf die Zusammenarbeit mit seinen Kollegen. Sein Projekt ist auf dem Microsoft Project Server veröffentlicht, und alle berechtigten Mitarbeiter können es schreibgeschützt anzeigen.

Allerdings hat Kurt Riede keine Berechtigungen für das Projekt bekommen, weil er im Bereich IT arbeitet und somit keinen automatischen Zugriff auf alle Baupläne hat. In diesem Fall soll er jedoch Christoph Mülder bei der Aufwandschätzung für die Installation und Wartung von Computern in den Lounges unterstützen.

Natürlich könnte er sich beim Administrator melden, der dann diese Berechtigungen manuell vergeben kann. Aber bei einem dynamischen Unternehmen wie der AIRBI GmbH kommen solche Fälle häufig vor, und es kann für einen Administrator recht viel Aufwand bedeuten, diese Sonderberechtigungen allein zu verwalten. Der Projektleiter kann über das Project Center auch selbst für sein eigenes Projekt Berechtigungen vergeben, ohne sich dafür mit dem komplexen Berechtigungskonzept von Microsoft Project Server auseinandersetzen zu müssen:

1. Navigieren Sie zum PROJECT CENTER in der Project Web App.
2. Markieren Sie das Projekt »Lounges« in der Projektliste.
3. Klicken Sie auf die Schaltfläche PROJEKTBERECHTIGUNGEN im Menüband.
4. Klicken Sie auf NEU, um eine neue Berechtigung zu vergeben.
5. Wählen Sie KURT RIEDE aus der Liste der Benutzer und Gruppen aus.
6. Legen Sie nun die Berechtigungen fest. Kurt Riede darf (siehe Abbildung 11.28):
   – DAS PROJEKT IN PROJECT PROFESSIONAL ODER PROJECT WEB APP ÖFFNEN
   – DAS PROJEKT IN PROJECT PROFESSIONAL ODER PROJECT WEB APP BEARBEITEN UND SPEICHERN
   – DIE PROJEKTZUSAMMENFASSUNG IN PROJECT CENTER BEARBEITEN (dieses Recht ist notwendig, um das Projekt überhaupt in der Project Web App sehen zu können)
   – PROJEKTPLANDETAILS IN MICROSOFT PROJECT WEB APP ANZEIGEN

Das Recht zum Veröffentlichen bekommt er nicht: Der Projektleiter Christoph Mülder möchte lieber selbst den Projektplan veröffentlichen, wenn er mit der Gesamtplanung fertig ist. Die Berechtigung PROJEKTWEBSITE ANZEIGEN wird in Abschnitt 14.3.6, »Berechtigungen vergeben«, erläutert.

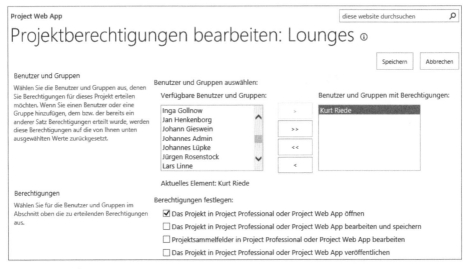

Abbildung 11.28 Erstellung von Projektberechtigungen

> **Sicherheit und Flexibilität**
>
> Die Frage, ob normale Anwender frei Berechtigungen auf Projekte vergeben sollten, sollten Sie sich beim Erstellen eines Berechtigungskonzepts gut überlegen. Diese Funktionalität bietet viel Freiheit und Flexibilität, kann aber bei kritischen Projektinformationen gefährlich sein, da die Administratoren nicht mehr allein die Kontrolle über den Zugriff auf Projektdaten haben.

Mehr Informationen zum Thema Administration der Berechtigungen für die Microsoft Project Web App finden Sie in Abschnitt 20.1, »Sicherheit«.

11.7 Mit inaktiven Vorgängen arbeiten

Sollte ein Vorgang im Projektplan möglicherweise temporär nicht benötigt werden, so können Sie ihn durch eine Deaktivierung auf den Status INAKTIV setzen. Der Vorgang bleibt damit zwar im Projektplan und auch in der grafischen Darstellung erhalten. Allerdings wird der Vorgang in der Planung, z. B. bei Verknüpfungen und Berechnungen, nicht mehr berücksichtigt. Es lassen sich auch keine aktuellen Werte für diesen Vorgang erfassen. Falls Ressourcen diesen Vorgängen zugeordnet werden,

werden diese Zuordnungen nicht in Berichten und Verfügbarkeitsansichten berücksichtigt, und die Ressourcen können weder die Vorgänge sehen noch aktuelle Zeiten zurückmelden. Ein inaktiver Vorgang verhält sich wie ein gelöschter Vorgang, er kann allerdings per Knopfdruck wieder aktiviert werden.

Inaktive Vorgänge erlauben Ihnen, schnelle Was-wäre-wenn-Szenarien in Microsoft Project durchzuspielen. Dies eignet sich besonders bei Change Requests, die noch nicht genehmigt sind, oder bei Alternativplänen. In solchen Fällen müssen potenzielle Auswirkungen auf den Zeitplan eingeschätzt werden, die laufende Planung bleibt aber bis auf Weiteres bestehen. Christoph Mülder möchte z. B. die Lounges mit einer Bar ausstatten, mit Getränken und Snacks im Angebot. Er plant die Umsetzung als inaktiv im Projektplan, diese Vorgänge finden dadurch keine Berücksichtigung in der Projektarbeit (siehe Abbildung 11.29). Sobald eine Entscheidung getroffen wurde, kann er die benötigten Vorgänge wieder aktivieren.

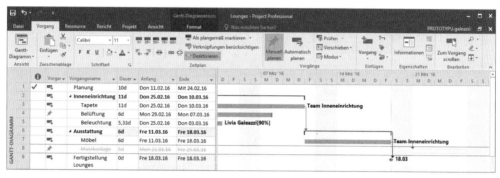

Abbildung 11.29 Inaktiver Vorgang

Die Funktion DEAKTIVIEREN können Sie in Project Professional über das Menüband VORGANG auswählen. Inaktive Vorgänge werden im GANTT-DIAGRAMM durchgestrichen dargestellt.

> **Inaktive Vorgänge in anderen Versionen**
>
> Inaktive Vorgänge können nur mit Microsoft Project Professional bearbeitet werden. In Microsoft Project Web App und Microsoft Project Standard werden die inaktiven Vorgänge schreibgeschützt angezeigt. Leider sehen Sie sie auch nicht durchgestrichen in der Project Web App. Sie erkennen die inaktiven Vorgänge in der Microsoft Project Web App allein daran, dass ihr Balkenformat anders dargestellt wird.
>
> Falls Sie den Projektplan lokal in einem Format älter als 2010 speichern, werden die inaktiven Vorgänge aus dem Projektplan gelöscht (Sie werden allerdings vor dem Löschen benachrichtigt und um Bestätigung gebeten).

11.8 Multiprojektmanagement

In diesem Abschnitt werden die Möglichkeiten dargestellt, projektübergreifende inhaltliche und terminliche Abhängigkeiten darzustellen.

11.8.1 Projekte in Teilprojekte unterteilen

Sie haben bereits in Kapitel 8, »Multiprojektmanagement«, erfahren, wie Sie Teilprojekte in ein Hauptprojekt einfügen können und innerhalb des Hauptprojekts externe Verknüpfungen zwischen den Plänen erstellen. In Verbindung mit Microsoft Project Server funktioniert dieses Verfahren genauso mit einer Einschränkung: Um alle Teilprojekte mit Schreibzugriff innerhalb des Hauptprojekts zu öffnen, müssen Sie natürlich Berechtigungen sowohl für das Hauptprojekt als auch für die Teilprojekte haben. Diese Berechtigungen können Sie Projekt für Projekt über die Funktion PROJEKTBERECHTIGUNGEN vergeben, wie in Abschnitt 11.6, »Projektberechtigungen«, beschrieben, oder zentral vom Administrator konfigurieren lassen (lesen Sie dazu Abschnitt 20.1, »Sicherheit«).

Hauptprojekte (Projekte, die Teilprojekte enthalten) werden im PROJECT CENTER gekennzeichnet, wie in Abbildung 11.30 dargestellt.

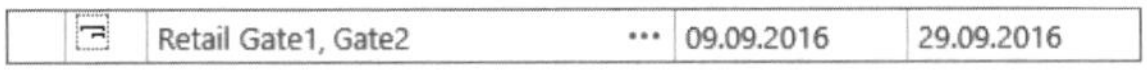

| | Retail Gate1, Gate2 | ... | 09.09.2016 | 29.09.2016 |

Abbildung 11.30 Multiprojekt im Project Center

Auf der Projektdetailseite TERMINPLAN des Hauptprojekts können Sie die einzelnen Teilprojekte anzeigen (siehe Abbildung 11.31). Diese Gesamtübersicht in der Project Web App ist schreibgeschützt. Hauptprojekte können nur mit Project Professional bearbeitet werden.

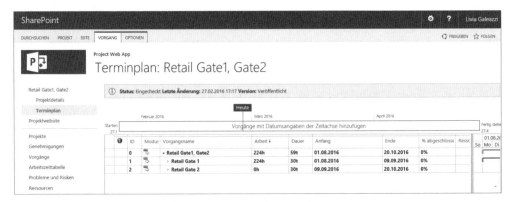

Abbildung 11.31 Teilprojekte im Hauptprojekt »Retail Gate 1, Gate 2«

Standardmäßig werden die Teilprojekte im PROJECT CENTER ausgeblendet, sodass Sie das Hauptprojekt öffnen müssen, um die Teilprojekte zu sehen. Dies kann ein Problem darstellen, falls Sie ein Teilprojekt verwalten müssen, aber keine Leserechte auf dem Hauptprojekt haben. In diesem Fall können Sie die Teilprojekte wieder einblenden, indem Sie im Menüband in der Gruppe EINBLENDEN/AUSBLENDEN einen Haken für TEILPROJEKTE setzen (siehe Abbildung 11.32).

Abbildung 11.32 Teilprojekte in Project Center ein- und ausblenden

11.8.2 Lieferumfänge (Deliverables)

In Kapitel 8, »Multiprojektmanagement«, und im letzten Abschnitt haben Sie erfahren, wie Teilprojekte innerhalb eines Hauptprojekts verknüpft werden und wie terminliche Abhängigkeiten zwischen Projektplänen erstellt werden. Diese Abhängigkeiten sind »harte« Verknüpfungen, die eine direkte Auswirkung auf den Terminplan haben.

Lieferumfänge sind eine weitere Möglichkeit, Abhängigkeiten zwischen Projekten abzubilden. Ein *Lieferumfang* (auch *Deliverable* auf Englisch) ist ein Produkt in einem Projekt, welches von weiteren Projekten benutzt wird.

Als Beispiel für einen Lieferumfang nehmen wir das Projekt »AIRBI WLAN«. Dieses Projekt produziert als Lieferumfang die WLAN-Infrastruktur für den gesamten Flughafen. Diese Infrastruktur bedient sowohl die Gäste als auch das Personal des Flughafens. Christoph Mülder will natürlich, dass Gäste in den Lounges auf WLAN zugreifen können, der Empfang dort soll gut sein und der Zugriff unkompliziert. Dafür wird er den Lieferumfang des AIRBI-WLAN-Projekts brauchen.

Lieferumfang definieren

Erst muss der Projektleiter des Projekts »AIRBI WLAN« den Lieferumfang seines Projekts erstellen:

1. Öffnen Sie das Projekt »AIRBI WLAN« in Microsoft Project Professional.
2. Markieren Sie den Meilenstein BEREITSTELLUNG GÄSTE-NETZWERK.

   Im Menüband VORGANG klicken Sie in der Gruppe EINFÜGEN auf LIEFERUMFANG UND ABHÄNGIGKEITEN VERWALTEN, dann auf LIEFERUMFANG ERSTELLEN.

3. Der Lieferumfang wird erstellt. Ein Symbol in der Indikatorenspalte signalisiert, dass ein Lieferumfang mit dem Meilenstein verknüpft ist (siehe Abbildung 11.33). Der Lieferumfang steht nun für andere Projekte zur Verfügung.

Abbildung 11.33 Lieferumfang

4. Klicken Sie wieder im Menüband auf LIEFERUMFANG UND ABHÄNGIGKEITEN VERWALTEN, dann auf LIEFERUMFANG VERWALTEN.

5. Links öffnet sich ein Fenster mit einer Liste der vorhandenen Lieferumfänge im Projektplan. Klicken Sie auf den Lieferumfang, um das Element zu bearbeiten, zu aktualisieren oder zu löschen (siehe Abbildung 11.34).

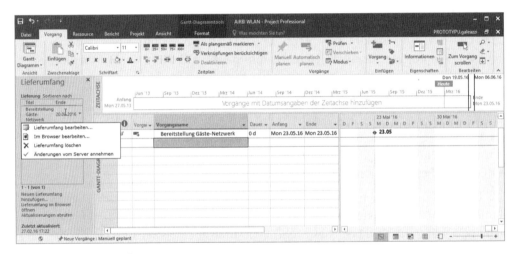

Abbildung 11.34 Bearbeitung eines Lieferumfangs

Lieferumfang nur mit Projektwebsite

Lieferumfänge werden nicht im Projektplan erstellt, sondern sind Elemente auf der Projektwebsite. Das bedeutet, dass Sie keine Lieferumfänge verwenden können, wenn für den Projektplan keine Projektwebsite erstellt wurde. Zu den Projektwebsites lesen Sie Kapitel 14, »Projektwebsites«.

Vorgang mit einem externen Lieferumfang verknüpfen

Nun muss noch das Projekt von Christoph Mülder mit dem erstellten Lieferumfang verknüpft werden:

1. Öffnen Sie das Projekt »Lounges« in Microsoft Project Professional.
2. Markieren Sie den Vorgang »WLAN«.
3. Im Menüband VORGANG klicken Sie in der Gruppe EINFÜGEN auf LIEFERUMFANG, dann auf ABHÄNGIGKEITEN VERWALTEN.
4. Links öffnet sich ein Fenster mit einer Liste der vorhandenen Abhängigkeiten. Momentan ist noch keine definiert. Klicken Sie auf NEUE ABHÄNGIGKEIT HINZUFÜGEN?.
5. Unter PROJEKT AUSWÄHLEN wählen Sie das Projekt AIRBI WLAN. Der Lieferumfang dieses Projekts wird angezeigt.
6. Klicken Sie links unter ABHÄNGIGKEIT HINZUFÜGEN auf BEREITSTELLUNG GÄSTE-NETZWERK, und wählen Sie ganz unten links MIT AUSGEWÄHLTEM VORGANG VERKNÜPFEN.
7. Klicken Sie auf FERTIG, um die Abhängigkeit zu erstellen.

Lieferumfänge aktualisieren

Lieferumfänge sind eine interessante Möglichkeit, Projekte miteinander zu verbinden, allerdings haben sie ein paar Macken:

- Lieferumfänge haben keine terminlichen Abhängigkeiten im Projektplan. Obwohl der Lieferumfang »Bereitstellung Gäste-Netzwerk« mit dem gleichnamigen Meilenstein verknüpft ist, führt eine Verschiebung des Meilensteins nicht dazu, dass der Lieferumfang auch verschoben wird. Beide Termine sind getrennt und müssen vom Projektleiter separat aktualisiert werden.
- Wenn der Lieferumfang »Bereitstellung Gäste-Netzwerk« verschoben wird, wird diese Änderung nicht sofort im Projekt »Lounges« angezeigt. Christoph Mülder muss erst die Abhängigkeit manuell aktualisieren.

Externe Lieferumfänge können Sie folgendermaßen aktualisieren:

1. Im Menüband VORGANG klicken Sie in der Gruppe EINFÜGEN auf LIEFERUMFANG, dann auf ABHÄNGIGKEITEN VERWALTEN.
2. Klicken Sie auf AKTUALISIERUNGEN ABRUFEN.
3. Bei vorhandenen Änderungen wird ein rotes Ausrufezeichen neben dem Lieferumfang angezeigt. Gehen Sie mit der Maus über den Lieferumfang, um die Änderungen zu sehen (siehe Abbildung 11.35).
4. Klicken Sie auf ALLE ÄNDERUNGEN VOM SERVER ANNEHMEN, um den Lieferumfang im Projektplan zu aktualisieren.
5. Klicken Sie auf OK. Der Lieferumfang wird aktualisiert.

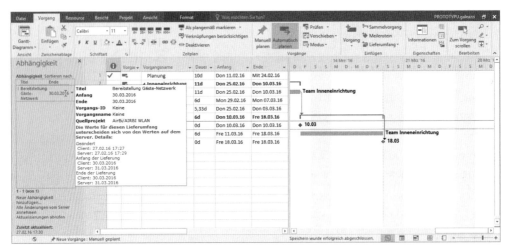

Abbildung 11.35 Aktualisierung des Lieferumfangs

11.9 Spezielle Anwendungsfälle

In diesem Abschnitt werden spezielle oder fortgeschrittene Funktionen dargestellt, die Sie nur selten oder in besonderen Fällen benutzen werden.

11.9.1 Einchecken erzwingen

Es kann schon einmal passieren, dass Projekte unbeabsichtigt lange in einem ausgecheckten Status auf dem Server verweilen. Dies kann durch einen fehlerhaften Check-in-Vorgang passieren, oder aber ein unachtsamer Benutzer hat es schlichtweg vergessen, das Projekt wieder einzuchecken. Der korrekte und empfohlene Weg ist nun, den Kontakt zu dem entsprechenden Benutzer zu suchen und ihn zu bitten, das Projekt wieder einzuchecken. Dies hat den Vorteil, dass die Änderungen des Benutzers am Projekt Bestand hätten und Sie nebenbei die Projektkommunikation etwas fördern, womit Sie eventuell ein paar Hintergrundinformationen zu den Änderungen bekommen, die Ihnen sonst verwehrt bleiben.

Eine andere Möglichkeit ist, das Einchecken des Projekts zu erzwingen. Hier greifen Sie von außen in die Client-Server-Beziehung zwischen dem auscheckenden Benutzer und dem Project Server ein, indem Sie das Auschecken rückgängig machen und alle Offline-Änderungen des Benutzers am Projektplan verwerfen. Sie sehen schon, dass das nicht der Regelfall sein sollte, da Ihnen zum einen Projektinformationen verloren gehen und Sie zum anderen eventuell in Missgunst bei projektbeteiligten Personen fallen könnten, die ihre Aktualisierungen am Projektplan erneut einpflegen müssten.

Sie haben zwei Möglichkeiten, das Einchecken von Projekten zu erzwingen. Sollten Sie administrative Rechte auf dem Project Server besitzen, können Sie sich über SERVEREINSTELLUNGEN • WARTESCHLANGEN- UND DATENBANKVERWALTUNG • EINCHECKEN VON ENTERPRISE-OBJEKTEN ERZWINGEN eine Liste aller ausgecheckten Enterprise-Objekte anzeigen lassen. Dies sind im Allgemeinen Projekte, Ressourcen, Kalender, Felder, Nachschlagetabellen und Ressourcenpläne. Durch Setzen des Hakens im ersten Kontrollkästchen werden die Objekte selektiert und mit einem Klick auf EINCHECKEN eingecheckt (siehe Abbildung 11.36).

Abbildung 11.36 Einchecken erzwingen

Sollten Sie keine administrativen Rechte auf dem Project Server haben, so wechseln Sie bitte in der Project Web App in das PROJECT CENTER. Im Menüband PROJEKTE im Bereich NAVIGATION finden Sie den Punkt MEINE PROJEKTE EINCHECKEN. Hier gelangen Sie auf die gleiche Liste, wie oben beschrieben, allerdings können Sie nur ausgecheckte Projekte sehen, bei denen Sie das Recht EINCHECKVORGÄNGE VERWALTEN haben. Dies haben in der Standardeinstellung nur die Projektbesitzer.

11.9.2 Offline arbeiten

Wenn Sie Enterprise-Projekte bearbeiten, arbeiten Sie in der Regel immer mit einer Netzwerkverbindung zu Project Server. Es kann aber sein, dass Sie für einen gewissen Zeitraum keine Verbindung mit dem Server haben. Reiner Sonnenschein z. B. hat auf der Baustelle des AIRPORT Bielefeld keine Möglichkeit, auf den Project Server zuzugreifen. Trotzdem möchte er seinen Projektplan auf seinem Laptop bearbeiten können.

Dank des sogenannten *lokalen Cache* von Project Professional ist dies möglich. Wenn Sie einen Projektplan in Project Professional bearbeiten, werden Ihre Änderungen beim Speichern erst im lokalen Cache gespeichert und dann im Hintergrund mit der Datenbank des Project Servers synchronisiert. Wenn Sie offline arbeiten, werden Ihre Änderungen einfach im Cache behalten, bis Sie sich das nächste Mal mit dem Server verbinden. Um ein Projekt offline zu bearbeiten, gehen Sie wie folgt vor:

1. Öffnen Sie Project Professional wie üblich in Verbindung mit dem Project Server.
2. Klicken Sie auf DATEI, dann auf ÖFFNEN. Klicken Sie doppelt auf DIE LISTE ALLER PROJEKTE VON PROJECT SERVER ABRUFEN.
3. Öffnen Sie den Projektplan »Lounges«. Der aktuelle Stand des Projektplans wird dabei in den Cache geladen.
4. Schließen Sie das Projekt, indem Sie auf DATEI, dann auf SCHLIESSEN klicken.
5. Im Dialog SCHLIESSEN wählen Sie die Option PROJEKT AUSGECHECKT LASSEN und klicken auf OK.

Solange das Projekt für Sie ausgecheckt bleibt, können Sie es auch offline bearbeiten. Um das Projekt offline aus dem Cache zu öffnen, befolgen Sie diese Schritte:

6. Öffnen Sie Project Professional. Als Profil wählen Sie wie üblich das Server-Profil, hier z. B. AIRBI, aber klicken Sie nicht auf OK, sondern auf OFFLINE ARBEITEN.
7. Project Professional wird im Offline-Modus geöffnet. Klicken Sie auf DATEI, dann auf ÖFFNEN, um den Projektplan aus dem Cache zu öffnen. Nur Projekte, die für Sie ausgecheckt sind, können im Offline-Modus mit Schreibzugriff geöffnet werden. Öffnen Sie das Projekt »Lounges« (siehe Abbildung 11.37).

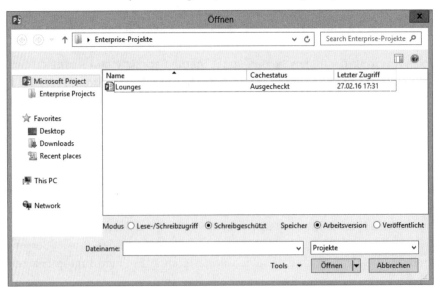

Abbildung 11.37 Projekt offline öffnen

8. Sie können Ihr Projekt wie gewohnt bearbeiten, speichern und wieder schließen.

Das nächste Mal, wenn Sie Project Professional in Verbindung mit Project Server öffnen, werden die Server-Daten automatisch mit den Offline-Daten synchronisiert. Sie müssen nur noch das Projekt erneut auf dem Server einchecken. Bei der nächsten Serververbindung gehen Sie folgendermaßen vor:

1. Öffnen Sie Microsoft Project Professional wieder wie üblich in Verbindung mit dem Project Server.
2. Klicken Sie auf DATEI, dann auf ÖFFNEN. Öffnen Sie das Projekt »Lounges«.
3. Anschließend klicken Sie auf DATEI und SCHLIESSEN. Wählen Sie dieses Mal im Dialog die Option EINCHECKEN. Das Projekt wird wieder auf dem Server eingecheckt.

> **Vorsicht bei »Einchecken erzwingen«**
> Wenn das Projekt über die Funktion EINCHECKEN ERZWINGEN eingecheckt wird, während Sie es offline bearbeiten, können Ihre Offline-Änderungen nicht mehr mit dem Project Server synchronisiert werden. Die Funktion EINCHECKEN ERZWINGEN sollte deswegen immer mit Vorsicht und nach Absprache verwendet werden.

11.9.3 Cache verwalten

Alle Projekte, die vom Project Server durch Project Professional ausgecheckt werden, erzeugen eine lokale Zwischenkopie, die während des Speicherns auf dem Project Server mit der Datenbank synchronisiert wird. Unter DATEI • OPTIONEN • SPEICHERN finden Sie die Einstellungen zum lokalen Cache (siehe Abbildung 11.38).

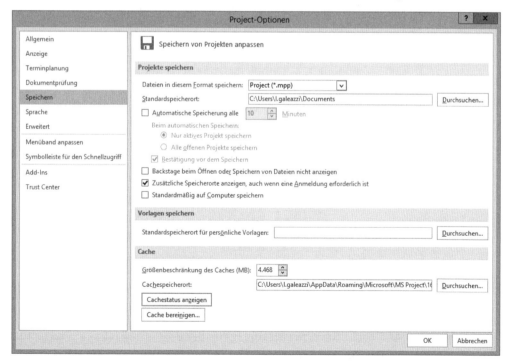

Abbildung 11.38 Cache-Optionen

Über die Schaltfläche CACHE BEREINIGEN können Sie die Liste der Projekte anzeigen, die in den lokalen Cache geladen wurden, und Elemente aus dem Cache entfernen (siehe Abbildung 11.39).

Abbildung 11.39 Cache bereinigen

Über die Schaltfläche CACHESTATUS ANZEIGEN wird Ihnen der Bericht STATUS DES AKTIVEN CACHES über die Synchronisierungen zwischen lokalem Cache und Server angezeigt (siehe Abbildung 11.40). Im Register FEHLER werden Synchronisierungsfehler aufgelistet.

Abbildung 11.40 Cachestatus

11.9.4 Eigene Warteschlangenaufträge verwalten

Fast alles, was Sie im Project Server tun, wird über die Warteschlange verarbeitet: Speichern, Einchecken, Arbeitszeittabelle übermitteln usw. Falls Sie z. B. ein Projekt einchecken, dabei aber feststellen, dass das Projekt ausgecheckt bleibt, können Sie die Verarbeitung des Warteschlangenauftrags PROJEKT EINCHECKEN überprüfen.

Ihre Warteschlangenaufträge können Sie unter PERSÖNLICHE EINSTELLUNGEN verwalten. Die persönlichen Einstellungen finden Sie standardmäßig nicht mehr wie in der Version 2010 direkt in der Schnellstartleiste, sondern Sie gelangen nun über den Link SERVEREINSTELLUNGEN in der Schnellstartleiste dorthin. Klicken Sie auf PERSÖNLICHE EINSTELLUNGEN und auf EIGENE WARTESCHLANGENAUFTRÄGE VERWALTEN.

Solange der Auftrag nicht erfolgreich verarbeitet wurde, wird er in der Warteschlange angezeigt. Ein Status auf IN VERARBEITUNG bedeutet, dass der Auftrag bearbeitet wird und zeitnah abgeschlossen sein sollte. Ein Status WARTET AUF VERARBEITUNG bedeutet, dass die Warteschlange gerade mit anderen Aufträgen beschäftigt ist und noch nicht angefangen hat, diesen Auftrag zu verarbeiten.

Sollte bei einem Auftrag ein Fehler auftreten oder bleibt der Auftrag dauerhaft im Status IN VERARBEITUNG oder WARTET AUF VERARBEITUNG, sollten Sie sich an den Administrator wenden.

11.10 Unterschiede der Bearbeitung des Projektplans mit der Microsoft Project Web App und mit Project Professional

Mit dem Microsoft Project Server 2016 haben Sie zwei Möglichkeiten, Ihren Projektplan zu editieren. Sie können ihn mit Ihrem lokalen Project Professional 2016 bearbeiten oder auf die Web-Editing-Funktionalitäten der Project Web App zurückgreifen. In beiden Fällen arbeiten Sie immer mit Ihrem Projektplan aus der Project-Server-Datenbank und haben somit die freie Wahl der Werkzeuge.

Viele sind begeistert von der Idee, einen Projektplan über die Weboberfläche zu bearbeiten. Anwender, die von der Komplexität von Microsoft Project erschreckt sind, finden damit einen einfacheren Einstieg in Microsoft Project Server. Allerdings sind beide Werkzeuge nicht gleichwertig. Die Arbeit über die Weboberfläche hat einige Einschränkungen, die Sie bei der Auswahl des richtigen Werkzeugs berücksichtigen müssen.

11.10.1 Vor- und Nachteile von Microsoft Project Professional und Microsoft Project Web App bei der Bearbeitung des Projektplans

In Tabelle 11.1 finden Sie einen Überblick über die Vor- und Nachteile der beiden Oberflächen. Project Professional hat für sich die vollständigen Funktionalitäten eines mächtigen Planungswerkzeugs. Außerdem hat diese Clientanwendung die Möglichkeit, Ihre Änderungen erst lokal zu speichern und im Hintergrund mit dem Server zu synchronisieren, was eine Verbesserung der Performanz ermöglicht. Die Arbeit mit der Project Web App kann bei umfangreichen Plänen langsamer und somit auch weniger komfortabel sein.

Die Project Web App bietet dagegen eine vereinfachte Oberfläche, die unerfahrenen Anwendern einen schnelleren Einstieg in die Projektplanung ermöglicht und die sich für kleine und schnelle Änderungen im Projektplan gut eignet.

	Microsoft Project Web App	Microsoft Project Professional
Infrastruktur	Keine Installation, nur der Browser ist notwendig.	Project Professional muss installiert werden.
Usability	vereinfachte Oberfläche für kleine Änderungen und überschaubare Pläne	komplexere Anwendung, flexibler bei der Darstellung der Daten
Funktionalitäten	keine Fortgeschrittenen-Funktionalitäten	vollständige Funktionalität
Performanz	langsamer bei großen Projektplänen	schnelles Speichern, auch bei umfangreichen Projektplänen

Tabelle 11.1 Vor- und Nachteile von Project Professional und der Project Web App

11.10.2 Funktionalitäten-Einschränkungen

Die Project Web App bietet einen reduzierten Funktionsumfang für die Bearbeitung des Projektplans. Im Folgenden zeigen wir Ihnen, welche Funktionalitäten nur in Project Professional zur Verfügung stehen, jedoch nicht in der Project Web App:

- Einschränkungen bei der Termin- und Ressourcenplanung:
  - Vorgänge als inaktiv markieren: Inaktive Vorgänge können Sie in der Project Web App sehen, aber nicht bearbeiten.
  - Mit Haupt- und Teilprojekten arbeiten: Projekte, die Teilprojekte enthalten, können nicht in der Project Web App bearbeitet werden. Allerdings können die einzelnen Teilprojekte über die Project Web App bearbeitet werden. Mehr zu Haupt- und Teilprojekten lesen Sie in Kapitel 8, »Multiprojektmanagement«, und Abschnitt 11.8.1, »Projekte in Teilprojekte unterteilen«.
  - Projektvorgänge mit externen Vorgängen verknüpfen
  - Vorgänge unterbrechen

- Vorgangskalender definieren: Vorgänge mit Vorgangskalender sind in der Project Web App schreibgeschützt. Zu Vorgangskalendern lesen Sie Abschnitt 6.1.4, »Kalender«.
- Ressourceneinheiten einstellen: Ressourcen werden in der Project Web App immer zu 100 % Vorgängen zugeordnet. Dies kann nur in Project Professional geändert werden. Zu Ressourceneinheiten lesen Sie Abschnitt 6.1.6, »Verhältnis Arbeit, Dauer und Einheit«, und Abschnitt 6.1.7, »Ressourcen Vorgängen zuordnen«.
- Mit der zeitphasenbasierten Ansicht arbeiten: Felder wie ARBEIT und KOSTEN können nicht tagesgenau geplant werden.
- Kapazitätsabgleich

▶ Nicht verfügbare Ansichten:
- Netzplandiagramm
- Fenster Vorgangsinformationen
- Teamplaner

▶ Sonstige nicht verfügbare Funktionalitäten:
- Vorgangsinspektor
- Kalender bearbeiten
- lokale benutzerdefinierte Felder erstellen
- Text formatieren
- offline arbeiten

▶ Sonstige Einschränkungen:
- Leerzeilen im Projektplan sind in der Project Web App nicht zulässig. Ein Projektplan, der Leerzeilen enthält, kann nicht bearbeitet werden.

Der Funktionsumfang hat sich allerdings seit der Version 2010 um wichtige Bestandteile erweitert. Folgendes ist nun auch im Browser möglich:

▶ einen Basisplan festlegen
▶ die Zeitachse sehen und bearbeiten
▶ Stichtage festlegen
▶ Kosten- und Materialressourcen Vorgängen zuordnen
▶ Nun können auch Vorgänge beliebiger Vorgangsart in der Project Web App bearbeitet werden, und Sie können dort auch die Vorgangsart bearbeiten, indem Sie sich in einer Ansicht die Spalte einblenden.
▶ Neue Berechnungen im Projektplan erfolgen sofort wie in Project Professional, nicht mehr erst auf Knopfdruck.

11.10.3 Zusammenfassung

Die Project Web App ist für Anwender gut geeignet, die nur einfache Pläne verwalten wollen. Vor allem in Organisationen, die auf eine detaillierte Ressourcenplanung verzichten wollen, können die Terminpläne rein in der Project Web App verwaltet werden. Auch in den frühen Phasen der Projektplanung, wenn Sie nur eine grobe Meilensteinplanung erstellen wollen, kann sie ein angemessenes Werkzeug sein. Später können Sie den Projektplan mit Project Professional öffnen, um die Planung weiter zu detaillieren.

Eine Ressourcenplanung ist allerdings nur grob möglich mit der Einschränkung, dass Ressourcen Vorgängen nur zu 100 % zugeordnet werden können. Wer Ressourcenaufwände und -verfügbarkeiten mit Project Server auswerten will oder die Funktion Multiprojektmanagement braucht, kann nicht vollständig auf Project Professional verzichten.

Kapitel 12
Ressourcen- und Kostenmanagement mit Microsoft Project Server

Hier lernen Sie die Verwendung der weiteren Funktionalitäten bei der Arbeit mit Ressourcen und Kosten in Projekten, die Ihnen der Microsoft Project Server anbietet.

In Kapitel 6, »Ressourcen- und Kostenmanagement«, haben Sie bereits gesehen, wie Reiner Sonnenschein in seinem lokalen Projektplan Ressourcen und deren Kosten verwalten konnte. Mit dem Project Server ist es möglich, einen Schritt weiterzugehen, um ein unternehmensweites Ressourcenmanagement einzuführen. In diesem Kapitel erfahren Sie, wie Sie mit Project Server Unternehmensressourcen auch projektübergreifend verwalten und wie die Ressourcen- und Kostenplanung der Einzelprojekte davon profitieren kann.

12.1 Projektübergreifendes Ressourcenmanagement

Im Unternehmen der Flughafengesellschaft AIRBI GmbH gibt es zwei unterschiedliche Gruppen von Personen, die jeweils unterschiedliche Aufgaben im Ressourcenmanagement übernehmen. Zum einen sind dies die Projektleiter, wie z. B. Simon Taraz und Christoph Mülder, und zum anderen die Bereichsleiter Anja Staab und Kurt Riede, die hier die Rolle der Ressourcenmanager innehaben. So müssen Anja Staab und Kurt Riede als Ressourcenmanager Anfragen für generische Ressourcen einsehen, Ressourcenauslastungen analysieren und bestimmte Ressourcen aufgrund bestimmter Kriterien auswählen und zuweisen. In Kombination mit dem Project Center haben Projektleiter und Ressourcenmanager die Möglichkeit, Kompromisse in Erwägung zu ziehen, wie beispielsweise zwischen Terminprioritäten und Budgetanforderungen oder Ressourceneinschränkungen.

12.1.1 Enterprise-Ressourcenpool

In einem PPM-System ist die zentrale Pflege von Ressourcen eine wichtige und wertvolle Aufgabe, denn Auslastungs- und Verfügbarkeitsdaten sind nur so gut und somit auch nur so zuverlässig, wie der darunterliegende Ressourcenpool aktuell und korrekt ist. Ein Ressourcenpool ist eine Sammlung von allen in einem Unternehmen zur Verfügung stehenden Ressourcen. Diese müssen nicht unmittelbar im Unternehmen arbeiten und vorhanden sein, in einem Ressourcenpool können sowohl interne als auch externe Ressourcen gepflegt werden.

Enterprise-Ressourcen

Der deutlichste Vorteil eines Enterprise-Ressourcenpools ist die Zentralisierung der Ressourceninformationen und die daraus folgende Datenzuverlässigkeit. Denn nur wenn die in allen Projekten verplanten Stunden einer Person in einer Enterprise-Ressource zusammenlaufen, kann eine Restverfügbarkeit der Person durch ein System vollständig dargestellt und ausgewertet werden.

Ein weiterer Vorteil eines zentralen Ressourcenpools sind die einheitlichen Metadaten. Im Gegensatz zu lokalen Ressourcen, für deren Pflege im Regelfall Sie selbst verantwortlich sind, haben Enterprise-Ressourcen über alle Projekte hinweg die gleichen Attribute. Dies bedeutet, dass Sie bei der Suche nach geeigneten Ressourcen für die Zuordnung eines Vorgangs auf diese Attribute zurückgreifen können. Diese Attribute können z. B. bestimmte Fähigkeiten oder räumliche Einschränkungen der Ressourcen abbilden.

Enterprise-Ressourcen sind alle Ressourcen, die über den zentralen Ressourcenpool verwaltet werden. Zu Ressourcen werden im Allgemeinen alle zu verplanenden Arbeitsmittel und Arbeitskräfte gezählt. Wie Sie es bereits in Abschnitt 6.1.1, »Ressourcenarten«, gelesen haben, sind in Project Server drei Ressourcenarten verfügbar:

- ARBEIT – Ressourcen, die Arbeit im Projekt erledigen und nach Aufwand geplant werden
- MATERIAL – z. B. Baumaterial
- KOSTEN – Finanzmittel, die für die Durchführung des Projekts notwendig und weder Material- noch Personalkosten sind

Ressourcenarten sind mit der Art der Kostenberechnung verbunden. Wenn Sie Ressourcen planen, planen Sie auch gleichzeitig deren Kosten, sei es Personalkosten (Art ARBEIT) oder z. B. Reisekosten (Art KOSTEN). Zusätzlich lassen sich diese Ressourcenarten in besondere Ressourcentypen kategorisieren:

- generische Ressourcen
- Budgetressourcen
- Teamressourcen

Die Verwendung von generischen Ressourcen und Budgetressourcen wurde bereits in Kapitel 6, »Ressourcen- und Kostenmanagement«, erläutert. Teamressourcen stehen dagegen in der lokalen Variante von Microsoft Project nicht zur Verfügung.

Mehr zu Teamressourcen lesen Sie in Abschnitt 12.1.2, »Ressourcenpool bearbeiten«, sowie in Abschnitt 20.2.4, »Ressourcencenter«.

Lokale Ressourcen

Neben der Möglichkeit, auf Enterprise-Ressourcen zuzugreifen, können Sie weiterhin lokale Ressourcen im Projektplan anlegen. Lokale Ressourcen erstellen Sie genauso wie in Abschnitt 6.1.2, »Ressourcen anlegen«, beschrieben.

> **Lokale Ressourcen sind manchmal sinnvoll**
>
> In der Regel sollten Sie die Arbeit mit lokalen Ressourcen vermeiden, weil Sie bei diesen Ressourcen keine projektübergreifenden Daten auswerten können. Es ist aber in manchen Fällen nicht sinnvoll, eine bestimmte Ressource im Enterprise-Ressourcenpool hinzuzufügen: z. B. eine externe Ressource, die sonst in keinem anderen Projekt arbeitet. In diesem Fall können Sie eine lokale Ressource ganz normal anlegen und im Projektplan selbst verwalten. Eine lokale Ressource erkennen Sie schnell am Symbol in der Indikatorenspalte in einer Ressourcenansicht.

Ressourcencenter

Das Ressourcencenter in der Microsoft Project Web App 2016, in das Sie über den Link RESSOURCEN in der Schnellstartleiste gelangen, liefert verschiedene Informationen über die Ressourcen Ihrer Projektorganisation und bietet die Möglichkeit, Ressourcendaten zu pflegen (siehe Abbildung 12.1).

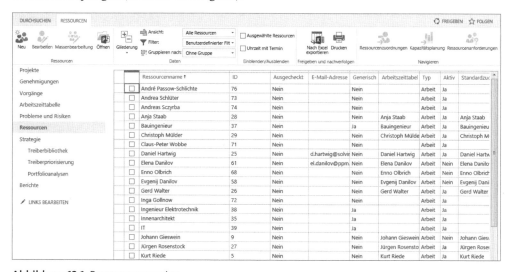

Abbildung 12.1 Ressourcencenter

Spezielle Ansichten und Funktionalitäten sollen Ihnen helfen, die Informationen zu verstehen und Handlungen diese Ressourcen betreffend auszuführen. Die Ressourcen, die im Ressourcencenter dargestellt werden, stammen aus dem sogenannten Enterprise-Ressourcenpool des Microsoft Project Servers. Der Begriff Enterprise steht hierbei für »unternehmensweit«.

Sie können die Details der Ressourcen durchsuchen, entsprechend den Ihnen vom Project-Server-Administrator zugeordneten Berechtigungen. Im Standard dürfen Sie nur Ressourcendetails von Ressourcen Ihrer eigenen Projekte oder von Projekten, denen Sie als Manager zugeordnet sind, einsehen. Solange Sie nicht das Recht haben, Ressourcen hinzuzufügen, können Sie diese Ressourcen nur im Rahmen des Projekts »nutzen«. Zum Beispiel in Form von Ressourcenzuweisungen oder indem Sie diese Zuweisungen für Ressourcen betrachten.

Abhängig von den Sicherheitsberechtigungen innerhalb des Project Servers und der Rolle, die Sie im Unternehmen einnehmen, bietet Ihnen das Ressourcencenter folgende Funktionen:

- Betrachten der Enterprise-Ressourcen und deren Details
- Ressourcen hinzufügen
- Bearbeiten der Ressourcendetails (inklusive Massenbearbeitung)
- Öffnen des Ressourcenpools in Project Professional 2016
- Anzeigen von Ressourcenzuordnungen
- Anzeigen der Ressourcenkapazität
- Bearbeiten der Ressourcenanforderungen

Lokale Ressourcen im Enterprise-Ressourcenpool
Befinden sich lokale Ressourcen in Enterprise-Projekten, so werden diese nicht im Ressourcencenter angezeigt. Sie können diese nur in einer lokalen Ressourcenansicht innerhalb des Projektplans anzeigen.

Im Standardberechtigungskonzept des Microsoft Project Servers (SharePoint-Berechtigungsmodus) dürfen beide Gruppen, Projektleiter sowie Ressourcenmanager, alle Enterprise-Ressourcen betrachten. Ressourcenmanager dürfen zusätzlich die Ressourcen bearbeiten. Bei Bedarf muss der Project-Server-Administrator diese Berechtigungen entsprechend anders konfigurieren. Dazu muss allerdings in den Project-Server-Berechtigungsmodus umgeschaltet werden, da im SharePoint-Berechtigungsmodus keine Änderungen der Berechtigungen möglich sind. Nähere Erläuterungen zu den Berechtigungsmodi finden Sie in Abschnitt 20.1, »Sicherheit«.

12.1 Projektübergreifendes Ressourcenmanagement

Ausgewählte Ressourcen anzeigen

Schon bei einem mittelgroßen Ressourcenpool können die zur Verfügung stehenden Ressourcen nicht mehr auf einer Bildschirmseite angezeigt werden. Sie müssen daher den Bildschirminhalt verschieben und verlieren so schnell den Überblick über die ausgewählten Ressourcen.

Blenden Sie sich deshalb über den Befehl AUSGEWÄHLTE RESSOURCEN im Menübandbereich EINBLENDEN/AUSBLENDEN eine Ressourcenliste ein, die alle ausgewählten Ressourcen anzeigt (siehe Abbildung 12.2).

Abbildung 12.2 Ausgewählte Ressourcen werden am rechten Bildschirmrand dargestellt.

12.1.2 Ressourcenpool bearbeiten

Über das Ressourcencenter können Sie neue Ressourcen anlegen oder vorhandene bearbeiten.

Neue Ressource hinzufügen

Wenn Sie die notwendigen Rechte haben, können Sie dem Enterprise-Ressourcenpool Ressourcen über das Ressourcencenter hinzufügen. Wählen Sie NEU ganz links im Menüband des Ressourcencenters, um die Eingabeseite für eine neue Ressource zu öffnen. Ein Formular zur Erstellung der Ressource wird angezeigt (siehe Abbildung 12.3).

Bei Ressourcen vom TYP ARBEIT können Sie außerdem das Häkchen RESSOURCE EINEM BENUTZERKONTO ZUORDNEN auswählen. Wenn dieses Häkchen gewählt ist, haben Sie die Möglichkeit, neben den gewöhnlichen Ressourcenfeldern auch Anmeldedaten für die Ressource einzugeben, damit diese Person sich auf dem Project Server anmelden kann. Weitere Erläuterungen zur Einrichtung von Ressourcen und Benutzern finden Sie in Abschnitt 20.1.4, »Benutzer verwalten (Projektberechtigungsmodus)«.

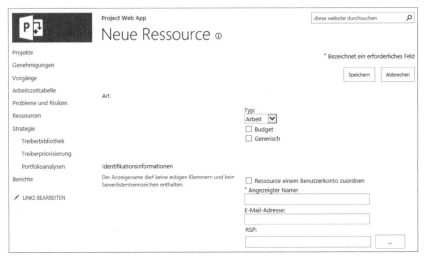

Abbildung 12.3 Die Eingabemaske zum Anlegen einer neuen Enterprise-Ressource

Einzelbearbeitung

Wenn Sie eine Ressource im Ressourcencenter markieren und auf die Schaltfläche BEARBEITEN klicken, können Sie die Enterprise-Informationen und die Berechtigungen dieser Ressource sehen und bearbeiten. Voraussetzung für die Bearbeitung ist, dass Ihnen entsprechende Rechte für die Bearbeitung dieser Ressource gewährt worden sind. In Abbildung 12.4 sehen Sie die Seite RESSOURCE BEARBEITEN.

Abbildung 12.4 Die Seite »Ressource bearbeiten«

Haben Sie mehrere Ressourcen im Ressourcencenter markiert, können Sie durch den Befehl BEARBEITEN eine Serienbearbeitung starten. Haben Sie die erste Ressource bearbeitet, können Sie mit SPEICHERN UND VORGANG FORTSETZEN die Änderungen speichern und zur nächsten markierten Ressource wechseln.

Massenbearbeitung

Sobald Sie mehrere Ressourcen im Ressourcencenter markiert haben, steht Ihnen der Befehl MASSENBEARBEITUNG im Menüband zur Verfügung. Diese Option bringt Sie zur Seite für die Massenbearbeitung. Hier können Sie für alle markierten Ressourcen ZUORDNUNGSATTRIBUTE, INTEGRIERTE BENUTZERDEFINIERTE FELDER und die ABTEILUNG ändern. Die Massenbearbeitungsseite sehen Sie in Abbildung 12.5.

Abbildung 12.5 Massenbearbeitungsseite im Ressourcencenter

> **Markierte Ressourcen**
>
> Gespeicherte Änderungen an Ressourcenattributen können Sie nur durch eine Wiederherstellung einer Sicherung des Ressourcenpools rückgängig machen oder manuell erneut bearbeiten, falls Sie noch die alten Werte im Kopf haben.
>
> Vermeiden Sie diesen Aufwand, indem Sie vor jeder Massenbearbeitung nochmals kontrollieren, ob Sie auch die richtigen Ressourcen ausgewählt haben, um nicht versehentlich eine falsche Ressource zu editieren.

Ressourcen mit Project Professional bearbeiten

Die Schaltfläche ÖFFNEN des Ressourcencenters erlaubt es Benutzern mit entsprechender Berechtigung, den Enterprise-Ressourcenpool des Project Servers in Project Professional zu öffnen. Im Gegensatz zu Ansichten im Ressourcencenter bietet das

Öffnen des Ressourcenpools in Project Professional 2016 alle Informationen und alle Funktionen zur Bearbeitung von Ressourcen.

Berechtigungen zum Öffnen des Enterprise-Ressourcenpools

Der Ressourcenpool kann nur mit einem mit dem Project Server verbundenen Project Professional geöffnet werden. Daher ist neben der eigentlichen Berechtigung zum Editieren von Ressourcen und zum Öffnen des Ressourcenpools auch das Recht MIT MICROSOFT PROJECT PROFESSIONAL AN PROJECT SERVER ANMELDEN erforderlich, um den Ressourcenpool in Project Professional zu öffnen. Mehr zum Berechtigungskonzept erfahren Sie in Abschnitt 20.1, »Sicherheit«.

Zum Öffnen des Ressourcenpools aus dem RESSOURCENCENTER gehen Sie wie folgt vor:

1. Öffnen Sie das RESSOURCENCENTER.
2. Markieren Sie die zu öffnenden Ressourcen, indem Sie den Haken in der ersten Spalte setzen.
3. Klicken Sie auf die Schaltfläche ÖFFNEN im Abschnitt RESSOURCEN des Menübandes des RESSOURCENCENTERS.
4. Editieren Sie im geöffneten Project Professional den Enterprise-Ressourcenpool (siehe Abbildung 12.6).

Abbildung 12.6 Geöffneter Ressourcenpool in Project Professional 2016

Zu den weiteren Einstellungsmöglichkeiten lesen Sie auch den Unterasbschnitt »Erstellung von Ressourcen mit Microsoft Project Professional« in Abschnitt 20.2.4.

Ausgecheckte Enterprise-Ressourcen

Öffnen Sie Enterprise-Ressourcen aus dem Ressourcenpool in Project Professional, so werden diese Ressourcen automatisch auf dem Project Server ausgecheckt. Der geöffnete Ressourcenpool verhält sich wie ein geöffnetes Projekt. Dies bedeutet, dass erst beim Schließen des Ressourcenpools (DATEI • SCHLIESSEN) die Ressourcen wieder eingecheckt werden und anderen Benutzern zur Bearbeitung zur Verfügung stehen.

Ressourcen löschen

Viele Anwender suchen die Schaltfläche LÖSCHEN im Ressourcencenter und finden sie nicht. Sie können im Ressourcencenter keine Ressourcen löschen, sondern nur über die Servereinstellungen, wie in Abschnitt 20.3.3, »Enterprise-Objekte löschen«, erläutert.

Ressourcen sollten in der Regel nie gelöscht werden, da dadurch alle mit dieser Ressource verknüpften Daten ebenfalls gelöscht werden. Ressourcenverfügbarkeit und -aufwände sind wichtige historische Daten, die Sie z. B. für Berichte benötigen. Eine nicht mehr vorhandene Ressource können Sie allerdings über das Feld KONTOSTATUS auf INAKTIV setzen.

Einstellungen für Ressourcenanforderungen

In Project Server 2016 können jetzt Ressourcenanforderungen verwaltet werden. Über diese Funktion erstellt der Projektleiter eine Ressourcenanforderung, die von dem Ressourcenverantwortlichen genehmigt oder abgelehnt werden kann. Wie Sie eine Ressourcenanforderung erstellen und verwalten, erfahren Sie in Abschnitt 12.2.3, »Mit Ressourcenanforderungen arbeiten«.

Für die Arbeit mit Ressourcenanforderungen müssen Sie folgende Ressourceneinstellungen beachten:

- Setzen Sie den Haken bei RESSOURCE ERFORDERT FÜR ALLE PROJEKTZUWEISUNGEN EINE GENEHMIGUNG, damit eine Ressourcenanforderung für diese Ressource erforderlich wird. Standardmäßig ist der Haken nicht gesetzt, dann ist die Ressourcenanforderung optional.

- Benutzen Sie ein benutzerdefiniertes Feld, um einen Bezug zwischen generischen Ressourcen und Personenressourcen zu erlauben. Bei AIRBI heißt dieses Feld »Rolle«. Damit können die AirBi-Projektleiter eine generische Ressource anfordern (z. B. »Bauingenieur«). Der Ressourcenverantwortliche ersetzt dann diese generische Ressource durch eine Person, die ebenso der Rolle »Bauingenieur« zugeordnet ist.

Wie Sie ein benutzerdefiniertes Feld erstellen und konfigurieren, erfahren Sie in Abschnitt 20.2.1, »Benutzerdefinierte Enterprise-Felder und -Nachschlagetabellen«.

Teamressourcen verwalten

Teamressourcen sind eine besondere Art von Ressourcen, die nur in Zusammenhang mit Project Server verwendet werden kann. Teamressourcen sind Gruppierungen von Personenressourcen. Wie generische Ressourcen dienen Teamressourcen als Platzhalter, solange nicht bekannt ist, welcher Mitarbeiter im Team die Arbeit erledigen soll. Allerdings steht mit Teamressourcen eine weitere Funktionalität zur Verfügung: Personenressourcen, die im Team sind, bekommen eine Übersicht über alle Vorgänge, die zum Team gehören. Sie können diese Aufgaben dann übernehmen. In diesem Fall muss der Projektleiter also nicht im Vorhinein entscheiden, wer welche Aufgabe erledigt. Diese Aufteilung kann spontan während der Projektarbeit erfolgen. Zum Beispiel arbeiten sowohl Livia Galeazzi als auch Gerd Walter an der Inneneinrichtung. Beide haben die Fähigkeit, die Einrichtung der Beleuchtung der Lounges zu überwachen. Über die Teamressource »Inneneinrichtung« muss der Projektleiter nicht im Detail planen, wer die Aufgabe erledigen wird. Beide Mitarbeiter gehören zum Team »Inneneinrichtung« und können diese Aufgabe entsprechend übernehmen und darauf zurückmelden (siehe Abbildung 12.7). Das Vorgehen wird in Abschnitt 13.2, »Weitere Vorgangsinformationen zurückmelden«, erläutert.

Bei der Erstellung von Teamressourcen sollten Sie auf die folgenden Eigenschaften achten:

- TEAMZUORDNUNGSPOOL: Diese Eigenschaft kennzeichnet die Ressource als Teamressource und sollte deswegen immer gesetzt werden.
- TEAMNAME: Das Standardfeld TEAMNAME steuert die Verbindung zwischen der Teamressource und den Personenressourcen. Zum Beispiel hat die Teamressource »Team Inneneinrichtung« die Eigenschaft »Inneneinrichtung« im Feld TEAMNAME. Die Personenressource Livia Galeazzi hat ebenso die Eigenschaft »Inneneinrichtung« im Feld TEAMNAME. Dadurch kann Livia Galeazzi die Vorgänge dieser Teamressource sehen. Wie Sie die Werte im Feld TEAMNAME festlegen, lesen Sie in Abschnitt 20.2.4, »Ressourcencenter«.
- STANDARDZUORDNUNGSBESITZER: Zusätzlich können Sie den Teamleiter als Standardzuordnungsbesitzer festlegen, sodass er einfacher verfolgen kann, welche Teamaufgaben noch nicht verteilt sind. Zum Thema Zuordnungsbesitzer lesen Sie Abschnitt 13.6, »Status-Manager und Zuordnungsbesitzer«.

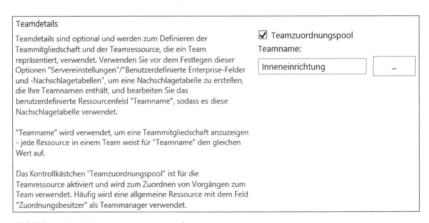

Abbildung 12.7 Teamressource anlegen

12.1.3 Ressourcenverfügbarkeit

Die Ressourcenverfügbarkeit ist eine zentrale Information für das Ressourcenmanagement. Einer der größten Vorteile des Project Servers im Vergleich zu der lokalen Variante ist die Möglichkeit, projektübergreifende Informationen über die Ressourcenplanung und -kapazität zu verwalten. Viele Faktoren beeinflussen die Verfügbarkeit einer Ressource:

- Arbeitszeiten: Vollzeit- und Teilzeitressourcen haben natürlich unterschiedliche Verfügbarkeiten.
- Abwesenheiten: Dazu zählen Urlaub, Weiterbildung und sonstige arbeitsfreie Tage.
- Nicht projektbezogene Tätigkeiten (Tagesgeschäft): Ressourcen stehen selten zu 100 % ihrer Arbeitszeit für Projektarbeit zur Verfügung.

In Project Server berechnet sich die Verfügbarkeit folgendermaßen:

Verfügbarkeit = Kapazität – geplante Arbeit

Die Kapazität einer Ressource ist die Zeit, die für die Arbeit zur Verfügung steht. Die geplante Arbeit wird aus der Ressourcenplanung der jeweiligen Projektpläne aggregiert. Ganz genau handelt es sich hierbei um die aktuell in Projektplänen geplante *berechnete Arbeit*, also nicht die in den Basisplänen gespeicherte Arbeit, die in den Vorgangsfeldern in Microsoft Project *geplante Arbeit* heißt, siehe zu den unterschiedlichen Wertbezeichnungen auch Abschnitt 7.2.1, »Arbeiten mit dem Basisplan«.

Ressourcenkalender

Die Kapazität einer Ressource können Sie primär mit dem Ressourcenkalender beeinflussen. Der Kalender legt die Arbeitszeiten fest. Jeder Ressource wird ein sogenannter *Basiskalender* zugeordnet. Als Basiskalender können Sie alle zentral konfigurierten Enterprise-Kalender auswählen. Bei der AIRBI GmbH wurden z. B. die folgenden Kalender konfiguriert (zur Konfiguration von Enterprise-Kalendern erfahren Sie mehr in Abschnitt 20.2.3, »Enterprise-Kalender«):

- Nordrhein-Westfalen 20 Std./Woche
- Nordrhein-Westfalen 40 Std./Woche

Beide Kalender enthalten die Feiertage vom Bundesland Nordrhein-Westfalen, so dass Ressourcen nicht an diesen arbeitsfreien Tagen zugeordnet werden können. Außerdem wurden ein Kalender für Vollzeit und ein Kalender für Teilzeit konfiguriert. Der Ressource Andrea Schlüter können Sie den Kalender »Nordrhein-Westfalen 40 Std./Woche« zuordnen, indem Sie die Ressource im Ressourcencenter bearbeiten und im Feld BASISKALENDER den richtigen Kalender auswählen.

Alle Änderungen, die Sie im Enterprise-Kalender »Nordrhein-Westfalen 40 Std./Woche« machen, werden sich auf die Arbeitszeit von Andrea Schlüter auswirken sowie auf die aller anderen Ressourcen, die diesem Kalender zugeordnet sind.

Allerdings können nicht alle Kapazitätsinformationen über einen zentralen Enterprise-Kalender abgebildet werden: Abwesenheiten z. B. können nur individuell pro Ressource gepflegt werden. Abwesenheit einer Ressource bedeutet in Project Server, dass diese Ressource im entsprechenden Zeitraum keine Arbeit verrichten kann und somit nicht eingeplant werden kann oder sollte. Unter Abwesenheiten können langfristig bekannte Abwesenheiten fallen, dies wären z. B. Urlaub oder andere bekannte Termine, aber auch kurzfristige bis dato unbekannte Abwesenheiten fallen unter diesen Begriff. Diese ungeplanten, kurzfristig eintretenden Abwesenheiten werden häufig durch Krankheit verursacht.

> **Abwesenheitsgründe nicht erfassen**
> Unterscheiden Sie bei der Erfassung von Abwesenheiten im Ressourcenkalender möglichst nicht zwischen verschiedenen Gründen der Abwesenheit. Insbesondere das Wort *Krankheit* sollte möglichst nicht im Ressourcenkalender auftauchen.
>
> Der Ressourcenkalender ist für jeden Projektleiter sichtbar, der auf die Ressource zugreifen kann. Dadurch können sich datenschutzrechtliche Probleme ergeben.

Um Abwesenheiten zu planen, können Sie den Ressourcenkalender direkt bearbeiten und sogenannte Kalenderausnahmen hinzufügen. Für die Bearbeitung des Ressourcenkalenders müssen Sie die Ressource in Project Professional bearbeiten. Hierzu gehen Sie bitte wie folgt vor:

1. In Project Web App navigieren Sie über die Schaltfläche RESSOURCEN in der Schnellstartleiste zum RESSOURCENCENTER.
2. Wählen Sie die zu pflegende Ressource aus, indem Sie einen Haken vor diese setzen, und klicken Sie auf ÖFFNEN. Die Ressource wird in Project Professional geöffnet.
3. Doppelklicken Sie auf den Ressourcennamen in der Ressourcentabelle.
4. Im Dialog INFORMATIONEN ZUR RESSOURCE klicken Sie auf ARBEITSZEIT ÄNDERN....
5. Im neuen Fenster tragen Sie im Register AUSNAHMEN einen entsprechenden Namen für die Abwesenheit ein.
6. Editieren Sie die Spalten ANFANG und ENDE.
7. Klicken Sie auf OK, um beide Fenster zu schließen.
8. Klicken Sie auf SPEICHERN, und schließen Sie Project Professional, um die Ressource wieder einzuchecken.

Arbeitsfreie Tage

Microsoft Project Server setzt die Tage zwischen ANFANG und ENDE automatisch auf ARBEITSFREI. Dies bedeutet, dass diese Ressource an diesen Tagen nicht verplant werden kann. Die Berechnungslogik von Project Server ignoriert arbeitsfreie Tage und verschiebt das Vorgangsende entsprechend.

Möchten Sie Abwesenheiten eintragen und als ARBEITSFREI markieren, die nicht ganze Tage blockieren, gehen Sie bitte wie folgt vor:

- Öffnen Sie den Dialog ARBEITSZEITEN ÄNDERN.
- Markieren Sie die Ausnahme, und klicken Sie links auf DETAILS.
- Im folgenden Fenster können Sie die spezielle Arbeitszeit für diesen Tag eintragen und eventuelle Wiederholungen einstellen.
- Bestätigen Sie alle Dialoge mit OK.

Sind die Abwesenheiten in Form von Ausnahmen wie oben beschrieben im Kalender gepflegt, können Sie die arbeitsfreien Tage in der Ansicht des Teamplaners sehr leicht erkennen. In der entsprechenden Ressourcenzeile sind arbeitsfreie Tage besonders formatiert. In den Standardeinstellungen sind diese Tage in einem hellen Grau hinterlegt.

Urlaubsplanung über die Arbeitszeittabelle

In Abschnitt 13.3, »Arbeitszeittabellen im einfachen Eingabemodus«, erfahren Sie, wie die Ressourcen über ihre Arbeitszeittabelle selbst Urlaub planen und durch den Ressourcenmanager genehmigen lassen können. Genehmigte Urlaubszeiten in der Arbeitszeittabelle werden automatisch als Ausnahme im Ressourcenkalender eingetragen.

Kapazität

Die Kapazität einer Ressource ist nicht unbedingt gleich den Arbeitszeiten. Sie können auch festlegen, in welchem Umfang diese Arbeitszeiten belegt werden können, bevor die Ressource als überlastet angesehen wird. In der Standardkonfiguration steht eine Ressource zu 100 % zur Verfügung. Sie können aber auch festlegen, dass Andrea Schlüter nur zu 80 % ihrer Arbeitszeit zur Verfügung steht. Die restlichen 20 % sollen für Tagesgeschäft-Aufgaben freigehalten werden. Diese Aufgaben möchten Sie nicht im Project Server planen, aber es sollen Puffer für diese Aktivitäten freigehalten werden. Dafür öffnen Sie die Ressource Andrea Schlüter im Ressourcenpool und tragen einfach im Feld MAX. EINHEITEN 80 % ein.

Die Kapazität von Andrea Schlüter wird automatisch von 40 Std. pro Woche auf 32 Std. pro Woche reduziert. Ihr Kalender erlaubt es immer noch, sie für 8 Std. pro Tag zu verplanen, aber wenn Sie es tun, wird sie als überlastet angezeigt, da nur 80 % ihrer Arbeitszeit freigegeben sind.

Das Feld MAX. EINHEITEN können Sie auch verwenden, um unterschiedliche Arbeitszeitmodelle abzubilden. Wenn Sie nur mit Mitarbeitern zu tun haben, die 40 oder 20 Stunden pro Woche arbeiten, ist das Modell über die beiden Basiskalender noch praktikabel. In der Praxis gibt es aber häufig annähernd so viele Arbeitszeitmodelle wie Mitarbeiter. Dann kann es einfacher sein, über die MAX. EINHEITEN das Verhältnis zur regulären Wochenarbeitszeit abzubilden. Ein Mitarbeiter, der 30 Stunden in der Woche arbeitet, wird dann mit 75 % konfiguriert, sofern die Wochenarbeitszeit regulär bei 40 Stunden liegt.

Die Kapazität kann sich über die Zeit ändern. So stand Andrea Schlüter bis Ende Mai 2015 zu 50 % zur Verfügung. Seit Anfang Juni ist sie zu 80 % verfügbar, da sie bestimmte Aufgaben ihres Tagesgeschäfts delegiert hat. Project Server erlaubt Ihnen, die Verfügbarkeit explizit für einen gewissen Zeitraum anzupassen. Hierzu gehen Sie bitte wie folgt vor:

1. Navigieren Sie zum RESSOURCENCENTER.
2. Wählen Sie die zu pflegende Ressource aus, indem Sie einen Haken vor diese setzen, und klicken Sie auf ÖFFNEN. Die Ressource wird in Project Professional geöffnet.
3. Doppelklicken Sie auf den Ressourcennamen in der Ressourcentabelle.

    Im Dialog INFORMATIONEN ZUR RESSOURCE tragen Sie in die Tabelle unter RESSOURCENVERFÜGBARKEIT die begrenzt gültige Ressourcenverfügbarkeit ein: Tragen Sie »50 %« in die erste Zeile ein. In die Spalte VERFÜGBAR BIS schreiben Sie »31.05.2015« (siehe Abbildung 12.8).
4. In der zweiten Zeile wählen Sie in der Spalte VERFÜGBAR VON den »01.06.2015«. Lassen Sie den Wert NV in der Spalte VERFÜGBAR BIS und schreiben Sie »80 %« in das Feld EINHEITEN.
5. Schließen Sie das Fenster mit OK.
6. Klicken Sie auf SPEICHERN, und schließen Sie Project Professional, um die Ressource wieder einzuchecken.

Ressourcenverfügbarkeit
Wenn auch das Tagesgeschäft mit Project Server geplant wird, z. B. über die Arbeitszeittabellen oder über Projektpläne, sollte die Ressourcenverfügbarkeit natürlich nicht reduziert werden.

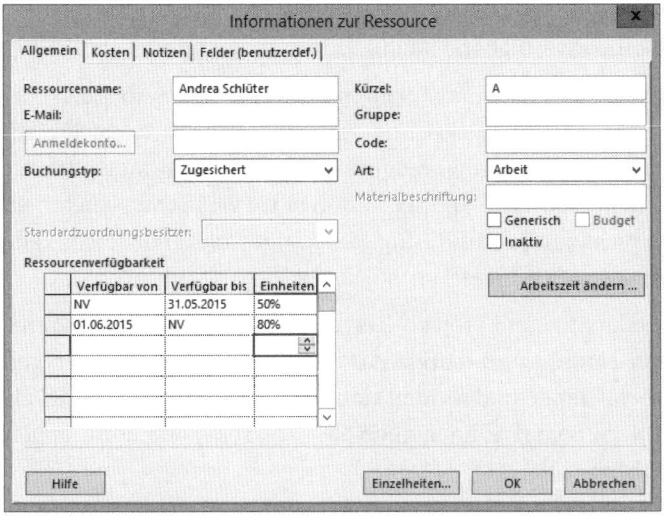

Abbildung 12.8 Ressourcenverfügbarkeit

Falls Sie die Verfügbarkeit einer Ressource grundsätzlich eingrenzen wollen, stehen Ihnen die Felder FRÜHESTENS VERFÜGBAR und SPÄTESTENS VERFÜGBAR zur Verfügung. Typischerweise wird das Datum FRÜHESTENS VERFÜGBAR gepflegt, also ab wann eine Ressource zur Verfügung steht (bei neuen Mitarbeitern: Eintrittsdatum). SPÄTESTENS VERFÜGBAR wird in der Regel gepflegt, wenn die Ressource das Unternehmen oder die Abteilung verlässt.

In Project Server können Ressourcen über drei Wege verplant werden:

- Über den Projektplan: Dies ist der klassische Weg, eine Ressource zu planen. Der Mitarbeiter wird dem Projektteam hinzugefügt, und ihm werden Aufgaben zugeordnet (siehe auch Abschnitt 12.2.1, »Projektteam zusammenstellen«, und Abschnitt 12.2.4, »Ressourcen Vorgängen zuordnen«).

- Über den Ressourcenplan: Im Ressourcenplan werden Ressourceneinsätze geplant, die durch den Ressourcenverantwortlichen genehmigt werden (siehe Abschnitt 12.2.3, »Mit Ressourcenanforderungen arbeiten«).

- Über die Arbeitszeittabelle: Alle Aufgaben, die nicht im Rahmen von Projekten geplant werden, können über die Arbeitszeittabellen geplant werden, wie Sie es in Abschnitt 13.3, »Arbeitszeittabellen im einfachen Eingabemodus«, erfahren.

> **Der neue Ressourcenplan**
> In früheren Versionen von Microsoft Project Server wurde der Ressourcenplan über die Microsoft Project Web App gepflegt. In der Version 2016 ist der Ressourcenplan eine neue Ansicht in Microsoft Project Professional geworden. Es ist nicht mehr möglich, den Ressourcenplan über die Microsoft Project Web App zu bearbeiten.

Alle Aufwände, die Sie über einen von diesen drei Wegen geplant haben, werden bei der Berechnung der Ressourcenverfügbarkeit berücksichtigt.

Es ist aber nicht immer gewünscht, dass die geplanten Aufwände in einem Projekt bei der Verfügbarkeit einer Ressource berücksichtigt werden: Wenn sich ein Projekt noch in der Vorplanung befindet, stimmen möglicherweise die Aufwände oder der Zeitraum noch nicht. Erste Ressourcenplanungen können Sie vielleicht vornehmen, obwohl das Projekt noch nicht zur Durchführung genehmigt wurde. Für solche Fälle können Sie das Feld BUCHUNGSTYP nutzen.

Das Feld BUCHUNGSTYP erlaubt einem Projektleiter, die Zuordnung einer Ressource als VORGESEHEN oder ZUGESICHERT zu markieren. Vorgesehene Zuordnungen gelten als nicht genehmigte Aufwände und werden standardmäßig aus den Verfügbarkeitsansichten gefiltert. Nach Bedarf können auch die vorgesehenen Zuordnungen bewusst eingeblendet werden.

Wie Sie eine Ressourcenzuordnung auf VORGESEHEN oder ZUGESICHERT setzen, lernen Sie in Abschnitt 12.2.2, »Buchungstyp«.

Standardbuchungstyp

Standardmäßig haben alle Ressourcen den Standardbuchungstyp ZUGESICHERT. Das heißt, dass sie als ZUGESICHERT zugeordnet werden, es sei denn, der Projektleiter setzt bewusst die Zuordnung auf VORGESEHEN. Sie können diesen Standardwert ändern, indem Sie die Ressource bearbeiten und den Wert im Feld STANDARDBUCHUNGSTYP ersetzen.

Verwendung einer Ressource anzeigen

Für die Ressource Andrea Schlüter haben Sie nun die Kapazität gepflegt. Die Arbeitszeiten und Abwesenheiten, die Sie eingetragen haben, können Sie in allen Kapazitätsplanungsansichten im System anzeigen. Dazu gehen Sie wie folgt vor:

1. Öffnen Sie das RESSOURCENCENTER.
2. Wählen Sie die Ressource Andrea Schlüter aus.
3. Klicken Sie auf die Schaltfläche KAPAZITÄTSPLANUNG im Menüband.

Die blaue Linie in der nun angezeigten Grafik stellt die Kapazität dar (siehe Abbildung 12.9). Die geplante Arbeit pro Zeitraum wird als Balken dargestellt. Auf der x-Achse wird die Zeitperiode dargestellt, und auf der y-Achse findet sich die Arbeit in Stunden. Sobald die Balken über die Kapazitätslinie gehen, besteht eine Überlastung der Ressource.

12.1 Projektübergreifendes Ressourcenmanagement

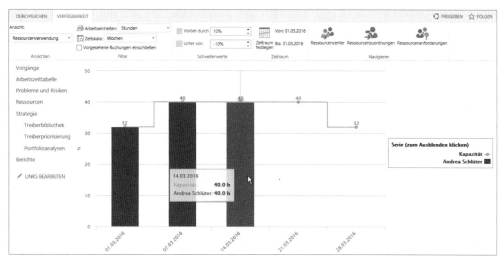

Abbildung 12.9 Ansicht »Ressourcenverwendung«

Anzeige nur der veröffentlichten Daten
Wie überall in der Project Web App werden auch in der Ressourcenverfügbarkeit nur die Vorgangsressourcenzuordnungen und Informationen angezeigt, die der verantwortliche Projektleiter auch in seinem Projekt veröffentlicht hat (siehe auch Abschnitt 11.4, »Speichern und Veröffentlichen«).

Sie haben verschiedene Ansichtsoptionen in der Verfügbarkeitsdarstellung, die Ihnen folgende Möglichkeiten bieten:

- Anpassen des betrachteten Zeitraums
- Ändern der Zeitskala (Tage, Wochen, Monate, Quartale, Jahre)
- Ändern der Einheiten
- vorgesehene Buchungen einschließen
- Schwellenwerte für die Darstellung von Über- und Unterlast

Im unteren Teil finden Sie eine tabellarische Darstellung der Kapazität sowie der unterschiedlichen Zuordnungen von Andrea Schlüter.

Verfügbarkeit einer Gruppe von Ressourcen anzeigen

Mit der Funktion KAPAZITÄTSPLANUNG können Sie sich auch die Verfügbarkeit mehrerer ausgewählter Ressourcen darstellen lassen. Diese Funktion erlaubt Ihnen, die Auslastung eines gesamten Teams oder einer Abteilung darzustellen. Um die Verfügbarkeit mehrerer Ressourcen anzuzeigen, markieren Sie die gewünschten Ressourcen im RESSOURCENCENTER.

Zum Beispiel können Sie die Verfügbarkeit aller Inneneinrichter der AIRBI GmbH wie folgt anzeigen:

1. Öffnen Sie das RESSOURCENCENTER.
2. Filtern Sie die Ressourcen nach dem Wert »Inneneinrichtung« in der Spalte TEAMNAME, indem Sie auf den Pfeil auf dem Spaltenkopf klicken und den Wert INNENEINRICHTUNG auswählen.
3. Klicken Sie nun auf den Dropdown-Pfeil in der ersten Spalte, und wählen Sie ALLES MARKIEREN, um die Ressourcen zu markieren, die aktuell in der Ansicht zu sehen sind.
4. Klicken Sie auf die Schaltfläche KAPAZITÄTSPLANUNG im Menüband auf der äußeren rechten Seite des Bildschirms.

Auf der Seite der Kapazitätsplanung können Sie nun die Kapazitätslinie und die bereits zugeordnete Arbeit der Ressourcen sehen. Die Kapazitätslinie ergibt sich aus der Summe der Kapazitäten aller ausgewählten Ressourcen. Sie können auch einzelne Ressourcen wieder aus der Grafik entfernen, indem Sie die Auswahl auf der rechten Seite aufheben. Teamressourcen selbst haben keine eigene Kapazität.

Ansichten der Kapazitätsplanung

Das Ansichtsmenü links im Menüband in der KAPAZITÄTSPLANUNG erlaubt es Ihnen, Ansichten zur Analyse der Verfügbarkeit auszuwählen. Die KAPAZITÄTSPLANUNG bietet fünf unterschiedliche Ansichten:

▶ KAPAZITÄTS- UND EINSATZWÄRMEBILD: Diese Ansicht ist neu in Project Server 2016 und bietet ein Wärmebild (*Heatmap*) der Ressourceneinsätze. Überlastungen werden in Rot angezeigt, Unterlastungen in Blau und eine gute Auslastung in Grün (siehe Abbildung 12.10).

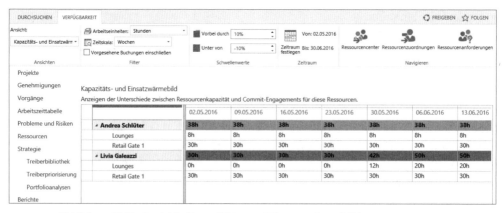

Abbildung 12.10 Ansicht »Kapazitäts- und Einsatzwärmebild«

- RESSOURCENVERWENDUNG: Zeigt die Summe der zugeordneten Arbeit für jede Ressource in dem angegebenen Zeitraum an. Diese Ansicht ist sehr hilfreich, wenn Sie z. B. die Auslastung mehrerer Ressourcen miteinander vergleichen möchten (siehe Abbildung 12.11).

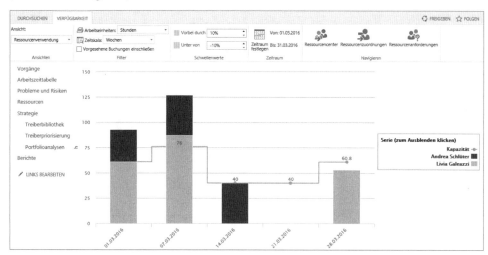

Abbildung 12.11 Ansicht »Ressourcenverwendung« mit mehreren Ressourcen

- RESSOURCENVERWENDUNG NACH PROJEKT: Diese Ansicht zeigt die Summe der berechneten Arbeit an, sortiert nach Projekten für die vorab ausgewählten Ressourcen. Auf der rechten Seite der Maske werden die Projekte, denen die Ressourcen zugeordnet sind, angezeigt. Diese Ansicht kann schnell zeigen, welche Projekte die meisten Ressourcenaufwände benötigen (siehe Abbildung 12.12).

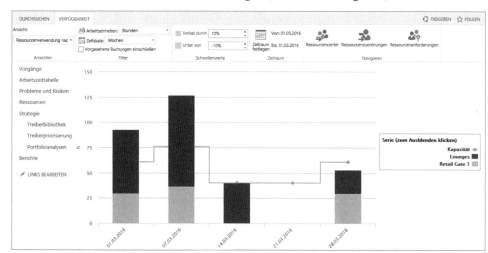

Abbildung 12.12 Ansicht »Ressourcenverwendung nach Projekt«

- RESTVERFÜGBARKEIT: Die Ansicht RESTVERFÜGBARKEIT zeigt die verbleibende Verfügbarkeit für die ausgewählten Ressourcen im angegebenen Zeitraum an. Benutzen Sie diese Ansicht, um sich die Ressourcenverfügbarkeit darstellen zu lassen und um Überbuchungen von Ressourcen zu vermeiden (siehe Abbildung 12.13).

Abbildung 12.13 Ansicht »Restverfügbarkeit«

- ARBEIT NACH RESSOURCE: Die Ansicht ARBEIT NACH RESSOURCE zeigt die Summe der aggregierten Arbeitsstunden für den angegebenen Zeitraum an. Diese vereinfachte Ansicht hilft, einen Überblick über die Ressourcenauslastung zu gewinnen, ohne die Verteilung der Arbeit auf Projekte zu berücksichtigen (siehe Abbildung 12.14).

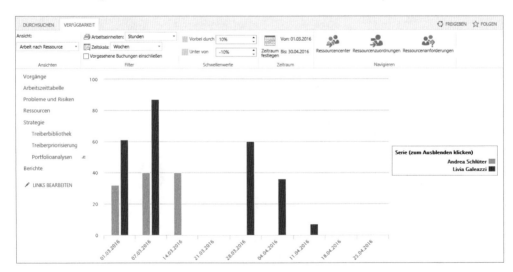

Abbildung 12.14 Ansicht »Arbeit nach Ressource«

> **Verfügbarkeit in Project Professional**
> Verfügbarkeitsgrafiken können Sie auch in Project Professional aufrufen:
> - Wählen Sie dort die Ansicht RESSOURCE: GRAFIK.
> - Im Dialog RESSOURCE ZUWEISEN (Alt + F10) klicken Sie auf DIAGRAMM.

Ressourcenkalender vs. Abwesenheitsprojekte

In den vergangenen Jahren haben sich zwei Methoden zur Pflege der Abwesenheiten bewährt: zum einen die Erfassung in den jeweiligen Kalendern der Ressourcen und zum anderen die Vorplanung in speziellen Abwesenheitsprojekten. Vor- und Nachteile dieser zwei Methoden stehen immer wieder bei einer Microsoft-Project-Server-Einführung zur Diskussion, sollen aber in diesem Abschnitt nicht Bestandteil der Inhalte sein: Der wesentlichste Unterschied der beiden Methoden besteht darin, dass bei der Pflege der Abwesenheiten im Ressourcenkalender die Ressource an Abwesenheitstagen tatsächlich nicht verplant werden kann. Wird eine Ressource in einem Abwesenheitszeitraum zugeordnet, so wird die Arbeit durch Microsoft Project entsprechend so verteilt, dass keine Arbeit an Abwesenheitstagen liegt. Zuordnungen dauern dann gegebenenfalls länger.

Pflegen Sie die Abwesenheiten in einem Projektplan, erscheint die Ressource als überlastet, wenn dort zusätzlich Arbeit geplant wird. Wenn die Mitarbeiter ihre Abwesenheiten selbst über die Arbeitszeittabelle pflegen, ist es konfigurierbar, ob diese sich wie Abwesenheiten in den Ressourcenkalendern oder wie ihnen in Projektplänen zugeordnete Arbeit verhalten. Die Konfiguration ist in Abschnitt 20.5.5 erklärt.

Einen komfortablen Weg zur Pflege der Abwesenheiten bieten Ihnen verschiedene Add-ons. Die manuelle Pflege der Abwesenheiten in den Ressourcenkalendern ist eine mühsame Arbeit und kann zudem nicht von allen Ressourcen selbst erledigt werden, da Sie dafür über eine Microsoft-Project-Professional-Lizenz verfügen müssen. Womöglich werden bei Ihnen die Abwesenheiten ohnehin schon in einer Software für die Urlaubsverwaltung, z. B. im Personalbereich, oder auch einfach in Microsoft Outlook o. Ä. gepflegt. Hier bietet sich natürlich eine Schnittstelle an, damit Sie die Abwesenheiten nicht doppelt pflegen müssen.

12.1.4 Ressourcenzuordnungen

Neben der Gesamtauslastung der Ressourcen können Sie im Ressourcencenter auch die Details der Ressourcenzuordnungen anzeigen. Dazu gehen Sie wie folgt vor:

1. Öffnen Sie das RESSOURCENCENTER.
2. Wählen Sie die Ressourcen Livia Galeazzi und Andrea Schlüter aus.
3. Klicken Sie auf die Schaltfläche RESSOURCENZUORDNUNGEN im Menüband.

Das Betrachten von Ressourcenzuordnungen erlaubt es Ihnen, Aufgabenzuordnungen in tabellarischer oder grafischer Form in einem Balkendiagramm zu überprüfen (siehe Abbildung 12.15). Die zur Verfügung stehende Ressourcenliste ist auf die Ressourcen begrenzt, welche Ihnen z. B. als Ressourcenmanager zugeordnet sind oder die aufgrund anderer Berechtigungen angezeigt werden. Diese Seite ähnelt der Vorgangs-/Aufgabenansicht in Project Professional.

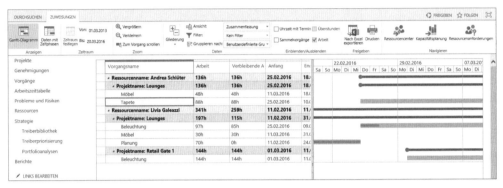

Abbildung 12.15 Ressourcenzuordnungen

Anja Staab und Kurt Riede könnten als Ressourcenmanager die sogenannte zeitphasenbasierte Ansicht benutzen, um die wöchentlichen Ist-Stunden ihrer Mitarbeiter zu verfolgen. Damit Sie sich diese zeitphasenbasierten Daten anzeigen lassen können, wechseln Sie im Menüband auf DATEN MIT ZEITPHASEN im Abschnitt ANZEIGEN. Kurt Riede reduziert vorzugsweise alle Projekte und Aufgaben für eine Ressource mit den Gliederungssymbolen in der Tabelle, damit ihm die Summe der Arbeit für seine Ressourcen für die ganze Zeitperiode auf einen Blick dargestellt wird.

Keine Arbeitszeittabellen-Vorgänge
Wie der Name Ressourcenzuordnungen schon sagt, werden hier nur Zuordnungen für Arbeitsaufgaben aus Projekten angezeigt. Arbeitszeittabellen-Aufgaben werden nicht angezeigt und finden sich auch nicht in der Ist-Arbeit der Tabelle wieder. Zum Thema Arbeitszeittabellen erfahren Sie mehr in Abschnitt 13.3, »Arbeitszeittabellen im einfachen Eingabemodus«.

Im Menüband haben Sie wieder ähnliche Funktionen wie im Ressourcencenter. So erlaubt Ihnen die Ansicht RESSOURCENZUORDNUNG das Filtern, Gruppieren, Ein-/Ausblenden von bestimmten Daten sowie das Wechseln zu vordefinierten Ansichten. Befinden Sie sich in der zeitphasenbasierten Ansicht der Ressourcenzuordnung, können Sie über die Option ARBEIT im Abschnitt EINBLENDEN/AUSBLENDEN zusätzlich die berechnete Arbeit anzeigen und somit schnell einen Soll-Ist-Vergleich auf Zuordnungsebene einblenden.

Im ersten Menübandbereich ANZEIGEN wechseln Sie zwischen der zeitphasenbasierten Tabelle und dem Gantt-Chart hin und her.

Weitere Funktionen

Im Menüband der RESSOURCENZUORDNUNGEN finden Sie unter dem Reiter ZUWEISUNGEN weitere Funktionen (siehe Abbildung 12.16):

- ZEITRAUM: Bestimmen Sie hier die angezeigte Zeitperiode. Diese Funktion ist nur verfügbar, wenn Sie die Zeitphasendaten aktiviert haben.

- ZOOM: In diesem Abschnitt können Sie das angezeigte Zeitfenster der Gantt-Ansicht vergrößern oder verkleinern. Möchten Sie zu einem bestimmten Vorgang springen, markieren Sie die Zelle des Vorgangs in der linken Tabelle, und klicken Sie dann auf BILDLAUF ZU VORGANG. Dies verschiebt das Fenster zu den ersten Daten des ausgewählten Vorgangs sowohl im Gantt-Diagramm als auch in der zeitphasenbasierten Darstellung.

- DATEN: Mit diesen Funktionen können Sie die Daten filtern, gruppieren oder die angezeigten Gliederungsebenen einstellen.

- EINBLENDEN/AUSBLENDEN: In diesem Menü können Sie einstellen, ob Sie die Uhrzeit an den Terminen, die Arbeit, die Überstunden oder die Sammelvorgänge sehen möchten.

- FREIGEBEN: In diesem Abschnitt können Sie die aktuelle Ansicht drucken oder nach Microsoft Excel exportieren.

- NAVIGIEREN: Hier können Sie zwischen RESSOURCENCENTER, KAPAZITÄTSPLANUNG und RESSOURCENANFORDERUNGEN wechseln, die ausgewählten Ressourcen bleiben aktiv.

Abbildung 12.16 Optionen der Ressourcenzuordnungen

Sie haben nun die Standardfunktionalitäten für das übergreifende Ressourcenmanagement kennengelernt. Über die Microsoft Reporting Services und die Excel Services gibt es noch wesentlich mehr Möglichkeiten für Sie, spezifische Ansichten und Berichte zu nutzen. Lesen Sie dazu eine Einführung in Kapitel 17, »Berichtswesen«.

12.2 Ressourcen- und Kostenplanung

In Kapitel 6, »Ressourcen- und Kostenmanagement«, haben Sie gelernt, wie Sie Ressourcen im Projektplan erstellen und Vorgängen zuordnen können. Im letzten Abschnitt haben Sie erfahren, welche Vorteile die übergreifende Verwaltung von Ressourcen im Ressourcencenter für die AIRBI GmbH bringen kann: Reiner Sonnenschein kann sich über alle Ressourcen des Unternehmens einen Überblick verschaffen, welche voraussichtlich überlastet werden und welche freie Verfügbarkeit für weitere Projektarbeit haben. Damit dieser Überblick möglich wird, müssen aber natürlich die einzelnen Ressourcen in den jeweiligen Projekten geplant werden. Was ändert sich im Vergleich zur Planung von lokalen Ressourcen- und Kostenplanung? In diesem Abschnitt lernen Sie am Beispiel des Projekts »Lounges«, wie Sie den zentralen Ressourcenpool im Projektplan verwenden können.

12.2.1 Projektteam zusammenstellen

Der Enterprise-Ressourcenpool ermöglicht es Ihnen, die Kapazitäten Ihrer Ressourcen im Unternehmen über mehrere Projekte zu planen und auszugleichen, Konflikte zwischen Vorgangszuordnungen in unterschiedlichen Projekten festzustellen oder die Gesamtzuordnungen für mehrere Projekte einzusehen. Der Project Server kann diese Daten nur dann zusammenstellen, wenn Sie in Ihren Projekten Enterprise-Ressourcen verplanen und einsetzen. Hierfür müssen Sie die Enterprise-Ressourcen in Ihr Projektteam aufnehmen.

Projektteam in Microsoft Project Professional zusammenstellen

Sie benutzen hierfür die Funktion TEAM VON UNTERNEHMENSMITARBEITERN ZUSAMMENSTELLEN in Project Professional (siehe Abbildung 12.17).

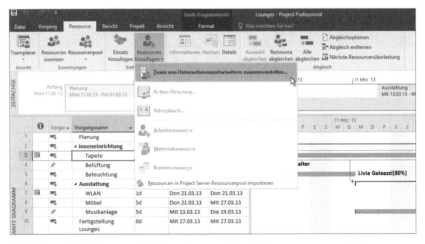

Abbildung 12.17 Team von Unternehmensmitarbeitern zusammenstellen

Bei dem Projekt »Lounges« hat Christoph Mülder schon seine Vorgänge angelegt. Er hat Termine und Verknüpfungen gepflegt und eine erste Aufwandschätzung für jede Aufgabe erhoben. Nun möchte er Ressourcen einplanen. Die Ressourcen, die er braucht, sind allesamt Mitarbeiter der Flughafenplanungsgesellschaft AIRBI GmbH oder generische Ressourcen und existieren bereits im Ressourcenpool. Damit er Ressourcenanforderungen für diese Mitarbeiter erstellen kann oder diese Personen direkt Vorgängen zuordnen kann, muss er sie seinem Projektteam hinzufügen.

Um Ihrem Projektteam Ressourcen aus dem Enterprise-Ressourcenpool hinzuzufügen, benutzen Sie die Funktion TEAM VON UNTERNEHMENSMITARBEITERN ZUSAMMENSTELLEN. Gehen Sie hierzu wie folgt vor:

1. Öffnen Sie Ihr Enterprise-Projekt.
2. Wechseln Sie im Menüband auf den Reiter RESSOURCE.
3. Klicken Sie auf die Schaltfläche RESSOURCEN HINZUFÜGEN.
4. Wählen Sie PROJEKTTEAM VON UNTERNEHMENSMITARBEITERN ZUSAMMENSTELLEN aus.
5. Es öffnet sich der Dialog TEAM ZUSAMMENSTELLEN FÜR ... (siehe Abbildung 12.18). Im unteren Teil des Dialogs sehen Sie zwei Tabellen. Hier können Sie Ressourcen aus dem Enterprise-Ressourcenpool (linke Tabelle) Ihren Projektressourcen (rechte Tabelle) hinzufügen. Zwischen diesen beiden Tabellen können Sie folgende Aktionen ausführen:
   – HINZUFÜGEN: Fügt die in der linken Tabelle markierte(n) Ressource(n) aus dem Enterprise-Ressourcenpool Ihrem Projektteam auf der rechten Seite hinzu.

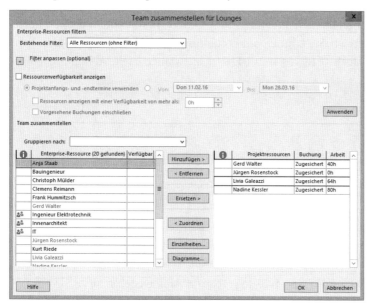

Abbildung 12.18 Team zusammenstellen

- ENTFERNEN: Löscht die in der rechten Tabelle markierte(n) Ressource(n) aus Ihrem Projektteam. Zuordnungen für diese Ressource(n) werden ebenfalls gelöscht, wodurch Terminveränderungen erzeugt werden können.
- ERSETZEN: Die in der rechten Tabelle selektierte Ressource und die möglicherweise schon vorhandenen Zuordnungen werden durch die im Enterprise-Ressourcenpool markierte Ressource ersetzt. Auch hier können sich aufgrund unterschiedlicher Ressourcen-Kalender (siehe Abschnitt 6.1.4, »Kalender«) Terminänderungen ergeben.
- ZUORDNEN: Haben Sie in Ihrem Projektteam eine Ressource, wird die Enterprise-Ressourcenpoolliste auf die Ressourcen gefiltert, welche dieselbe Eigenschaft besitzen. Diese Eigenschaft kann jedes benutzerdefinierte Feld sein, das mit der Eigenschaft DIESES FELD FÜR ÜBEREINSTIMMENDE GENERISCHE RESSOURCEN VERWENDEN versehen wurde. Zur Erstellung von benutzerdefinierten Feldern lesen Sie Abschnitt 20.2.1, »Benutzerdefinierte Enterprise-Felder und -Nachschlagetabellen«.
- EINZELHEITEN: Öffnet den Ressourcen-Informationsdialog der im Enterprise-Ressourcenpool markierten Ressource. Hier können Sie Informationen, wie z. B. Ressourcenkalender, Kosten, Notizen oder benutzerdefinierte Ressourcenfelder, einsehen.
- DIAGRAMME: Öffnet die Project Web App mit Kapazitätsplanungsdiagrammen (siehe Abschnitt »Ansichten der Kapazitätsplanung«).

Im Abschnitt ENTERPRISE-RESSOURCEN FILTERN oben im Dialogfenster können Sie die Enterprise-Ressourcentabelle auf bestimmte Ressourcen filtern. Dies ist vor allem in großen Implementierungen des Project Servers mit einem großen Ressourcenpool sehr hilfreich. Sie können auf vordefinierte Filter zurückgreifen, indem Sie aus der Nachschlageliste BESTEHENDE FILTER auswählen (siehe Abbildung 12.19).

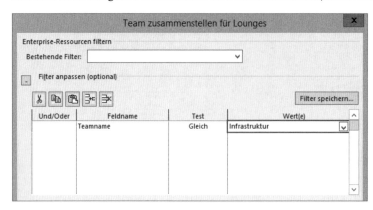

Abbildung 12.19 Optionale Filter im Dialog »Team zusammenstellen für ...«

Neben den bestehenden Filtern können Sie sich auch eigene Filter zusammenstellen, die sich auf Metadaten der Ressourcen oder deren Zuordnungen auswirken. Diese *Filteranpassungen* wirken sich zusätzlich zu dem gewählten vordefinierten Filter aus.

Immer wenn Sie Ressourcen einem Vorgang zuweisen, sollten Sie versuchen, möglichst keine Überlastungen zu erzeugen. Denn nur dann ist Ihr Plan bzw. sind Ihre Pläne realistisch und auch umsetzbar. Bei der Zusammenstellung des Projektteams sollten Sie sich daher die Frage stellen, wer denn überhaupt noch Kapazitäten hat. Während Sie das Team für Ihr Projekt planen, gibt es verschiedene Möglichkeiten, auf Kapazitätsinformationen der von Ihnen gewünschten Ressourcen zuzugreifen. Im Dialog TEAM ZUSAMMENSTELLEN FÜR ... haben Sie die Möglichkeit, die Verfügbarkeit von Ressourcen zu betrachten und dies mit in Ihre Entscheidung einfließen zu lassen, wen Sie mit in Ihr Projektteam aufnehmen. Sie können die verfügbaren Stunden für einen bestimmten Zeitraum in der Enterprise-Ressourcentabelle einblenden. Hierzu gehen Sie wie folgt vor (siehe Abbildung 12.20):

1. Setzen Sie den Haken bei RESSOURCENVERFÜGBARKEIT ANZEIGEN.
2. Wählen Sie den zu kalkulierenden Zeitraum aus.
3. Klicken Sie auf ANWENDEN.

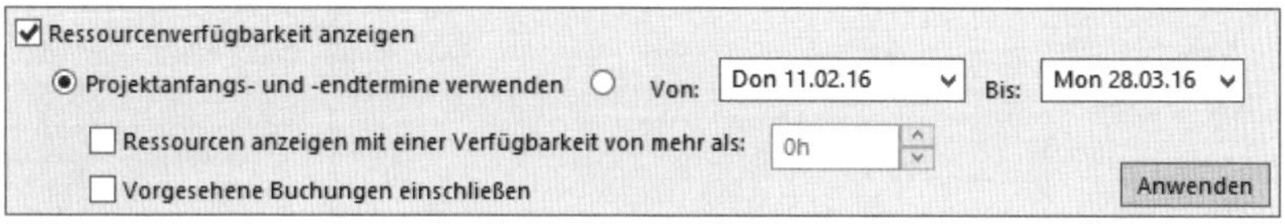

Abbildung 12.20 Verfügbarkeit im Dialog »Team zusammenstellen für ...«

Sie können auch die Ressourcentabelle aus dem Enterprise-Ressourcenpool aufgrund der zur Verfügung stehenden Kapazität filtern. Setzen Sie hierfür den Haken bei RESSOURCEN ANZEIGEN MIT EINER VERFÜGBARKEIT VON MEHR ALS:, und geben Sie daneben eine Gesamtverfügbarkeit ein.

Projektteam in Microsoft Project Web App zusammenstellen

Das Projektteam können Sie auch über die Weboberfläche bearbeiten. So verändern Sie Ihr Projektteam in der Project Web App:

1. In der Project Web App navigieren Sie über die Schaltfläche PROJEKTE in der Schnellstartleiste zum PROJECT CENTER.
2. Klicken Sie auf das Projekt, um es zu öffnen.
3. Öffnen Sie den Dialog TEAM ZUSAMMENSTELLEN FÜR ... Hierfür klicken Sie auf den Reiter PROJEKT und im angezeigten Register auf die Schaltfläche TEAM ZUSAMMENSTELLEN (siehe Abbildung 12.21).

Abbildung 12.21 Schaltfläche »Team zusammenstellen« auf einer Projektdetailseite

4. Identifizieren Sie Ihre benötigten Ressourcen, indem Sie die Ansicht wechseln, Filter und Gruppierungen anpassen und gegebenenfalls entsprechend sortieren.
5. Markieren Sie die Ressource(n), indem Sie einen Haken in die erste Spalte setzen (siehe Abbildung 12.22).
6. Wählen Sie HINZUFÜGEN, ENTFERNEN oder ERSETZEN. Für das Ersetzen von Ressourcen mit dem Befehl ERSETZEN müssen Sie sowohl auf der linken Seite (Enterprise-Ressourcenpool) als auch auf der rechten Seite (Projektteam) eine Ressource ausgewählt haben.
7. Speichern und schließen Sie den Dialog über die gleichnamigen Schaltflächen im Menüband.

Abbildung 12.22 Die Seite »Team zusammenstellen für ...«, links der Ressourcenpool und rechts das Projektteam

Verfügbarkeit überprüfen
Über die Schaltflächen RESSOURCENZUORDNUNGEN und KAPAZITÄTSPLANUNG können Sie die Kapazität der markierten Ressourcen überprüfen, genau wie Sie es auch im Ressourcencenter machen würden. Dazu lesen Sie mehr in Abschnitt 12.1.3, »Ressourcenverfügbarkeit«.

12.2.2 Buchungstyp

Wenn Sie eine Ressource Ihrem Projektteam hinzufügen, wird rechts vom Ressourcennamen die Spalte BUCHUNG angezeigt. Diese Spalte kann zwei Werte haben:

- ZUGESICHERT: Ressourcen sollten im Projektteam auf ZUGESICHERT gesetzt werden, wenn die Zuordnungen der Ressource im Projektplan sowohl hinsichtlich des Aufwands als auch terminlich stimmen und mit dem verantwortlichen Ressourcenmanager abgestimmt wurden.
- VORGESEHEN: In allen anderen Fällen sollte die Buchung auf den Wert VORGESEHEN gesetzt werden.

Mit der Spalte BUCHUNG steuern Sie, ob die Zuordnungen der Ressource im Projektplan kommuniziert werden. Solange eine Ressource nur mit VORGESEHEN verplant wurde, wird sie nicht über die Zuordnung benachrichtigt und sieht den Vorgang nicht in Ansichten wie VORGÄNGE oder ARBEITSZEITTABELLEN (lesen Sie dazu Kapitel 13, »Projektüberwachung mit Microsoft Project Server«). In den verschiedenen Ressourcenverfügbarkeitsansichten wird der verplante Aufwand ebenso ignoriert (wobei es möglich ist, diesen Aufwand einzublenden, sehen Sie dazu Abschnitt »Ansichten der Kapazitätsplanung«).

Ressourcen, die mit der Buchung ZUGESICHERT verplant werden, werden benachrichtigt und können die Vorgänge in der Project Web App anzeigen. Die geplanten Aufwände werden in den Verfügbarkeitsansichten angezeigt.

12.2.3 Mit Ressourcenanforderungen arbeiten

Christoph Mülder braucht einen Bauingenieur für sein Projekt »Lounges«. Da er schon sein Projekt geplant hat, weiß er schon, in welchem Zeitraum er den Mitarbeiter braucht. Allerdings weiß er nicht, welcher der Bauingenieure ausreichend Kapazität hat, um an seinem Projekt mitzuarbeiten. Entschieden wird es von Anja Staab, die Ressourcenverantwortliche für alle AIRBI-Bauingenieure. Christoph und Anja müssen über die Ressourcenanforderungen des Projekts »Lounges« sprechen, dann kann Anja der Ressourcenanforderung zustimmen und einen Mitarbeiter zuordnen.

Früher wurde dieser Prozess nicht von Project Server unterstützt. Der Projektleiter war allein verantwortlich für die Ressourcenplanung in seinem Projekt, eventuelle Freigabeprozesse wurden nicht im System abgebildet.

In Microsoft Project Server 2016 wurde eine neue Funktion eingeführt, um die Kommunikation zwischen Projektleiter und Ressourcenverantwortlichen zu unterstützen: die Ressourcenanforderungen.

Ressourcenanforderung erstellen

Der Projektleiter Christoph Mülder muss eine neue Ressourcenanforderung erstellen: Er braucht einen Bauingenieur. Er kann die Anforderung entweder mit einer generischen Ressource »Bauingenieur« erstellen, oder er kann eine spezifische Person anfordern. In beiden Fällen entscheidet am Ende Anja Staab, die Ressourcenverantwortliche, wer eingeplant wird.

Um eine neue Ressourcenanforderung zu erstellen, benutzen Sie die RESSOURCENPLANTOOLS in Project Professional. Gehen Sie hierzu wie folgt vor:

1. Öffnen Sie Ihr Enterprise-Projekt.
2. Wechseln Sie zur Ansicht RESSOURCENPLAN im Menüband ANSICHT. Dort werden alle Ressourcen angezeigt, die Sie bereits Ihrem Projektteam zugeordnet haben. Falls Sie noch kein Projektteam zusammengestellt haben, lesen Sie den Abschnitt 12.2.1, »Projektteam zusammenstellen«.
3. Im Menüband EINSÄTZE klicken Sie auf EINSATZ HINZUFÜGEN.
4. Es öffnet sich der Dialog EINSATZINFORMATIONEN (siehe Abbildung 12.23). Der gewünschte Einsatz der Ressource kann als prozentuale Einheit (MASSEINHEITEN) oder als Summe an Arbeitsstunden (ARBEIT) definiert werden.

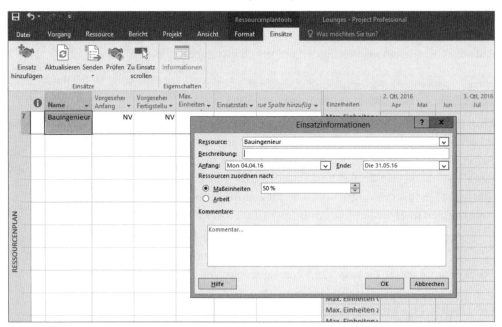

Abbildung 12.23 Einsatzinformationen

5. Alternativ kann auch der Einsatz direkt in der Tabelle zeitphasenbasiert erstellt oder bearbeitet werden (siehe Abbildung 12.24).

12.2 Ressourcen- und Kostenplanung

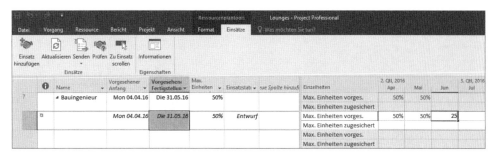

Abbildung 12.24 Bearbeitung über die Tabelle

6. Anschließend übermitteln Sie dem Ressourcenverantwortlichen die geplanten Einsätze über die Schaltfläche SENDEN im Menüband EINSÄTZE (siehe Abbildung 12.25).

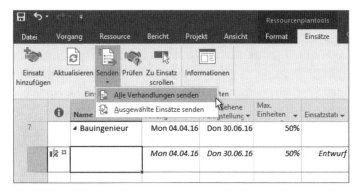

Abbildung 12.25 Ressourcenanforderungen senden

Ressourcenanforderung überprüfen und genehmigen

Nun muss Anja Staab den Einsatz überprüfen. Als Ressourcenverantwortliche kann sie im Ressourcencenter alle ihre Ressourcen sehen und u. a. die Anforderungen der Projektleiter bearbeiten.

Um die Ressourcenanforderungen anzuzeigen:

1. Navigieren Sie zum RESSOURCENCENTER in Project Web App.
2. Selektieren Sie die Ressourcen, für die Sie Anforderungen bearbeiten wollen. Sie sollten Ihr gesamtes Team selektieren, damit können Sie einem anderen Mitarbeiter im Team einen Einsatz zuweisen.
3. Klicken Sie auf RESSOURCENANFORDERUNGEN im Menüband. Die Liste der Anforderungen wird angezeigt.
4. Bei Bedarf klicken Sie auf DATEN MIT ZEITPHASEN im Menüband, um die Daten zeitphasenbasiert anzuzeigen (siehe Abbildung 12.26).

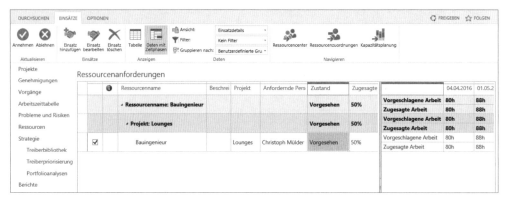

Abbildung 12.26 Ressourcenanforderungen zeitphasenbasiert

Sie haben als Ressourcenverantwortlicher folgende Möglichkeiten:

- Ressourcenanforderungen bearbeiten: Über die zeitphasenbasierte Tabelle können Sie die zugesagte Anzahl Stunden pro Monat überarbeiten. Zusätzlich können Sie den prozentualen Anteil (ZUGESAGTE EINHEITEN) und den Zeitraum ändern (ZUGESAGTER ANFANG, ZUGESAGTE FERTIGSTELLUNG). Weitere Felder wie BESCHREIBUNG können Sie auch bearbeiten, indem Sie die Schaltfläche EINSATZ BEARBEITEN selektieren.

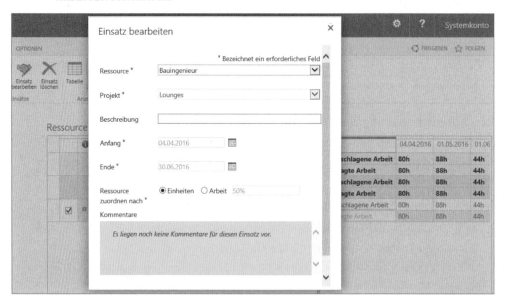

Abbildung 12.27 Einsatz bearbeiten

- Ressourcenanforderung einem anderen Mitarbeiter zuweisen: In der Spalte RESSOURCENNAME können Sie über das Dropdown-Menü eine andere Ressource selektieren (siehe Abbildung 12.28). Dadurch können Sie u. a. eine generische Ressource durch eine Personenressource ersetzen. Voraussetzung dafür ist, dass Sie die anderen Ressourcen in Ihrem Team ebenso selektiert haben, bevor Sie die Ressourcenanforderungen angezeigt haben.

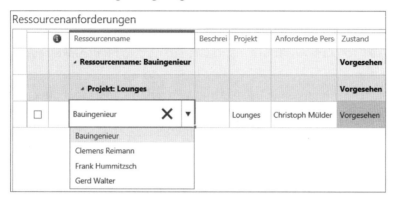

Abbildung 12.28 Ressource ersetzen

- Annehmen oder Ablehnen: Über die Schaltflächen ABLEHNEN und ANNEHMEN können Sie den Einsatz entsprechend absagen oder bestätigen, gegebenenfalls nach Überarbeitung.
- Einen neuen Einsatz hinzufügen: Über die Schaltfläche EINSATZ HINZUFÜGEN können Sie Zusagen von Ressourcen dokumentieren, die nicht durch den Projektleiter angefordert wurden.

Zugesagte Anfragen haben den Zustand ZUGESICHERT. Noch nicht bearbeitete Anfragen haben den Zustand VORGESEHEN.

Übersicht über den Status von Ressourcenanforderungen

In Project Professional kann nun der Projektleiter Christoph Mülder den aktuellen Status seiner Ressourcenanforderungen sehen. In der Ansicht RESSOURCENPLAN werden die aktualisierten Informationen zu den Einsätzen angezeigt. Hier wurde Andrea Schlüter dem Projekt zugeordnet, ihr Einsatz hat den Zustand ZUGESICHERT.

Abbildung 12.29 Ressourcenanforderungen prüfen

Für den Projektleiter besteht der nächste Schritt darin, Andrea Schlüter einzelnen Vorgängen zuzuordnen.

Falls die Einplanung der Ressource unbedingt eine Genehmigung erfordert, wird der Projektleiter auch auf Konflikte zwischen genehmigten Einsätzen und der Planung im Projektplan hingewiesen. Dies ist der Fall, wenn der Haken RESSOURCE ERFORDERT FÜR ALLE PROJEKTZUWEISUNGEN EINE GENEHMIGUNG für diese Ressource gesetzt ist.

Christoph Mülder hat in unserem Beispiel die Mitarbeiterin Andrea Schlüter außerhalb des genehmigten Einsatzes zugeordnet. Ein Warnsymbol weist ihn darauf hin. Beim Rechtsklick auf dem Vorgang kann er den EINSATZ-INSPEKTOR öffnen (siehe Abbildung 12.30).

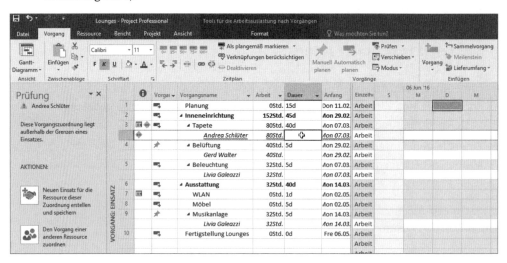

Abbildung 12.30 Einsatz-Inspektor

Der Einsatz-Inspektor bietet an, diesem Vorgang eine andere Ressource zuzuordnen oder einen neuen Einsatz auf Basis der aktuellen Zuordnung zu erzeugen.

12.2.4 Ressourcen Vorgängen zuordnen

Der Prozess des Zuordnens von Ressourcen mit einem vernetzten Microsoft Project Server unterscheidet sich kaum von dem eines lokal operierenden Microsoft Project, das Sie in Abschnitt 6.1.7, »Ressourcen Vorgängen zuordnen«, kennengelernt haben. Die Anbindung an den Server und damit an den zentralen Ressourcenpool eröffnet Ihnen jedoch die Möglichkeit, die Verfügbarkeit der Ressourcen unter Berücksichtigung Ihrer Aufgaben in allen auf dem Server gespeicherten Projekten zu berücksichtigen.

Damit Sie auch Zuordnungen aus anderen Projektplänen in Ihrem Plan berücksichtigen können, müssen Sie festlegen, dass Sie diese Informationen vom Server laden möchten. Das können Sie machen, wenn Sie sich von Project Professional aus auf dem Server anmelden, wie in Abschnitt 10.3.1, »Anmeldung in Project Professional«, beschrieben. Beim Start von Project Professional wird dann ein Dialog wie in Abbildung 12.31 angezeigt.

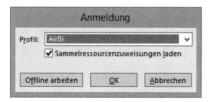

Abbildung 12.31 Sammelressourcenzuweisungen laden

Um Ressourcenzuordnungen aus anderen Projektplänen zu laden, setzen Sie den Haken bei SAMMELRESSOURCENZUWEISUNGEN LADEN. Wie der Name es schon beschreibt, werden nicht die detaillierten Zuordnungen geladen, sondern nur Sammelzuweisungen: Das heißt, dass Sie die Ressourcenauslastung aus anderen Projekten nur auf Projektebene anzeigen können, nicht auf Vorgangsebene.

Um die Verfügbarkeit von Ressourcen während des Zuordnens zu prüfen, benutzen Sie vorzugsweise den Dialog RESSOURCEN ZUORDNEN (siehe Abbildung 12.32):

1. Wechseln Sie in die Ansicht BALKENDIAGRAMM.
2. Klicken Sie mit der rechten Maustaste auf den Vorgang, welchem Sie eine Ressource zuordnen möchten, und wählen Sie aus dem Kontextmenü RESSOURCE ZUORDNEN.
3. Klicken Sie auf der linken Seite im geöffneten Dialog RESSOURCE ZUWEISEN auf DIAGRAMM.
4. Im Hintergrund wird das Fenster von Microsoft Project geteilt und die Verfügbarkeitsgrafik angezeigt.
5. Markieren Sie die gewünschte Ressource im Dialog, um die zugehörige Verfügbarkeitsgrafik aufzurufen.
6. Haben Sie eine passende Ressource gefunden, klicken Sie auf ZUORDNEN.

> **Filter für mehr Übersicht**
> Auch in diesem Dialog können Sie mithilfe von Filtern die Ressourcenliste reduzieren und so für mehr Übersichtlichkeit sorgen.

12 Ressourcen- und Kostenmanagement mit Microsoft Project Server

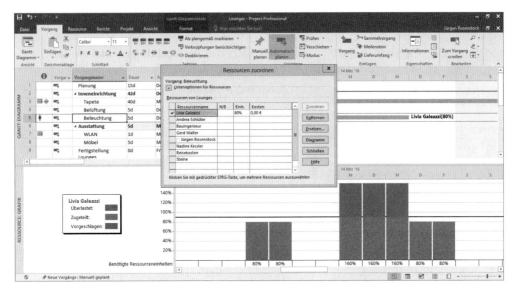

Abbildung 12.32 Dialog »Ressourcen zuordnen« und im Hintergrund die Ansicht »Ressource: Grafik«

12.2.5 Mit dem Teamplaner arbeiten

Der Teamplaner bietet eine andere Visualisierung der Ressourcenzuordnungen. Diese Visualisierung der Zuordnungen in Form von Balken pro Ressource ermöglicht es, auf eine einfache Weise einen Überblick über die anstehende Arbeit Ihres Projekts zu bekommen. Es ist auf einen Blick zu erkennen, wo es zu Konflikten und Engpässen kommen kann (siehe Abbildung 12.33).

Die Arbeitsoberfläche des Teamplaners teilt sich in vier Hauptbereiche auf:

- Im linken oberen Bereich des Teamplaners werden alle Ressourcen Ihres Projektteams aufgelistet. Dabei spielt es keine Rolle, ob diese schon einem Vorgang zugeordnet wurden oder nicht.
- Im rechten oberen Bereich der Ansicht werden alle Vorgänge dargestellt, die einer Ressource zugeordnet sind und einen Start- und Endtermin haben.
- Im Bereich NICHT ZUGEORDNETE VORGÄNGE werden Vorgänge gelistet, die noch nicht zeitlich eingeplant wurden und somit kein Anfangs- und Enddatum besitzen.
- Im rechten unteren Bereich sehen Sie Vorgänge, die zwar terminiert sind, also einen Anfangs- und einen Endtermin haben, jedoch noch keiner Ressource zugeordnet wurden.

Überlastungen werden mit einem roten Rand gekennzeichnet. Weitere Informationen über die Zuordnungen sind im Tool-Tipp zu sehen.

12.2 Ressourcen- und Kostenplanung

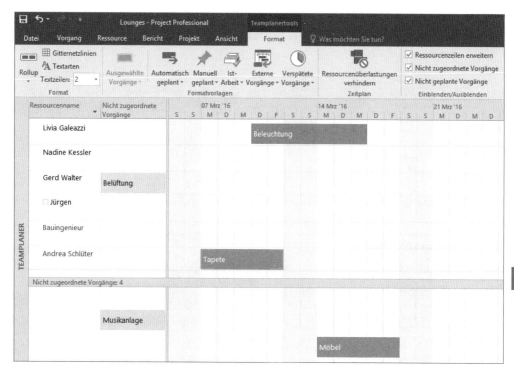

Abbildung 12.33 Teamplaner

12.2.6 Mit Überlastungen umgehen

Überlastete Ressourcen gehören zu den größten Risiken Ihres Projekts, denn diese führen in den meisten Fällen zu Terminverzug oder zur Minderung anderer Zielfaktoren Ihres Projekts. Deshalb ist es sehr wichtig, diese Überlastungen frühzeitig zu erkennen und durch geeignete Gegenmaßnahmen aufzulösen.

Eine Ressourcenüberlastung in Microsoft Project bedeutet immer, dass der Ressource mehr Arbeit pro Zeitintervall zugeordnet ist, als Kapazität pro Zeitintervall für diese Ressource zur Verfügung steht. Gründe für dieses Ungleichgewicht sind:

- zu viele Vorgänge innerhalb eines Projekts in einem Zeitintervall
- weitere Vorgänge aus anderen Projekten in einem Zeitintervall
- Der Ressourcenkalender wurde nicht beachtet (z. B. bei einer Halbtagskraft).

Microsoft Project gibt verschiedene Hinweise auf Ressourcenüberlastungen innerhalb Ihres Projekts, je nachdem, in welcher Ansicht Sie sich befinden:

- Im GANTT-DIAGRAMM wird bei allen Vorgängen, die von einer Ressourcenüberlastung betroffen sind, ein rotes Symbol angezeigt.
- In den Ressourcenansichten werden überlastete Ressourcen rot angezeigt.

▶ In zeitverteilten Ressourcenansichten, wie Ressource: Einsatz (siehe Abbildung 12.34) oder Teamplaner, wird zusätzlich die betroffene Zeitperiode in Rot angezeigt.

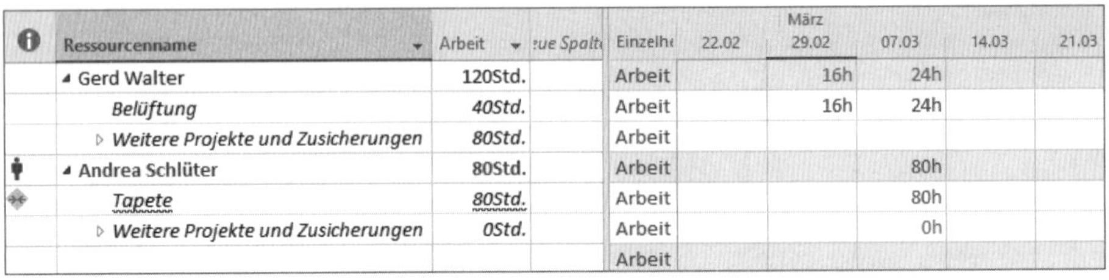

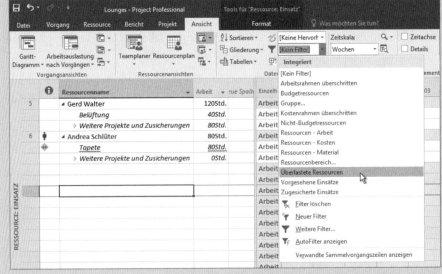

Abbildung 12.34 Überlastung in der Ansicht »Ressource: Einsatz«

Benutzen Sie Filter

Um Überlastungen noch schneller zu erkennen, können Sie in einer beliebigen Ressourcenansicht nur die Ressourcen anzeigen, die eine Überlastung innerhalb des Projektstart- und des Projektendtermins aufweisen. Gehen Sie dazu wie folgt vor:

▶ Wechseln Sie im Menüband auf den Reiter Ansicht.
▶ Im Dropdown zu Filter wählen Sie Weitere Filter (siehe Abbildung 12.35).
▶ Im darauffolgenden Dialog wählen Sie den Filter Überlastete Ressourcen.
▶ Bestätigen Sie Ihre Eingabe mit Übernehmen.

Möchten Sie den Filter wieder aufheben, können Sie auf der Tastatur die Taste [F3] drücken oder im Dropdown zu den Filtern Kein Filter wählen.

Abbildung 12.35 Der Dialog »Weitere Filter« bietet viele vorkonfigurierte Filter.

Um Überlastungen aufzulösen, müssen Sie den überlasteten Ressourcen Arbeit abnehmen, was im Regelfall bedeutet, dass Sie Arbeitspakete oder, besser gesagt, Vorgänge anderen Ressourcen zuordnen müssen. Hierzu muss Ihnen aber mindestens eine weitere Person zur Verfügung stehen, die die Qualifikationen und Fähigkeiten aufweist, die zum erfolgreichen Abschließen des Vorgangs notwendig sind. In kleineren Projektteams wird dies unter Umständen sehr selten der Fall sein, deshalb bleibt Ihnen hier nur die Alternative, den Vorgang zeitlich anders einzuplanen, siehe hierfür Abschnitt 6.1.9, »Ressourcenüberlastungen beseitigen«.

> **Ressourcenüberlastungen verhindern**
> Im TEAMPLANER können Sie die Option RESSOURCENÜBERLASTUNGEN VERHINDERN aktivieren. Achtung, aktivieren Sie diesen Modus, so werden alle aktuellen Überlastungen durch Project automatisch abgeglichen, indem die Starttermine der Überlast erzeugenden Vorgänge verschoben werden!

Auslastungsinformationen aus anderen Projekten

Um freie Kapazitäten oder Überlastungen bei Ressourcen aufzudecken, ist es für Sie unabdingbar, dass Sie Vorgangsinformationen aus anderen Projekten sehen können. In den Standardeinstellungen von Microsoft Project Professional werden beim Öffnen eines Projekts alle Sammelinformationen der Ressourcen im Projektteam aus anderen Projekten geladen. Diese Informationen stehen dann in den Zuordnungsansichten zur Verfügung, z. B. in den Ansichten RESSOURCE: EINSATZ (siehe Abbildung 12.36) oder TEAMPLANER.

❶	Ressourcenname	Arbeit	tue Spalt	Einzelhe	März 29.02	07.03	14.03	21.03	April 28.03	04.04
	▲ Gerd Walter	160Std.		Arbeit	16h	24h	10h	10h	60h	40h
	Belüftung	80Std.		Arbeit	16h	24h	10h	10h	20h	
	▲ Weitere Projekte und Zusicherungen	80Std.		Arbeit					40h	40h
	AIRBI WLAN	80Std.		Arbeit					40h	40h

Abbildung 12.36 Auslastung aus anderen Projekten in der Ansicht »Ressource: Einsatz«

Vorgänge aus anderen Projekten werden Ihnen zuerst nur als Sammelinformationen angezeigt. Dies bedeutet, dass Aufwände aus unterschiedlichen Projekten zusammengefasst in einer Zeile angezeigt werden.

Benötigen Sie mehr Informationen über diese Ressource und darüber, in welchen Projekten sie verplant ist, klicken Sie einfach doppelt auf die Sammelinformation und bestätigen den folgenden Dialog mit OK. Sollten die Sammelinformationen für eine Zeitperiode aus mehreren Projekten stammen, so werden Ihnen nun die Projekte und deren Namen in mehreren Zeilen angezeigt (siehe Abbildung 12.37).

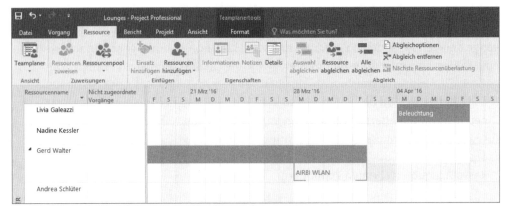

Abbildung 12.37 Anzeige von weiteren Projekten in der Ansicht »Teamplaner«

Sammelinformationen anzeigen

Aufwände aus anderen Projekten werden Ihnen angezeigt, wenn folgende Kriterien erfüllt sind:

- Das Laden von Sammelinformationen beim Öffnen eines Projekts ist aktiviert.
- Die Vorgänge aus anderen Projekten sind veröffentlicht.

Die Aufwandinformationen können Sie auf Projektebene darstellen, wenn Sie die Leseberechtigungen für das jeweilige Projekt haben. Falls Sie keine Leseberechtigungen haben, können Sie nur die aggregierten Informationen sehen.

Vorgänge und Daten, die beim Laden aus Sammelinformationen angezeigt werden, sind immer schreibgeschützt.

12.2.7 Kostenmanagement

Die Ressourcenplanung und die Kostenplanung sind in Microsoft Project Server nicht voneinander zu trennen. Wie Kosten auf Basis der Ressourcenzuordnungen berechnet werden, haben Sie bereits in Abschnitt 6.2.1, »Kostenarten in Microsoft Project«, gelesen. Die Kostenberechnung bleibt im Microsoft Project Server unverändert. Allerdings sind ein paar zusätzliche Punkte zu beachten.

Projektübergreifende Kostenbewertung

Über Microsoft Project Server ist zusätzlich eine projektübergreifende Kostenbewertung möglich. Reiner Sonnenschein kann nun beurteilen, welche Kosten in welchen Projekten geplant sind. Um diese Analyse effizienter zu machen, möchte er allerdings gern die Kosten in Kostentypen unterscheiden.

Das Standardfeld KOSTENTYP erlaubt so eine Unterscheidung. Es ist ein Auswahlfeld und erlaubt es, jede Ressource einem Kostentyp zuzuordnen (siehe Abbildung 12.38). Die Liste der Kostentypen ist konfigurierbar, wie Sie in Abschnitt 6.2.1 lesen können. Dadurch werden die Kosten dieser Ressource diesem Kostentyp zugeordnet. Das Feld KOSTENTYP ist eine Ressourceneigenschaft, die Sie im Ressourcencenter pflegen können, wie in Abschnitt 12.1.2, »Ressourcenpool bearbeiten«, beschrieben.

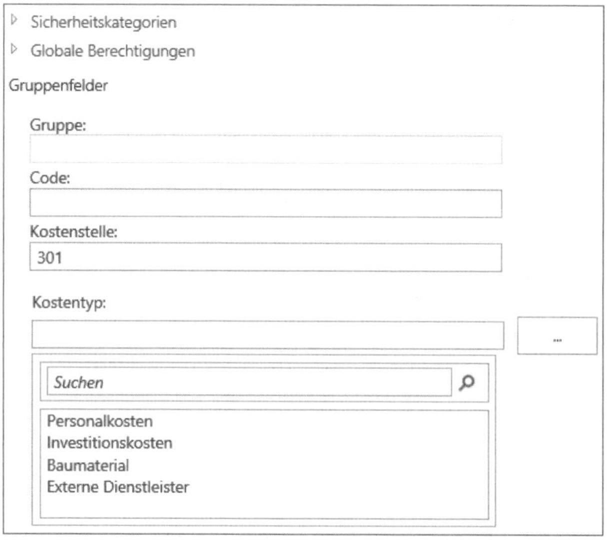

Abbildung 12.38 Kostentyp zuordnen

Kostentyp im Reporting
Das Feld KOSTENTYP kann später im OLAP-Würfel für Auswertungen verwendet werden. Zu OLAP-Würfel-Auswertungen und weiteren Berichten lesen Sie Kapitel 17, »Berichtswesen«.

Zusätzlich können Sie im Feld KOSTENSTELLE die Kostenstelle der Ressource pflegen. Allerdings handelt es sich nicht um ein Auswahlfeld, sondern um ein freies Textfeld, wonach nicht gruppiert werden kann. Die Auswertung nach Kostenstelle ist deshalb sehr eingeschränkt. Gegebenenfalls kann es interessant sein, ein eigenes benutzerdefiniertes Feld für die Kostenstelle zu konfigurieren.

Mit mehreren Währungen arbeiten

Die Arbeit mit unterschiedlichen Währungen ist in Project Server standardmäßig nicht möglich. Es wird immer eine zentrale Währung in den Servereinstellungen definiert. Egal, welche Währung die einzelnen Projekte benutzen, es wird immer diese zentrale Währung benutzt, wenn die Projektkosten in den Project-Server-Ansichten angezeigt werden. Ein Wechselkurs ist nicht implementiert.

Es ist also sehr wichtig, dass alle Projektleiter einheitlich mit einer Währung arbeiten. Falls dies nicht möglich ist, können Produkte von Drittanbietern den Project Server um diese Funktionalität ergänzen.

Wie Sie die Währung in Project Server festlegen, lesen Sie in Abschnitt 20.6.2, »Weitere Servereinstellungen«.

Kapitel 13
Projektüberwachung mit Microsoft Project Server

Die Projektüberwachung mit Microsoft Project Server kann im Gegensatz zum lokalen Arbeiten mit Project durch automatisierte Fortschrittsrückmeldung von den Projektmitarbeitern erleichtert werden. Lernen Sie hier, wie das geht.

Das Projekt ist geplant, und die Ressourcen sind zugeordnet. Die Arbeit kann beginnen. In Abschnitt 7.1, »Fortschrittserfassung«, haben Sie gelernt, wie Reiner Sonnenschein seinen Projektplan manuell in Microsoft Project aktualisieren konnte. Dieses Verfahren bleibt weiterhin gültig. Allerdings existiert ein weiteres, sehr wichtiges Feature bei der Verwendung von Enterprise-Ressourcen in Microsoft Project Server: Durch die Kollaborationsfunktionalitäten der Serverplattform haben Teammitglieder die Möglichkeit, eigenständig Aktualisierungen ihrer eigenen Zuordnungen an den Projektleiter zu melden. So kann sich Christoph Mülder für das Projekt »Lounges« die Mühe sparen, bei allen Vorgängen den Fortschritt selbst zu erfassen.

Natürlich möchte er trotzdem wissen, welche Fortschritte von seinen Projektmitarbeitern für sein Projekt gemeldet werden. Deshalb kann er als Projektleiter diese Aktualisierungen überprüfen und genehmigen oder gegebenenfalls ablehnen, bevor sie in seinen Projektplan importiert werden (siehe Abbildung 13.1). Dieser Prozess ist der Microsoft-Project-Server-Rückmeldeprozess.

Abbildung 13.1 Die Projektüberwachung erfordert höchste Aufmerksamkeit, damit keine Abweichung unbemerkt bleibt.

Eine Hauptfunktion der Ressourcenrückmeldung ist die Zeiterfassung. Über diese Funktionalität können die Projektmitarbeiter melden, wie viel sie gearbeitet haben. Diese Information ist auf zwei Ebenen interessant:

- für den Projektleiter, der seinen Projektplan und das Projektbudget kontrollieren muss
- für den Ressourcenmanager, der über den Einsatz seiner Ressourcen informiert werden will

Dieser zweite Aspekt hat nicht direkt mit der reinen Projektüberwachung zu tun, beide Aspekte der Zeitrückmeldung sind aber natürlich eng miteinander verbunden. Deshalb werden wir die Perspektive des Ressourcenmanagers auch in diesem Kapitel berücksichtigen.

In Microsoft Project Server gibt es zwei Arten der Rückmeldung, die auch integriert miteinander arbeiten: die Fortschrittsrückmeldung und die Arbeitszeittabellenrückmeldung. Die Fortschrittsrückmeldung entspricht der Projektleiterperspektive und dient ausschließlich der Projektüberwachung. Die Arbeitszeittabellenrückmeldung ist eine Ergänzung der Fortschrittsrückmeldung und betrifft alle Ressourcenzeiten: Projektarbeit, Tagesgeschäft, Urlaub usw.

Integration mit Exchange Server und SharePoint

In früheren Versionen von Project Server war es möglich, die Projektvorgänge als Exchange-Aufgaben zu importieren und in Outlook zu aktualisieren. Diese Schnittstelle wurde in der Version 2016 von Project Server abgeschafft. Eine Zeiterfassung über Outlook ist nur noch mithilfe von Drittanbieterprodukten möglich.

Auch verschwunden ist die SharePoint-Übersicht über alle eigenen Aufgaben (*Meine Aufgaben*-Seite), in der Sie u. a. Ihre Project-Server-Vorgänge sehen und bearbeiten konnten.

13.1 Fortschrittsrückmeldung

In unserem Beispielprojekt, der AIRBI GmbH, ist Livia Galeazzi mehreren Vorgängen im Projekt »Lounges« zugeordnet. Ihren Arbeitsfortschritt muss sie an ihren Projektleiter Christoph Mülder melden. Über die Fortschrittserfassung können Ressourcen direkt in der Microsoft Project Web App die ihnen zugeordneten Vorgänge aktualisieren und ihre Änderungen genehmigen lassen.

13.1.1 Vorgänge anzeigen

Sobald Sie das Projekt veröffentlicht haben, können die zugeordneten Ressourcen ihre eigenen Vorgänge sehen. Eine Kachel auf der Hauptseite der Project Web App macht die Ressource auf neue Vorgangszuordnungen aufmerksam. Je nach Konfiguration bekommt die Ressource eventuell auch eine Benachrichtigung per E-Mail. Einen Überblick über alle ihr zugeordneten Vorgänge bekommt Livia Galeazzi über den Menüpunkt VORGÄNGE in der Schnellstart-Navigation (siehe Abbildung 13.2).

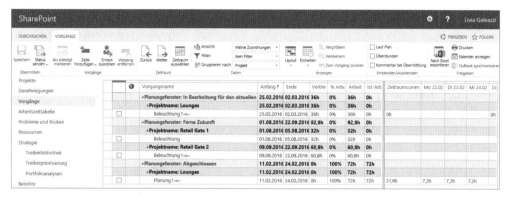

Abbildung 13.2 Vorgänge

> **Veröffentlichen macht öffentlich**
>
> Damit Ihre Teammitglieder die ihnen zugeordneten Vorgänge in der Project Web App sehen können, müssen diese auch veröffentlicht sein. Ein Projekt veröffentlichen Sie, indem Sie das Projekt in Project Professional öffnen und auf VERÖFFENTLICHEN klicken.
>
> Möchten Sie mehr zum Thema Veröffentlichen wissen, lesen Sie auch Abschnitt 11.4, »Speichern und Veröffentlichen«.

Die Übersicht ist in zwei Bereiche geteilt, ähnlich wie Ansichten in Microsoft Project: Links finden Sie Vorgangsnamen, Start- und Enddatum und weitere Vorgangsinformationen. Rechts sehen Sie eine Tabelle, die standardmäßig die berechnete und die Ist-Arbeit pro Tag anzeigt.

Über die Schaltfläche LAYOUT können Sie statt der Standardansicht mit der Tabelle ein GANTT-DIAGRAMM auswählen. Über die Option TABELLE können Sie den rechten Teil der Ansicht nach Bedarf komplett ausblenden. Die Schaltfläche EINHEITEN erlaubt Ihnen, ARBEIT, DAUER oder Datumsfelder anders zu formatieren.

In der Tabelle können die folgenden Werte angezeigt werden:

- AKTUELL: Ist-Arbeit. Damit sind Ist-Aufwände gemeint. Das ist der Wert, der durch die Ressource zurückgemeldet wird.
- LAUT PLAN: Arbeit, die im Projektplan vom Projektleiter geplant wurde. Damit ist nicht der Basisplan gemeint, sondern nur das Feld ARBEIT. Standardmäßig ausgeblendet. Nutzen Sie die Option LAUT PLAN im Menüband, um diese Werte anzuzeigen.

- ÜBERSTUNDEN: Ist-Aufwände können auch als Überstunden gemeldet werden. Dadurch wird der Überstunden-Stundensatz der Ressource bei der Berechnung der Kosten berücksichtigt. Standardmäßig ausgeblendet. Nutzen Sie die Option ÜBERSTUNDEN im Menüband, um diese Werte anzuzeigen.

Standardmäßig wird immer die aktuelle Zeitperiode angezeigt. Über die Schaltflächen VORHER und WEITER können Sie in andere Zeiträume navigieren. Sie können dafür ebenso die Option ZEITRAUM AUSWÄHLEN verwenden.

Weitere Details zum Vorgang können Sie anzeigen, indem Sie auf den Vorgangsnamen klicken:

- ALLGEMEINE DETAILS: Hier finden Sie allgemeine Informationen zum Vorgang wie Start- und Enddatum, verbleibende Arbeit usw.
- ZULETZT GEÄNDERTE VORGÄNGE: Der Verlauf der Rückmeldungen zu diesem Vorgang. Übermittelte Änderungen und Genehmigungen werden hier mit den jeweiligen Kommentaren aufgeführt.
- ANLAGEN: Liste der Probleme, Risiken und Dokumente, die mit diesem Vorgang verknüpft sind, siehe dazu Kapitel 14, »Projektwebsites«
- KONTAKTE: Die Projektorganisation wird hier dargestellt (Projektmanager, Projektteam) sowie die Liste der anderen Ressourcen, die auch diesem Vorgang zugeordnet sind.
- VERWANDTE ZUORDNUNGEN: Vorgänger und Nachfolger des Vorgangs
- NOTIZEN: Sie sehen hier die Notizen des Projektleiters und der anderen Teammitglieder. Sie können über das untere Fenster die Notizen ergänzen.

13.1.2 Vorgänge aktualisieren

Über die Rückmeldung wird der Fortschritt der Vorgänge im Projektplan aktualisiert. Der Fortschritt drückt sich im Wert der aktuellen Arbeit aus. Sie können entscheiden, auf welche Art und Weise die Projektteammitglieder den Fortschritt rückmelden sollen. Microsoft Project Server stellt Ihnen hierfür drei Möglichkeiten zur Verfügung:

- Über das Feld % ARBEIT ABGESCHLOSSEN: Hier wird einfach ein Prozentwert eingetragen. Project Server berechnet dann die Anzahl der gearbeiteten Stunden auf Basis der im Projektplan geplanten Stunden. Zum Beispiel: Livia Galeazzi wurde mit 64 Stunden Aufwand dem Vorgang »Beleuchtung« zugeordnet. Wenn sie 50 % ARBEIT ABGESCHLOSSEN zurückmeldet, berechnet Project Server 32 H IST-ARBEIT.
- Über das Feld IST-ARBEIT: Diese Methode ist genauer, da die exakte Anzahl der gearbeiteten Stunden zurückgemeldet wird.
- Über das Feld IST-ARBEIT PRO ZEITRAUM: Über diese Methode kann Livia zurückmelden, dass sie am 08.03.2016 10 Stunden gearbeitet hat und am 09.03.2016 noch weitere 6 Stunden.

Welche Entscheidungsmöglichkeiten Sie haben, hängt von der Konfiguration des Servers ab. Auch hier gibt es drei Varianten:

- Im Modus FORMLOS kann jeder Mitarbeiter frei entscheiden, wie er seine Zeiten zurückmeldet.
- Eine Standardmethode wird definiert, von der der Projektleiter gegebenenfalls für sein Projekt abweichen kann.
- Eine Standardmethode wird definiert, die für alle Projekte und Anwender erzwungen wird.

Im zweiten Fall kann der Projektleiter für sein Projekt die Rückmeldemethode festlegen. Das erfolgt in Project Professional über DATEI. In der Backstage-Ansicht können Sie rechts bei ÜBERWACHUNGSMETHODE eine Methode auswählen. Über die zentrale Konfiguration der Rückmeldung lernen Sie mehr in Abschnitt 20.5, »Zeit- und Vorgangsverwaltung«.

Bei der AIRBI GmbH wurde die dritte Methode gewählt: Livia Galeazzi muss ihre Ist-Arbeit pro Tag zurückmelden.

Livia kümmert sich um die Inneneinrichtung im Projekt »Lounges« und hat mittlerweile ihre erste Arbeitswoche hinter sich. Sie möchte nun den Projektfortschritt an den Projektleiter Christoph Mülder weitergeben.

Um Ist-Arbeit pro Tag zu pflegen, benutzen Sie den rechten Teil der Ansicht. Finden Sie den Vorgang »Beleuchtung« im Projekt »Lounges«, und tragen Sie die gearbeiteten Stunden in die Zeile AKTUELL ein. Klicken Sie auf SPEICHERN, um Ihre Änderungen zu speichern. Beim Speichern werden nach Bedarf Vorgangswerte neu berechnet: Die VERBLEIBENDE ARBEIT wird auf 24H reduziert, und das Feld % ARBEIT ABGESCHLOSSEN wird auf 63 % berechnet (siehe Abbildung 13.3).

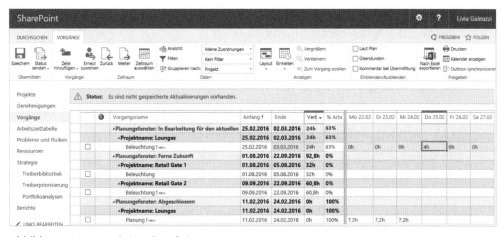

Abbildung 13.3 Fortschrittsaktualisierung

In der Spalte PROZESSSTATUS im linken Teil der Ansicht werden Informationen über den Status der Vorgangsänderungen angezeigt. Momentan steht dort: SPEICHERN IST ERFORDERLICH. Die 40 Stunden, die Sie eben eingetragen haben, müssen Sie noch speichern, und anschließend an den Projektleiter übermitteln.

Sie können noch weitere Änderungen zum Vorgang machen. Standardmäßig können Sie folgende Felder bearbeiten:

- START
- ENDE
- ARBEIT
- VERBLEIBENDE ARBEIT

Damit können Sie nicht nur Fortschritt zurückmelden, sondern auch Terminverschiebungen und Mehraufwände. Um die eingegebenen Vorgangsaktualisierungen zu übermitteln, wählen Sie den Vorgang »Belichtung« aus und klicken auf die Schaltfläche STATUS SENDEN im Menüband, dann auf AUSGEWÄHLTE VORGÄNGE (siehe Abbildung 13.4).

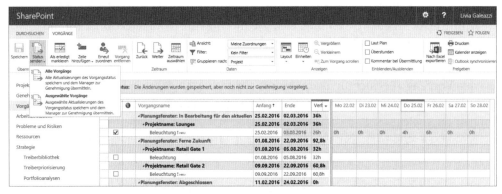

Abbildung 13.4 Änderungen übermitteln

Der Projektleiter Christoph Mülder muss jetzt entscheiden, ob er diese Änderungen genehmigt und in seinen Projektplan importiert.

13.1.3 Vorgangsänderungen genehmigen/ablehnen

Die Vorgangsaktualisierungen werden vom Projektleiter genehmigt – nein, das stimmt nicht ganz. Genau genommen werden sie vom Status-Manager genehmigt. Der Status-Manager ist in der Regel der Projektleiter; es ist allerdings möglich, eine andere Person als Status-Manager zu definieren. Das Feld STATUS-MANAGER wird in Abschnitt 13.6, »Status-Manager und Zuordnungsbesitzer«, erläutert. Es ist gut, die

Funktion Status-Manager zu kennen, der Einfachheit halber sprechen wir hier jedoch immer davon, dass der Projektleiter genehmigt.

Sobald eine Ressourcenrückmeldung übermittelt wurde, wird der Projektleiter über die entsprechende Kachel auf der Hauptseite der Project Web App darauf aufmerksam gemacht. Auch beim Öffnen des Projektplans wird der Projektleiter über ausstehende Rückmeldungen informiert.

Navigieren Sie über die Schaltfläche GENEHMIGUNGEN in der Schnellstartleiste der Project Web App in das GENEHMIGUNGSCENTER, um Ressourcenrückmeldungen zu überprüfen. Alle an Sie übermittelten Aktualisierungen werden aufgelistet. Wie in den anderen Ansichten in der Project Web App und in Project ist diese Übersicht zweigeteilt. Links werden die allgemeinen Ressourceninformationen gezeigt. Rechts werden die aktualisierten Zeiten pro Zeitperiode dargestellt (siehe Abbildung 13.5). Mit der Schaltfläche FENSTERINHALT ZUR AKTUALISIERUNG VERSCHIEBEN navigieren Sie automatisch zur Zeitperiode der markierten Rückmeldung.

Abbildung 13.5 Fortschrittsgenehmigung

Klicken Sie auf den Vorgangsnamen (Spalte NAME), um die Details der Aktualisierung anzuzeigen. Ein Fenster wird angezeigt mit dem Verlauf der bisherigen Rückmeldungen zu diesem Vorgang. Unter anderem werden hier die Kommentare des Teammitglieds und des Projektleiters aufgeführt.

In der Spalte AKTUALISIERUNGSTYP können Sie die Art der Rückmeldung ablesen. Alle Fortschrittsrückmeldungen sind vom Typ VORGANGSAKTUALISIERUNG. Andere Aktualisierungstypen sind:

▶ NEUE VORGANGSANFRAGE – Vorgänge, die über die Funktion EINEN NEUEN VORGANG HINZUFÜGEN durch die Ressource erstellt wurden

▶ VORGANGSNEUZUORDNUNGSANFRAGE – Vorgänge, die über die Funktion ERNEUT ZUORDNEN durch die Ressource einem anderen Mitarbeiter zugeordnet wurden

▶ ZUORDNUNGSLÖSCHANFRAGE – Vorgänge, die über die Funktion VORGANG ENTFERNEN durch die Ressource abgelehnt wurden

Zu diesen Aktualisierungstypen lernen Sie mehr in Abschnitt 13.2, »Weitere Vorgangsinformationen zurückmelden«.

Bevor Sie die Rückmeldung genehmigen, können Sie eine Vorschau generieren, welche Auswirkungen die Genehmigungen auf den Projektplan hätten. Wählen Sie eine oder mehrere zu genehmigende Rückmeldungen aus, dann klicken Sie auf VORSCHAU DER AKTUALISIERUNGEN.

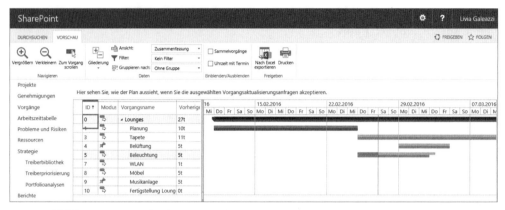

Abbildung 13.6 Genehmigungsvorschau

Der Projektplan wird in einem Gantt-Diagramm dargestellt (siehe Abbildung 13.6). Die markierten Zeilen sind die Vorgänge, die von der Rückmeldung betroffen sind. Hier werden nicht nur die Vorgänge markiert, für die Sie eine Aktualisierung bekommen haben, sondern auch davon indirekt betroffene Vorgänge, beispielsweise Nachfolger, die wegen einer Verspätung auch verschoben werden. Im Balkendiagramm werden zwei Balken übereinander dargestellt: Der graue Balken zeigt die momentan veröffentlichte Projektplanung. Der blaue Balken zeigt die Projektplanung nach der Aktualisierung.

Nachdem Sie Ihre Entscheidung getroffen haben, wählen Sie die Rückmeldung aus und klicken auf ANNEHMEN oder ABLEHNEN. Sie können Ihre Entscheidung mit einem Kommentar versehen. Dies ist insbesondere bei einer Ablehnung zu empfehlen. Bei abgelehnten Rückmeldungen muss die Ressource den Vorgang erneut aktualisieren.

Die aktuellen Werte der von Ihnen genehmigten Rückmeldungen werden automatisch importiert und aktualisieren so den Projektplan.

13.1.4 Aktualisierung des Projektplans

Die genehmigten Aktualisierungen werden im Projektplan automatisch ausgeführt. Dies passiert sofort, wenn das Projekt zum Zeitpunkt der Genehmigung eingecheckt war. Falls das Projekt während der Genehmigung ausgecheckt war, wird es aktualisiert, sobald es eingecheckt wird. Allerdings ist der aktualisierte Projektplan noch nicht veröffentlicht. Die aktuellen Ist-Zeiten sind noch nicht in den diversen Project-Web-App-Ansichten und -Berichten sichtbar. Nachdem Sie Rückmeldungen genehmigt haben, sollten Sie den Projektplan öffnen, überprüfen und anschließend veröffentlichen.

> **Mögliche Konsequenzen von Ressourcenrückmeldungen**
>
> Beachten Sie, dass Ressourcenrückmeldungen zu den folgenden Konsequenzen führen können:
>
> - Steigerung oder Minderung des berechneten Aufwands (Feld ARBEIT), entweder durch Überbuchungen (die Ressource hat mehr aktuelle Stunden gebucht, als Sie ursprünglich vorgesehen hatten) oder durch übermittelte Planänderungen (die Ressource hat die Aufwandsschätzung durch das Feld VERBLEIBENDE ARBEIT korrigiert)
> - zeitliche Verschiebung des Vorgangs, entweder durch Buchungen außerhalb des ursprünglich geplanten Zeitraums (der erste Tag, an dem die Ressource Zeiten bucht, wird das aktuelle Anfangsdatum des Vorgangs; falls die Ressource aktuelle Stunden nach dem geplanten Ende des Vorgangs bucht, wird der Vorgang automatisch entsprechend verlängert) oder durch übermittelte Planänderungen (die Ressource kann ein aktualisiertes Anfangs- oder Enddatum melden) oder durch Neuberechnung nach Aktualisierung des Aufwands (falls die Ressource das Feld VERBLEIBENDE ARBEIT aktualisiert hat, kann sich die Dauer neu berechnen je nach Vorgangsart, siehe auch Abschnitt 6.1.6, »Verhältnis Arbeit, Dauer und Einheit«)

Überprüfen Sie Ihren Projektplan genau, und korrigieren Sie bei Bedarf die Projektplanung, bevor Sie die aktuelle Version veröffentlichen.

13.1.5 Ist-Werte im Projektplan schützen

Um konsistente Zahlen zu berichten, sollten Sie immer sicherstellen, dass die Ist-Zeiten im Projektplan den durch die Ressourcen zurückgemeldeten Zeiten entsprechen. Praktisch bedeutet dies, dass aktuelle Zeiten nur noch über die Ressourcenrückmeldung aktualisiert werden dürfen.

> **Dateninkonsistenz**
>
> Um Dateninkonsistenz zu verhindern, sollten Sie die folgenden Regeln beachten:
>
> - Bearbeiten Sie aktuelle Zeiten nicht manuell! Auch nicht, wenn aus Versehen falsche Werte in den Projektplan importiert wurden. Sprechen Sie mit dem Teammitglied ab, dass es den Fehler in der Project Web App behebt und die korrigierten Werte übermittelt.

> ▶ Falls Sie aus Versehen aktuelle Werte überschrieben haben, benutzen Sie die Schaltfläche MIT GESCHÜTZTEN IST-WERTEN SYNCHRONISIEREN, um die Zahlen vor dem Speichern erneut zu synchronisieren.

Es ist möglich, das Bearbeiten von aktuellen Werten für alle Projekte auf dem Project Server ganz zu verhindern, siehe dazu Abschnitt 20.5.6, »Vorgangseinstellungen und -anzeige«. Dieser Schutz kann aber leider nicht immer eingesetzt werden, weil z. B. nicht alle Abteilungen mit der Rückmeldung arbeiten: In diesem Fall muss es möglich bleiben, die aktuellen Zeiten auch manuell zu bearbeiten.

13.1.6 Automatische Genehmigung

Über sogenannte *Regeln* können Sie die Genehmigung der Ressourcenrückmeldungen einfacher gestalten, indem Sie bestimmte Änderungen automatisch genehmigen lassen. Zum Beispiel können Sie eine Regel erstellen, die alle Statusaktualisierungen genehmigt, solange diese nicht zu Budgetüberschreitungen führen.

Hierzu klicken Sie im GENEHMIGUNGSCENTER auf REGELN VERWALTEN. Erstellen Sie eine neue Regel, indem Sie auf NEU klicken. Hier haben Sie die Wahl zwischen unterschiedlichen Optionen (siehe Abbildung 13.7):

- ▶ DIESE REGEL AUTOMATISCH AUSFÜHREN: Wenn Sie diese Option auswählen, wird die Regel im Hintergrund ausgeführt, sobald eine Statusaktualisierung übermittelt wird. Alternativ können Sie die Regel manuell ausführen.
- ▶ AKTUALISIERUNG AUTOMATISCH VERÖFFENTLICHEN: Damit legen Sie fest, dass die Aktualisierung auch automatisch veröffentlicht werden soll.
- ▶ ANFRAGEARTEN: Hier wählen Sie die Art von Rückmeldung, die die Regel genehmigen soll. Wählen Sie hier VORGANGSAKTUALISIERUNG. Mehr zu NEUE ZUORDNUNGSANFRAGEN, VORGANGSNEUZUORDNUNGSANFRAGEN und ZUORDNUNGSLÖSCHANFRAGEN lernen Sie im nächsten Abschnitt.
- ▶ Zusätzlich zur Anfrageart können Sie eine Bedingung festlegen. Wählen Sie WENN DAS AKTUALISIERTE FELD MIT EINEM FELD IM VERÖFFENTLICHTEN PROJEKT ÜBEREINSTIMMT. Als AKTUALISIERTES FELD wählen Sie ZUORDNUNG ARBEIT. Als OPERATOR wählen Sie KLEINER ODER GLEICH. Als VERÖFFENTLICHTES FELD wählen Sie ebenso ZUORDNUNG ARBEIT. Diese Bedingung bedeutet: Wenn nach der Aktualisierung die Arbeit kleiner oder gleich der Arbeit ist, die ursprünglich geplant war, dann genehmigen. Alternativ können Sie ein Feld mit einem festen Wert vergleichen oder ganz ohne Bedingung alle Anfragen automatisch genehmigen lassen.
- ▶ Unter PROJEKTE können Sie die Regel auf bestimmte Projekte begrenzen.
- ▶ Unter RESSOURCEN können Sie die Regel auf bestimmte Ressourcen begrenzen.

Klicken Sie auf SPEICHERN. Die Regel steht nun zur Verfügung.

Wenn Sie die Option DIESE REGEL AUTOMATISCH AUSFÜHREN gewählt haben, ist die Regel immer aktiv. Wenn die Regel nicht automatisch ausgeführt wird, können Sie jederzeit unter REGELN VERWALTEN die Regel manuell aktivieren:

▶ Klicken Sie auf ALLE AUSFÜHREN, um alle Regeln auszuführen.

▶ Klicken Sie auf AUSGEWÄHLTE AUSFÜHREN, um die markierte Regel auszuführen.

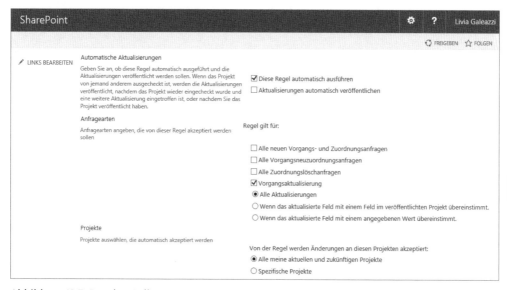

Abbildung 13.7 Regel erstellen

13.1.7 Genehmigte und abgelehnte Statusaktualisierungen überprüfen

Einen Überblick über alle Ressourcenrückmeldungen, die Sie genehmigt oder abgelehnt haben, bekommen Sie über den *Verlauf*. Um den Verlauf anzuzeigen, navigieren Sie zum GENEHMIGUNGSCENTER und klicken auf die Schaltfläche VERLAUF, dann auf STATUSAKTUALISIERUNGEN. Dort finden Sie die Historie über alle Ihre Entscheidungen (siehe Abbildung 13.8).

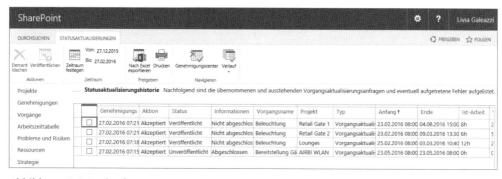

Abbildung 13.8 Verlauf

Über die Spalte STATUS können Sie überprüfen, ob Sie die genehmigten Statusaktualisierungen bereits veröffentlicht haben.

13.1.8 Vorgänge zur Rückmeldung sperren

Wenn Vorgänge abgeschlossen sind und nicht mehr aktualisiert werden sollen, können sie gesperrt werden, sodass Ressourcen keine aktuellen Zeiten auf diese Vorgänge mehr zurückmelden dürfen.

Um Vorgänge zu sperren:

1. Navigieren Sie zum Project Center in der Project Web App.
2. Öffnen Sie das Projekt, in dem Sie Vorgänge sperren möchten.
3. Wählen Sie die Projektdetailseite TERMINPLAN, um die Projektvorgänge anzuzeigen.
4. Über das Dropdown-Menü ANSICHTEN im Menüband wechseln Sie zur Ansicht ZU AKTUALISIERENDE VORGÄNGE SCHLIESSEN.
5. Klicken Sie auf die Schaltfläche BEARBEITEN, um das Projekt auszuchecken.
6. In der Spalte GESPERRT ändern Sie den Wert von NEIN auf JA für alle Vorgänge, die gesperrt werden sollen (siehe Abbildung 13.9).
7. Klicken Sie anschließend auf VERÖFFENTLICHEN.

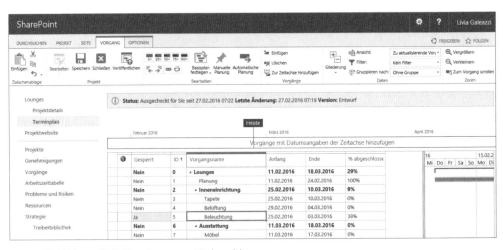

Abbildung 13.9 Vorgänge zur Rückmeldung sperren

Gesperrte Vorgänge sind für die Teammitglieder weiterhin unter VORGÄNGE sichtbar, aber es können keine Fortschrittsaktualisierungen mehr stattfinden. Auch über die ARBEITSZEITTABELLE ist keine Rückmeldung mehr möglich.

> **Sperre nur in Project Web App möglich**
> Die Spalte GESPERRT ist nicht in Project Professional verfügbar. Das Sperren von Vorgängen über diese Spalte kann nur über die Microsoft Project Web App erfolgen.

13.2 Weitere Vorgangsinformationen zurückmelden

Neben aktuellen Zeiten können Ressourcen dem Projektleiter auch ganz andere Informationen übermitteln. Project Server erlaubt es den Teammitgliedern, die Projektplanung zu beeinflussen und dynamisch Änderungen vorzuschlagen.

Diese Freiheit der Teammitglieder ist nicht immer gewünscht. Häufig ist den Projektleitern die direkte Kommunikation mit dem Team lieber. Die Ergebnisse daraus können sie dann im Projektplan unter Berücksichtigung der gesamten Planung selbst pflegen. Jede Projektorganisation sollte sich überlegen, welche dieser Funktionalitäten Mehrwert im Alltag bringen wird und welche lieber deaktiviert werden sollte.

13.2.1 Vorgang entfernen

Teammitglieder können die ihnen zugeordnete Arbeit ablehnen. Falls Sie z. B. aus Mangel an Verfügbarkeit eine Tätigkeit im Projekt nicht übernehmen wollen, können Sie den betreffenden Vorgang auswählen und auf VORGANG ENTFERNEN klicken. Anschließend klicken Sie auf OK, um das Löschen zu bestätigen (siehe Abbildung 13.10).

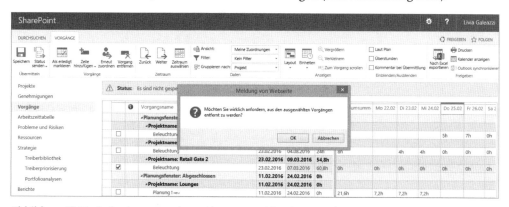

Abbildung 13.10 Anfordern, aus einem Vorgang entfernt zu werden

Der Vorgang wird durchgestrichen in der Übersicht angezeigt. Allerdings ist Ihre Änderung weder gespeichert noch übermittelt. Verwenden Sie die Schaltfläche STATUS SENDEN, wie oben erläutert, um die Aktualisierung zu übermitteln. Bei der Übermittlung können Sie die Ablehnung des Vorgangs mit einem Kommentar begründen.

Nicht Vorgang, sondern Zuordnung wird gelöscht

Auch nach Genehmigung des Projektleiters wird der Vorgang nicht aus dem Projektplan gelöscht, sondern es wird lediglich die Zuordnung entfernt. Das heißt, dass Sie diesem Vorgang nicht mehr zugeordnet sind und keinen Fortschritt mehr für diese Aktivität zurückmelden können. Der Projektleiter muss eine neue Ressource zuordnen.

13.2.2 Vorgang neu zuordnen

Diese Funktion erlaubt es, eigene Vorgänge an weitere Mitglieder des Projektteams zu delegieren. Um einen Vorgang zu delegieren, klicken Sie im Menüband auf ERNEUT ZUORDNEN. Das Fenster zur neuen Zuordnung wird angezeigt (siehe Abbildung 13.11).

Abbildung 13.11 Vorgang neu zuordnen

Alle Vorgänge, die Ihnen zugeordnet sind, werden dort aufgelistet. In der Spalte NEU ZUORDNEN ZU können Sie aus dem jeweiligen Projektteam einen neuen Verantwortlichen selektieren. Sie können einen Anfangstermin für die Delegierung auswählen, falls sich der vorgesehene Anfangstermin durch die Delegierung ändert. Schreiben Sie einen Kommentar, um den Grund der neuen Zuordnung für den Projektleiter zu erläutern, dann klicken Sie auf ÜBERMITTELN.

13.2.3 Vorgang erstellen

Für den Fall, dass Ihnen als Teammitglied eines Projekts eine Aufgabe auffällt, die noch nicht im Projektplan eingeplant ist, können Sie dem Projektleiter einen neuen Vorgang vorschlagen. Dafür klicken Sie auf ZEILE HINZUFÜGEN, dann auf EINEN NEUEN VORGANG HINZUFÜGEN (siehe Abbildung 13.12).

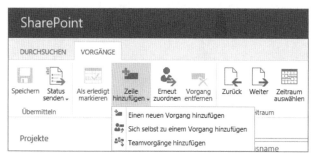

Abbildung 13.12 Neuen Vorgang hinzufügen

Es öffnet sich ein Fenster zur Erstellung des Vorgangs (siehe Abbildung 13.13). Wählen Sie ein Projekt (und gegebenenfalls einen Sammelvorgang) aus, und tragen Sie einen Vorgangsnamen ein. Sie können ein Startdatum für den Vorgang eingeben und entweder ein Enddatum oder die gesamte Arbeit in Stunden. Alternativ können Sie einen Meilenstein anlegen.

Abbildung 13.13 Formular zur Vorgangserstellung

Enddatum oder Arbeitsdauer

Es ist nicht möglich, gleichzeitig das Enddatum und den Arbeitsaufwand zu bestimmen. Sie werden automatisch zu 100 % dem Vorgang zugeordnet. Der Aufwand wird anhand des Enddatums auf einer Basis von 8 Stunden pro Tag automatisch berechnet. Umgekehrt berechnet sich das Enddatum automatisch aus der Arbeit. Falls Sie nicht zu 100 % zugeordnet werden sollen, müssen Sie mit dem Projektleiter absprechen, dass er den Vorgang für Sie mit Microsoft Project Professional erstellt oder ihn entsprechend korrigiert.

Schreiben Sie einen kurzen Kommentar, um dem Projektleiter zu erklären, warum Sie das Anlegen eines neuen Vorgangs vorschlagen. Anschließend klicken Sie auf SENDEN, um die Aktualisierung zu übermitteln.

13.2.4 Sich selbst einem Projektvorgang zuordnen

Alternativ können sich Teammitglieder innerhalb ihrer Projekte eigenständig vorhandenen Vorgängen zuordnen. Klicken Sie hierzu auf ZEILE EINFÜGEN, dann auf SICH SELBST ZU EINEM VORGANG HINZUFÜGEN. Das Fenster AUFGABE HINZUFÜGEN wird angezeigt (siehe Abbildung 13.13). Dieses Fenster ist ähnlich aufgebaut wie das Fenster zur Erstellung neuer Vorgänge, allerdings wird erst ein vorhandener Vorgang ausgewählt, dann entsprechend das Enddatum oder die Arbeit geplant. Klicken Sie auf SENDEN, um die Zuordnung dem Projektleiter zu übermitteln.

13.2.5 Teamvorgänge hinzufügen

Der Projektleiter hat bei der Planung die Möglichkeit, Vorgänge Teams zuzuordnen. Mehr zu Teamressourcen lesen Sie in Abschnitt 12.1.2, »Ressourcenpool bearbeiten«.

Bei der AIRBI GmbH wird z. B. das Team »Inneneinrichtung« bereits Vorgängen zugeordnet, solange noch nicht klar ist, wer im Team die Arbeit erledigen wird. Livia Galeazzi, als Mitglied des Teams »Inneneinrichtung«, kann diese Aufgaben sehen und eine oder mehrere Zuordnungen übernehmen.

Klicken Sie hierzu auf ZEILE EINFÜGEN, dann auf TEAMVORGÄNGE HINZUFÜGEN. Alle Aufgaben des Teams werden angezeigt (siehe Abbildung 13.14).

Wählen Sie einen Vorgang aus, und klicken Sie auf MIR ZUWEISEN, um die Aufgabe zu übernehmen. Der Vorgang wird Ihnen zugeordnet, und Sie können schon Fortschritt zurückmelden.

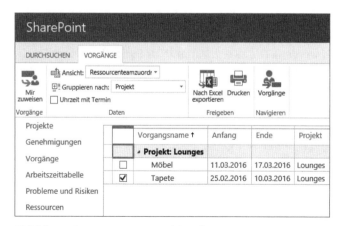

Abbildung 13.14 Teamvorgang hinzufügen

13.3 Arbeitszeittabellen im einfachen Eingabemodus

Neben der soeben beschriebenen Vorgangsaktualisierung steht Ihnen mit den *Arbeitszeittabellen* in Microsoft Project Server eine weitere Funktionalität zur Rückmeldung zur Verfügung. Arbeitszeittabellen haben einen anderen Ansatz als Vorgangsaktualisierungen. Bei Vorgangsaktualisierungen läuft die Kommunikation innerhalb des Projektteams zwischen Projektleiter und Teammitgliedern, um den aktuellen Status des Projekts zu verfolgen. Bei Arbeitszeittabellen läuft die Kommunikation zwischen der Ressource und dem Ressourcenmanager. Im Fokus steht hier nicht die Betrachtung des Projektfortschritts, sondern die Dokumentation der gesamten Arbeitsstunden einer Ressource.

Eine Arbeitszeittabelle enthält typischerweise nicht nur die Projektarbeit, sondern auch die Linienaufgaben und Abwesenheiten einer Ressource innerhalb einer bestimmten Zeitperiode. Eine gewisse Überschneidung existiert mit der Vorgangsaktualisierung, da auch die Projektarbeit verfolgt wird, aber der Genehmigungsprozess ist ressourcenbezogen und nicht projektbezogen. Der Ressourcenmanager, der die Arbeitszeittabelle genehmigt, wird in Microsoft Project Server *Arbeitszeittabellen-Manager* genannt und wird pro Ressource zugeordnet. Er prüft die gesamte Arbeitszeit der Ressource, egal, ob es sich um Projekte oder um das Tagesgeschäft handelt.

Um diese Überschneidung zwischen beiden Rückmeldeprozessen zu berücksichtigen, wurde in Microsoft Project Server 2010 der sogenannte *Einfache Eingabemodus* eingeführt, der einer Ressource erlaubt, Vorgangsaktualisierungen an einer einzigen Stelle zu pflegen und sowohl dem Projektleiter als auch dem Ressourcenmanager zu übermitteln.

Je nach Konfiguration läuft dieser doppelte Genehmigungsprozess parallel oder nacheinander (erst muss der Projektleiter genehmigen, dann kann die gesamte Arbeitszeittabelle übermittelt werden). Die zweite Variante ist in der Regel zu empfehlen. Dies ist auch die gewählte Konfiguration bei der AIRBI GmbH. Die Konfiguration der Arbeitszeittabellen wird in Abschnitt 20.5.4, »Einstellungen und Standardwerte in der Arbeitszeittabelle«, erläutert.

Keine Rückmeldung über das Menü »Vorgänge«
Wenn die Rückmeldung über die Arbeitszeittabelle im einfachen Eingabemodus konfiguriert ist, kann die IST-ARBEIT nicht mehr über den Menüpunkt VORGÄNGE zurückgemeldet werden.

Bei der AIRBI GmbH möchte Anja Staab als Bereichsleiterin einschätzen können, an welchen Aufgaben ihre Mitarbeiter arbeiten. Außerdem möchte sie erkennen können, zu welchen Anteilen die Mitarbeiter an Projekten und an administrativen Aufgaben arbeiten. Livia Galeazzi soll daher nicht nur eine Fortschrittserfassung machen, sondern eine Vollzeitrückmeldung über die Arbeitszeittabelle.

13.3.1 Arbeitszeittabelle anzeigen

Klicken Sie auf ARBEITSZEITTABELLE im Schnellstartmenü, um Ihre Arbeitszeittabelle anzuzeigen (siehe Abbildung 13.15).

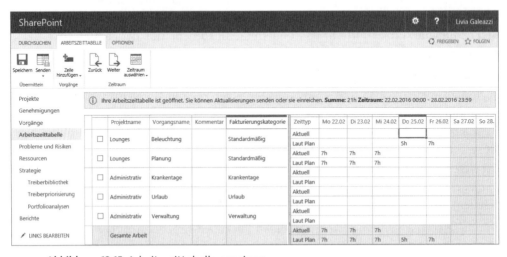

Abbildung 13.15 Arbeitszeittabelle anzeigen

Beachten Sie die graue Zeile oberhalb der Arbeitszeittabelle. In dieser Zeile finden Sie drei wichtige Informationen:

- Zunächst erhalten Sie eine Information über den Status Ihrer Arbeitszeittabelle, sodass Sie erkennen können, ob nicht gespeicherte Einträge vorhanden sind. Nach dem Öffnen oder Speichern lautet er: DIE ARBEITSZEITTABELLE IST GEÖFFNET. SIE KÖNNEN AKTUALISIERUNGEN SENDEN ODER SIE EINREICHEN. Dies bedeutet, dass Sie diese Arbeitszeittabelle noch nicht übermittelt haben und bearbeiten können.
- SUMME: die Summe der Stunden, die Sie in diesem Zeitraum eingegeben haben
- ZEITRAUM: der Zeitraum, in dem Sie sich gerade befinden

Unten in der Tabelle selbst wird die Liste der Aktivitäten angezeigt, für die Sie Zeiten zurückmelden können. Diese Zeilen werden per Abrechnungskategorie sortiert. In der Standardeinstellung stehen drei Abrechnungskategorien zur Verfügung:

- STANDARD: Die Projektarbeit gehört zu dieser Kategorie.
- ADMINISTRATIV: Hier wird nicht projektbezogene Arbeit zurückgemeldet (Tagesgeschäft).
- KRANKENTAGE: Abwesenheit, für die keine Genehmigung erforderlich ist
- URLAUB: Abwesenheit, für die eine Genehmigung erforderlich ist

Es ist möglich, weitere Kategorien zu konfigurieren. Dazu lernen Sie mehr in Abschnitt 20.5.5, »Administrative Zeit«.

Sie sehen beim ersten Aufruf die aktuelle Berichtsperiode. Eine Standardberichtsperiode beträgt 7 Tage. Die Zeiten werden pro Tag zurückgemeldet. Die Zeitperiode ist konfigurierbar, dazu können Sie in Abschnitt 20.5.2, »Zeiträume für Zeitberichte«, mehr lesen.

Einige Ähnlichkeiten mit der Vorgangsübersicht unter VORGÄNGE können Sie erkennen: Im linken Bereich der Übersicht werden Vorgangsinformationen angezeigt, wie z. B. START, ENDE und VERBLEIBENDE ARBEIT. Die Spalte STATUS informiert Sie über den aktuellen Status des Vorgangs im Genehmigungsprozess. Im rechten Teil werden aktuelle und geplante Zeiten für jede Zeile angezeigt. Die Zeile LAUT PLAN zeigt die im Projektplan geplante Arbeit (berechnete Arbeit).

Einige Unterschiede sind auch zu erkennen: Es sind nicht mehr alle Vorgänge aufgelistet, wie es in der Vorgangsübersicht der Fall war. In der Arbeitszeittabelle werden nur die relevanten Vorgänge angezeigt, das heißt Vorgänge, für die Aufwände in diesem Berichtszeitraum geplant wurden.

13.3.2 Arbeitszeittabelle aktualisieren

Tragen Sie Ihre aktuellen Zeiten für die jeweiligen Vorgänge in die Zeile AKTUELL ein. Sobald Sie Änderungen vorgenommen haben, wird die Statuszeile über der Arbeits-

zeittabelle gelb und zeigt den Status: DIE ARBEITSZEITTABELLE ENTHÄLT UNGESPEI-
CHERTE ÄNDERUNGEN, um deutlich zu machen, dass Ihre Änderungen noch nicht gesichert sind (siehe Abbildung 13.16).

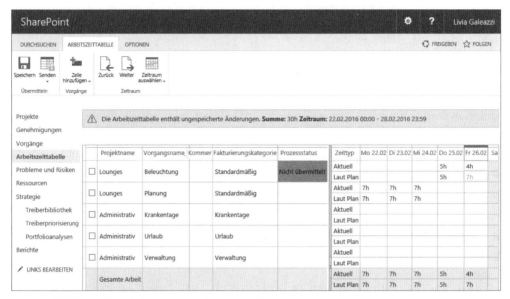

Abbildung 13.16 Arbeitszeittabelle bearbeiten

Zusätzlich zu den aktuellen Zeiten können Sie auch weitere Vorgangsinformationen bearbeiten. Über die Spalte VERBLEIBENDE ARBEIT können Sie einen Mehraufwand melden. Ebenso können Sie das Feld ENDE bearbeiten, um eine zeitliche Verschiebung bekannt zu geben. Die Vorgangsbearbeitung ist identisch mit der Bearbeitung in der Vorgangsübersicht, mit einer Ausnahme: Die Spalten IST-ARBEIT und % ARBEIT ABGESCHLOSSEN sind nicht mehr editierbar und berechnen sich aus den aktuellen Zeiten, die Sie in der zeitphasenbasierten Ansicht eingetragen haben.

Klicken Sie auf SPEICHERN, um Ihre Änderungen zu sichern. Der Status wird aktualisiert auf In BEARBEITUNG (SENDESTATUS AUSSTEHEND), das heißt, Sie haben Projektinformationen aktualisiert, diese aber noch nicht dem Projektleiter übermittelt.

Falls Sie einen Vorgang aktualisieren möchten, der nicht in dieser Zeitperiode geplant wurde, müssen Sie den Vorgang manuell zur Arbeitszeittabelle hinzufügen. Klicken Sie dafür im Menü auf ZEILE EINFÜGEN, dann auf AUS VORHANDENEN ZUORDNUNGEN AUSWÄHLEN.

Unter PROJEKT können Sie das passende Projekt selektieren. Eine Liste der Ihnen zugeordneten Vorgänge wird angezeigt. Markieren Sie die gewünschten Vorgänge, und klicken Sie auf OK (siehe Abbildung 13.17).

Abbildung 13.17 Vorgang einfügen

Die Vorgänge werden der Arbeitszeittabelle hinzugefügt. Sie können jetzt ganz normal Ihre Ist-Zeiten für diese Vorgänge zurückmelden.

> **Sich selbst zuordnen oder neuen Vorgang erstellen**
>
> Falls Sie noch nicht einem passenden Vorgang im Projektplan zugeordnet sind, haben Sie auch hier die Möglichkeit, sich selbst einem vorhandenen Vorgang zuzuordnen oder einen neuen Vorgang im Projektplan zu erzeugen. Dafür klicken Sie auf ZEILE HINZUFÜGEN und wählen die entsprechende Option aus. Es handelt sich hier um dieselben Funktionalitäten, wie bereits in Abschnitt 13.2, »Weitere Vorgangsinformationen zurückmelden«, erläutert.

Die Rückmeldung von Ist-Zeiten für administrative Arbeit funktioniert auf die gleiche Art und Weise wie für Projektarbeit. Sie tragen lediglich Ihre aktuellen Zeiten in die passende Zeile ein. Auch bei nicht projektbezogenen Aktivitäten können Sie nach Bedarf weitere Zeilen hinzufügen oder erzeugen.

Um eine vorkonfigurierte Tätigkeit einzufügen, klicken Sie auf ZEILE EINFÜGEN, dann auf PROJEKTFREMDE ZEILE HINZUFÜGEN.

Sie können eine der vorkonfigurierten Kategorien wählen, z. B. hier REISEZEIT (siehe Abbildung 13.18). Die neue Zeile wird in allen zukünftigen Arbeitszeittabellen vorhanden sein, bis Sie die Zeile wieder entfernen.

Abbildung 13.18 Projektfremde Zeile hinzufügen

Alternativ können Sie eine neue Aktivität erstellen, die nicht vorkonfiguriert wurde. Klicken Sie auf ZEILE EINFÜGEN, dann auf PERSÖNLICHEN VORGANG EINFÜGEN. Tragen Sie den Namen Ihrer Aktivität ein, und wählen Sie die passende Abrechnungskategorie, dann klicken Sie auf OK (siehe Abbildung 13.19). Sie können jetzt aktuelle Zeiten zu Ihrer neuen Aktivität zurückmelden.

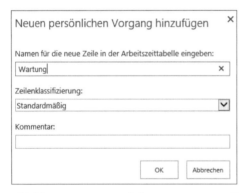

Abbildung 13.19 Persönlichen Vorgang erstellen

Weitere Abrechnungskategorien

In der Standardkonfiguration können Sie für persönliche Aktivitäten nur die Abrechnungskategorie STANDARD auswählen.

Weitere Abrechnungskategorien können über die Servereinstellungen konfiguriert werden, wie es in Abschnitt 20.5.3, »Linienklassifikationen«, beschrieben wird. Unterschiedliche Abrechnungskategorien dienen der Kategorisierung der zurückgemeldeten Zeiten im Berichtswesen. So können Sie z. B. Weiterbildung oder Reisezeiten von normalen Arbeitszeiten trennen.

13.3.3 Arbeitszeittabelle übermitteln

Wie schon erwähnt, läuft im einfachen Eingabemodus ein doppelter Genehmigungsprozess. Dementsprechend werden auch die aktuellen Zeiten in zwei Schritten übermittelt:

1. Erst übermitteln Sie die Projektarbeit über die Schaltfläche SENDEN zur Aktualisierung des Fortschritts im Projektplan. Sie können entweder mit der Auswahl FORTSCHRITT FÜR ALLE VORGÄNGE SENDEN alle Zeilen gleichzeitig übermitteln oder mit FORTSCHRITT FÜR DIE AUSGEWÄHLTEN VORGÄNGE nur die markierten Vorgänge senden (siehe Abbildung 13.20).

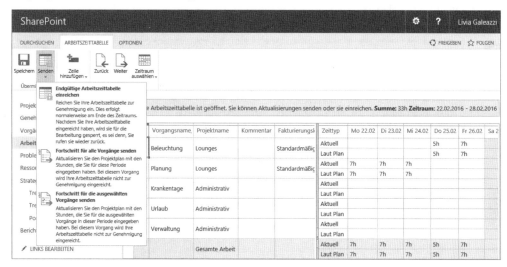

Abbildung 13.20 Vorgänge übermitteln

2. Für jede Vorgangsaktualisierung wird eine entsprechende Statusaktualisierung dem jeweiligen Projektleiter übermittelt. Der Projektleiter bestätigt Ihre Rückmeldung oder lehnt die Aktualisierung ab. Bei einer Ablehnung wird in der Arbeitszeittabelle die entsprechende Zeile in der Spalte PROZESSSTATUS als abgelehnt markiert. In diesem Fall müssen Sie den Vorgang erneut bearbeiten und übermitteln.

3. Nachdem die Projektzeiten durch den Projektleiter genehmigt wurden, können Sie die gesamte Arbeitszeittabelle zum Ressourcenmanager übermitteln. Das tun Sie über die Schaltfläche SENDEN und dann ENDGÜLTIGE ARBEITSZEITTABELLE EINREICHEN. Der Name des Standard-Arbeitszeittabellen-Managers wird angezeigt (siehe Abbildung 13.21). Hier können Sie nach Bedarf eine andere Person zum Genehmigen der Arbeitszeittabelle auswählen (wenn das die Konfiguration erlaubt). Klicken Sie auf OK, um das Senden zu bestätigen.

Abbildung 13.21 Arbeitszeittabelle senden

Gesendete Arbeitszeittabelle
Nach Übermittlung wird die Arbeitszeittabelle gesperrt. Es können keine Zeiten mehr für diese Zeitperiode gemeldet werden. Überprüfen Sie daher Ihre Arbeitszeittabelle genau, bevor Sie die Übermittlung bestätigen.

Sie können auch alle diese Schritte über einen einzigen Knopfdruck erledigen, indem Sie direkt auf SENDEN und dann ENDGÜLTIGE ARBEITSZEITTABELLE EINREICHEN klicken. In diesem Fall werden automatisch alle Vorgangsaktualisierungen dem Projektleiter übermittelt. Nach Genehmigung der Projektzeiten wird die Arbeitszeittabelle automatisch zum Arbeitszeittabellen-Manager gesendet.

13.3.4 Projektarbeit genehmigen/ablehnen

Der Projektleiter genehmigt die Ist-Zeiten auf Vorgangsebene und sonstige Vorgangsaktualisierungen über das Genehmigungscenter. Der Genehmigungsprozess läuft genauso, wie in Abschnitt 13.1, »Fortschrittsrückmeldung«, beschrieben. Sobald Sie die Rückmeldung genehmigt haben, wird der Projektplan aktualisiert und die Arbeitszeittabelle zur Genehmigung durch den Arbeitszeittabellen-Manager freigegeben. Bei einer Ablehnung muss der Mitarbeiter die Zeiten überarbeiten und erneut übermitteln. Die Arbeitszeittabelle wird zur Bearbeitung wieder freigegeben, bis der Mitarbeiter sie erneut versendet hat.

13.3.5 Arbeitszeittabelle genehmigen

Die Genehmigung der Arbeitszeittabellen durch den Ressourcenmanager erfolgt ebenso im Genehmigungscenter. Arbeitszeittabellen und reine Vorgangsaktualisierungen können Sie über die Spalte GENEHMIGUNGSTYP unterscheiden (siehe Abbildung 13.22):

13.3 Arbeitszeittabellen im einfachen Eingabemodus

- STATUSAKTUALISIERUNG bezeichnet eine Aktualisierung des Vorgangs, die sich im Projektplan direkt nach der Genehmigung auswirkt.
- ARBEITSZEITTABELLE bezeichnet eine übermittelte Arbeitszeittabelle.

Abbildung 13.22 Arbeitszeittabelle im Genehmigungscenter

Klicken Sie auf den Namen der Arbeitszeittabelle, um die Zeiten der Ressource anzuzeigen. Nach Bedarf können Sie direkt in der Tabelle die Zeiten korrigieren oder ergänzen. Anschließend klicken Sie auf ANNEHMEN oder ABLEHNEN (siehe Abbildung 13.23).

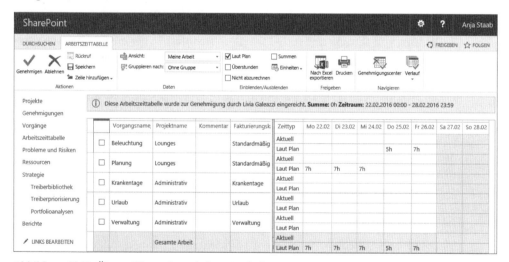

Abbildung 13.23 Überprüfung der Arbeitszeittabelle

Genehmigte Ist-Zeiten werden als solche in der Datenbank gekennzeichnet und für das Berichtswesen freigegeben. Bei einer Ablehnung wird die Arbeitszeittabelle mit dem Status ABGELEHNT gekennzeichnet und wieder zur Bearbeitung durch die Ressource freigegeben. Die Ressource muss die Zeiten korrigieren und erneut übermitteln. Bei einer Korrektur der Projektvorgänge ist auch eine erneute Genehmigung durch den Projektleiter notwendig.

Korrektur von Arbeitszeittabellen

Zeiten, die Sie beim Genehmigen direkt in der Arbeitszeittabelle korrigieren, werden nicht in den Projektplan übertragen. Wenn Sie im einfachen Eingabemodus arbeiten, sollten Sie Projektzeiten nicht manuell bearbeiten, sondern die Arbeitszeittabelle komplett ablehnen und die Ressource um Korrektur bitten. So vermeiden Sie Diskrepanzen zwischen den Zeiten der Arbeitszeittabellen und den Zeiten, die in den Projektplänen enthalten sind. Bei administrativen Zeiten ist eine direkte Korrektur dagegen unkritisch.

13.3.6 Administrative Zeit planen

Die Funktion der Arbeitszeittabellen geht über die Rückmeldung der aktuellen Zeiten hinaus. Sie erlaubt Ihnen auch, nicht projektbezogene Zeiten im Voraus zu planen, ohne dafür einen Projektplan zu verwalten. Die Planung von administrativen Zeiten hat eine direkte Auswirkung auf Ihre Kapazität in den Ressourcenverfügbarkeitsberichten. Die Stunden, die Sie für diese Aktivitäten planen, werden als Auslastung angezeigt. Die Ressourcenkapazität wird in Abschnitt 12.1.3, »Ressourcenverfügbarkeit«, genauer erläutert.

Die Planung von administrativen Aktivitäten ist einfach: Über die Schaltfläche ZEITRAUM AUSWÄHLEN navigieren Sie zum gewünschten Zeitraum. Tragen Sie die geplante Arbeit in die Zeile LAUT PLAN des Vorgangs ADMINISTRATIV ein. Anschließend klicken Sie auf SPEICHERN. Diese Zahlen müssen nicht übermittelt werden und wirken sich automatisch auf die Verfügbarkeitsberichte aus.

Falls Sie eine administrative Zeile einfügen wollen, die nicht automatisch dargestellt wird, klicken Sie auf ZEILE HINZUFÜGEN und dann auf PROJEKTFREMDE ZEILE HINZUFÜGEN.

13.3.7 Urlaub planen

Urlaub können Sie ebenso über die Arbeitszeittabelle planen. Allerdings sind Urlaubszeiten, im Gegensatz zur administrativen Arbeit, standardmäßig mit einem Genehmigungsprozess verbunden.

Navigieren Sie erst über die Schaltfläche ZEITRAUM AUSWÄHLEN zum gewünschten Zeitraum. In der Zeile LAUT PLAN des Vorgangs URLAUB tragen Sie »8h« für jeden Tag der Woche ein. Klicken Sie auf SPEICHERN. In der Spalte PROZESSSTATUS wird die Zeile URLAUB ALS NICHT ÜBERMITTELT gekennzeichnet (siehe Abbildung 13.24).

13.3 Arbeitszeittabellen im einfachen Eingabemodus

Abbildung 13.24 Urlaubsplanung

Urlaubsplanung übermitteln
Um den geplanten Urlaub zu übermitteln, klicken Sie nicht auf ENDGÜLTIGE ARBEITSZEITTABELLE EINREICHEN. Damit würden Sie die gesamte Arbeitszeittabelle zur Genehmigung einreichen. Stattdessen wählen Sie die Zeile URLAUB aus und klicken auf SENDEN, dann auf FORTSCHRITT FÜR DIE AUSGEWÄHLTEN VORGÄNGE SENDEN.

Der geplante Urlaub wird dem Standard-Arbeitszeittabellen-Manager übermittelt. Die Genehmigung erfolgt wie gewohnt im Genehmigungscenter. Dort wird eine Zeile mit dem Namen URLAUB angezeigt. Auf den ersten Blick ist der geplante Urlaub nicht sichtbar, da standardmäßig nur aktuelle Zeiten in der Genehmigungsübersicht angezeigt werden. Sie müssen erst geplante Zeiten einblenden, indem Sie die Option LAUT PLAN im Menü auswählen. Alternativ klicken Sie einfach auf den Namen URLAUB, um die Arbeitszeittabelle der Ressource anzuzeigen. Dort sehen Sie, dass 1 Woche Urlaub geplant ist. Klicken Sie auf GENEHMIGUNGSCENTER, um in die Genehmigungsübersicht zurückzukehren. Um den geplanten Urlaub zu genehmigen oder abzulehnen, wählen Sie die Zeile aus und klicken auf ANNEHMEN oder auf ABLEHNEN.

Zurück in der Arbeitszeittabelle sehen Sie die Entscheidung des Managers, wenn Sie zur richtigen Zeitperiode navigieren. Genehmigte Urlaubstage sind je nach Konfiguration des Servers meist grau markiert und werden im Ressourcenkalender als arbeitsfreie Zeit eingetragen. Arbeitsfreie Zeiten werden in den verschiedenen Verfügbarkeitsberichten als nicht verfügbare Zeit dargestellt, genauso wie Wochenenden. Projektleiter können eine Ressource an einem arbeitsfreien Tag nicht einplanen.

Es ist aber auch möglich, die Zeile URLAUB so zu konfigurieren, dass sie sich, wie administrative Zeit, auch wie Arbeitszeit verhält, also Auslastung darstellt (siehe

Abbildung 13.25). Das kann durch den Administrator pro administrative Zeile konfiguriert werden.

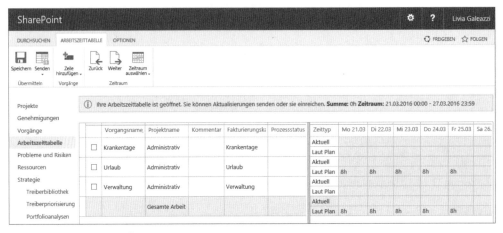

Abbildung 13.25 Übersicht über den geplanten Urlaub

Urlaubsplanung

Für Urlaub ist die Eingabe in die Zeile Aktuell nicht relevant. Nur die Zeile Laut Plan soll gepflegt werden.

13.3.8 Arbeitszeittabelle verwalten

Während des Zeitrückmeldungsprozesses kann sich die Arbeitszeittabelle in unterschiedlichen Zuständen befinden. Der jeweilige Zustand wird Ihnen permanent in einer farbigen Zeile oberhalb der Arbeitszeittabelle dargestellt. Folgende Zustände können angezeigt werden:

- Ihre Arbeitszeittabelle ist geöffnet. Sie können Aktualisierungen senden oder sie einreichen: Die Arbeitszeittabelle ist in Bearbeitung. Sie können die Zeiten aktualisieren und übermitteln.

- Ihre Arbeitszeittabelle wurde zur Genehmigung gesendet: Die Arbeitszeittabelle wurde übermittelt. Eine übermittelte Arbeitszeittabelle kann nicht erneut übermittelt werden. Die Schaltflächen im Menü Senden sind gesperrt.

- Ihre Arbeitszeittabelle wurde abgelehnt: Die Arbeitszeittabelle wurde vom Arbeitszeittabellen-Manager abgelehnt. Eine abgelehnte Arbeitszeittabelle kann erneut bearbeitet und übermittelt werden.

- Ihre Arbeitszeittabelle wurde genehmigt: Die Arbeitszeittabelle wurde genehmigt. Eine genehmigte Arbeitszeittabelle kann nicht erneut übermittelt werden. Die Schaltflächen im Menü Senden sind gesperrt.

13.3 Arbeitszeittabellen im einfachen Eingabemodus

Falls Sie nach der Übermittlung oder sogar nach der Genehmigung durch den Arbeitszeittabellen-Manager einen Fehler bemerken, muss die Arbeitszeittabelle wieder in einen Bearbeitungszustand gebracht werden. Das können Sie über den Menüpunkt ARBEITSZEITTABELLEN VERWALTEN in den Project-Web-App-Einstellungen tun:

1. Klicken Sie auf das Einstellungen-Symbol oben rechts.
2. Klicken Sie auf PWA-SETTINGS.
3. Klicken Sie auf ARBEITSZEITTABELLEN VERWALTEN.

Dort haben Sie einen Überblick über all Ihre Arbeitszeittabellen (siehe Abbildung 13.26). In der Standardansicht werden nur die Berichtszeiträume der letzten 3 Monate dargestellt. Wechseln Sie nach Bedarf die Ansicht über das Dropdown-Menü. Markieren Sie die gewünschte Arbeitszeittabelle, und klicken Sie auf RÜCKRUF, um die Arbeitszeittabelle wieder zur Bearbeitung freizugeben. Klicken Sie auf OK, um die Auswahl zu bestätigen. Kehren Sie zurück zu ARBEITSZEITTABELLE, um die Arbeitszeittabelle zu bearbeiten. Anschließend muss sie erneut übermittelt werden.

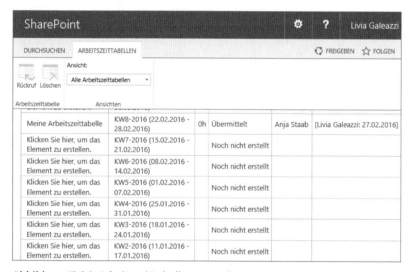

Abbildung 13.26 Arbeitszeittabellen verwalten

Unter ARBEITSZEITTABELLEN VERWALTEN haben Sie auch die Möglichkeit, über die Schaltfläche LÖSCHEN alle Werte in einer Arbeitszeittabelle zu löschen. Das Löschen ist nur möglich, wenn sich die Arbeitszeittabelle in einem Bearbeitungszustand befindet.

> **Löschen**
> Die Schaltfläche LÖSCHEN löscht alle Änderungen, die Sie in der Arbeitszeittabelle vorgenommen haben, inklusive geplanter Urlaubszeiten oder persönlicher Vorgänge.

13.4 Arbeitszeittabellen ohne einfachen Eingabemodus

Es ist auch möglich, die Arbeitszeittabellen unabhängig von der projektbezogenen Vorgangsrückmeldung zu verwenden. In diesem Fall existiert keine Abhängigkeit zwischen der Arbeit, die in den Arbeitszeittabellen aufgeführt wird, und den Werten, die in den Projektplänen enthalten sind. Dieses Szenario kann benutzt werden, wenn z. B. aus Abrechnungsgründen die Zeiten in den Arbeitszeittabellen von den Zeiten im Projektplan entkoppelt werden sollen. Die Zeiten für die Projektarbeit werden dann zweimal zurückgemeldet: einmal für die Projektaktualisierung und einmal für die Arbeitszeittabelle. Theoretisch können Sie bei dieser Konstellation für einen Vorgang zwei völlig unterschiedliche Zahlen zurückmelden.

13.4.1 Arbeitszeittabelle bearbeiten

Durch die Trennung der Vorgangsaktualisierung von der Bearbeitung der Arbeitszeittabellen sind einige Unterschiede im Menü der Arbeitszeittabellen zu beobachten:

Menüpunkte, die der Vorgangsaktualisierung dienen, sind nicht mehr vorhanden. Die Funktionalitäten VORGANG ABLEHNEN, VORGANG NEU ZUORDNEN, EINEN NEUEN VORGANG HINZUFÜGEN, SICH SELBST ZU EINEM VORGANG HINZUFÜGEN und TEAMVORGÄNGE HINZUFÜGEN stehen nicht mehr zur Verfügung (siehe Abbildung 13.27).

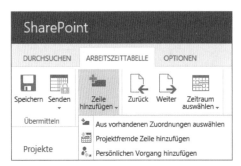

Abbildung 13.27 Arbeitszeittabelle ohne einfachen Eingabemodus

Diverse Vorgangsinformationen wie z. B. START, ENDE oder VERBLEIBENDE ARBEIT werden nicht mehr angezeigt und können nicht in der Arbeitszeittabelle bearbeitet werden.

Über die Schaltfläche IMPORTIEREN im Menüband OPTIONEN können Sie gegebenenfalls aktuelle Zeiten, die Sie schon über VORGÄNGE gemeldet haben, in die Arbeitszeittabelle importieren. So wird die doppelte Dateneingabe auf ein Minimum an Aufwand reduziert.

13.4.2 Zeitrückmeldung auf oberster Ebene

Es ist möglich, in der Arbeitszeittabelle eine Zeitrückmeldung auf oberster Ebene zu erlauben (siehe Abbildung 13.28). In diesem Fall können die Ressourcen auf Sammelvorgangsebene oder auf Projektebene ihre Zeiten zurückmelden. Diese Zeiten können aber nie im Projektplan importiert werden. Diese Funktionalität sollte deswegen deaktiviert werden, wenn die Zeiten in der Arbeitszeittabelle mit den Zeiten im Projektplan übereinstimmen müssen.

Abbildung 13.28 Rückmeldung auf oberster Ebene

13.4.3 Arbeitszeittabelle genehmigen

In diesem Sonderfall sind zwei Vorgehensweisen für den Rückmeldeprozess möglich:

- Nur der Ressourcenmanager genehmigt die Zeiten der Arbeitszeittabelle. Der Projektleiter wird in den Genehmigungsprozess nicht eingebunden.
- Der Projektleiter genehmigt erst die aktuellen Zeiten seines Projekts, dann wird die Arbeitszeittabelle durch den Ressourcenmanager genehmigt. Der Prozess ist ähnlich dem im einfachen Eingabemodus, allerdings dient die Genehmigung des Projektleiters nur der Bestätigung der Zahlen. Die in der Arbeitszeittabelle zurückgemeldete IST-ARBEIT wird nach der Genehmigung nicht in den Projektplan importiert.

13.5 Stellvertretungsfunktion

Über die Stellvertretung kann ein Benutzer alle Aufgaben seines Kollegen erledigen, der z. B. krank oder in Urlaub ist. In unserem Beispielunternehmen AIRBI GmbH ist z. B. Anja Staab für 2 Wochen in Urlaub und ihre Kollegin Livia Galeazzi soll für sie ihre gearbeiteten Zeiten in Project Server zurückmelden.

Aktivierung der Stellvertretungsfunktionalität

Die Stellvertretungsfunktionalität ist nur im Microsoft-Project-Server-Berechtigungsmodus verfügbar. Im SharePoint-Berechtigungsmodus ist diese Funktionalität deaktiviert. Mehr zum Berechtigungsmodus lesen Sie in Abschnitt 20.1, »Sicherheit«.

13.5.1 Stellvertretungen verwalten

Als ersten Schritt müssen Sie die Stellvertretung definieren. Das kann jeder Benutzer standardmäßig für sich selbst tun. Übergreifend übernimmt diese Aufgabe in der Regel eine zentrale Instanz, z. B. ein PMO oder der Abteilungsleiter. Standardmäßig haben nur Administratoren das Recht, Stellvertretungen für andere Personen zu verwalten. Um eine neue Stellvertretung zu konfigurieren, gehen Sie wie folgt vor:

1. Rufen Sie über das Rädchensymbol oben rechts zunächst die Project-Web-App-Einstellungen auf. Klicken Sie dann unter Persönliche Einstellungen auf Stellvertretungen verwalten.
2. Klicken Sie auf Neu, um eine neue Stellvertreterregelung einzustellen (siehe Abbildung 13.29).

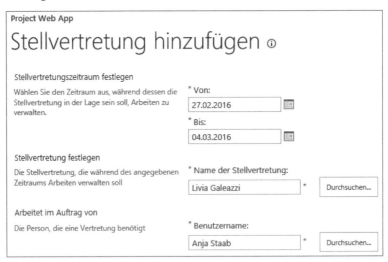

Abbildung 13.29 Stellvertretung erstellen

3. Tragen Sie die Zeitperiode der Stellvertretung, den Namen des Stellvertreters sowie den des Benutzers, der eine Stellvertretung benötigt, ein.
4. Klicken Sie auf Speichern.

Die Stellvertretung ist nun eingestellt und kann in der definierten Zeitperiode verwendet werden.

13.5 Stellvertretungsfunktion

> **Stellvertreter übernimmt alle Aufgaben und Rechte**
> Über die Standardstellvertretungsfunktion können Sie einen Stellvertreter für eine bestimmte Person definieren. Dieser Stellvertreter übernimmt dann die Vertretung für *alle* Aufgaben in der Project Web App. Sie können keine Stellvertretung für bestimmte Projekte konfigurieren, falls ein Projektleiter z. B. mehrere Projekte hat und nicht in allen Projekten die gleiche Person seine Stellvertretung übernehmen soll.

13.5.2 Als Stellvertretung agieren

Wenn Sie als Stellvertreter benannt wurden, können Sie als Stellvertreter agieren, indem Sie eine Stellvertretungssitzung starten:

1. Rufen Sie über das Rädchensymbol oben rechts zunächst die PWA-EINSTELLUNGEN auf. Klicken Sie dann unter PERSÖNLICHE EINSTELLUNGEN auf ALS STELLVERTRETUNG AGIEREN.
2. Die Liste der Stellvertretungen, die für Sie konfiguriert wurden, wird angezeigt.
3. Markieren Sie die gewünschte Stellvertretung, indem Sie auf die Zeile klicken, dann klicken Sie auf STELLVERTRETUNGSSITZUNG STARTEN (siehe Abbildung 13.30).

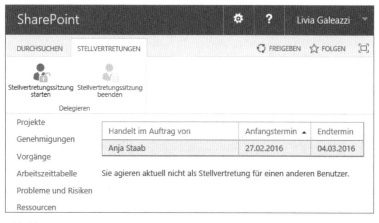

Abbildung 13.30 Stellvertretungssitzung starten

Sobald Sie die Stellvertretungssitzung gestartet haben, sehen Sie die Project Web App genauso wie der Benutzer, für den Sie als Stellvertretung agieren. Sie haben während der Sitzung die gleichen Berechtigungen wie er und können genau das machen, was er in der Project Web App machen kann; u. a. können Sie für ihn Zeiten zurückmelden oder genehmigen.

Eine schmale gelbe Statuszeile zeigt an, dass Sie gerade als Stellvertreter für Anja Staab agieren (siehe Abbildung 13.31).

⚠ Sie agieren aktuell als Stellvertretung für den Benutzer **Anja Staab**. Klicken Sie auf "**hier**", um Ihre Stellvertretung zu verwalten.

Abbildung 13.31 Als Stellvertretung agieren

Um die Stellvertretungssitzung zu beenden, gehen Sie wieder in PERSÖNLICHE EIN-STELLUNGEN und ALS STELLVERTRETUNG AGIEREN, dann klicken Sie auf die Schaltfläche STELLVERTRETUNGSSITZUNG BEENDEN. Diese Seite erreichen Sie auch, indem Sie in der gelben Statuszeile auf den Link »HIER« klicken.

> **Stellvertretung gilt nur für die Project Web App**
>
> Die Stellvertretung wirkt nur in der Project Web App, nicht in Project Professional. Um Schreibrechte an einem Projektplan zu vergeben, benutzen Sie die Projektberechtigungen, wie in Abschnitt 11.6, »Projektberechtigungen«, beschrieben.
>
> Auf den Projektwebsites wirkt die Stellvertretung ebenfalls nicht. Stellvertreter können nicht auf Dokumente, Risiken und Probleme über eine Stellvertretungssitzung zugreifen. Dafür müssen sie explizit einen Zugang auf der Projektwebsite bekommen.
>
> Auch im Bereich BERICHTE greift die Stellvertretungsfunktion nicht.

13.6 Status-Manager und Zuordnungsbesitzer

Über die Felder STATUS-MANAGER und ZUORDNUNGSBESITZER können Sie die Rollen von rückmeldenden und genehmigenden Personen im Rückmeldeprozess feinsteuern.

13.6.1 Status-Manager

Der STATUS-MANAGER ist ein Attribut auf Vorgangsebene. Status-Manager ist die Person, die für das Entgegennehmen der Rückmeldungen zu diesem Vorgang verantwortlich ist. Standardmäßig ist dies der Projektleiter, der den Vorgang im Plan angelegt hat. Im Rahmen der Vertretung von Projektleitern untereinander oder bei der gemeinsamen Bearbeitung eines Projektplans durch mehrere (Teil-)Projektleiter kann eine Überprüfung oder Änderung des Status-Managers notwendig sein. Das Feld STATUS-MANAGER kann in Project Professional eingeblendet werden, indem die Spalte STATUS-MANAGER der Ansicht hinzugefügt wird (siehe Abbildung 13.32).

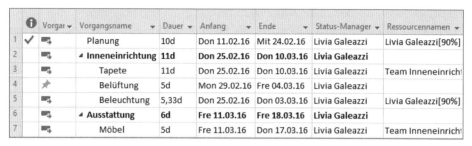

Abbildung 13.32 Spalte »Status-Manager«

Als Status-Manager können Sie nur sich selbst zuordnen oder einen Benutzer, der schon für einen Vorgang im Projektplan Status-Manager ist.

> **Berechtigungen des Status-Managers**
> Der Status-Manager hat in der Regel, wie der Projektbesitzer, Bearbeitungsrechte auf das Projekt. Wie Sie Berechtigungen vergeben, lesen Sie in Abschnitt 20.1, »Sicherheit«.

13.6.2 Zuordnungsbesitzer

Der ZUORDNUNGSBESITZER ist der Benutzer, der eine Zuordnung sehen kann und für deren Rückmeldung verantwortlich ist. Das ist in aller Regel die Ressource selbst. Ausnahmen:

- Generische Ressourcen: Zuordnungsbesitzer ist der Projektleiter, der die Ressource zugewiesen hat.
- Teamressourcen: Als Zuordnungsbesitzer wird in der Regel der für das Team zuständige Mitarbeiter definiert (in der Regel der Teamleiter).
- Materialressourcen: Zuordnungsbesitzer ist standardmäßig der Projektleiter, der die Ressource zugewiesen hat.
- Ressourcen, die temporär oder niemals selbst zurückmelden können oder sollen, weil z. B. der Zugriff auf den Project Server nicht gewährleistet ist. Dies kommt z. B. für Mitarbeiter infrage, die ihre Arbeit nicht am PC verrichten oder die keinen Systemzugriff haben (externe Berater). Bei diesen Ressourcen können Sie als Zuordnungsbesitzer einen Mitarbeiter eintragen, der die Rückmeldung für diese Ressourcen übernehmen soll. Falls kein gültiger Standardzuordnungsbesitzer zugeordnet ist, wird der Projektleiter automatisch Zuordnungsbesitzer im eigenen Projekt.

Für Zuordnungen an einzelnen Vorgängen kann der Zuordnungsbesitzer in Zuordnungsansichten (VORGANG: EINSATZ oder RESSOURCE: EINSATZ) kontrolliert und bei

Bedarf geändert werden, indem das Feld ZUORDNUNGSBESITZER eingeblendet wird. Zur Auswahl stehen dabei die Benutzer, die Mitglied des Projektteams sind, sowie der Projektleiter selbst.

Für jede Ressource kann ein STANDARDZUORDNUNGSBESITZER konfiguriert werden. Insbesondere bei Teamressourcen ist oft der Teamleiter als Standardzuordnungsbesitzer konfiguriert (siehe Abbildung 13.33).

Abbildung 13.33 Standardzuordnungsbesitzer in den Ressourceneigenschaften

Kapitel 14
Projektwebsites

Auf den Projektwebsites können alle Projektbeteiligten arbeiten und Projektinformationen wie Dokumente, Risiken und Probleme verwalten. Lesen Sie darüber in diesem Kapitel.

Sie haben in den vorherigen Abschnitten und Kapiteln viel über die Projekt- und Ressourcenplanung gelernt. Im Zusammenhang mit einem Projekt gibt es aber noch weit mehr Daten als den Projektplan und die Ressourcendaten. In der operativen Projektarbeit entstehen Dokumentationen, Diskussionen werden geführt, Probleme gefunden und gelöst, Risiken überwacht etc. All dies sind Daten, die einerseits das Projektteam zusammenträgt und die andererseits vom Projektteam und anderen Beteiligten benötigt werden.

Microsoft Project Server stellt Ihnen in Verbindung mit dem Microsoft SharePoint Server Webseiten zur Verfügung, auf denen Ihr Team arbeiten, diskutieren sowie Dokumente und andere Projektdaten austauschen kann. Sie ermöglichen dem Projektteam, über Risiken und Probleme (Issues) beratend aktiv die Aktualität und Konsistenz des Projektplans zu beeinflussen und sicherzustellen. Für jedes Projekt kann solch eine PROJEKTWEBSITE erstellt werden. Dies ermöglicht Ihnen die Ablage aller zu einem Projekt gehörigen Informationen an einem Ort.

In aller Regel werden Ihr Team und andere Projektbeteiligte mehr mit der assoziierten Projektwebsite arbeiten als mit dem reinen Projektplan. Denn im Gegensatz zum Projektplan, mit dem Sie in Form der Fortschrittsmeldungen womöglich einmal pro Woche konfrontiert werden, arbeiten Sie täglich mit der Projektwebsite, um Dokumente und andere Projektartefakte einzusehen. Aus diesem Grund sollte die Vorlage, anhand welcher die Seite erstellt wird, für Ihre Projektorganisation angepasst werden. Zur Anpassung der Standardvorlage lesen Sie mehr in Abschnitt 20.6.6, »Einstellungen für die Bereitstellung der Projektwebsite (nur in SharePoint-Zentraladministration)«.

14.1 Projektwebsite erstellen

In der Standardeinstellung werden Projektwebsites automatisch erstellt, wenn Sie ein Projekt anlegen:

- Wenn Sie ein Projekt über die Microsoft Project Web App anlegen, wie in Abschnitt 11.2.1, »Anlegen eines neuen Projekts über die Microsoft Project Web App«, beschrieben, wird die Seite erstellt, sobald Sie das neue Projekt das erste Mal speichern.

- Wenn Sie das Projekt über Microsoft Project Professional anlegen, wird die Seite nicht direkt nach dem Speichern, sondern erst beim Veröffentlichen angelegt, wie Sie es schon in Abschnitt 11.4, »Speichern und Veröffentlichen«, erfahren haben.

Automatische Erstellung der Projektwebsite deaktivieren

Falls Ihre Organisation nicht mit Projektwebsites arbeiten möchte, kann die automatische Erstellung dieser Site über die Servereinstellungen deaktiviert werden. Die Erstellung wird entweder optional oder ganz deaktiviert.

Sobald die Website erstellt wurde, stehen alle Funktionalitäten dieser Kollaborationsplattform zur Verfügung. Falls die Erstellung der Site als optional eingestellt wurde, können Sie sie manuell anlegen, indem Sie die Option EINE SITE FÜR DIESES PROJEKT ERSTELLEN bei der Veröffentlichung in Project Professional auswählen.

14.2 Mit der Projektwebsite arbeiten

Um die Projektwebsite zu öffnen, navigieren Sie zum PROJECT CENTER und öffnen die Projektdetails in Microsoft Project Web App, wie in Abschnitt 11.3.1, »Öffnen eines Projekts in der Microsoft Project Web App«, beschrieben. Die Projektwebsite erreichen Sie dann über den Link PROJEKTWEBSITE im Schnellstartmenü (siehe Abbildung 14.1).

Abbildung 14.1 Schnellstartmenü

Auf der Website finden sich standardmäßig ein Webpart PROJEKTZUSAMMENFASSUNG und ein Webpart ERSTE SCHRITTE MIT IHRER WEBSITE (siehe Abbildung 14.2).

Folgende Elemente finden Sie über die Schnellstartleiste auf einer Standard-Projektwebsite:

- DOKUMENTE – Dokumentbibliothek zur Ablage und Verwaltung von Dokumenten (Abschnitt 14.3.1, »Neue Listen und Dokumentbibliotheken erstellen«)
- AUFGABEN – Projektvorgänge aus dem Projektplan. Bei Enterprise-Projekten können die Projektvorgänge nicht direkt auf der Projektwebsite bearbeitet werden, dafür muss der Projektplan geöffnet und veröffentlicht werden, entweder über den Link PROJEKTDETAILS oder über Microsoft Project Professional.
- KALENDER – Kalender für Projekttermine. Dieser Kalender hat keine Verlinkung mit dem Projektplan. Er kann genutzt werden, um z. B. Projektbesprechungen zu planen.
- PROJEKTDETAILS – Link zu den Projektdetailseiten
- LIEFERUMFANG – Liste zur Verwaltung der Projekt-Lieferumfänge (Abschnitt 14.2.3, »Lieferumfänge«)
- RISIKEN – Liste von Projektrisiken (Abschnitt 14.2.2, »Risiken und Probleme«)
- PROBLEME – Liste von Projektproblemen oder offenen Punkten (Abschnitt 14.2.2)

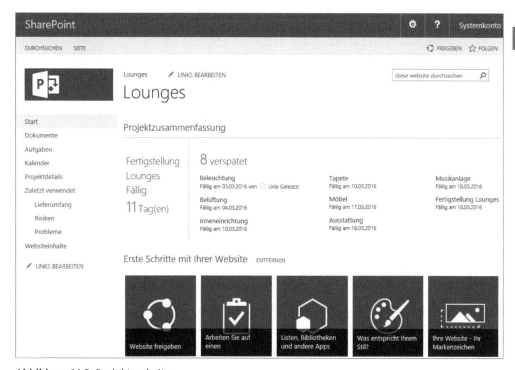

Abbildung 14.2 Projektwebsite

Im Folgenden erfahren Sie, wie Sie mit den wichtigsten Standardelementen einer Projektwebsite arbeiten.

14   Projektwebsites

Anzeige über die Projektdetails

Projektdokumente, -risiken, -probleme und Lieferumfänge können Sie auch über die entsprechenden Schaltflächen im Menüband PROJEKT auf den Projektdetailseiten anzeigen.

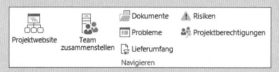

Abbildung 14.3 Links zu Elementen der Projektwebsite in den Projektdetails

Die Schaltfläche PROJEKTWEBSITE öffnet die Projektwebsite, während Sie mit den Schaltflächen DOKUMENTE, PROBLEME, RISIKEN und LIEFERUMFANG die entsprechenden Listen öffnen (siehe Abbildung 14.3).

14.2.1   Dokumente

Eine zentrale Dokumentenablage ist für jedes Projekt notwendig, damit alle Beteiligten auf die Projektinformationen zugreifen können. Bei der AIRBI GmbH ist dies auch der Fall. Bei seinem ersten lokalen Projekt hatte Reiner Sonnenschein seine Dokumente noch lokal auf seinem Computer verwaltet. Demzufolge wurden viele Dokumente per E-Mail verschickt und lagen in unterschiedlichen Versionen bei allen Beteiligten vor. Nun steht ihm und der gesamten Projektorganisation dafür die Projektwebsite zur Verfügung. Auch Christoph Mülder nutzt im Projekt »Lounges« die Projektwebsite.

Dokumente erstellen und bearbeiten

Alle Dokumente des Projekts »Lounges« werden in der Dokumentbibliothek DOKUMENTE verwaltet. Klicken Sie auf DOKUMENTE im Schnellstartmenü, um dort Dokumente abzulegen:

▶ Klicken Sie auf NEUES DOKUMENT, um ein Dokument hochzuladen. Klicken Sie auf BROWSE, um ein Dokument auszuwählen, und klicken Sie dann auf OK.

▶ Alternativ können Sie eine oder mehrere Dateien per Drag & Drop zur Dokumentbibliothek ziehen. Die Dateien werden hochgeladen (siehe Abbildung 14.4).

Nachdem das Dokument erfolgreich hochgeladen wurde, können Sie die Dokumenteigenschaften bearbeiten. Klicken Sie anschließend auf SPEICHERN.

Das Dokument ist nun in der Dokumentbibliothek vorhanden und kann von allen berechtigten Anwendern geöffnet oder bearbeitet werden. Um das Dokument zur Bearbeitung zu öffnen, klicken Sie auf den Pfeil rechts vom Dokumentnamen und wählen die Option BEARBEITEN, oder klicken Sie direkt auf den Dokumentnamen. Das Dokument wird geöffnet. Bearbeiten Sie das Dokument wie üblich, und klicken Sie anschließend auf SPEICHERN, um die Datei direkt auf der Website zu aktualisieren.

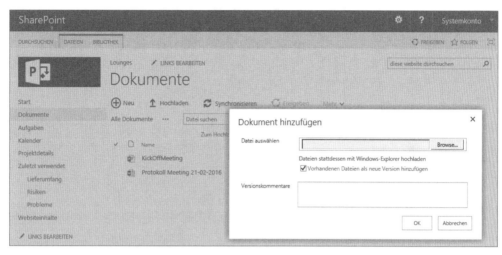

Abbildung 14.4 Dokument hochladen

14.2.2 Risiken und Probleme

Risiken sind Ereignisse, die den Projekterfolg gefährden können, falls sie tatsächlich eintreten. Es ist eine wichtige Aufgabe des Projektmanagements, Risiken frühzeitig zu erkennen, zu dokumentieren und eventuelle Maßnahmen zu ihrer Vermeidung einzuleiten. Risiken können eventuell reduziert oder verhindert werden, während Probleme bereits eingetreten sind und nur noch behoben werden können.

Bei der AIRBI GmbH werden Risiken und Probleme in den entsprechenden Listen auf der Projektwebsite im Laufe des Projekts dokumentiert und Teammitgliedern zur weiteren Bearbeitung zugeordnet. Außerdem können diese Elemente mit Vorgängen im Projektplan verknüpft werden, wie unter Abschnitt 14.2.4, »Listenelemente mit anderen Elementen verknüpfen«, näher erläutert. So kann jedes Teammitglied die ihm zugeordneten Elemente regelmäßig aktualisieren. Der Projektleiter Christoph Mülder hat über die zentrale Liste den Gesamtüberblick über alle Elemente.

Risiken und Probleme verwalten

Bei der Planung der Lounges hat Christoph Mülder festgestellt, dass die Kabelverlegung aufgrund von Abhängigkeiten mit anderen Räumlichkeiten sehr eng geplant ist. Eine Terminverschiebung würde die gesamte Inneneinrichtung ebenso verschieben. Er pflegt daher ein Risiko in der Risikoliste ein.

1. Navigieren Sie zur Liste RISIKEN.
2. Klicken Sie auf NEUES ELEMENT HINZUFÜGEN. Ein Formular zur Erstellung des Risikos wird angezeigt (siehe Abbildung 14.5).
3. Füllen Sie das Formular aus, und klicken Sie auf SPEICHERN.

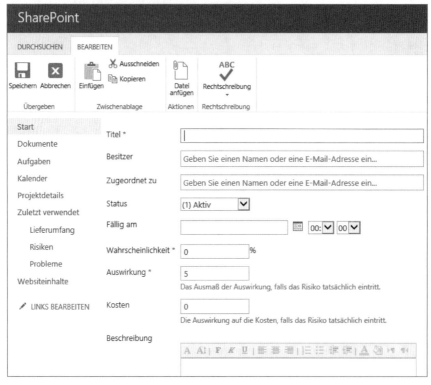

Abbildung 14.5 Formular zur Risikoerstellung

Beachten Sie insbesondere das Feld ZUGEORDNET ZU. Der Anwender, der einem Risiko zugeordnet ist, soll es auch weiterbearbeiten. Jedes Teammitglied hat eine projektübergreifende Übersicht über die ihm zugeordneten Risiken und Probleme in der Project Web App. Die Felder WAHRSCHEINLICHKEIT (%) und AUSWIRKUNG (Zahl zwischen 1 und 10) werden zur Berechnung vom GEFAHRENPOTENZIAL genutzt nach der Formel GEFAHRENPOTENZIAL = WAHRSCHEINLICHKEIT × AUSWIRKUNG.

Der ENTSCHÄRFUNGSPLAN beinhaltet die Maßnahmen, die das Risiko vermeiden oder reduzieren sollen. In diesem Fall kann Christoph Mülder nur dafür sorgen, dass er regelmäßig die terminlichen Abhängigkeiten mit den anderen Projektleitern bespricht, um so früh wie möglich über potenzielle Verschiebungen informiert zu werden.

Der ALTERNATIVPLAN enthält die Maßnahmen, falls das Risiko tatsächlich eintritt. Christoph Mülder beschreibt dort die notwendigen Schritte und Konsequenzen, die Inneneinrichtung zu verschieben.

Der TRIGGER beschreibt das, was das Risiko auslöst, in diesem Fall die terminlichen Abhängigkeiten mit anderen Baumaßnahmen.

Das Vorgehen, um Probleme zu verwalten, ist sehr ähnlich. Sie pflegen sie in der zugehörigen Liste PROBLEME und finden dort nicht die risikospezifischen Felder wie EINTRITTSWAHRSCHEINLICHKEIT und AUSWIRKUNG, dafür aber z. B. das Feld PRIORITÄT.

Um eine projektübergreifende Übersicht über die Probleme und Risiken zu sehen, die Ihnen zugeordnet sind, navigieren Sie zur Project Web App und klicken auf PROBLEME UND RISIKEN im Schnellstartmenü. Die Liste der Projekte, zu denen die Ihnen zugeordneten Risiken und Probleme gehören, wird dort angezeigt. Mit einem Mausklick auf den Projektnamen öffnen Sie die entsprechende Liste auf der Projektwebsite (siehe Abbildung 14.6).

Project Web App	diese website durchsuchen		
Probleme und Risiken			
Probleme			
Projektname ▲	Aktiv	Verschoben	Geschlossen
Lounges	1	0	0
Retail Gate1, Gate2	1	0	0
Risiken			
Projektname ▲	Aktiv	Verschoben	Geschlossen
Lounges	2	0	0
Retail Gate1, Gate2	1	0	0

Abbildung 14.6 Übersicht »Probleme und Risiken«

14.2.3 Lieferumfänge

In dieser Liste werden die Lieferumfänge angelegt, die Sie im Rahmen Ihrer Projektplanung erstellt haben. Sie können entweder im Projektplan mit Project Professional bearbeitet werden oder direkt in der Liste, die sich auf der Projektwebsite befindet. So können z. B. auch die Teammitglieder die Lieferumfänge bearbeiten, ohne Zugriff auf den Projektplan zu haben. Außerdem ist die Bearbeitung der Lieferumfänge innerhalb von Project Professional auf Namen und Termine beschränkt, während Sie in der SharePoint-Liste bei Bedarf weitere Spalten konfigurieren und bearbeiten können.

14.2.4 Listenelemente mit anderen Elementen verknüpfen

Sie haben nun einen kurzen Einstieg in die Verwaltung von zum Projekt gehörenden Dokumenten, Problemen und Risiken erhalten. Diese unterschiedlichen Elemente haben jedoch oft eine Verbindung zueinander. So wollen Sie z. B. in einem Dokument detailliert den Lösungsweg eines Problems beschreiben oder im Projektplan markieren, mit welchem Vorgang ein Risiko verbunden ist. Hierfür können Sie die genannten Elemente untereinander verbinden.

In unserem Fall möchte Christoph Mülder dokumentieren, dass das neue Risiko eine Auswirkung auf die Phase »Inneneinrichtung« hat. Außerdem möchte er gern das Protokoll des Meetings, in dem dieses Risiko mit dem Team besprochen wurde, mit dem Listenelement verknüpfen. Diese Beziehungen können Sie folgendermaßen erstellen:

1. Navigieren Sie zur gewünschten Liste, z. B. RISIKEN.
2. Klicken Sie auf den Namen des Elements, um die Eigenschaften anzuzeigen.
3. Unten klicken Sie auf den Link VERWANDTES ELEMENT HINZUFÜGEN.
4. Wählen Sie die Liste AUFGABEN, um das Element mit einem Vorgang aus dem Projektplan zu verknüpfen (siehe Abbildung 14.7).

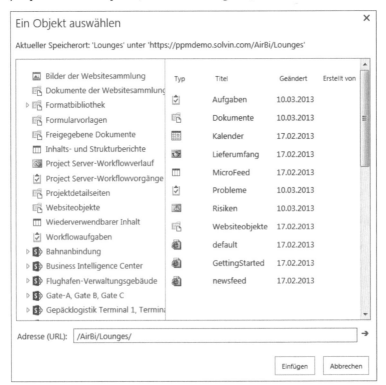

Abbildung 14.7 Auswahl der Liste oder Dokumentbibliothek zur Verknüpfung

5. Wählen Sie den gewünschten Vorgang, und klicken Sie auf EINFÜGEN.
6. Klicken Sie erneut auf VERWANDTES ELEMENT HINZUFÜGEN, um ein Dokument zu verknüpfen (siehe Abbildung 14.8).

Abbildung 14.8 Verwandte Elemente

7. Wählen Sie die gewünschte Dokumentbibliothek.
8. Selektieren Sie das zu verknüpfende Dokument, und klicken Sie auf EINFÜGEN.

> **Verknüpfungen mit Aufgaben**
>
> Die Verknüpfung von Aufgaben mit Risiken oder Problemen wird im Projektplan in der Project Web App über ein Symbol in der Indikatorenspalte angezeigt. Klicken Sie auf das Symbol, um die verknüpften Elemente anzuzeigen. Diese Symbole erscheinen nicht in Project Professional.

14.3 Projektwebsite verwalten

Als Projektleiter haben Sie die Möglichkeit, Ihre eigenen Projektwebsites zu verwalten und zu bearbeiten, um eine optimale Arbeitsgrundlage für das Team sicherzustellen. Hier werden wir nicht die Verwaltung von SharePoint-Sites bis in das tiefste Detail beschreiben. Mehr Informationen erhalten Sie dazu in der Literatur zu Microsoft SharePoint Server 2016. Wir geben hier nur einen schnellen Überblick über ein paar nützliche Funktionalitäten, die Ihnen erlauben, effizient mit Projektwebsites zu arbeiten.

14.3.1 Neue Listen und Dokumentbibliotheken erstellen

Standardmäßig ist nur eine Dokumentbibliothek für Projektdokumente vorhanden. In der Praxis ist es aber häufig notwendig, für die vielen Dokumente eine detailliertere Ablagestruktur zu definieren. Im Filesystem tun Sie dies über eine Ordnerstruktur. Auf der Projektwebsite können Sie in einer Dokumentbibliothek Ordner erstellen. Alternativ können Sie aber auch weitere Dokumentbibliotheken erstellen oder die Dokumente innerhalb der Dokumentbibliothek über Metadaten (Felder) gliedern.

Für das Beispielprojekt »Lounges« benötigt Christoph Mülder eine neue Dokumentbibliothek für seine Besprechungsprotokolle:

1. Klicken Sie auf die durch ein Rädchen gekennzeichnete Schaltfläche EINSTELLUNGEN oben rechts über dem Menüband.
2. Wählen Sie APP HINZUFÜGEN. Eine Liste der Elemente, die Sie erstellen können, wird angezeigt (siehe Abbildung 14.9). Wählen Sie DOKUMENTBIBLIOTHEK.
3. Als NAME tragen Sie z. B. »Protokolle« ein.
4. Klicken Sie auf ERSTELLEN, um die neue Dokumentbibliothek zu erstellen.

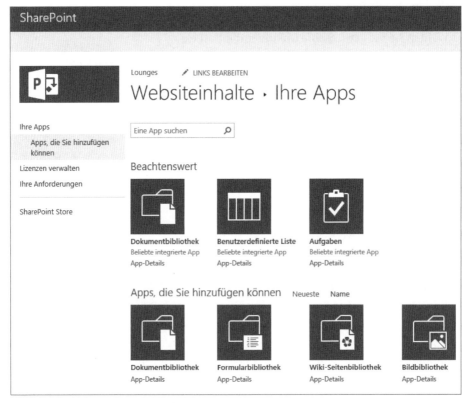

Abbildung 14.9 Neue App hinzufügen

Der Menüpunkt PROTOKOLLE wird links im Schnellstartmenü angezeigt. Sie können dort wie üblich Dokumente hochladen und verwalten.

Neben Dokumentbibliotheken können Sie auch weitere Listen erstellen sowie Blogs oder Wiki-Seiten. Hier stehen Ihnen die vielen Funktionalitäten von Microsoft SharePoint Server zur freien Verfügung.

14.3.2 Metadaten verwalten

Metadaten sind Kategorien und Eigenschaften eines Dokuments oder Listenelements. Metadaten stellen Informationen zu den Dokumenten bereit und vereinfachen die Suche, da Sie nach diesen Kategorien die Dokumente gruppieren oder filtern können.

Sie können eigene Metadaten für Ihre Dokumente und Listen erstellen. Zum Beispiel möchte Christoph Mülder gerne seine Projektdokumente pro Phase kategorisieren. Dafür braucht er eine neue Spalte in seiner Dokumentbibliothek:

1. Navigieren Sie zur Dokumentbibliothek DOKUMENTE.
2. Wählen Sie die Registerkarte BIBLIOTHEK im Menüband.
3. Klicken Sie auf die Schaltfläche SPALTE ERSTELLEN.
4. Als SPALTENNAME wählen Sie »Phase« und als INFORMATIONSTYP die Option AUSWAHL (MENÜ) (siehe Abbildung 14.10).

Abbildung 14.10 Neue Spalte

5. Unter ZUSÄTZLICHE SPALTENEINSTELLUNGEN tragen Sie die Liste Ihrer Projektphasen ein, z. B. Planung, Rohbau, ...
6. Lassen Sie die anderen Einstellungen unverändert, und klicken Sie auf OK, um die neue Spalte zu erstellen.

Kehren Sie in die DOKUMENTBIBLIOTHEK zurück. Die neue Spalte ist nun in der Ansicht vorhanden. Bearbeiten Sie die Eigenschaften der Dokumente, um diese einer

Phase zuzuordnen, indem Sie auf den Pfeil rechts vom Dokumentnamen und dort auf EIGENSCHAFTEN BEARBEITEN klicken. Sie können ebenso Spalten bearbeiten oder löschen:

1. Navigieren Sie zur Dokumentbibliothek DOKUMENTE.
2. Wählen Sie die Registerkarte BIBLIOTHEK im Menüband.
3. In der Gruppe EINSTELLUNGEN klicken Sie auf BIBLIOTHEKEINSTELLUNGEN.
4. Im Abschnitt SPALTEN klicken Sie auf die gewünschte Spalte.
5. Bearbeiten Sie die Spalteneinstellungen, oder wählen Sie die Option LÖSCHEN (siehe Abbildung 14.11).

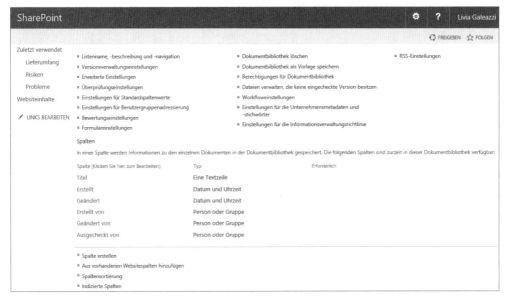

Abbildung 14.11 Einstellungen der Dokumentbibliothek

Löschen von Standardspalten in den Listen »Probleme« und »Risiken«

Sie sollten nie Standardspalten der Listen PROBLEME und RISIKEN löschen. Der Inhalt dieser Spalten wird für das projektübergreifende Reporting von Microsoft Project Server abgefragt. Fehlt eine dieser Spalten, kann diese Synchronisierung nicht mehr stattfinden und das projektübergreifende Reporting über Risiken und Probleme ist nicht mehr möglich.

14.3.3 Ansichten verwalten

Christoph Mülder möchte nun zur Übersichtlichkeit die Dokumente nach Phasen gruppieren. Hierfür kann er die Ansicht in der Dokumentbibliothek bearbeiten:

1. Navigieren Sie zur Dokumentbibliothek DOKUMENTE.
2. Wählen Sie die Registerkarte BIBLIOTHEK im Menüband.
3. Klicken Sie auf die Schaltfläche ANSICHT ÄNDERN.
4. Unter den vielen Ansichtseinstellungen finden Sie den Abschnitt GRUPPIEREN NACH. Erweitern Sie diesen Abschnitt, um die Gruppierung einzustellen.
5. Wählen Sie z. B. die bereits erstellte Spalte PHASE (siehe Abbildung 14.12).
6. Klicken Sie anschließend auf OK.

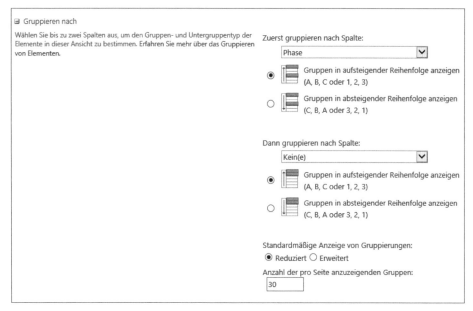

Abbildung 14.12 Gruppierung nach Phasen einstellen

Die Projektdokumente werden nun pro Phase gruppiert. Natürlich können Sie auch Filter, Sortierungen und viele andere Einstellungen dort verwalten. Sie können auch mehrere Ansichten erstellen, um unterschiedliche Darstellungen der Dokumente zu erlauben.

14.3.4 Versionierung einstellen

Die Versionierung von Elementen ist eine wichtige Funktionalität, sobald mehrere Mitarbeiter gemeinsam Dokumente oder Listen bearbeiten müssen. Um eine Versionierung in der Dokumentbibliothek einzustellen, gehen Sie wie folgt vor:

1. Navigieren Sie zur Dokumentbibliothek DOKUMENTE.
2. Wählen Sie die Registerkarte BIBLIOTHEK im Menüband.
3. Klicken Sie auf BIBLIOTHEKEINSTELLUNGEN.

4. Klicken Sie auf VERSIONSVERWALTUNGSEINSTELLUNGEN. Die Einstellungen zur Dokumentversionierung werden angezeigt (siehe Abbildung 14.13).

5. Im Abschnitt VERSIONSVERLAUF können Sie zwischen zwei Arten der Versionierung auswählen:
   - Mit der Option HAUPTVERSIONEN wird eine neue Hauptversion jedes Mal erstellt, wenn das Dokument neu gespeichert wird.
   - Mit der Option HAUPT- UND NEBENVERSIONEN wird eine neue Nebenversion bei jedem Speichern erzeugt (1.0, 1.1, 1.2 ...). Eine neue Hauptversion wird erst erstellt, wenn die letzte Nebenversion freigegeben wird. Die Freigabe erfolgt in der Dokumentbibliothek.

6. Klicken Sie auf OK, um die Versionierung zu starten.

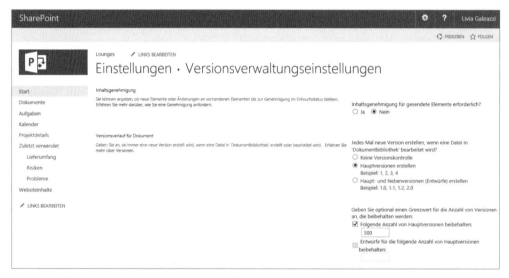

Abbildung 14.13 Versionierungseinstellungen

Über diese Funktionalität werden alte Versionen behalten und können jederzeit geöffnet oder wiederhergestellt werden. Auf alte Versionen eines Dokuments können Sie zugreifen, indem Sie auf den Pfeil rechts vom Dokumentnamen und dort auf VERSIONSVERLAUF klicken.

Listenversionierung
Die Versionierung steht nicht nur für Dokumente zur Verfügung. Auch in Listen wie RISIKEN und PROBLEME können Sie eine Versionierung der Elemente auf die gleiche Art und Weise einstellen.

14.3.5 Papierkorb

Der Papierkorb auf der Projektwebsite funktioniert wie der Papierkorb in Windows: Wenn Sie ein Dokument oder ein Listenelement löschen, wird es nicht sofort endgültig verworfen, sondern in den Papierkorb verschoben. So können Sie auf den Papierkorb zugreifen:

1. Klicken Sie auf WEBSITEINHALTE im Schnellstartmenü.
2. Wählen Sie PAPIERKORB oben rechts, um die gelöschten Elemente anzuzeigen (siehe Abbildung 14.14).

Falls notwendig, können Sie ein Element auswählen und über die Schaltfläche AUSWAHL wiederherstellen und zurück in die jeweilige Dokumentbibliothek oder Liste verschieben.

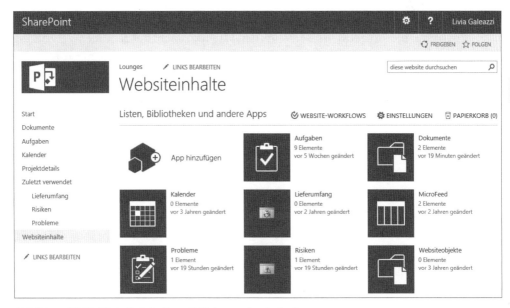

Abbildung 14.14 Websiteinhalte mit Link zum Papierkorb

Elemente im Papierkorb werden nach einer gewissen Zeit wieder gelöscht. Die Anzahl von Tagen, die Elemente nach dem Löschen im Papierkorb bleiben, kann zentral vom Administrator konfiguriert werden. Der Administrator kann auch bereits aus dem Papierkorb gelöschte Elemente innerhalb eines bestimmten Zeitraums wiederherstellen.

14.3.6 Berechtigungen vergeben

In der Standardkonfiguration werden die Berechtigungen für die Projektwebsites abhängig von der Projektorganisation automatisch vergeben:

- Projektmanager: Die Projektmanagerrolle haben alle Benutzer, die das Projekt bearbeiten dürfen. Mit dieser Rolle können die Projektmanager die Einstellungen, wie etwa die Versionierung, verwalten, neue Listen oder Dokumentbibliotheken erstellen usw.
- Teammitglieder: Die Teammitgliederrolle auf der Projektwebsite haben alle Ressourcen, die im Projektplan Vorgängen zugeordnet sind. Sie können alle Dokumente und Listenelemente erstellen, bearbeiten und löschen.
- Leser: Die Leserrolle haben alle Ressourcen, die dem Projektteam, jedoch nicht Vorgängen zugeordnet sind. Auch die Benutzer, die einen Zugriff auf die Projektwebsite über die Option PROJEKTBERECHTIGUNGEN VERGEBEN haben, haben Leserrechte (vergleiche Abschnitt 11.6, »Projektberechtigungen«). Sie können alle Elemente und Dokumente öffnen, aber nicht bearbeiten oder löschen.

Über das Projektteam und die Projektzuordnungen können Sie als Projektleiter den Zugriff auf die Projektwebsite entsprechend steuern. Mehr zur zentralen Verwaltung von Berechtigungen für die Projektwebsites können Sie in Abschnitt 20.6.6, »Einstellungen für die Bereitstellung der Projektwebsite (nur in SharePoint-Zentraladministration)«, lesen.

Kapitel 15
Anforderungsmanagement

In diesem Kapitel lernen Sie, wie der Weg von der Projektidee bis zum wirklichen Projekt mit Microsoft Project Server gestaltet werden kann.

Mit Microsoft Project Server können Sie nicht nur Ihre Projekte planen und überwachen. Auch in den frühen Phasen der Projektarbeit, wenn ein Projekt noch kein richtiges Projekt ist, unterstützt Sie der Project Server. Sogenannte Workflows werden benutzt, um den Projektlebenszyklus von der Idee bis zum Abschluss zu begleiten.

15.1 Projektlebenszyklus

Der Projektlebenszyklus beschreibt den kompletten Abwicklungsprozess eines Projekts. Dieser Prozess wird von jedem Unternehmen und oft auch von jedem Bereich unterschiedlich definiert. Als Basis für die Definition solcher Prozesse können Projektmanagement-Standards wie z. B. PMI, PRINCE2 oder GPM benutzt werden.

Abbildung 15.1 Projektlebenszyklus

Der Lebenszyklus bei der AIRBI GmbH besteht aus den folgenden Phasen (siehe Abbildung 15.1):

- *Ideen*: In dieser Phase werden Projektideen entwickelt und gesammelt. Eine erste Auswahl findet statt, und die interessantesten Ideen gehen in die Initiierungsphase.
- *Initiierung*: Es wird eine grobe Planung und Kostenschätzung erstellt. Projektziele und -umfang werden beschrieben. Bei Bedarf können erste Machbarkeitsstudien durchgeführt werden. Wenn genug Informationen über die Projektideen verfügbar sind, wird über ihre Freigabe zur Planung entschieden. In dieser Phase wird die Entscheidung durch eine Portfolioanalyse unterstützt, lesen Sie dazu Kapitel 16, »Portfoliomanagement«.

- *Planung*: In der Planungsphase werden Termine, Ressourcen und Kosten genauer geplant. Diese Planung wird genehmigt und dient als Referenz für spätere Soll-Ist-Vergleiche.
- *Durchführung*: In dieser Phase findet die tatsächliche Projektdurchführung statt. Der Projektplan wird zur laufenden Steuerung regelmäßig aktualisiert und veröffentlicht.
- *Abschluss*: Am Ende der Durchführungsphase wird das Projekt abgeschlossen.

15.2 Was ist Anforderungsmanagement?

Bevor ein Projekt entsteht, muss immer eine gewisse Vorarbeit stattfinden. Am Anfang ist nur eine Projektidee, eine Anforderung da: ein neuer Einkaufsbereich, ein Flughafenhotel, die Einführung von Qualitätsmanagement-Prozessen, eine Investition in eine neue Software ... Diese Idee ist noch nicht im Detail formuliert. Bevor sie zum Projekt werden kann, müssen einige Fragen geklärt werden: Was sind die Projektziele? Wie viel würde die Realisierung kosten? Wie viel Ressourcenaufwand würde es bedeuten? Ist die Idee umsetzbar? Wie lange sollte das Projekt ungefähr dauern, wann könnte das Team starten? Innerhalb des Anforderungsmanagement-Prozesses werden diese Fragen beantwortet. Das Anforderungsmanagement befasst sich zum einen mit der Aufgabe, neue Projektideen zu verwalten. Zum anderen gehört dazu, die Projektideen zu definieren und zu präzisieren, sodass eine Entscheidung über ihre Durchführung getroffen werden kann. Die Sammlung aller Informationen über eine Projektidee wird *Projekt-Business-Case* genannt und umfasst die Projektbeschreibung sowie die Kosten- und Ressourcenschätzung, einen ersten Terminplan und gegebenenfalls weitere Informationen wie eine Machbarkeits- oder eine Wirtschaftlichkeitsanalyse. Dieser Business Case ist entscheidend für die Planung der Durchführungsphase.

Das Anforderungsmanagement findet in den ersten Phasen des Projektlebenszyklus statt, die oft Projektinitiierungsphase, Projektinitialisierung oder Vorprojektphase genannt werden.

Das Anforderungsmanagement kann je nach Projekttyp sehr aufwendig sein. Eine Machbarkeitsanalyse kann viel Zeit und Ressourcen in Anspruch nehmen, und das, obwohl noch gar nicht sicher ist, ob das Projekt durchgeführt wird oder nicht. Diese Investition in Vorprojektarbeit ist notwendig, muss aber angemessen sein.

Die Ziele des Anforderungsmanagements sind:

- Berücksichtigung aller Projektideen
- niedrige Kosten bei Erarbeitung der Ideen

- Unterstützung der Entscheidungsfindung durch einheitliche *Projekt-Business-Cases*
- genaue Projektzieldefinition zur Vermeidung von Risiken im weiteren Projektverlauf

Microsoft Project Server unterstützt Sie beim Anforderungsmanagement, z. B. durch Standardformulare, die Antragsteller und Projektleiter bei der Projektbeschreibung verwenden können. Diese Formulare werden im Laufe der Projekterstellungsphase immer detaillierter und regelmäßig von einem Gremium abgenommen. Durch regelmäßige Reviews hat dieses Gremium die Chance, die Bearbeitung des Projekts abzubrechen, sobald klar ist, dass das Projekt nicht durchgeführt werden kann oder soll. So werden keine unnötigen Aufwände in weitere Vorarbeiten investiert.

Diese Formulare können in verschiedenen Formen existieren, z. B. als Word- oder Excel-Vorlage. Solche lokalen Dateien haben aber Nachteile: Die Daten können nicht ausgewertet werden. Ein globaler Überblick über alle Projektideen kann nicht automatisch erzeugt werden.

Mit Microsoft Project Server können diese Formulare elektronisch abgebildet werden. Alle berechtigten Benutzer können darauf zugreifen. Workflowgesteuert verlaufen Überprüfungen und Genehmigungen online. Die Daten sind in der Datenbank gespeichert und können entsprechend über das zentrale Berichtswesen ausgewertet werden.

15.3 Beispielprozess für das Anforderungsmanagement

Der Ablauf des Prozesses ist von Ihrer Unternehmensorganisation und vom Projekttyp abhängig. Sie können ihn entsprechend in Microsoft Project Server gestalten. In unserem Beispielunternehmen, der Flughafengesellschaft AIRBI GmbH, werden zuerst alle Projektideen in einer zentralen Liste gesammelt. Die Ideen, die tatsächlich interessant sind, werden als Projekt nach Project Server exportiert.

Die AIRBI GmbH hat zwei unterschiedliche Abläufe für Projekte: einen für Großprojekte und einen für sonstige Projekte. Großprojekte müssen vom Vorstand genehmigt werden, und es ist mehr Vorarbeit notwendig. Je nach Organisation können viel mehr unterschiedliche Abwicklungsprozesse existieren. Microsoft Project Server bietet Ihnen eine große Flexibilität, was die Konfiguration von Genehmigungs-Workflows und die Gestaltung von Formularen angeht. Falls Sie Project Server zur Unterstützung des Anforderungsmanagements benutzen wollen, werden Sie bei der Implementierung immer Ihre eigenen Prozesse und Formulare konfigurieren. Welche Gestaltungsmöglichkeiten Sie bei der Konfiguration haben, lesen Sie im nächsten Abschnitt.

Im Folgenden werden Sie den Standard-Workflow der AIRBI GmbH kennenlernen. Über diesen Workflow werden Sie mehr über die Kernfunktionalitäten des Anforderungsmanagements in Project Server erfahren. Die Prozesse, Formulare und Felder, die im Folgenden beschrieben sind, wurden speziell für die AIRBI GmbH konfiguriert.

Zuerst wurde ein einfacher Prozess entwickelt, um Projektideen zu sammeln. Die kreativen Mitarbeiter der AIRBI GmbH haben viele Ideen, die für das Unternehmenswachstum relevant sind: technische Erweiterungen des Flughafens, effizientere Verwaltungssysteme oder Aufbau der Infrastruktur, um die Qualität zu verbessern. Alle diese Ideen sind sehr wichtig für eine innovative Firma wie die AIRBI GmbH, die von den Visionen ihrer Mitarbeiter lebt. Reiner Sonnenschein hat aber nur begrenzte Finanzmittel, die er für die Abwicklung dieser Ideen verwenden kann. Es ist also wichtig, dass er bei der Auswahl der interessantesten Vorschläge die richtige Entscheidung trifft.

Bei komplexen Projekten sind viele Informationen notwendig, um eine begründete Entscheidung zu treffen: Kostenschätzung, Risikoanalyse, Meilensteinplanung, Machbarkeitsstudie etc. Die Zusammenstellung dieser Informationen kann durchaus sehr viel Aufwand bedeuten. Diesen Aufwand kann sich die Flughafengesellschaft nicht bei jeder Projektidee leisten.

Um diese Problematik zu lösen, werden mehrere Freigabeschritte eingeführt, die Projektideen progressiv filtern, sodass nur die wichtigsten bis in die Tiefe untersucht werden. So versucht Reiner Sonnenschein, Finanzmittel und Ressourcenaufwände effizient zu managen, ohne an Innovationskraft zu verlieren.

Bei der AIRBI GmbH unterteilt sich das Anforderungsmanagement in zwei Phasen:

- Ideensammlung:
  - Eine Idee wird in einem einfachen Formular kurz beschrieben.
  - Reiner Sonnenschein wird per E-Mail informiert, dass eine neue Idee gespeichert wurde.
  - Falls die Idee tatsächlich interessant ist, erstellt Reiner Sonnenschein daraus einen Projektantrag. Dabei überlegt er sich, ob das Projekt als Großprojekt eingestuft werden soll.
- Projektinitiierung (Großprojekt):
  - Es wird ein neues Projekt in Project Server erzeugt. Je nachdem, ob das Projekt als Groß- oder Kleinprojekt eingestuft wurde, startet das entsprechende Genehmigungsverfahren mit der Initiierungsphase.
  - Der Projektleiter erstellt einen Business Case für das Projekt. Er schätzt Ressourcen und Kosten, plant erste Meilensteine und baut inhaltlich das Konzept auf. Der fertige Business Case wird zur Genehmigung übermittelt.

- Reiner Sonnenschein analysiert den Business Case und gibt eine Empfehlung an das Projektportfoliomanagement-Board. Die endgültige Entscheidung wird beim nächsten Board-Meeting getroffen und von Reiner Sonnenschein in Project Server dokumentiert.
- Wenn das Board das Projekt genehmigt hat, wird die Planungsphase gestartet.

▶ In den folgenden Abschnitten werden Sie diese einzelnen Schritte praktisch umsetzen.

15.3.1 Ideensammlung

Sie haben eine neue Projektidee: Sie meinen, dass es sinnvoll wäre, ein Flughafenhotel auf dem Gelände zu bauen. Damit würde der AIRPORT Bielefeld auf jeden Fall für Reisende aus Europa attraktiver werden. Sie müssten nicht mehr in die Innenstadt fahren, wenn sie vor oder nach der Reise in Bielefeld übernachten müssen.

Um die Ideen zu sammeln, hat Reiner Sonnenschein eine zentrale SharePoint-Liste in der Project Web App bereitgestellt, die für alle Mitarbeiter der AIRBI GmbH zugänglich ist.

Idee erstellen

1. In der Microsoft Project Web App navigieren Sie zur Liste PROJEKTIDEEN.
2. Klicken Sie auf NEUES ELEMENT.
3. Tragen Sie einen TITEL und eine kurze BESCHREIBUNG für Ihre Idee ein (siehe Abbildung 15.2).
4. Klicken Sie auf SPEICHERN.

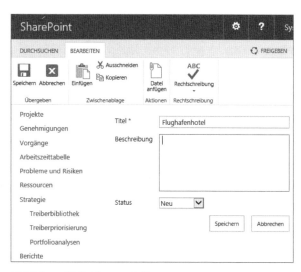

Abbildung 15.2 Ideenerstellung

Die Idee wird in dieser einfachen Form auf dem Server gespeichert. Reiner Sonnenschein hat die Liste über die Benachrichtigungsfunktionalität, die alle SharePoint-Listen besitzen, abonniert und wird deshalb auch immer benachrichtigt, wenn eine neue Idee dazukommt.

Projekt aus der Idee erstellen

Theoretisch könnte zu dem Zeitpunkt schon ein digitaler Workflow starten. Aber Reiner Sonnenschein wollte zuerst nur eine schlanke Lösung, er hat deshalb nur ein Feld STATUS, um seine Entscheidung zu dokumentieren. Nachdem er beschlossen hat, die Idee tatsächlich in der nächsten Projektportfolioplanung zu berücksichtigen, will er diese Idee als Projekt anlegen.

In Microsoft Project Server gibt es hierfür eine neue Funktionalität, um aus beliebigen SharePoint-Listen heraus Projekte auf dem Project Server erstellen zu können:

1. Navigieren Sie zur Liste PROJEKTIDEEN in der Project Web App, und selektieren Sie die Idee.
2. Öffnen Sie das Menüband ELEMENTE, und klicken Sie auf PROJEKT ERSTELLEN.
3. Hier können Sie wählen, welche Felder Sie als Projektstammdaten in Project Server übertragen wollen. Zusätzlich wählen Sie einen ENTERPRISE-PROJEKT-TYP (siehe Abbildung 15.3).
4. Klicken Sie auf PROJEKT ERSTELLEN.

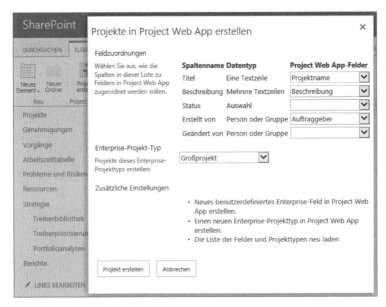

Abbildung 15.3 Projekt erstellen

Das Projekt kann nun in Project Center geöffnet und weiter bearbeitet werden.

> **Nur ein einmaliger Export**
> Der Export von Ideen aus der Ideenliste nach Project Server ist einmalig. Wenn Sie nach dem Export die Idee noch mal überarbeiten, müssen Sie die Änderungen manuell in Project Server eintragen.

15.3.2 Initiierung

Das Projekt »Flughafenhotel« existiert nun im Project Center und hat, wie jedes Projekt, einen Terminplan, eine Projektwebsite und verschiedene Projektdetailseiten zur Datenpflege. In diesem Schritt soll das Projekt weiter beschrieben werden, sodass eine endgültige Entscheidung getroffen werden kann. Öffnen Sie das Projekt im PROJECT CENTER, und klicken Sie auf die Schaltfläche STATUS, um die Seite WORKFLOWSTATUS anzuzeigen.

Workflowstatusseite

Die Workflowstatusseite ist eine Standardseite, die Informationen über den Status des Projekts innerhalb des Projektlebenszyklus vorhält (siehe Abbildung 15.4). Dort sehen Sie auf einen Blick, wo im Workflow sich das Projekt befindet und welche Maßnahmen als Nächstes erforderlich sind.

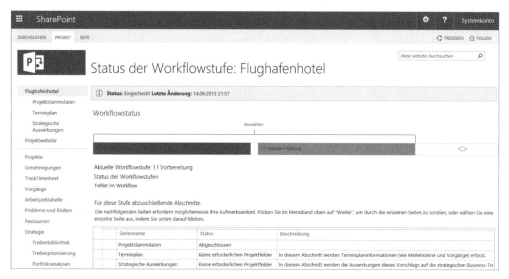

Abbildung 15.4 Workflowstatusseite

Unter AKTUELLE WORKFLOWSTUFE: 1. INITIIERUNG sehen Sie eine Beschreibung der aktuellen Workflowstufe und der zu erledigenden Schritte: Sie müssen eine erste Terminplanung, Ressourcenplanung und Kostenplanung erstellen. Außerdem sollen Sie die ersten Projektrisiken auflisten und die Ideenbeschreibung vervollständigen, indem Sie z. B. die Projektziele beschreiben. Auch sollen Sie die Projektbewertung auf der Seite STRATEGISCHE AUSWIRKUNGEN durchführen.

Erweitern Sie den Punkt ALLE WORKFLOWSTUFEN, um den gesamten Workflow darzustellen. Dort bekommen Sie eine Übersicht über die abgeschlossenen und noch folgenden Schritte. Für Ihr Projekt »Flughafenhotel« sind die Schritte PROJEKTIDEE und ERSTE ÜBERPRÜFUNG soeben abgeschlossen worden: Sie haben die Idee beschrieben, und sie ist genehmigt worden. Jetzt befindet sich das Projekt im Schritt PROJEKT BUSINESS CASE. Der nächste Schritt wird die ZWEITE ÜBERPRÜFUNG sein. Erst wenn diese Überprüfung abgeschlossen ist, wird das Projekt die Auswahlphase erreichen.

Projektdetailseiten

Um das Projekt zu vervollständigen, navigieren Sie in den unterschiedlichen Projektdetailseiten:

- PROJEKTSTAMMDATEN: In diesem Formular wird das Projekt über neue Felder weiter beschrieben, u. a. werden Projektziele, Projektrahmen und Projektart dokumentiert.
- TERMINPLAN: Ein erster einfacher Projektplan wird erstellt, Phasen und Meilensteine werden dort eingetragen.
- STRATEGISCHE AUSWIRKUNGEN: Über dieses Formular wird bewertet, ob das Projekt in die definierte Unternehmensstrategie passt. Die Werte, die dort eingetragen werden, sind insbesondere für das Portfoliomanagement wichtig. Mehr Informationen dazu finden Sie in Kapitel 16, »Portfoliomanagement«.

Sie können zwischen den Detailseiten des Projekts navigieren, indem Sie die gewünschte Seite links im Schnellstartmenü auswählen. Sie können auch über die Pfeile ZURÜCK und WEITER zur nächsten Seite wechseln. Wechseln Sie zur Seite PROJEKTSTAMMDATEN (siehe Abbildung 15.5).

Hier können Sie weitere Projektinformationen dokumentieren, die Reiner Sonnenschein als Basis für seine Entscheidung haben möchte, z. B. Kosten. Klicken Sie auf SPEICHERN, bevor Sie zur Seite TERMINPLAN wechseln.

Die Seite TERMINPLAN ist der tatsächliche Projektplan. Momentan ist noch keine detaillierte Vorgangsplanung möglich, dafür ist es noch zu früh. Aber die ersten Phasen und Meilensteine können Sie schon terminieren. Dazu gehen Sie vor, wie schon in Abschnitt 11.3.2, »Öffnen eines Projekts in Microsoft Project«, beschrieben: Tragen Sie die Phasen und Meilensteine ein, und geben Sie Termine für jede Zeile ein. Anschließend klicken Sie auf SPEICHERN, dann auf VERÖFFENTLICHEN, um Ihre Terminplanung öffentlich zu machen.

Abbildung 15.5 Projektstammdaten

Navigieren Sie dann zur letzten Projektdetailseite STRATEGISCHE PROJEKTAUSWIRKUNGEN (siehe Abbildung 15.6). Das Formular STRATEGISCHE PROJEKTAUSWIRKUNGEN hat besondere Eigenschaften. Dort sind alle strategischen Ziele des Unternehmens zu sehen, wie sie vom Portfoliomanager definiert wurden. Über dieses Formular kann das Projekt nach diesen strategischen Zielen ausgewertet werden. Diese Auswertung wird später Basis für die Projektpriorisierung und die Optimierung des Projektportfolios durch den Portfoliomanager sein. Mehr dazu erfahren Sie in Kapitel 16, »Portfoliomanagement«.

Bewerten Sie nun das neue Projekt. Durch das neue Flughafenhotel wird der Zugang des Vertriebs der AIRBI GmbH zu Kundeninformationen optimiert, sodass die Qualität der Kundenkontakte verbessert werden kann. Dadurch wird wahrscheinlich die Kundenzufriedenheit steigen. Bezüglich der Logistik-Kosten sind keine Konsequenzen zu erwarten. Eine Steigerung des Marktanteils durch die Unterstützung des Vertriebs ist eines der wichtigen Ziele dieses Projekts. Das Produktportfolio dagegen wird nicht von diesem Projekt tangiert. Auf diese Weise arbeiten Sie alle Geschäftsziele ab und positionieren das Projekt innerhalb der Unternehmensstrategie. Wenn Sie fertig sind, klicken Sie erneut auf SPEICHERN.

15 Anforderungsmanagement

```
Strategische Projektauswirkungen
Bewerten der Auswirkungen dieses Projekts auf die nachfolgenden Business-Treiber

Anzahl europäische Reiseziele steigern      ○ Keine Bewertung
                                            ○ Keine
                                            ○ Niedrig
                                            ● Mittel
                                            ○ Stark
                                            ○ Extrem

Anzahl internationale Reiseziele steigern   ○ Keine Bewertung
                                            ○ Keine
                                            ○ Niedrig
                                            ○ Mittel
                                            ● Stark
                                            ○ Extrem

Gepäcklogistik beschleunigen                ○ Keine Bewertung
                                            ● Keine
                                            ○ Niedrig
                                            ○ Mittel
                                            ○ Stark
                                            ○ Extrem

Umsatz steigern                             ○ Keine Bewertung
                                            ○ Keine
                                            ○ Niedrig
                                            ● Mittel
                                            ○ Stark
```

Abbildung 15.6 Strategische Auswirkungen des Projekts

> **Konfiguration**
>
> Diese Formulare sind nur eine kleine Auswahl der Möglichkeiten, die Ihnen zur Verfügung stehen. Die Inhalte und die Gestaltung der Projektdetailseiten variieren natürlich von Unternehmen zu Unternehmen.

Jetzt sind alle Projektdetailseiten gefüllt, allerdings fehlen noch ein paar wichtige Informationen. Sie sollen noch eine grobe Ressourcenplanung pflegen und eine ROI-Berechnung (Return on Investment) anlegen. Die Projektrisiken müssen Sie ebenso erfassen.

Beantragung von Ressourcen

In Kapitel 12, »Ressourcen- und Kostenmanagement mit Microsoft Project Server«, haben Sie bereits erfahren, wie Sie Ressourcen im Projekt planen und beantragen können.

Früher gab es die Möglichkeit, mit der Funktion *Ressourcenplan* Ressourcen unabhängig vom Projektplan zu verplanen. Diese Funktion existiert in Microsoft Project Server 2016 nicht mehr.

Dokumente

Zur weiteren Begründung des Projekts müssen noch diverse Dokumente beigelegt werden. Dazu gehört u. a. eine ROI-Berechnung für die Investoren der AIRBI GmbH.

Für diese Berechnung wurde eine Vorlage als Excel-Dokument erstellt, die Sie mit den passenden Zahlen füllen können:

1. Navigieren Sie zum PROJECT CENTER.
2. Klicken Sie auf das Projekt.
3. Klicken Sie im Menüband PROJEKT auf DOKUMENTE (siehe Abbildung 15.7).

    Die Projektdokumentbibliothek wird angezeigt. Diese Dokumentbibliothek wurde so angepasst, dass sie die Standardvorlagen der AIRBI GmbH enthält.

4. Unter dem Menüpunkt DOKUMENTE selektieren Sie die Dropdown-Liste NEUES DOKUMENT. Dort wählen Sie die Vorlage ROI-BERECHNUNG.

Es öffnet sich ein Excel-Dokument, in dem Sie die Berechnung dokumentieren können. Wenn Sie das Dokument bearbeitet haben, klicken Sie auf SPEICHERN.

Abbildung 15.7 Menüband »Projekt«

Natürlich können Sie weitere Projektdokumente ebenso dort hochladen, z. B. eine Machbarkeitsanalyse oder Besprechungsprotokolle. Mehr über die Dokumentenverwaltung erfahren Sie in Abschnitt 14.2.1, »Dokumente«.

Risiken

Als letzten Schritt für diesen Projekt-Business-Case müssen Sie die ersten Projektrisiken identifizieren. Dafür steht eine Standardliste auf der Projektwebsite zur Verfügung. Um diese Liste zu erreichen, öffnen Sie das Projekt im PROJECT CENTER:

1. Navigieren Sie zum PROJECT CENTER.
2. Klicken Sie auf das Projekt.
3. Klicken Sie im Menüband PROJEKT auf RISIKEN.
4. Eine leere Liste wird angezeigt. Klicken Sie auf NEUES ELEMENT HINZUFÜGEN, um ein Projektrisiko zu erstellen (siehe Abbildung 15.8).

> **Risikomanagement**
> Die Risikoliste befindet sich auf der Projektwebsite und ist eine SharePoint-Liste. In späteren Schritten der Risikoverwaltung können Sie diese Elemente Teammitgliedern zur Verfolgung zuordnen und mit Vorgängen im Projektplan verknüpfen. Mehr zu Risikomanagement in Projektwebsites erfahren Sie in Abschnitt 14.2.2, »Risiken und Probleme«.

Abbildung 15.8 Risiko dokumentieren

Jetzt ist der Projekt-Business-Case vollständig und kann zur Überprüfung übermittelt werden. Überprüfen Sie noch einmal die Informationen, dann klicken Sie auf ÜBERMITTELN.

Freigabe in der Portfolioanalyse

Nach der Übermittlung bekommt Reiner Sonnenschein eine Benachrichtigung und überprüft den fertigen Projekt-Business-Case. Er prüft insbesondere, ob die Kosten- und Ressourcenschätzungen realistisch sind. Nachdem er sichergestellt hat, dass das Projekt ausreichend beschrieben ist, nimmt er es in seine Portfolioanalyse auf.

In dieser Phase wird das Projekt »Flughafenhotel« priorisiert und auf Basis von Kosten und Ressourcen mit anderen Projektideen verglichen. Die Daten, die während der Initiierung gesammelt wurden, sind ausschlaggebend für die endgültige Entscheidung der Projektdurchführung. Kapitel 16, »Portfoliomanagement«, beschreibt diese Entscheidungsphase im Detail.

15.3.3 Planung

In der Phase »Planung« findet die Vorbereitung für die Durchführungsphase statt. Der Projektplan wird bis auf Arbeitspaketebene detailliert, und Ressourcen werden den einzelnen Aufgaben zugeordnet.

Wenn das Projekt ausreichend geplant wurde und die Ressourcenplanung mit dem jeweiligen Bereichsleiter abgestimmt ist, übermittelt der Projektleiter sein Projekt:

1. Navigieren Sie zum PROJECT CENTER in der Project Web App.
2. Öffnen Sie das Projekt in der Project Web App.
3. Im Menüband PROJEKT klicken Sie auf ÜBERMITTELN.

Genehmigung und Umgang mit Workflows

Die fertige Planung wird noch einmal von Reiner Sonnenschein überprüft und freigegeben. Nach der Übermittlung bekommt er eine Aufgabe zur Freigabe des Projekts und wird per E-Mail benachrichtigt. Er überprüft zuerst die Planung in der Project Web App: Im PROJECT CENTER findet er das Projekt »Flughafenhotel« mit dem Status PLANUNG und öffnet es, indem er auf den Projektnamen klickt. Um diese Planung zu genehmigen, klickt er jetzt in der Schnellstartleiste auf WORKFLOWVORGÄNGE. Dort wird eine Liste der ausstehenden Genehmigungen angezeigt (siehe Abbildung 15.9).

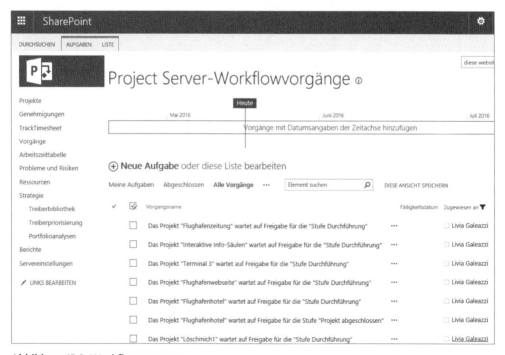

Abbildung 15.9 Workflowvorgang

Das Projekt »Flughafenhotel« wartet auf eine Genehmigung. Klicken Sie auf den Vorgang und dann auf BEARBEITEN. Ein Genehmigungsformular wird angezeigt (siehe Abbildung 15.10).

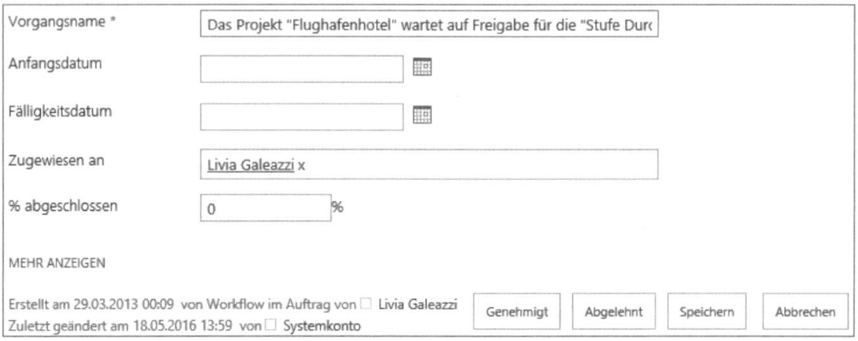

Abbildung 15.10 Genehmigungsformular

Dort kann die genehmigende Person das Projekt über die entsprechenden Schaltflächen genehmigen oder ablehnen.

Nachdem Reiner Sonnenschein die Planung genehmigt hat, wird das Projekt »Flughafenhotel« in den nächsten Workflow-Schritt übergehen und weiter bearbeitet: Durchführung. Es ist für den Anwender nicht direkt möglich, eine solche Genehmigung rückgängig zu machen. Falls die Entscheidung voreilig war, muss ein Administrator den Workflowstatus des Projekts zurücksetzen.

15.4 Übersicht über die Konfigurationsmöglichkeiten

Im letzten Abschnitt haben Sie einen Workflow kennengelernt, wie ihn die Flughafenplanungsgesellschaft AIRBI GmbH verwendet. Microsoft Project Server erlaubt Ihnen, Ihre eigenen Prozesse und Formulare flexibel abzubilden. Eine Vielzahl von Möglichkeiten steht Ihnen dabei zur Verfügung, um individuelle Workflows zu konfigurieren. In Abschnitt 20.7, »Workflow- und Projektdetailseiten«, lernen Sie, wie Sie jeden Konfigurationsschritt problemlos vornehmen können. In diesem Abschnitt erhalten Sie einen Überblick über die fachliche Konzeption von Workflows für Microsoft Project Server.

15.4.1 Grundkonzepte

Jeder Workflow besteht aus mehreren Workflowstufen, die den Projektlebenszyklus abbilden. Diese Workflowstufen sind in Workflowphasen gruppiert. Die Phasen haben auf das technische Verhalten von Workflows keine Auswirkung, sie dienen lediglich der besseren Strukturierung des Projektlebenszyklus. Eine Organisation kann eine Vielzahl von Workflows besitzen, die alle unterschiedliche Workflowstufen beinhalten, aber die Phasen sind workflowübergreifend: Sie stellen den Standardablauf aller Projekte dar.

Workflowphasen

Eine grafische Abbildung der Projektabwicklungsprozesse bei der AIRBI GmbH könnte z. B. so aussehen wie in Abbildung 15.11.

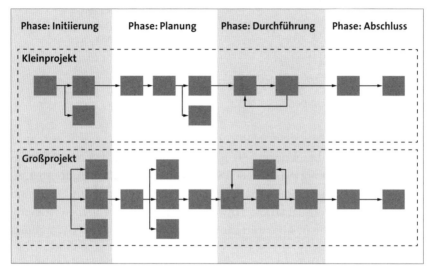

Abbildung 15.11 Beispielprozess

Wie Sie sehen, existieren zwei Workflows: ein Workflow für Großprojekte und ein Workflow für Kleinprojekte. Großprojekte müssen direkt vom Vorstand freigegeben werden, während Kleinprojekte einfacheren Verfahren folgen. Trotzdem folgen sie denselben groben Phasen. Der Vorteil dieser Strukturierung in Phasen ist die Vergleichbarkeit. Im Fall der AIRBI GmbH kann Reiner Sonnenschein immer sehen, ob sich ein Projekt gerade in der Initiierungs- oder der Planungsphase befindet, egal, ob es sich um ein Groß- oder ein Kleinprojekt handelt. In welcher Workflowstufe genau sich das Projekt befindet, ist für einen groben Überblick dagegen unwichtig.

Workflowstufen

Im Gegensatz zu den Workflowphasen sind die einzelnen Workflowstufen vom Projekttyp abhängig. Sie bilden den genauen Ablauf eines Projektlebenszyklus ab und sind miteinander verbunden. Innerhalb jeder Stufe können Sie Folgendes definieren:

- welche Formulare (Projektdetailseiten) dargestellt werden
- welche Felder in den Formularen Pflichtfelder sind
- welche Felder in den Formularen schreibgeschützt sind

Mit anderen Worten: Sie bestimmen für jede Stufe, welche Projektinformationen dargestellt werden, welche bearbeitet werden können und welche bearbeitet werden müssen (siehe Abbildung 15.12).

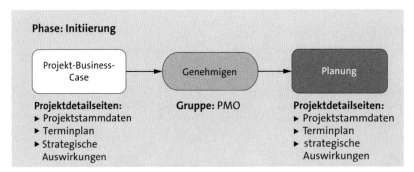

Abbildung 15.12 Phase beschreiben

Die Stufen sind über die Servereinstellungen frei konfigurierbar, wie in Abschnitt 20.7.3, »Workflowstufen«, beschrieben. Sie können so viele erstellen, wie Sie brauchen. Die logische Verbindung zwischen den Stufen ist ebenso frei konfigurierbar, allerdings findet diese Konfiguration nicht in den Servereinstellungen statt. Dafür sind SharePoint Designer oder Visual Studio notwendig. Einen Einblick in die Erstellung von Workflows erhalten Sie in Abschnitt 20.7.6, »Erstellen eines Project-Workflows mit SharePoint Designer«.

Projektdetailseiten

Die Projektdetailseiten dienen der Darstellung und Bearbeitung von Projektinformationen. Alle Formulare, die für das Projekt konfiguriert werden, sind Projektdetailseiten. Ebenso ist die Seite TERMINPLAN, die den Projektplan im Webbrowser darstellt, eine besondere Art von Projektdetailseite – Sie haben sie oben im Workflow der AIRBI GmbH kennengelernt.

Diese Seiten werden über die Servereinstellungen erstellt und konfiguriert. Alle Projektfelder können Sie sehr schnell und einfach über solch ein Formular zur Bearbeitung durch den Projektleiter oder durch die Teammitglieder darstellen. Mehr zu Projektdetailseiten und benutzerdefinierten Feldern lesen Sie in Kapitel 20, »Konfiguration von Project Server 2016/Project Online«.

Technisch gesehen, sind die Projektdetailseiten Webpartseiten. Praktisch bedeutet das, dass diese Seiten eine sehr große Flexibilität anbieten, was die Gestaltung der Daten angeht. Sie können eigene Webparts programmieren, um z. B. ein InfoPath-Formular oder eine Excel-Tabelle einzubinden.

15.4.2 Konzeption von Workflows

Bei der Konzeption von Workflows sollten Sie als Erstes definieren, welche Phasen Sie abbilden werden. Dieses Phasenmodell wird die Grundstruktur für alle Ihre zukünftigen Workflows darstellen. Das sind die Standard-Teilprozesse der Projektabwicklung. Sie sollten möglichst wenige, einfache Phasen definieren. Projektmanagement-Standards wie PRINCE2 oder PMI bieten Modelle, die Sie bei der Phasendefinition als Basis benutzen können.

Nach Festlegung der Workflowphasen identifizieren Sie, welche Workflows in Ihrer Organisation vorhanden sind bzw. welche unterschiedlichen Workflows Sie einführen möchten. Projekttypen, die unterschiedlichen Genehmigungsprozessen folgen, werden Sie mit verschiedenen Workflows abbilden. Für jeden identifizierten Workflow müssen Sie den Ablauf im Detail definieren.

> **Workflow-Ablauf definieren**
>
> Wenn Sie den Ablauf eines Workflows beschreiben, denken Sie nicht darüber nach, was wie genau im System abgebildet wird. Diese Überlegungen können Sie später anstellen. Stellen Sie zunächst die Abwicklung des Projektlebenszyklus dar, z. B. in einem Flussdiagramm (Abbildung 15.13).
>
> Wichtige Fragen sind dabei:
>
> - Welche Benutzergruppen sind involviert?
> - Wann werden Entscheidungen getroffen?
> - Welche Projektinformationen werden wann benötigt?
>
>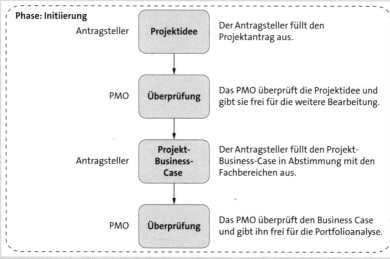

Abbildung 15.13 Flussdiagramm

Wenn Sie genau wissen, wie Ihr Prozess fachlich laufen soll, können Sie tiefer in die technischen Details einsteigen: Was soll bei jedem Prozessschritt technisch im System ablaufen? Einige Prozessschritte werden z. B. technisch nicht im Workflow abgebildet: In unserem in Abbildung 15.13 dargestellten Prozess wird z. B. nicht die Abstimmung zwischen dem Antragsteller und den Fachbereichen durch den Workflow abgebildet. Diese Abstimmung findet außerhalb des Systems in Form einer Besprechung o. Ä. statt. Die Überprüfung durch das PMO allerdings wird im Project Server durch einen Genehmigungsschritt abgebildet.

Für die Konfiguration und Entwicklung des Workflows in Project Server müssen Sie folgende Fragen beantworten:

- Welche Schritte des Prozesses werden im Workflow abgebildet?
- Wer soll bei jedem Schritt was tun (der Projektleiter muss den Ressourcenplan erstellen, das PMO soll das Projekt überprüfen …)?
- Was verbindet diese Schritte miteinander? Was muss der Anwender genau tun, damit das Projekt im Workflow vorangeht (auf ÜBERMITTELN klicken, ein bestimmtes Feld pflegen …)?
- Welche Formulare sind bei welchem Schritt notwendig? Sollen die Formulare editierbar sein oder nur schreibgeschützt zur Information angezeigt werden?

Alle diese Punkte sind für die technische Konfiguration des Workflows wichtig. Daraus ergibt sich, wie Sie die oben genannten Elemente konfigurieren sollten (Workflowphasen, Workflowstufen, Projektdetailseiten). Die Konfiguration selbst erfolgt in der folgenden Reihenfolge:

1. Workflowphasen erstellen (Abschnitt 20.7.6, »Erstellen eines Project-Workflows mit SharePoint Designer«)
2. Benutzergruppen erstellen (Abschnitt 20.1, »Sicherheit«)
3. Benutzerdefinierte Felder erstellen, die in den Projektdetailseiten angezeigt werden (Abschnitt 20.2.1, »Benutzerdefinierte Enterprise-Felder und -Nachschlagetabellen«)
4. Projektdetailseiten erstellen (Abschnitt 20.7.4, »Projektdetailseiten«)
5. Workflowstufen erstellen (Abschnitt 20.7.6)
6. Workflow in SharePoint Designer oder Visual Studio entwickeln (Abschnitt 20.7.6)
7. Workflow einem Enterprise-Projekttyp zuordnen (Abschnitt 20.7.1, »Enterprise-Projekttypen«)

Kapitel 16
Portfoliomanagement

Welche Projekte sollten Sie mit den gegebenen Ressourcen durchführen, um das beste Ergebnis für Ihr Unternehmen zu erzielen? Wie Sie der Microsoft Project Server bei dieser Entscheidung unterstützen kann, erfahren Sie in diesem Kapitel.

Der AIRPORT Bielefeld muss noch wachsen und sich entwickeln. Dafür müssen laufend Projektideen analysiert und bewertet werden. Im Sinne des Unternehmenserfolgs sollen nur die Ideen als Projekte realisiert werden, welche einer vorher definierten Unternehmensstrategie entsprechen. Dieses Verfahren der Abwägung von Erfolg und Wagnis bei der Projektverwirklichung wird Portfoliomanagement genannt.

Bevor Sie die praktische Umsetzung des Portfoliomanagements mit Microsoft Project Server am Beispiel der AIRBI GmbH kennenlernen, werden wir hier näher definieren, was dieses Konzept alles umfasst. Das Thema Portfoliomanagement allein könnte ein ganzes Buch füllen, unser Ziel ist an dieser Stelle deshalb, einen Überblick über die Grundkonzepte zu geben.

16.1 Grundkonzepte des Portfoliomanagements

Was also ist Portfoliomanagement? Das Konzept wurde erstmals für den Finanzbereich entwickelt. Ein Finanzportfolio ist einfach eine Sammlung von Investitionen. Ein Budget wird dem Gesamtportfolio zugeordnet, und das Geld wird dann auf die unterschiedlichen Investitionen verteilt. Das Ziel dieses Portfolios kann mit einem Werbeslogan zusammengefasst werden, den Sie von Banken gut kennen: »Hohe Rendite, niedriges Risiko«. Um diese scheinbar sehr optimistische Vorstellung zu realisieren, werden die Investitionen genau überwacht. Ziel ist es dabei, ein gutes Gleichgewicht zwischen Investitionen mit hohem Risiko und guter Rendite und Investitionen mit niedrigem Risiko und niedriger Rendite zu halten. Der wichtige Punkt dabei ist: Diese Investitionen werden nicht einzeln bewertet, sondern immer im Zusammenhang mit allen anderen. Weil ein gutes Gleichgewicht zwischen niedrigem Risiko und hoher Rendite gehalten wird, können einige Investitionen erfolglos bleiben, ohne das Gesamtportfolio zu gefährden. Dieser Aspekt des Gleichgewichts ist das Kernkonzept von Portfoliomanagement.

Projekte sind Investitionen besonderer Art und bringen ganz neue Herausforderungen mit sich. Es ist noch nicht lange her, dass die Werkzeuge aus dem Finanzbereich für Projektportfoliomanagement angepasst worden sind. Das Schwierigste ist dabei, dass die Rendite eines Projekts nicht nur in barem Geld gemessen wird. Neue Methoden mussten entwickelt werden (und werden immer noch weiterentwickelt), um die Komplexität von Projektportfolios zu beherrschen.

Laut Project Management Institute (PMI) wird ein Portfolio wie folgt definiert:

Eine Sammlung von Projekten, Programmen und anderen Aufwänden, die gruppiert werden, um ein effizientes Management zu vereinfachen und strategische Geschäftsziele zu treffen. Projekte und Programme in einem Portfolio haben nicht unbedingt Beziehungen oder Abhängigkeiten miteinander.

Anders formuliert: Ein Portfolio ist eine Sammlung von Projekten, die gemeinsam verwaltet und gesteuert werden. Projekte in einem Portfolio haben nicht unbedingt inhaltliche Überschneidungen oder stehen in terminlicher Abhängigkeit zueinander. Was diese Projekte zusammenbringt, sind gemeinsame strategische Geschäftsziele. Das Portfolio existiert, um diese Geschäftsziele zu verwirklichen.

Die Erfolge, Verspätungen und Ressourcenanforderungen eines Projekts werden unter Berücksichtigung der gesetzten Ziele in Zusammenhang mit allen anderen Projekten im Portfolio gebracht.

Ein Beispiel: Ein Projekt läuft schon seit 6 Monaten, und es wird langsam klar, dass das genehmigte Budget für die Durchführung nicht ausreichen wird. Ein *Change Request* wird beantragt. Was ist jetzt optimal für das Unternehmen? Diese Budgetänderung genehmigen, um einen erfolgreichen Projektabschluss zu sichern? Dabei sollte auch berücksichtigt werden, welchen Einfluss die Budgetüberschreitung dieses einzelnen Projekts auf andere aktuelle oder zukünftige Projekte haben könnte. Die Genehmigung des Change Request ist nicht nur für dieses Projekt relevant, sondern für das Gesamtprojektportfolio.

Es wird immer passieren, dass einige Projekte im Portfolio erfolglos abgebrochen werden. Aber durch ein effizientes Portfoliomanagement sorgen Sie dafür, dass das allgemeine Gleichgewicht gehalten und die gesetzten Geschäftsziele erreicht werden.

Begrifflichkeit

Da Portfoliomanagement ein relativ neues Thema ist, sind die Begriffe in der Literatur noch nicht einheitlich. In deutschsprachigen Büchern finden Sie dieses Konzept oft unter dem Namen *Multiprojektmanagement*. Dieser Begriff ist aber nicht eindeutig, da er auch für Programmmanagement benutzt werden kann.

16.1.1 Strategische Unternehmensführung

Wie Sie schon gesehen haben, steht der strategische Aspekt beim Portfoliomanagement im Mittelpunkt. Das Portfolio existiert, um strategische Ziele zu verwirklichen. Deshalb ist das Konzept der strategischen Unternehmensführung (auf Englisch *Governance*) hier besonders wichtig. Die strategische Unternehmensführung definiert, wie die strategische Richtung eines Unternehmens umgesetzt wird. Dabei ist eine Struktur notwendig, die die Verwirklichung dieser Strategie unterstützt: Entscheidungsgremien, Prozesse, Richtlinien, die für die Definition, Priorisierung und Überprüfung von strategischen Geschäftszielen sorgen (siehe Abbildung 16.1).

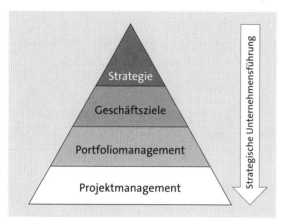

Abbildung 16.1 Strategische Unternehmensführung

Die Aufgabe von Portfoliomanagement ist es, die Unternehmensstrategie über Projekte zu verfolgen. Portfoliomanagement-Prozesse stehen deswegen eng in Verbindung mit Unternehmensführungsprozessen. Diese Abhängigkeit ist die größte Herausforderung für das Portfoliomanagement: Fehlt eine klar definierte Strategie, so hat das Portfolio keine Ziele und kann nicht im Sinne der Strategie gesteuert werden. Ähnlich wie bei einem einzelnen Projekt, das Sie ohne definierte Ziele und Anforderungen schwierig steuern können oder bei dem Sie Gefahr laufen, in die falsche Richtung zu steuern, verhält es sich auch mit dem gesamten Projektportfolio.

Häufig leiden die Portfoliomanager darunter, dass die Unternehmensstrategie unklar formuliert und kommuniziert wird. Sie wird normalerweise von der obersten Unternehmensführungsebene definiert, allerdings bleibt sie oft sehr allgemein formuliert und ist in der Regel in den operativen Ebenen kaum oder gar nicht bekannt. Sie ist oft nur in Präsentationen oder Protokollen dokumentiert, die nicht für alle zugänglich sind. Sie bleibt das Terrain der obersten Führungsebenen.

Die Unternehmensführung ist allerdings selten das Gremium, das Projekte bewertet, freigibt und steuert, außer in besonders kritischen Fällen. Eine der größten Herausforderungen in der Umsetzung einer strategischen Unternehmensführung besteht also darin, die Unternehmensstrategie an die relevanten Entscheidungsgremien zu kommunizieren, und zwar in einer Form, die so wenig Spielraum wie möglich für falsche Interpretationen und Missverständnisse lässt.

16.1.2 Eine Strategie in Geschäftsziele umwandeln

Um die Strategie effizient im Portfoliomanagement zu verfolgen, werden Geschäftsziele definiert, die auf dieser Strategie basieren. Die Geschäftsziele sind die pragmatische Formulierung der Strategie. Sie sind die Schnittstelle zwischen der Strategie und der tatsächlichen Projektdurchführung. Sie müssen deswegen so genau wie möglich definiert sein.

Ein bekanntes Modell für die saubere Definition von Zielen ist das *SMART-Modell*. Ziele sind SMART, wenn sie nach den folgenden Kriterien definiert wurden:

- S – spezifisch: Ziele müssen eindeutig formuliert sein.
- M – messbar: Ziele müssen messbar sein.
- A – angemessen: Ziele müssen hoch genug gesetzt werden, dass sie eine Herausforderung darstellen. Aber nicht so hoch, dass sie einen untragbaren Aufwand bedeuten würden.
- R – realistisch: Ziele müssen realistisch erreichbar sein.
- T – terminiert: Ziele werden für einen bestimmten Zeitraum definiert.

Es ist eine schwierige Aufgabe, eine saubere Beschreibung der Geschäftsziele zu erreichen. Nehmen wir als Beispiel die folgende strategische Ausrichtung: Nutzen von Synergieeffekten. Was bedeutet das konkret für ein Projekt? Was ist ein Projekt, das Synergien ausnutzt? Wann wissen Sie, dass Sie eine zufriedenstellende Synergie im Unternehmen erreicht haben? Wie misst man die Synergieeffekte von Projekten?

Diese Fragen sind nicht einfach zu beantworten. Die Antwort ist davon abhängig, welche Probleme und Ideen sich hinter dem Konzept von Synergie verstecken. Besteht das Unternehmen aus unterschiedlichen Unternehmungen, die gerade fusioniert haben? Hinter dem Bedarf nach Synergie steht dann wahrscheinlich der Wunsch, die positiven Synergiepotenziale der unterschiedlichen Kulturen, Standards, Prozesse und IT-Landschaften der fusionierten Unternehmungen nutzen zu wollen. Bei all diesen Aspekten muss eine progressive Vereinheitlichung stattfinden. Für ein IT-Portfolio kann dies z. B. bedeuten, dass ein Projekt, welches die IT-Landschaften der unterschiedlichen Firmen zusammenbringt und somit die Zusammenarbeit vereinfacht, die Strategie der Synergie unterstützt. Für ein HR(Human-Resources)-Portfolio wird eher der Aspekt der Arbeitskulturen relevant sein. Aus einer gemeinsamen Strategie können sich also für die verschiedenen Bereiche unterschiedliche Ziele ergeben.

Nachdem Sie das Ziel eindeutig formuliert haben, müssen Sie dieses Ziel auch noch messen können. Für jedes Ziel wird in der Regel ein Indikator erstellt (auf Englisch KPI – Key Performance Indicator). Der Indikator soll Ihnen auf Basis von messbaren Werten zeigen, wie weit Sie noch von Ihrem Ziel entfernt sind. Er ist ein wichtiger Bestandteil der Zieldefinition. Wenn Sie ein Ziel nicht messen können, wird es sehr schwierig zu beurteilen, ob Sie sich in die richtige Richtung bewegen. Es ist natürlich viel einfacher, ein Ziel wie »Umsatz« oder »Senkung der Betriebskosten« zu messen, als ein Ziel wie »Synergie«. Wenn Sie aber Ihr Ziel schon eindeutig formuliert haben, haben Sie schon die Hälfte der Arbeit getan. Bei Synergie wissen wir jetzt, dass wir über die IT-Landschaft sprechen. Wann ist das Ziel erreicht? Wenn 70 % der IT-Software einheitlich genutzt wird? 90 %? Welche Software wird überhaupt im Moment benutzt, und wie viel Abweichung existiert tatsächlich? Was kann realistisch in einem Jahr erreicht werden? In fünf Jahren? Alle diese Fragen helfen Ihnen, die Geschäftsziele für Ihr Portfolio greifbarer zu machen.

Wenn Ihre Ziele SMART definiert wurden und alle einen eigenen Indikator haben, bleibt noch ein wichtiger Schritt, die *Priorisierung*.

Sie haben z. B. zwei Ziele: »Senkung der Betriebskosten« und »Synergien fördern«. Nun kommt eine Projektidee, die definitiv stark Synergien fördert, aber leider die Betriebskosten steigern wird. Um eine gute Entscheidung zu treffen, müssen Sie wissen, ob »Senkung der Betriebskosten« wichtiger ist als »Synergien fördern«.

Für die Priorisierung der Geschäftsziele stehen Ihnen unterschiedliche Methoden zur Verfügung. Microsoft Project Server unterstützt Sie bei der Priorisierung mit einer Methode, die auf einer Entscheidungsmatrix basiert. Mehr dazu lernen Sie in Abschnitt 16.3.2, »Geschäftsziele priorisieren«.

16.1.3 Das Portfolio steuern

Über die Geschäftsziele haben Sie jetzt eine deutlich bessere Vorstellung, was Sie mit Ihrem Portfolio erreichen wollen. Die Aufgabe des Portfoliomanagements besteht nun darin, über eine effiziente Steuerung des Projektportfolios diese Ziele zu realisieren. Diese Steuerung enthält folgende Kernaufgaben:

1. *Projektpotenziale identifizieren*: Hier kommen Bereiche wie Ideenmanagement, Benchmarking usw. ins Spiel, alles, was Ihnen eine gute Quelle für Projektideen schaffen kann.

2. *Projekte bewerten und priorisieren*: Nachdem Sie Projektideen und -anträge gesammelt haben, müssen Sie sie zur Vorbereitung der Auswahl und Freigabe systematisch bewerten. Die Priorisierungsmethode steht an zentraler Stelle.

3. *Projekte auswählen*: Die eigentliche Projektauswahl steht im Mittelpunkt des Portfoliomanagements. Um die Entscheidung über die Projektdurchführung zu tref-

fen, werden Sie nicht nur die Projektpriorisierung nutzen. Auch andere Treiber wie Kosten und Ressourcen spielen eine wichtige Rolle.

4. *Projekte überwachen*: Eine permanente Projektüberwachung liefert Ihnen die notwendigen Informationen, um das Portfolio zu steuern: Projekte verschieben sich, brauchen mehr Ressourcen oder werden manchmal neu priorisiert. Das Portfolio muss gegebenenfalls entsprechend angepasst werden.
5. *Projektnutzen evaluieren*: Nachdem ein Projekt abgeschlossen ist, bleibt eine Frage: Wurden alle Ziele des Projekts erreicht? Lag die Bewertung, die am Anfang abgegeben worden ist, im richtigen Rahmen? Dieser Aspekt wird oft vergessen. Er kann aber wichtige Informationen liefern für die Verbesserung des Auswahlprozesses. Nur so können Sie feststellen, ob Ihre Projektbewertung grundsätzlich passt oder nicht, aber auch, ob einige Auswahlpunkte hinzugenommen oder weggelassen werden könnten.

Diese Kernaufgaben stellen den Lebenszyklus des Portfolios dar, wie das Portfolio initiiert, geplant, durchgeführt und abgeschlossen wird. Das Portfoliomanagement muss entscheiden, mit welcher Regelmäßigkeit dieser Lebenszyklus stattfinden soll. Unterschiedliche Varianten sind möglich, z. B.:

- Jährlich: Die Projektanträge werden vor Jahresende eingereicht. Das Portfolio wird dann für das gesamte Jahr geplant. Entscheidungen über neue Projekte im Laufe des Jahres sind nur in Ausnahmefällen möglich.
- Quartalsweise: Es wird einmal pro Quartal über neue Projektanträge entschieden und geplant.
- Gemischt: Eine Jahresplanung findet statt, sie wird allerdings einmal pro Quartal neu evaluiert und berücksichtigt dabei neue Projektanträge und Umplanungen von laufenden Projekten.

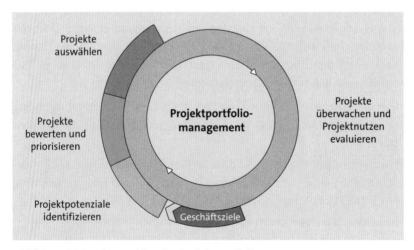

Abbildung 16.2 Lebenszyklus des Projektportfolios

Um diesen Lebenszyklus zu steuern, sind spezifische Gremien notwendig, die über Verantwortung und Kompetenzen verfügen, um die entsprechenden Entscheidungen zu treffen:

- Freigabe der Projektpriorisierung
- Freigabe der Projekte
- Freigabe der Änderungen im laufenden Portfolio (laufende Projekte gestoppt oder pausiert, Neuverteilung von wichtigen Ressourcen zwischen Projekten, Änderung der Projektpriorisierung ...)

Es kann sich hier um ein oder mehrere Gremien handeln, je nachdem, wie Ihr Unternehmen organisiert ist: Portfolio-Board, Ressourcenmanagement-Board oder Steuerungs-Board. Diese Gremien werden in der Regel von einem Portfoliomanager unterstützt, der die Informationen sammelt, die Entscheidungsgrundlagen vorbereitet und die Entscheidungen umsetzt. Diese Rolle kann auch das Projektmanagement-Office erfüllen.

Bei der Gestaltung des Lebenszyklus des Portfolios in Ihrer Organisation müssen Sie Abhängigkeiten zu anderen Prozessen berücksichtigen. Falls die unternehmensweite Wirtschaftsplanung einmal im Jahr stattfindet, müssen Sie vermutlich eine jährliche Planung für Ihr Portfolio abgeben. Auch Art und Umfang Ihrer Projekte sind wichtig: Bei einer großen Menge an Kleinprojekten wird ein jährlicher Prozess wahrscheinlich keine ausreichende Flexibilität ermöglichen.

Bei der Portfoliosteuerung müssen Sie verschiedene einschränkende Rahmenbedingungen beachten:

- verfügbares Budget
- verfügbare Ressourcen
- gesetzliche Grundlagen (Pflichtprojekte)
- inhaltliche Abhängigkeiten zwischen Projekten

Diese Rahmenbedingungen müssen Sie bei der Steuerung Ihres Portfolios für alle Projekte analysieren und in Zusammenhang mit der Projektpriorität bringen. Die Projektpriorität besagt, in welchem Grad das einzelne Projekt die Erreichung der Geschäftsziele unterstützt, mit anderen Worten, wie wichtig seine Durchführung für die Organisation ist. Dabei wollen Sie innerhalb dieser Einschränkungen in einem höchstmöglichen Grad die Geschäftsziele erreichen.

Es ist keine leichte Aufgabe, eine größere Anzahl von Projekten effizient zu bewerten, wenn so viele Treiber im Spiel sind. Microsoft Project Server unterstützt Sie dabei, die Informationen zu verwalten und zu analysieren. Er stellt Ihnen u. a. Optimierungsalgorithmen zur Verfügung, um diese Herausforderung mit mathematischen Mitteln zu lösen. Sie werden in den nächsten Abschnitten erfahren, wie solche Analysen in Project Server durchgeführt werden.

16.2 Portfoliomanagement in Project Server

In diesem Abschnitt erfahren Sie, wie Portfoliomanagement in Microsoft Project Server praktisch abgebildet wird.

Folgende zum Portfoliomanagement gehörende Aufgaben haben Sie oben kennengelernt:

- Projektpotenziale identifizieren
- Projekte bewerten und priorisieren
- Projekte auswählen
- Projekte überwachen

Die Projektüberwachung basiert stark auf dem operativen Projektmanagement. Project Server bietet viele Möglichkeiten, um laufende Projekte über Kennzahlen und Indikatoren zu überwachen. Zu Projektcontrolling erfahren Sie mehr in Kapitel 7, »Projektüberwachung«, und Kapitel 13, »Projektüberwachung mit Microsoft Project Server«. Zu projektübergreifendem Reporting und Business Intelligence im Allgemeinen lesen Sie bitte Kapitel 17, »Berichtswesen«.

Die Identifikation von Projektpotenzialen ist Aufgabe des Anforderungsmanagements. Die Umsetzung des Anforderungsmanagement-Prozesses bildet eine sehr wichtige Basis für das Portfoliomanagement. Lesen Sie in Kapitel 15, »Anforderungsmanagement«, wie Ideen schrittweise entwickelt und durch Genehmigungsschritte gefiltert werden.

Die zwei weiteren Kernaufgaben des Portfoliomanagements, die Projektpriorisierung und -auswahl, werden ebenso von Project Server unterstützt. Wie Sie die Methodik des Portfoliomanagements auf Ihre Microsoft-Project-Projekte anwenden, erfahren Sie in diesem Abschnitt am Beispiel der Flughafenplanungsgesellschaft AIRBI GmbH.

In Kapitel 15 haben Sie am Beispiel des Projekts »Flughafenhotel« gesehen, wie Projektideen durch Reiner Sonnenschein überprüft und zur weiteren Bearbeitung freigegeben werden. Nun bleibt eine ganze Reihe von Ideen, die alle für sich betrachtet wichtig und sinnvoll erscheinen. Allerdings ist es für die AIRBI GmbH unrealistisch, alle diese Ideen zu realisieren: Das zur Verfügung stehende Budget ist begrenzt, und es steht auch nur eine bestimmte Anzahl von Mitarbeitern zur Verfügung, um die Projekte durchzuführen. Heinrich Schmidt als Vorstandsmitglied will klare und nachvollziehbare Entscheidungen treffen, welche Projekte realisiert werden sollen. Er muss dafür die Projektideen priorisieren, ablehnen oder vielleicht in das nächste Jahr verschieben.

Doch auf welcher Basis soll priorisiert und entschieden werden? Heinrich Schmidt könnte die Vorschläge und Ideen einfach nach Gefühl für die Realisierung auswählen. Mit so einer »Bauchentscheidung« kann er sich jedoch nicht sicher sein, im Sinne seiner Unternehmensstrategie die beste Entscheidung zu treffen. Alle Ideen erscheinen ihm einzeln betrachtet durchaus sinnvoll. Er benötigt einen Gesamtüberblick über alle Ideen und Anforderungen. Vielleicht sollte er nur die Projekte realisieren lassen, welche den besten *Return on Investment* (Kapitalrendite) erbringen. Auf Basis von rein wirtschaftlichen Gesichtspunkten könnte er aber Gefahr laufen, strategische Überlegungen außer Acht zu lassen, die sich erst mittel- bis langfristig auszahlen. Vielleicht wirken sich Projekte für den Organisationsaufbau nicht gleich positiv auf die Umsätze der AIRBI GmbH aus, können jedoch nach gewisser Zeit durchaus einen wesentlichen Baustein des Unternehmenserfolgs darstellen. Manche Projekte müssen eventuell aus Gründen gesetzlicher Vorgaben oder für wichtige Änderungsprozesse realisiert werden. Noch komplexer wird es für ihn, wenn Projektideen voneinander abhängig sind. Wie soll Heinrich Schmidt nun eine richtige Methode für die im Unternehmenssinne wirklich erfolgreiche Projektauswahl finden? Wie soll er die Projekte bewerten? Er beauftragt Reiner Sonnenschein, eine Analysemethode zu entwickeln und zu implementieren.

Sie haben in diesem Kapitel bereits gelernt, dass eine richtige Portfoliosteuerung mit der Unternehmensstrategie anfängt. Die zentrale Frage ist dabei: Was soll mit den Projekten erreicht werden? Wachstum, mehr Struktur, mehr Qualität ... Reiner Sonnenschein muss also zunächst Geschäftsziele für das Projektportfolio definieren, die die Strategie der Flughafengesellschaft AIRBI GmbH unterstützen. Dies ist der zentrale Aspekt bei der Projektbewertung.

Folgende Projektdaten sind noch relevant, um bei der Bewertung auch die Rahmenbedingungen berücksichtigen zu können:

- Kostenbedarf
- Ressourcenbedarf
- Pflichtprojekte
- Projektabhängigkeiten

Im Folgenden stellen wir dar, wie Sie Projektdaten für die Projektbewertung in Project Server anlegen und für eine Portfolioanalyse nutzen können.

Der Schwerpunkt dieser Analyse ist, alle Projektvorschläge nicht nur einzeln zu betrachten, sondern auf Basis eines Projektportfolios als Sammlung von Ideen, die zwar separat realisiert werden würden, aber im Gesamtzusammenhang einer Unternehmensstrategie bewertet werden müssen.

Microsoft Project Server bietet eine Reihe von Analysewerkzeugen, um diesen Abgleich zwischen Ideen, Anforderungen und Projekten mit der Unternehmensstrategie zu unterstützen. Sie finden diese Werkzeuge in der Project Web App unter dem Menüpunkt STRATEGIE gruppiert (siehe Abbildung 16.3).

16 Portfoliomanagement

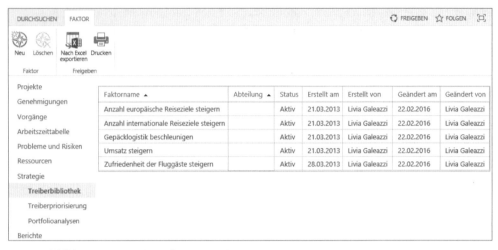

Abbildung 16.3 Menüpunkt »Strategie«

Für die Realisierung der Portfolioanalyse sind zwei wichtige Prozesse erforderlich:

1. Definition der Geschäftsziele auf Basis der Unternehmensstrategie:
   - Definition der strategischen Ziele
   - Priorisierung der strategischen Ziele
2. Projektbewertung und Auswahl:
   - Priorisierung der Projekte anhand der Strategie
   - Kostenanalyse
   - Ressourcenanalyse
   - Auswahl

Während des ersten Prozesses definiert Reiner Sonnenschein zusammen mit Heinrich Schmidt als Grundlage für die Bewertung der Projekte die strategischen Ziele und priorisiert diese: Was soll mit dem Projektportfolio erreicht werden, und welche Prioritäten sind gesetzt? Innerhalb des zweiten Prozesses erfolgt dann die eigentliche Priorisierung und Auswahl der Projekte. Bevor der Auswahlprozess abgeschlossen ist, muss geprüft werden, welche Projekte das Unternehmen wirklich realisieren kann, auf Basis von finanziellen Mitteln und tatsächlich verfügbaren Ressourcen.

16.3 Definition der Unternehmensstrategie

Wie wir es schon in den vorherigen Abschnitten erläutert haben, ist die Definition der Unternehmensstrategie der erste Schritt für die Bewertung aller Projekte. Bei der Flughafenplanungsgesellschaft AIRBI GmbH muss Reiner Sonnenschein als Verantwortlicher für das Projektportfoliomanagement zusammen mit Heinrich Schmidt eine klar definierte Strategie entwickeln. Sie müssen sich zusammensetzen und entscheiden, welche Ziele die AIRBI GmbH innerhalb des nächsten Jahres erreichen soll. Nachdem diese Entscheidung getroffen wurde, werden die Geschäftsziele über sogenannte *Treiber* in Microsoft Project Server angelegt.

16.3.1 Geschäftsziele anlegen

Nach mehreren langen Diskussionen über die Zukunft der Firma haben die beiden eine Liste der wichtigen Ziele zusammengestellt, die in den nächsten Jahren erreicht werden sollen:

- Anzahl der Reisenden pro Jahr steigern: Viele Fluggäste bedeuten mehr Wachstumspotenzial.
- Anzahl der europäischen Reiseziele steigern: Momentan hat Bielefeld hauptsächlich Verbindungen zu anderen Städten in Deutschland, eine Diversifizierung ist notwendig.
- Anzahl der internationalen Reiseziele steigern: Mit vielen internationalen Reisezielen könnte Bielefeld einer der größten Flughäfen Europas werden.
- Gepäcklogistik beschleunigen: Momentan ist die Gepäcklogistik nicht optimal. Beim nächsten Wachstumsschritt könnte es ein Problem werden, also muss jetzt eine Entwicklung stattfinden.
- Zufriedenheit der Fluggäste steigern: Zufriedene Fluggäste können sich entscheiden, eher über Bielefeld zu fliegen als über Stuttgart oder Frankfurt.
- Umsatz steigern: Nur so wird das Unternehmenswachstum möglich.

Die Beschreibung eines Geschäftsziels wird in Project Server als TREIBER angelegt und priorisiert. Diese Treiber definieren Sie in der Project Web App unter TREIBERBIBLIOTHEK:

1. Klicken Sie auf NEU um einen neuen Treiber zu erstellen.
2. Eines der Ziele, die von den Geschäftsführern der AIRBI GmbH definiert wurden, ist »Anzahl der europäischen Reiseziele steigern«. Schreiben Sie unter NAME also »Anzahl der europäischen Reiseziele steigern«, und klicken Sie dann auf SPEICHERN.

Zusätzlich zu einer reinen Beschreibung des Ziels müssen Sie immer fünf Projektauswirkungsebenen pro Treiber definieren (siehe Abbildung 16.4):

- KEINE
- NIEDRIG
- MITTEL
- STARK
- EXTREM

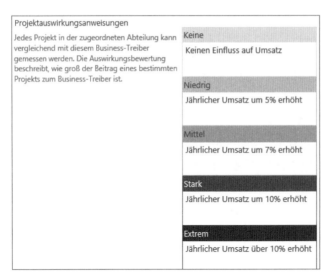

Abbildung 16.4 Treiberdefinition

Während der Projektpriorisierung bewerten Sie später das Projekt hinsichtlich dieser Auswirkungsebenen: Sie geben ein, ob das Projekt eine niedrige, mittlere oder starke Auswirkung auf das Geschäftsziel hat. Für eine Orientierung bei der Bewertung der Projekte sollten Sie die Auswirkungsebenen beschreiben: Was ist eine starke Steigerung der europäischen Reiseziele? Ein Projekt, das diese Reiseziele um 5 % steigert? Um 10 %?

Über die Beschreibung der Auswirkungsebenen legen Sie die Voraussetzung für eine präzise Bewertung der Projekte. Unterschätzen Sie die Bedeutung dieser Treiber nicht. Sie geben die Richtung für Ihre zukünftige Projektplanung und Ihre Projektinvestitionen vor. Definieren Sie sie daher so exakt und sorgfältig wie möglich. Zur Definition von Geschäftszielen siehe Abschnitt 16.1.2, »Eine Strategie in Geschäftsziele umwandeln«.

Was ist eine starke Auswirkung auf die Zufriedenheit der Fluggäste? Wie könnte man diese beurteilen? Natürlich ist es schwierig, bei einem Thema wie Zufriedenheit messbare Indikatoren zu definieren. Kundenzufriedenheit ist nicht so direkt zu messen wie z. B. eine Umsatzsteigerung. Um zu entscheiden, ob ein Projekt eine »mittlere« oder »starke« Wirkung auf Ihr Ziel »Zufriedenheit der Fluggäste steigern« hat, müssen hier jedoch messbare Kriterien genau festgelegt werden. Reiner Sonnenschein muss z. B. später einschätzen, ob ein Projekt wie »Interaktive Info-Säulen« tatsächlich die Zufriedenheit der Gäste erhöht. Um diese Frage zu beantworten, muss er in erster Linie wissen, wie zufrieden seine Kunden gerade mit den Leistungen der AIRBI GmbH sind. Und er müsste sich die Frage stellen, wie die Fluggäste noch zufriedener werden können.

Als ersten Schritt definiert Reiner Sonnenschein Kriterien, um die Kundenzufriedenheit zu bewerten. Kommen z. B. Beschwerden bei den Mitarbeitern an? Wenn ja, wie viele? Über welche Bereiche beschweren sich die Fluggäste, wie häufig? Er führt eine Kundenzufriedenheitsumfrage durch, um messbare Werte der aktuellen Zufriedenheit zu erhalten. Den Indikator legt er dann auf Basis des Ergebnisses der Umfrage fest mit dem Ziel, dieses Ergebnis im nächsten Jahr zu verbessern. Die Definition des Treibers »Fluggäste-Zufriedenheit« sieht dann folgendermaßen aus:

Anzahl der Bewertungen:

- KEINE: Kein Einfluss auf Fluggäste-Zufriedenheit
- NIEDRIG: Zufriedenheitsindikator bis 7 erhöht
- MITTEL: Zufriedenheitsindikator bis 8 erhöht
- STARK: Zufriedenheitsindikator bis 9 erhöht
- EXTREM: Zufriedenheitsindikator über 10 erhöht

Die Projektbewertung ist durch die genaue Definition des Geschäftsziels vereinfacht. Nehmen wir wieder als Beispiel das Projekt »Interaktive Info-Säulen«: Falls die Fluggäste einen schnellen Zugriff auf alle relevanten Informationen zum Flughafen wünschen, sollte dieses Projekt eine Bewertung »Stark« für den Treiber »Kundenzufriedenheit« erhalten. Dabei muss es aber für das Projektteam deutlich sein, dass dies ein wesentliches Ziel des Projekts darstellt und dass Sie die Kundenwünsche entsprechend in der Projektausrichtung berücksichtigen müssen.

Hinter ein paar wenigen Eingaben, die Sie mal eben in Project Server vorgenommen haben, steckt also eine Menge Arbeit. Die Definition der Treiber ist ein wichtiger und teilweise aufwendiger Prozess, der diverse Projektbeteiligte aus allen betroffenen Unternehmensbereichen berücksichtigen sollte. Natürlich möchten Sie diesen Definitionsprozess so kurz und einfach wie möglich halten. Berücksichtigen Sie hierbei jedoch Folgendes.

Qualität der Treiber

Die Qualität Ihrer strategischen Treiber entscheidet über die Qualität aller zukünftigen Projektbewertungen. Wenn Ihre Projektpriorisierungen nicht wirklich aussagekräftig sind, kann der gesamte Analyseprozess für die Projektbewertung und die Projektauswahl infrage gestellt werden.

Sie können die Definition einfacher gestalten, ohne an Qualität zu verlieren, indem Sie die Treiber pro Abteilung separat definieren: In einem ersten Schritt legen Sie z. B. die Treiber für den Bereich IT fest und sammeln erste Erfahrungen. In einer späteren Iteration können Sie dann auf Basis Ihrer ersten Erfahrungen die Treiber auf weitere Unternehmensbereiche erweitern.

Abteilungsspezifische Treiber

In Microsoft Project Server können Sie Treiber einer Abteilung zuordnen. So können Sie unterschiedliche Geschäftsziele für IT und für Marketing definieren. Sie können später in der Projektbewertung globale und abteilungsspezifische Treiber kombinieren.

Für IT-Projekte können Sie z. B. den IT-Treiber »Reduzierung IT-Wartungskosten« und den globalen Treiber »Gepäcklogistik beschleunigen« kombinieren.

16.3.2 Geschäftsziele priorisieren

Nachdem Reiner Sonnenschein und Heinrich Schmidt die Treiber definiert haben, müssen sie diese gegeneinander priorisieren. »Gepäcklogistik beschleunigen« und »Fluggäste-Zufriedenheit steigern« sind zwar beides Ziele der AIRBI GmbH, sie sind aber nicht unbedingt gleich wichtig. Für die spätere Projektauswertung muss klar definiert sein, welche Priorität jedes Ziel im Vergleich zu allen anderen hat, insbesondere weil diese Ziele möglicherweise in Konkurrenz zueinander stehen werden. Die Priorisierung hilft, Zielkonflikte zu lösen.

Project Server bietet zwei Methoden für die Treiberpriorisierung an:

- BERECHNET: Die Methode BERECHNET ist die empfohlene Methode für die Prioritätsfestlegung. Für die Berechnung der Treiberpriorität benutzt der Project Server einen sogenannten *Paarvergleich*.
- MANUELL: Die Methode MANUELL erlaubt Ihnen, Prioritäten mit Ihrer eigenen Methode zu berechnen und manuell in Project Server einzutragen.

Im Folgenden werden wir mit der Methode BERECHNET arbeiten. Wie oben erwähnt, benutzt diese Methode einen Paarvergleich, um Sie bei der Festlegung der Prioritäten zu unterstützen. Alle Elemente einer Entscheidung werden in einer Tabelle dargestellt. Der Entscheider prüft systematisch die Beziehungen der Elemente miteinander, indem er einfach durch alle Zellen der Tabellen geht.

In der AIRBI GmbH ist die Priorisierung der Ziele Aufgabe vom Vorstand. Als erster überlegt sich Heinrich Schmidt, wie er die Ziele priorisieren will. Tun Sie dies für Ihre Geschäftsziele:

1. In der Project Web App klicken Sie auf TREIBERPRIORISIERUNGEN.
2. Klicken Sie auf NEU, um eine neue Priorisierung zu erstellen.
3. Geben Sie der Priorisierung einen aussagekräftigen Namen, z. B. »Priorisierung von Heinrich Schmidt«.
4. Unter PRIORISIERUNGSTYP wählen Sie die Methode BERECHNET.
5. Unter VERFÜGBARE FAKTOREN wählen Sie die Treiber, die Sie priorisieren möchten.
6. Klicken Sie auf FAKTOREN PRIORISIEREN, um die Priorisierung zu starten.

Als Nächstes sehen Sie das Bild aus Abbildung 16.5.

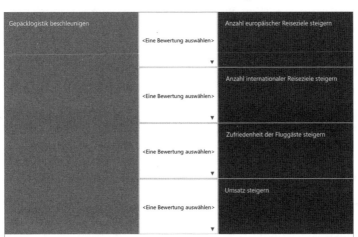

Abbildung 16.5 Treiberpriorisierung

Der erste Treiber der Liste (links) wird mit allen anderen (rechts) verglichen. Legen Sie für jedes der Elemente die Bewertung fest:

- IST VIEL WICHTIGER ALS
- IST WICHTIGER ALS
- IST WENIGER WICHTIG ALS
- IST EBENSO WICHTIG WIE
- IST VIEL WENIGER WICHTIG ALS

So wird jeder der ausgewählten Treiber mit den anderen verglichen. Anschließend klicken Sie auf PRIORITÄTEN ÜBERPRÜFEN, und die berechneten Prioritäten der Treiber werden angezeigt (siehe Abbildung 16.6).

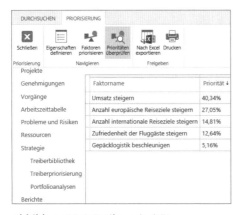

Abbildung 16.6 Treiberpriorität

Zusätzlich wird ein sogenannter *Konsistenzfaktor* berechnet. Ein niedriger Konsistenzfaktor bedeutet, dass das System eine Inkonsistenz in Ihrer Priorisierung erkannt hat. Ein Konsistenzproblem könnte z. B. aus der folgenden Priorisierung stammen:

- »Umsatz steigern« ist viel wichtiger als »Gepäcklogistik beschleunigen«.
- »Umsatz steigern« ist ebenso wichtig wie »Anzahl der europäischen Reiseziele steigern«.
- »Gepäcklogistick beschleunigen« ist wichtiger als »Anzahl der europäischen Reiseziele steigern«.

Wenn »Umsatz steigern« und »Anzahl der europäischen Reiseziele steigern« gleich wichtig sind, ist es unlogisch, dass »Gepäcklogistik beschleunigen« wichtiger ist als das eine und viel weniger wichtig als das andere. Diese unlogische Bewertung führt deswegen zu einem niedrigen Ratiowert.

Der Konsistenzfaktor hat eine Skala von 0 % bis 100 %. 100 % bedeutet eine perfekte Konsistenz in der Zielpriorisierung. Ein Konsistenzfaktor von 100 % ist nicht notwendig, bei einem zu niedrigen Wert sollten Sie jedoch Ihre Priorisierung überprüfen (siehe Abbildung 16.7).

Abbildung 16.7 Konsistenzfaktor

Eine Priorisierung können Sie global für das gesamte Unternehmen vornehmen oder pro Abteilung. So können Sie IT- und HR-Faktoren separat priorisieren. Die IT-Priorisierung können Sie dann für die Analyse von IT-Projekten einsetzen.

16.4 Projektbewertung und Auswahl

Die Portfolioanalyse ist die eigentliche Projektauswertung auf Basis der definierten Strategie. Das Ziel dieser Analyse ist, die Entscheidung zur Projektauswahl sachlich zu begründen. Das System wird nicht und soll auch nicht die Entscheidung über die Durchführung eines Projekts treffen. Es bietet nur Unterstützung bei der Entscheidungsfindung an. Über die Portfolioanalyse wird es einfacher, viele Aspekte (Kosten, Ressourcen, Priorität, Abhängigkeiten zwischen Projekten) bei der Entscheidung zu berücksichtigen. In diesem Abschnitt werden Sie am Beispiel der AIRBI GmbH lesen, wie Sie solch eine Analyse durchführen und was Sie daraus über Ihr Projektportfolio lernen können.

Heinrich Schmidt hat die endgültige Entscheidung zu den Geschäftszielen getroffen. Außerdem steht eine Reihe von Projekt-Business-Cases zur Verfügung, die endgültig genehmigt oder abgelehnt werden müssen. Reiner Sonnenschein benutzt nun die Portfolioanalyse von Microsoft Project Server als Entscheidungsgrundlage.

16.4.1 Kostenanalyse

Als erste Aufgabe werden Sie eine einfache Kostenanalyse durchführen. In diesem ersten Schritt berücksichtigen Sie noch keine Ressourcen oder Projektabhängigkeiten. Das Ziel der Kostenanalyse ist, den strategischen Wert des Portfolios im Rahmen eines gegebenen Budgets zu optimieren. Der strategische Wert des Portfolios ist in Project Server die Summe der Projektprioritäten. In den folgenden Abschnitten werden Sie in praktischen Beispielen die Kostenoptimierung umsetzen.

Voraussetzungen für die Kostenanalyse

Einige Grundvoraussetzungen sind notwendig, damit Sie eine aussagekräftige Kostenanalyse durchführen können:

- Priorisierte Geschäftsziele: Diese Voraussetzung haben wir in Abschnitt 16.3, »Definition der Unternehmensstrategie«, diskutiert. Die Kriterien für die Projektbewertung (Treiber) müssen definiert und priorisiert werden.

- Projektbewertung: Nachdem die Geschäftsziele definiert wurden, müssen die Projekte im Rahmen des Anforderungsmanagements gegenüber diesen Zielen bewertet werden, wie in Abschnitt 15.3.2, »Initiierung«, beschrieben. Diese Bewertung ist die Basis für die Projektpriorisierung. Damit können Sie die erste Frage beantworten: Welche Projekte unterstützen die Strategie der AIRBI GmbH am besten?

- Projektbudget: Um das Budget des Portfolios zu optimieren, benötigen Sie eine Kostenschätzung für die einzelnen Projekte. Diese Kostenschätzung wird im Rahmen des Anforderungsmanagements in Projektkostenfeldern gepflegt. Diese Kostenfelder existieren nach der Installation von Microsoft Project Server noch nicht, sie müssen erst eingerichtet werden. Wie Sie benutzerdefinierte Felder erstellen, wird in Abschnitt 20.2.1, »Benutzerdefinierte Enterprise-Felder und -Nachschlagetabellen«, beschrieben. Bei der AIRBI GmbH wurde einfach ein Kostenfeld mit dem Namen »Gesamtkosten« eingerichtet. Theoretisch können Sie auch mehrere Felder erstellen (z. B. »Investitionskosten« und »Sonstige Kosten«, falls Sie unterschiedliche Budgets pro Kostenart haben). Nachdem die Felder erstellt wurden, muss für jedes Projekt ein Wert eingetragen werden. Diese Kostenschätzung findet in der Regel im Rahmen des Anforderungsprozesses statt: Das

Feld wird einem Formular (Projektdetailseite) hinzugefügt und durch den Projektleiter gepflegt.

Bei der AIRBI GmbH wurden schon alle Projekte im Rahmen des Anforderungsmanagement-Prozesses mit Kosten und Bewertungen versehen, wie Sie es in Kapitel 15, »Anforderungsmanagement«, am Beispiel des Projekts »Flughafenhotel« erfahren haben.

Einrichtung der Analyse

Alle Analysen bearbeiten Sie in der Project Web App unter PORTFOLIOANALYSEN. Diesen Punkt erreichen Sie über das Schnellstartmenü:

1. Klicken Sie dann auf NEU, um eine neue Analyse zu starten.
2. Geben Sie der Analyse einen aussagekräftigen Namen, z. B. »Portfolioanalyse 2016 – Kosten« (siehe Abbildung 16.8). Unter PRIORISIERUNGSTYP wählen Sie PROJEKTE MITHILFE VON BUSINESS-TREIBERN PRIORISIEREN. Sie können eine schon vorhandene Priorisierung der Geschäftsziele auswählen. In unserem Fall ist die abgestimmte Priorisierung AIRBI STRATEGIE 2016 relevant.

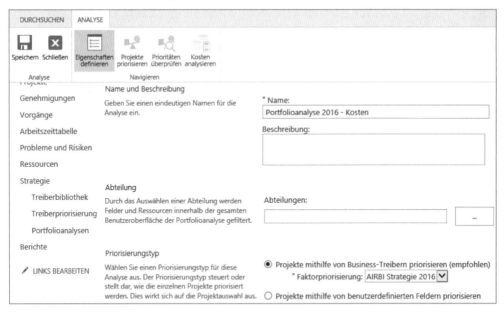

Abbildung 16.8 Eigenschaften der Kostenanalyse

Direkt darunter sehen Sie die Schaltfläche AUSGEWÄHLTE PROJEKTE. Im Moment sind keine Projekte in der Analyse enthalten. Klicken Sie auf diese Schaltfläche, um die zu analysierenden Projekte auszuwählen. Sie sehen die Liste aller Projekte in der Datenbank (siehe Abbildung 16.9). Wählen Sie die gewünschten Projekte aus.

16.4 Projektbewertung und Auswahl

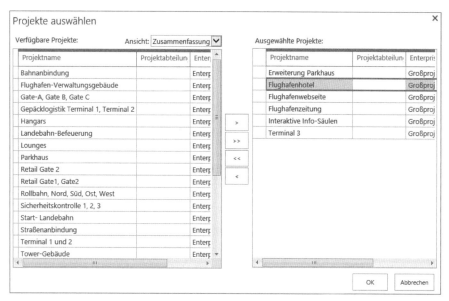

Abbildung 16.9 Auswahl der Projekte

> **Projektliste filtern**
>
> Im Dropdown-Menü über der Projektliste können Sie eine ANSICHT auswählen. Bei der AIRBI GmbH wurde eine gefilterte Ansicht bereitgestellt, die nur die Projekte anbietet, die analysiert werden sollen. So muss Reiner Sonnenschein nicht lange die Projekte suchen, die er analysieren will. Es ist sinnvoll, hier gefilterte Ansichten bereitzustellen. Der Filter kann auf einer beliebigen Projekteigenschaft basieren, z. B. dem Projekttyp, der Abteilung oder einem Workflow-Zustand. Wie Sie Ansichten konfigurieren, lesen Sie in Abschnitt 20.4.1, »Ansichten verwalten«.

3. Unter PRIMÄRE KOSTENEINSCHRÄNKUNG FÜR DIE ANALYSE können Sie aus allen Projektkostenfeldern auswählen. Benutzen Sie das benutzerdefinierte Feld GESAMTKOSTEN.

4. In diesem Schritt analysieren Sie keine Ressourceninformationen, sondern befassen sich nur mit Kosten. Verändern Sie daher die übrigen Optionen nicht, und klicken Sie unten rechts auf PROJEKTE PRIORISIEREN.

Projektpriorisierung

Der erste Schritt Ihrer Analyse ist die Projektpriorisierung. Hier verwenden Sie die priorisierten Treiber, die Sie bereits in Abschnitt 16.3, »Definition der Unternehmensstrategie«, festgelegt haben, für die Projektbewertung. Es wird eine Entscheidungsmatrix eingesetzt, um diese Bewertung intuitiver zu gestalten. Die Projekte wurden bereits während des Projektanforderungsprozesses hinsichtlich der definierten Treiber der Unternehmensstrategie bewertet. Sie können hier diese Bewertung überprüfen und gegebenenfalls bearbeiten.

Projekte/Faktoren ↑	Anzahl europäische Reiseziele st	Anzahl internationale Reiseziele s	Gepäcklogistik beschleunigen	Umsatz steigern
Erweiterung Parkhaus	Mittel	Mittel	Keine	Mittel
Flughafenhotel	Mittel	Stark	Keine	Mittel
Flughafenwebseite	Niedrig	Niedrig	Keine	Niedrig
Flughafenzeitung	Keine	Keine	Keine	Niedrig
Interaktive Info-Säulen	Keine	Keine	Keine	Keine
Terminal 3	Stark	Stark	Niedrig	Mittel

Abbildung 16.10 Priorisierungsmatrix

Zum Beispiel: Beim Bau eines Flughafenhotels wird erwartet, dass der Transfer von Fluggästen aus internationalen Reisezielen vereinfacht wird. Den Treiber »Anzahl internationale Reiseziele steigern« bewerten Sie mit »Stark« (siehe Abbildung 16.10).

Nach der Eingabe klicken Sie auf PRIORITÄTEN ÜBERPRÜFEN.

Bearbeitungen in der Analyse

Die Bearbeitung, die Sie eventuell an der Projektbewertung vorgenommen haben, wirkt sich nur auf diese Analyse aus. Bei einer weiteren Analyse werden wieder die Bewertungen geladen, die im *Projekt-Business-Case* dokumentiert wurden. Falls eine Projektbewertung tatsächlich nicht stimmen sollte, ist die richtige Vorgehensweise, das Projekt über das PROJECT CENTER zu öffnen und zu bearbeiten.

Das System berechnet nun eine Priorität für alle Projekte. Die Summe dieser Prioritäten für das Gesamtportfolio ist immer 100 %. Falls Sie gerne diese Priorisierung erneut bearbeiten möchten, klicken Sie auf PROJEKT PRIORISIEREN, um zur Entscheidungsmatrix zurückzukehren. Wenn Sie mit der berechneten Priorisierung der Projekte einverstanden sind, klicken Sie auf KOSTEN ANALYSIEREN, um die Kostenanalyse zu starten.

Erstes Szenario

Die Oberfläche der Kostenanalyse ist in drei Bereiche unterteilt (Abbildung 16.11):

- PROJEKTE: In diesem Bereich sehen Sie die zu analysierenden Projekte aufgelistet (siehe Abbildung 16.12). Standardmäßig sind alle Projekte zunächst ausgewählt. Zusätzlich zu dem Projektnamen sehen Sie einige Grundinformationen zum Projekt, u. a. die Priorität und die Gesamtkosten. Vorhin haben Sie das Feld GESAMTKOSTEN unter PRIMÄRE KOSTENEINSCHRÄNKUNG FÜR DIE ANALYSE ausgewählt. Die Kosten, die in diesem Feld eingetragen sind, sind jetzt Basis für die Analyse und werden deshalb hier angezeigt. Diese Tabelle ist eine Microsoft-Web-App-

Ansicht und kann über die Servereinstellungen angepasst werden (siehe Abschnitt 20.4.1, »Ansichten verwalten«).

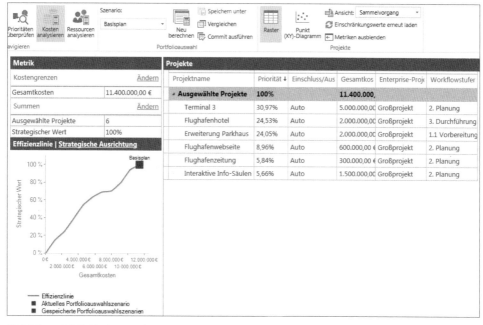

Abbildung 16.11 Kostenanalyse

Projekte					
Projektname	Priorität ↓	Einschluss/Aus	Gesamtkosten	Enterprise-Proj	Workflowstufer
▲ **Ausgewählte Projekte**	**100%**		**11.400.000,00 €**		
Terminal 3	30,97%	Auto	5.000.000,00 €	Großprojekt	1. Initiierung
Flughafenhotel	24,53%	Auto	2.000.000,00 €	Großprojekt	1. Initiierung
Erweiterung Parkhaus	24,05%	Auto	2.000.000,00 €	Großprojekt	1. Initiierung
Flughafenwebseite	8,96%	Auto	600.000,00 €	Großprojekt	1. Initiierung
Flughafenzeitung	5,84%	Auto	300.000,00 €	Großprojekt	1. Initiierung
Interaktive Info-Säulen	5,66%	Auto	1.500.000,00 €	Großprojekt	1. Initiierung

Abbildung 16.12 Tabelle »Projekte«

- METRIK: Hier sehen Sie zusammengefasste Daten zum gesamten Portfolio. Unter KOSTENGRENZEN steht die Summe der GESAMTKOSTEN, die sich aus den für jedes einzelne Projekt der ausgewählten Projektsammlung angegebenen Kosten ergibt.

- DIAGRAMME: Zwei Standarddiagramme werden hier angezeigt, die EFFIZIENZLINIE und die STRATEGISCHE AUSRICHTUNG (siehe Abbildung 16.13). Welche Informationen Sie diesen Diagrammen entnehmen können, lernen Sie später in diesem Abschnitt.

Abbildung 16.13 Effizienzlinie

In der Tabelle METRIK sehen Sie die wichtigen Kennzahlen zum Portfolio, hier das Portfolio der AIRBI GmbH für das Jahr 2016. Unter KOSTENGRENZEN wird Ihnen die Summe der Gesamtkosten angezeigt. Diese bildet das Budget, das Reiner Sonnenschein benötigt, um das gesamte Projektportfolio zu realisieren: hier 11.400.000,00 €. Direkt darunter, unter SUMMEN, sehen Sie, welche Anzahl Projekte er mit diesem Budget verwirklichen und welchen strategischen Wert er damit erzielen kann. Der strategische Wert ist die Summe der Priorität aller ausgewählten Projekte. Jetzt sind noch alle sechs Projekte ausgewählt, also kann er 100 % des Portfoliowertes realisieren.

> **»Metrik«-Tabelle bearbeiten**
>
> Es ist möglich, in der METRIK-Tabelle weitere Projektwerte darzustellen. Dafür klicken Sie einfach auf ÄNDERN und wählen das gewünschte Feld aus der Liste.
>
> Falls Sie eine weitere Kostengrenze hinzufügen, können Sie unterteilte Projektkosten während der Analyse berücksichtigen (z. B. »Investitionskosten« und »Dienstleistungskosten« statt nur »Gesamtkosten«). Natürlich müssen dafür vorher diese benutzerdefinierten Felder im System konfiguriert und für die entsprechenden Projekte gefüllt werden.

Dieses Grundszenario, in dem alle Projekte ausgewählt sind, wird von Microsoft Project Server unter dem Namen *Basisplan* gespeichert. Dieser Basisplan hat mit dem Basisplan, den Sie innerhalb eines Projektplans verwalten, nichts zu tun. Es ist einfach ein Grundstatus. Im Laufe der Analyse werden Sie unterschiedliche Szenarien abspielen, Projekte werden aus der Sammlung ausgewählter Projekte aus- und wieder eingeschlossen, aber Sie können immer auf den Grundstatus Ihrer Daten zurückkehren, indem Sie den BASISPLAN auswählen.

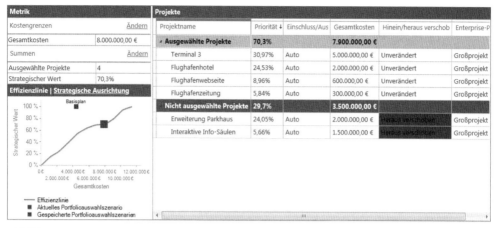

Abbildung 16.14 Erstes Szenario

Gehen Sie davon aus, dass Reiner Sonnenschein insgesamt über ein Budget von 8.000.000,00 € für seine Projekte verfügt. Mit diesem Wert überschreiben Sie die Summe neben GESAMTKOSTEN, dann klicken Sie auf NEU BERECHNEN. Da dieses Budget nicht ausreichend ist, um alle Projekte durchzuführen, hat das System einen Teil der Projekte ausgeschlossen. Als Ergebnis sehen Sie nun diese ausgeschlossenen Projekte unter NICHT AUSGEWÄHLTE PROJEKTE (siehe Abbildung 16.14). Unter SUMMEN sehen Sie das Ergebnis des strategischen Wertes, das mit diesem neu berechneten Portfolio erreicht werden kann.

Das Ergebnis für die Flughafengesellschaft AIRBI GmbH ist folgendes:

- Die Projekte »Erweiterung Parkhaus« und »Interaktive Info-Säulen« sind jetzt ausgeschlossen.
- Vier Projekte werden realisiert und ergeben einen STRATEGISCHEN WERT von 70,3 %. Das ist die Summe der Prioritäten der vier ausgewählten Projekte.

Wie hat Microsoft Project Server entschieden, genau diese Projekte auszuschließen? Es kann verwirren, dass ein so wichtiges Projekt wie »Erweiterung Parkhaus« (Priorität 24,05 %) ausgeschlossen wurde, während die Flughafenzeitung immer noch in der Liste der ausgewählten Projekte steht (5,84 %). Der Algorithmus betrachtet zwei Kriterien:

- Die Sammlung der ausgewählten Projekte muss innerhalb der eingetragenen Kostengrenze bleiben.
- Die Gesamtsumme des strategischen Wertes (Priorität) muss so hoch wie möglich sein.

Projekte, die eine hohe Priorität haben, können ausgeschlossen werden, falls sie zu viel Geld kosten und die Durchführung von anderen hoch priorisierten Projekten verhindern. »Erweiterung Parkhaus« ist mit 2.000.000,00 € sehr teuer im Vergleich zu anderen Projekten.

Klicken Sie auf SPEICHERN UNTER, um dieses erste Szenario zu speichern. Jetzt können Sie weiterarbeiten und später zu diesem Szenario zurückkehren. Nennen Sie das Szenario so, dass Sie es später wiedererkennen können, z. B.: »Budget 8.000.000,00 €«.

Was-wäre-wenn-Szenarien

Das Grundprinzip der Portfolioanalyse ist, dass Sie beliebige Szenarien durchspielen können. Diese Szenarien können Sie dann miteinander vergleichen, um eine umfassende Entscheidungsgrundlage zu schaffen. Wir haben gerade ein erstes Szenario für Reiner Sonnenschein durchgespielt: Was wäre, wenn Reiner Sonnenschein ein Budget von 8.000.000,00 € hätte? Sie können auch andere Arten von Szenarien erstellen.

In unserem ersten Beispiel wurde u. a. das Projekt »Erweiterung Parkhaus« aus der Auswahl ausgeschlossen. Reiner Sonnenschein ist mit diesem Szenario eher unzufrieden. Das Projekt »Erweiterung Parkhaus« ist ihm wichtig, auch wenn es teuer ist. Bevor er eine endgültige Entscheidung trifft, möchte er sein Portfolio weiter analysieren. Dafür wird er ein zweites Szenario durchspielen: Was wäre, wenn ich das Projekt »Erweiterung Parkhaus« doch genehmigen würde?

Benutzen Sie für dieses Szenario die Spalte EINSCHLUSS/AUSSCHLUSS ERZWINGEN. Diese Spalte befindet sich direkt neben der Priorität in der Projektliste. Der Wert steht standardmäßig auf AUTO. Das bedeutet, dass der Algorithmus über den Einschluss oder Ausschluss von Projekten entscheidet. Sie können diesen Wert direkt in der Tabelle auf EINSCHLUSS ERZWUNGEN oder AUSSCHLUSS ERZWUNGEN ändern (siehe Abbildung 16.15). Damit bestimmen Sie manuell, ob ein Projekt ausgewählt wird oder nicht. Dann klicken Sie erneut auf NEU BERECHNEN.

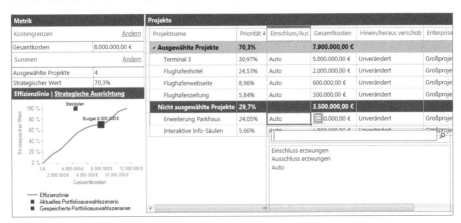

Abbildung 16.15 Einschluss erzwingen

16.4 Projektbewertung und Auswahl

Um diese neue Einschränkung zu berücksichtigen, wird der Algorithmus ein neues Portfolio errechnen. Wenn Sie den Einschluss eines Projekts erzwingen, werden andere Projekte ausgeschlossen, um innerhalb der Kostengrenze zu bleiben. Falls ein Projekt unbedingt durchgeführt werden muss, z. B. aus gesetzlichen Gründen, können Sie so die Konsequenzen für das gesamte Projektportfolio erkennen.

Das Ergebnis ist schnell zu sehen: Statt des Projekts »Erweiterung Parkhaus« wurde jetzt das Flughafenhotel ausgeschlossen (siehe Abbildung 16.16). Dieses zweite Szenario speichern Sie ebenso, dieses Mal unter dem Namen »Budget 8.000.000 € mit Pflichtprojekt«.

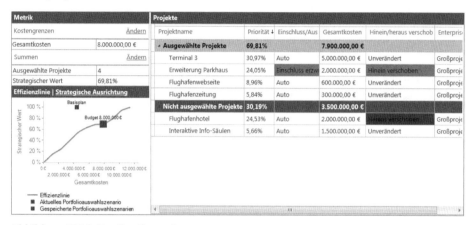

Abbildung 16.16 Zweites Szenario

Reiner Sonnenschein ist mit dem Szenario, das ihm von Microsoft Project Server vorgeschlagen wurde, noch immer nicht ganz zufrieden. Wie würde das Szenario aussehen, wenn die Erweiterung des Parkhauses gar nicht so viel kosten würde? Das Budget kann man vielleicht reduzieren. Spielen Sie diese Variante als drittes Szenario für Reiner Sonnenschein durch.

In der Spalte Gesamtkosten überschreiben Sie das Budget für das Projekt »Erweiterung Parkhaus«. Es soll in diesem Szenario nur 1.000.000,00 € kosten. Dann klicken Sie auf Neu berechnen.

In diesem Fall sind wieder zwei Projekte ausgeschlossen, mit einem strategischen Gesamtwert von 79,55 %. Das Projekt »Flughafenhotel« ist wieder in der Auswahl enthalten. Reiner Sonnenschein ist mit diesem Szenario zwar zufrieden, er muss jedoch noch klären, ob die Reduzierung des Projektbudgets für die Erweiterung des Parkhauses realistisch ist. In intensiven Diskussionen mit seinem Projektleiter stellt sich heraus, dass das Projekt »Erweiterung Parkhaus« ein Mindestbudget von 1.500.000 € benötigt.

Um dennoch sein Wunschportfolio umsetzen zu können, erhöht Reiner Sonnenschein das Gesamtbudget auf 8.500.000 €. Spielen Sie dies als viertes Szenario durch:

Setzen Sie die Kosten von »Erweiterung Parkhaus« auf 1.500.000,00 €, und tragen Sie 8.500.000,00 € als Gesamtkosten ein, dann klicken Sie auf Neu berechnen. »Erweiterung Parkhaus« bleibt weiterhin in der Auswahlliste, dieses Mal mit höheren Kosten. »Flughafenzeitung« und »Interaktive Info-Säulen« sind in der Liste der abgelehnten Projekte. In 2016 reicht das Gesamtbudget nicht aus, um diese Projekte durchzuführen. Vielleicht können sie später durchgeführt werden.

Bearbeitung der Kosten während der Analyse

Wenn Sie die Kosten des Projekts »Erweiterung Parkhaus« in der Tabelle überschreiben, überschreiben Sie nicht die Daten, die vom Projektleiter erfasst worden sind. In der Datenbank von Microsoft Project Server stehen immer noch als Gesamtkosten für dieses Projekt 2.000.000 €. Der Wert von 1.500.000 € ist nur in dieser Was-wäre-wenn-Analyse gespeichert. Falls Sie sich tatsächlich entscheiden, diese Projektkosten zu ändern, müssen Sie dafür das Projekt über das Project Center oder Microsoft Project Professional öffnen und bearbeiten.

Effizienzlinie

Nachdem Sie dieses letzte Szenario gespeichert haben, schauen Sie sich das Diagramm in der linken Ecke an: Es heißt Effizienzlinie (siehe Abbildung 16.17). Dort werden alle Szenarien dargestellt, die Sie während der Analyse gespeichert haben. Dieses Diagramm vergleicht den strategischen Gesamtwert (die Summe der Projektprioritäten) und die Gesamtkosten.

Abbildung 16.17 Effizienzlinie

Die Effizienzlinie zeigt, welchen strategischen Gesamtwert Sie in festgelegten Budgetgrenzen mit Ihrem Portfolio erreichen, wenn die Auswahl der Projekte optimal gestaltet ist. Zum Beispiel können Sie mit 8.000.000,00 € maximal einen strategischen Gesamtwert von 70,3 % erreichen, wie Sie es schon simuliert haben. Solange Ihr Szenario sich auf der Effizienzlinie befindet, wissen Sie, dass Sie den maximalen Wert für Ihr Budget erhalten.

Zwei Gründe können dazu führen, dass Sie sich von der Effizienzlinie entfernen, also ein weniger optimales Ergebnis erzielen, als dies möglich wäre:

- die Nutzung der Funktion EINSCHLUSS ERZWUNGEN/AUSSCHLUSS ERZWUNGEN
- Projektabhängigkeiten (siehe dazu Abschnitt 16.4.3, »Mit Projektabhängigkeiten arbeiten«)

In Abbildung 16.17 können Sie erkennen, dass das Szenario »Budget 8.000.000,00 € mit Pflichtprojekt« unter der Effizienzlinie liegt. In diesem Szenario haben Sie das Projekt »Erweiterung Parkhaus« als Pflichtprojekt markiert, obwohl Project Server empfohlen hatte, dieses Projekt nicht durchzuführen. Dies hat dazu geführt, dass ein niedrigerer strategischer Wert im Rahmen desselben Budgets von 8.000.000,00 € erreicht wurde (dieses Mal nur 69,81 %). Je weiter Sie sich von der Effizienzlinie entfernen, desto teurer werden die Szenarien bei einem niedrigeren Nutzen.

Strategische Ausrichtung

Auf demselben Diagramm klicken Sie auf die Überschrift STRATEGISCHE AUSRICHTUNG, um eine zweite Abbildung anzuzeigen (siehe Abbildung 16.18).

Abbildung 16.18 Strategische Ausrichtung

Dieses Diagramm vergleicht die Priorität der Treiber (Treibergewicht) mit der Verteilung der Projektkosten zu diesen Treibern. Die Projektkosten werden auf Basis der Projektbewertung verteilt, wie exemplarisch in Tabelle 16.1 dargestellt.

	Treiber 1	Treiber 2
Projekt 1 (100 €)	Stark (100 €)	Keine (0 €)
Projekt 2 (100 €)	Mittel (50 €)	Mittel (50 €)
Gesamtkosten	150 €	50 €

Tabelle 16.1 Berechnung der strategischen Ausrichtung

16 Portfoliomanagement

Das Projekt 1 hat eine starke Auswirkung auf den Treiber 1 und keine Auswirkung auf den Treiber 2. Die 100 €, die für das Projekt 1 investiert werden, werden in der Tat für den Treiber 1 investiert. Das Projekt 2 dagegen hat eine mittlere Wirkung auf beide Treiber. Die 100 € des Projekts 2 werden gleichmäßig auf beide Treiber verteilt. Die Verteilung der Kosten ist für das Gesamtportfolio 150 € auf Treiber 1 und 50 € auf Treiber 2.

An der Verteilung der Kosten auf einen Treiber können Sie erkennen, wie viel im Gesamtportfolio für ein bestimmtes Geschäftsziel investiert wird. Wenn die Gesamtkosten eines Treibers sein Gewicht deutlich übersteigen, ist dies ein Indiz dafür, dass Sie für dieses Geschäftsziel im Vergleich zu anderen Geschäftszielen zu viel Geld investieren.

In Abbildung 16.18 sehen Sie, dass für den Treiber »Fluggäste-Zufriedenheit steigern« viel Budget investiert wird. Beim Treiber »Gepäcklogistik beschleunigen« ist dagegen eher zu wenig Budget geplant. Mag sein, dass alle betroffenen Projekte eine hohe Priorität haben, aber es gibt nicht genug Projekte, die das Thema Gepäcklogistik fördern. Möglicherweise fehlen einfach passende Ideen in diesem Bereich. Mithilfe des Diagramms STRATEGISCHE AUSRICHTUNG überprüfen Sie, ob Sie wirklich in allen Bereichen investieren, die am Anfang als strategisch wichtig definiert worden sind.

Punkt-Diagramm

Das Punkt-Diagramm bietet eine grafische Übersicht über alle Projekte. Klicken Sie im Menü auf PUNKT (XY)-DIAGRAMM, um das Diagramm anzuzeigen (siehe Abbildung 16.19).

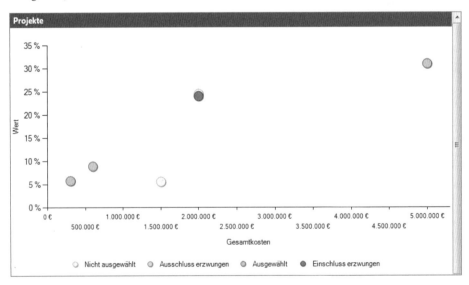

Abbildung 16.19 Punkt-Diagramm

Die Projekte werden in Bezug auf Wert (Priorität) und Kosten positioniert. Je weiter ein Projekt oben links steht, desto besser. Dort sind die Projekte mit niedrigen Kosten und hoher Priorität angesiedelt. Die ausgewählten Projekte sind in Grün dargestellt. Wenn Sie mit dem Mauszeiger über einen der Punkte fahren, werden Projektname und Grunddaten angezeigt.

Deutlich zu erkennen ist hier das Projekt »Terminal 3« mit höheren Kosten als alle anderen Projekte.

Finale Entscheidung

Sie können eine beliebige Anzahl von Was-wäre-wenn-Szenarien simulieren und speichern. Für das Portfolio der AIRBI GmbH haben Sie schon drei Szenarien generiert. Eine Übersicht über die Ergebnisse kann Ihnen ein Bericht liefern, der alle gespeicherten Szenarien zusammenführt und vergleicht. Klicken Sie im Menü auf VERGLEICHEN. Ein Bericht mit den folgenden Daten wird generiert (siehe Abbildung 16.20):

- METRIKEN VERGLEICHEN: Dort werden alle Werte aus dem Bereich METRIK für alle Szenarien verglichen: Anzahl der ausgewählten Projekte, strategischer Wert und Kosteneinschränkungen.
- PROJEKTAUSWAHL VERGLEICHEN: Für jedes Projekt können Sie hier feststellen, in welchen Szenarien es ausgewählt wurde und in welchen Szenarien nicht.
- EFFIZIENZLINIE: Das Diagramm wurde in diesem Abschnitt bereits beschrieben.

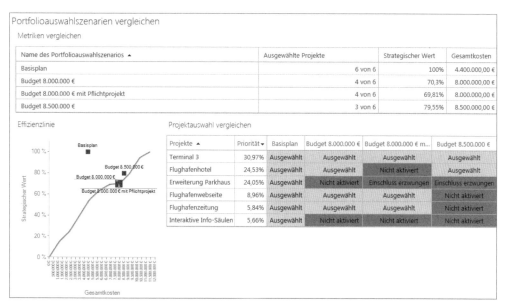

Abbildung 16.20 Szenarien vergleichen

Diesen Bericht können Sie vollständig nach Microsoft Excel exportieren.

Nach einem letzten Blick auf die Analyse muss nun die finale Entscheidung über das Projektportfolio getroffen werden. Bei der AIRBI GmbH haben sich Reiner Sonnenschein und Heinrich Schmidt gemeinsam für das Szenario »Budget 8.500.000,00 €« entschieden. Um diese Entscheidung in Microsoft Project Server zu bestätigen, kehren Sie in die Portfolioanalyse zurück:

- Wählen Sie im Menü unter SZENARIO das gewünschte Szenario aus.
- Klicken Sie auf die Schaltfläche COMMIT AUSFÜHREN, um das Szenario zu bestätigen.

Bisher waren alle Szenarien nur Simulationen, die keine Auswirkung auf die Projektdaten haben. Über die Schaltfläche COMMIT AUSFÜHREN starten Sie das Schreiben der Entscheidungsdaten in die Project-Server-Datenbank. Folgende Daten werden geschrieben:

- Das Feld ZUGESICHERTE PORTFOLIOAUSWAHLENTSCHEIDUNG (KOSTEN) enthält die Auswahlentscheidung für das Projekt nach der Kostenanalyse. Mögliche Werte sind:
    - AUSGEWÄHLT
    - NICHT AKTIVIERT
    - EINSCHLUSS ERZWINGEN
    - AUSSCHLUSS ERZWINGEN
- Das Feld ZUGESICHERTES DATUM FÜR DIE PORTFOLIOAUSWAHLENTSCHEIDUNG (KOSTEN) enthält das Datum der Entscheidung.

> **Ansichten**
> Diese zwei Informationen können in Project-Center-Ansichten oder in Projektdetailseiten angezeigt und zudem in Berichten genutzt werden. Mehr dazu erfahren Sie in Abschnitt 20.4.1, »Ansichten verwalten«.

Die Schaltfläche COMMIT AUSFÜHREN kann auch je nach Konfiguration einen Workflow auslösen, z. B. alle genehmigten Projekte zur nächsten Workflowstufe senden. Bei der AIRBI GmbH werden alle in der Portfolioanalyse genehmigten Projekte zur Stufe »Planung« geschickt.

Mit diesem letzten Schritt ist die Kostenanalyse abgeschlossen. Reiner Sonnenschein hat nun eine Kosten-Nutzen-Analyse des Projektportfolios der AIRBI GmbH. Für eine vollständige Portfolioanalyse sind jedoch noch folgende Fragen zu klären:

- Welche fachlichen Abhängigkeiten existieren zwischen den Projekten?
- Sind ausreichend Ressourcen verfügbar, um diese Projekte durchzuführen?

16.4.2 Ressourcenanalyse

In der Ressourcenanalyse in Microsoft Project Server können Sie Ihr Projektportfolio hinsichtlich der Ressourcenbedarfe untersuchen.

Im vorigen Abschnitt haben Sie das Portfolio mit Blick auf die Kosten bewertet. Sie werden jetzt eine weitere Analyse durchführen, die auch die Ressourcenplanung betrachten wird. Sie bewegen sich wieder im Beispiel der AIRBI GmbH, in der Reiner Sonnenschein den Ressourcenbedarf bei der Portfolioplanung berücksichtigen muss. Wie Sie es sicher aus der Praxis kennen, hängt auch hier die Realisierung von Projekten nicht nur davon ab, ob genügend finanzielle Mittel zur Verfügung stehen, sondern gleichfalls davon, ob genügend Personal vorhanden ist.

Die Ressourcenanalyse, genau wie die Kostenoptimierung, vergleicht Bedarf und verfügbare Mittel unter Berücksichtigung der Projektpriorität. Die Ressourcenanalyse wird immer nach der Kostenanalyse durchgeführt und betrachtet nur die Projekte, die nach der Kostenanalyse in der Auswahlliste stehen. Sie vergleicht die Ressourcenplanung der einzelnen Projekte mit der Anzahl der Ressourcen, die im Ressourcenpool vorhanden sind.

Dieser Vergleich erfolgt auf Rollenebene. Eine *Rolle* ist eine Ressourcenkategorie, die für die Planung auf hoher Ebene benutzt wird. Es ist für die Jahresplanung von Reiner Sonnenschein nicht relevant, ob Livia Galeazzi oder Andrea Schlüter in diesem Projekt arbeiten werden oder ob sie verfügbar sind. Dies ist für die Portfolioplanung schon viel zu detailliert. Viel wichtiger ist, ob Sie einen Projektleiter oder drei Architekten brauchen und ob Sie tatsächlich über die geforderte Anzahl Ressourcen mit dieser Qualifikation verfügen.

Voraussetzungen für die Ressourcenanalyse

Genau wie bei der Kostenanalyse sind bestimmte Grunddaten unbedingt notwendig für die Durchführung der Ressourcenanalyse. Die Analyse vergleicht Ressourcenbedarf und -verfügbarkeit auf Rollenebene. Deswegen sind die folgenden Voreinstellungen notwendig:

- Für die Ressourcenverfügbarkeit auf Rollenebene:
    - Ressourcenrollen müssen konfiguriert werden. Dafür ist ein Auswahlfeld notwendig, welches Ihre Ressourcen kategorisiert. Dieses Feld wird, wie in Abschnitt 20.2.1, »Benutzerdefinierte Enterprise-Felder und -Nachschlagetabellen«, beschrieben, konfiguriert und mit einer Auswahlliste versehen. Es kann genannt werden, wie Sie möchten, z. B. »Skill« oder »Gruppe«. Bei der AIRBI GmbH heißt das Feld einfach ROLLE.
    - Alle Ressourcen müssen einer Rolle zugeordnet werden. Eine Mehrfachzuordnung zu verschiedenen Rollen ist nicht möglich. Project Server benutzt die Zu-

ordnung der Ressourcen zu Rollen, um die Verfügbarkeit der Rolle zu berechnen. Zum Beispiel arbeiten bei der AIRBI GmbH zwei Personen als Innenarchitekten: Livia Galeazzi und Andrea Schlüter. Die Gesamtverfügbarkeit für die Rolle »Innenarchitekt« ist also die Verfügbarkeit von Livia Galeazzi plus die Verfügbarkeit von Andrea Schlüter. Wenn Andrea Schlüter gleichzeitig die Rolle »Innenarchitekt« und die Rolle »Projektleiter« hätte, könnte Project Server ihre Verfügbarkeit nicht eindeutig einer der beiden Rollen zuordnen. Daher ist die Mehrfachzuordnung ausgeschlossen.

- Für jede Ressource muss die Ressourcenverfügbarkeit eingestellt werden. Eine detaillierte Planung der Verfügbarkeit ist für die Jahresplanung nicht notwendig. Arbeitet jedoch beispielsweise ein Drittel der Ressourcen nur Teilzeit, kann dies für die Planung durchaus relevant sein. Wenn im Juli zwei Ihrer drei Projektleiter in Urlaub sind, kann das natürlich auch relevant sein. Wie die Ressourcenverfügbarkeit berechnet und eingestellt wird, lesen Sie in Abschnitt 12.1.3, »Ressourcenverfügbarkeit«.

Ressourcendaten vorbereiten

Die Zuordnung der Ressourcen zu einer Rolle erfolgt im RESSOURCENCENTER, wo Sie auch jede andere Ressourceneigenschaft (Abteilung, Stundensatz usw.) bearbeiten können. Mehr über die Verwaltung von Ressourceninformationen erfahren Sie in Abschnitt 12.1.2, »Ressourcenpool bearbeiten«.

▶ Für den Ressourcenbedarf auf Rollenebene:
- Die Ressourcenanalyse kann natürlich nur sinnvoll durchgeführt werden, wenn für jedes Projekt der Ressourcenbedarf geplant wurde. Die Ressourcenplanung kann entweder im Ressourcenplan erstellt werden (siehe Abschnitt 15.3.2, »Initiierung«) oder direkt im Projektplan (siehe Abschnitt 6.1, »Arbeiten mit Ressourcen (Einführung)«). Genau wie bei der Verfügbarkeit wird der Ressourcenbedarf in der Analyse pro Rolle aggregiert. Dies gilt nicht nur für die Projekte, die Sie analysieren. Auch andere Projekte werden in der Ressourcenanalyse berücksichtigt. Dabei unterscheidet Project Server zwischen zugesicherten und vorgesehenen Ressourcenzuordnungen. Eine Ressourcenzuordnung, die als ZUGESICHERT gekennzeichnet ist, wird als genehmigt betrachtet und immer berücksichtigt. Das kann z. B. bei Projekten zutreffen, die bereits laufen. Es ist daher wichtig, dass der Buchungstyp ZUGESICHERT oder VORGESEHEN je nach Notwendigkeit ausgewählt ist. Mehr zum Buchungstyp lernen Sie in Abschnitt 12.2.2, »Buchungstyp«.

Planung mit generischen Ressourcen

Generische Ressourcen werden genau wie normale Personenressourcen Rollen zugeordnet. Falls Sie eine generische Ressource für die Ressourcenplanung verwenden, werden die geplanten Aufwände auf die Rolle aggregiert. Allerdings werden generische Ressourcen bei der Berechnung der Verfügbarkeit nicht berücksichtigt.

Hierzu ein Beispiel: Der Rolle »Innenarchitekt« sind drei Ressourcen zugeordnet: Livia Galeazzi, Andrea Schlüter und die generische Ressource »Innenarchitekt«. Der Projektleiter kann für seine Grobplanung die generische Ressource »Innenarchitekt« verwenden. Die Zuordnungen aller drei Ressourcen werden auf die Rolle »Innenarchitekt« aggregiert. Bei der Berechnung der Verfügbarkeit rechnet Project Server allerdings nur zwei Ressourcen. Die generische Ressource dient nur als Platzhalter und soll nicht die Gesamtverfügbarkeit der Rolle »Innenarchitekt« erhöhen. Das macht die Portfolioanalyse automatisch auch dann, wenn Sie die generische Ressource mit einer Verfügbarkeit von 200 % definiert haben.

Ressourcenanalyse einstellen

Erstellen Sie eine neue Analyse, die auch die Ressourcenplanung berücksichtigt:

1. In PORTFOLIOANALYSEN klicken Sie auf NEU.
2. Geben Sie der Analyse einen aussagekräftigen Namen, wie z. B. »Portfolioanalyse 2016 – Kosten und Ressourcen«.
3. Unter PRIORISIERUNGSTYP wählen Sie PROJEKTE MITHILFE VON BUSINESS-TREIBERN PRIORISIEREN.
4. Die Liste der ausgewählten Projekte füllen Sie, genau wie Sie es schon im vorigen Abschnitt für die Kostenanalyse gemacht haben. Ebenso wählen Sie ein Projektkostenfeld als PRIMÄRE KOSTENEINSCHRÄNKUNG FÜR DIE ANALYSE aus, z. B. GESAMTKOSTEN.
5. Im Unterschied zur ersten Analyse setzen Sie einen Haken bei RESSOURCENPLANUNG MIT ZEITPHASEN. Dadurch legen Sie fest, dass Sie bei dieser Analyse nicht nur Kosten, sondern auch Ressourcen berücksichtigen wollen.
6. Unter PLANUNG VON HORIZONT UND GRANULARITÄT wird die Zeitperiode eingegeben, für die Sie die Ressourcenplanung durchführen möchten: in unserem Fall für das Jahr 2016 (siehe Abbildung 16.21). Außerdem wählen Sie die Granularität KALENDERMONAT aus. Die Ressourcenverfügbarkeit wird damit auf Monatsebene geprüft. Alternativ kann Project Server die Verfügbarkeit auf Quartalsebene berechnen.

Planungshorizont

Die Wahl für Planungshorizont und Granularität sind von der Organisation und der Projektart abhängig. Je nach Portfolio können Sie einen Planungshorizont von einem Jahr auf Monatsebene wählen oder z. B. eine Planung über fünf Jahre auf Quartalsebene. Als Faustregel gilt: Je kürzer die Regeldauer der Projekte, desto geringer kann der Planungshorizont und desto höher die Granularität gewählt werden.

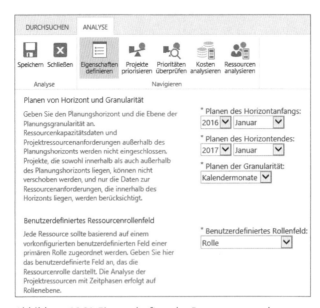

Abbildung 16.21 Eigenschaften der Ressourcenanalyse

7. Unter BENUTZERDEFINIERTES ROLLENFELD bestimmen Sie, welches Ressourcenfeld für die Verteilung der Ressourcen in Rollen genutzt werden sollte. Wie oben erwähnt, kann dieses Feld frei konfiguriert werden, bei der AIRBI GmbH heißt es ROLLE.

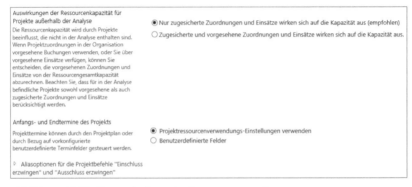

Abbildung 16.22 Eigenschaften der Ressourcenanalyse

8. Über die RESSOURCENFILTERUNG können Sie entscheiden, nur Ressourcen aus einer bestimmten Abteilung zu berücksichtigen. Diese Option ist hilfreich, wenn Sie eine Planung pro Abteilung durchführen möchten. Bestimmte Rollen, wie z. B. »Projektleiter«, werden abteilungsübergreifend vorhanden sein. Falls Sie nur die Projektleiter aus dem Hochbaubereich berücksichtigen wollen, können Sie dies hier einstellen.

9. Im nächsten Abschnitt entscheiden Sie über die AUSWIRKUNG DER RESSOURCENKAPAZITÄT FÜR PROJEKTE AUSSERHALB DER ANALYSE (siehe Abbildung 16.22). Wie oben erwähnt, wirkt sich auch die Ressourcenplanung von Projekten außerhalb der Analyse auf die Ressourcenverfügbarkeit aus. Über diese Funktion bestimmen Sie, welche Ressourcenzuordnungen sich auf die Ressourcenkapazität in der Analyse auswirken sollen. Dabei können Zuordnungen mit dem Buchungstyp VORGESCHLAGEN eingeschlossen oder ausgeschlossen sein. Buchungstypen werden in Abschnitt 12.2.2, »Buchungstyp«, erläutert. In der Regel empfiehlt es sich, nur zugesicherte Zuordnungen zu berücksichtigen.

10. Unter ANFANGS- UND ENDTERMINE DES PROJEKTS können Sie wählen, woher Projektanfangs- und -enddatum kommen sollten. In der Ressourcenanalyse wird die zeitliche Planung des Projekts relevant. Für die Berechnung muss daher bekannt sein, in welchem Zeitraum die Realisierung des Projekts geplant ist. Normalerweise werden Projektanfang und Projektende über den Projektplan definiert. Häufig wird aber vor der Portfolioanalyse noch kein Projektplan existieren. Dann haben Sie zwei Möglichkeiten:

    - VERWENDUNGSEINSTELLUNGEN DES RESSOURCENPLANS VERWENDEN: Wenn Ressourcen von Mai 2016 bis Dezember 2016 geplant sind, sind das Anfangs- und Enddatum des Projekts. Mehr Informationen über den Ressourcenplan erhalten Sie in Abschnitt 15.3.2, »Initiierung«.
    - BENUTZERDEFINIERTE FELDER: Sie können auch benutzerdefinierte Felder verwenden, um Projektanfangs- und -endtermin manuell zu definieren, unabhängig von der Ressourcenplanung. Diese Lösung empfiehlt sich in der Regel nicht. Normalerweise entspricht die Zeitperiode, in der Ressourcen geplant sind, der Projektdauer.

11. Jetzt haben Sie alle Optionen ausgewählt. Sie können auf PROJEKTE PRIORISIEREN klicken und die Analyse starten.

Ressourcenanalyse durchführen

Vor der Ressourcenanalyse müssen Sie immer die im vorigen Abschnitt beschriebene Kostenanalyse durchführen.

Nach Abschluss der Kostenanalyse speichern Sie bitte das gewünschte Szenario. Dann klicken Sie auf RESSOURCEN ANALYSIEREN, um die Ressourcenanalyse zu starten (siehe Abbildung 16.23). Bei dieser Analyse werden nur die Projekte berücksichtigt, die am Ende der Kostenanalyse als ausgewählt gekennzeichnet sind. Ausgeschlossene Projekte werden Sie während der Ressourcenplanung nicht mehr in der Analyse sehen.

Abbildung 16.23 Navigation

Genau wie bei der Kostenanalyse ist die Oberfläche in drei Bereiche geteilt (siehe Abbildung 16.24):

- PROJEKTE: In diesem Bereich sind die zu analysierenden Projekte aufgelistet. Anders als bei der Kostenanalyse sind hier im Ausgangsszenario bereits einige Projekte ausgeschlossen. Sie werden gleich verstehen, warum. Zusätzlich zum Projektnamen sehen Sie hier einige relevante Projektinformationen, wie Priorität, Projektanfangsdatum usw. Die Projekte werden auch in einem Balkendiagramm dargestellt.

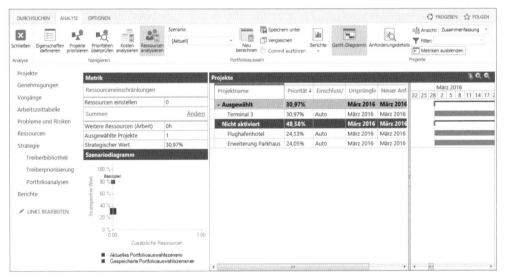

Abbildung 16.24 Ressourcenanalyse

- METRIK: Dieser Bereich funktioniert wie bei der Kostenanalyse: Bei jeder Neuberechnung des Portfolios werden hier aggregierte Daten zum gesamten Portfolio dargestellt und aktualisiert. Unter RESSOURCENEINSCHRÄNKUNGEN steht das Feld RESSOURCEN EINSTELLEN. Dort ist zu Beginn der Berechnung die Zahl 0 eingestellt: Sie benutzen im Ausgangsszenario nur verfügbare Ressourcen in der Berechnung, keine zusätzlichen. Dieses Feld werden Sie nur für weitere Was-wäre-wenn-Szenarien verwenden.

- DIAGRAMME: Dieses Diagramm erlaubt Ihnen einen schnellen visuellen Vergleich der abgebildeten Szenarien. Momentan haben wir noch keine Szenarien durchgespielt, im Diagramm ist nur das aktuelle Ausgangsszenario zu sehen.

Der größte Unterschied zwischen Kostenanalyse und Ressourcenanalyse ist der Weg, auf dem die Einschränkungen berechnet werden. Bei der Einschränkung KOSTEN konnten Sie einen Wert manuell eingeben (Gesamtkosten: 8.000.000,00 €). Die Ressourcenverfügbarkeit dagegen wird nicht manuell während der Analyse eingegeben. Diese Information kommt aus dem Ressourcenpool.

Im Ressourcenpool werden alle Ressourcen konfiguriert, die in Projekten verwendet werden können. Bei all diesen Ressourcen werden die Grundverfügbarkeit und die Rolle gepflegt. Ein Beispiel: Jürgen Rosenstock hat die Rolle »Marketing« und arbeitet 40 Std. pro Woche. Project Server sammelt diese Daten für alle Ressourcen, die im System verfügbar sind. Daraus ergibt sich die Verfügbarkeit für die Rolle »Marketing« in der AIRBI GmbH. Der Ressourcenbedarf wird aus der Ressourcenplanung der einzelnen Projekte generiert: Wenn eine Ressource mit der Rolle »Marketing« geplant ist, werden die geplanten Aufwände als Ressourcenanforderung für die Rolle »Marketing« aggregiert.

In unserem Beispiel sind zwei Projekte aus der Auswahl ausgeschlossen, weil Project Server schon weiß, dass die verfügbaren Ressourcen im zentralen Ressourcenpool der AIRBI GmbH für diese Projekte nicht ausreichend sind. Um die Ursache für das Problem besser zu verstehen, klicken Sie auf ANFORDERUNGSDETAILS im Menü (siehe Abbildung 16.25).

Abbildung 16.25 Anforderungsdetails

In dieser Ansicht sehen Sie zwei Tabellen: In der oberen Tabelle wird die Ressourcenverfügbarkeit und in der unteren der Ressourcenbedarf in den einzelnen Projekten dargestellt. Machen Sie ein Häkchen oben rechts neben DEFIZIT HERVORHEBEN. Ressourcenanforderungen, die die Ressourcenverfügbarkeit übersteigen, werden nun rot angezeigt.

Es fehlen Ressourcen mit der Rolle »Projektleiter« und »Innenarchitekt« im Mai. Diese zwei Rollen sollten genauer untersucht werden. Dafür benutzen Sie den Filter, um die Ansicht übersichtlicher zu machen: Im Menü klicken Sie auf das Dropdown-Menü neben FILTER und wählen BENUTZERDEFINIERT aus. Hier haben Sie die Möglichkeit, bestimmte Projekte, Rollen oder Zeitperioden aus der Ansicht zu filtern. Entfernen Sie alle Rollen außer »Projektleiter« und »Innenarchitekt«, und klicken Sie auf OK.

Jetzt sehen Sie nur die Projekte, in denen Ressourcen aus »Innenarchitekt« oder »Projektleiter« geplant sind. Bei »Informatik« erkennen Sie schnell die Ursache des Engpasses: Die Projekte »Terminal 3« und »Flughafenhotel« beginnen beide im April und benötigen daher zur gleichen Zeit Ressourcen der Rolle »Projektleiter«.

Um die Lage weiter zu analysieren, klicken Sie im Menü auf BERICHTE, dann auf DEFIZIT UND ÜBERSCHUSS. Dieser Bericht zeigt die Defizit- und Überschuss-Bilanz zwischen Ressourcenbedarf und Verfügbarkeit. Sie sehen hier, dass für die Rolle »Projektleiter« von Januar bis März deutlich mehr freie Kapazität verfügbar ist.

Projekte verschieben

Die Lösung für das oben dargestellte Problem ist naheliegend. Eine Ressourcenüberlastung besteht, weil zu viele Projekte gleichzeitig starten sollen. Ein einfacher Weg, solch einen Ressourcenengpass zu lösen, ist, die Ressourcenauslastung zu verteilen. Eine zeitliche Verschiebung der Projekte würde die Lage entschärfen. Dafür kehren Sie zurück in die Ansicht GANTT-DIAGRAMM.

Dort können Sie über die Spalte NEUES ANFANGSDATUM das Projekt »Flughafenhotel« in eine andere Zeitperiode verschieben. Wählen Sie z. B. als neues Anfangsdatum Juni 2016 (siehe Abbildung 16.26). Anschließend klicken Sie auf NEU BERECHNEN.

In dieser neuen Zeitperiode sind Ressourcen verfügbar, und es wird automatisch in die Liste der ausgewählten Projekte verschoben. Der erste Ressourcenengpass der AIRBI GmbH ist also schon gelöst. Speichern Sie nun das neue Szenario über die Schaltfläche SPEICHERN UNTER.

Änderungen nur in Analyse wirksam
Genau wie bei der Kostenanalyse werden die Änderungen, die Sie in den Portfolioanalysen machen, nicht automatisch in die Projekte übertragen. Das neue Anfangs-

16.4 Projektbewertung und Auswahl

datum existiert also nur in der Analyse. Um das Projekt tatsächlich zu verschieben, müssen Sie es über die Project Web App oder über Project Professional öffnen und individuell bearbeiten.

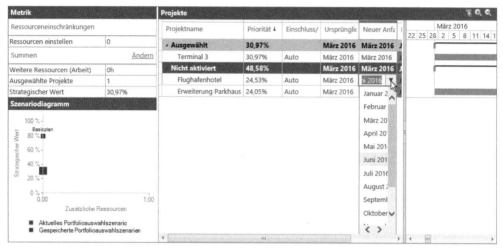

Abbildung 16.26 Projekt verschieben

Es kann natürlich sein, dass prinzipiell nicht genügend Ressourcen verfügbar sind, um alle bisher ausgewählten Projekte durchzuführen, egal, wie gut Sie sie auf das Jahr verteilen. In unserem AIRBI-Beispiel trifft dies für die Rolle »Innenarchitekt« zu, die momentan nicht ausreichend besetzt ist.

In solchen Fällen ist eine Erhöhung der Ressourcenkapazität erforderlich, um alle Projekte in der geforderten Qualität und im gewünschten Zeitraum durchführen zu können. Über die Option RESSOURCENEINSTELLUNG können Sie solch ein Szenario simulieren. Sie erlauben dadurch Project Server, über die Verfügbarkeit des Ressourcenpools hinauszugehen, ohne dass Sie diesen schon erweitert haben. Über die Rolle der eingestellten Ressourcen entscheiden Sie nicht: Microsoft Project Server berechnet selbst, welche Rollen dringend benötigt werden, abhängig von der Priorität der Projekte, die momentan nicht durchgeführt werden können.

Metrik	
Ressourceneinschränkungen	
Ressourcen einstellen	1
Summen	Ändern
Weitere Ressourcen (Arbeit)	1.744h
Ausgewählte Projekte	3
Strategischer Wert	79,55%

Abbildung 16.27 Ressourcen einstellen

Im Kasten METRIK, neben RESSOURCEN EINSTELLEN, tippen Sie »1« ein (siehe Abbildung 16.27) und klicken auf NEU BERECHNEN. Nun sind alle Projekte ausgewählt. Klicken Sie auf BERICHTE, dann auf EINGESTELLTE RESSOURCEN-BERICHT für eine Zusammenfassung der eingestellten Ressourcen (siehe Abbildung 16.28).

Abbildung 16.28 Eingestellte Ressourcen-Bericht

Dort sehen Sie, ab wann die Ressource eingestellt wird und für wie viele Stunden. Ein Stundensatz wird ebenso angezeigt: Das ist der durchschnittliche Stundensatz der Ressourcen mit dieser Rolle und gibt nur eine grobe Einschätzung der wahrscheinlichen Kosten an.

Standardmäßig werden interne Ressourcen eingestellt. Interne Ressourcen werden für die gesamte Zeitperiode behalten, egal, ob es noch Bedarf gibt oder nicht. Alternativ können Sie auch die Einstellung von externen Ressourcen simulieren. Externe Ressourcen werden für kürzere Zeitperioden eingesetzt. Möglicherweise wird dann vom System vorgeschlagen, von Januar bis März einen externen Controller einzustellen und von Mai bis Juli einen externen Projektleiter. Externe Ressourcen bieten mehr Flexibilität, sind aber nur eine kurzfristige Lösung, falls Sie eine permanente Ressourcenüberlastung haben.

Um von internen zu externen Ressourcen umzustellen, klicken Sie auf die Registerkarte OPTIONEN im Menü. Unter TYP können Sie auswählen, ob Sie das Szenario mit externen oder internen Ressourcen durchführen möchten (siehe Abbildung 16.29). Wählen Sie EXTERN aus, kehren Sie dann zurück zur Registerkarte ANALYSE, und klicken Sie auf NEU BERECHNEN.

Abbildung 16.29 Optionen

Die Projekte sind weiterhin alle ausgewählt, die wesentlichen Unterschiede zur vorherigen Lösung können Sie erst erkennen, wenn Sie erneut den EINGESTELLTE RESSOURCEN-BERICHT abrufen.

Dieses Mal wurde die Ressource nur für den benötigten Aufwand je Zeitperiode eingestellt. Es ist nicht möglich, die parallele Einstellung von externen und internen Ressourcen zu simulieren.

Zusätzlich zu dem Ressourcentyp können Sie auswählen, ob Sie die Einheiten MAK oder KOSTEN verwenden wollen. MAK steht für Mitarbeiterkapazität (auch Vollzeitkraft, oder FTE auf Englisch) und ist die Standardeinstellung. Wenn Sie auf KOSTEN umstellen, können Sie eine Kostengrenze angeben, die für die Einstellung der Ressourcen angewendet wird. Da die Kosteninformationen auf dieser Ebene in der Regel sehr ungenau sind, ist diese Funktion nicht unbedingt zu empfehlen. Nur bei einer zeitnahen, korrekten und dauerhaften Pflege der Kostensätze im Ressourcenpool kann sie sinnvoll eingesetzt werden.

Anschließend speichern Sie das Szenario wieder über SPEICHERN UNTER. Mit diesem zweiten Szenario können alle AIRBI-Projekte, die während der Kostenanalyse validiert wurden, durchgeführt werden.

Ressourcenplanung und Ressourcenverfügbarkeit bearbeiten

Eine letzte Möglichkeit, das Ergebnis der Analyse zu beeinflussen, ist die Bearbeitung der Ressourcenplanung. Im Gegensatz zur Kostenanalyse, wo Sie die Gesamtkosten vom Projekt »Erweiterung Parkhaus« in einem Was-wäre-wenn-Szenario direkt im Grid reduziert haben, können Sie die Ressourcenplanung der Projekte nicht innerhalb der Analyse beeinflussen. Falls die Ressourcenplanung bearbeitet werden soll, muss dies direkt im Ressourcenplan oder im Projektplan des zu ändernden Projekts gemacht werden.

Um die geänderten Daten eines Projekts in einer schon laufenden Analyse zu importieren, steht die Schaltfläche ERNEUT LADEN unter OPTIONEN zur Verfügung. So können Sie jederzeit aktuelle Ressourceninformationen aus den Projekten oder aus dem Ressourcenpool abrufen, falls relevante Änderungen während der Analyse stattgefunden haben.

Finale Entscheidung

Die Analyse ist nun abgeschlossen. Reiner Sonnenschein muss die finale Entscheidung über sein Projektportfolio treffen. Eine hilfreiche Übersicht für diese Entscheidung erhalten Sie, indem Sie auf die Schaltfläche VERGLEICHEN klicken. Ein Bericht über alle bisher gespeicherten Szenarien wird angezeigt (siehe Abbildung 16.30).

Sie haben zwei Szenarien in dieser Ressourcenanalyse für das Projektportfolio der AIRBI GmbH gespeichert. Die Positionierung dieser Szenarien können Sie nun im Diagramm links sehen. In diesem Diagramm werden die Szenarien hinsichtlich ihres strategischen Wertes (kumulierte Priorität der Projekte) sowie ihres Bedarfs an zusätzlichen Ressourcen verglichen. Je höher ein Szenario im Diagramm angezeigt wird, desto mehr strategischer Wert wird realisiert, und je weiter rechts, desto höher ist der Bedarf an zusätzlichen Ressourcen.

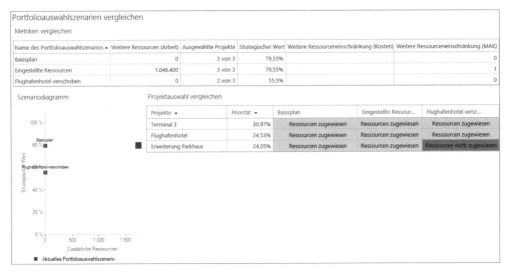

Abbildung 16.30 Szenarien vergleichen

Rechts wird die Tabelle der angezeigten Projekte und oben werden als Zusammenfassung ein paar Grunddaten zu den möglichen Portfolios dargestellt. In diesem Fall steht Reiner Sonnenschein vor der Entscheidung, entweder nur 24 % des potenziellen strategischen Wertes seines Portfolios zu realisieren oder in zusätzliche Ressourcen zu investieren. Er entscheidet sich, eine weitere Person im AIRBI-Team einzustellen, sodass er all seine Projekte realisieren kann.

Ähnlich wie bei der Kostenanalyse bestätigen Sie nun das gewählte Szenario. Stellen Sie erst sicher, dass Sie das richtige Szenario unter der Auswahlliste SZENARIO im Menü ausgewählt haben, und klicken Sie dann auf COMMIT AUSFÜHREN. Nachdem Sie auf diese Schaltfläche gedrückt haben, werden die Entscheidungen des Szenarios in die folgenden Projektfelder geschrieben:

- ZUGESICHERTE PORTFOLIOAUSWAHLENTSCHEIDUNG (TERMINE): Der Name dieses Feldes kann verwirren, da es die Entscheidung über ein Projekt nach der Ressourcenanalyse enthält. Mögliche Werte sind:
    - AUSGEWÄHLT
    - NICHT AKTIVIERT
    - EINSCHLUSS ERZWINGEN
    - AUSSCHLUSS ERZWINGEN
- ZUGESICHERTES DATUM FÜR DIE PORTFOLIOAUSWAHLENTSCHEIDUNG (TERMINE): Obwohl der Name es nicht unbedingt erahnen lässt, enthält dieses Feld das Datum, an dem Sie das Ergebnis der Ressourcenanalyse über die Schaltfläche COMMIT AUSFÜHREN bestätigt haben.

- ZUGESICHERTER GEPLANTER ANFANGSTERMIN: Dieses Feld enthält gegebenenfalls das geänderte Anfangsdatum des Projekts, falls Sie es während der Ressourcenanalyse aufgrund von Ressourcenengpässen verschoben haben.
- ZUGESICHERTER GEPLANTER ENDTERMIN: Dieses Feld enthält gegebenenfalls das geänderte Enddatum des Projekts, falls Sie es während der Ressourcenanalyse verschoben haben.

Die Verschiebung der Projekte während der Ressourcenanalyse wirkt sich nicht direkt auf den Projektplan aus. Die neuen Anfangs- und Endtermine werden in separate Felder geschrieben und müssen während der Projektplanung vom Projektleiter umgesetzt werden.

> **Ergebnisse kommunizieren**
> Genau wie bei den Ergebnissen der Kostenanalyse können Sie angepasste Ansichten oder Berichte erstellen, die diese Informationen für den Projektleiter schnell zur Verfügung stellen. Mehr dazu erfahren Sie in Abschnitt 16.4.5, »Portfolioanalyse und Berichtswesen«.

In diesem Abschnitt haben Sie gelernt, wie Sie Ressourcenengpässe bei der Portfolioplanung berücksichtigen. Im letzten Schritt werden Sie Projektabhängigkeiten zwischen zwei Projekten des Portfolios einstellen.

16.4.3 Mit Projektabhängigkeiten arbeiten

In einer Projektsammlung sind selten alle Projekte unabhängig voneinander. Oft bestehen inhaltliche oder terminliche Abhängigkeiten zwischen zwei Projektideen. Das ist beim Portfolio der AIRBI GmbH auch der Fall: Zum Beispiel ist das Projekt »Erweiterung Parkhaus« nur sinnvoll, wenn das Projekt »Terminal 3« vorher auch realisiert wird.

Eine andere Art von Abhängigkeit wird durch die zwei Projekte »Flughafenzeitung« und »Interaktive Info-Säulen« dargestellt. Beide Projekte haben das Ziel, dieselben Informationen für die Fluggäste zugänglich zu machen. Reiner Sonnenschein möchte nur eins von diesen beiden Projekten realisieren, um Ressourcen und Finanzmittel zu sparen. Daraus ergibt sich:

- Falls das Projekt »Terminal 3« aus der Auswahl ausgeschlossen ist, muss auch »Erweiterung Parkhaus« abgelehnt werden. Das Gegenteil ist aber nicht wahr: Das Projekt »Terminal 3« braucht nicht unbedingt ein größeres Parkhaus.
- Falls das Projekt »Flughafenzeitung« ausgewählt wird, darf das Projekt »Interaktive Info-Säulen« nicht durchgeführt werden und umgekehrt.

Diese Abhängigkeiten haben direkte Konsequenzen für die Optimierung des Portfolios und sollen auf jeden Fall während der Analyse berücksichtigt werden. Falls Reiner Sonnenschein das Projekt »Erweiterung Parkhaus« genehmigt, jedoch nicht das Projekt »Terminal 3«, wird das Ergebnis nicht umsetzbar sein, und er wird die gesamte Analyse erneut durchführen müssen. Um dieses Problem zu verhindern, können Sie schon vor der Analyse feste Beziehungen zwischen den Projekten einstellen.

Um Projektabhängigkeiten zu erstellen, klicken Sie auf PORTFOLIOANALYSEN, dann auf PROJEKTABHÄNGIGKEITEN. Hier klicken Sie auf NEU und wählen die Art der Abhängigkeit, die Sie erstellen möchten (siehe Abbildung 16.31).

Abbildung 16.31 Menü »Projektabhängigkeiten«

Vier Abhängigkeitsarten stehen zur Verfügung:

- ABHÄNGIGKEIT: Es handelt sich hier um eine einfache Abhängigkeit, das Projekt kann nur durchgeführt werden, wenn ein anderes Projekt auch gewählt wird.
- GEGENSEITIGE BEDINGUNG: Hier wird eine Sammlung von Projekten angelegt, die unbedingt alle gemeinsam durchgeführt werden müssen. Sie werden entweder alle ausgewählt oder alle ausgeschlossen.
- GEGENSEITIGER AUSSCHLUSS: Diese Abhängigkeitsart steht für Projektsammlungen, die in direkter Konkurrenz zueinander stehen. Falls das eine realisiert wird, wird das andere abgelehnt.
- ENDE-ANFANG: Diese Abhängigkeitsart bedeutet, dass ein Projekt unbedingt nach einem anderen durchgeführt werden muss. Im Gegensatz zu den anderen Projektabhängigkeiten handelt es sich hier nicht um eine inhaltliche, sondern um eine rein zeitliche Abhängigkeit. Für eine reine Kostenanalyse spielt sie keine Rolle. Sie ist nur für die Ressourcenanalyse relevant.

Für das Projekt »Erweiterung Parkhaus« benötigen Sie eine einfache Abhängigkeit:

1. Wählen Sie ABHÄNGIGKEIT, und geben Sie einen Namen ein (Abbildung 16.32).
2. Unter PRIMÄRES PROJEKT wählen Sie das abhängige Projekt, in diesem Fall »Erweiterung Parkhaus«.
3. Unter ABHÄNGIGE PROJEKTE wählen Sie das oder die Projekt(e), die für die Durchführung des primären Projekts erforderlich sind, in diesem Fall »Terminal 3«.
4. Klicken Sie auf SPEICHERN.

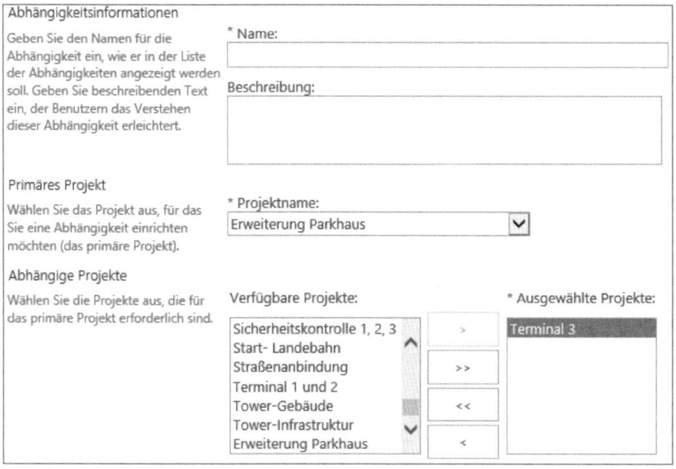

16.4 Projektbewertung und Auswahl

Abbildung 16.32 Abhängigkeit erstellen

Den gegenseitigen Ausschluss von Projekten erstellen Sie auf dieselbe Art und Weise:

1. Wählen Sie Gegenseitiger Ausschluss, und geben Sie einen Namen ein (z. B. »Flughafenzeitung – Info-Säulen«).

2. Unter Sich gegenseitig ausschliessende Projekte wählen Sie »Interaktive Info-Säulen« und »Flughafenzeitung«.

3. Klicken Sie auf Speichern.

Diese Abhängigkeiten können jetzt in allen neuen Analysen berücksichtigt werden.

> **Abhängigkeiten ignorieren**
>
> Sie können die gesetzten Abhängigkeiten in der Analyse auch ignorieren: Klicken Sie auf Optionen. Im Bereich Abhängigkeit durchsetzen steht die Option Projekt zur Verfügung. Deaktivieren Sie die Option, und klicken Sie dann auf Neu Berechnen: Das Szenario wird ohne Berücksichtigung der Projektabhängigkeiten berechnet.
>
> In der Kostenanalyse ist die Berücksichtigung der Projektabhängigkeit standardmäßig eingestellt. In der Ressourcenanalyse ist es umgekehrt: Abhängigkeiten werden standardmäßig ignoriert. Sie müssen dann explizit unter Optionen festlegen, dass Sie diese berücksichtigen wollen.

16.4.4 Optimierungsalgorithmen

Häufig wird gefragt, wie genau die Portfolioanalyse von Microsoft Project die Ergebnisse errechnet. Diese Frage ist berechtigt: Es ist tatsächlich relevant, die Logik hinter diesen Berechnungen zu verstehen, denn sie sind nur mathematische Hilfsmittel und keine Wunderlösung. Sie können sie am besten nutzen, wenn Sie wissen, welcher Logik sie folgen. Die genauen Algorithmen sind nicht öffentlich, aber wir werden hier ein Grundverständnis für die »Black Box« der Portfolioanalyse schaffen.

Treiberpriorisierung

Wie Sie schon in diesem Kapitel erfahren haben, basiert die Treiberpriorisierung auf einem Paarvergleich: Jeder Treiber wird mit allen anderen verglichen.

> **Treiber = Faktor**
>
> In Microsoft Project Server 2016 ist die Benennung leider nicht einheitlich, an vielen Stellen werden die Treiber auch Faktoren genannt. In den Navigationslinks, die im Plural sind, z. B. TREIBERBIBLIOTHEK, TREIBERPRIORISIERUNG, wird meistens *Treiber* genutzt. Bei der Einzeldarstellung z. B. innerhalb der TREIBERBIBLIOTHEK wird dann jedoch der *Treiber* als *Faktor* bezeichnet.

Hinter jedem Vergleichswert steht eine Note. Auf Basis dieser Matrix wird die Priorität der Treiber berechnet. Die Priorität ist normiert (die Summe ist immer 100 %). Die wichtigste Eigenschaft dieser Priorität ist, dass sie die Treiber miteinander vergleichbar macht. Das heißt in diesem Fall: Der Treiber 1 ist zweimal so wichtig wie der Treiber 2. Dieser komplexe Priorisierungsprozess gehört zum *Analytischen Hierarchieprozess* (AHP). Das Thema ist viel zu umfangreich, um hier im Detail erläutert zu werden, bei Interesse nutzen Sie bitte verfügbare Literatur und/oder Internetquellen.

Projektpriorisierung

Die Projektpriorisierung ist dagegen mathematisch einfacher. Die Portfoliobewertung (Niedrig, Mittel, Hoch ...) wird ebenso mit einer Note versehen. Diese Note wird dann mit der Treiberpriorisierung multipliziert (siehe Abbildung 16.33).

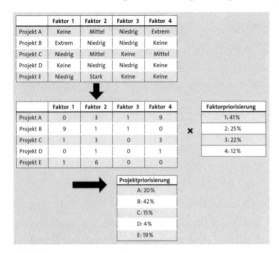

Abbildung 16.33 Projektpriorisierung

Die Ergebnisse werden ebenso normiert, damit die Summe aller Projektprioritäten 100 % erreicht.

Kostenoptimierung

Der gewählte Algorithmus für die Kostenoptimierung gehört zur linearen Optimierung. Um die beste Lösung zu erreichen, wählt der Algorithmus nicht unbedingt die Projekte, die die höchste Priorität haben. Er versucht eher, global für das Gesamtportfolio einen hohen strategischen Wert zu erreichen. Das verfügbare Budget beträgt 100 € (siehe Abbildung 16.34).

	Wert	Kosten
Projekt 1	40 %	100 €
Projekt 2	35 %	60 €
Projekt 3	15 %	40 €
Gesamtwert: 50 %		

Abbildung 16.34 Kostenoptimierung

Das Projekt 1 hat die höchste Priorität, aber es kostet allein 100 € und würde deswegen die Durchführung der Projekte 2 und 3 verhindern. Die Projekte 2 und 3 sind allein weniger wichtig als das Projekt 1, aber zusammen haben sie einen größeren strategischen Wert. Deswegen ist die optimale Lösung, das Projekt 1 abzulehnen.

Der Algorithmus entspricht der folgenden Logik:

- $x_1, x_2 \dots x_n$ bezeichnet die Projekte.
- $v_1, v_2 \dots v_n$ bezeichnet die Projektprioritäten.
- $c_1, c_2 \dots c_n$ bezeichnet die Einschränkungswerte (hier Kosten der Projekte).
- C ist die Kosteneinschränkung, also die Budgetgrenze, für die Portfolioanalyse.

Maximiere $(x_1 \times v_1 + x_2 \times v_2 + x_3 \times v_3 + \dots + x_n \times v_n)$

unter der Bedingung: $x_1 \times c_1 + x_2 \times c_2 + x_3 \times c_3 + \dots + x_n \times c_n <= C$

und weise $x_1, x_2 \dots x_n$ = 0 oder 1 zu (Algorithmus Ausgabe: Projekt ausgewählt [1]/ausgeschlossen [0])

Dieser Algorithmus funktioniert am besten mit einer begrenzten Anzahl von Einschränkungen. Es ist möglich, mehrere Kosteneinschränkungen während der Analyse zu benutzen, die Berechnung wird aber bei einer hohen Anzahl wegen der steigenden Komplexität langsam.

Ressourcenoptimierung

Die Ressourcenoptimierung funktioniert anders als die Kostenoptimierung. Für diesen Teil der Analyse hat sich wahrscheinlich wegen der hohen Komplexität einer zeitbezogenen und rollenverteilten Ressourcenplanung eine lineare Optimierung als zu langsam erwiesen. Stattdessen wird ein Greedy-Algorithmus genutzt. Die Logik dahinter ist folgende:

- Projekte mit einer hohen Priorität werden als Erstes mit Ressourcen ausgestattet.
- Falls Ressourcen fehlen, um ein Projekt durchzuführen, wird dieses Projekt nicht aktiviert, und das nächste Projekt wird geprüft.

Projektabhängigkeiten und EINSCHLUSS ERZWINGEN werden vor der Projektpriorität berücksichtigt, siehe folgende Reihenfolge:

1. Abhängigkeiten
2. Einschluss erzwingen
3. Priorität

Selten die beste Lösung

Diese Art von Algorithmus liefert schnelle Ergebnisse, die meistens gut sind, aber selten die beste Lösung darstellen. In seltenen Fällen können sogar schlechte Lösungen vorgeschlagen werden. Falls ein Projekt mit hoher Priorität viele Ressourcen braucht, wird es diese Ressourcen blockieren, weil es als Erstes berücksichtigt wird.

Nehmen wir ein absurdes Beispiel: Das Projekt »Neubau Terminal 1 und 2« hat mit 20 % die höchste Priorität und würde alle Ressourcen der AIRBI GmbH für das gesamte Jahr 2016 benötigen. Der Algorithmus würde vorschlagen, dieses Projekt durchzuführen und alle anderen Projekte auszuschließen, die insgesamt einen strategischen Wert von 80 % ergeben. Microsoft Project Server schlägt also vor, ein einziges Projekt zu realisieren und ganz viele andere zu verwerfen, mit denen zusammen ein höherer strategischer Wert erzielt werden könnte. In diesem Fall müssten Sie das Projekt manuell über AUSSCHLUSS ERZWINGEN abwählen, um zur optimalen Lösung zu kommen.

Deswegen müssen Sie die Ergebnisse der Ressourcenanalyse immer kritisch betrachten. Es ist nicht mehr als ein Hilfsmittel und sollte auch so behandelt werden.

So überprüfen Sie die vom System vorgeschlagenen Szenarien:

- In der Ansicht ANFORDERUNGSDETAILS suchen Sie nach Projekten, die besonders viele Ressourcen benötigen. Falls Sie so ein Projekt finden, können Sie über die Option AUSSCHLUSS ERZWINGEN ein Szenario ohne dieses Projekt simulieren. Im SZENARIODIAGRAMM können Sie dann überprüfen, ob der erreichte Wert höher ist oder nicht.
- Wenn Sie mit der Option RESSOURCEN EINSTELLEN arbeiten, generieren Sie immer ein Szenario mit der Option EXTERN, sogar wenn Sie interne Ressourcen einstellen

möchten. Diese Option ist flexibler und deswegen von der Prioritätsreihenfolge des Algorithmus weniger betroffen.

- Wenn Sie mit Abhängigkeiten arbeiten (siehe unten), berechnen Sie die Szenarien mit und ohne Abhängigkeiten, und vergleichen Sie beide.
- Benutzen Sie die Option EINSCHLUSS/AUSSCHLUSS ERZWINGEN, um die Szenarien manuell zu beeinflussen, und vergleichen Sie jedes Mal den erreichten Gesamtwert mit den vom System vorgeschlagenen Lösungen.

16.4.5 Portfolioanalyse und Berichtswesen

Wie in den oberen Abschnitten schon erwähnt, werden die folgenden Informationen in Projektfelder geschrieben, sobald Sie auf die Schaltfläche COMMIT AUSFÜHREN klicken:

- Datum der Entscheidung (Kosten)
- Entscheidung (Kosten)
- Datum der Entscheidung (Ressourcen)
- Entscheidung (Ressourcen)
- wenn relevant, neues Anfangs- und Enddatum (Ressourcen)

Diese Informationen sind auch diejenigen, die für das Berichtswesen auf einfache Art und Weise erreichbar sind. Praktisch werden diese Informationen in die Reporting-Datenbank geschrieben, mehr dazu lernen Sie in Kapitel 17, »Berichtswesen«.

Alle andere Informationen, u. a. die Priorisierung der Projekte oder der Treiber, sind zwar erreichbar, aber nur mit deutlich mehr Aufwand. Die Projektpriorität im PROJECT CENTER darzustellen erfordert daher mehr Aufwand, als man zunächst vielleicht erwartet. Die Informationen, die nicht zur Verfügung stehen, können allerdings über Ansichten im PROJECT CENTER bereitgestellt werden. Diese Ansicht könnte z. B. folgende Felder beinhalten:

- NAME (des Projekts)
- GESAMTKOSTEN (oder andere benutzerdefinierte Felder, die Sie als Kosteneinschränkung verwenden)
- ANFANGSDATUM
- ENDDATUM
- ZUGESICHERTER GEPLANTER ANFANGSTERMIN (neues Anfangsdatum)
- ZUGESICHERTER GEPLANTER ENDTERMIN (neues Enddatum)
- ZUGESICHERTE PORTFOLIOAUSWAHLENTSCHEIDUNG (KOSTEN) (Entscheidung nach Kostenanalyse)

- Zugesichertes Datum für die Portfolioauswahlentscheidung (Kosten)
  (Termin der Entscheidung)
- Zugesicherte Portfolioauswahlentscheidung (Termine)
  (Entscheidung nach Ressourcenanalyse)
- Zugesichertes Datum für die Portfolioauswahlentscheidung (Termine)
  (Termin der Entscheidung)

Je nach Konfiguration können auch weitere Informationen relevant sein, z. B. der Projektstatus oder der Name der Workflowstufe. Diese Ansicht können Sie benutzen, um die Ergebnisse der Analyse auf einfache Art und Weise dem Projektleiter zugänglich zu machen. Über das Rechte- und Rollenkonzept sorgen Sie dafür, dass jeder nur die Projekte sieht, die er sehen soll.

Feldnamen ersetzen
Bei der Konfiguration der Ansicht haben Sie die Möglichkeit, die übertrieben langen und schlecht übersetzten Feldnamen durch aussagekräftige Bezeichnungen zu ersetzen.

Kapitel 17
Berichtswesen

Für ein effizientes Projekt- und Ressourcenmanagement werden stets transparente und aktuelle Daten benötigt. Diese sind wesentliche Grundlage für die Steuerung von Projekten und Prozessen. In diesem Kapitel erfahren Sie, wie Sie projektübergreifend auf dem Project Server gespeicherte Daten auswerten und verteilen können.

Die Projektorganisation der AIRBI GmbH hat, wie in den vorigen Kapiteln beschrieben, eine Vielzahl von Teilprojekten durchzuführen. Hierbei erstellen die im Projektauftrag benannten Projektleiter zunächst umfangreiche Projektpläne. Für die Durchführung werden dann Mitarbeiter bzw. Ressourcen auf Arbeitspakete geplant und im Projektverlauf Fortschritte erfasst und terminliche Anpassungen vorgenommen. Diese Daten wiederum sind Basis für das Controlling und die Steuerung von Projekten in nahezu jeder Phase des Projektlebenszyklus. Neben den Zahlen aus dem operativen Projektmanagement wird über den Microsoft Project Server 2016 auch eine Vielzahl von Daten aus dem strategischen Projektportfoliomanagement verarbeitet.

Um für die Unternehmens- sowie Projektsteuerung aktuelle Werte transparent nutzen zu können, zeigen wir Ihnen in diesem Kapitel, wie Sie auf die von Microsoft Project Server 2016 und Project Online gehaltenen Daten zugreifen und diese mithilfe verschiedener Technologien aufbereiten. Natürlich erläutern wir dabei auch Möglichkeiten, wie Sie die erstellten Auswertungen dann den Berichtsempfängern in Ihrer Umgebung zur Verfügung stellen. Dabei zeigen wir Ihnen zunächst, aus welchen Quellen Sie Daten abrufen, und gehen dann auf projektspezifische Datenstrukturen und Relationen ein. Wir beschreiben Ihnen die unterschiedlichen Zugriffsmethoden und werden Ihnen ein Gefühl dafür geben, welche Stärken und Schwächen die unterschiedlichen Technologien in welchem Szenario haben und welche Skills Sie als Berichtsautor dafür benötigen. Praxisbeispiele mit schrittweisen Anleitungen, welche Sie leicht in Ihrer Umgebung nachvollziehen können, werden Ihnen helfen, die vermittelte Theorie schnell umzusetzen.

Wir gehen in diesem Kapitel davon aus, dass Sie mit den grundlegenden Konzepten von *Business Intelligence* (BI) vertraut sind und zumindest rudimentäre Kenntnisse von relationalen bzw. multidimensionalen Datenbanken besitzen. Aber selbst als Einsteiger in diesem Themengebiet werden Sie sicherlich etwas aus diesem Kapitel mitnehmen, das Sie in Ihrer Organisation anwenden können. Jede Technologie ist für sich genommen schon so komplex, dass sie ein eigenes Buch füllen könnte. Unser Ziel ist es daher, dass Sie anhand einfacher Beispiele die Techniken kennenlernen und in Bezug auf Komplexität und Anwendbarkeit in Ihrer Organisation beurteilen können.

17.1 Reporting im Kontext Projektmanagement

Bevor wir in die technischen Details gehen, geben wir Ihnen einen Überblick darüber, welche Besonderheiten für das Berichtswesen im Projektmanagement zu beachten sind. Aus unserer langjährigen Erfahrung wissen wir, dass eine Reihe von Aspekten bereits weit vor der Erstellung des ersten Berichts in Betracht gezogen werden sollte, um die Basis für eine erfolgreiche Einführung zu schaffen.

17.1.1 Zweck von Projektberichten

Berichtswesen in Projekten wird von den Berichtserstellern immer wieder als überflüssiges und lästiges Übel empfunden. Häufig beobachten wir, dass gerade die Gruppe der Projektleiter sich oft lieber um die Erreichung der Projektziele kümmert, als beispielsweise den Projektfortschritt angemessen zu aktualisieren. Angesichts der in der Regel knappen Zeit und eng gesteckter Deadlines ist dies auch durchaus nachvollziehbar.

Dabei wird leicht übersehen, dass Berichte elementare Funktionen übernehmen und die Ergebnisse der Projektarbeit dokumentieren bzw. an die Berichtsempfänger kommunizieren, sodass alle auf dem gleichen Wissensstand sind. Versuchen Sie, diese Botschaft positiv in Ihre Organisation zu tragen, denn ein Projektberichtswesen ohne gepflegte Daten auf dem aktuellen Stand bzw. zu definierten Berichtszeitpunkten ist wertlos und wird von allen Beteiligten nicht akzeptiert werden. Nur Berichte, die sowohl Erstellern als auch Empfängern einen Mehrwert bringen, werden sich langfristig in der Projektorganisation durchsetzen. Solche Berichte sind kurz und klar gegliedert, enthalten nur wesentliche Informationen und sind auch für Dritte ohne großartige Erklärungen verständlich.

Bei der Einführung von IT-gestützten Lösungen im Rahmen des Projekt- und Portfoliomanagements (PPM) legen wir sehr viel Wert darauf, das Berichtswesen möglichst früh in den Prozess mit einzubeziehen. In einzelnen Fällen macht es sogar Sinn, die Definition und Inhalte der Berichte ganz an den Anfang der Planung zu stellen und das System um diese herum zu gestalten.

17.1.2 Berichtsempfänger

In jeder Organisation finden wir unterschiedliche Gruppen von Berichtsempfängern vor, die häufig auch als *Stakeholder* bezeichnet werden. Diese benötigen natürlich auch unterschiedliche Berichte, angepasst an den jeweiligen Informationsbedarf der Gruppe.

In Tabelle 17.1 haben wir die typischen Berichtsempfängergruppen mit deren Anforderungen aufgelistet, die wir eigentlich in jedem unserer Implementierungsprojekte antreffen.

Berichtsempfänger	Anforderungen an Berichte
Management	Die Führungsebene braucht stark verdichtete Daten zur Steuerung des Unternehmens. Bei Eskalationen sollten entsprechende Informationen als Entscheidungsgrundlage geliefert werden.
PMO	Das PMO stellt Berichte für das Management zusammen und nimmt anhand von Projektstatuslisten bei Auffälligkeiten mit den Projektleitern Kontakt auf. Häufig werden auch Ad-hoc-Anfragen an den Datenbestand benötigt.
Portfoliomanager	Diese brauchen verschiedene Sichten auf das gesamte Projektportfolio. Meist steht hier der strategische Aspekt im Vordergrund.
Programmmanager	Berichte für das Programmmanagement müssen den Datenbestand auf das jeweilige Programm filtern und eine Sicht auf die inhaltlich zusammenhängenden Teilprojekte ermöglichen.
Sponsoren/Kunden	Diese Gruppe benötigt laufend Informationen über den Fortschritt und Status der unterstützten Projekte. Sind Sponsoren oder Kunden extern, muss berücksichtigt werden, dass diese in der Regel keinen direkten Zugriff auf Microsoft Project Server haben.
Projektleiter	Die Projektleiter pflegen ihre Pläne auf der Ebene von Arbeitspaketen und Meilensteinen. Klassische Anforderungen sind der *Projektstatusbericht* und die *Meilensteintrendanalyse* (MTA).

Tabelle 17.1 Typische Berichtsempfängergruppen

Berichtsempfänger	Anforderungen an Berichte
Ressourcenmanager/Teamleiter	Hier liegt der Fokus auf Verfügbarkeit und Auslastung der Ressourcen, welche von den Projektleitern angefragt werden.
Projektmitarbeiter	Diese benötigen Informationen zu den Arbeitspaketen, auf die sie geplant sind. Projektmitarbeiter melden in der Regel auch Zeiten auf diese Vorgänge zurück und brauchen dafür einen standardisierten Leistungsnachweis.

Tabelle 17.1 Typische Berichtsempfängergruppen (Forts.)

Je höher die Berichtsempfängergruppe in der Unternehmenshierarchie steht, desto höher ist auch das Level der Aggregation von Daten. Bewährt hat sich in diesem Zusammenhang auch die Drilldown-Funktionalität, welche es erlaubt, von der verdichteten Information in eine tiefere Detaillierungsebene zu springen. Stellt das Management der AIRBI GmbH beispielsweise fest, dass in drei Projekten eine Eskalation gemeldet wurde, kann per Klick in einen Detailbericht gesprungen werden, der genau die Projekte mit diesem Status enthält, wie in Abbildung 17.1 veranschaulicht wird. Bei den meisten Berichtswerkzeugen ist diese Funktionalität bereits im Standard integriert.

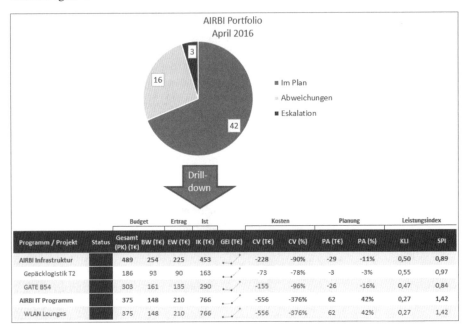

Abbildung 17.1 Schematische Darstellung Drilldown

Idealerweise entsteht so vom Management-Cockpit bis zur Detailanalyse ein einheitliches, zusammenhängendes und stufenweises Berichtswesen, welches die Anforderungen aller Berichtsempfänger abdeckt und in sich konsistent ist.

17.1.3 Klassische Berichte

Wir haben in vielen unserer Implementierungen festgestellt, dass in nur wenigen Unternehmen bereits ein ausgereiftes Projektberichtswesen etabliert ist. Nicht selten starten wir hier sogar quasi auf einer grünen Wiese und dürfen unsere eigenen Vorschläge einbringen.

Zu Beginn hilft es uns, dabei eine Reihe von Fragen zu stellen, die zum einen den Berichtsfokus identifizieren sollen, zum anderen aber auch erste Berichtsinhalte festlegen. In der folgenden Auflistung haben wir einige dieser Fragen für Sie zusammengestellt:

- Anhand welcher Kriterien wird der Status von Projekten festgelegt?
- Wie wird die Auslastung der Ressourcen überwacht?
- Wann gilt ein Projektmeilenstein als erreicht?
- Was kennzeichnet den Übergang in die nächste Phase?
- Welche Finanzkennzahlen stehen mit einem Projekt im Fokus?
- Wie funktioniert das Management von Risiken?
- Wann ist ein Arbeitspaket fertig bzw. geliefert?
- Wie werden Abweichungen zwischen Soll- und Ist-Werten festgestellt?
- Gibt es laufend zuverlässige Informationen über Restbudgets?
- Welche Plausibilitätsprüfungen werden in welcher Art durchgeführt?

Im Ergebnis entstehen so viele Anregungen für neue Berichte, aber häufig ist es sogar ausreichend, aus einer Mischung von eigenen Vorschlägen und Standardberichten geeignete Vorlagen auszuwählen, die lediglich an die Bedürfnisse der Organisation angepasst werden. Besonders häufig vorkommende Reports, die sich inhaltlich meist nur wenig überschneiden und in der Mehrheit der Unternehmen zur Anwendung kommen, haben wir für Sie in Tabelle 17.2 zusammengefasst.

Bericht	Beschreibung	Typische Inhalte
Portfolio-Dashboard (Cockpit)	Knappe, übersichtliche Darstellung von wichtigen Kennzahlen. Durch den Vergleich mit historischen Daten aus der vergangenen Berichtsperiode wird die Entwicklung aufgezeigt.	▶ Ampelstatus des gesamten Portfolios ▶ Auslastung aller Ressourcen ▶ Soll-Ist-Vergleich Kosten ▶ Indikatoren für Termine und Qualität

Tabelle 17.2 Klassische Berichte in der Projektorganisation

Bericht	Beschreibung	Typische Inhalte
Projektliste/ Ressourcenliste	Tabellarische Auflistung mit einer Zeile pro Projekt oder Ressource. Bereits hier werden jedem Berichtsempfänger nur gefilterte Daten gemäß Berechtigungskonzept oder Zielgruppe angezeigt.	▶ Portfoliostatus nach Projekten ▶ geleistete Stunden nach Geschäftsbereich ▶ Projektphase ▶ letztes Statusdatum
Statusbericht Einzelprojekt	kompakter Überblick über den aktuellen Status des Projekts zu einem definierten Berichtszeitpunkt	▶ Statusampeln ▶ Timeline ▶ Vergleich gegen den Basisplan ▶ Probleme/Risiken ▶ Kommentar des Projektleiters ▶ aktuelle Meilensteine
Stammdaten Einzelprojekt	Darstellung von Projektdaten, die sich im Projektverlauf gar nicht oder nur wenig ändern	▶ Projektnummer ▶ Projektname ▶ Projektart ▶ Stakeholder
Auslastung Ressourcen	Übersicht über die Verfügbarkeit und darüber, in welchen Projekten die Ressourcen gerade arbeiten bzw. in der Zukunft verplant sind	▶ Abteilung/RSP ▶ Team ▶ Kapazität ▶ Arbeit ▶ Verfügbarkeit
Risikomatrix	grafische Darstellung zur Einschätzung und Bewertung von Projektrisiken	▶ Wahrscheinlichkeit ▶ Auswirkung ▶ Kosten
Meilenstein-Trendanalyse	Überprüfung geplanter Termine für Berichtsmeilensteine zu einem definierten Zeitpunkt	▶ Meilenstein ▶ Meilensteintermin ▶ Berichtstermin

Tabelle 17.2 Klassische Berichte in der Projektorganisation (Forts.)

17.2 Technologie-Überblick

Microsoft Project Server 2016 bzw. Project Online bietet ein breites Spektrum an BI-Technologien, welche Sie für das *Reporting* einsetzen können. Dabei werden diese eigentlich nicht direkt von Project Server selbst bereitgestellt, sondern sind überwiegend integrierte Komponenten aus anderen Anwendungen von Microsoft wie SharePoint, SQL Server, Office und seit Neuestem auch Power BI, die für die Analyse und Verteilung zur Verfügung stehen. Da der Datenbankserver ohnehin Systemvoraussetzung für die Datenhaltung ist und Project Server seit der aktuellen Version sogar ein echter Service von SharePoint ist, der lediglich mit entsprechenden Lizenzen aktiviert werden muss, können Sie diese Technologien in der Regel auch ohne zusätzliche Kosten nutzen.

17.2.1 Die Komponenten

Da das PMO bei AIRBI noch ziemlich unerfahren mit der Datenauswertung von Project Server ist, möchte es zunächst mit einer sehr einfachen Möglichkeit starten, die im Standard integriert und leicht zu bedienen ist. Dafür empfehlen wir die Web-App-Ansichten. Sie können beispielsweise im Projekt- oder Ressourcencenter benutzerdefinierte Ansichten erstellen, welche jederzeit für berechtigte Anwender über den Browser aufrufbar sind. Ein großer Vorteil dabei ist, dass hier das Sicherheitskonzept von Project Server ohne weitere Anpassungen berücksichtigt wird. Ansichten enthalten typischerweise mehrere zusammenhängende Standard- und Enterprise-Felder, welche die Informationen von Projekten, Vorgängen oder Ressourcen darstellen. Sie können nach bestimmten Feldern gruppiert und sortiert werden, und eine komfortable Filterung ist ebenfalls möglich. Raster aus Ansichten können bequem nach Microsoft Excel exportiert und dort weiter analysiert werden. Standardansichten und benutzerdefinierte Ansichten werden zwar nicht der Kategorie Business Intelligence zugeordnet, weshalb wir in diesem Kapitel nicht näher auf das Thema eingehen, dennoch spielen Ansichten für das Berichtswesen eine wichtige Rolle, da sie besonders einfach zu erstellen sind und keine besonderen Vorkenntnisse sowohl beim Anlegen selbst als auch bei der Interpretation erfordern. Mehr zum Thema finden Sie in Abschnitt 20.4.1, »Ansichten verwalten«.

Als weitere Komponente darf natürlich Microsoft Excel nicht fehlen, was bei der AIRBI GmbH ohnehin zur Standardausstattung aller Rechner gehört. Geübten Excel-Anwendern wie den Mitarbeitern des AIRBI-Controllings fällt es damit leicht, direkt auf den Datenbestand aller Projekte zuzugreifen, Zahlen entsprechend aufzubereiten und zu validieren sowie mit weiteren Unternehmensdaten, die außerhalb von Project Server in Drittsystemen gehalten werden, zu verknüpfen.

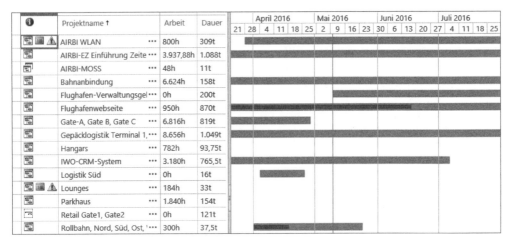

Abbildung 17.2 Ansicht im Project Center

Im Zusammenspiel mit dem neuen Microsoft Office Online Server (OOS) und SharePoint Server 2016 können in Excel erstellte Arbeitsmappen im Browser angezeigt und bearbeitet werden. Dabei müssen Sie nicht immer die gesamte Arbeitsmappe bereitstellen, sondern können gezielt nur bestimmte Elemente wie Pivot-Tabellen oder Diagramme veröffentlichen. Die noch aus SharePoint Server 2013 bekannten Excel Services sind entfernt worden, das heißt, ohne einen mit der Farm verbundenen OOS ist es nicht mehr möglich, Excel-Dokumente im Browser zu öffnen.

Office Online Server bedeutet nicht den Gang in die Cloud

Lassen Sie sich nicht von dem Begriff *Online* verwirren. OOS sind Dienste, die sowohl rein on premises als auch in hybriden Einsatzszenarien betrieben werden können. Der Microsoft Office Online Server ist offizieller Nachfolger des Office Web Apps Servers 2013, und »Online« bezieht sich in diesem Fall auf das Bearbeiten von Office-Dokumenten (u. a. Word, Excel und PowerPoint) im Webbrowser.

SQL Server Reporting Services ist ein serverbasiertes BI-Werkzeug, welches bereits mit dem Microsoft SQL Server lizenziert ist. Berichte werden mithilfe eines Berichtsdesigners erstellt und auf dem Berichtsserver veröffentlicht. Die Administration der Berichte erfolgt entweder über einen Berichtsmanager als eigene Webseite oder integriert über den Microsoft SharePoint Server. SQL Server Reporting Services liefern eine Reihe interessanter Zusatzfunktionen wie Abonnements und den Export in andere Dateiformate.

Mit dem neuesten Release des SQL Servers 2016 wird diese on-premises-BI-Lösung neben den klassisch strukturierten Reports weitere Berichtstypen unterstützen, um u. a. die Anzeige auf mobilen Endgeräten wie Tablets oder Smartphones zu ermöglichen.

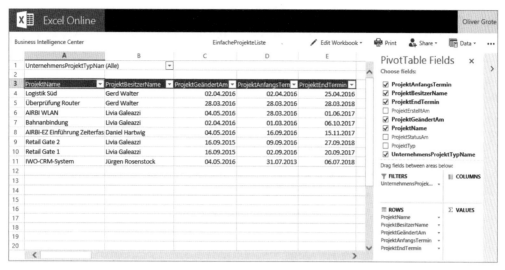

Abbildung 17.3 Anzeige einer Excel-Arbeitsmappe im Browser

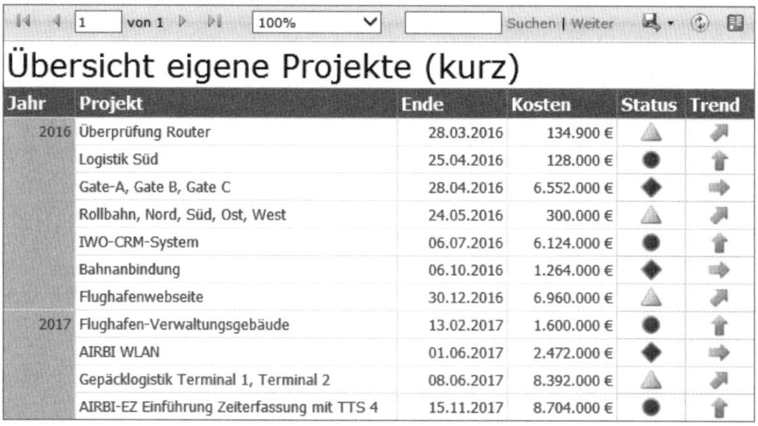

Jahr	Projekt	Ende	Kosten	Status	Trend
2016	Überprüfung Router	28.03.2016	134.900 €	△	↗
	Logistik Süd	25.04.2016	128.000 €	●	↑
	Gate-A, Gate B, Gate C	28.04.2016	6.552.000 €	◆	⇒
	Rollbahn, Nord, Süd, Ost, West	24.05.2016	300.000 €	△	↗
	IWO-CRM-System	06.07.2016	6.124.000 €	●	↑
	Bahnanbindung	06.10.2016	1.264.000 €	◆	⇒
	Flughafenwebseite	30.12.2016	6.960.000 €	△	↗
2017	Flughafen-Verwaltungsgebäude	13.02.2017	1.600.000 €	●	↑
	AIRBI WLAN	01.06.2017	2.472.000 €	◆	⇒
	Gepäcklogistik Terminal 1, Terminal 2	08.06.2017	8.392.000 €	△	↗
	AIRBI-EZ Einführung Zeiterfassung mit TTS 4	15.11.2017	8.704.000 €	●	↑

Abbildung 17.4 Reporting-Services-Bericht (nativer Berichtsserver)

Erst seit relativ kurzer Zeit bietet Microsoft mit Power BI ein cloudbasiertes Analysewerkzeug vorwiegend für Self-Service-Nutzer an. Die Idee dahinter ist, grundsätzlich schneller Erkenntnisse ohne Einbeziehung von IT-Abteilungen zu gewinnen. Daten aus verschiedenen Quellen können relativ leicht verknüpft, mit Dashboards visualisiert und über das Power-BI-Portal geteilt werden. Ebenso werden über Apps und Webbrowser alle gängigen Geräte in vollem Umfang unterstützt. Die vorwiegend durch geringes Datenvolumen limitierte Basisversion ist kostenlos erhältlich, aber trotzdem für viele Anwendungsfälle vollkommen ausreichend.

Sollten bei Ihnen, anders als bei der AIRBI GmbH, bereits etablierte BI-Komponenten anderer Hersteller als Microsoft ausgerollt sein, steht der Nutzung dieser Tools und der Integration von Daten aus Project Server natürlich nichts im Wege. Wie Sie grundsätzlich darauf zugreifen und wie die Tabellen strukturiert sind, zeigen wir Ihnen in Abschnitt 17.3, »Datenquellen«.

17.2.2 Einfluss des Nutzungsmodells

Für diejenigen von Ihnen, die bereits seit Längerem den Project Server und die verfügbaren BI-Komponenten einsetzen, sei hier erwähnt, dass mit dem Erscheinen von SQL Server 2016 und SharePoint Server 2016 auch einige grundlegende Änderungen der BI-Strategie von Microsoft und der Architektur verbunden sein werden. Die ersten Auswirkungen davon, den Wegfall der Excel Services und die quasi Pflichtinstallation eines OOS, haben wir bereits im vorigen Abschnitt beschrieben. Das Ganze hängt u. a. natürlich mit der zunehmenden Tendenz zur Auslagerung von Diensten in die Cloud zusammen. Genau deshalb ist unserer Meinung nach die Einführung oder Migration eines Projektsystems auch ein guter Zeitpunkt, um zu überdenken, wie zukünftig das Berichtswesen on premises, in der Cloud oder hybrid betrieben werden kann.

Bevor sich die Entscheidungsträger der AIRBI GmbH also endgültig auf ein Nutzungsmodell festlegen, muss auch die Rolle des Reportings in der Projektorganisation beleuchtet werden, da es hier signifikante Unterschiede zwischen dem Betrieb von Project Server 2016 und Project Online gibt. Ein paar wichtige Informationen und Empfehlungen für die einzelnen Aspekte haben wir in Tabelle 17.3 aufgrund der elementaren Bedeutung bereits an dieser frühen Stelle für Sie zusammengestellt. Die einzelnen Begriffe und Zusammenhänge werden also später noch eingehend in diesem Kapitel behandelt, falls Sie zu diesem Zeitpunkt noch nichts damit anfangen können.

	Project Server 2016 (on premises)	Project Online (Cloud)
Bearbeitung von Office-Dokumenten im Browser	Installation von Office Online Server (OOS) und Verbindung mit der SharePoint-Farm notwendig	Nutzung von Office Online
Zugriff auf die Datenbank	direkter Zugriff auf das PWA-Datenbankschema (SQL Server)	kein direkter Zugriff, Verbindung über OData-Feed

Tabelle 17.3 Reporting-Aspekte für Betrieb on premises oder in der Cloud

	Project Server 2016 (on premises)	Project Online (Cloud)
OLAP	vordefinierte Cubes im Standard vorhanden, Anpassungen möglich	nicht verfügbar
Empfohlene Technologie	SQL Server Reporting Services für Standard Reports, Excel für Ad-hoc-Analysen	Excel für Datenanalyse, Power BI für Dashboards und regelmäßige Aktualisierung der Daten
Hybridansatz Empfehlung	Zugriff mit Power BI und Office 365 auf das PWA-Datenbankschema	Kopie der Daten z. B. über ein Integration-Services-Paket in das eigene on-premises-Data-Warehouse

Tabelle 17.3 Reporting-Aspekte für Betrieb on premises oder in der Cloud (Forts.)

Wenn Sie am Ende dieses Kapitels also feststellen, dass Excel und Power BI für Ihre Bedürfnisse bezüglich des Berichtswesens ausreichend sind, können Sie ruhigen Gewissens auch das Nutzungsmodell von Project Online trotz diverser Einschränkungen in Betracht ziehen. Ansonsten empfehlen wir ein hybrides Szenario oder die komplette Installation des Project Servers 2016 in der eigenen Umgebung.

Die hier in diesem Kapitel beschriebenen Technologien werden von Microsoft sicherlich auch noch für einen längeren Zeitraum unterstützt und weiterentwickelt. Wir sehen derzeit gerade bei Power BI eine enorme Steigerung des Funktionsumfangs und der Visualisierungsmöglichkeiten im monatlichen Rhythmus. Das trifft aber nicht auf alle Komponenten zu, denn mittlerweile füllt sich die Liste nicht mehr unterstützter Produkte bzw. Technologien, die nicht weiterentwickelt werden. Dazu gehört neben Power View und den Performance Point Services mittlerweile auch der in SharePoint integrierte Modus der Reporting Services. Diese noch in der Vorversion des Project Servers 2013 vorhandenen Komponenten lassen sich zwar noch mit einigen Einschränkungen migrieren, werden aber langfristig nicht mehr im Angebot zu finden sein.

Da der Einsatz der einzelnen Tools grundsätzlich zunächst einmal unabhängig vom Nutzungsmodell des Project Servers ist, gehen wir in den jeweiligen Abschnitten an entsprechender Stelle noch genauer auf diese Thematik ein.

17.3 Datenquellen

Project Server 2016 speichert alle für das Berichtswesen relevanten Informationen in einer Datenbank, die vom SQL Server verwaltet wird. Egal, ob Sie beispielsweise aus dem Client Project Professional heraus Projektpläne speichern und veröffentlichen oder in der Project Web App Änderungen vornehmen, die Transaktionen werden im Hintergrund in der Datenbank protokolliert und abgelegt. In einer reinen Cloud-Architektur beim Betrieb von Project Online befindet sich die Datenbank in einem sogenannten *Datacenter* von Microsoft.

In der Vorversion gab es für den Project Server noch eine eigene dedizierte Datenbank, welche nun in die Inhaltsdatenbank von SharePoint Server integriert wurde. Dies bietet vor allem Vorteile für den Datenbankadministrator bei der Verwaltung des Systems. Änderungen am Datenmodell wurden jedoch nicht vorgenommen, die alte Struktur wird durch ein entsprechendes Schema mit einem Präfix gekennzeichnet.

Tabelle 17.4 gibt Ihnen einen Überblick über jedes Schema und dessen Zweck für ein Microsoft-Project-Server-System der Version 2016, sofern direkter Zugriff auf die Datenbank möglich ist.

Name des Schemas	Präfix	Zweck	Daten
Archive	pjver	Sicherung administrativ	archiviert
Draft	pjdraft	Transaktion	gespeichert
Published	pjpub	Transaktion	veröffentlicht
Reporting	pjrep	Berichtswesen	veröffentlicht

Tabelle 17.4 Überblick Project-Server-Datenbankschemas

Die Objekte des *Archive-Schemas* speichern ältere Versionen von Entitäten in Project Server. Dieser Datenspeicher wird dann genutzt, wenn Objekte in der Project Web App gesichert und archiviert werden. Beispielsweise können Sie folgende Objekte über die Datenbank administrativ sichern:

- Projekte
- Ressourcen
- Zuordnungen
- Vorgänge
- benutzerdefinierte Felder

Weitere Informationen dazu finden Sie auch in Abschnitt 20.3.6, »Administrative Sicherung (nur in SharePoint-Zentraladministration)«.

Innerhalb des *Draft-Schemas* werden unveröffentlichte Daten aus den Projektplänen abgelegt. Diese Objekte werden also angesprochen, wenn Sie lediglich Ihre Änderungen auf dem Project Server speichern, ohne das Projekt zu veröffentlichen.

Die Tabellen des *Published-Schemas* hingegen enthalten Daten aller veröffentlichten Projekte und Ressourcen sowie alle Arten von Vorlagen. Veröffentlichte Daten sind vor allem dadurch gekennzeichnet, dass sie in der PWA sichtbar sind. Weiterhin enthält dieser Datenspeicher auch spezifische Project-Server-Tabellen wie Arbeitszeittabellen, Ressourceninformationen und Ansichten.

Mit dem *Reporting-Schema* wird Ihnen ein Datencontainer zur Verfügung gestellt, um Berichte sowie OLAP-Datenbanken und -Würfel (OLAP-Cubes) zu erstellen. Diese Tabellen werden nahezu in Echtzeit aktualisiert und sind für den Lesezugriff optimiert. Weiterhin finden Sie dort auch ausgewählte Daten der Projektwebsites, welche aus den Tabellen des SharePoint Servers synchronisiert werden.

Direkter Zugriff nicht unterstützt

Der direkte Zugriff auf Tabellen und Sichten der Schemas *Archive* (*pjver*), *Draft* (*pjdraft*) und *Published* (*pjpub*) wird von Microsoft nicht unterstützt. Dies kann z. B. zu einem korrupten Project-Professional-Cache oder einer fehlerhaften Datenbank führen. Daher dürfen Reports nur die Objekte des Schemas *Reporting* (*pjrep*) verwenden. Zwar gibt es keinen Mechanismus, der den programmatischen Zugriff verhindert, jedoch sollten Sie sich darüber im Klaren sein, dass Sie in diesem Fall Ihren Anspruch auf Produkt-Support verlieren und nur im Ausnahmefall auf offizielle Empfehlung von Microsoft solche Operationen ausführen sollten.

17.3.1 SharePoint-Server-Datenbank

Sind Sie durch Ihr Nutzungsmodell (on premises oder hybrid) also in der Lage, direkt auf den SQL Server zuzugreifen, können Sie die SharePoint-Server-Datenbank als mögliche Datenquelle für das Reporting in Betracht ziehen. Dort werden in den Objekten des Schemas *Reporting* (Präfix *pjrep*) des Project Servers 2016 berichtsrelevante Daten gespeichert. Die Tabellen halten stets aktuelle bzw. veröffentlichte Informationen bereit, beispielsweise zu Projekten, Vorgängen, Ressourcen oder Zuordnungen.

Vielleicht fragen Sie sich an dieser Stelle, genau wie der IT-Verantwortliche der AIR-BI GmbH, warum im Prinzip eine doppelte Datenhaltung betrieben wird. Denn, wie im vorigen Abschnitt beschrieben, sind die eigentlichen Daten ja in den Tabellen mit dem Schema *Published* (Präfix *pjpub*) gespeichert. Trotzdem bietet das Auslagern auf eine eigene Datenstruktur mehrere Vorteile. Einerseits sind die Tabellen des Schemas *Reporting* denormalisiert und ermöglichen Ihnen auch als Anwender mit wenig Erfahrung einfachen und schnellen Zugriff auf berichtsrelevante Informationen. Andererseits werden die Tabellen des Schemas *Published* als Transaktionsspeicher mit vielen Schreib- und Lesezugriffen entlastet. Zudem lassen sich durch verschiedene Schemas leichter Berechtigungen an Berichtsautoren vergeben, ohne die Stabilität des Systems durch möglicherweise unerfahrene Nutzer zu gefährden. Ein spezielles Datenbankdesign sorgt außerdem dafür, dass der Server mit besonders guter Performance auf Lesezugriffe reagiert, wenn Sie als Anwender oder die BI-Anwendung Abfragen an die Reporting-Tabellen oder -Ansichten absetzen.

Schema der Reporting-Objekte herunterladen

Leider ist das aktualisierte Schema für die Version Project Server 2016 zum Zeitpunkt des Redaktionsschlusses dieses Buches noch nicht verfügbar. Die derzeit aktuellste Version für Project Server 2013 finden Sie unter:

https://msdn.microsoft.com/de-de/library/office/ms512767.aspx

Die Dokumentation ist ein Bestandteil des Software Development Kit (SDK) für Microsoft Project Server. Dort finden Sie nähere Erläuterungen zu den einzelnen Tabellen, Ansichten und Feldern sowie zu deren Beziehungen untereinander. Außerdem enthält das SDK neben weiteren Dokumentationen u. a. auch Codebeispiele, Anleitungen und weitere Programmierreferenzen.

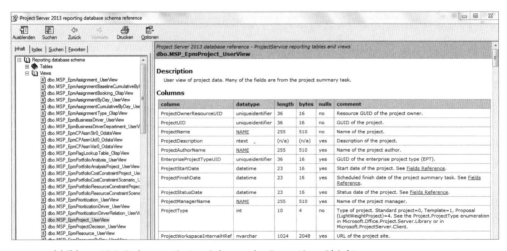

Abbildung 17.5 Dokumentiertes Schema der Reporting-Objekte

In Tabelle 17.5 finden Sie eine Auflistung der wichtigsten Datenbanktabellen und -ansichten für bestimmte Informationstypen innerhalb des Reporting-Schemas.

Informationstyp	Tabelle	Ansicht
Stammdaten zu Projekten	pjrep.MSP_EpmProject	pjrep.MSP_EpmProject_UserView
Stammdaten zu Vorgängen	pjrep.MSP_EpmTask	pjrep.MSP_EpmTask_UserView
Stammdaten zu Ressourcen	pjrep.MSP_EpmResource	pjrep.MSP_EpmResource_UserView
Stammdaten zu Zuordnungen	pjrep.MSP_EpmAssignment	pjrep.MSP_EpmAssignment_UserView
zeitliche Verteilung der Zuordnungsarbeit und Kosten (berechnet/aktuell)	pjrep.MSP_EpmAssignmentByDay	pjrep.MSP_EpmAssignmentByDay_UserView
Brutto- und Nettokapazität der Ressourcen	pjrep.MSP_EpmResourceByDay	pjrep.MSP_EpmResourceByDay_UserView
Statusinformationen zu Workflows	pjrep.MSP_EpmWorkflowStatusInformation	–
Stammdaten zu Arbeitszeittabellen	pjrep.MSP_Timesheet	–
aktuelle Arbeit in Arbeitszeittabellen	pjrep.MSP_TimesheetActual	–
Stammdaten zu Risiken	pjrep.MSP_WssRisk	–
Stammdaten zu Problemen	pjrep.MSP_WssIssue	–

Tabelle 17.5 Wichtige Tabellen und Ansichten des Reporting-Schemas

Tabellen und Sichten werden untereinander durch eindeutige Schlüssel vom Datentyp *UNIQUEIDENTIFIER* verknüpft. Die Spalten tragen dementsprechend auch eindeutige Namen wie *ProjectUID*, *TaskUID* oder *ResourceUID*. Sollte sich Ihnen eine Beziehung zwischen Tabellen oder Ansichten nicht eindeutig erschließen, können Sie in der Dokumentation die Abhängigkeiten nachschlagen.

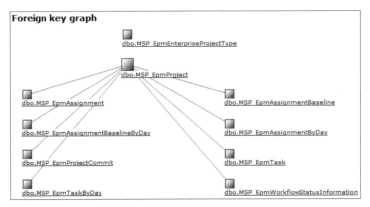

Abbildung 17.6 Beispiel für Fremdschlüssel der Tabelle »pjrep.MSP_EpmProject«

> **Ansichten enthalten die benutzerdefinierten Felder**
>
> Benutzen Sie als Einsteiger so weit wie möglich die Ansichten, auch wenn diese eine weniger gute Performance gerade bei größeren Datenmengen oder einer großen Anzahl benutzerdefinierter Felder bieten. Der entscheidende Vorteil dabei ist, dass im Standard vorhandene Ansichten die benutzerdefinierten Felder der jeweiligen Entität als Spalten enthalten, aber die korrespondierende Tabelle allein nicht. Sobald Sie ein neues benutzerdefiniertes Feld anlegen oder löschen, werden die Ansichten angepasst. Weiterhin enthalten Ansichten eine Reihe weiterer Zusatzinformationen, wie z. B. den Klarnamen des Projektbesitzers oder Arbeits- und Kostendaten aus den Basisplänen.

Eine Ausnahme für unsere Empfehlung zur Nutzung von Ansichten stellen die zeitphasenbasierten Daten dar. Diese sind gekennzeichnet dadurch, dass im Namen der Ansicht das Schlüsselwort »ByDay« enthalten ist. In der Konsequenz bedeutet das eine Zeile pro Entität und Tag, also z. B. bei einer einzigen Zuordnung einer Ressource auf einen Vorgang über ein Jahr, dass etwa 365 Datensätze dafür gespeichert werden. Weichen Sie in diesen Fällen unbedingt auf die entsprechenden Tabellen aus und erstellen die notwendigen Verknüpfungen (Joins), es sei denn, die Geschwindigkeit der Abfrage spielt für Ihre Anwendung keine Rolle. Bei der Entwicklung von Joins hilft Ihnen auch hier wieder die Dokumentation bei der Findung der Abhängigkeiten, wie in Abbildung 17.7 beispielhaft für Projekte dargestellt wird.

Wundern Sie sich bitte nicht, wenn die Ansichten nach der Installation und dem Anlegen der Datenbank noch nicht vorhanden sind. Im Gegensatz zu allen Vorversionen des Project Servers bis einschließlich 2013 werden die Views jetzt erst dann angelegt, wenn auch tatsächlich das erste benutzerdefinierte Feld für die jeweilige Entität über die Konfiguration erstellt wird.

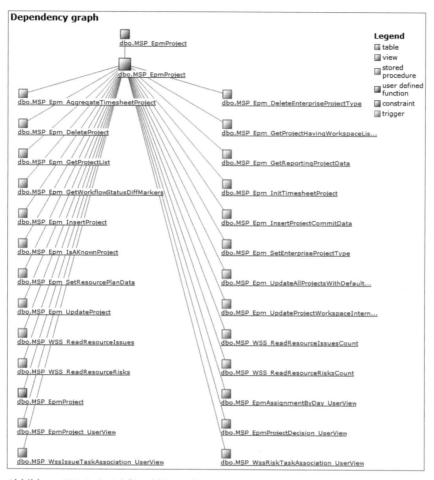

Abbildung 17.7 Beispiel für Abhängigkeiten einer Tabelle

Die Abfragen selbst werden in der proprietären Erweiterung des SQL-Standards von Microsoft Transact-SQL (T-SQL) formuliert. Um Ihnen den Einstieg zu erleichtern, haben wir Ihnen in Tabelle 17.6 ein paar einfache gebräuchliche Abfragen an die Project-Server-Tabellen und -Ansichten zur Verfügung gestellt. Diese Abfragen können Sie z. B. im Management Studio des SQL Servers an jede Instanz von Microsoft Project Server 2016 absetzen.

Fragestellung	T-SQL-Abfrage
Liste veröffentlichter Projekte, Start- und Enddatum sowie Projektbesitzer	SELECT ProjectName, ProjectStartDate, Project-FinishDate, ProjectOwnerName FROM pjrep.MSP_EpmProject_UserView

Tabelle 17.6 Einstiegsabfragen an den Project-Server-Datenbestand

Fragestellung	T-SQL-Abfrage
Name und Benutzerkonto aller aktiven Ressourcen vom Typ Arbeit	SELECT ResourceName, ResourceNTAccount FROM pjrep.MSP_EpmResource_UserView WHERE (ResourceType = 2) AND (ResourceIsActive = 1)
Meilensteine des aktuellen Monats mit Datum und zugehörigem Projekt	SELECT P.ProjectName, T.TaskName, T.TaskFinish-Date FROM pjrep.MSP_EpmTask_UserView AS T INNER JOIN pjrep.MSP_EpmProject_UserView AS P ON T.ProjectUID = P.ProjectUID WHERE (T.TaskIsMilestone = 1) AND (MONTH(T.TaskFinishDate) = MONTH(GETDATE())) AND (YEAR(T.TaskFinishDate) = YEAR(GETDATE()))
Nettokapazität aller Ressourcen pro Monat im Jahr 2016	SELECT R.ResourceUID, R.ResourceName, MONTH(RBD.TimeByDay) AS Month, SUM(RBD.Capacity) AS Capacity FROM pjrep.MSP_EpmResourceByDay AS RBD INNER JOIN pjrep.MSP_EpmResource AS R ON RBD.ResourceUID = R.ResourceUID WHERE (YEAR(RBD.TimeByDay) = 2016) GROUP BY R.ResourceUID, R.ResourceName, MONTH(RBD.TimeByDay)
Arbeit und aktuelle Arbeit pro Ressource und Monat im Jahr 2016	SELECT R.ResourceUID, R.ResourceName, MONTH(ABD.TimeByDay) AS Month, SUM(ABD.AssignmentWork) AS [Work], SUM(ABD.AssignmentActualWork) AS ActualWork FROM pjrep.MSP_EpmAssignment AS A INNER JOIN pjrep.MSP_EpmAssignmentByDay AS ABD ON A.ProjectUID = ABD.ProjectUID AND A.AssignmentUID = ABD.AssignmentUID INNER JOIN pjrep.MSP_EpmResource AS R ON A.ResourceUID = R.ResourceUID WHERE (YEAR(ABD.TimeByDay) = 2016) GROUP BY R.ResourceUID, R.ResourceName, MONTH(ABD.TimeByDay)

Tabelle 17.6 Einstiegsabfragen an den Project-Server-Datenbestand (Forts.)

Noch eine gute Nachricht, falls Sie bereits Berichte unter Einbeziehung des Reporting-Schemas von Project Server 2010 oder 2013 entwickelt haben. Diese werden bei einer Migration auf 2016 grundsätzlich weiterhin funktionieren, da das Datenbankschema lediglich gewechselt, jedoch nicht grundlegend geändert wurde.

17.3 Datenquellen

Migration bestehender Abfragen und Reports durchführen

Mit der Integration der Daten des Project Servers 2016 in die Inhaltsdatenbank des SharePoint Servers wurde auch das Datenbankschema für das Reporting geändert. Deshalb müssen leider alle T-SQL-Abfragen angepasst werden, die bisher in Vorversionen für Reports und Anwendungen in produktivem Einsatz sind. Ersetzen Sie daher in allen Objektnamen das Präfix dbo durch pjrep. Haben Sie kein Präfix verwendet, besteht zwar theoretisch die Möglichkeit, dem Datenbankbenutzer das Standardschema pjrep zuzuweisen, wir empfehlen aber, grundsätzlich immer ein Präfix zu verwenden. So muss beispielsweise die Abfrage SELECT ProjectName FROM dbo.MSP_EpmProject oder SELECT ProjectName FROM MSP_EpmProject geändert werden in SELECT ProjectName FROM pjrep.MSP_EpmProject.

Verwenden Sie die SharePoint-Server-Datenbank für das Berichtswesen vor allem dann, wenn Sie auf aktuelle Daten angewiesen sind und Änderungen, welche gerade durchgeführt wurden, sofort im Bericht erscheinen sollen. Dazu gehört vor allem das Statusberichtswesen, wo Änderungen der Projektleiter in einheitlichen Statusberichten sofort in alle Reports übernommen werden sollten, da diese aus der Erfahrung häufig erst kurz vor dem Statusmeeting aktualisiert bzw. angefertigt werden.

Solange die Abfragen also erträgliche Antwortzeiten haben und direkter Zugriff überhaupt möglich ist, besteht auch kein Grund, sich gegen die SharePoint-Server-Datenbank als Datenquelle zu entscheiden. Aber gerade bei großen Datenmengen mit möglicherweise vielen zeitphasenbasierten Daten kann die Performance ganz schnell in den Keller gehen. Hier wäre unsere Empfehlung, wenn möglich auf die Datenanalyse mit OLAP-Cubes auszuweichen, deren Geschwindigkeitsvorteile Sie sich allerdings auf Kosten der Aktualität der Daten erkaufen müssen. Wie genau das funktioniert, erfahren Sie im folgenden Abschnitt.

17.3.2 Analysis Services Cubes (OLAP)

Wie bereits in Abschnitt 17.2.2 erwähnt, können Sie OLAP abhängig vom Nutzungsmodell ebenfalls nur im reinen on-premises-Betrieb oder in hybriden Szenarien verwenden. Aus den Datensätzen der SharePoint-Server-Datenbank werden dann bei Bedarf OLAP-Datenbanken gemäß Ihrer Konfiguration erstellt bzw. aktualisiert. Voraussetzung zur Erstellung einer OLAP-Datenbank und deren enthaltener Datenwürfel sind die *SQL Server Analysis Services (SSAS)*, die eine optionale Komponente des Microsoft SQL Servers sind und bei Bedarf installiert werden können. Jede erstellte Analysis-Services-Datenbank besteht aus den 14 Cubes, welche wir in Tabelle 17.7 aufgelistet haben. Die durch OLAP-Würfel bzw. -Cubes zur Verfügung gestellten Daten können mit nahezu allen Autorenwerkzeugen für Reports als Datenquelle genutzt werden. Dadurch lassen sich in den verschiedensten Arten von Berichten die Daten bequem auswerten und einer Ad-hoc-Analyse unterziehen.

Name des Würfels	Art
Assignment Non Timephased	Enterprise
Assignment Timephased	Enterprise
Deliverables	SharePoint
EPM Timesheet	Enterprise
Issues	SharePoint
MSP_Portfolio_Analyzer	virtuell (Assignment Timephased, Resource Timephased)
MSP_Project_SharePoint	virtuell (Deliverables, Issues, Project Non Timephased, Risks)
MSP_Project_Timesheet	virtuell (Assignment Timephased, EPM Timesheet, Resource Timephased)
Project Non Timephased	Enterprise
Resource Non Timephased	Enterprise
Resource Timephased	Enterprise
Risks	SharePoint
Tasks Non Timephased	Enterprise
Timesheet	Enterprise

Tabelle 17.7 Die 14 Cubes einer Standard-OLAP-Datenbank

Die Namen der Cubes sprechen eigentlich selbst für deren Inhalt und die zur Verfügung gestellten Daten. Sie können sich auch an den Namen der SQL Server-Tabellen des Reporting-Schemas in der SharePoint-Server-Datenbank orientieren. Sollte das für Sie nicht ausreichen, ist auch das Schema der OLAP-Cubes dokumentiert. In einer Excel-Arbeitsmappe finden Sie für jeden Würfel ein Arbeitsblatt mit den entsprechenden Informationen. Den Link zum Download finden Sie im vorigen Abschnitt 17.3.1.

Bereits seit der Version 2007 des Project Servers ist die Anzahl der Datenwürfel auf 14 aufgestockt worden, allerdings wurden diese in nur einer einzigen OLAP-Datenbank verwaltet, welche alle Daten enthielt. Schon damals hatte Microsoft dort Handlungsbedarf erkannt, da Dienstleister und Lieferanten mit der Datenbank für die Analyse arbeiteten, welche beispielsweise alle sensiblen Kostendaten enthielt. Gerade in großen Unternehmen mit vielen Abteilungen war dies ein großes Problem, und zudem dauerte die Erstellung der Cubes mit dem kompletten Datenbestand unverhältnismäßig lange.

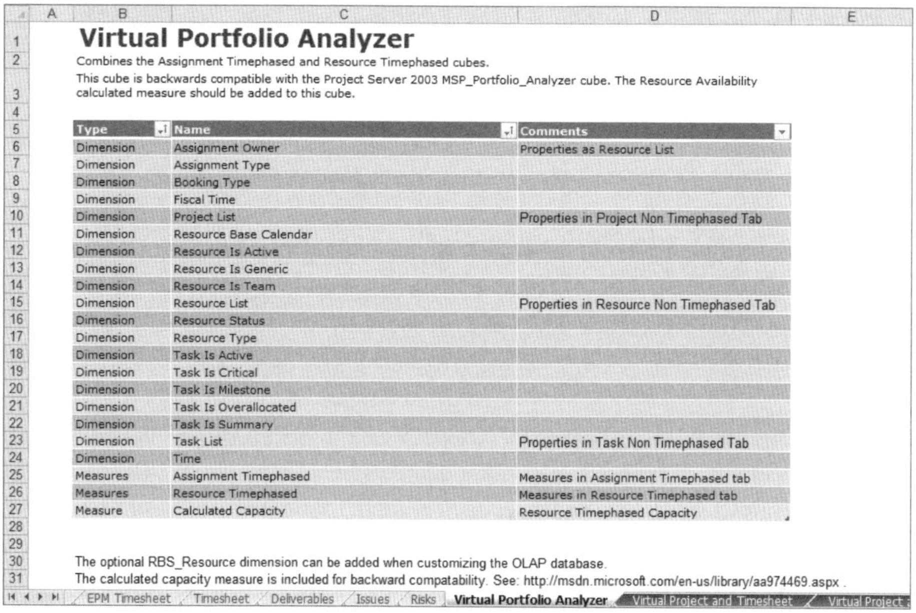

Virtual Portfolio Analyzer

Combines the Assignment Timephased and Resource Timephased cubes.

This cube is backwards compatible with the Project Server 2003 MSP_Portfolio_Analyzer cube. The Resource Availability calculated measure should be added to this cube.

Type	Name	Comments
Dimension	Assignment Owner	Properties as Resource List
Dimension	Assignment Type	
Dimension	Booking Type	
Dimension	Fiscal Time	
Dimension	Project List	Properties in Project Non Timephased Tab
Dimension	Resource Base Calendar	
Dimension	Resource Is Active	
Dimension	Resource Is Generic	
Dimension	Resource Is Team	
Dimension	Resource List	Properties in Resource Non Timephased Tab
Dimension	Resource Status	
Dimension	Resource Type	
Dimension	Task Is Active	
Dimension	Task Is Critical	
Dimension	Task Is Milestone	
Dimension	Task Is Overallocated	
Dimension	Task Is Summary	
Dimension	Task List	Properties in Task Non Timephased Tab
Dimension	Time	
Measures	Assignment Timephased	Measures in Assignment Timephased tab
Measures	Resource Timephased	Measures in Resource Timephased tab
Measure	Calculated Capacity	Resource Timephased Capacity

The optional RBS_Resource dimension can be added when customizing the OLAP database.

The calculated capacity measure is included for backward compatability. See: http://msdn.microsoft.com/en-us/library/aa974469.aspx .

Abbildung 17.8 Dokumentation des Cube-Schemas

Mit Project Server 2016 haben Sie die Möglichkeit, beliebig viele Analysis-Services-Datenbanken zu erstellen, um Daten gemäß der Struktur Ihres Unternehmens zu segmentieren. Somit können Sie gezielt kleinere Datenbanken für einen bestimmten Nutzerkreis zur Verfügung stellen, die auch viel schneller erstellt werden und damit auch die Möglichkeit einer höheren Frequenz der Aktualisierung bieten. Diese Aufgabe können Sie entweder durch Datenfilterung erledigen, oder Sie geben in den Einstellungen an, welche Datenelemente in einer bestehenden Datenbank enthalten sein sollen. In Project Server 2016 können Sie den Inhalt einer OLAP-Datenbank aus einer Kombination der folgenden Kriterien filtern:

- Projektabteilungen
- Ressourcenabteilungen
- Zeitraum

Zur Erstellung einer OLAP-Datenbank gehen Sie wie folgt vor:

1. Rufen Sie im Browser die Webseite der SharePoint-2016-Zentraladministration z. B. über eine Remote-Verbindung zum Anwendungsserver auf. Klicken Sie auf ANWENDUNGSVERWALTUNG • DIENSTANWENDUNGEN VERWALTEN. Dort klicken

Sie zunächst auf PROJECT SERVER DIENSTANWENDUNG und wählen im Kontextmenü der bereitgestellten Instanz den Punkt VERWALTEN aus. Klicken Sie dann unter der Überschrift WARTESCHLANGEN- UND DATENBANKVERWALTUNG auf den Link OLAP-DATENBANKVERWALTUNG.

Abbildung 17.9 OLAP-Datenbankverwaltung in der Zentraladministration

Alternativ können Sie in der Zentraladministration auch direkt den Punkt ALLGEMEINE ANWENDUNGSEINSTELLUNGEN auswählen und dann unter PWA-EINSTELLUNGEN auf VERWALTEN klicken. Sollten Sie bereits mehrere PWA-Instanzen bereitgestellt haben, wechseln Sie gegebenenfalls im Kontextmenü rechts oben zur entsprechenden Instanz.

2. Klicken Sie auf die Schaltfläche NEU. Tragen Sie dann in den vorgesehenen Feldern die Werte ein. In Abbildung 17.10 sehen Sie Beispieleinstellungen für eine Datenbank, die nur OLAP-Daten des Jahres 2016 enthält. Lassen Sie die Felder für Projekt- und Ressourcenabteilung einfach leer, und begrenzen Sie den Zeitraum auf das aktuelle Jahr. Wählen Sie alternativ für den Zeitraum die Einstellung DEN FRÜHESTEN ANFANGSTERMIN UND DEN SPÄTESTEN ENDTERMIN DES PROJEKTS VERWENDEN, wenn Sie eine Datenbank mit allen Daten erzeugen wollen.

Abbildung 17.10 Einstellungen für neue OLAP-Datenbank

3. Klicken Sie dann auf SPEICHERN.

In diesem Dialog legen Sie auch fest, welche Benutzer aus welcher Abteilung welche Daten sehen dürfen, die Möglichkeit dazu hatten wir bereits am Anfang dieses Abschnitts erwähnt.

Vielleicht stellen Sie sich jetzt gerade die Frage, welche Cubes durch welche Einstellungskombinationen von der Filterung betroffen sind. In Abbildung 17.11 haben wir diese Informationen in Form einer Matrix für Sie zusammengefasst.

	Projektabteilung(en) nicht angegeben	Projektabteilung(en) zum Filtern von Projekten ausgewählt
Ressourcenabteilung(en) nicht angegeben	Keine Datenfilterung, alle Daten werden für alle Cubes geladen	ProjektOhneZeitphasen VorgangOhneZeitphasen Probleme Risiken Lieferumfänge ProjectSharePoint ProjektArbeitszeittabelle PortfolioAnalysierer ZuordnungOhneZeitphasen ZuordnungMitZeitphasen EpmZeittabelle
Ressourcenabteilung(en) zum Filtern von Ressourcen ausgewählt	ZuordnungOhneZeitphasen ZuordnungMitZeitphasen RessourceOhneZeitphasen RessourceMitZeitphasen Arbeitszeittabelle EpmZeittabelle ProjektArbeitszeittabelle PortfolioAnalysierer	**Filter nach Projekt- und Ressourcenabteilung(en)** ZuordnungMitZeitphasen ZuordnungOhneZeitphasen EpmZeittabelle ProjektArbeitszeittabelle PortfolioAnalysierer **Filter nur nach Projektabteilung(en)** ProjektOhneZeitphasen VorgangOhneZeitphasen Probleme Risiken Lieferumfänge ProjectSharePoint **Filter nur nach Ressourcenabteilung(en)** RessourceOhneZeitphasen RessourceMitZeitphasen Arbeitszeittabelle

Abbildung 17.11 Durch Projekt- und Ressourcenabteilung(en) gefilterte Daten

In einer bestehenden Analysis-Services-Datenbank können Sie auch steuern, welche Elemente vorhanden sein sollen. Wählen Sie beispielsweise benutzerdefinierte Felder aus, die als Dimensionen oder Measures hinzugefügt werden. Sollten Sie nicht alle Basispläne benutzen oder die Kosten in anderen Systemen pflegen, entfernen Sie einfach die entsprechenden Haken aus den integrierten Measures. Weiterhin ist es möglich, den Vorgangstyp INAKTIVE VORGÄNGE explizit in die Auswertung mit einzubeziehen und berechnete Ausdrücke mit der OLAP-Datenbanksprache von Microsoft Multidimensional Expressions (MDX) zu integrieren. Markieren Sie dazu die Zeile der entsprechenden Datenbank, und klicken Sie auf KONFIGURATION.

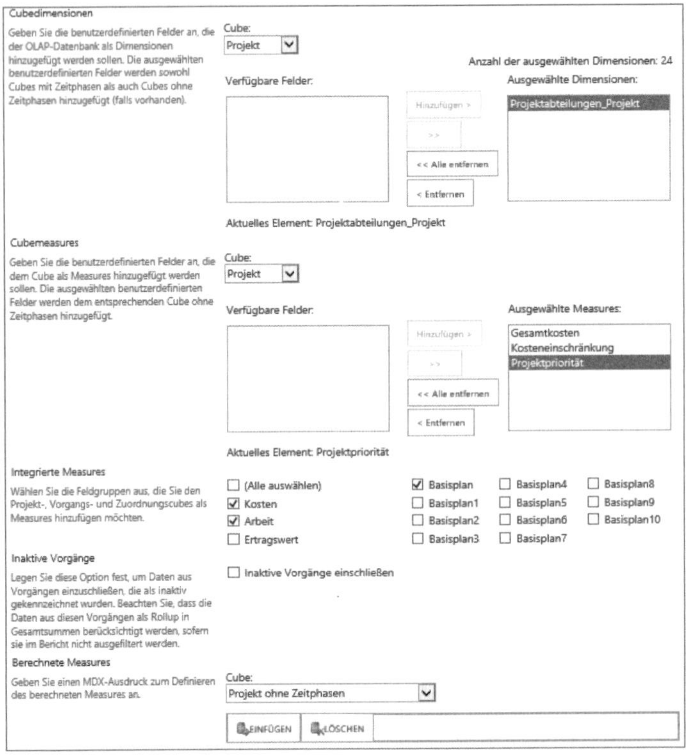

Abbildung 17.12 Kontrolle der Datenelemente einer OLAP-Datenbank über Konfiguration der Cubes

Speichern Sie Ihre Konfigurationseinstellungen, und markieren Sie dann wieder die Zeile der entsprechenden Datenbank. Klicken Sie auf die Schaltfläche JETZT ERSTELLEN, um den Erstellungsprozess anzustoßen.

Durch die Filterung und Auswahl der Elemente können Sie die in den Cubes enthaltenen Werte stark einschränken. Ein positiver Nebeneffekt ist dabei natürlich auch, dass sich die Erstellungszeiten dadurch erheblich verkürzen lassen. Dadurch wiederum können Sie spezialisierte Würfel mehrmals täglich erstellen lassen, die für Berichte als Datenquelle dienen, welche auf aktuellere Daten angewiesen sind.

17.3.3 SharePoint-Inhalte

Neben den eigentlichen Plandaten des Project Servers im Kontext des Projektmanagements, welche durch tatsächliche Planungsaktivitäten und Fortschrittskontrolle erstellt und gesammelt werden, wie z. B. Termine von Arbeitspaketen, Kosten für Material, diverse Projektkennzahlen oder Ressourcenauslastungen, gibt es noch eine Vielzahl von Informationen, welche nicht über den Projektplan oder über die unter der Kontrolle des Projektleiters liegenden Projektdetailseiten gepflegt werden.

Immer wieder werden wir auch nach der Auswertung von Daten der Projektwebsite gefragt, welche durch die rege Zusammenarbeit des Projektteams meist eine Fülle an berichtsrelevanten Informationen beinhaltet. Diese Daten werden z. B. in SharePoint-Listen gespeichert, welche zum Teil bereits eine Verbindung zum Projektplan haben und über gängige Projekt-Berichtsmethoden zur Verfügung stehen.

Im Standard sind das zunächst nur die folgenden Listen:

1. Risiken
2. Probleme
3. Lieferumfang
4. Dokumente

Daten aus Einträgen in diesen genannten Listen werden durch einen programmierten Mechanismus in die Tabellen des Reporting-Schemas (pjrep) synchronisiert und stehen auch über andere Zugriffsmethoden zur Verfügung.

Abbildung 17.13 Risikoliste eines Projekts auf der Projektwebsite

Neben den in Standardlisten gespeicherten Informationen kann es aber noch weitere Bibliotheken und Listen auf der Projektwebsite mit Projektbezug oder an irgendeiner anderen Stelle des SharePoint Servers geben, die Sie aufgrund ihrer unternehmensweiten Gültigkeit mit in das Berichtswesen einbeziehen möchten. So werden z. B. Standort- oder Produktinformationen in zentralen Listen vorgehalten, welche dann im Berichtswesen verwendet werden sollen, oder die Vorlage der Projektwebsite wurde von Ihnen mit benutzerdefinierten Inhaltstypen erweitert.

Der Zugriff auf diese Informationen ist je nach gewähltem Werkzeug in der Regel nicht ganz trivial. Einfach und unkompliziert ist es meist dann, wenn nur eine zentrale Liste mit in die Auswertung einbezogen wird. Eine Herausforderung ist aber die Zusammenfassung von Daten aus allen Projektwebsites, die nicht im Standard vorhanden sind. In diesem Fall empfehlen wir, auf Partnerlösungen von Drittanbietern zurückzugreifen. Die Integration von Projektdokumenten aller Art in Formaten wie Word, Excel oder PowerPoint sollte in den Reports über Hyperlinks auf die eigentliche Projektwebsite erfolgen.

> **Listen und Bibliotheken**
>
> An dieser Stelle ein Hinweis zu Listen und Bibliotheken: Technisch betrachtet, sind im SharePoint Server Bibliotheken und Listen das Gleiche. An der Benutzeroberfläche aber verhalten und präsentieren sich Listen und Bibliotheken unterschiedlich. An ein Listenelement können zusätzlich mehrere Dateien angehängt, in einer Bibliothek hingegen können zu einem Dokument mehrere Informationen (Metadaten) gespeichert werden.

17.3.4 Zugriff über OData

Bisher sind wir in Bezug auf das Nutzungsmodell davon ausgegangen, dass die AIRBI GmbH die Project-Server-Umgebung entweder rein oder teilweise on premises betreibt. Die direkten Zugriffsmechanismen auf den Datenbestand des SQL Servers im eigenen Netz sind seit Langem bekannt und etabliert, die Zugriffszeiten sind kurz, und auch große Datenmengen können relativ schnell mit hoher Bandbreite übertragen werden.

Was bedeutet es allerdings für den Datenzugriff und das Berichtswesen, wenn der Vorstand die Entscheidung treffen sollte, alle Dienste mit dem Modell Project Online in die Cloud auszulagern? Dann stehen IT und Berichtsautoren vor ganz neuen Herausforderungen, denn nun sind die bekannten Zugriffsmechanismen nicht mehr verwendbar, da diese alle ein Konzept gemeinsam haben, welches darauf basiert, dass die Datenquelle und Datensenke im selben virtuellen Netz beheimatet sind. So funktioniert bei einer on-premises-Farm der Zugriff auf die Daten mehr oder weniger direkt über das Dateisystem, Named Pipes oder über andere Wege. Diese betrifft nicht nur die Installation im firmeneigenen Intranet, auch eine Webapplikation kommuniziert mit ihrem Back-End über den direkten Weg.

Hier kommt jetzt das Zugriffsverfahren *OData* ins Spiel, um auch den Datenaustausch in einer Cloud-Architektur zu ermöglichen. OData ist ein offenes Zugriffsprotokoll, das genau diesen Zugang auf entfernte Daten realisieren kann.

Weiterhin verfolgt OData auch das Ziel, den Zugriff auf Datenbestände für alle möglichen Anwendungen zu vereinheitlichen, denn wie Sie bereits gesehen haben, hat der Project Server allein schon eine Vielzahl von unterschiedlichen Datenquellen. Nun können Sie sich vorstellen, dass es außerdem auch eine mindestens genauso große Anzahl an infrage kommenden Clientanwendungen gibt, welche diese Datenquellen nutzen wollen. So müssen Daten in Desktop-Anwendungen genauso zur Verfügung stehen wie im Internetbrowser oder auf einem mobilen Endgerät. OData ist ein freier Standard und kann somit von jedem System implementiert und angeboten werden. So wird es Sie jetzt nicht verwundern, dass mithilfe des OData-Protokolls nicht nur

Daten von Project Online in der Cloud, sondern auch von Project Server on premises abgerufen werden können.

Kernkonzept von OData ist das *Entity Data Model (EDM)*. Dies transformiert ähnlich dem *Entity Framework* von Microsoft die physikalische Speicherstruktur der Daten in ein logisches Entitäten-Modell. Im Gegensatz zum Entity Framework wird das EDM von OData nicht automatisiert erstellt, sondern muss von den jeweiligen Systemen zur Verfügung gestellt werden. Genau deshalb werden Sie bei den folgenden Praxisbeispielen auch feststellen, dass die Datenbestände teilweise anders strukturiert sind, je nachdem, ob Sie direkt auf Tabellen oder Sichten zugreifen oder die Daten mit dem OData-Protokoll geladen werden.

Die Implementierung des OData-Protokolls in Project Server 2016 bzw. Project Online heißt *ProjectData* und ist ein *WCF-Data Service*. WCF steht hierbei für Windows Communication Foundation und ist eine Laufzeitumgebung, mit deren Hilfe auf .Net basierte Dienste bereitgestellt werden können. Für gemietete Project-Server-Instanzen ist ProjectData zurzeit der einzige Weg, die Daten des Project Servers an das jeweilige Berichtswerkzeug zu liefern. Laut Publikationen von Microsoft soll ProjectData den bisher üblichen direkten Datenzugriff mittels Datenbankverbindungen irgendwann ablösen bzw. überflüssig machen. Schauen Sie sich die Potenziale von ProjectData in den folgenden Beispielen an, und entscheiden Sie selbst, ob OData für Sie infrage kommt oder nicht.

Sie können den Zugriff mit OData sehr einfach über einen Browser ausprobieren, da dieser auch über URL-Request funktioniert. Gehen Sie dazu wie folgt vor:

1. Öffnen Sie Ihren Webbrowser, z. B. Microsoft Internet Explorer.
2. Rufen Sie den ProjectData-Service über die folgende URL auf:
   http://ServerName/PWAInstanz/_api/ProjectData

Nachdem Sie die URL eingegeben haben, erscheint eine Auflistung von allen verfügbaren Entitäten, welche Ihnen der Dienst zur Verfügung stellt. Dies wird auch als *Data-Feed* bezeichnet. Sie sehen jetzt allerdings noch keine Nutzdaten des Project Servers.

Dies ist eine gute Methode, um festzustellen, ob eine generelle Kommunikation mit dem ProjectData-Service möglich ist. Sollten Sie bereits eine Antwort des Service bekommen haben, so können Sie nun die zweite Hürde des Datenzugriffs überwinden: das Zugriffsrecht auf die Project-Server-Daten. Sollte die Project-Server-Instanz im *SharePoint-Berechtigungsmodus* laufen, so haben die Gruppen *Portfolio Leser*, *Portfolio Manager* und *Administratoren* Zugriff auf den ProjectData-Dienst. Läuft Ihre Project-Server-Instanz im *Projektberechtigungsmodus*, kann der Zugriff explizit auf einzelne Benutzer oder Gruppen beschränkt oder auch erweitert werden. Mehr über Project-Server-Berechtigungen lesen Sie in Abschnitt 20.1, »Sicherheit«.

```xml
<?xml version="1.0" encoding="UTF-8"?>
<service xmlns:atom="http://www.w3.org/2005/Atom" xmlns="http://www.w3.org/2007/app"
  xml:base="http://airbi.solvin.local/AirBi/_api/ProjectData/">
  <workspace>
    <atom:title>Default</atom:title>
    <collection href="Projekte">
      <atom:title>Projekte</atom:title>
    </collection>
    <collection href="ProjektBasispl%C3%A4ne">
      <atom:title>ProjektBasispläne</atom:title>
    </collection>
    <collection href="ZuordnungBasispl%C3%A4ne">
      <atom:title>ZuordnungBasispläne</atom:title>
    </collection>
    <collection href="ZuordnungBasisplanZeitphasenDataSet">
      <atom:title>ZuordnungBasisplanZeitphasenDataSet</atom:title>
    </collection>
    <collection href="ZuordnungZeitphasenDataSet">
      <atom:title>ZuordnungZeitphasenDataSet</atom:title>
    </collection>
    <collection href="Lieferungen">
      <atom:title>Lieferungen</atom:title>
    </collection>
    <collection href="Probleme">
      <atom:title>Probleme</atom:title>
    </collection>
```

Abbildung 17.14 Zugriff auf den ProjectData-Service im Browser

Sicherheit beachten

Bitte bedenken Sie, dass innerhalb des ProjectData-Service keine Einschränkungen der Berechtigungen vorhanden sind. Dies bedeutet, dass ein Benutzer mit Project-Data-Zugriffsrechten alle Informationen des Project Servers auslesen kann. Dies umfasst alle Projekt-, Ressourcen- und Serverdaten. Anders verhält es sich bei Share-Point-Listen und -Bibliotheken. Dort können nur Zeilen abgefragt werden, auf die der Nutzer des ProjectData-Dienstes auch ein Zugriffsrecht hat.

Falls Sie Ihre Abfrage genauer spezifizieren und eine Ebene tiefer in den Feed einsteigen wollen, setzen Sie hierfür den Namen der Entität, geführt von einem weiteren »/« ans Ende der URL, z. B. *http://ServerName/PWAInstanz/_api/ProjectData/Projekte*.

17.4 Excel und Excel Online

Mit Microsoft Excel und Excel Online stehen Ihnen vertraute Werkzeuge zur Verfügung, um leicht auf gespeicherte Daten in Microsoft Project Server 2016 oder Project Online zuzugreifen. Dabei erstellen Sie Ihre Berichte in der gewohnten Umgebung von Office Excel und publizieren diese anschließend aus Excel heraus nach Microsoft Project Web App.

Die Vorteile für Ihre Organisation liegen auf der Hand:

▶ Excel ermöglicht eine einfache Berichtsverteilung innerhalb und außerhalb Ihres Unternehmens. Die Berichte werden über die Weboberfläche oder als Datei bereitgestellt.

- Excel ist ein weitverbreitetes und nahezu in jeder Organisation verfügbares Berichtserstellungswerkzeug (Microsoft Office Excel 2013 oder 2016).
- Die meisten Anwender sind mit den Hauptfunktionalitäten wie Pivot-Tabellen und Diagrammen vertraut.

Die Zielgruppe für die Nutzung dieser Technologie zur Berichtsentwicklung sind primär Business- bzw. Power-User, aber auch Entwickler.

17.4.1 Überblick

Wie bereits in Abschnitt 17.2 erwähnt, ist für die Anzeige und Bearbeitung von Excel-Dokumenten im Browser im on-premises-Betrieb nun die Installation eines Office Online Servers 2016 (OOS) Pflicht, beim Nutzungsmodell Project Online sind diese Funktionalitäten bereits durch den Einsatz der Office-Online-Technologie integriert. Die noch aus der Version 2013 bekannten Excel Services oder Excel Web App sind aus dem SharePoint Server entfernt worden und nun Teil von Office Online, was Sie für die webbasierte Bereitstellung von Excel-Arbeitsmappen, -Tabellenblättern oder einzelnen Elementen wie Pivot-Tabellen oder Diagrammen nutzen können. Damit haben Sie in Project Server die Möglichkeit, die veröffentlichten Inhalte innerhalb der Projektorganisation gemeinsam zu nutzen.

Die Berichtsempfänger innerhalb der AIRBI-Projektorganisation können die Arbeitsmappe nicht nur im Browser betrachten, sondern auch mit dieser interagieren. Durch die Verbindung des Dokuments mit der Datenquelle ist eine Aktualisierung jederzeit möglich, um neue Daten in den Bericht zu laden. Auch die Sortierung und Filterung kann bei Bedarf angepasst werden. Sollten Sie einen Snapshot des Berichts für weitere Analysen benötigen, können Sie diesen einfach auf Ihren eigenen Rechner kopieren oder die Arbeitsmappe gleich im Browser bearbeiten.

Mit Microsoft Project Server 2016 und Project Online werden im PWA als Empfehlung schon vordefinierte Berichte ausgeliefert. Diese basieren auf Excel und Excel Online und sind bereits mit den Project-Daten über OData bzw. ProjectData verbunden. Sie brauchen sich also keine Gedanken über eine funktionierende Verbindung zu machen, und Sie müssen auch nicht sicherstellen, dass die Abfrage an die Datenquelle korrekt ist. Damit werden die Nutzung und die Erstellung von Berichten wesentlich vereinfacht, sodass auch Ihre Anwender ohne weitreichendes technisches Hintergrundwissen mit in diesen Prozess eingebunden werden können.

Um die mitgelieferten Musterberichte zu betrachten, öffnen Sie die PWA-Seite in Ihrem Browser und klicken in der Schnellstartleiste oder per Kachel auf den Link BERICHTE. Wie Sie sehen, wird in dieser Dokumentbibliothek für jedes installierte Sprachpaket ein eigener Ordner mit den entsprechenden Musterberichten angelegt. Wechseln Sie anschließend in den Ordner DEUTSCH (DEUTSCHLAND), um die Liste installierter Reports anzusehen.

Abbildung 17.15 Excel-Musterberichte

Klicken Sie beispielsweise auf den Musterbericht PROJEKTÜBERSICHT, um den Report im Browser zu öffnen. Die Arbeitsmappe wird jetzt mithilfe von Excel Online im Browser gerendert, und die Daten werden direkt aus der Project-Server-Datenquelle mittels OData-Protokoll abgerufen. Sollten Sie zu Beginn nur einen leeren Bericht sehen, öffnen Sie die Arbeitsmappe einmal direkt mit Microsoft Excel und aktualisieren dort die Datenverbindung.

Dieser Bericht liefert Ihnen mehrere Pivot-Tabellen mit Informationen zu Projekten wie Stammdaten, Zuordnungen, Problemen und Risiken. Weiterhin haben Sie durch den in der Tabelle hinterlegten Filter mit der Funktion DATENSCHNITT die Möglichkeit, die Ergebnisse nur für ausgewählte Projekte anzuzeigen. Sollten Sie weitere Felder aus dem OData-Feed benötigen, lassen sich diese bequem selektieren, wie in Abbildung 17.16 deutlich wird.

Abbildung 17.16 Feldauswahl im Musterbericht Projektübersicht

Tabelle 17.8 gibt Ihnen einen Überblick über wichtige Operationen, die mit der gerade geöffneten Arbeitsmappe in Excel Online möglich sind.

Operation	Beschreibung
IN EXCEL BEARBEITEN	Öffnet die gesamte Arbeitsmappe in Microsoft Office Excel (volle Funktionalität).
IM BROWSER BEARBEITEN	Öffnet die gesamte Arbeitsmappe im Browser zur Bearbeitung (eingeschränkte Funktionalität).
FÜR ANDERE PERSONEN FREIGEBEN	direkte Freigabe der Arbeitsmappe für den Lesezugriff oder zur Bearbeitung
EINE KOPIE SPEICHERN	Öffnet eine Kopie der Arbeitsmappe in Microsoft Office Excel, welche nur Werte und Formatierungen für die weitere Datenanalyse enthält. In der Arbeitsmappe hinterlegte Formeln werden nicht mit übernommen.
HERUNTERLADEN	Speichert eine Kopie der Arbeitsmappe auf Ihrem Computer.
SUCHEN	Textsuche innerhalb der aktiven Arbeitsmappe

Tabelle 17.8 Dateioperationen in Excel Online

Im Menüpunkt DATEN können Sie die Verbindung zur Project-Server-Datenquelle aktualisieren. Markieren Sie dazu eine beliebige Zelle der Pivot-Tabelle, und klicken Sie auf AUSGEWÄHLTE VERBINDUNG AKTUALISIEREN. Die Abfrage an den Datenbestand wird jetzt erneut ausgeführt, und die Ergebnisse werden in die Arbeitsmappe geladen.

> **Umbenennen vermeiden**
>
> Alle Musterberichte können von Ihnen an die Bedürfnisse Ihrer Projektorganisation angepasst werden. Bitte kommen Sie dabei aber nicht auf die Idee, vordefinierte Inhalte und Ordner umzubenennen oder gar zu löschen. Möglicherweise wird dieser Inhalt durch Microsoft-Project-Server-Updates (Service Packs oder Patches) aktualisiert.

17.4.2 Praxisbeispiel: OLAP-Cubes

Wir zeigen Ihnen nun, wie Sie mit dem Programm Excel an die Daten des Project Servers über die Datenquelle OLAP herankommen. Voraussetzung zur Durchführung dieses Beispiels ist, dass Sie eine Analysis-Services-Datenbank über die PWA-Einstellungen erstellt haben, schlagen Sie dazu gegebenenfalls noch einmal in Abschnitt 17.3.2 nach. Weiterhin sollten Sie mindestens die integrierten Measures KOSTEN, ARBEIT und BASISPLAN ausgewählt haben, oder Sie verzichten ganz auf eine Einschränkung der Feldgruppen, von daher ist dieser Schritt nicht zwingend notwendig.

Gehen Sie wie folgt vor:

1. Öffnen Sie eine leere Arbeitsmappe in Microsoft Office Excel.
2. Klicken Sie in der Registerkarte DATEN unter dem Abschnitt EXTERNE DATEN ABRUFEN auf AUS ANDEREN QUELLEN, und selektieren Sie dort AUS ANALYSIS SERVICES.
3. Stellen Sie im folgenden Dialog eine Verbindung zur Analysis-Services-Datenbank mit dem Namen des SQL Servers und Ihrem Benutzerkonto her. Sollten Sie den Namen des Servers nicht kennen oder keine Berechtigungen besitzen, wenden Sie sich bitte an Ihren Project-Server-Administrator.
4. Wählen Sie gegebenenfalls die entsprechende Analysis-Services-Datenbank aus, falls es auf dem SQL Server mehr als eine davon gibt.
5. Hier sehen Sie jetzt eine Liste der 14 Cubes, die wir Ihnen bereits am Anfang dieses Kapitels vorgestellt haben. Klicken Sie zum Test auf den Cube MSP_PORTFOLIO_ANALYZER und dann auf FERTIG STELLEN.

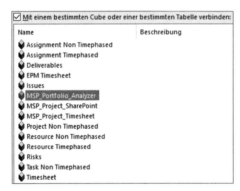

Abbildung 17.17 Auswahl des Project Server Cubes in Excel

6. Importieren Sie die Daten in das bestehende Arbeitsblatt.

Selektieren Sie nun aus der Auswahlliste einige Felder, und ziehen Sie die sogenannten Dimensionen wie Projekte, Vorgänge und Ressourcen in die Zeilen oder Spalten sowie die Measures wie Arbeit, Kosten oder Kapazität in den Wertebereich.

Nehmen Sie anschließend optional geeignete Formatierungen vor, wie beispielsweise die Anpassung der Zahlenformate, und erweitern Sie den Report durch geeignete Filter, bis Sie mit Ihrem Report vorläufig zufrieden sind.

17.4 Excel und Excel Online

```
PivotTable-Felder
Felder anzeigen:  (Alle)

▲ Σ Ressource mit Zeitphasen
    ☐ Grundkapazität
    ☐ Kapazität

▲ Σ Werte
    ☐ Berechnete Kapazität

▲ Σ Zuordnung mit Zeitphasen
    ☐ Akt Überstundenarbeit
    ☐ Aktuelle reguläre Arbeit
    ☐ Arbeit
    ☐ Arbeit kombiniert
    ☐ Arbeitsbudget

Felder zwischen den Bereichen unten ziehen:
▼ FILTER              ⬛ SPALTEN

≡ ZEILEN              Σ WERTE
```

Abbildung 17.18 Feldauswahl des Cubes »MSP_Portfolio_Analyzer«

Im nächsten Schritt wollen wir einen Blick darauf werfen, wie Excel-Reports in eine Dokumentbibliothek der PWA veröffentlicht werden können. Sollten Sie noch keine Bibliothek für diesen Zweck erstellt haben, können Sie natürlich auch eine vorhandene benutzen. Wir empfehlen Ihnen aber dringend, für jede Berichtskategorie eine eigene Dokumentbibliothek allein schon wegen der Berechtigungsproblematik anzulegen.

Für die Veröffentlichung gehen Sie grundsätzlich wie folgt vor:

1. Wählen Sie in Excel auf der Registerkarte DATEI den Eintrag SPEICHERN UNTER.
2. Wählen die anschließend SHAREPOINT, und klicken Sie auf DURCHSUCHEN.
3. An dieser Stelle können Sie auch bestimmen, ob nur ausgewählte Teile der Arbeitsmappe veröffentlicht werden sollen. Möchten Sie die gesamte Arbeitsmappe bereitstellen, überspringen Sie einfach diesen Schritt.
4. Klicken Sie auf BROWSERANSICHTSOPTIONEN.

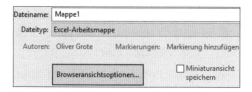

Abbildung 17.19 Browseransichtsoptionen in Microsoft Excel

5. Wählen Sie auf der Registerkarte ANZEIGEN aus der Dialogbox den Eintrag ELEMENTE IN DER ARBEITSMAPPE aus, und selektieren Sie Pivot-Tabellen, Diagramme

oder benannte Bereiche. Wir raten hier dazu, alle Elemente aussagekräftig zu benennen, denn hätten Sie in der Arbeitsmappe keine Namen vergeben, würden diese Elemente in diesem Dialog auch nicht auftauchen.

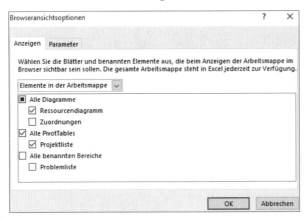

Abbildung 17.20 Ausgewählte Elemente veröffentlichen

6. Tragen Sie im Dialogfeld SPEICHERN UNTER als Dateinamen die URL der Dokumentbibliothek ein. Benennen Sie den Bericht, und ändern Sie gegebenenfalls den Dateityp in EXCEL-ARBEITSMAPPE. Klicken Sie dann auf SPEICHERN. Wenn die Arbeitsmappe nicht sowieso schon gleich im Browser geöffnet wird, navigieren Sie zur Dokumentbibliothek und öffnen den gerade veröffentlichten Bericht.

Der Bericht wird nun im Browser gerendert. In der Auswahlliste ANSICHT rechts oben haben Sie die Möglichkeit, z. B. zwischen einer Tabelle und einem Diagramm zu wechseln.

Sie können hier auch innerhalb des Browsers Felder an- oder abwählen, das funktioniert sowohl für Pivot-Tabellen als auch für Pivot-Charts. Für jedes Feld des Cubes werden wieder kontextabhängige Aktionen angeboten. Die Felder können wie im Excel-Client in die Bereiche Zeilen, Spalten, Werte und Filter gezogen werden. Auch die Anordnung bzw. die Sortierung/Gruppierung kann im Browser verändert werden.

Der direkte Zugriff auf die SharePoint-Server-Datenbank funktioniert übrigens ganz ähnlich. Wählen Sie in Schritt 2 des Datenimports dafür statt AUS ANALYSIS SERVICES den Eintrag AUS SQL SERVER, und verbinden Sie sich z. B. mit einer Ansicht.

An dieser Stelle für Sie noch einmal der Hinweis, dass die hier beschriebenen Zugriffe nur in einer on-premises-Umgebung oder in einem hybriden Szenario möglich sind. Auch sollten Sie wissen, dass alle Werte, sowohl in der Datenbank als auch im OLAP-Cube, in der Einheit Stunden gespeichert werden und daher gegebenenfalls durch geeignete Formeln in die für den Report gewünschte Einheit umgerechnet werden müssen.

17.4 Excel und Excel Online

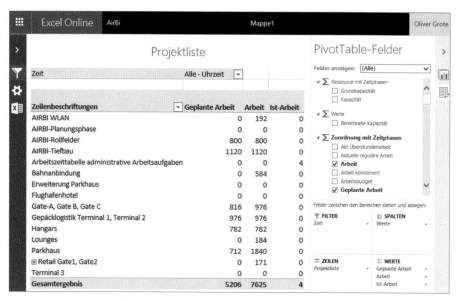

Abbildung 17.21 Ansicht eines Teils der Arbeitsmappe im Browser

17.4.3 Praxisbeispiel: OData

Für den Betrieb von Project Server in der Cloud verwenden Sie das OData-Protokoll zum Zugriff auf die Daten, die entfernt in einem Datacenter von Microsoft gespeichert sind. Jetzt zeigen wir Ihnen, wie Sie mit Excel auf die Daten von Project Online zugreifen. Voraussetzung ist ein entsprechendes Konto für Office 365, das die erforderlichen PWA-Berechtigungen besitzt. Schlagen Sie gegebenenfalls noch einmal in Abschnitt 17.3.4 nach, welche Berechtigungen dafür notwendig sind.

Führen Sie zum Zugriff auf die Daten folgende Schritte durch:

1. Öffnen Sie eine leere Arbeitsmappe in Microsoft Office Excel.
2. Klicken Sie in der Registerkarte DATEN unter dem Abschnitt EXTERNE DATEN ABRUFEN auf AUS ANDEREN QUELLEN, und selektieren Sie dort AUS ODATA-DATENFEED.
3. Im folgenden Dialog geben Sie die URL zum ProjectData-Service Ihrer Online-Instanz in das Feld SPEICHERORT DES DATENFEEDS an. Die URL sollte etwa wie folgt aufgebaut sein:
   https://IhreCloud.sharepoint.com/sites/IhreInstanz/_api/ProjectData
4. Nach Eingabe der Anmeldeinformationen klicken Sie auf WEITER.
5. Hier sehen Sie jetzt eine Liste der Tabellen, die durch den Datenfeed bzw. den ProjectData-Service zur Verfügung gestellt werden. Wählen Sie zum Test die Tabellen PROJEKTE, VORGÄNGE und RESSOURCEN aus, und klicken Sie dann auf FERTIG STELLEN.

Abbildung 17.22 Liste der Tabellen eines OData-Feeds

6. Importieren Sie die Daten in das bestehende Arbeitsblatt.

Vielleicht haben Sie bemerkt, dass der Abruf der Daten länger gedauert hat als beim direkten Zugriff auf den OLAP-Cube oder die SharePoint-Server-Datenbank. Genau hier liegt auch noch einer der Schwachpunkte dieser Methode, die einen Ad-hoc-Zugriff auf aktuelle Daten gerade bei großen Datenmengen deutlich erschwert.

Selektieren Sie nun wieder aus der Auswahlliste benötigte Felder, füllen Sie die Pivot-Tabelle mit Daten, nehmen Sie geeignete Formatierungen vor, und filtern Sie den Datenbestand, bis auch hier wieder ein fertiger Excel-Report entsteht.

An dieser Stelle ebenfalls noch einmal der Hinweis, dass der OData-Zugriff auch in einer on-premises-Umgebung oder in einem hybriden Szenario möglich ist.

Zusammenfassend brauchen Sie als Anwender also nicht viel mehr als ein paar Kenntnisse im Umgang mit Microsoft Office Excel und den Datenstrukturen von Microsoft Project Server und Project Online, um aussagekräftige Berichte für das Controlling bereitzustellen.

17.5 SQL Server Reporting Services

In diesem Abschnitt zeigen wir Ihnen, wie Sie mit *Microsoft SQL Server Reporting Services* (SSRS) Auswertungen aus den von Project Server 2016 gehaltenen Daten erstellen können. Dabei gehen wir davon aus, dass Sie Microsoft SQL Server in der Version 2014 verwenden. SSRS sowohl in der Version 2014 als auch in der Version 2016 sind vom Design und der Architektur her nur für den Einsatz im Nutzungsmodell on-premises bzw. hybrid geeignet.

17.5.1 Überblick

Die Microsoft SQL Server 2014 Reporting Services stellen Ihnen eine komplett serverbasierte Plattform zur Verfügung, welche eine Vielzahl von Anforderungen an das Berichtswesen unterstützt. Diese Technologie ist bereits mit dem SQL Server lizenziert und auf dem Installationsmedium als Installationsoption enthalten.

Berichte werden in der *Report Definition Language* (RDL) definiert. Wenn Sie schon einmal mit XML gearbeitet haben, wird es Ihnen leichtfallen, diese Auszeichnungssprache zu lesen. Allerdings können wir Sie beruhigen, denn Sie müssen sich nur dann damit auseinandersetzen, wenn Sie komplexe Berichte oder Anwendungen erstellen. In vielen Fällen können Sie die RDL-Texte vom Berichtsdesigner generieren lassen und beschäftigen sich nur mit der grafischen Oberfläche.

Auf Basis der RDL können Sie Berichte in verschiedene Ausgabeformate exportieren. Dazu gehören:

- XML-Datei mit Berichtsdaten
- CSV (durch Trennzeichen getrennt)
- Acrobat-Datei (PDF)
- MHTML (Webarchiv)
- Excel
- TIFF-Datei
- Word

Sollten Sie weitere Exportformate, wie z. B. PowerPoint, benötigen, können Sie diese entweder über Berichtsgeneratoren von Drittanbietern beziehen oder auf die Version 2016 warten, wo der PowerPoint-Export im Standard vorhanden sein wird.

> **Umstieg auf SSRS 2016 lohnt sich**
> Nicht nur der Export in das PowerPoint-Format ist eine der Neuerungen von SQL Server Reporting Services 2016. Nachdem sich hier jahrelang mehr oder weniger gar nichts getan hat, wurde seitens Microsoft wieder kräftig investiert. Neues Design, HTML5-Rendering, mobile Reports, direktes Drucken aus allen gängigen Webbrowsern, neue Diagramme und Power-BI-Integration sind nur einige der Highlights der neuen Version.

Mit SSRS können Sie z. B. tabellarische, grafische oder Freiformberichte erstellen. Interaktivität können Sie u. a. durch Filter oder die Drilldown-Funktionalität integrieren. Ein Abonnieren von Berichten gehört ebenfalls zur Standardfunktionalität. Die Datenquellen können dabei relational, multidimensional (OLAP) oder auch XML-basiert sein. Sogar die Verwendung von benutzerdefinierten Datenquellen ist möglich.

Neben dem nativen Modus mit rollenbasiertem Sicherheitskonzept und eigener Webseite für das Management von Berichten können Sie SQL Server Reporting Services auch im SharePoint-integrierten Modus betreiben. Die Verwaltung der Berichte wird dann vom SharePoint Server übernommen, und diese werden innerhalb des Portals dargestellt. Mit dem Report-Webpart lassen sich so erstellte Berichte leicht in SharePoint-Webseiten oder Dashboards integrieren. Wenn Sie dazu die SQL Server Reporting Services physisch vom Datenbankserver trennen, benötigen Sie allerdings eine zusätzliche Lizenz für den Microsoft SQL Server.

Auslaufmodell SharePoint-integrierter Modus
Im Zuge der Auslagerung von Diensten in die Cloud wird der in SharePoint integrierte Modus der SQL Server Reporting Services von Microsoft nicht mehr weiterentwickelt. Diese Option wird zwar noch in der Version 2016 vorhanden sein, aber langfristig durch andere Technologien ersetzt.

Als erfahrener Berichtsentwickler verwenden Sie zur Berichtserstellung die *SQL Server Data Tools*, welche seit der Version 2012 Nachfolger des Business Intelligence Development Studio sind. Diese bestehen aus Microsoft Visual Studio mit speziellen Projekttypen, die nur für SQL Server-BI verfügbar sind. Auch diese Komponente ist mit dem Datenbankserver bereits lizenziert.

Nutzen Sie zur Berichtserstellung den *Report Builder*, wenn Sie Anwender ohne tiefer gehende Kenntnisse der Datenbanksprache T-SQL sind und bisher wenig Erfahrung mit Report-Design sammeln konnten. Der Report Builder für Microsoft SQL Server 2014 bietet Ihnen eine intuitiv zu bedienende Entwicklungsumgebung für Berichte. Die Oberfläche ist an die Microsoft-Office-Produkte angelehnt. Im Gegensatz zu SQL Server Data Tools kann der Report Builder direkt aus dem Berichtsmanager bzw. der Dokumentbibliothek aufgerufen werden, das heißt, ein Roll Out auf den Client ist nicht notwendig.

17.5.2 Praxisbeispiel: Einfache Projektliste

Wir gehen im Folgenden davon aus, dass Sie die Reporting Services im nativen Modus betreiben. Weiterhin besitzt Ihr Anmeldekonto das Recht *Inhaltsmanager* und hat mindestens Leserechte auf dem Reporting-Schema (pjrep) der SharePoint-Server-

Datenbank. Ziel dieser Übung ist es, eine einfache tabellarische Auflistung aller Projekte wie im Project Center anzuzeigen, diese entsprechend zu formatieren und einer Benutzergruppe bereitzustellen.

Zu Recht denken Sie vielleicht jetzt, warum wir denn gerade so ein Beispiel gewählt haben, schließlich ist eine derartige Liste ja schon im PWA-Standard enthalten. Wir wollen damit hier ganz klar einige der großen Stärken von Reporting Services hervorheben, nämlich z. B. die Druckbarkeit von Reports bzw. das Erzeugen von Dokumenten im PDF-, Word- oder PowerPoint-Format oder die einfache Anpassung des Layouts. Fragen Sie Fachleute einmal nach dem Aufwand für ein Branding von SharePoint, dann wissen Sie, wovon wir reden.

Außerdem bieten die SSRS als vielseitiges Spezialwerkzeug für das Berichtswesen weit mehr Möglichkeiten als eine tabellarische Ausgabe von Daten, viel mehr, als es die PWA jemals leisten könnte.

Zum Nachvollziehen des Beispiels gehen Sie exemplarisch wie folgt vor:

1. Rufen Sie im Browser die Startseite des Report Managers auf. Die URL sollte etwa wie folgt aufgebaut sein:
   http://IhrSQLServer/Reports

2. Fragen Sie gegebenenfalls bei Ihrem Datenbankadministrator nach, falls Ihnen die Adresse nicht bekannt ist.

3. Klicken Sie in der blauen Zeile auf BERICHTS-GENERATOR, wie in Abbildung 17.23 zu sehen ist. Der *Report Builder* wird jetzt heruntergeladen und auf Ihrem Rechner ausgeführt. Eine deutsche Version dieser Software ist für den SQL Server 2014 zurzeit nicht verfügbar.

Abbildung 17.23 Startseite des Report Managers

Sollte die Schaltfläche nicht sichtbar sein, ist diese Funktion entweder auf dem Berichtsserver nicht aktiviert, oder Sie haben keine Berechtigungen. Kontaktieren Sie in diesem Fall entweder wieder den Administrator, oder laden Sie sich den Berichts-Generator direkt auf der Seite von Microsoft kostenlos herunter.

4. Da die Ausgabe tabellarisch erfolgen soll, klicken Sie doppelt auf TABLE OR MATRIX WIZARD.

5. Im folgenden Dialog müssen Sie die Abfrage (DATASET) und die Datenquelle (DATA SOURCE) festlegen. Da Sie in der Regel mehrere Berichte mit Microsoft SQL Server Reporting Services erstellen, die Verbindungsinformationen zur SharePoint-

Server-Datenbank aber immer gleich bleiben, sollten Sie eine gemeinsam genutzte Datenquelle erstellen. Klicken Sie auf Next, danach auf New.

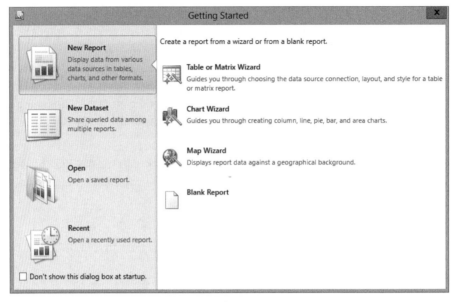

Abbildung 17.24 Startseite des Report Builders

6. Theoretisch könnten Sie auch mit jedem einzelnen Bericht diese Informationen speichern, aber eleganter ist es, für mehrere Berichte eine gemeinsame Referenz zu erstellen. Sollte sich beispielsweise der Name des Datenbankservers ändern, müssen Sie nur an einer Stelle die Verbindungsinformationen aktualisieren und alle Berichte, welche diese Informationen benutzen, funktionieren weiterhin.

7. Tragen Sie im folgenden Dialog Data Source Properties die Verbindungszeichenfolge zur Datenbank ein, und testen Sie, ob die Kommunikation zum Server funktioniert. Hilfe zur Bildung der Zeichenkette erhalten Sie mit einem Klick auf die Schaltfläche Build.

8. Sie sehen jetzt eine Liste verfügbarer Tabellen, Ansichten und Tabellenwertfunktionen der SharePoint-Server-Datenbank. Erweitern Sie den Knoten pjrep, und klappen Sie den Knoten Views und dann die MSP_EpmProject_UserView aus, und selektieren Sie die folgenden Felder:

    – ProjectName
    – ProjectOwnerName
    – ProjectFinishDate
    – ProjectWork
    – ProjectCost

9. Klicken Sie dann auf NEXT. Ziehen Sie das Feld PROJECTNAME in den Bereich ROW GROUPS und alle anderen Felder in den Bereich VALUES.

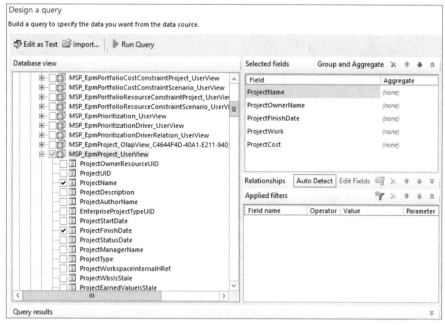

Abbildung 17.25 Selektion der benötigten Felder

> **Logische Reihenfolge**
>
> Achten Sie bereits jetzt auf eine logische Reihenfolge der Felder, das heißt, machen Sie sich jetzt schon Gedanken darüber, wie die Spalten in der Tabelle angeordnet werden sollen. Sie können zwar später im Bericht die Spalten immer noch neu sortieren, aber den Aufwand können Sie sich sparen, wenn Sie bereits jetzt die Grundzüge des Layouts festlegen.

10. Klicken Sie ein weiteres Mal auf NEXT, und legen Sie dann das Tabellenlayout fest. Bestimmen Sie beispielsweise, dass die Summen für die Gruppen und die gesamte Tabelle angezeigt werden und Gruppensummen unterhalb der Gruppe in einer eigenen Zeile erscheinen.

11. Klicken Sie wieder auf NEXT, und wählen Sie ein initiales Schrift- und Farbschema aus. Sie können Schriften und Farben später im Berichtsdesigner jederzeit anpassen. Klicken Sie nun auf FINISH, um den Assistenten zu beenden.

    Sie befinden sich jetzt auf der Startseite des Berichtsdesigners. Durch die im Assistenten definierten Einstellungen ist der Bericht bereits jetzt lauffähig. Probieren Sie es ruhig einmal aus, und klicken Sie im Bereich oben links auf RUN.

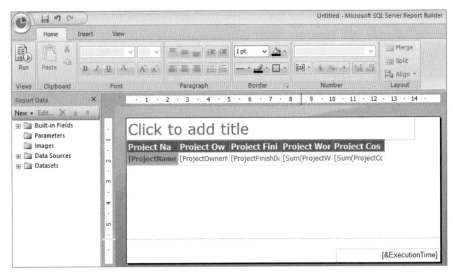

Abbildung 17.26 Erste Berichtsvorschau im Report Builder

Wie Sie sehen, sind noch ein paar Arbeiten zu erledigen, bevor der Bericht bereitgestellt werden kann. Allerdings können Sie auch erkennen, dass mit nur wenigen Klicks bereits ein recht brauchbares Ergebnis produziert wurde.

12. Klicken Sie wieder auf DESIGN, um in die Entwurfsansicht zurückzukehren. Vergeben Sie zunächst einen Namen für den Bericht, indem Sie in das Textfeld oben bei CLICK TO ADD TITLE einen Titel eintragen.
13. Klicken Sie dann rechts auf ein Zahlenfeld (Arbeit oder Kosten), und wählen Sie im Kontextmenü den Eintrag TEXT BOX PROPERTIES.
14. Wechseln Sie in der Navigation links zur Eigenschaft NUMBER, um das ausgewählte Feld zu formatieren. Wenn Sie hier keine Formatierung angeben, werden die Werte so ausgegeben, wie sie in der Datenbank gespeichert sind. Durch Formatierungen können Sie also den Bericht für die Berichtsempfänger lesbarer machen. Formatieren Sie nun auf die gleiche Weise beide Zahlenfelder.

Eigenschaftsfenster

Sie können sämtliche Eigenschaften eines Berichtselements, wie z. B. das Textfeld, auf einen Blick einsehen und ändern, wenn Sie sich das Eigenschaftsfenster einblenden. Wechseln Sie dazu im BERICHTSDESIGNER auf die Registerkarte VIEW, und setzen Sie den Haken bei PROPERTIES.

---

15. Ziehen Sie nun die jeweiligen Spalten auf eine für den Feldinhalt passende Breite. Alternativ können Sie im Eigenschaftsfenster unter SIZE die Breite direkt mit

Maßeinheit eingeben. Achten Sie dabei gegebenenfalls darauf, dass die Breite nicht das gewünschte Ausdruckformat übersteigt. Wollen Sie den Bericht z. B. für DIN-A4-Querformat auslegen, tragen Sie als BREITE 29,7 cm und als HÖHE 21 cm im Eigenschaftsfenster des Berichts ein.

Die Spaltenüberschriften heißen im Standard genauso wie die Felder in der Datenbank. Auch diese können Sie leicht anpassen, indem Sie im BERICHTS-DESIGNER den Text ersetzen.

Wenn Sie den Bericht in der Vorschau betrachten, fällt Ihnen vielleicht auf, dass dort ein Projekt mit dem Namen ARBEITSZEITTABELLE ADMINISTRATIVE ARBEITSAUFGABEN aufgeführt ist. Dieser Projekttyp sollte normalerweise nicht in Ihrer Projektauswertung auftauchen, deshalb zeigen wir Ihnen, wie Sie die Ergebnisse der Abfrage filtern können. Klicken Sie dazu im Report Builder im linken Fenster REPORT DATA rechts auf die Abfrage, und wählen Sie den Eintrag QUERY. Fügen Sie, wie am Anfang die Basisfelder, das Feld PROJECTTYPE im Query Designer zur Auswertung hinzu, und bestätigen Sie mit OK. Aktivieren Sie erneut das Kontextmenü für die Abfrage, und wählen Sie diesmal DATASET PROPERTIES. Wechseln Sie in der Navigation links auf den Eintrag FILTERS, und klicken Sie auf ADD. Setzen Sie den Filter für die Auswertung auf STANDARD-PROJEKTE. Diese haben im Feld PROJECTTYPE die Zahl 0 hinterlegt. Weitere Informationen zu Projekttypen finden Sie in der Dokumentation des Project-Server-Datenbankschemas.

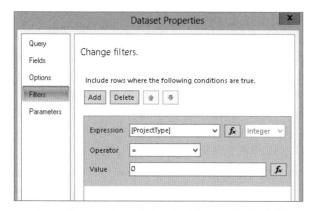

Abbildung 17.27 Filter auf Standard-Enterprise-Projekte

Wenn Sie den Bericht erneut ausführen, taucht das Projekt jetzt nicht mehr auf. Auf diese Weise können Sie die Abfrage bequem auch nach anderen Kriterien filtern.

Speichern Sie nun den Bericht über die Schaltfläche SAVE. Rufen Sie dann direkt aus dem Browser den Bericht auf. So können Sie kontrollieren, wie dieser für die Berichtsempfänger angezeigt wird.

17 Berichtswesen

AIRBI Projektübersicht				
Projekt	Projektleiter	Ende	Arbeit (FTE)	Kosten
Gepäcklogistik Terminal 1, Terminal 2	Livia Galeazzi	08.06.2017	8,806	69.248.000 €
AIRBI WLAN	Livia Galeazzi	01.06.2017	950	11.200.000 €
Flughafen-Verwaltungsgebäude	Livia Galeazzi	13.02.2017	150	0 €
Flughafenwebseite	Livia Galeazzi	30.12.2016	1,100	8.740.000 €
Bahnanbindung	Livia Galeazzi	06.10.2016	6,774	116.582.400 €
IWO-CRM-System	Jürgen Rosenstock	06.07.2016	3,330	90.312.000 €
Rollbahn, Nord, Süd, Ost, West	Livia Galeazzi	24.05.2016	450	960.000 €
Gate-A, Gate B, Gate C	Livia Galeazzi	28.04.2016	6,966	95.424.000 €

Abbildung 17.28 Anzeige des Berichts

17.6 Power BI

In diesem Abschnitt stellen wir Ihnen kurz *Power BI* vor, das erstmals Mitte des Jahres 2015 als Power BI 2.0 an den Start ging. Der cloudbasierte Dienst ist hauptsächlich für den Einsatz im Nutzungsmodell Project Online geeignet, erlaubt aber auch die Anbindung von on-premises-Datenquellen wie z. B. der SharePoint-Server-Datenbank.

17.6.1 Überblick

Die Intention bei Power BI ist, den Endanwendern und Fachbereichen, wie dem Controlling und PMO der AIRBI GmbH, eine Datenanalyse ohne Einbeziehung von Analysten und IT zu ermöglichen. Diesen Trend bezeichnet man als Self-Service-BI.

Neben dem bereits erwähnten Online-Dienst steht auch die Version *Power BI Desktop* zur Verfügung, um komplexere Datenmodelle direkt auf dem eigenen Rechner zu bearbeiten oder den Datenbestand der Projektorganisation zu analysieren, ohne Daten in der Cloud zu halten. Schon jetzt sind Lösungen für nahezu alle üblichen Endgeräte erhältlich, um mit Power BI zu interagieren. Dazu gehören beispielsweise auch native Apps für Android und Apples iPad.

Die Basisversion ist kostenlos erhältlich und braucht nicht einmal ein Abonnement für Office 365, die Variante *Power BI Pro* kostet derzeit 9,99 US$ pro Nutzer im Monat. In der Tabelle 17.9 haben wir Ihnen die wichtigsten Unterschiede beider Versionen als Entscheidungshilfe zusammengestellt.

	Power BI Basisversion	Power BI Pro
Maximale Datenkapazität pro Monat	1 GB pro Nutzer	10 GB pro Nutzer
Maximale Anzahl geplanter Datenaktualisierungen pro Tag	1	8

Tabelle 17.9 Wichtige Unterschiede zwischen Basisversion und Power BI Pro

	Power BI Basisversion	Power BI Pro
Datenstream pro Stunde	10.000 Zeilen	1.000.000 Zeilen
Zusammenarbeit über Office-365-Gruppen	nicht möglich	Standard

Tabelle 17.9 Wichtige Unterschiede zwischen Basisversion und Power BI Pro (Forts.)

Die Hauptfunktionalitäten von Power BI sind:

- Erstellung von Dashboards
- Freigabe für andere Power BI-Nutzer
- Durchsuchen des Datenbestands in natürlicher Sprache (derzeit nur in Englisch)
- *Responsive Webdesign* bei Aufruf im Browser
- Native Apps für Android, iOS und Windows
- Datenimport, z. B. Excel- oder *.csv*-Datei
- Zugriffssteuerung über Active-Directory-Gruppen (nur Power BI Pro)

Die Entwicklung wird derzeit massiv von Microsoft vorangetrieben, jeden Monat erscheint eine Fülle von neuen Features. Sie können direkt in der Applikation Feedback geben und eigene Wünsche für Funktionalitäten im Forum einstellen. Die Anzahl der Visualisierungsmöglichkeiten ist durch benutzerdefinierte sogenannte *Custom Visuals* wirklich beeindruckend. So gibt es inzwischen sogar ein natives Control für ein Gantt-Diagramm, was sich in den meisten anderen BI-Tools nur mit viel Aufwand nachbilden lässt.

Abbildung 17.29 Gantt-Diagramm in Power BI

Power BI braucht sich also hinter keiner professionellen Self-Service-Lösung für Business Intelligence zu verstecken. So würde es uns nicht wundern, wenn demnächst auch eine benutzerdefinierte Visualisierungsmöglichkeit für die Meilenstein-Trendanalyse verfügbar ist.

17.6.2 Praxisbeispiel: Power BI Desktop mit Project Online verbinden

In diesem Beispiel zeigen wir Ihnen, wie Sie ganz einfach Power BI Desktop mit einer Instanz von Project Online verbinden. Wie Sie sich vielleicht erinnern, verwenden Sie dafür das O-Data-Protokoll zum Zugriff auf die Daten. Voraussetzung sind ein gemieteter Tenant und ein entsprechendes Konto für Office 365, das die erforderlichen PWA-Berechtigungen besitzt. Schlagen Sie gegebenenfalls noch einmal in Abschnitt 17.3.4 nach, um mehr zum Thema OData zu erfahren.

Führen Sie dafür folgende Schritte durch:

1. Laden Sie sich Power BI Desktop direkt von der Microsoft-Website herunter. Sie finden den Link zum Download auf der offiziellen Startseite von Power BI unter folgender URL:
   https://powerbi.microsoft.com/
2. Installieren Sie Power BI Desktop auf Ihrem lokalen Computer.
3. Öffnen Sie Power BI Desktop, und klicken Sie auf der Startseite auf die Schaltfläche DATEN ABRUFEN.

Abbildung 17.30 Startseite von Power BI Desktop

4. Klicken Sie auf ODATA-FEED und dann auf VERBINDEN.

5. Im folgenden Dialog geben Sie die URL zum ProjectData-Service ihrer Online-Instanz in das Feld ein. Die URL sollte etwa wie folgt aufgebaut sein:
https://IhreCloud.sharepoint.com/sites/IhreInstanz/_api/ProjectData

6. Wechseln Sie links auf ORGANISATIONSKONTO, und geben Sie Ihre Anmeldeinformationen ein. Dann klicken Sie auf VERBINDEN.

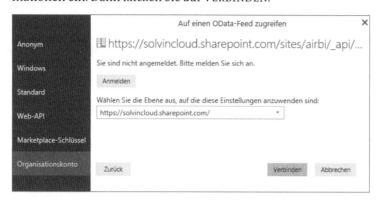

Abbildung 17.31 Verbindung zum OData-Feed

7. Hier sehen Sie jetzt eine Liste der Tabellen, die durch den Datenfeed bzw. den ProjectData-Service zur Verfügung gestellt werden. Wählen Sie zum Test einige der Tabellen aus, und sammeln Sie Ihre eigenen Erfahrungen mit Power BI Desktop.

17.6.3 Praxisbeispiel: Power BI Content Pack für Project Online

Um den Aufwand für die Verbindung zur Datenquelle und die Erstellung von Berichten so weit wie möglich zu vereinfachen, bietet Power BI für alle möglichen Szenarien, in denen Daten eine große Rolle spielen, eine ständig wachsende Anzahl von sogenannten Inhaltspaketen (Content Packs) an. Ziel ist die einfache, schnelle Bereitstellung von vordefinierten Berichten, die individuell an die Bedürfnisse der Organisation angepasst werden können. So erschien im November 2015 folgerichtig auch das Power BI Content Pack für Project Online.

In diesem Beispiel zeigen wir Ihnen, wie Sie dieses Inhaltspaket für Ihre Instanz verfügbar machen. Voraussetzung sind auch hier ein gemieteter Tenant und ein entsprechendes Konto für Office 365, das die erforderlichen PWA-Berechtigungen besitzt.

1. Melden Sie sich unter Microsoft Online Services mit Ihrem Konto an.
2. Wählen Sie aus der Liste verfügbarer Apps den Eintrag POWER BI, sofern Sie bereits registriert sind. Falls nicht, führen Sie eine kostenlose Registrierung unter folgender URL durch:
https://powerbi.microsoft.com/

3. Klicken Sie in der Navigation links unten auf DATEN ABRUFEN.
4. Klicken Sie im folgenden Dialog unter der Überschrift INHALTSPAKETBIBLIOTHEK auf der Kachel DIENSTE auf ABRUFEN.
5. Scrollen Sie in der Liste verfügbarer Inhaltspakete so lange nach unten, bis Sie den Eintrag MICROSOFT PROJECT ONLINE finden, oder geben Sie die Zeichenkette »Microsoft Project« in das Suchfenster rechts oben ein.

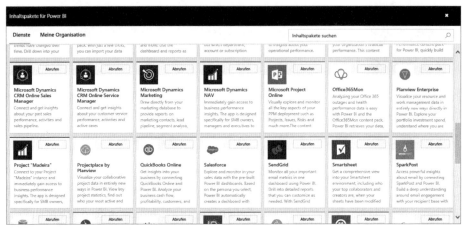

Abbildung 17.32 Inhaltspaket »Microsoft Project Online«

6. Klicken Sie nun auf ABRUFEN.
7. Tragen Sie im folgenden Dialog die URL zu ihrer Online-Instanz in das Feld ein. Die URL sollte etwa wie folgt aufgebaut sein:
   https://IhreCloud.sharepoint.com/sites/IhreInstanz
8. Wählen Sie im folgenden Fenster als Authentifizierungsmethode OAUTH2 aus, und melden Sie sich an.

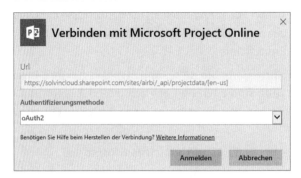

Abbildung 17.33 Authentifizierungsmethode auswählen

9. Haben Sie je nach Bandbreite und Datenmenge etwas Geduld, bis alle Daten geladen sind.

Ihnen steht nun ein fertiges, konfiguriertes Dashboard mit den Daten Ihrer Project-Online-Instanz zur Verfügung, das Sie an Ihre eigenen Anforderungen anpassen können. Außerdem wurden in der linken Navigation zusätzlich ein Bericht und ein Dataset, also die eigentliche Abfrage an das Datenmodell, automatisch angelegt. Machen Sie sich mit der Umgebung von Power BI vertraut, indem Sie z. B. direkt eine Frage an das Dashboard in englischer Sprache formulieren, so wie wir es z. B. in Abbildung 17.34 illustriert haben.

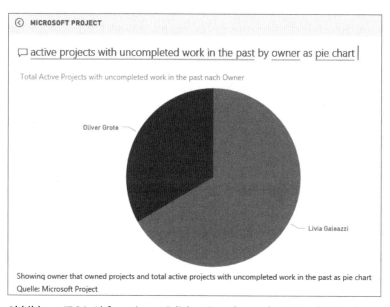

Abbildung 17.34 Abfrage in natürlicher Sprache an den Datenbestand

17.7 Sonstige Hinweise

In diesem letzten Abschnitt geben wir Ihnen noch ein paar ergänzende Hinweise für das Berichtswesen mit Microsoft Project Server 2016 und Project Online.

17.7.1 Office 365 Project Portfolio Dashboard

Kurz vor dem Abgabetermin dieses Buches erreichte uns die Nachricht, dass von Microsoft eine neue App ausschließlich für Project Online veröffentlicht wurde, welche es Projektleitern und PMO ermöglichen soll, schnell und einfach auf Informationen zuzugreifen. Diese App kann kostenlos über den Office 365-Store für Windows oder über den Apple-Store für Benutzer von iPads bezogen werden. Zurzeit ist die Anwendung nur in englischer Sprache verfügbar.

Ähnlich wie das Content Pack für Project Online von Power BI besteht dieses Paket aus einer Sammlung von vorkonfigurierten Dashboards, die sofort verwendet werden können. Selbstverständlich gibt es auch hier diverse Möglichkeiten der benutzerdefinierten Anpassung an die Bedürfnisse Ihrer Projektorganisation.

Die vorhandenen Berichte basieren auf Projekt-, Vorgangs- und Ressourceninformationen und enthalten auch Auswertungen zu Risiken und Problemen. Neben der Möglichkeit zur Sortierung bieten die Standardfilter auch die Möglichkeit, den Datenbestand durch die Auswahl benutzerdefinierter Felder einzuschränken.

Zur Installation dieser App führen Sie die folgenden Schritte durch:

1. Rufen Sie die Startseite ihrer Project-Online-Instanz im Browser auf. Die URL sollte etwa wie folgt aufgebaut sein:
   https://IhreCloud.sharepoint.com/sites/IhreInstanz
2. Melden Sie sich unter Microsoft Online Services mit Ihrem Konto an.
3. Wählen Sie aus dem Einstellungsmenü oben rechts den Eintrag APP HINZUFÜGEN.

Abbildung 17.35 App hinzufügen in den PWA-Einstellungen

4. Klicken Sie dann unter der Überschrift APPS, DIE SIE HINZUFÜGEN KÖNNEN auf die Kachel OFFICE 365 PROJECT PORTFOLIO DASHBOARD.
5. Bestätigen Sie im folgenden Dialog, dass Sie dieser App vertrauen.
6. Warten Sie, bis die App hinzugefügt wurde.
7. Starten Sie die App.

Die App ist jetzt installiert und kann jederzeit über den Link IHRE APPS aufgerufen oder an einer geeigneten Stelle auf der PWA verlinkt werden.

Im Standard sind folgende Dashboards bereits enthalten:

- This Year's Projects
- Last Year's Projects
- Next Year's Projects
- Major Active Initiatives
- My Active Projects
- All Projects

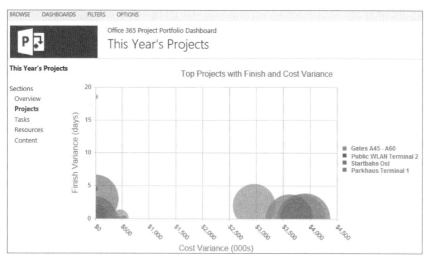

Abbildung 17.36 Auszug aus dem Office 365 Project Portfolio Dashboard

Versuchen Sie, sich auch hier in der Umgebung zurechtzufinden und Anpassungen vorzunehmen. Wir empfehlen Ihnen zum Start das Anlegen eines neuen Dashboards über die Funktion CREATE auf der Registerkarte DASHBOARDS, wie Abbildung 17.37 zeigt.

Abbildung 17.37 Anlegen eines neuen Dashboards

17.7.2 Entscheidungshilfen

Wir wollen hier versuchen, Sie bei der Wahl für das richtige Werkzeug zu unterstützen, denn es ist nicht immer leicht, sich zwischen *Excel/Excel Online*, *Power BI* oder *Reporting Services* zu entscheiden.

Für Sie als Berichtsautor ist es zunächst eine Frage des technischen Verständnisses und Wissens für die Abfrage von Daten und zielgruppengerechte Präsentation. Microsoft unterscheidet hier zwei unterschiedliche Anwendergruppen. Die erste Gruppe sind die Techniker, die IT-Entwickler. Diese Anwendergruppe tendiert am ehesten in Richtung *Reporting Services (SSRS)*, wenn die Rahmenbedingungen es zulassen. SSRS ist für IT-Entwickler mit Wissen in den Bereichen SQL und MDX relativ einfach zu verwenden. So erstellen Entwickler Datenverbindungen und Abfragen, die dann an unterschiedliche Berichtskomponenten innerhalb eines SSRS-Reports angebunden werden. Es liegt aber in der Natur der Sache, dass dieser Prozess, wie bereits in Abschnitt 17.5 beschrieben, sehr technisch und für einen reinen Power-User oft nicht handhabbar ist. Microsoft bietet für SSRS-Berichte seinen *Berichts-Generator* an, eine Anwendung, mit deren Hilfe ein SSRS-Bericht erstellt werden kann, welche schon einige der technischen Aspekte vereinfacht und weit weniger komplex als die komplette Entwicklungsumgebung Visual Studio ist. So ist es für einen Entwickler möglich, den Bericht und das gesamte Berichtswesen in einzelne Module und Komponenten so zu zerlegen, dass ein technisch versierter Nutzer diese Module wiederverwenden kann, um weitere Berichte oder Berichtsvariationen zu erstellen. Aus unserer Erfahrung aber sind die Aufgaben beim Erstellen eines SSRS-Reports zu vielfältig und zu technisch, als dass ein Anwender aus der Fachabteilung ohne tiefere Kenntnisse und ohne Schulung sich hier einfach zurechtfinden würde.

Das Komplementär zu Reporting Services sind *Excel* bzw. *Excel Online*. Aufgrund der nutzbaren und weitläufig bekannten Excel-Funktionen wie Formeln und Pivot-Tabellen sollten geübte Excel-Anwender wie Mitarbeiter des PMO mit etwas Training durchaus dazu in der Lage sein, anspruchsvolle Berichte zu erstellen. Zudem rendern SharePoint und Office Online Server die Excel-Berichte und -Dashboards als Webseiten, was diese Art von Reports sehr schnell und leicht zu veröffentlichen macht. Microsoft entwickelt Excel kontinuierlich weiter, z. B. stehen den Anwendern sehr tiefe und granulare Zugriffe auf Daten zur Verfügung, und die Präsentationsmöglichkeiten sind vielfältig.

Power BI ist, einfach gesagt, ein Selbstbedienungsladen im BI Stack von Microsoft, passend für Power-User und Benutzer mit nicht ganz so tiefem technischem Verständnis. Power BI einem Endanwender nahezubringen ist sehr einfach, eine kurze Einführung und die Anwender sind in der Lage, Daten und gewünschte Auswertungen in ansprechendem Layout zu erstellen. Das Veröffentlichen der Ergebnisse bereitet hier ebenfalls nur wenig Schwierigkeiten, sodass Power BI durchaus auch von versierten Projektleitern als Berichtserstellungswerkzeug benutzt werden kann.

Auf der anderen Seite muss natürlich auch die Gruppe der Berichtsempfänger beleuchtet werden, hier gibt es zum einen die Analysten wie das Projektcontrolling, die meist höchst interaktive Erfahrung favorisieren. Hier stehen vielfältige Optionen und die Mächtigkeit des Tools im Vordergrund. Dies kann z. B. das Ändern von Dimensionen und Metren ohne Vorbereitung, aber auch das Zergliedern und Analysieren in sämtliche Richtungen sein.

Projektleiter werden sich sicher wesentlich wohler fühlen beim Betrachten und Auswerten von Reporting Services oder Excel-Berichten. Hier steht die einfache Bedienung des Tools im Vordergrund, beispielsweise sollte sich ein Projektstatusbericht auf Knopfdruck erzeugen und in ein gewünschtes Format exportieren lassen. Das Werkzeug muss einfach funktionieren und darf den Anwender nicht mit überfrachteten Funktionen überfordern. Beide Technologien bieten anspruchsvolle und weitreichende Techniken, mit denen die Daten manipuliert werden können. Insgesamt sind es aber eher die statischen Inhalte, welche nur wenig Interaktivität zulassen.

Power BI fügt dem Ganzen wieder einen anderen, ganz interessanten Ansatz hinzu. Zwar sind die Diagramme von Power BI (noch) nicht drilldown-fähig, allerdings überrascht Power BI ständig mit immer neuen Funktionen, z. B. führt der Klick auf das gewünschte Berichtselement dazu, dass alle anderen Visualisierungsobjekte des Berichts auf dieses Element gefiltert werden. Insbesondere für etwas weniger technisch versierte Anwender ist dies mehr als interessant und vor allem oft völlig ausreichend.

Sie sehen also, für jeden Anwendertyp hat Microsoft etwas zu bieten. Dennoch müssen Sie sich nicht final für eine Technologie entscheiden. Meistens muss bei der Berichtsanforderung von Fall zu Fall entschieden werden, welche Technologie zum Einsatz kommt.

17.7.3 Der Berichtssteckbrief

Wir haben die Erfahrung gemacht, dass leider viele Unternehmen die Implementierung des Berichtswesens in komplexe Systeme unterschätzen.

Deshalb sollten Fragen rund um das Reporting idealerweise geklärt werden, bevor mit der Erstellung der Berichte begonnen wird bzw. die Freischaltung für die gesamte Projektorganisation erfolgt ist. Die häufigsten Fragen dabei sind:

- Wer übernimmt die Erstellung des Berichts?
- Von wem kommen die Informationen? Wer ist Berichtsempfänger?
- Welche Medien kommen für Reports infrage?
- Welches Berichtsformat ist geeignet?
- In welcher Frequenz erfolgt die Aktualisierung?
- Wer darf welche Daten sehen?
- Sollen Berichte druckbar sein oder als Dokument archiviert werden können? Werden historische Daten benötigt?

Hier hilft uns ein Leitfaden, der nicht nur die Anforderungsaufnahme unterstützt, sondern auch die Funktion der Dokumentation übernimmt: der Berichtssteckbrief. Die wichtigsten Bestandteile haben wir als Empfehlung für Sie in Tabelle 17.10 zusammengefasst.

Abschnitt im Berichtssteckbrief	Beispielhafte Inhalte
Stammdaten	▶ Titel ▶ Beschreibung ▶ Dokumentversion

Tabelle 17.10 Bestandteile des Berichtssteckbriefs

Abschnitt im Berichtssteckbrief	Beispielhafte Inhalte
Technologie	► SSRS ► Excel/Excel Online ► Power BI
Datenquellen	► SharePoint-Datenbank ► SSAS Cube ► OData ► benutzerdefiniert
Benutzerinformationen	► Berichtsautoren ► Berichtsempfänger
Layout	► Tabelle ► Diagramm ► Matrix ► Bilder/Logos
Verteilung	► PWA ► Web ► ad hoc ► E-Mail ► Dateifreigabe
Details zu Daten	► Datenquelle ► Feldname ► Formel ► Formatierung
Parameter	► Filter ► Einfach-/Mehrfachauswahl ► Standardwerte
Darstellung	► Kopf-/Fußzeile ► Farben ► Schriftarten ► Sortierung ► Exportformat

Tabelle 17.10 Bestandteile des Berichtssteckbriefs (Forts.)

Passen Sie auf, dass die Anzahl der Berichte übersichtlich bleibt. Wir wissen, dass die Bedarfe und Anforderungen in den meisten Projektorganisationen mit der erfolgreichen Einführung schnell zunehmen. Versuchen Sie, ähnliche Inhalte von Berichten in regelmäßigen Abständen zusammenzuführen. So leisten Sie einen wesentlichen Beitrag dazu, die Akzeptanz des Berichtswesens zu erhalten.

TEIL IV

Microsoft-Project-Server-Implementierung

Kapitel 18
Einführung

In diesem Teil widmen wir uns den Aspekten der Bereitstellung von Project. Zunächst werden die Varianten der Implementierungsszenarien miteinander verglichen. Darauf folgen die Kapitel für den fachlichen bzw. technischen Administrator.

Seit der Version Project 2013 gibt es die Wahlmöglichkeit für die Bereitstellung der Infrastruktur für vernetztes Projektmanagement auf Basis von Microsoft Project. Neben der Installation des Microsoft Project Servers auf einer eigenen oder fremden (gehosteten) Hardware-Infrastruktur gibt es die Möglichkeit, Project Online aus den Cloud-Rechenzentren von Microsoft zu mieten.

In beiden Szenarien obliegt dem PMO der Flughafenplanungsgesellschaft die fachliche Administration der Projektmanagement-Plattform. Dabei greift die AIRBI GmbH, wie von Microsoft empfohlen, auf die Unterstützung von externen Spezialisten eines zertifizierten Microsoft-Project-Partners zurück.

Sowohl Project Online als auch Project Server müssen im Standard auf die Projektmanagement-Anforderungen der jeweiligen Unternehmung angepasst werden.

Abbildung 18.1 stellt die verschiedenen Bereiche der Konfigurationsmöglichkeiten des Project Servers 2016 dar. Abhängig von Ihrer Anforderung sind hier mehr oder weniger Anpassungen in den jeweiligen Bereichen notwendig.

Entscheiden Sie sich für die Cloud-Variante, dann entfallen Ihnen die Aufwände für die technische Bereitstellung der Infrastruktur. Bei Project Online erhalten Sie mit wenigen Klicks den Zugriff auf eine Project-Web-App-Instanz auf einer von Microsoft betriebenen Infrastruktur.

Bei der on-premises-Variante müssen Sie sich zunächst Gedanken über die Intensität der Nutzung machen und dies bei der Planung der Installationen berücksichtigen.

18 Einführung

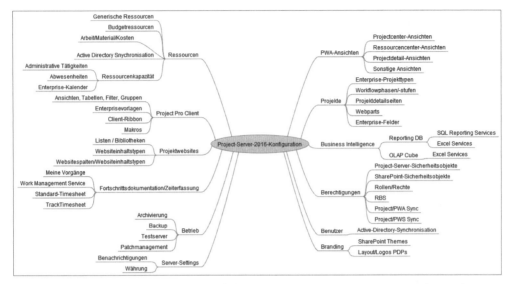

Abbildung 18.1 Konfigurationsmöglichkeiten einer Project-Server-2016-Implementierung

18.1 Struktur und Aufbau von Teil 4

In diesem Teil des Buches bekommen Sie zunächst eine Hilfestellung für die Entscheidung, ob die Online- oder die on-premises-Variante besser für Ihre Unternehmung passt. Ein späterer Umstieg ist mit Drittanbietersoftware möglich. Von Microsoft selbst gibt es derzeit keinen direkten Migrationspfad in oder aus der Cloud heraus. Allerdings gilt es zu beachten, dass Project Online jetzt schon Funktionen enthält, die in Project Server 2016 nicht enthalten sind. Welche der schon vorhandenen und kommenden Project-Online-Funktionen ihren Weg in eine zukünftige on-premises-Variante finden werden, ist derzeit nicht bekannt.

Die Konfiguration von Project Online gleicht in großen Teilen der des Project Servers. In Kapitel 20, »Konfiguration von Project Server 2016/Project Online«, werden die verschiedenen Konfigurationsmöglichkeiten detailliert beschrieben und wird auf die wenigen Unterschiede der Varianten eingegangen. Im Regelfall wird die fachliche Administration von einem IT-affinen PMO-Mitarbeiter vorgenommen. Dieser ist dann auch entsprechend eng mit dem jeweiligen technischen Administrator aus der IT-Abteilung verzahnt. In bestimmten Disziplinen, wie z. B. dem Anlegen neuer Benutzer, sind die Aufgaben je nach Unternehmung unterschiedlich verteilt.

In Kapitel 21, »Bereitstellung Microsoft Project Server on premises« werden eine beispielhafte Installation und der Betrieb einer eigenen Project-Server-Infrastruktur beschrieben.

Project Server 2016 ist ein zentraler Bestandteil von SharePoint Server 2016 geworden. Mit der aktuellen Version gibt es kein separates Installationsmedium mehr. Somit kann jede SharePoint-2016-Farm um die Project-Server-Funktionalitäten ohne weitere Installation erweitert werden.

Ist die Infrastruktur bereitgestellt, ist es für die Verfügbarkeit und Stabilität des Systems unabdingbar, ein entsprechendes Betriebskonzept parat zu haben. Neben den Themen Sicherung und Wiederherstellung gehören die Überwachung von Ereignissen und Fehlermeldungen wie auch das Patchmanagement zu den Aufgaben des technischen Administrators.

In Abschnitt 21.6, »Aktualisierung von früheren Project-Server-Versionen« erfahren Sie, wie Sie die Inhalte von älteren Project-Server-Versionen auf die Version 2016 migrieren.

Auf die Bereitstellung von Project Online sowie den Import von Daten nach Project Online gehen wir in Kapitel 22, »Bereitstellung Microsoft Project Online« ein.

Kapitel 19
Online vs. on premises – Implementierungsszenarien

Dieses Kapitel enthält die wichtigsten Informationen, um zu einer Entscheidung in der Frage »Online- oder on-premises-Installation« zu gelangen?

Vielleicht sind Sie ja der IT-Mitarbeiter Ihrer Organisation und sehen sich mit der Forderung nach einer Project-Server-Umgebung konfrontiert.

Dabei ist eine wichtige Entscheidung zu treffen – bauen Sie sich eine eigene Umgebung on premises auf, oder gehen Sie mit dem System in die Cloud?

Der Vollständigkeit halber sollten wir noch eine dritte Option nennen – es gibt außerhalb der Microsoft Cloud auch weitere Anbieter, bei denen man sich eine Project-Server-Umgebung mieten kann. Technisch handelt es sich dabei um eine gehostete on-premises-Umgebung, was Auswirkungen auf die Funktionalitäten der Umgebung hat.

Von Bedeutung sind aber vor allem die Varianten »Eigene Umgebung« und »Project Online«. Daher werden wir diese hier näher betrachten.

Thema	on premises	Online
Lizenzierung	In der Regel werden die Lizenzen gekauft, Sie können aber auch gemietete Lizenzen statt CALs verwenden. Die Server-Lizenzen müssen Sie auf jeden Fall kaufen: Pro Server: ▸ Project Server ▸ SharePoint Server ▸ SQL Server Standard/Enterprise ▸ Windows Server	Sie mieten die benötigte Anzahl von Lizenzen. Einfache transparente Lizenzierung, pro User eine der folgenden Lizenzen: ▸ Project Online Professional ▸ Project Online Premium ▸ Project Online Essentials

Tabelle 19.1 Vergleich zwischen Project Online und Project Server on premises

Thema	on premises	Online
Lizenzierung (Forts.)	Pro User: ▶ Project Professional (nur Projektleiter) ▶ Project Server CAL ▶ SharePoint Standard CAL ▶ SharePoint Enterprise CAL ▶ SQL Server CAL	
Kostenarten	hoher CAPEX-Anteil	hauptsächlich OPEX
Infrastruktur	Liegt vollständig in Ihrer Verantwortung – mit allen Vor- und Nachteilen wie hohem Installationsaufwand, Lieferzeiten bei Hardware-Beschaffung.	Umgebung ist fertig bereitgestellt, Sie müssen mehr oder weniger nur ein paar Klicks ausführen, und die Umgebung steht bereit.
Betrieb	Benötigt werden technische Administratoren u. a. für: ▶ SQL Server ▶ SharePoint Server ▶ Project Server ▶ SLA zwischen Betrieb und Fachabteilung	Der technische Betrieb wird vollständig von Microsoft erbracht inklusive Datenbank-Backup, Disaster Recovery, SQL Maintenance, Updates, Monitoring usw. 99,9 % Verfügbarkeit
Updates	Sind manuell zu installieren. Es ist Ihre Verantwortung, aber auch Ihre eigene Wahl. Manuelle Updates: monatliche kumulative Updates, Service-Pack (ca. 1-mal pro Jahr) und Major Releases (ca. alle 3 Jahre) Manche Funktionen stehen on premises nicht zur Verfügung.	Bereitstellung sowie Updates und Patching erfolgen vollautomatisch. Kontinuierliche Verbesserung im laufenden Betrieb. Sie haben jedoch keine Kontrolle darüber. Nur bei neuen Features können Sie etwas Einfluss nehmen, wie früh sie bereitgestellt werden.

Tabelle 19.1 Vergleich zwischen Project Online und Project Server on premises (Forts.)

Thema	on premises	Online
Verfügbarkeit	Soll das System hochverfügbar sein, muss eine umfangreiche Infrastruktur aufgebaut sowie ein recht hoher Aufwand seitens der IT-Administratoren geleistet werden, um das System zu betreiben und zu warten.	hochverfügbar (99,9 % – 24/7)
Datensicherung	in Ihrer Verantwortung	Übernimmt Microsoft. Automatische Datensicherung und schnelle Notfallwiederherstellung, allerdings derzeit ohne Erweiterungen, keine Möglichkeit, etwa ein einzelnes Projekt wiederherzustellen
Technischer Support	in eigener Verantwortung, gegebenenfalls unterstützt durch einen Partner	Sie öffnen einen Call und hoffen auf Lösung des Problems durch Microsoft. Kein Zugriff auf Logs, keine Möglichkeit, selbst etwa einen Dienst neu zu starten
Authentifizierung	via Domänen-Benutzerkonten	Getrennt mit Microsoft-Benutzerkonten, optional Synchronisation mit eigener Domäne. Oder ADFS-Authentifizierung mit on-premises-Domäne
Berichtswesen	Excel, Excel Services oder SQL Reporting Services. Vollständiger Datenbankzugriff. OLAP-Cube möglich	Excel oder Excel Services. Zugriff nur via ODATA. Keine Reporting Services. Kein OLAP-Cube (siehe Kapitel 17, »Berichtswesen«)
Workflow	Wahlweise SharePoint-2010- oder SharePoint-2013/2016-Workflow-Plattform. Nintex für SharePoint verfügbar. Nintex für Project Server ist bislang nicht für die Version 2016 verfügbar.	Nur SharePoint-2013/2016-Workflow-Plattform. Nintex steht online nur für SharePoint zur Verfügung.

Tabelle 19.1 Vergleich zwischen Project Online und Project Server on premises (Forts.)

Thema	on premises	Online
Erweiterbarkeit	Client- oder serverseitig möglich. Project Server Interface für Lesen und Schreiben, SQL für lesenden Zugriff	Nur clientseitiger Code. CSOM-Schnittstelle. Kein SQL-Zugriff
Verfügbarkeit von Add-Ons	»klassische« Erweiterungen wie auch Apps verfügbar	nur Apps verfügbar (aufgrund der Einschränkungen bei der Erweiterbarkeit)
Testinstanzen	Können durch Kopien der Datenbanken erzeugt werden.	Können eingerichtet werden. Ohne Produkte von Drittanbietern aber keine Möglichkeit, Elemente zwischen Instanzen zu kopieren
Integration	Komplexes Hybridszenario und Change-Management mit gemischten Release-Ständen. Komplexes Identitätsmanagement für externe Mitarbeiter	Integration mit SharePoint Online und Office 365. Einfache und sichere Zusammenarbeit mit externen Mitarbeitern
Sicherheit	Datensicherheit und Verschlüsselung müssen in allen Aspekten selbst konfiguriert und organisiert werden.	Automatische Verschlüsselung: Sämtliche Internetkommunikation ist mit Perfect Forward Secrecy (PFS) verschlüsselt.

Tabelle 19.1 Vergleich zwischen Project Online und Project Server on premises (Forts.)

Mit dieser Tabelle versuchen wir, Ihnen einen groben Überblick über die Punkte zu geben, die bei der Entscheidung bedacht werden sollten.

In vielen Organisationen wird die Cloud-Strategie aber sicherlich nicht nur im Zusammenhang mit Microsoft Project entschieden, sondern für die gesamte IT betrachtet. Eine Umstellung auf Office 365 ist nicht nur technisch eine Herausforderung für eine komplexe IT-Infrastruktur, sondern bedeutet auch für die Benutzer eine große Umstellung. Diese kann auf der einen Seite schwierig sein, da viele neue Features kennenzulernen sind, die sich auch noch recht häufig ändern (betrachtet man z. B. die erste Hälfte des Jahres 2016). Auf der anderen Seite bieten in der Cloud mit Office 365 verfügbare Werkzeuge wie z. B. Planner und Groups auch in Bezug auf das Projektmanagement ganz neue Möglichkeiten, die Zusammenarbeit schnell und unkompliziert zu gestalten. Auch dies sollten Sie betrachten, wenn Sie vor der Entscheidung »on premises oder Online« stehen.

Wir wollen hier nicht alle Office-365-Funktionalitäten betrachten, um eben Gesagtes zu verdeutlichen, hier nur beispielhaft ein paar Worte zum Planner: Themen wie z. B. agiles Planen oder Arbeiten nach Kanban passten in der Vergangenheit nicht wirklich zu Project. Seit Frühjahr 2016 bietet Microsoft eine neue Lösung an, den sogenannten Planner. Der Planner erlaubt es, sehr kleinteilige Aufgaben im Team operativ zu planen. Dafür werden sogenannte Buckets angelegt, welchen wiederum Aufgaben untergeordnet werden. Die Buckets können z. B. nach Themenbereichen oder nach Phasen im Grad der Abarbeitung gestaltet werden.

Roadmap Project Online

Im Gegensatz zur Variante on premises ergänzt Microsoft das Produkt Project Online mit all seinen Komponenten laufend mit neuen Funktionen, anstatt in Intervallen von ca. 3 Jahren neue Programmversionen auszuliefern.

Eine Übersicht über die geplante Roadmap von Office 365 finden Sie zum Zeitpunkt der Verfassung dieses Buches im Internet unter *http://fasttrack.microsoft.com/roadmap*. Sie können die Liste nach »Project« filtern und gelangen dann zu einer ähnlichen Ansicht, wie in Abbildung 19.1 zu sehen.

Die Liste enthält zwar keine konkreten Daten, und die Beschreibungen lassen oftmals viel Interpretationsspielraum, dennoch gibt sie eine Orientierung.

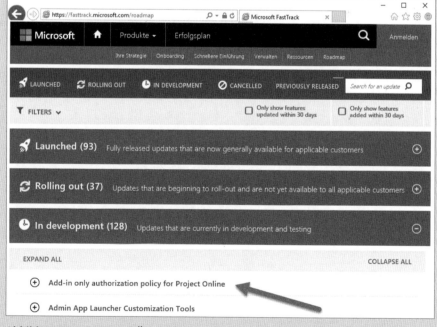

Abbildung 19.1 FastTrack-Übersicht über aktuelle und kommende Neuerungen für Office 365 und Project Online – Stand Juni 2016

Kapitel 20
Konfiguration von Project Server 2016/Project Online

In diesem Kapitel erfahren Sie, wie Sie Microsoft Project Server/Project Online an Ihre Organisationsanforderungen anpassen. Die detaillierte Beschreibung der Funktion der Menüpunkte und Empfehlungen für die Servereinstellungen werden Ihnen helfen, Microsoft Project Server/Project Online optimal für Ihre Unternehmung zu konfigurieren.

Beim Betrieb des Microsoft Project Servers unterscheidet man zwischen technischer und fachlicher Administration. Der technischen Administration obliegen hierbei die Konfiguration und Bereitstellung der Infrastruktur und die Sicherstellung der Verfügbarkeit des Systems. Dazu gehören insbesondere regelmäßige Wartungsaufgaben und die Sicherung des Systems. Bei der Nutzung von Project Online werden diese technischen Aufgaben quasi in die Cloud ausgelagert. Statt der eigenen IT-Abteilung kümmern sich dann Microsoft-Mitarbeiter um diese Aufgaben.

Dieses Kapitel richtet sich primär an die fachlichen Administratoren des Project Servers/Project Online. Diese Rolle wird meist von einem Mitarbeiter des Projektmanagements wahrgenommen.

Seit Project Server 2013 sind Teile der Administration in die SharePoint-Zentraladministration ausgelagert wurden. So gibt es für die Konfiguration der on-premises-Variante neben den PWA-Einstellungen innerhalb der PWA-Website noch für jede PWA-Instanz PWA-Einstellungen innerhalb des Abschnitts ALLGEMEINE ANWENDUNGSEINSTELLUNGEN der SharePoint-Zentraladministration. Diese Abschnitte sind dann für den IT-affinen Fachadministrator gedacht. Selten erleben wir, dass sich um diese Themen dann tatsächlich ein technischer Administrator kümmert.

Der Link auf die PWA-EINSTELLUNGEN ist nicht standardmäßig in der Schnellstartleiste eingeblendet. Sie kommen aber auch einfach und jederzeit über das Kontextmenü für Einstellungen, symbolisiert durch das Rädchen am rechten oberen Teil der PWA-Webseite, dorthin. Hier finden Sie den Menüpunkt zur Navigation zu den PWA-EINSTELLUNGEN (siehe Abbildung 20.1).

20 Konfiguration von Project Server 2016/Project Online

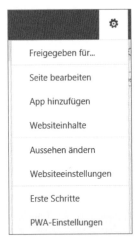

Abbildung 20.1 Der Link zu den »PWA-Einstellungen« befindet sich nun standardmäßig im Dropdown-Menü der Einstellungen der Webseite.

Die PWA-Einstellungen präsentieren sich dann je nach Berechtigungsmodus unterschiedlich. Nur im Projektberechtigungsmodus (siehe Abbildung 20.2) finden Sie den Abschnitt SICHERHEIT und die Möglichkeiten zur Konfiguration von Stellvertretungen.

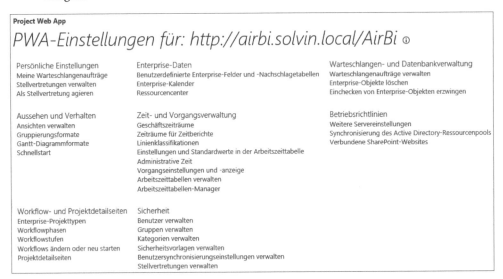

Abbildung 20.2 Servereinstellungen der Microsoft Project Web App und zugehörige Abschnitte (Projektberechtigungsmodus)

Die in die SharePoint-Zentraladministration ausgelagerten Funktionen finden Sie im Abschnitt ALLGEMEINE ANWENDUNGSEINSTELLUNGEN • PWA-EINSTELLUNGEN (siehe Abbildung 20.3). Wenn Sie nicht wissen, mit welcher URL bzw. welchem Port Sie die SharePoint-Zentraladministration aufrufen können, dann finden Sie auf jedem SharePoint Server in Ihrer SharePoint-Farm eine Programmverknüpfung mit der Bezeichnung SHAREPOINT 2016 ZENTRALADMINISTRATION.

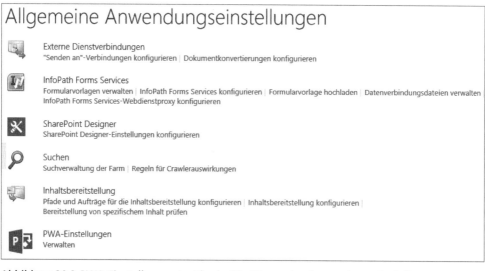

Abbildung 20.3 PWA-Einstellungen im Abschnitt »Allgemeine Anwendungseinstellungen« der SharePoint-Zentraladministration

Hier kann der SharePoint-Farmadministrator auf die hier ausgelagerten Funktionen der Administration zugreifen (siehe Abbildung 20.4). Sind mehrere Project-Server-Instanzen auf dem Server installiert, kann zwischen der Verwaltung dieser Instanzen über die Auswahl PROJECT WEB APP-INSTANZ gewechselt werden.

Warteschlangen- und Datenbankverwaltung	Betriebsrichtlinien	Workflow- und Projektdetailseiten
Warteschlangenaufträge verwalten	Weitere Servereinstellungen	Projektworkfloweinstellungen
Tägliche Sicherung planen	Serverseitige Ereignishandler	
Administrative Sicherung	Einstellungen für die Bereitstellung der Projektwebsite	
Administrative Wiederherstellung	Massenaktualisierung verbundener SharePoint-Websites	
OLAP-Datenbankverwaltung		

Abbildung 20.4 PWA-Einstellungen in der SharePoint-Zentraladministration

20.1 Sicherheit

Project Server 2016 und Project Online bieten Ihnen zwei Sicherheitsmodi zur Steuerung der Art des Zugriffs, der Benutzern auf Websites und Projekte gewährt wird. Seit Project Server 2013 gibt es einen optionalen vereinfachten Berechtigungsmodus. Eine neue Installation ist zunächst im *SharePoint-Berechtigungsmodus*. Der SharePoint-Berechtigungsmodus ist zunächst einfacher zu administrieren, hat dafür aber nur einen eingeschränkten Funktionsumfang. Wenn detailliertere Berechtigungsanforderungen vorhanden sind, dann können Sie mit einem Windows-PowerShell-Kommando in den klassischen *Projektberechtigungsmodus* umschalten. Wie Sie in den Projektberechtigungsmodus wechseln können und was dabei zu beachten ist, finden Sie am Ende dieses Abschnitts.

SharePoint-Berechtigungsmodus vs. Projektberechtigungsmodus

Die Idee des SharePoint-Berechtigungsmodus ist, das klassische Project-Server-Berechtigungskonzept zu vereinfachen und eine stärkere Ausrichtung am SharePoint-Server-Berechtigungskonzept zu erreichen. Zielgruppe für den SharePoint-Berechtigungsmodus sind Einsatzszenarien wie im Rahmen eines Proof of Concept oder z. B. einer Schulungsumgebung, in der es keine besonderen Anforderungen an das Sicherheitskonzept gibt. Darüber hinaus könnte dieser vereinfachte Modus auch in einem Anwendungsszenario Sinn machen, in dem der Schwerpunkt auf Zusammenarbeit liegt und primär SharePoint-Elemente (Dokumente, Listen etc.) statt Project-Elemente (Projekte, Ressourcen, Vorgänge etc.) abgesichert werden sollen.

Im SharePoint-Berechtigungsmodus wird für jede Website, die mit Project Server 2016/Project Online verknüpft ist, ein Satz von SharePoint-Sicherheitsgruppen zur Verfügung gestellt. Mithilfe dieser SharePoint-Benutzergruppen wird Benutzern auf verschiedenen Ebenen Zugriff auf Projekte und Project-Server-Funktionen gewährt. Eine Anpassung der vorgegebenen Berechtigungen dieser Gruppen ist nicht möglich.

Im *Projektberechtigungsmodus* werden von Project Server/Project Online ein Satz anpassbarer Sicherheitsgruppen sowie weitere Funktionen bereitgestellt, die sich von SharePoint-Gruppen unterscheiden. Dieser Sicherheitsmodus war auch schon in früheren Versionen von Project Server verfügbar.

20.1.1 Vergleich der Features für Sicherheitsmodi in Project Server

Tabelle 20.1 bietet Ihnen einen Überblick über die Features des SharePoint- und des Projektberechtigungsmodus im Einzelnen.

Feature	SharePoint-Berechtigungsmodus	Projektberechtigungsmodus
einheitliche Sicherheitsverwaltung mittels SharePoint	✓	
Berechtigungsvererbung für PWA und Arbeitsbereiche	✓	

Tabelle 20.1 Features der Sicherheitsmodi in Project Server/Project Online

Feature	SharePoint-Berechtigungsmodus	Projektberechtigungsmodus
direkte Autorisierung anhand von Active-Directory-Sicherheitsgruppen	✓	
forderungsbasierte Autorisierung	✓	✓
Autorisierungsverwaltung durch rollenbasierte Gruppen	✓	✓
Erweiterbarkeit und Anpassbarkeit		✓
Benutzerdelegierung		✓
Eingrenzen der Berechtigungen für den Zugriff auf Ressourcen des Ressourcenpools		✓
Identitätswechsel		✓
Sicherheitsfilterung unter Verwendung des Ressourcenstrukturplans		✓
benutzerdefinierte Sicherheitskategorien		✓

Tabelle 20.1 Features der Sicherheitsmodi in Project Server/Project Online (Forts.)

Wechsel des Berechtigungsmodus beim Project Server

Von neuen Project-Web-App-Instanzen wird standardmäßig der SharePoint-Berechtigungsmodus verwendet. In einer lokalen Installation kann der Modus mithilfe des Windows-PowerShell-Cmdlets `Set-SPProjectPermissionMode` für eine bestimmte Instanz von Project Web App geändert werden.

Wechsel in den Projektberechtigungsmodus:

```
Set-SPProjectPermissionMode -url <url> -mode Project
```

Wechsel in den SharePoint-Berechtigungsmodus:

```
Set-SPProjectPermissionMode -url <url> -mode SharePoint
```

Wechsel des Berechtigungsmodus in Project Online

Navigieren Sie in Project Online zur SharePoint-Administration. Wechseln Sie dazu über das App-Startfeld zu ADMIN, und wählen Sie dort in der linken Navigation ADMIN • SHAREPOINT.

Wählen Sie die entsprechende Project-Web-App-Websitesammlung aus, und klicken Sie im Menüband auf PROJECT WEB APP • SETTINGS. Über das Optionsfeld können Sie nun zwischen SharePoint-Berechtigungsmodus und Projektberechtigungsmodus wechseln.

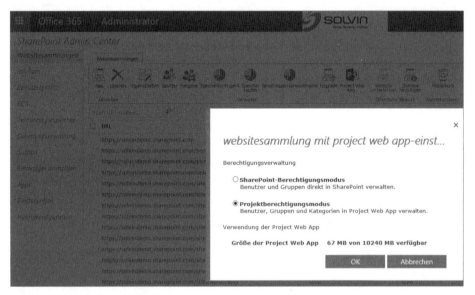

Abbildung 20.5 Optionsfeld zum Wechsel zwischen den Berechtigungsmodi in Project Online

Warnung
Bei einem Wechsel zwischen dem SharePoint-Berechtigungsmodus und dem Projektberechtigungsmodus werden sämtliche sicherheitsbezogenen Einstellungen gelöscht. Wenn Sie vom SharePoint-Berechtigungsmodus in den klassischen Projektberechtigungsmodus wechseln, müssen Sie Ihre Sicherheitsberechtigungsstruktur in Project Server/Project Online manuell konfigurieren. Wenn Sie vom Projektberechtigungsmodus wieder in den SharePoint-Berechtigungsmodus wechseln, werden Ihre Sicherheitsberechtigungsinformationen in Project Server/Project Online gelöscht.

Nachdem Sie sich anhand Ihrer Anforderungen für einen Berechtigungsmodus entschieden haben, erfahren Sie in den folgenden Abschnitten deren Konfigurationsmöglichkeiten.

20.1.2 Sicherheit (SharePoint-Berechtigungsmodus)

Der vereinfachte Berechtigungsmodus ist aufgrund des beschränkten Funktionsumfangs sehr einfach zu administrieren (siehe Abbildung 20.6). Die Planung und Anpassung beschränkt sich auf Zuordnung von Benutzern zu den vorgegebenen Berechtigungsgruppen.

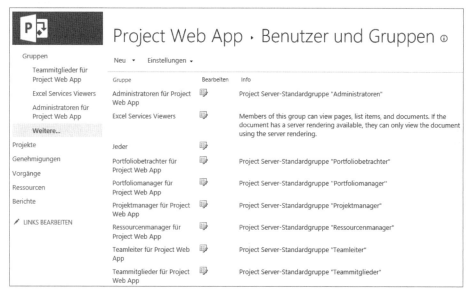

Abbildung 20.6 Menüpunkte des Abschnitts »Sicherheit« im SharePoint-Berechtigungsmodus

Im SharePoint-Berechtigungsmodus werden SharePoint-Gruppen erstellt, die den Standardsicherheitsgruppen im Projektberechtigungsmodus direkt entsprechen. In Tabelle 20.2 werden die Project-Server-/Project-Online-SharePoint-Gruppen beschrieben. Zudem wird erläutert, welche Benutzerfunktionen sie in Project Web App aktivieren.

SharePoint-Gruppe	Funktion
Administratoren	Die Benutzer verfügen durch die Kategorie *Meine Organisation* über alle globalen Berechtigungen sowie alle Kategorieberechtigungen. Dadurch haben sie uneingeschränkten Zugriff auf alle Elemente in der Project Web App.
Portfolioanzeiger	Die Benutzer sind berechtigt, Projekt- und Project-Web-App-Daten anzuzeigen. Diese Gruppe ist für Benutzer gedacht, die Projekte einsehen müssen, denen selbst aber keine Projektvorgänge zugewiesen sind.

Tabelle 20.2 Überblick über die SharePoint-Gruppen des Project Servers/Project Online

SharePoint-Gruppe	Funktion
Projektmanager	Die Benutzer sind berechtigt, Projekte zu erstellen und zu verwalten. Diese Gruppe ist für Projektbesitzer vorgesehen, die den Ressourcen Aufgaben zuweisen.
Portfoliomanager	Die Benutzer verfügen über verschiedene Berechtigungen zum Erstellen von Projekten und zum Zusammenstellen von Teams. Diese Gruppe ist für Manager von Projektgruppen vorgesehen.
Ressourcenmanager	Die Benutzer verfügen über die meisten globalen Berechtigungen und Ressourcenberechtigungen auf Kategorieebene. Diese Gruppe ist für Benutzer gedacht, die Ressourcen verwalten und zuweisen und Ressourcendaten bearbeiten.
Teamleiter	Die Benutzer verfügen über eingeschränkte Berechtigungen für das Erstellen von Vorgängen und für Statusberichte. Diese Gruppe ist für Personen in einer Führungsposition ohne regelmäßige Projektzuordnungen gedacht.
Teammitglieder	Die Benutzer verfügen über allgemeine Berechtigungen für die Verwendung der Project Web App, aber über eingeschränkte Berechtigungen auf Projektebene. Mit dieser Gruppe soll allen Benutzern der grundlegende Zugriff auf die Project Web App erteilt werden.

Tabelle 20.2 Überblick über die SharePoint-Gruppen des Project Servers/Project Online (Forts.)

Diese Project-Server-/Project-Online-SharePoint-Gruppen haben dieselben globalen Berechtigungen und Kategorieberechtigungen, die ihnen im Projektberechtigungsmodus zugewiesen sind. Im SharePoint-Berechtigungsmodus können sie allerdings keine zusätzlichen benutzerdefinierten Gruppen, Kategorien und Ressourcenstrukturplan-Knoten erstellen oder die Standardberechtigungen bearbeiten, die diesen Objekten zugewiesen sind.

Hinzufügen von Benutzern

Es gibt zwei Methoden zum Hinzufügen von Benutzern zu SharePoint-Gruppen:

- Benutzerkonten einzeln hinzufügen
- eine oder mehrere Active-Directory-Gruppen hinzufügen

Sie können für jede Gruppe entweder eine oder beide Methoden verwenden.

Hinzufügen einzelner Benutzer zu SharePoint-Gruppen

Wenn Sie einer der SharePoint-Gruppen einzelne Benutzer hinzufügen, werden diese Benutzer automatisch mit der Project Web App synchronisiert. Die Benutzersynchronisierung wird, basierend auf einem SharePoint-Zeitgeberauftrag, standardmäßig alle 10 Minuten ausgeführt.

Verwenden von Active-Directory-Gruppen zum Hinzufügen von Benutzern zu SharePoint-Gruppen

Wenn Sie einer der Project-spezifischen SharePoint-Sicherheitsgruppen Active-Directory-Gruppen hinzufügen, werden die Benutzer nicht automatisch der Liste der Benutzer in der Project Web App hinzugefügt. Jeder Benutzer wird der Project Web App einzeln hinzugefügt, wenn er das erste Mal auf die Project-Web-App-Website zugreift.

Da Benutzer in Active-Directory-Gruppen nicht in der Liste der Project-Web-App-Ressourcen erscheinen, bis sie auf die Project-Web-App-Website zugegriffen haben, wird empfohlen, die Active-Directory-Synchronisation mit dem Ressourcenpool in der Project Web App so zu konfigurieren, dass Ihre Ressourcenliste vorab gefüllt wird. So verfügen Sie bereits über eine vollständige Ressourcenliste, noch bevor die Benutzer auf die Project-Web-App-Website zugegriffen haben, und können den Ressourcen Arbeit zuweisen. Wie Sie die Active-Directory-Synchronisation zur Synchronisation mit dem Project-Ressourcenpool konfigurieren, erfahren Sie in Abschnitt 20.6.4, »Synchronisierung des Active-Directory-Ressourcenpools«.

20.1.3 Sicherheit (Projektberechtigungsmodus)

Bei den meisten Implementierungen werden die Möglichkeiten des vereinfachten Berechtigungsmodus nicht ausreichen. So kommt im Regelfall der Konfiguration der Sicherheitseinstellungen des Microsoft Project Servers/Project Online eine zentrale Bedeutung bei der Implementierung zu. Durch die Konfiguration der Sicherheitseinstellungen im klassischen Projektberechtigungsmodus regeln Sie, welcher Benutzer welche Funktionen benutzen und was er mit welchen Sicherheitsobjekten (Projekten, Ressourcen und Ansichten) machen darf (siehe Abbildung 20.7). Die Erstellung eines Sicherheitskonzepts endet für Sie nicht bei der einmaligen Konfiguration, sondern muss von Ihnen unter Umständen bei Prozessänderungen oder bei der Ausweitung der Benutzung des Microsoft Project Servers/Project Online für andere Unternehmensbereiche angepasst werden. Deswegen sollten Sie die Konfiguration des Sicherheitskonzepts von Anfang an dokumentieren und diese Dokumentation entsprechend nachhalten. Durch eine Dokumentation mit einer entsprechenden Historie können Sie später leicht erkennen, welche effektiven Rechte ein Benutzer hat oder wann und aus welchem Grund (ein sehr wichtiges Feld für die Historiendokumentation) Änderungen am Sicherheitskonzept vorgenommen wurden.

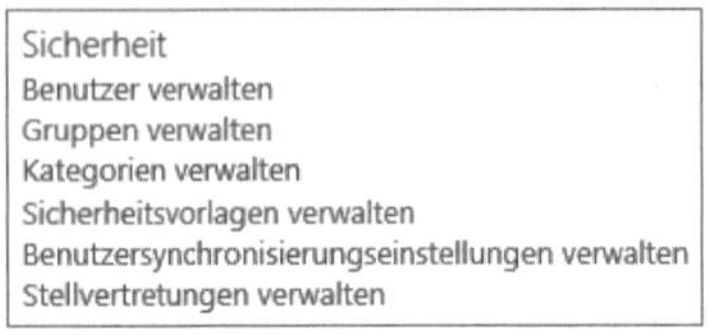

```
Sicherheit
Benutzer verwalten
Gruppen verwalten
Kategorien verwalten
Sicherheitsvorlagen verwalten
Benutzersynchronisierungseinstellungen verwalten
Stellvertretungen verwalten
```

Abbildung 20.7 Menüpunkte des Abschnitts »Sicherheit« im Projektberechtigungsmodus

Grundsätzlich wird bei der Sicherheit zwischen Funktionsberechtigungen und Objektberechtigungen unterschieden. Diese Berechtigungen werden Benutzern oder, besser, Gruppen zugewiesen. Darüber hinaus gibt es seit Project Server 2010 die Möglichkeit, dass der Projektleiter selbst zusätzliche spezifische Berechtigungen für seinen Projektplan vergeben kann. Damit hier keine unerwünschten Sicherheitslücken geöffnet werden, sollten Sie zunächst überlegen, ob Sie dem Projektleiter diese Möglichkeit zur Verfügung stellen wollen oder lieber selbst die vollständige Kontrolle über die Berechtigungen behalten.

Funktionsberechtigungen (welche Funktion darf benutzt werden) weisen Sie über globale Berechtigungen einem einzelnen Benutzer oder einer Benutzergruppe zu. So erteilen Sie z. B. der Gruppe der PROJEKTLEITER die Berechtigung, sich mit Microsoft Project Professional am Server anzumelden, wohingegen die Gruppe der TEAMMITGLIEDER diese Berechtigung nicht erhält.

Abbildung 20.8 ist eine schematische Darstellung der Beziehung zwischen Benutzer und Funktionsberechtigungen.

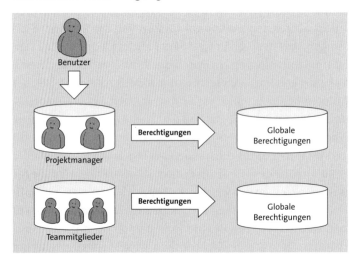

Abbildung 20.8 Beziehung zwischen Benutzer und Funktionsberechtigungen

Benutzer weisen Sie einer Gruppe zu (hier der Gruppe der PROJEKTMANAGER). Dieser Gruppe wiederum weisen Sie dann Funktionsberechtigungen (globale Berechtigungen) zu. Eine typische globale Berechtigung der Gruppe PROJEKTMANAGER ist die Berechtigung zum ANMELDEN MIT PROJECT PROFESSIONAL. Haben Sie diese Berechtigung den Projektleitern nicht erteilt, dann können sich diese nicht erfolgreich über Microsoft Project Professional mit dem Server verbinden.

Objektberechtigungen (wer darf was mit welchem Objekt) weisen Sie in Form von Kategorieberechtigungen einzelnen Benutzern oder Gruppen zu. Es gibt insgesamt nur drei verschiedene Arten von Sicherheitsobjekten: *Projekte, Ressourcen* und Project-Web-App-*Ansichten*. Das bedeutet, dass Sie beispielsweise Berechtigungen für ein gesamtes Projekt steuern können; einzelne Felder eines Projekts können Sie jedoch nur über entsprechenden Programmcode für Anwender von Microsoft Project Professional sperren. Wer die Berechtigung hat, ein Projekt mit Microsoft Project Professional zu öffnen und zu speichern, kann damit auch alle Felder und Spalten eines Projektplans einsehen und verändern. Durch die Konfiguration der Sicherheit für einzelne Microsoft-Project-Web-App-Ansichten können Sie aber zumindest für die Anwender der Project Web App hiermit eine Berechtigung auf Spaltenebene konfigurieren. So können Sie z. B. festlegen, dass Teammitglieder in der Project Web App keine Kosteninformationen sehen können.

Berechtigungen an einzelnen Sicherheitsobjekten können Sie in den PWA-EINSTELLUNGEN nicht direkt vornehmen. So können Sie z. B. für ein einzelnes Projekt keine Berechtigung zum Öffnen, Speichern oder Veröffentlichen vergeben. Sicherheitsobjekte müssen Sie zunächst zu Containern, im Microsoft-Project-Jargon *Kategorien* genannt, zusammenfassen. Benutzern oder Sicherheitsgruppen vergeben Sie dann Kategorieberechtigungen an diesen Containern.

Abbildung 20.9 ist eine schematische Darstellung der Beziehung zwischen Benutzer und Objektberechtigungen. Benutzer fügen Sie einer Gruppe hinzu (hier der Gruppe der PROJEKTMANAGER), und Sicherheitsobjekte fügen Sie Kategorien hinzu (hier den Kategorien MEINE ORGANISATION und MEINE PROJEKTE). Über die Beziehung Gruppe zu Kategorie definieren Sie über entsprechende Berechtigungen, welche Rechte diese Gruppe an dieser Kategorie hat. Eine typische Berechtigung der Gruppe PROJEKTMANAGER für die Kategorie MEINE PROJEKTE ist das Recht zu speichern und zu veröffentlichen für alle Projekte in dieser Kategorie. Wohingegen diese Gruppe für die Kategorie MEINE ORGANISATION nur die Berechtigung hat, dieses Projekt in den Project-Web-App-Ansichten zu lesen.

Die Kategorie MEINE PROJEKTE ist hierbei ein dynamischer Container, der u. a. die Projekte enthält, bei denen der Benutzer Projektbesitzer oder Status-Manager ist. Die Kategorie MEINE ORGANISATION enthält alle Projekte und alle Ressourcen.

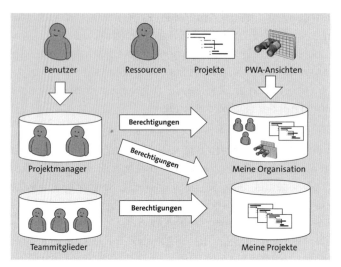

Abbildung 20.9 Beziehung zwischen Benutzer und Objektberechtigungen

Seit der Version 2013 gibt es die integrierte Funktion für die Überprüfung der effektiven Berechtigung für einen Benutzer. Damit besteht die Möglichkeit, die effektiven globalen bzw. Kategorieberechtigungen eines einzelnen Benutzers zu überprüfen. So lässt sich damit z. B. analysieren, welchen Zugriff ein Benutzer auf ein Projekt hat und durch welche Mitgliedschaft er dieses Recht erhalten hat.

> **Neu bei Microsoft Project Server 2016/Project Online**
> Im Vergleich zur Vorgängerversion gab es nur eine Änderung an den Elementen der globalen bzw. Kategorieberechtigungen. Über die neue Kategorieberechtigung »Manage Resource Engagements« können Ressourcenverantwortliche für das Verwalten von Ressourcenzusagen berechtigt werden.

20.1.4 Benutzer verwalten (Projektberechtigungsmodus)

Grundsätzlich wird bei Microsoft Project Server/Project Online zwischen Benutzern und Ressourcen unterschieden. Ein Benutzer ist eine Person, die sich am Project Server anmelden kann. Eine Ressource ist eine Person, der Aufgaben zugeordnet werden können, um diese zu erledigen. Es gibt noch weitere Arten von Ressourcen, die aber in diesem Zusammenhang nicht relevant sind. Diese werden in Abschnitt 20.2.4, »Ressourcencenter«, beschrieben.

Ein Benutzer kann zugleich eine Ressource sein, was wohl auf die meisten der Anwender zutreffen wird. Es gibt aber auch reine Ressourcen, die zwar im System verwaltet werden, die sich aber nicht selbst am System anmelden können (etwa »Fremdfirma« oder »Hausmeister«). Standardmäßig ist bei der Erstellung von neuen

Benutzern der Haken BENUTZER KANN ALS RESSOURCE ZUGEORDNET WERDEN aktiviert. Deaktivieren Sie diesen Haken, wenn Sie einen Benutzer erstellen wollen, der nicht gleichzeitig als Ressource verwendet werden soll. Wenn Sie z. B. für administrative Tätigkeiten ein eigenes Benutzerkonto verwenden, so werden Sie diesen Benutzer nicht auch als Ressource einsetzen.

Zwingendes Attribut eines Benutzers ist ein Benutzerkonto, mit dem sich der Anwender am System authentifizieren kann. Im Regelfall verwenden Sie dabei eine Windows-Authentifizierung mit einem Active-Directory-Account. Eine Ressource, die sich nicht am Server anmelden kann (z. B. externe Dienstleister, die keinen Zugriff auf das System bekommen sollen), finden Sie unter dem Menüpunkt BENUTZER VERWALTEN nicht.

Neuen Benutzer in der Microsoft Project Web App erstellen

Über den Pfad EINSTELLUNGEN • PWA-EINSTELLUNGEN • SICHERHEIT • BENUTZER VERWALTEN • NEUER BENUTZER kommen Sie zum Formular, um neue Benutzer anzulegen (siehe Abbildung 20.10).

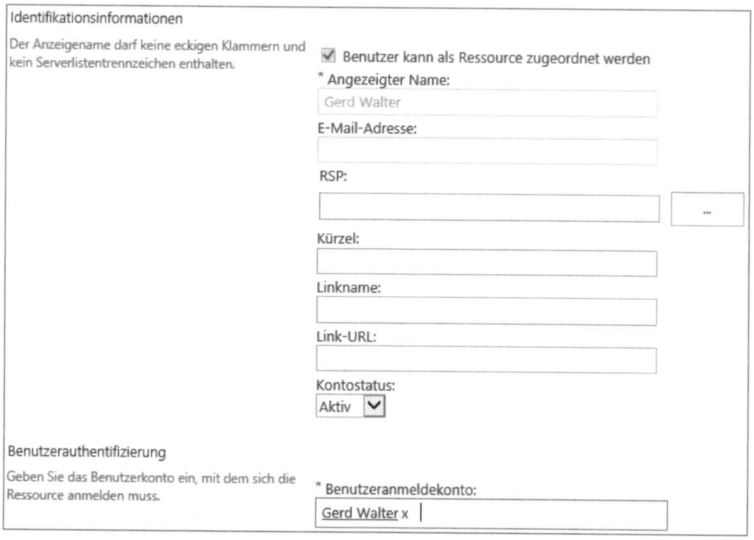

Abbildung 20.10 Neuen Benutzer anlegen: Stammdaten

Seit Project Server 2013 können Sie bei Neuanlage eines Benutzers den Benutzernamen und die E-Mail-Adresse nicht mehr direkt bearbeiten. Diese Daten werden zwangsweise, nachdem Sie das Benutzeranmeldekonto eingetragen haben, aus dem Active Directory übernommen.

Zur Authentifizierung verwenden Sie im Regelfall eine Windows-Authentifizierung und tragen im Feld BENUTZERANMELDEKONTO das Active-Directory-Konto im Format Domäne\Benutzerkonto oder benutzer@domäne ein.

Standardmäßig werden auf diesem Weg neu erstellte Benutzer der Gruppe TEAM-MITGLIEDER zugeordnet. Ordnen Sie die passenden Rollen für den Benutzer im Bereich SICHERHEITSGRUPPEN zu (siehe Abbildung 20.11).

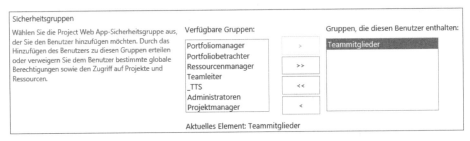

Abbildung 20.11 Sicherheitsgruppen im Formular »Neuer Benutzer«

Schließen Sie die Erstellung eines neuen Benutzers über die Schaltfläche SPEICHERN am oberen oder unteren Ende des Formulars ab. Informationen zum Löschen von Benutzern finden Sie in Abschnitt 20.3.3, »Enterprise-Objekte löschen«.

20.1.5 Gruppen verwalten (Projektberechtigungsmodus)

Über den Pfad EINSTELLUNGEN • PWA-EINSTELLUNGEN • SICHERHEIT • GRUPPEN VERWALTEN• NEUE GRUPPE gelangen Sie zum Formular für das Anlegen neuer Sicherheitsgruppen. Sie können die bestehenden Sicherheitsgruppen verwenden und entsprechend anpassen oder eigene Gruppen erstellen. Bitte beachten Sie, dass Sie vordefinierte Project-Gruppen nicht löschen können.

Vergeben Sie einen kurzen und aussagekräftigen Namen im Feld GRUPPENNAME, und erklären Sie kurz die Verwendung der Gruppe im Feld BESCHREIBUNG (siehe Abbildung 20.12). Wählen Sie im Bereich BENUTZER die passenden Benutzer aus dem linken Auswahlfenster aus, und fügen Sie diese über HINZUFÜGEN der Gruppe hinzu.

Wählen Sie dann im Abschnitt KATEGORIEN die Sicherheitskategorien aus, für die Sie dieser Gruppe Kategorieberechtigungen vergeben möchten (siehe Abbildung 20.13). Markieren Sie diese Kategorien dann in der rechten Auswahlbox, und setzen Sie im Bereich BERECHTIGUNGEN FÜR über die entsprechenden Haken für die jeweiligen Kategorien die Kategorieberechtigungen. Beachten Sie, dass die Berechtigungen kontextabhängig sind. Abhängig von der markierten Kategorie setzen Sie die Haken ZULASSEN oder VERWEIGERN für die selektierte Kategorie. Ein Verweigern überschreibt hierbei immer ein Zulassen. Deswegen sollten Sie mit dem Einsatz von Verweigerungen sparsam umgehen. Effektiv besitzt ein Benutzer ein Recht, wenn er über eine Gruppenmitgliedschaft die Kategorieberechtigung ZULASSEN bekommt. Ist der Benutzer Mitglied einer Gruppe, die eine Verweigerung für eine Kategorieberechtigung hat, dann überschreibt diese Berechtigung jegliche Berechtigung aus anderen Gruppen.

Gruppeninformationen		
Geben Sie einen Namen und eine Beschreibung für diese Gruppe ein.	* Gruppenname: Fachadministrator Beschreibung:	
⊟ Active Directory-Gruppe		
Wählen Sie die Active Directory-Gruppe aus, die mit der aktuellen Gruppe synchronisiert werden soll.	Geben Sie die Verteilergruppe oder Sicherheitsgruppe ein.	
⊟ Benutzer		
Wählen Sie die Benutzer aus, die zu dieser Gruppe gehören.	Verfügbare Benutzer Administrator André Passow Anja Staab Christoph Mülder Clemens Reimann Daniel Hartwig Daniel Plonus	Ausgewählte Benutzer

Abbildung 20.12 Neue Gruppe anlegen: Stammdaten

⊟ Kategorien			
Wählen Sie die Kategorien aus, auf die die Gruppe zugreifen soll, und die Berechtigungen, die die Gruppe in jeder Kategorie besitzt. Durch Klicken auf eine Kategorie im Listenfeld "Ausgewählte Kategorien" werden die verfügbaren Berechtigungen für die betreffende Kategorie angezeigt.	Verfügbare Kategorien Meine Mitarbeiter Meine Projekte Meine Ressourcen Meine Vorgänge		Ausgewählte Kategorien Meine Organisation

Aktuelles Element: Meine Organisation

Berechtigungen für Meine Organisation

Name ▲	Zulassen	Verweigern
⊟ Projekt	☑	☐
Geschützten Basisplan speichern	☑	☐
Grundlegende Projektsicherheit verwalten	☑	☐
Neuen Vorgang oder neue Zuordnung erstellen	☑	☐
Project-Website anzeigen	☑	☐
Projekt in Project Server speichern	☑	☐
Projekt löschen	☐	☐
Projekt öffnen	☑	☐
Projekt veröffentlichen	☑	☐
Projektplan in Project Web App anzeigen	☑	☐
Projektsammelfelder bearbeiten	☑	☐
Projektsammelvorgang im Projektcenter anzeigen	☑	☐
Ressourcenplan verwalten	☑	☐
Team in Project zusammenstellen	☑	☐
Verknüpfungen zwischen Lieferung und Vorversionselement erstellen	☑	☐
Vorgangsaktualisierungsanfragen akzeptieren	☑	☐

Abbildung 20.13 Kategorieberechtigungen für die neue Gruppe »Fachadministrator«

20 Konfiguration von Project Server 2016/Project Online

GLOBALE BERECHTIGUNGEN können Sie entweder komplett manuell setzen, oder Sie orientieren sich im unteren Teil an einer passenden Sicherheitsvorlage BERECHTIGUNGEN MIT DER VORLAGE FESTLEGEN und wenden diese an. Passen Sie die einzelnen Haken für die verschiedenen Abschnitte bei Bedarf noch manuell an (siehe Abbildung 20.14).

Globale Berechtigungen Wählen Sie die globalen Berechtigungen aus, die Sie der Gruppe erteilen oder verweigern möchten.		
Name ▲	Zulassen	Verweigern
⊟ Administrator	☐	☐
Active Directory-Einstellungen verwalten	☐	☐
Benutzer und Gruppen verwalten	☐	☐
Benutzerdefinierte Enterprise-Felder verwalten	☐	☐
Cubeerstellungsdienst verwalten	☐	☐
Eincheckvorgänge verwalten	☐	☐
Enterprise Global speichern	☐	☐
Enterprise-Kalender verwalten	☐	☐
Exchange-Integration verwalten	☐	☐
Gantt-Diagramm- und Gruppierungsformate verwalten	☐	☐

Abbildung 20.14 Globale Berechtigungen für die neue Gruppe »Fachadministrator«

Löschen von Standardgruppen

Vordefinierte Gruppen können nicht gelöscht, sondern lediglich umbenannt werden. Bei einer weitreichenden Sicherheitsanpassung (siehe auch den Kasten »Empfehlung für die Active-Directory-Synchronisation« im nächsten Abschnitt) empfiehlt es sich, nicht verwendete Gruppen mit einem entsprechenden Präfix (z. B. zzz_) zu versehen.

Konfiguration der Active-Directory-Synchronisation mit Microsoft-Project-Sicherheitsgruppen

Für die Synchronisation von Microsoft-Project-Sicherheitsgruppen mit Active-Directory-Sicherheitsgruppen müssen zunächst bei den entsprechenden Microsoft-Project-Sicherheitsgruppen über die Schaltfläche GRUPPE SUCHEN die passenden Active-Directory-Gruppen zugeordnet werden (siehe Abbildung 20.15). Dabei darf es sich um lokale, globale oder universelle Active-Directory-Gruppen handeln. Es sind auch verschachtelte Active-Directory-Gruppen zulässig.

Wechseln Sie nach erfolgter Zuordnung aller Gruppen zur Gruppenübersicht, und öffnen Sie dort die ACTIVE DIRECTORY-GRUPPENSYNCHRONISIERUNGSOPTIONEN (siehe Abbildung 20.16).

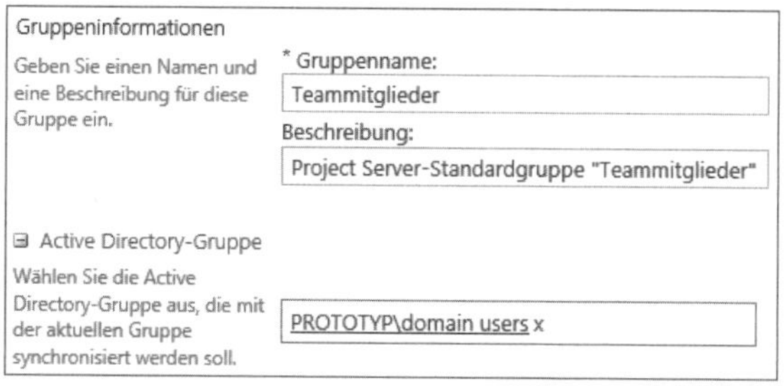

Abbildung 20.15 Zuordnen einer Active-Directory-Gruppe

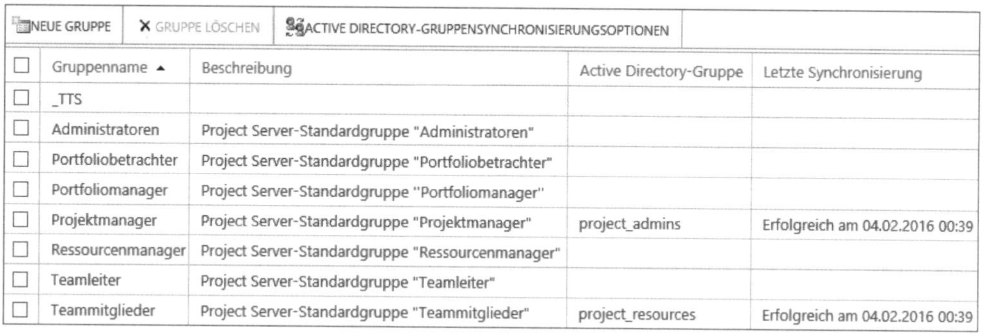

Gruppenname ▲	Beschreibung	Active Directory-Gruppe	Letzte Synchronisierung
_TTS			
Administratoren	Project Server-Standardgruppe "Administratoren"		
Portfoliobetrachter	Project Server-Standardgruppe "Portfoliobetrachter"		
Portfoliomanager	Project Server-Standardgruppe "Portfoliomanager"		
Projektmanager	Project Server-Standardgruppe "Projektmanager"	project_admins	Erfolgreich am 04.02.2016 00:39
Ressourcenmanager	Project Server-Standardgruppe "Ressourcenmanager"		
Teamleiter	Project Server-Standardgruppe "Teamleiter"		
Teammitglieder	Project Server-Standardgruppe "Teammitglieder"	project_resources	Erfolgreich am 04.02.2016 00:39

Abbildung 20.16 Synchronisation der Active-Directory- mit den Microsoft-Project-Sicherheitsgruppen

Aktivieren Sie hier die PLANMÄSSIGE SYNCHRONISIERUNG und die Checkbox im Abschnitt OPTIONEN, um das Active Directory als führendes System für die Deaktivierung von Benutzern festzulegen. Bei aktivierter Checkbox entscheidet die Gruppenmitgliedschaft, ob ein manuell auf inaktiv gesetzter Benutzer bei der nächsten Synchronisation wieder aktiviert wird (siehe Abbildung 20.17).

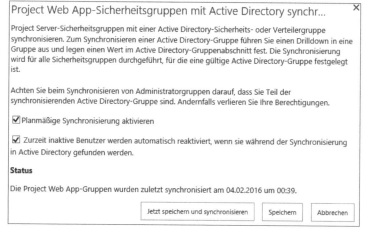

Abbildung 20.17 Active-Directory-Synchronisierungsoptionen

Sie können die Synchronisation mit der Schaltfläche JETZT SPEICHERN UND SYNCHRONISIEREN in diesem Formular auch manuell anstoßen.

> **Empfehlung für die Active-Directory-Synchronisation**
>
> Es empfiehlt sich, dass Sie die Microsoft-Project-Benutzergruppen und die Mitglieder des Ressourcenpools in Active-Directory-Gruppen verwalten und diese Gruppen mit den entsprechenden Microsoft-Project-Gruppen synchronisieren (siehe Abbildung 20.18).
>
> Hierbei sollten Sie für jede verwendete Microsoft-Project-Sicherheitsgruppe eine entsprechende Active-Directory-Gruppe erstellen und der entsprechenden Sicherheitsgruppe zuweisen. Somit ist gewährleistet, dass eine einheitliche Namenskonvention in der Organisation verwendet wird und Änderungen am Namen oder an der E-Mail-Adresse automatisch übernommen werden. Darüber hinaus besteht bei Microsoft-Project-Benutzergruppen die Einschränkung, dass Sie diese nicht für andere Sicherheitsobjekte, wie z. B. Microsoft-SharePoint-Listen oder Microsoft-SQL-Reporting-Services-Berichte, verwenden können. Da diese Objekte aber mit Active-Directory-Gruppen gesichert werden können, empfiehlt es sich, dass Sie das Active Directory als führendes System zur Verwaltung von Sicherheitsgruppen verwenden.

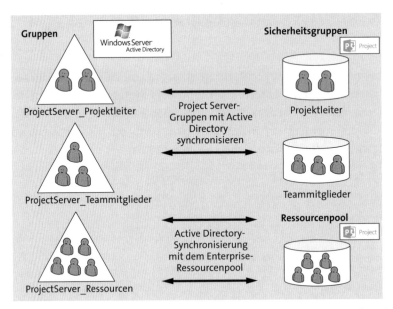

Abbildung 20.18 Schematische Darstellung der Active-Directory-Synchronisation mit Microsoft-Project-Gruppen und dem Microsoft-Project-Ressourcenpool

Folgende in Tabelle 20.3 aufgeführte Benutzer-/Ressourcendaten werden bei der Synchronisation der Project-Sicherheitsgruppen mit dem Active Directory aktualisiert.

Active-Directory-Benutzereigenschaft	Project-Server-Benutzer-/ Ressourceneigenschaften	Beispiel
ADGUID (UserObject.objectGUID)	Active Directory GUID: Read Only (Systemidentifikationsdaten)	e2ce355f-a5ef-494a-83f8-75b461f47b14
Windows-Benutzerkonto (domain\sAMAccountName)	Windows-Benutzerkonto	AIRBI\g.walter
angezeigter Name (UserObject.displayName)	angezeigter Name/Ressourcenname	Gerd Walter
Abteilung (UserObject.department)	Gruppe (gibt es nur als Eigenschaft von Ressourcen)	HR

Tabelle 20.3 Synchronisierte Metadaten der Active-Directory-Synchronisation

Sollen weitere Active-Directory-Metadaten, wie z. B. die Kostenstelle der Ressource, bei der Synchronisation übernommen werden, so können Sie dies durch entsprechenden Code über serverseitige Eventhandler realisieren.

Empfehlungen für die Synchronisation des Active Directorys mit Project-Sicherheitsgruppen und dem Microsoft-Project-Enterprise-Ressourcenpool

Erstellen Sie für jede Microsoft-Project-Sicherheitsgruppe und für den Ressourcenpool eine korrespondierende Active-Directory-Gruppe. Legen Sie dafür im Active Directory eine eigene Organisationseinheit an. Versehen Sie alle Gruppen mit entsprechenden Präfixen (z. B. Project_Projektleiter; Project_Teammitglieder).

Wenn die Sicherheitsbestimmungen Ihrer Organisation es zulassen, delegieren Sie die Berechtigung zur Verwaltung dieser Sicherheitsgruppen an die Fachadministration des Microsoft Project Servers. Dadurch können diese Gruppen durch die Fachadministration mit den Bordmitteln von Windows selbst verwaltet werden.

Um mit Windows Active-Directory-Gruppen zu bearbeiten (siehe Abbildung 20.19), können Sie sich eine Verknüpfung auf dem Desktop mit folgendem Ziel anlegen:

%SystemRoot%\SYSTEM32\rundll32.exe
dsquery,OpenQueryWindow

Durch einen Doppelklick auf den entsprechenden Gruppennamen kommen Sie zum Detaildialog, in dem Sie die Gruppenmitgliedschaften bearbeiten können (siehe Abbildung 20.20).

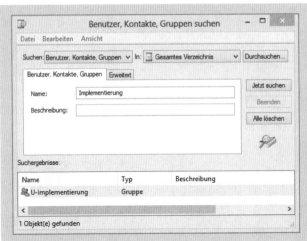

Abbildung 20.19 Dialog unter Windows 8 zur Bearbeitung von Active-Directory-Gruppen

Abbildung 20.20 Detaildialog zum Hinzufügen und Entfernen von Gruppenmitgliedern. Sind die Schaltflächen ausgegraut, so hat der aktuelle Benutzer nicht die notwendigen Berechtigungen im Active Directory.

Bei Synchronisationsfehlern überprüfen Sie das Eventlog des Applikationsservers. Detailliertere Fehler finden Sie in den Unified-Logging-Service(ULS)-Logs.

Stellen Sie sicher, dass das Konto des Microsoft-Project-Server-Application-Pools Leseberechtigungen für alle verwendeten Active-Directory-Domänen besitzt. Wenn Sie benutzerdefinierte Ressourcenfelder anlegen, achten Sie darauf, dass Sie diese nicht als *Pflichtfelder* definieren, da sonst die Synchronisation scheitern wird. Alternativ könnten Sie über eigenen Programmcode einen Eventhandler erstellen, der die Pflichtfelder vor der Synchronisation deaktiviert und danach wieder aktiviert.

Effektive Berechtigungen

Seit der Version Project Server 2013 besteht die Möglichkeit, die effektiven Berechtigungen eines Benutzers für ein Sicherheitsobjekt zu überprüfen. Für den Zugriff auf ein Sicherheitsobjekt sind generell folgende Eigenschaften eines Benutzers relevant:

Projekte:

- Besitzer oder Status-Manager von Vorgängen des Projekts
- Benutzer ist im Team des Projekts.
- Der Benutzer hat einen übergeordneten oder gleichgestellten Bezug über den RSP zum Besitzer oder Teammitglied eines Projekts.

Ressourcen:

- Es handelt sich um einen selbst.
- Man hat einen übergeordneten oder gleichgestellten Bezug über den RSP zur Ressource.
- Man ist Besitzer eines Projekts, bei dem die Ressource im Team ist.

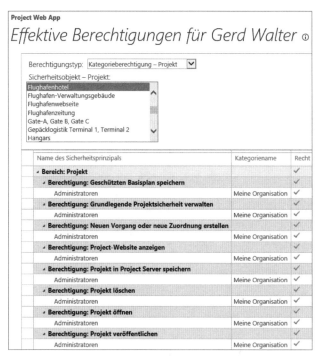

Abbildung 20.21 Überprüfen von effektiven Berechtigungen eines Benutzers an dem Projekt »Flughafenhotel«

Da diese Bezüge in komplexeren Implementierungen nicht auf den ersten Blick erkennbar sind, bietet Ihnen die Funktion EFFEKTIVE BERECHTIGUNGEN eine Unterstützung, um z. B. schnell herauszufinden, welche Rechte ein Benutzer an einem Projekt hat und durch welche Konfiguration er diese Rechte erhalten hat (siehe Abbildung 20.21). Sie finden diese Funktion unter BENUTZERVERWALTUNG in den PWA-EINSTELLUNGEN. Wählen Sie zur Überprüfung immer nur einen Benutzer aus, und klicken Sie dann auf die Schaltfläche EFFEKTIVE BERECHTIGUNGEN. Die Schaltfläche ist ausgegraut, wenn Sie mehrere Ressourcen selektiert haben.

20.1.6 Kategorien verwalten (Projektberechtigungsmodus)

Microsoft-Project-Kategorien sind Container, welche Sicherheitsobjekte zusammenfassen. Die Microsoft Project Web App kennt drei verschiedene Arten von Sicherheitsobjekten:

- *Projekte* – mit der Microsoft Project Web App oder Microsoft Project Professional erstellte Projekte
- *Ressourcen* – alle Ressourcen der Art Arbeit, Material und Kosten
- *Ansichten* – Project-Web-App-Ansichten (z. B. Project-Center-Ansichten)

Standardkategorien in Microsoft Project Server 2016/Project Online

Im Auslieferungszustand sind auf dem Microsoft Project Server/Project Online die in Tabelle 20.4 aufgeführten Kategorien vordefiniert.

Standardkategorie	Standardgruppen, die mit dieser Kategorie verknüpft sind	Beschreibung
MEINE VORGÄNGE	Teammitglieder	für Ressourcen, die zugleich Benutzer sind und Zuordnungen in Projekten besitzen
MEINE PROJEKTE	Projektmanager Ressourcenmanager Teamleiter	Stellt Schreibzugriff für alle Projekte, die ein Benutzer besitzt, zur Verfügung.
MEINE RESSOURCEN	Ressourcenmanager	zur Ressourcenbearbeitung und Auswertung von Ressourcenberichten

Tabelle 20.4 Standardkategorien

Standardkategorie	Standardgruppen, die mit dieser Kategorie verknüpft sind	Beschreibung
MEINE MITARBEITER	Ressourcenmanager	Ist zur Genehmigung von Arbeitszeittabellen vorgesehen.
MEINE ORGANISATION	Administratoren Führungskräfte Portfoliomanager Projektmanager Ressourcenmanager	Wird für Zugriffsberechtigungen für alle Informationen der Project-Server-Instanz verwendet. So kann hierüber z. B. dem Projektmanagement-Office (PMO) die Berechtigung zum Lesen/Bearbeiten von allen Projekten und Ressourcen vergeben werden.

Tabelle 20.4 Standardkategorien (Forts.)

Löschen von Standardkategorien

Vordefinierte Kategorien können nicht gelöscht, sondern lediglich umbenannt werden. Bei einer weitreichenden Sicherheitsanpassung (siehe auch den Kasten »Empfehlung für die Active-Directory-Synchronisation« in Abschnitt 20.1.5) empfiehlt es sich, nicht verwendete Kategorien mit einem entsprechenden Präfix (z. B. zz_) zu versehen.

Kategorien bearbeiten

Bei der Bearbeitung oder Erstellung von Kategorien müssen Sie die Sicherheitsobjekte auswählen, die Sie in der Kategorie zusammenfassen wollen. Dies gliedert sich in drei Abschnitte für die Elemente PROJEKTE, RESSOURCEN und ANSICHTEN.

Beim Element *Projekte* legen Sie zunächst fest, ob Sie bei der Kategorie ALLE AKTUELLEN UND ZUKÜNFTIGEN PROJEKTE EINSCHLIESSEN oder ob Sie NUR DIE AUSGEWÄHLTEN PROJEKTE EINSCHLIESSEN wollen (siehe Abbildung 20.22). Bei der ersten Option haben die unten stehenden Checkboxen keine Bedeutung. Erst wenn die Auswahl auf NUR DIE AUSGEWÄHLTEN PROJEKTE EINSCHLIESSEN steht, kommt den unteren Checkboxen eine Bedeutung zu. In seltenen Fällen fügt man hier explizit Projekte einer Kategorie hinzu, häufiger verwenden Sie die Checkboxen, um die zugehörigen Projekte dynamisch über den Bezug des Benutzers zu einem Projekt festzulegen. Generell kann ein Benutzer folgende für die Definition der Kategorie relevante Beziehungen zu einem Projekt haben:

- Entweder ist er der Besitzer des Projekts, oder er ist auf Vorgangsebene als derjenige definiert, der statt des Projektbesitzers Fortschrittsrückmeldungen vom Teammitglied entgegennimmt (DER BENUTZER IST DER PROJEKTBESITZER ODER DER STATUS-MANAGER FÜR ZUORDNUNGEN IN DIESEM PROJEKT).
- Er kann als Teammitglied einem Projekt zugeordnet sein (DER BENUTZER IST IM PROJEKTTEAM DIESES PROJEKTS).
- Er kann einen Bezug zu einem Teammitglied oder dem Besitzer in diesem Projekt über den RSP (für die Bedeutung von RSP siehe unten) haben (DER PROJEKTBESITZER IST EIN UNTERGEORDNETES OBJEKT DES BENUTZERS ÜBER RSP, EINE RESSOURCE IM PROJEKTTEAM IST EIN UNTERGEORDNETES OBJEKT DES BENUTZERS ÜBER RSP oder DER PROJEKTBESITZER VERFÜGT ÜBER DENSELBEN RSP-WERT WIE DER BENUTZER).

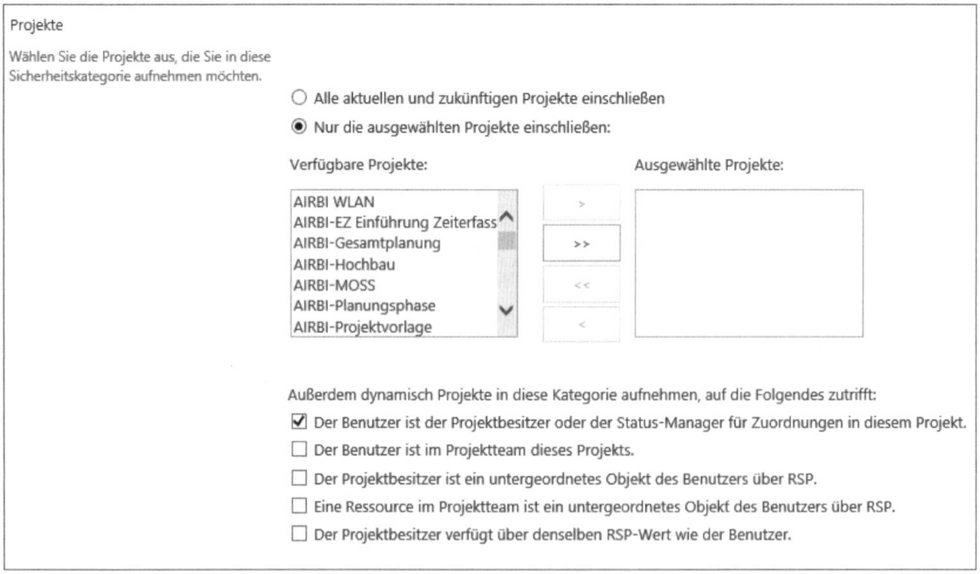

Abbildung 20.22 Standardkonfiguration der Projektdefinition für die Kategorie »Meine Projekte«

Ressourcenstrukturplan (RSP): Der RSP ist ein Enterprise-Ressourcenfeld, welches eine hierarchische Nachschlageliste verwendet. Häufig wird hier die Organisationsstruktur der Unternehmung abgebildet. Alternativ können aber auch andere Hierarchien damit abgebildet werden. Seltener werden hierüber z. B. auch Projektorganisationen abgebildet. Es ist das einzige Ressourcenfeld, das für die Sicherheitskonfiguration eine Bedeutung hat. So kann hierüber z. B. der Anwendungsfall abgebildet werden, dass Kollegen aus derselben Abteilung und derselben Hierarchieebene gegenseitig Einsicht in ihre Projektpläne nehmen können.

Die AIRBI GmbH bildet mit dem RSP ihre Unternehmensorganisation ab, die sich wie in Abbildung 20.23 darstellt.

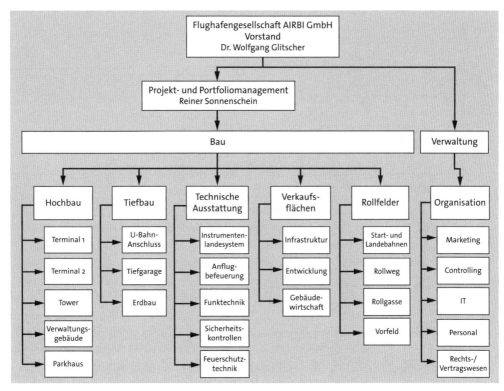

Abbildung 20.23 Organigramm der AIRBI GmbH

Da der RSP für die Sicherheitskonfiguration verwendet werden kann, muss der zugeordnete RSP-Wert einer Ressource nicht unbedingt seiner Position im Organigramm entsprechen. So ist z. B. ein Assistent im PMO unter Umständen relativ weit unten im Organigramm angesiedelt, muss aber im RSP auf höchster Ebene zugeordnet werden, damit er alle Projekte einsehen kann. Wollen Sie aber für einen Bericht die Ressource auch noch mit ihrem eigentlichen Wert im Organigramm hinterlegen, so verwenden Sie dafür ein zweites Enterprise-Ressourcenfeld, welches als Nachschlagetabelle die schon definierte RSP-Nachschlagetabelle verwendet (siehe Abbildung 20.24). Achten Sie dann bei der Erstellung von Berichten, die z. B. Arbeitsstunden gruppiert nach Abteilung auflisten, darauf, dass Sie das benutzerdefinierte Feld und nicht das Standardfeld RSP verwenden.

20 Konfiguration von Project Server 2016/Project Online

Abbildung 20.24 Das Organigramm der AIRBI GmbH als Nachschlageliste des RSPs

> **Status-Manager – Fluch oder Segen?**
>
> Eine besondere Bedeutung im Sicherheitskonzept nimmt der Status-Manager ein. Von der Wertigkeit her steht er auf der gleichen Ebene wie der Projektbesitzer. Seit Microsoft Project Server 2007 gibt es das Vorgangsfeld STATUS-MANAGER. Darüber wird primär gesteuert, wer Statusänderungen (Rückmeldungen von Teammitgliedern) zur Genehmigung erhält und damit den Projektplan aktualisieren kann. Damit der Status-Manager dies auch tun kann, wird er von den Kategorieberechtigungen berücksichtigt. Eine Einschränkung bei der Zuweisung eines Status-Managers besteht darin, dass seine erstmalige Zuweisung unkomfortabel gelöst ist: Die entsprechende Person muss den Projektplan öffnen (entsprechende Berechtigung vorausgesetzt) und sich selbst als STATUS-MANAGER eintragen. Der Anwendungsfall, dass pro Projekt unterschiedliche Status-Manager benötigt werden, ist eher selten. Mit der seit Project Server 2013 vorhandenen Möglichkeit der Stellvertreterregelung entfällt auch der Anwendungsfall für stellvertretende Rückmeldegenehmigungen. Allerdings ist hier zu beachten, dass es mit der Stellvertreterregelung nicht möglich ist, einen Stellvertreter für einzelne Projekte zu bestimmen. Die Stellvertreterregelung greift immer für *alle* Projekte desjenigen, der vertreten werden soll.
>
> Bei einer Besitzübergabe für ein Projekt sollte auch der Status-Manager auf den neuen Besitzer übertragen werden. Arbeiten mehrere Benutzer an einem Projektplan, so wird standardmäßig der Bearbeiter Status-Manager eines Vorgangs, der diesen erstellt hat.
>
> Da der Status-Manager die gleichen Berechtigungen wie der Besitzer hat, können sich hierdurch Sicherheitslücken einschleichen. Sollte dies in Ihrem Sicherheitskonzept eine Lücke darstellen, so empfiehlt sich die regelmäßige Überwachung einer Abweichung zwischen STATUS-MANAGER und PROJEKTBESITZER über einen entsprechenden Excel-Online- oder SQL-Reporting-Services-Bericht.

Der Dialog für die Zuordnung von *Ressourcen* ähnelt dem für die Zuordnung von Projekten. Ist über die Optionsschaltfläche die Auswahl auf ALLE AKTUELLEN UND ZUKÜNFTIGEN RESSOURCEN EINSCHLIESSEN gesetzt, haben die unteren Checkboxen wiederum keine Bedeutung. Erst die zweite Selektion NUR DIE AUSGEWÄHLTEN RESSOURCEN EINSCHLIESSEN erlaubt Ihnen, selektiv Ressourcen hinzuzufügen. Selten werden Sie hier explizit Ressourcen zuweisen, sondern die Kategorie dynamisch und je nach Bezug des Benutzers zu den Ressourcen festlegen.

Folgende Beziehungen kann ein Benutzer zu einer Ressource haben:

- Es handelt sich um ihn selbst (DER BENUTZER IST DIE RESSOURCE).
- Es sind Teammitglieder eines seiner Projekte (SIE SIND MITGLIEDER EINES PROJEKTTEAMS IN EINEM PROJEKT, DAS SICH IM BESITZ DES BENUTZERS BEFINDET).
- Die Ressourcen stehen in der Hierarchie des RSP unterhalb oder auf gleicher Ebene wie er (SIE SIND UNTERGEORDNETE OBJEKTE DES BENUTZERS ÜBER RSP, SIE SIND DIREKTE UNTERGEORDNETE OBJEKTE DES BENUTZERS ÜBER RSP oder SIE BESITZEN DENSELBEN RSP-WERT WIE DER BENUTZER).

Abweichend von den Dialogen zur Definition der zu einer Kategorie gehörenden Projekte und Ressourcen können Sie *Ansichten* nur direkt zu einer Kategorie hinzufügen oder entfernen. Mithilfe des Sicherheitsobjekts ANSICHT können Sie zumindest indirekt eine Sicherheit auf Spaltenebene in der Project Web App erreichen. So können Sie die Anforderung, dass kein Teammitglied Kosteninformationen angezeigt bekommen soll, dadurch erreichen, dass Sie keine Ansichten, die Kostenspalten enthalten, einer Kategorie hinzufügen, welche Teammitgliedern zugeordnet ist.

Da Spalten in der Microsoft Project Web App nicht von den Anwendern selbst hinzugefügt werden können, ergibt sich mit den Möglichkeiten des webbasierten Bearbeitens von Projekten eine Lösung für einen weiteren Anwendungsfall. Somit können Sie bestimmten Anwendern ein Projekt mit eingeschränkter Spaltendefinition zur Bearbeitung in der Project Web App bereitstellen. Voraussetzung dabei ist aber, dass Sie über Ihr Sicherheitskonzept sicherstellen, dass sich diese Anwender nicht mit Microsoft Project Professional am Server anmelden können.

Sicherheitskonzept in der Evaluierungsphase

Da in der Evaluierungsphase meist noch kein ausgeklügeltes Sicherheitskonzept benötigt wird, ist es hier aus Zeitgründen im Regelfall nicht sinnvoll, ein eigenes Sicherheitskonzept festzulegen. Verwenden Sie in dieser Phase das vorkonfigurierte Sicherheitskonzept im Auslieferungszustand, und fügen Sie Ihre Testbenutzer den vorhandenen Berechtigungsgruppen zu.

Analyse für die Definition eines Sicherheitskonzepts

Für die Definition des Sicherheitskonzepts müssen Sie zunächst klären, welche verschiedenen Berechtigungsgruppen benötigt werden. Wenn Sie Gruppen definieren, die am Ende über die gleichen Berechtigungen auf der Microsoft-Project-Web-App-Instanz verfügen, dann fassen Sie die Gruppen zu einer Microsoft-Project-Sicherheitsgruppe zusammen. Halten Sie die Komplexität Ihres Sicherheitskonzepts gering, und verwenden Sie so wenig unterschiedliche Gruppen, Kategorien und Zuordnungen zwischen Gruppen und Kategorien wie möglich.

Erfassen Sie dann, welche Funktions- und Objektberechtigungen die jeweiligen Gruppen erhalten sollen. Dokumentieren Sie diese zunächst mit beschreibendem Text, damit allen Entscheidungsträgern klar wird, welche Rolle später welche Informationen einsehen bzw. bearbeiten kann. Durch diese Analyse entstand bei der AIRBI GmbH der in Tabelle 20.5 dargestellte Konzeptentwurf.

Rolle	Berechtigungen
fachlicher Administrator	Bekommt alle Berechtigungen.
Management	Darf alles lesen.
Projektmanagement-Office	Darf alle Projekt- und Ressourcendaten lesen und bearbeiten.
Projektleiter	Darf alle eigenen Projekte bearbeiten. Darf alle Ressourcendaten von Ressourcen in seinen Projektdaten lesen.
Teammitglied	Darf nur seine Vorgangsinformationen und Projekte, in denen er Mitglied ist, ohne Kosteninformationen lesen und Fortschritt zurückmelden.
Teamleiter	Darf alle Projekte und Ressourcendaten unterhalb seines RSP-Knotens lesen, mit Ausnahme von Berichten mit Kosteninformationen.

Tabelle 20.5 Konzeptentwurf für Berechtigungskonzept

20.1.7 Sicherheitsvorlagen verwalten (Projektberechtigungsmodus)

Sicherheitsvorlagen können Sie beim Setzen von Kategorien und globalen Berechtigungen verwenden. Durch die Übernahme der Einstellungen der Vorlage müssen Sie somit die Checkboxen nicht einzeln anklicken, und Sie können damit für neu erstellte Gruppen Einstellungen von Standardgruppen verwenden.

> **Kategorieberechtigungen in Sicherheitsvorlagen**
> Eine Sicherheitsvorlage enthält jeweils nur einen Satz von Kategorieberechtigungen. So hat im Auslieferungszustand die Gruppe PROJEKTMANAGER verschiedene Berechtigungen in den Kategorien MEINE ORGANISATION und MEINE PROJEKTE. In der Sicherheitsvorlage ist aber nur die Kategorieberechtigung für MEINE PROJEKTE hinterlegt.

> **Empfehlungen für Sicherheitsvorlagen**
> Selten ist es notwendig, dass Sie eigene Sicherheitsvorlagen erstellen oder die bestehenden Vorlagen anpassen. Zum praktischen Einsatz kommen die Sicherheitsvorlagen meist dann, wenn Sie die Auslieferungseinstellungen wiederherstellen oder für eine neue Gruppe verwenden möchten. Hierbei sollten Sie beachten, dass Microsoft bei der Vorlage für die Kategorieberechtigungen nur eine Kategorie bedacht hat (siehe oben stehenden Hinweis). Ein weiterer Anwendungsfall für Sicherheitsvorlagen besteht darin, wenn mehrere Sicherheitsgruppen angelegt werden müssen, welche alle die gleichen Sicherheitseinstellungen verwenden sollen. Hierbei kann eine eigene Sicherheitsvorlage viel manuelle Arbeit ersparen, und Berechtigungen können von einer Gruppe zur anderen kopiert werden.

20.1.8 Benutzersynchronisierungseinstellungen verwalten (Projektberechtigungsmodus)

Der Menüpunkt BENUTZERSYNCHRONISIERUNGSEINSTELLUNGEN VERWALTEN gibt Ihnen die Möglichkeit, die Synchronisierung zwischen den Project-Server-Berechtigungen und den Berechtigungen innerhalb der Seiten der Project Web App zu steuern.

Seit Project Server 2013 besteht die Möglichkeit, die Synchronisierungseinstellungen der Project-Berechtigungen auch für die Project-Web-App-Homepage zu deaktivieren. Hierfür müssen Sie den Haken bei PROJECT WEB APP-SYNCHRONISIERUNG AKTIVIEREN entfernen. In der Standardeinstellung werden die Project-Berechtigungen automatisch für die Project-Web-App-Homepage und alle Projektwebsites von Enterprise-Projekten synchronisiert. Somit ist sichergestellt, dass neue Project-Benutzer auch automatisch auf die SharePoint-Seite, welche die Project Web App hostet, zugreifen können. Eine manuelle Verwaltung der SharePoint-Rechte für die Project-Web-App-Seite macht im Regelfall im Projektberechtigungsmodus keinen Sinn.

Für SharePoint-Vorgangslistenprojekte ist in der Standardeinstellung keine Synchronisierung vorgesehen. Hier wird davon ausgegangen, dass der Anwender die Berechtigung für diese Webseiten manuell über die Freigabemechanismen der SharePoint-Seite verwalten möchte (siehe Abbildung 20.25).

Abbildung 20.25 Standardeinstellung der Synchronisierungseinstellungen für Project-Berechtigungen

Projektwebsite-Berechtigungen

Wird die Synchronisation der Berechtigungen für Projektwebsites deaktiviert, so ist das Verhalten mit Project Server 2016 und Project Online so, dass bei der Erstellung der Website zumindest der Besitzer des Projekts auch in die Gruppe der Besitzer der Projektwebsite aufgenommen wird.

Es gibt 3 von der Synchronisation verwaltete Berechtigungsstufen (Administratoren, Projektleiter und Teammitglieder). So wird z. B. nicht wie in früheren Versionen (Version 2010 und älter) unterschieden, ob ein Benutzer eine Zuordnung in einem Projekt hat oder nicht. Ein Projektteammitglied bekommt auch ohne Zuordnung im Projekt die Rechte der Gruppe »Teammitglieder« an der SharePoint-Website.

20.1.9 Stellvertretungen verwalten (Projektberechtigungsmodus)

Ähnlich wie in Microsoft Outlook gibt es auch für den Microsoft Project Server/Project Online eine Möglichkeit, für einen bestimmten Zeitraum einen Stellvertreter für einen Benutzer zu definieren. Ist ein Stellvertreter definiert, so kann dieser die Rolle des zu Vertretenden einnehmen und agiert dann mit dem System, als wäre er mit dessen Benutzerdaten angemeldet. Das System verhält sich damit quasi genauso, als wenn sich der Stellvertreter mit den Anmeldedaten des zu Vertretenden an der Microsoft Project Web App anmeldete.

Die Standardstellvertreterregelung ist allerdings auf die Kernfunktionalitäten der Microsoft Project Web App begrenzt und hat damit einige Einschränkungen:

- Risiken, Probleme, Projektdokumente und alle anderen Inhalte der Projektwebsite können nicht im Sicherheitskontext desjenigen bearbeitet werden, der vertreten wird. Hier wird der Kern der Microsoft Project Web App verlassen, und ein Stellvertreter ist dann wieder mit seinem eigenen Benutzerkontext unterwegs, hat hier also nicht die Berechtigung desjenigen, den er vertritt.

- Den Kern komplett verlassen hat man bei der Verwendung von Project Professional: Ein Arbeiten mit Microsoft Project Professional im Kontext des zu Vertretenden ist nicht möglich.
- Die Stellvertretungsfunktion ist damit primär für das stellvertretende Genehmigen von Stundenbuchungen gedacht. Weniger häufig wird sie dagegen für das stellvertretende Buchen von Ist-Stunden oder das stellvertretende Bearbeiten des Projektplans in der Web App verwendet. Wie man eine Stellvertretung einrichtet, erfahren Sie in Abschnitt 13.5, »Stellvertretungsfunktion«. Für Sie als Fachadministrator besteht in STELLVERTRETUNGEN VERWALTEN die Möglichkeit, Stellvertretungen für andere Mitarbeiter zu definieren. Voraussetzung ist hierbei, dass dieser Benutzer über die globale Berechtigung KOMMT ALS STELLVERTRETUNG IN FRAGE verfügt.

Projektberechtigungen verwalten

Neben den durch die Fachadministration vorgegebenen Objektberechtigungen gibt es wie in der Vorgängerversion auch für den Projektleiter die Möglichkeit, anderen Benutzern oder Gruppen Berechtigungen an seinem Projektplan zu vergeben. Diese zusätzlichen Berechtigungen können standardmäßig von jedem Benutzer, der die Berechtigung hat, das Projekt mit der Microsoft Project Web App zu öffnen und zu speichern, vergeben werden.

Da durch diese Möglichkeit das von Ihnen als Fachadministration vorgegebene Sicherheitskonzept unterwandert werden kann, haben Sie auch die Option, den entsprechenden Gruppen diese Selbstverwaltung von Rechten zu verbieten. Deaktivieren Sie dazu bei den entsprechenden Gruppen die Projektkategorieberechtigung GRUNDLEGENDE PROJEKTSICHERHEIT VERWALTEN. Standardmäßig besitzen Projektleiter aber diese Berechtigung und können auf der Registerkarte PROJEKT in einer Projektdetailansicht oder im Project Center folgende Berechtigungen an Benutzer oder Gruppen vergeben:

- DAS PROJEKT IN PROJECT PROFESSIONAL ODER PROJECT WEB APP ÖFFNEN
- DAS PROJEKT IN PROJECT PROFESSIONAL ODER PROJECT WEB APP BEARBEITEN UND SPEICHERN
- PROJEKTSAMMELFELDER IN PROJECT PROFESSIONAL ODER PROJECT WEB APP BEARBEITEN
- DAS PROJEKT IN PROJECT PROFESSIONAL ODER PROJECT WEB APP VERÖFFENTLICHEN
- PROJEKTZUSAMMENFASSUNG IN PROJECT CENTER ANZEIGEN
- PROJEKTPLANDETAILS IN PROJECT WEB APP ANZEIGEN
- PROJEKTWEBSITE ANZEIGEN

Projektberechtigung konfigurieren

Um eine explizite Projektberechtigung für ein einzelnes Projekt zu vergeben, gehen Sie als Projektleiter folgendermaßen vor:

1. Wechseln Sie in der Microsoft Project Web App (mit Microsoft Project Professional können Sie keine Projektberechtigungen vergeben) in das PROJECT CENTER. Markieren Sie dort das entsprechende Projekt, und klicken Sie auf der Registerkarte PROJEKTE auf die Schaltfläche PROJEKTBERECHTIGUNGEN (siehe Abbildung 20.26).

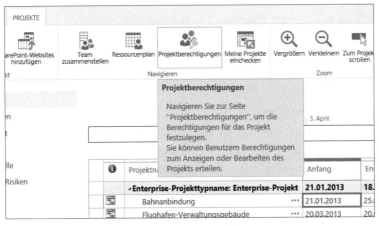

Abbildung 20.26 Projektberechtigung verwalten

2. Legen Sie nun eine neue Projektberechtigung über die Schaltfläche NEU an (siehe Abbildung 20.27).

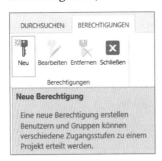

Abbildung 20.27 Neue Projektberechtigung

3. Vergeben Sie nun einem oder mehreren Benutzern oder Gruppen Berechtigungen an diesem Projekt (siehe Abbildung 20.28).
4. Schließen Sie die Vergabe von Projektberechtigungen mit SPEICHERN ab. Das Projekt muss nicht neu veröffentlicht werden, damit diese Berechtigungskonfiguration gültig wird.

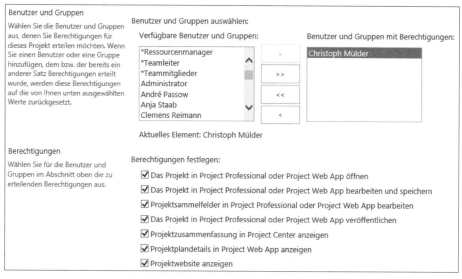

Abbildung 20.28 Projektberechtigungen vergeben

20.2 Enterprise-Daten

In diesem Abschnitt geht es um das Customizing von Enterprise-Feldern und -Nachschlagetabellen und um die Definition von regions- oder arbeitszeitmodellspezifischen Kalendern sowie die Konfiguration von Ressourcenmetadaten. All dies können Sie in den Menüpunkten im Bereich ENTERPRISE-DATEN der PWA-EINSTELLUNGEN konfigurieren (siehe Abbildung 20.29), die im Folgenden beschrieben sind.

```
Enterprise-Daten
Benutzerdefinierte Enterprise-Felder und
-Nachschlagetabellen
Enterprise-Kalender
Ressourcencenter
```

Abbildung 20.29 Menüpunkte des Abschnitts »Enterprise-Daten« in PWA-Einstellungen

20.2.1 Benutzerdefinierte Enterprise-Felder und -Nachschlagetabellen

Mithilfe von benutzerdefinierten Feldern können Sie für die drei verschiedenen Microsoft-Project-Entitäten (Projekt, Ressource und Vorgang) unternehmensspezifische Metadaten definieren, welche dann insbesondere für die Filterung, Sortierung und Gruppierung von Ansichten und Berichten verwendet werden können. Während es in der Verwendung von Microsoft Project ohne Serveranbindung nur Felder auf Vorgangs- und Ressourcenebene gibt, können Sie beim Einsatz von Microsoft Project

Server/Project Online auch benutzerdefinierte Felder auf Projektebene erstellen. Ein typisches Projektfeld könnte z. B. PROJEKTSTATUS sein mit den Werten GEPLANT, AKTIV, GESTOPPT, ARCHIVIERT. Ein typisches Ressourcenfeld könnte z. B. STANDORT sein, hier könnte die Nachschlageliste auch eine hierarchische Struktur haben (siehe Abbildung 20.30):

GERMANY
    BIELEFELD
    HAMBURG
    ELLWANGEN

SWITZERLAND
    BASEL
    GENF

Abbildung 20.30 Hierarchische Nachschlagetabelle für Standort mit zwei Ebenen

Wenn Sie ein neues Enterprise-Feld definieren wollen, müssen Sie zunächst überlegen, ob es möglich ist, die zu verwendenden Werte auf eine Nachschlageliste zu beschränken. Der Vorteil eines Feldes mit Nachschlageliste ist u. a., dass dieses auch für Pivot-Auswertungen über einen *OLAP-Würfel* (OLAP-Cube) verwendet werden kann. Zur Verwendung von OLAP-Würfeln lesen Sie auch Kapitel 17, »Berichtswesen«. Kann eine Nachschlageliste für ein Feld verwendet werden, so müssen Sie zunächst die Nachschlageliste erstellen, bevor Sie das Feld erstellen, in dem diese verwendet werden soll. Eine Nachschlageliste kann dann von einem oder mehreren Projekt-, Ressourcen oder Vorgangsfeldern verwendet werden.

Für die Erstellung einer Nachschlageliste für das oben gezeigte Beispiel mit den Standorten gehen Sie wie folgt vor: Wechseln Sie in der Microsoft Project Web App zu EINSTELLUNGEN • PWA-EINSTELLUNGEN • ENTERPRISE-DATEN • BENUTZERDEFINIERTE ENTERPRISE-FELDER UND -NACHSCHLAGETABELLEN. Im unteren Bereich NACHSCHLAGETABELLEN FÜR BENUTZERDEFINIERTE FELDER klicken Sie auf die Schaltfläche NEUE NACHSCHLAGETABELLE (siehe Abbildung 20.31).

Abbildung 20.31 Neue Nachschlagetabelle

Im Formular zur Erstellung einer neuen Nachschlagetabelle geben Sie zunächst im Bereich NAME einen Namen für die Nachschlagetabelle ein (siehe Abbildung 20.32). Sollten Sie für die Nachschlageliste Werte verwenden, mit denen Sie später auch rechnen wollen, so sollten Sie im Bereich TYP nicht TEXT, sondern den alternativen Datentyp auswählen. Im Bereich CODEFORMAT müssen Sie für jede Ebene, die Sie definieren wollen, ein entsprechendes Codeformat und Trennzeichen für die nächste Ebene definieren. In unserem Beispiel verwenden wir zwei Ebenen: 1. Ebene = Land, 2. Ebene = Stadt.

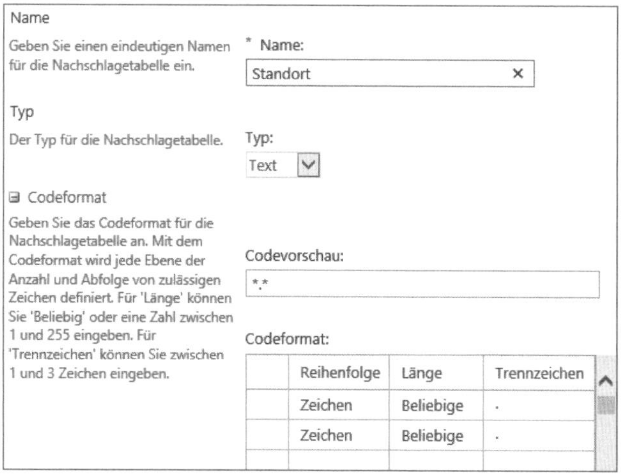

Abbildung 20.32 Definition der Nachschlagetabelle »Standort« vom Typ Text mit zwei Ebenen

Im letzten Schritt geben Sie die Werte für die Nachschlagetabelle im Bereich NACH-SCHLAGETABELLE ein.

Definition eines neuen Enterprise-Feldes

Bei der Erstellung eines Enterprise-Feldes müssen Sie als Erstes entscheiden, für welche Entität dieses neue Feld gelten soll, also ob es sich um ein Projekt-, Ressourcen- oder Vorgangsfeld handeln soll. Für die Entität ZUORDNUNG gibt es keine Möglichkeit, ein eigenes Feld zu definieren. Hier besteht nur die indirekte Möglichkeit, den Wert eines Vorgangs- oder Ressourcenfeldes auf Zuordnungsebene herunterzurollen.

Zur Erstellung eines neuen Enterprise-Feldes wechseln Sie zunächst in der Microsoft Project Web App zu EINSTELLUNGEN • PWA-EINSTELLUNGEN • ENTERPRISE-DATEN • BENUTZERDEFINIERTE ENTERPRISE-FELDER UND -NACHSCHLAGETABELLEN. Klicken Sie dann im oberen Abschnitt ENTERPRISE-FELDER (BENUTZERDEFINIERT) auf die Schaltfläche NEUES FELD (siehe Abbildung 20.33).

Abbildung 20.33 Schaltfläche zur Erstellung eines neuen Enterprise-Feldes

Im nun erscheinenden Webformular zur Erstellung eines neuen benutzerdefinierten Feldes ist das erste Pflichtfeld der NAME des Feldes. Verwenden Sie hier einen aussagekräftigen kurzen Namen für das neue Feld. In unserem Beispiel möchte Heinrich Schmidt ein neues Feld für die Eingabe einer SAP-Nummer auf Vorgangsebene erstellen.

Mit der BESCHREIBUNG sollten Sie die Verwendung des Feldes dokumentieren. Ganz entscheidend sind nun die Auswahl der ENTITÄT und der TYP des Feldes. Nach dem Speichern einer Felddefinition können diese Eigenschaften nicht mehr geändert werden. Bei der ENTITÄT können Sie zwischen den drei Entitäten PROJEKT, RESSOURCE und VORGANG wählen. Für die vierte Entität (ZUORDNUNG) im Datenmodell von Microsoft Project können Sie, wie oben schon beschrieben, nicht direkt ein neues Feld erstellen. Nur über die Möglichkeit der Abwärtszuordnung können Sie indirekt ein benutzerdefiniertes Feld auf Zuordnungsebene erstellen. Heinrich Schmidt wählt bei der Entität VORGANG und beim Typ den passendsten Datentyp TEXT aus.

Im Abschnitt BENUTZERDEFINIERTE ATTRIBUTE gäbe es nun für unser Beispiel zwei Möglichkeiten. Die Berechnung über eine Formel kann hier nicht erfolgen, aber es könnte für die SAP-Nummer auch eine entsprechende Nachschlagetabelle verwendet werden. Wie oben beschrieben, könnte sie so auch in OLAP-Würfeln verwendet werden. Zudem reduziert die Verwendung von Nachschlagetabellen die Gefahr von Fehleingaben. Da die Pflege der Nachschlagetabelle für Heinrich Schmidts Anforderung zu aufwendig ist, entscheidet er sich für die Verwendung eines Freitextfeldes und belässt die Auswahl auf EINE TEXTZEILE. Da dieses Feld von allen Abteilungen der Unternehmung verwendet werden soll, trifft er auch keine Auswahl im Abschnitt ABTEILUNG.

Mit der Option ABWÄRTS ZUORDNEN, WENN NICHT MANUELL ANGEGEBEN entscheidet er sich dann noch dafür, dass die Vorgangsinformation auf Zuordnungsebene standardmäßig übergeben wird.

Name	
Geben Sie einen eindeutigen Namen für das benutzerdefinierte Feld ein.	* Name: AB SAP Nr
Beschreibung	
Geben Sie eine Beschreibung für das benutzerdefinierte Feld ein.	Beschreibung: Zur Eingabe der PSP Nummer. Nummern werden im Format XX.YYY.ZZ eingegeben. Bsp: 45.234.23
Entität und Typ	
Die Entität und der Typ für dieses benutzerdefinierte Feld.	Entität: Projekt Typ: Text
Benutzerdefinierte Attribute	
Wählen Sie aus, ob das Feld eine einzelne Textzeile, mehrere Textzeilen, eine Nachschlagetabelle oder eine berechnete Formel aufweist. Felder mit mehreren Textzeilen stehen im Project-Client nicht zur Verfügung.	● Eine Textzeile ○ Mehrere Textzeilen ○ Nachschlagetabelle ○ Formel

Abbildung 20.34 Formular zur Erstellung eines Enterprise-Feldes, hier am konkreten Beispiel eines Enterprise-Feldes zur Erfassung einer SAP-Nummer auf Vorgangsebene

Im Bereich ANZUZEIGENDE WERTE belässt er es bei der Standardauswahl, da ein grafisches Symbol, wie etwa eine Ampel, bei einer SAP-Nummer nicht sinnvoll ist.

Da die SAP-Daten unter Umständen bei Vorgangserstellung noch nicht bekannt sind, entscheidet er sich im Abschnitt VERHALTEN für die Option DIESES FELD MUSS INFORMATIONEN ENTHALTEN: NEIN.

Die Definition dieses neuen Enterprise-Vorgangsfeldes speichert er dann ab. In der Microsoft Project Web App steht dieses Feld nun sofort zur Verfügung. In Microsoft Project Professional kann dieses Feld erst nach einem Neustart der Anwendung verwendet werden.

Projektabteilungen, Ressourcenabteilungen

Seit der Version Microsoft Project Server 2010 gibt es die standardmäßig vorhandene Nachschlageliste ABTEILUNG. Für diese Nachschlageliste gibt es auch schon die vordefinierten Felder auf Projekt- und Ressourcenebene. Sie können diese Felder dazu verwenden, das Aussehen und Verhalten der Microsoft Project Web App und des Microsoft-Project-Professional-Clients zu beeinflussen. So haben Sie die Möglichkeit, für Projekte in unterschiedlichen Abteilungen oder Unternehmensbereichen unterschiedliche Felder bzw. auch Pflichtfelder zu definieren. Darüber hinaus haben Sie die Option, unterschiedliche OLAP-Datenbanken zu erstellen, diese nur mit bestimmten Projekten und Ressourcen aus definierten Abteilungen zu füllen und dann auch nur Benutzern der entsprechenden Abteilungen zur Verfügung zu stellen. Mehr dazu erfahren Sie in Kapitel 17, »Berichtswesen«.

Eine weitere Bedeutung kommt der Ressourcenabteilung im Zusammenhang mit Enterprise-Projekttypen zu. Dabei können Sie bei der Erstellung von benutzerdefinierten Projekttypen auswählen, welchen Ressourcenabteilungen dieser Projekttyp zur Verfügung gestellt wird.

Zusammengefasst wurde die Abteilungsfunktion eingeführt, um eine Konsolidierung von mehreren Microsoft-Project-Wep-App-Instanzen zu ermöglichen. Wofür bisher getrennte Microsoft-Project-Web-App-Instanzen benötigt wurden, das kann nun möglicherweise in einer gemeinsamen Instanz abgebildet werden.

Projektabteilungen und Enterprise-Felder

Im Abschnitt ABTEILUNG bei der Definition eines Enterprise-Feldes lässt sich festlegen, für welche Abteilung ein Feld gültig ist. Standardmäßig ist hier nur eine Auswahl möglich. Sie können das Abteilungsfeld aber auch so konfigurieren, dass eine Mehrfachauswahl möglich ist. Dazu muss in den PWA-EINSTELLUNGEN im Abschnitt BENUTZERDEFINIERTE ENTERPRISE-FELDER UND -NACHSCHLAGETABELLEN das Enterprise-Feld PROJEKTABTEILUNGEN bearbeitet werden. Aktivieren Sie dann dort im Abschnitt BENUTZERDEFINIERTE ATTRIBUTE die Checkbox AUSWAHL MEHRERER WERTE AUS DER NACHSCHLAGETABELLE ZULASSEN.

Um das Thema Geltungsbereich eines Enterprise-Projektfeldes im Zusammenhang mit der zugeordneten Abteilung zu veranschaulichen, schauen wir uns ein Beispiel der AIRBI GmbH an. Tabelle 20.6 zeigt die Felder, die auf der Entität PROJEKT definiert wurden.

Enterprise-Feld	Abteilung	Pflichtfeld
Projekttextfeld 1	keine Abteilung definiert	nein
Projekttextfeld 2	keine Abteilung definiert	ja
Projekttextfeld 3	Marketing	nein
Projekttextfeld 4	Marketing	ja
Projekttextfeld 5	Entwicklung	nein
Projekttextfeld 6	Entwicklung	ja

Tabelle 20.6 Enterprise-Felder und zugeordnete Abteilungsfelder

Will Heinrich Schmidt nun ein Projekt im Bereich ENTWICKLUNG abspeichern, so werden ihm folgende Felder angezeigt:

Projekttextfeld 1
Projekttextfeld 2
Projekttextfeld 5
Projekttextfeld 6

Wobei Projekttextfeld 2 und Projekttextfeld 6 Pflichtfelder sind, die er zum erfolgreichen Speichern ausfüllen muss.

Ändert er die Projektabteilung dieses Projekts auf MARKETING, so werden ihm beim Speichern folgende Felder zur Anzeige gebracht:

Projekttextfeld 1
Projekttextfeld 2
Projekttextfeld 3
Projekttextfeld 4

Wobei hier Projekttextfeld 2 und Projekttextfeld 4 Pflichtfelder sind.

Beachten Sie, dass die Projektabteilung hier kein Sicherheitsfeature darstellt. Wird die Projektabteilung eines Projekts geändert, so werden die Felder dieser Projektabteilung dargestellt und teilweise zu Pflichtfeldern, während die Felder der bisherigen Projektabteilung nicht angezeigt werden und dadurch auch die Pflichtfelder dieser Abteilung ihre Bedeutung verlieren. Die primäre Aufgabe von Abteilungen besteht darin, Inhalte zu strukturieren. Erst bei der Konfiguration der OLAP-Datenbanken kommt das Thema Sicherheit im Zusammenhang mit Abteilungen zum Tragen.

Grafische Indikatoren für die Darstellung von Enterprise-Werten

Neben der Berechnung von Werten in benutzerdefinierten Feldern können Sie benutzerdefinierte Felder auch dazu verwenden, um berechnete oder manuell eingegebene Werte auf Basis eines festgelegten Regelwerks als grafische Indikatoren darzustellen. Ein typischer Verwendungszweck grafischer Indikatoren ist z. B. eine Ampelanzeige für Kosten-, Termin- oder Leistungsabweichung.

Beispiel für ein benutzerdefiniertes Vorgangsfeld zur Darstellung einer Ampel für Terminabweichungen

Folgendes Beispiel zeigt die Erstellung einer Terminabweichungsampel. Die Berechnung und das Regelwerk für die Ampelberechnung sind erprobte Empfehlungen, welche Sie an Ihre Unternehmensanforderung anpassen können.

Gehen Sie wie folgt zur Erstellung der Terminabweichungsampel vor:

1. Erstellen Sie das benutzerdefinierte Feld über EINSTELLUNGEN • PWA-EINSTELLUNGEN • ENTERPRISE-DATEN • BENUTZERDEFINIERTE ENTERPRISE-FELDER UND -NACHSCHLAGETABELLEN. Wählen Sie dort NEUES FELD.
2. Vergeben Sie den Namen »Terminabweichung«, und wählen Sie die Entität VORGANG und als Typ ZAHL (siehe Abbildung 20.35).

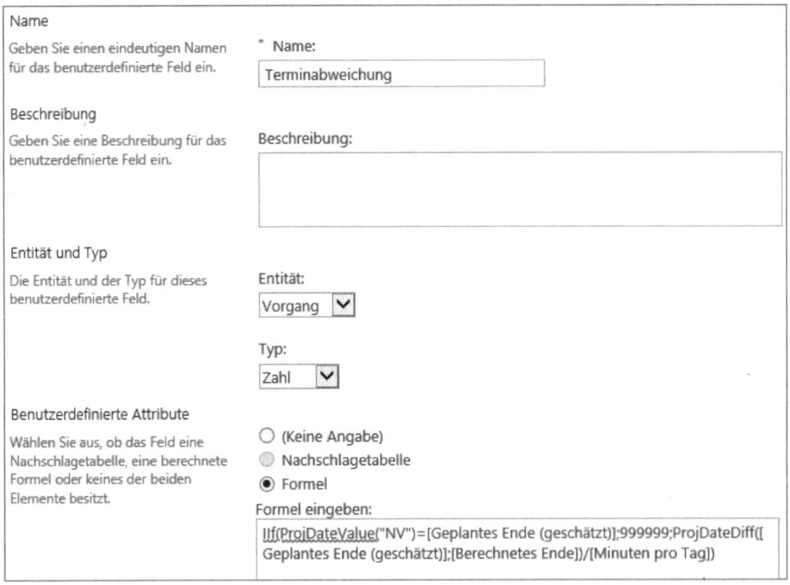

Abbildung 20.35 Vorgangsfeld »Terminabweichung« als berechnetes Feld

Tragen Sie bei FORMEL EINGEBEN die folgende Formel ein (Achtung: In englischen Regionalsettings muss statt dem Semikolon ein Komma in den Formeln gesetzt werden.):

```
IIf(ProjDateValue("NV")=[Geplantes Ende (geschätzt)];999999;ProjDateDiff([Geplantes Ende (geschätzt)];[Berechnetes Ende])/[Minuten pro Tag])
```

Hierbei wird zunächst überprüft, ob ein Basisplanwert für den Endtermin des Vorgangs vorhanden ist. Ist kein Wert vorhanden, so wird die Zahl 999999 in das Feld geschrieben. Ist ein Basisplanwert vorhanden, dann wird durch die Funktion ProjDateDiff die Terminabweichung in Tagen berechnet. Legen Sie nun noch den Wert ABTEILUNG fest. Soll die Ampel für alle Unternehmensbereiche gelten, dann lassen Sie diesen Wert leer. Für die Darstellung der grafischen Werte ist nun entscheidend, dass Sie im Abschnitt ANZUZEIGENDE WERTE die Option GRAFISCHE SYMBOLE auswählen. Geben Sie hier nun die Kriterien für NICHT-SAMMELVORGANGSZEILEN ein (siehe Abbildung 20.36).

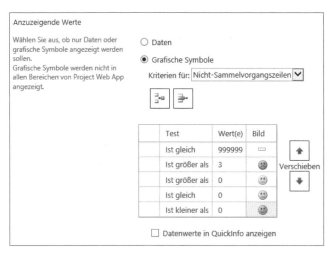

Abbildung 20.36 Definition der Ampelkriterien im Abschnitt »Anzuzeigende Werte«

Ist kein Basisplanwert für einen Vorgang vorhanden, dann wird ein Balken in dem Feld TERMINABWEICHUNG dargestellt. Ist die Terminabweichung negativ und der Vorgang kann vor dem geplanten geschätzten Ende abgeschlossen werden, wird ein grüner Smiley angezeigt. Wird der Termin genau gehalten, erscheint ein blauer Smiley, bei einer Abweichung bis zu 3 Tagen wird der Smiley gelb und bei einer Abweichung größer als 3 Tage dann rot.

Wichtig ist, dass die Kriterien von oben nach unten geprüft werden. Sobald ein zutreffendes Kriterium gefunden wird, wird dieses angewandt. Eine Prüfung auf >3 müssen Sie daher unbedingt vor einer Prüfung auf >0 durchführen.

> **Empfehlung für die Definition von Enterprise-Feldern**
>
> Gehen Sie nicht zu inflationär mit der Verwendung von Projekt- und Vorgangsfeldern um. Oftmals wird vom Controlling eine Vielzahl von Projekt- und Vorgangsfeldern für das Berichtswesen gefordert, die dann vom Projektleiter zu pflegen sind. Hinterfragen Sie hier die Anforderung daraufhin, ob der Projektleiter diese Felder auch pflegen wird. Weniger ist hier oft mehr. Jeder Bericht, der Felder verwendet, die nicht aktuell gehalten werden, wird meist in Gänze infrage gestellt. Da Ressourcenfelder normalerweise zentral durch die Fachadministration nur einmal pro Ressource gepflegt werden müssen, ist es hier meist einfacher, valide Daten zu erhalten.
>
> Eine Grenze ist bei der Verwendung von berechneten Feldern auf der Entität VORGANG gesetzt. Erstellen Sie hier nicht mehr als 5 Felder dieser Art, um Performanceprobleme beim Veröffentlichen zu vermeiden.

Wirksamkeit der Änderungen
Bei Änderungen an Enterprise-Feldern oder -Nachschlagetabellen stehen diese Informationen in Microsoft Project Professional erst nach einem Neustart zur Verfügung, da diese Informationen nur beim Start von Microsoft Project Professional geladen werden.

20.2.2 Enterprise-Global

Die Enterprise-Global ist eine Projektvorlage, mit der eine instanzenweite Anpassung der folgenden Microsoft-Project-Professional-Einstellungen konfiguriert werden kann:

- Gruppierung
- Zuordnungen
- Tabellen
- Filter
- Ansichten
- Berichte
- Module

Empfehlung für die Verwendung der Enterprise-Global
Stellen Sie über die Enterprise-Global unternehmensspezifische Ansichten für verschiedene Prozessschritte zur Verfügung. Damit der Anwender einen schnellen Überblick über relevante Vorgänge für einen bestimmten Prozessschritt bekommt, empfiehlt es sich, spezielle Filter und Gruppierungen über die Enterprise-Global zur Verfügung zu stellen. Um Benutzerschritte zu automatisieren, können Sie über die Enterprise-Global Makroprogramme für alle Anwender zur Verfügung stellen.

Erstellung einer Enterprise-Ansicht

Die Fachadministration der AIRBI GmbH möchte allen Anwendern eine Ansicht zur Verfügung stellen, die neben der DAUER auch standardmäßig die Spalte ARBEIT enthalten soll. Außerdem sollen im Gantt-Diagramm neben den Balken nicht die Ressourcennamen, sondern die Vorgangsnamen angezeigt werden.

Enterprise-Ansichten werden in der Enterprise-Global in der Microsoft-Project-Web-App-Datenbank gespeichert. Sie können zwar Ansichten direkt in der Enterprise-Global erstellen, wir empfehlen Ihnen aber, eine Ansicht zunächst in einem temporären Projektplan zu erstellen, die Enterprise-Global auszuchecken und dann die Ansicht und die zugehörige Tabelle in diese zu kopieren.

In Project Server 2016/Project Online gibt es keinen Menüpunkt zum Öffnen der Enterprise Global über die Project Web App.

Starten Sie dazu Microsoft Project Professional mit Verbindung zur Microsoft Project Web App. Fügen Sie dann in der Ansicht GANTT-DIAGRAMM die Spalte ARBEIT hinzu. Markieren Sie hierzu die bestehende Spalte ANFANG, klicken Sie mit der rechten Maustaste, und wählen Sie dann aus dem Kontextmenü die Funktion SPALTE EINFÜGEN. Nun können Sie aus der Auswahl die Spalte ARBEIT hinzufügen (siehe Abbildung 20.37).

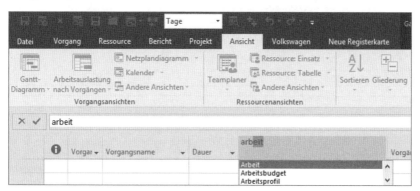

Abbildung 20.37 Hinzufügen der Spalte »Arbeit« zur Ansicht »Gantt-Diagramm«

Bearbeiten Sie die Balkenarten für diese Ansicht, indem Sie im Balkendiagramm mit der rechten Maustaste klicken und im Kontextmenü den Befehl BALKENARTEN auswählen (siehe Abbildung 20.38).

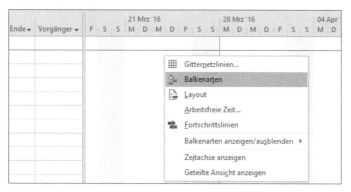

Abbildung 20.38 Kontextmenü der rechten Maustaste, Auswahl »Balkenarten«

Im Dialog zur Formatierung der BALKENARTEN wählen Sie die Formatierungszeile für VORGANG aus und wechseln in der unten stehenden Registerkarte zu TEXT (siehe Abbildung 20.39). Wählen Sie für die Anzeige RECHTS den Wert NAME aus, was dem Vorgangsnamen entspricht.

20 Konfiguration von Project Server 2016/Project Online

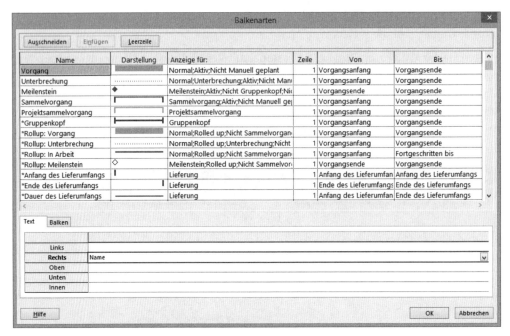

Abbildung 20.39 Formatierung der Balkenarten

Bestätigen Sie die Änderung mit OK, und wechseln Sie zur Registerkarte ANSICHT. Klicken Sie auf den Pfeil unterhalb der Auswahl für das GANTT-DIAGRAMM, und wählen Sie dort die Funktion ANSICHT SPEICHERN (siehe Abbildung 20.40).

Abbildung 20.40 »Ansicht speichern« auf der Registerkarte »Ansicht«

Vergeben Sie der Ansicht im folgenden Dialog noch einen Namen (siehe Abbildung 20.41).

20.2 Enterprise-Daten

Abbildung 20.41 Benennung der Ansicht

Die soeben erstellte Ansicht können Sie nun in die globale Projektvorlage kopieren. Dazu müssen Sie die Enterprise-Global zur Bearbeitung öffnen und die Ansicht und die zugehörige Tabelle mithilfe des ORGANISATORS in diese Datei kopieren. Öffnen Sie dazu die Enterprise-Global über DATEI • INFORMATIONEN • GLOBALE VORLAGEN ORGANISIEREN • ENTERPRISE-GLOBAL ÖFFNEN (siehe Abbildung 20.42).

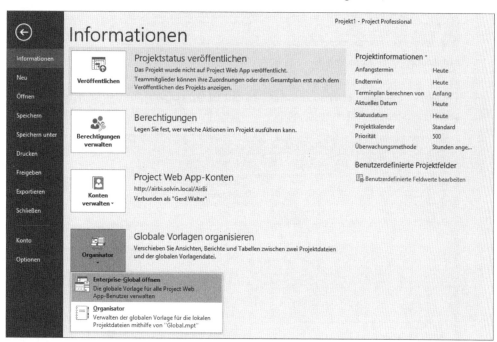

Abbildung 20.42 Enterprise-Global öffnen

Rufen Sie dann den Organisator über DATEI • INFORMATIONEN • GLOBALE VORLAGEN ORGANISIEREN • ORGANISATOR auf. Achten Sie darauf, dass im Organisator auf der linken Seite Ihr lokales Projekt (vermutlich trägt es noch den Titel PROJEKT1) und auf der rechten Seite die AUSGECHECKTE ENTERPRISE-GLOBAL ausgewählt sind. Kopieren Sie dann zunächst auf der Registerkarte TABELLEN die Tabelle 01 AB GANTT TABELLE 1 von PROJEKT1 in die AUSGECHECKTE ENTERPRISE-GLOBAL (siehe Abbildung 20.43).

Abbildung 20.43 Kopieren der Tabelle im Organisator

Verfahren Sie dann ebenso mit der Ansicht 01 AB Gantt auf der Registerkarte Ansichten (siehe Abbildung 20.44).

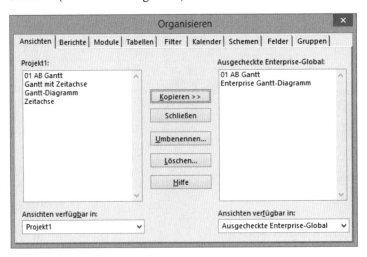

Abbildung 20.44 Kopieren der Ansicht im Organisator

Schließen Sie den Organisator, speichern Sie die ausgecheckte Enterprise-Global, und checken Sie diese ein. Ab diesem Zeitpunkt steht diese Ansicht allen mit der Microsoft Project Web App verbundenen Microsoft-Project-Clients zur Verfügung (siehe Abbildung 20.45). Um sie zu verwenden, muss Microsoft Project Professional neu gestartet werden, da die Enterprise-Global nur beim Starten ausgelesen wird.

20.2 Enterprise-Daten

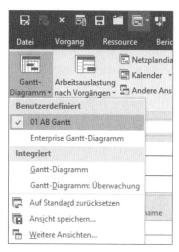

Abbildung 20.45 Auswahl von Enterprise-Ansichten

20.2.3 Enterprise-Kalender

Kalender können Sie in Microsoft Project auf Projekt-, Ressourcen- und Vorgangsebene verwenden, siehe dazu auch Abschnitt 6.1.4, »Kalender«. Wobei Kalender auf Vorgangsebene eher die Ausnahme darstellen und nur in ganz speziellen Situationen Verwendung finden.

Ein Projektkalender enthält meist die Feiertage und arbeitsfreien Tage Ihrer Unternehmung. Basiskalender für Ressourcen bilden verschiedene Arbeitszeitmodelle ab (40h/Woche, 20h/Woche) und basieren meist auf den Feiertagskalendern, welche auch für Projekte definiert wurden.

> **Feiertagsregelungen**
> Feiertagsregelungen für die verschiedenen Bundesländer in Deutschland finden Sie unter *www.feiertage.net*, Feiertagskalender für verschiedene europäische Länder (u. a. Schweiz und Österreich) unter *www.feiertagskalender.ch*.

Zur Erstellung eines Basiskalenders für Nordrhein-Westfalen gehen Sie wie folgt vor: Wechseln Sie in den Bereich PWA-EINSTELLUNGEN • ENTERPRISE-DATEN • ENTERPRISE-KALENDER. Markieren Sie dort den Kalender STANDARD, und kopieren Sie diesen Kalender unter dem neuen Namen »Nordrhein-Westfalen 40h Woche« (siehe Abbildung 20.46).

Markieren Sie diesen Kalender dann, und wählen Sie in der Symbolleiste die Funktion KALENDER BEARBEITEN aus. Nun wird dieser Kalender mit Microsoft Project

Professional geöffnet und steht zur Bearbeitung zur Verfügung. Die Feiertage von Nordrhein-Westfalen können Sie als Kalenderausnahmen auf der Registerkarte AUSNAHMEN eintragen (siehe Abbildung 20.47). Feiertage mit festen Terminen (z. B. Neujahr) können Sie als wiederkehrende Ausnahmen über die Schaltfläche DETAILS... eintragen.

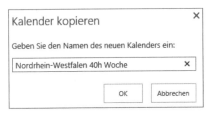

Abbildung 20.46 Kalender kopieren

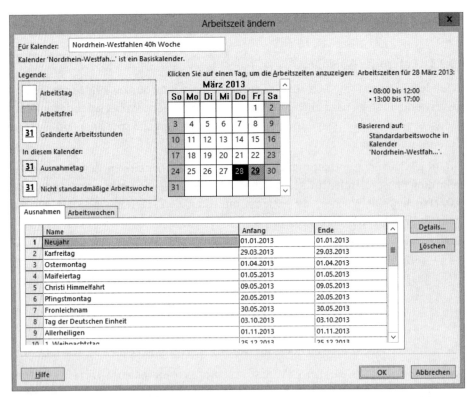

Abbildung 20.47 Feiertage als Kalenderausnahmen im Kalender Nordrhein-Westfalen

Zur Erstellung eines Basiskalenders für Ressourcen mit dem Standort Nordrhein-Westfalen und einem Arbeitszeitmodell mit 20h/Woche gehen Sie wie folgt vor:

Wechseln Sie in den Bereich PWA-EINSTELLUNGEN • ENTERPRISE-DATEN • ENTERPRISE-KALENDER. Markieren Sie dort den zuvor erstellten Kalender NORDRHEIN-WESTFALEN 40H WOCHE, und kopieren Sie diesen Kalender mit dem neuen Namen »Nordrhein-Westfalen 20h Woche« (siehe Abbildung 20.48).

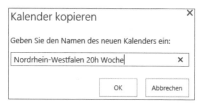

Abbildung 20.48 Kalender kopieren

Markieren Sie diesen Kalender, und wählen Sie in der Symbolleiste die Funktion KALENDER BEARBEITEN. Wechseln Sie nun in den Microsoft-Project-Professional-Dialog auf die Registerkarte ARBEITSWOCHEN. Dort markieren Sie den Eintrag STANDARD und klicken auf die Schaltfläche DETAILS. Wählen Sie im Dialog DETAILS FÜR '[STANDARD]' die Tage Montag bis Freitag aus, und selektieren Sie die Option TAG(E) ALS FOLGENDE SPEZIFISCHE ARBEITSZEITEN FESTLEGEN (siehe Abbildung 20.49): Löschen Sie die zweite Zeile für die Nachmittagsarbeitszeit 13:00–17:00. Nach Bestätigung der Änderung mit OK haben Sie nun einen Arbeitskalender mit einer Arbeitszeit von 20h/Woche und dem Feiertagskalender von Nordrhein-Westfalen erstellt.

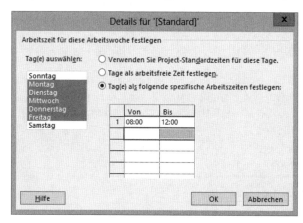

Abbildung 20.49 Arbeitswochendefinition für einen Kalender mit einer Arbeitszeit von 20h/Woche

Damit die Kalender auch wirksam werden, müssen Sie diese nun noch den entsprechenden Ressourcen im Ressourcencenter zuweisen, siehe dazu auch Abschnitt 12.1.2, »Ressourcenpool bearbeiten«.

Abweichende Arbeitszeitmodelle

Bitte beachten Sie, dass abweichende Arbeitszeitmodelle, insbesondere bei der Mehrfachzuweisung von Ressourcen mit unterschiedlichen Arbeitszeitmodellen zu einem Vorgang, für den Projektleiter schwieriger zu verstehen sind. Alternativ kann ein abweichendes Arbeitszeitmodell auch über die maximalen Ressourceneinheiten konfiguriert werden. Wie dies funktioniert, erfahren Sie im nächsten Abschnitt.

20.2.4 Ressourcencenter

Neben dem normalen Link in das Ressourcencenter – in der Microsoft-Project-Web-App-Navigation unter dem Punkt RESSOURCEN – gibt es auch unter den PWA-EINSTELLUNGEN eine Zugriffsmöglichkeit auf das Ressourcencenter. Zu den Möglichkeiten im Ressourcencenter lesen Sie auch Abschnitt 12.1.1, »Enterprise-Ressourcenpool«, ff. Für Sie als fachlichen Administrator ist das Ressourcencenter insbesondere interessant, um Ressourcen zu erstellen, die sich nicht am System anmelden. Dazu gehören insbesondere Ressourcen der Arten Material und Kosten, aber auch generische Ressourcen und jede Form von Budgetressourcen (siehe Tabelle 20.7).

Ressourcenarten	Arbeit	Material	Kosten
Ressourcen, die gleichzeitig Benutzer sind (sich am System anmelden können)	Nadine Keßler Florian Grimm	–	–
reine Ressourcen (können sich nicht am System anmelden)	SOLVIN-Consultant (externer Mitarbeiter ohne Zugriff auf den Server)	qm Beton Pflastersteine	Reisekosten Lizenzkosten
generische Ressourcen oder auch Teamressourcen	C#-Entwickler Datenbankadministrator	–	–
Budgetressourcen	externer Budget-Consultant	Budget qm Beton	Budget Reisekosten

Tabelle 20.7 Beispiele für verschiedene Ressourcenarten

Mehr zu den unterschiedlichen Ressourcenarten und ihrer Verwendung lesen Sie auch in Abschnitt 12.1.1, »Enterprise-Ressourcenpool«.

Generische Ressourcen

Generische Ressourcen stehen meist als Platzhalter für eine reale Person. Ihnen kann kein Windows-Anmeldekonto und keine E-Mail-Adresse zugewiesen werden. Dadurch erhalten sie keine Benachrichtigungen, und man kann sich auch nicht stellvertretend für sie anmelden. In Microsoft Project sind sie in RESSOURCENANSICHTEN in der Indikatorenspalte durch das in Abbildung 20.50 dargestellte Icon identifizierbar.

Abbildung 20.50 Generische Enterprise-Ressource, erkennbar am Symbol in der Indikatorenspalte und am Wert »Ja« in der Spalte »Generisch«

Da generische Ressourcen selbst keine Arbeit erledigen können, sollten Sie generische Ressourcen immer mit einer Verfügbarkeit von 0 % erstellen. Bei Ressourcenverwendungsauswertungen ist dabei darauf zu achten, dass bei der Verfügbarkeit eines Teams immer die gesamte Gruppe und die generische Ressource als Platzhalter für dieses Team ausgewählt sind. Nur so können Sie sicherstellen, dass die verbleibende Verfügbarkeit die gesamte Kapazität des Teams, vermindert um die Ressourcenbedarfe für die generische Ressource und die realen Ressourcen, widerspiegelt (siehe Abbildung 20.51).

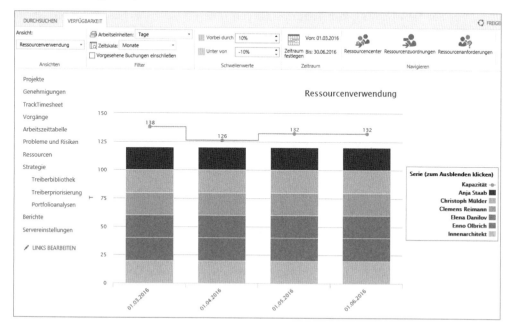

Abbildung 20.51 Ressourcenverwendung mit generischer Ressource

Empfehlung für die Verwendung von generischen Ressourcen
Verwenden Sie generische Ressourcen bei der Projektplanung, um frühzeitig den zeitphasenbasierten Ressourcenbedarf für Ihr Projekt bestimmen zu können. Hinterlegen Sie pauschalisierte Stundensätze für generische Ressourcen, um damit den Personaleinsatz in € benennen zu können. Definieren Sie einen Zeitpunkt, bis zu dem alle generischen Ressourcen durch personifizierte Ressourcen ersetzt werden müssen. Wenn bei der Durchsicht der Planung für die kommende Woche erst festgestellt wird, dass noch eine generische durch eine reale Ressource ersetzt werden muss, ist ein Ressourcenkonflikt vorprogrammiert.

Teamressourcen

Bei einer Teamressource handelt es sich um eine spezielle Art einer generischen Ressource. Die Besonderheit hierbei ist, dass es bei einer Teamressource einen Teamverantwortlichen geben kann. Dieser kann dann die Aufgaben der Teamressource den Teammitgliedern über die Microsoft Project Web App zuweisen. Alternativ kann sich die Teamressource in VORGÄNGE auch selbst Teamaufgaben zuweisen, siehe dazu Abschnitt 13.2.5, »Teamvorgänge hinzufügen«. Dabei geht aber die Zuordnung für das Team direkt auf diese Person über und kann nicht mehr von anderen Teammitgliedern sich selbst zugeordnet werden.

Vor der Verwendung von Teamressourcen müssen Sie zunächst eine neue Nachschlagetabelle für benutzerdefinierte Felder erstellen und in dieser Ihre Teamnamen eintragen. Diese Nachschlagetabelle müssen Sie dann dem schon vorhandenen Enterprise-Feld TEAMNAME zuordnen. Erstellen Sie pro Team eine Teamressource. Diese Ressource erhält wie eine generische Ressource keine Anmelderechte. Benennen Sie diese idealerweise wie den entsprechenden Wert in der Nachschlageliste für TEAMNAME, und stellen Sie zur besseren Unterscheidung von anderen Ressourcen das Präfix »_Team« vor den Ressourcennamen (z. B. »_Team Montage«, »_Team C#-Entwickler«). Aktivieren Sie bei dieser Ressource die Checkbox TEAMZUORDNUNGSPOOL, und ordnen Sie den passenden Wert aus der Nachschlageliste TEAMNAME zu. Soll ein Teamverantwortlicher Teamaufgaben an Teammitglieder in der Microsoft Project Web App im Vorgangscenter delegieren können, ordnen Sie diesen Benutzer als STANDARDZUORDNUNGSBESITZER dieser Teamressource zu. Bei den Teammitgliedern selbst wählen Sie im Abschnitt TEAMDETAILS den entsprechenden Wert aus der Nachschlageliste TEAMNAME aus. Aktivieren Sie hier die Checkbox TEAMZUORDNUNGSPOOL nicht.

Budgetressourcen

Bei jeder Ressourcenart können Sie auch noch das Attribut BUDGET setzen. Damit können Sie Ressourcen erstellen, die auf Projektebene für die Budgetplanung und

-überwachung verwendet werden können. Die Zuweisung von Budgetressourcen kann dabei nur auf dem Projektsammelvorgang erfolgen. Damit stellen Budgetressourcen eine Alternative oder Ergänzung zum Basisplan dar, um zeitphasenbasierte Budgets festzulegen oder zu überwachen. Wenn Sie keine zeitphasenbasierten Budgets (z. B. wie viel Budget für den Januar 2017 eingeplant ist) überwachen müssen, können Sie die Budgets auch mit Enterprise-Feldern auf Projektebene erfassen.

Da es kein benutzerdefiniertes Feld für zeitphasenbasierte Werte gibt (zur Berechnung von Budgetabweichungen auf Zeitphasenebene) und es nur einen indirekten Schutz vor Veränderung der Budgetdaten gibt (nur über geschützte Basispläne), findet die Verwendung von Budgetressourcen keine weite Verbreitung. Zur Verwendung von Budgetressourcen in Project lesen Sie auch Abschnitt 6.2.3, »Budgetplanung«.

Ressource erstellen

Enterprise-Ressourcen können auf drei verschiedene Arten für die Microsoft Project Web App erstellt werden: entweder automatisch über die Synchronisation des Enterprise-Ressourcenpools mit dem Active Directory (siehe Abschnitt 20.6.4, »Synchronisierung des Active-Directory-Ressourcenpools«) oder manuell mit der Microsoft Project Web App oder Microsoft Project Professional. Die manuelle Erstellung einzelner Ressourcen kann in der Microsoft Project Web App erfolgen. Sollen mehrere Ressourcen manuell erstellt oder Ressourcenfelder bearbeitet werden, ist Microsoft Project Professional die beste Wahl.

Erstellung von Ressourcen mit der Microsoft Project Web App

Zur Erstellung einer Enterprise-Ressource wechseln Sie in der Microsoft Project Web App in den Bereich PWA-EINSTELLUNGEN • ENTERPRISE-DATEN • RESSOURCENCENTER. Klicken Sie dann auf der Registerkarte RESSOURCEN auf die Schaltfläche NEU (siehe Abbildung 20.52).

Abbildung 20.52 Neue Ressource erstellen im Ressourcencenter

Im Abschnitt ART im Webformular zum Erstellen einer neuen Ressource müssen Sie zunächst die Ressourcenart festlegen (siehe Abbildung 20.53). Eine Auflistung der verschiedenen Ressourcenarten finden Sie in Abschnitt 20.2.4, »Ressourcencenter«.

Beim Typ steht die Standardauswahl auf Arbeit. Verwenden Sie diese Auswahl zur Erstellung von Personenressourcen.

Der folgende Abschnitt Identifikationsinformationen dient der Erfassung der Ressourcenstammdaten. Soll sich die Ressource auch am Project Server/Project Online anmelden können, um Einsicht in ihre Projekte nehmen zu können, so müssen Sie den Haken Ressource einem Benutzerkonto zuordnen auswählen und ein entsprechendes Benutzerkonto eintragen. Eine gültige E-Mail-Adresse ist für das System wegen des Versendens von E-Mail-Benachrichtigungen und Erinnerungen notwendig.

Im Abschnitt Zuordnungsattribute können Sie dann die Eigenschaften der Ressource bei Zuordnungen zu Vorgängen festlegen. Legen Sie hierbei beim Basiskalender den entsprechenden gültigen Feiertagskalender fest. Spezielle Kalenderausnahmen für eine Ressource (z. B. Urlaub) werden im Ressourcenkalender festgelegt, den Sie mit Microsoft Project Professional bearbeiten können. Weitere Informationen dazu finden Sie im folgenden Abschnitt »Erstellung von Ressourcen mit Microsoft Project Professional«.

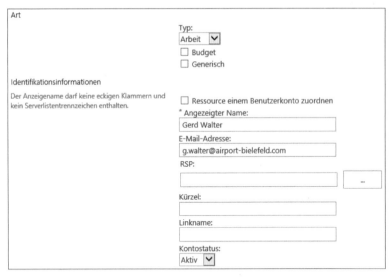

Abbildung 20.53 Eingabe der Ressourcenstammdaten bei Erstellung einer neuen Ressource

Wenn Sie in Ihrem Prozess für die Projektplanung von den Projektleitern zu einem bestimmten Zeitpunkt die Festlegung des Buchungstyps verlangen, dann können Sie den Standardbuchungstyp für Ressourcen im Ressourcenpool auf Vorgesehen stellen. Somit wird, bei der Zusammenstellung des Projektteams über den *Team Builder*, die Ressource mit dem Buchungstyp Vorgesehen ins Projektteam aufgenommen, und Zuordnungen werden im Vorgangscenter erst angezeigt, wenn der Buchungstyp vom Projektleiter in seinem Projekt auf ZUGESICHERT geändert wurde (siehe Abbildung 20.54).

Abbildung 20.54 Zuordnungsattribute der neuen Ressource

Der ARBEITSZEITTABELLEN-MANAGER und der STANDARDZUORDNUNGSBESITZER werden beim Speichern einer neuen Ressource auf die soeben erstellte Ressource gesetzt. Tragen Sie hier z. B. beim STANDARDZUORDNUNGSBESITZER einen Benutzer ein, der stellvertretend für diese Ressource die Fortschrittsrückmeldung übernimmt. So werden Zuordnungen für diese Ressource im Vorgangscenter des Standardzuordnungsbesitzers angezeigt. Somit kann ein Benutzer für Ressourcen, die sich nicht selbst am System anmelden, stellvertretend die Rückmeldung übernehmen.

Eintrittsdatum und Austrittsdatum sollten Sie in die Felder FRÜHESTENS VERFÜGBAR und SPÄTESTENS VERFÜGBAR eintragen, damit die Ressourcenverfügbarkeit korrekt in Verfügbarkeitsansichten dargestellt wird. Eine Tabelle mit mehreren Ein- und Austrittsterminen für die Abbildung von z. B. Mutterschutz können Sie in Microsoft Project Professional bearbeiten.

Wenn Sie mehrere verschiedene Kostensatztabellen für Stundensätze verwenden wollen, so müssen Sie auch hier die Ressource in Microsoft Project Professional bearbeiten, da Sie in der Project Web App nur ein Feld für STANDARDSATZ, ÜBERSTUNDENSATZ und KOSTEN/EINSATZ ausfüllen können.

Mit dem Feld MAX. EINHEITEN AKTUELL (%) können Sie alternativ zur Verringerung der Verfügbarkeit über den Kalender die Verfügbarkeit einer Ressource steuern. In der Microsoft Project Web App ist hier nur der aktuelle Wert änderbar. Mit Microsoft Project Professional ist dies auch zeitphasenbasiert möglich. Mehr dazu im folgenden Abschnitt »Erstellung von Ressourcen mit Microsoft Project Professional«.

Die Verwendung der Funktionen RESSOURCEN und PROJEKTABTEILUNG werden in Abschnitt 20.2.1, »Benutzerdefinierte Enterprise-Felder und -Nachschlagetabellen«, näher beschrieben. Gruppenfelder sind vordefinierte Enterprise-Felder des Microsoft Project Servers/Project Online.

Im Abschnitt TEAMDETAILS lassen sich Ressourcen einem Teamressourcenpool zuordnen bzw. ein Teamressourcenpool erstellen. Bei der Teamressource selbst aktivieren Sie die Checkbox TEAMZUORDNUNGSPOOL und wählen einen zuvor in der entsprechenden Nachschlagetabelle definierten Teamnamen aus. Bei Teammitgliedern aktivieren Sie diese Checkbox nicht. Wählen Sie hierfür nur den Teamnamen aus der Auswahlliste aus. Damit Teamvorgänge auch von einem Teammanager in der Microsoft Project Web App an Teammitglieder delegiert werden können, legen Sie bei der Teamressource den Teammanager als Zuordnungsbesitzer fest. Eine Beschreibung für die Verwendung von Teamressourcen finden Sie im Unterabschnitt »Teamressourcen«.

Sobald Sie nun die neue Ressource speichern, steht sie berechtigten Anwendern in Microsoft Project Professional bzw. in der Microsoft Project Web App zur Verfügung.

Erstellung von Ressourcen mit Microsoft Project Professional

Der Vorteil bei der Verwendung von Microsoft Project Professional zur Erstellung von Ressourcen besteht vor allem in der Möglichkeit der Massenbearbeitung und der Bearbeitung von Ressourcenfeldern, die in der Microsoft Project Web App nicht zur Verfügung stehen. Da im vorherigen Abschnitt schon auf die verschiedenen Ressourcenfelder eingegangen wurde, geht es hier um die Vorteile von Microsoft Project Professional für die Ressourcenerstellung im Speziellen.

Zum Erstellen von Enterprise-Ressourcen mit Microsoft Project Professional klicken Sie auf der Registerkarte RESSOURCE auf die Funktion UNTERNEHMENSRESSOURCENPOOL, welche Sie unterhalb der Funktion RESSOURCENPOOL finden (siehe Abbildung 20.55).

Daraufhin wird das Ressourcencenter in der Microsoft Project Web App geladen. Dort können Sie dann bestehende Ressourcen zum Vergleich von Ressourcenattributen über die Schaltfläche ÖFFNEN zur Bearbeitung auschecken (siehe Abbildung 20.56).

20.2 Enterprise-Daten

Abbildung 20.55 Öffnen des Unternehmensressourcenpools in Microsoft Project Professional

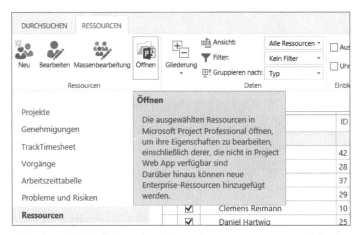

Abbildung 20.56 Öffnen des Unternehmensressourcenpools in der Microsoft Project Web App

Daraufhin wird in Microsoft Project Professional eine Ressourcenansicht zur Erstellung bzw. zur Bearbeitung von Unternehmensressourcen geladen (siehe Abbildung 20.57).

Wenn Sie Ressourcen erstellen, die sich auch als Benutzer am Microsoft Project Server/Project Online mit ihrem Active-Directory-Konto anmelden sollen, dann können Sie nun über RESSOURCEN HINZUFÜGEN • ACTIVE DIRECTORY neue Ressourcen aus dem Active Directory hinzufügen (siehe Abbildung 20.58). Dabei werden wie bei der Synchronisation mit dem Active Directory die Felder ANGEZEIGTER NAME, WINDOWS-KONTO, E-MAIL-ADRESSE, GRUPPE und WINDOWS ACTIVE DIRECTORY GUID übernommen.

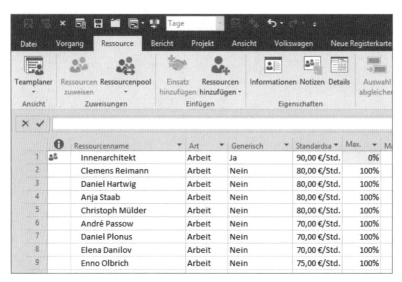

Abbildung 20.57 Ausgecheckte Enterprise-Ressourcen in Microsoft Project Professional

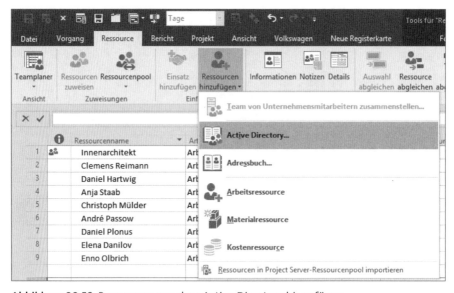

Abbildung 20.58 Ressourcen aus dem Active Directory hinzufügen

Da alle ausgecheckten und neu erstellten Ressourcen in einer Tabellenansicht dargestellt werden, können Sie mit Microsoft Project Professional eine Massenbearbeitung von Ressourcenattributen durchführen. So können Sie ähnlich wie in Microsoft Excel Funktionen wie Autoausfüllen, Copy & Paste etc. nutzen, um gleiche Attribute auf mehrere Ressourcen zu übertragen.

Durch einen Doppelklick auf eine ausgecheckte Ressource in Microsoft Project Professional öffnet sich der Dialog INFORMATIONEN ZUR RESSOURCE (siehe Abbildung 20.59). Hier befindet sich dann auf der Registerkarte ALLGEMEIN die Tabelle für die Definition von zeitphasenbasierten Ressourceneinheiten. Die Schaltfläche ARBEITSZEIT ÄNDERN erlaubt die Bearbeitung des Ressourcenkalenders. Hier können dann Kalenderausnahmen wie Urlaub oder Weiterbildung auf Ressourcenebene definiert werden. Die Vorgehensweise hierbei gleicht der Bearbeitung von Basiskalendern, wie in Abschnitt 20.2.3, »Enterprise-Kalender«, beschrieben.

Die Registerkarte KOSTEN ermöglicht Ihnen, bis zu fünf zeitphasenbasierte Kostensatztabellen zu erstellen. Diese Tabellen und weitere Ressourcenfelder können Sie nur über Microsoft Project Professional bearbeiten.

Nach dem Erstellen von neuen Ressourcen bzw. dem Bearbeiten von bestehenden Ressourcen müssen Sie diese Änderungen speichern und die Ressourcen – ähnlich wie ein Enterprise-Projekt – durch Schließen des Ressourcenpools einchecken, damit diese Ressourcen auch von anderen Administratoren bearbeitet werden können.

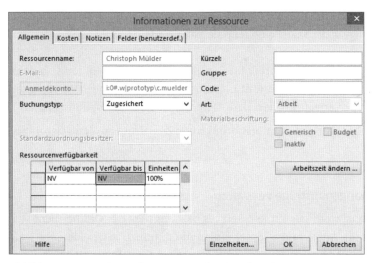

Abbildung 20.59 Microsoft-Project-Professional-Dialog »Informationen zur Ressource«

20.3 Warteschlangen- und Datenbankverwaltung

Die WARTESCHLANGEN- UND DATENBANKVERWALTUNG finden Sie mit dem gleichen Inhalt sowohl in den PWA-Einstellungen der Project-Web-App-Instanz als auch in den PWA-Einstellungen der SharePoint-Zentraladministration. Wie Sie zu den jeweiligen PWA-Einstellungen gelangen, erfahren Sie ganz am Anfang dieses Kapitels.

```
Warteschlangen- und Datenbankverwaltung
Warteschlangenaufträge verwalten
Enterprise-Objekte löschen
Einchecken von Enterprise-Objekten erzwingen
```

Abbildung 20.60 Menüpunkte des Abschnitts »Warteschlangen- und Datenbankverwaltung« in den PWA-Einstellungen der Project-Web-App-Instanz

Dann trennen sich aber die Möglichkeiten für die Datenbankverwaltung klar auf. In den PWA-Einstellungen der Project-Web-App-Instanz finden Sie die Abschnitte, um verschiedene Enterprise-Objekte, wie z. B. Projekte oder Ressourcen, endgültig zu löschen, und die Möglichkeit für den Fachadministrator, um eben diese Objekte bei Bedarf zwangseinzuchecken (siehe Abbildung 20.61).

```
Warteschlangen- und Datenbankverwaltung
Warteschlangenaufträge verwalten
Tägliche Sicherung planen
Administrative Sicherung
Administrative Wiederherstellung
OLAP-Datenbankverwaltung
```

Abbildung 20.61 Menüpunkte des Abschnitts »Warteschlangen- und Datenbankverwaltung« in der SharePoint-Zentraladministration

Bei den PWA-Einstellungen der SharePoint-Zentraladministration finden sich dann unter derselben Überschrift die Verwaltungsmöglichkeiten für die Archivtabellen und der Abschnitt zur Verwaltung der OLAP-Datenbanken (siehe Abbildung 20.61).

In Project Online gibt es für den Administrator keinen Zugriff auf die Zentraladministration.

20.3.1 Warteschlangenaufträge verwalten

Das Warteschlangensystem des Project Servers bzw. von Project Online dient u. a. dazu, Anfragen an die Applikationsserver einzureihen, um zu vermeiden, dass die Anzahl der parallelen Anfragen die Kapazität der Server übersteigt. Wenn am Freitagnachmittag 100 Mitarbeiter der AIRBI GmbH ihre Projekte aktualisieren und veröffentlichen, verhindert die Warteschlange, dass die Applikationsserver unter dieser Last zusammenbrechen. Nahezu alle kritischen Vorgänge der Microsoft-Project-Web-App werden durch die Warteschlange gesteuert. Dazu gehören:

- Projekt speichern
- Projekt veröffentlichen
- Projekt archivieren/wiederherstellen
- Würfelerstellungsvorgänge
- serverbasiertes Scheduling

Das Warteschlangensystem nimmt Anfragen von Benutzern entgegen und verarbeitet diese Aufgaben asynchron, wobei die Konsistenz dadurch sichergestellt wird, dass zuerst erhaltene Daten auch als Erstes verarbeitet werden.

Da die meisten kritischen Vorgänge von der Warteschlange abgearbeitet werden, kommt der Warteschlangenverwaltung eine wichtige Bedeutung zu. So ist für Sie als fachlicher Administrator die Warteschlangenverwaltung die erste Anlaufstelle bei Problemen mit diesen kritischen Vorgängen. Sie sollten auch die Projektleiter über den Datenfluss und die Überprüfung des Status von Warteschlangenaufträgen aufklären und entsprechend schulen. Ist eine Zuordnung trotz Veröffentlichung des entsprechenden Projekts durch den Projektleiter nicht für das Teammitglied in seiner Arbeitszeittabelle sichtbar, so sollte der Projektleiter selbst in der Lage sein, eine erste Problemanalyse durchzuführen.

Als fachlicher Administrator stehen Ihnen auf der Webseite zur Verwaltung von Warteschlangenaufträgen viele Parameter zur Verfügung, um Warteschlangenaufträge zu filtern. Damit kann der erfolgreiche Durchlauf von Warteschlangenaufträgen überprüft werden, noch ausstehende Warteschlangenaufträge können überwacht und Abhängigkeiten nachverfolgt werden. So ist z. B. ein Veröffentlichen-Auftrag von einem davor erstellten Speicherauftrag abhängig. Schlägt der Speichervorgang fehl und kann nicht mehr erfolgreich wiederholt werden, müssen Sie unter Umständen diesen Speichervorgang abbrechen, damit ein Einchecken und Veröffentlichen dieses Projekts möglich ist.

20.3.2 Warteschlangeneinstellungen

Bei Problemen insbesondere mit der Performance der Abarbeitung von Warteschlangenaufträgen kann es notwendig werden, dass die Warteschlangeneinstellungen optimiert werden. Sämtliche Details zur möglichen Optimierung der Warteschlangeneinstellungen hängen stark von dem Anwendungsszenario und der Serverkonfiguration der Project-Web-App-Instanz ab. Sollten Sie mit Performanceproblemen konfrontiert sein, empfehlen wir Ihnen das Hinzuziehen eines erfahrenen Microsoft-Project- Implementierungspartners.

Seit Project Server 2013 finden Sie die Warteschlangeneinstellungen nicht mehr an gewohnter Stelle, sie wurden in die Eigenschaften der Project-Server-Dienstanwendung ausgelagert. Um dorthin zu gelangen, wechseln Sie in der SharePoint-Zentraladministration zu Anwendungen verwalten/Dienstanwendungen verwalten und wählen dort die entsprechende Project-Dienstanwendung aus. Durch einen Klick auf den Namen der Dienstanwendung gelangen Sie auf die Seite Project Web Apps verwalten (siehe Abbildung 20.62). Dort gelangen Sie dann über den Link Warteschlangeneinstellungen für Project Web App verwalten zu den Warteschlangeneinstellungen für alle Project-Web-App-Instanzen innerhalb dieser

Dienstanwendung. Diese Konfigurationsmöglichkeiten gibt es nicht in einer Project-Online-Umgebung.

Abbildung 20.62 Verwaltung der Warteschlangeneinstellungen in den Eigenschaften der Project-Dienstanwendung innerhalb der SharePoint-Zentraladministration

20.3.3 Enterprise-Objekte löschen

Die meisten Microsoft-Project-Web-App-Objekte lassen sich in diesem Modul endgültig löschen. Dabei sollten Sie hier insbesondere bei der Löschung von Projekten und Ressourcen einiges beachten.

Projekte löschen

Wurde ein Projekt nur gespeichert und nicht veröffentlicht, so kann es sich sowohl in den Entwurfstabellen als auch (wenn schon ein Archivierungsjob gelaufen ist) in den Archivtabellen befinden. Sollte das Projekt endgültig gelöscht werden, so ist das Projekt sowohl in den Entwurfstabellen als auch in den Archivtabellen zu löschen. Alternativ kann das Projekt auch in den Archivtabellen behalten und nur die Entwurfsversion gelöscht werden oder vice versa.

Wurde das Projekt schon veröffentlicht, dann könnte das Projekt in drei Tabellenschemata (Arbeitsversion, Veröffentlicht und Archiv) vorhanden sein. Darüber hinaus kann auch schon eine Projektwebsite (SharePoint-Website) erstellt worden sein. Beim Löschen können Sie nun selektiv entweder nur die veröffentlichte Version (z. B. wenn versehentlich oder zu früh veröffentlicht wurde), die Archivversion oder sowohl die Entwurfs- als auch die veröffentlichte Version löschen. Die zugehörige SharePoint-Website können Sie bei den verschiedenen Löschoptionen durch Setzen des Hakens DIE VERBUNDENEN SHAREPOINT-WEBSITES LÖSCHEN mit der Löschung des Projekts gemeinsam entfernen. Soll nur die SharePoint-Website gelöscht werden, dann müssen Sie zu dem Menüpunkt VERBUNDENE SHAREPOINT-WEBSITES wechseln (vergleiche Abschnitt 20.6.5, »Verbundene SharePoint-Websites (nicht in SharePoint-Zentraladministration)«).

Abbildung 20.63 zeigt die verschiedenen Speicherorte eines Enterprise-Projekts und die optional erstellte Projektwebsite. Die Speicherung eines Projekts in den Arbeitsversionstabellen und die Kopie eines Projekts in die Veröffentlicht-Tabellen erfolgt durch die entsprechende Anwenderinteraktion (Projekt speichern und Projekt veröffentlichen). Die Kopie von Projekt- und Projektwebsite-Informationen in die Berichtstabellen erfolgt zeitnah zur Veröffentlichung des Projektplans durch das System. Die Kopie eines Projekts aus den Arbeitsversionstabellen als Archivversion in die Archivtabellen erfolgt in der Regel zeitgesteuert in einem täglichen Rhythmus durch das System. Die Kopie der Projektinformationen und Informationen der Projektwebsite werden nach der Veröffentlichung eines Projekts vom System in die Berichtstabellen kopiert. Ein Löschen eines Projekts in den Berichtstabellen ist nur indirekt über die Löschung eines Projekts aus den Veröffentlicht-Tabellen möglich. Eine Projektwebsite kann abhängig von der Konfiguration automatisch oder manuell durch den Projektleiter erstellt werden.

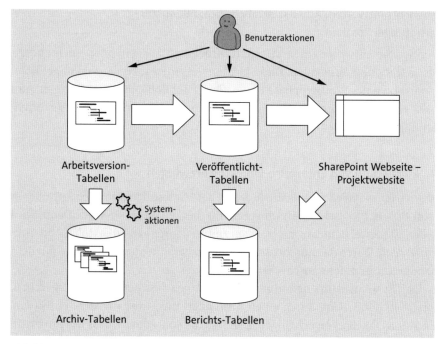

Abbildung 20.63 Schematische Darstellung der Ablageorte eines Enterprise-Projekts

Beim Löschen eines Projekts sollten Sie genau überlegen, aus welchem Datentopf das Projekt unwiderruflich gelöscht werden soll. Vergessen Sie auch nicht, die Projektwebsite zu löschen, wenn Sie deren Informationen nicht mehr benötigen.

Projektvorlagen löschen

Bei gewählter Option PROJEKTE NUR AUS DER ENTWURFSDATENBANK UND DER VERÖFFENTLICHTEN DATENBANK LÖSCHEN werden auch Projektvorlagen zur Löschung angeboten. Sie erkennen Projektvorlagen an der Bezeichnung PROJEKTVORLAGE in der Spalte TYP.

Ressourcen und Benutzer löschen

Insbesondere Ressourcen sollten Sie nur dann löschen, wenn Sie die Ressource z. B. falsch angelegt und nicht verwendet haben. Ansonsten sollten Sie Ressourcen nicht löschen, sondern im Ressourcencenter deaktivieren, um die Auswertung von Historiendaten weiter zu ermöglichen. Durch ihre Deaktivierung stehen die Ressourcen für die Zuweisung nicht mehr zur Verfügung. Das Löschen eines Benutzers ist nur möglich, wenn dieser keine Projekte besitzt oder Zuordnungsbesitzer von Zuordnungen in Projekten ist. Übertragen Sie diese Eigenschaften auf einen anderen Benutzer, damit Sie die Ressource löschen können.

Statusberichtsantworten, Arbeitszeittabellen und Benutzerstellvertretungen löschen

Hier können Sie entweder einen Zeitraum (Arbeitszeittabellen) oder einen Endtermin als Löschoption auswählen. Diese Elemente werden meist nur dann gelöscht, wenn man von einer Prototypphase in die Pilot- oder Roll-Out-Phase übergeht, um wertlose Testdaten zu löschen. Ansonsten werden diese Daten meist für Historienauswertungen beibehalten.

20.3.4 Einchecken von Enterprise-Objekten erzwingen

Jedes Öffnen eines Projekts zur Bearbeitung in der Microsoft Project Web App oder in Microsoft Project Professional erzwingt ein Auschecken dieses Projekts. Damit wird vermieden, dass zwei Benutzer zur gleichen Zeit an demselben Projektplan Änderungen vornehmen. Durch das Auschecken werden in der Datenbank Attribute mit dem Auscheckdatum und dem auscheckenden Benutzer gesetzt. Kann nun ein Projekt durch einen Systemabsturz oder durch versehentlich versäumtes Einchecken (z. B. vor Abreise in den Urlaub durch einen Anwender) nicht mehr bearbeitet werden, können Sie das Einchecken erzwingen. Dies hat zur Konsequenz, dass das Projekt in der Datenbank als eingecheckt markiert wird und wieder bearbeitet werden kann. Damit ist es aber dem Benutzer, der dieses Projekt ursprünglich ausgecheckt hat, nicht mehr möglich, seine Änderung(en) erfolgreich zu speichern. Um diese versehentlichen Inkonsistenzen zu vermeiden, sollten Sie vor dem Zwangseinchecken mit dem betroffenen Anwender Rücksprache halten.

Neben Enterprise-Projekten können auch Enterprise-Ressourcen, Enterprise-Felder, Enterprise-Kalender, -Nachschlagetabellen und Ressourcenpläne zwangseingecheckt werden.

20.3.5 Tägliche Sicherung planen (nur in SharePoint-Zentraladministration)

Der Project Server bietet schon seit der Version 2007 einen separaten Archivdatentopf. Durch eine Sicherung nach Terminplan oder eine manuelle Sicherung können damit unten stehende Objekte in die Archivtabellen kopiert werden (siehe Abbildung 20.64).

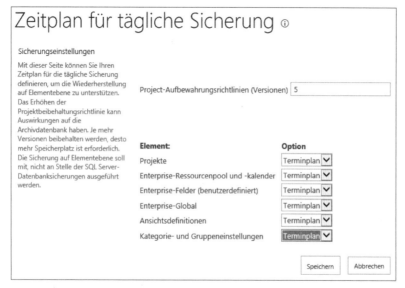

Abbildung 20.64 Sicherungseinstellungen mit täglicher Sicherung aller Objekte. Von Enterprise-Projekten werden bis zu fünf Versionen vorgehalten.

Die Funktionen zur Wiederherstellung und Sicherung von einzelnen Projekten wurden mit Project Server 2013 in die PWA-Einstellungen der SharePoint-Zentraladministration ausgelagert. Aktuell gibt es diese Funktion zur Sicherung und Wiederherstellung nicht in Project Online.

Objekte, die in den Archivtabellen gesichert werden können:

- Projekte
- Enterprise-Ressourcenpool und -kalender
- Enterprise-Felder (benutzerdefiniert)
- Enterprise-Global
- Ansichtsdefinitionen
- Kategorie- und Gruppeneinstellungen

Beim Terminplan handelt es sich im Standard um eine tägliche Sicherung, die über einen SharePoint-Zeitgeberauftrag im Zeitraum zwischen 00:00 und 03:00 durchgeführt wird. Im Abschnitt AUFTRAGSDEFINITIONEN ÜBERPRÜFEN in der SharePoint-Zentraladministration können Sie den Zeitplan bei Bedarf ändern.

Die Wiederherstellung von Archivobjekten erfolgt durch den Fachadministrator. Mehr dazu erfahren Sie in Abschnitt 20.3.7, »Administrative Wiederherstellung (nur in SharePoint-Zentraladministration)«.

Aufbewahrungsrichtlinien

Von Enterprise-Projekten können bis zu 32.767 Versionen in den Archivtabellen vorgehalten werden. Dabei wird jeweils eine volle Kopie des Projekts aus den Arbeitsversionstabellen im Speicher der Archivtabellen abgelegt. Findet eine Sicherung nach täglichem Zeitplan statt, so wird zum festgelegten Zeitpunkt überprüft, ob Änderungen am Projektplan vorgenommen wurden. Nur wenn eine Veränderung stattgefunden hat, wird auch eine neue Version abgelegt. Je nach Plattenkapazität auf dem Datenbankserver kann es durchaus sinnvoll sein, bis zu fünf Versionen des Projektplans vorzuhalten. Wird häufig mit dem Projektplan gearbeitet, so können Sie im Worst Case auf Versionen bis zu 1 Woche in der Vergangenheit zurückgreifen. Da im Regelfall aber nicht täglich Änderungen am Projektplan vorgenommen werden, können Sie hiermit auch auf ältere Versionen zurückgreifen. Versionen gibt es nur von Projekten und nicht von anderen Project-Objekten.

Backup

Die Sicherung von Projekten und anderen Elementen über TÄGLICHE SICHERUNG PLANEN bzw. manuell über ADMINISTRATIVE SICHERUNG ersetzt kein vollständiges Backup der Nutz- und Systemdaten. Eine Sicherung für ein Desaster-Recovery kann nur über ein SQL-Backup bzw., noch besser, ein parallel dazu ausgeführtes SharePoint-Farmbackup erfolgen (vergleiche Abschnitt 21.5 »Datensicherung und -wiederherstellung«).

In Project Online gibt es derzeit keine Möglichkeit zur Sicherung und Wiederherstellung. Eine Sicherung kann hier aktuell nur über Drittanbieter-Tools wie z. B. FluentPro Backup for Project Online erstellt werden.

20.3.6 Administrative Sicherung (nur in SharePoint-Zentraladministration)

Über die ADMINISTRATIVE SICHERUNG können Sie einen manuellen Sicherungsvorgang ausführen. Idealerweise sichern Sie vor Änderungen an Systemeinstellungen (Enterprise-Feldern, Sicherheitseinstellungen etc.) die Einstellungen über diesen Menüpunkt manuell, um bei Fehlkonfigurationen schnell und einfach die ursprüngliche Konfiguration wiederherstellen zu können.

Ebenso sollten Sie vor Massenänderungen an Projekten mit Programmcode vorher eine manuelle Sicherung der Projekte in die Archivtabellen vornehmen.

20.3.7 Administrative Wiederherstellung (nur in SharePoint-Zentraladministration)

Zur Wiederherstellung archivierter Objekte müssen Sie zunächst das wiederherzustellende Element auswählen (siehe Abbildung 20.65). Nur bei der Auswahl von Projekten kann ein einzelnes Projekt (genauer gesagt, die Version eines Projekts) wiederhergestellt werden. Bei allen anderen Objekten werden bei der Wiederherstellung alle Elemente wiederhergestellt.

Abbildung 20.65 Auswahl der wiederherzustellenden Version eines Projekts

Bei der Wiederherstellung eines Projekts wird die aktuelle Version des Projekts in den Arbeitsversionstabellen wiederhergestellt. Voraussetzung ist, dass das zu überschreibende Projekt eingecheckt ist. Die veröffentlichte Version des Projekts wird dabei nicht überschrieben.

20.3.8 OLAP-Datenbankverwaltung (nur in SharePoint-Zentraladministration)

Wechseln Sie zur Verwaltung der OLAP-Datenbank in der SharePoint-Zentraladministration zu den Anwendungseinstellungen der entsprechenden Project-Web-App-Instanz. Zur einfachen und schnellen Datenanalyse können über die OLAP-Datenbankverwaltung mehrere OLAP-Datenbanken erstellt werden. Dabei werden auf Basis der Reporting-Tabellen die Daten (und damit nur veröffentlichte Projektinformationen) als Elemente eines mehrdimensionalen Würfels angeordnet. Die Dimensionen dieses Würfels (Cubes) beschreiben die Daten und erlauben auf die Art einen einfachen Zugriff auf diese Daten über Pivot-Tabellen. So können Sie z. B. mit einer Pivot-Tabelle auf Basis eines OLAP-Würfels schnell analysieren, welchen Mitarbeitern in welchem Zeitraum bei welchen Projekten wie viel Arbeit zugewiesen ist (siehe Abbildung 20.66).

Mit Project Online gibt es standardmäßig keine Möglichkeit, eine OLAP-Datenbank zu nutzen. Als Alternative können Sie Daten per OData in Ihr eigenes Datencenter übertragen, um dann auch dort eine oder mehrere OLAP-Datenbanken zu erzeugen.

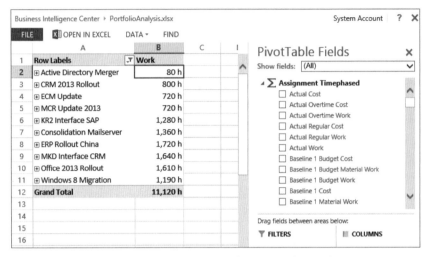

Abbildung 20.66 Pivot-Auswertung mit Excel Online auf Basis des OLAP-Cubes-Portfolioanalysers

Mehrere OLAP-Datenbanken

Vor der Version Project Server 2010 konnte nur eine OLAP-Datenbank pro Microsoft-Project-Server-Instanz erstellt werden, und man konnte ohne eigenen Programmcode einer Gruppe oder einem Benutzer immer nur die vollen Leserechte oder keine Rechte erteilen. Seit der Version 2010 können Sie mehrere OLAP-Datenbanken erzeugen, welche über Projekt- und Ressourcenfilter nur eine Teilmenge der Daten enthalten. Somit können Sie verschiedenen Abteilungen unterschiedliche OLAP-Datenbanken zur Verfügung stellen. Mehr zum Thema Berechtigungen erfahren Sie in »OLAP-Datenbankberechtigungen« in Abschnitt 20.3.8.

Erstellen einer OLAP-Datenbank

Wechseln Sie zum Erstellen einer OLAP-Datenbank in der SharePoint-Zentraladministration auf ALLGEMEINE ANWENDUNGSEINSTELLUNGEN • PWA-EINSTELLUNGEN • VERWALTEN • WARTESCHLANGEN- UND DATENBANKVERWALTUNG • OLAP-DATENBANKVERWALTUNG, und klicken Sie dort auf NEU.

Pflichtfelder sind in diesem Formular nur der Name eines bestehenden und entsprechend konfigurierten ANALYSIS SERVICES-SERVERS und ein frei zu wählender Name für die zu erstellende OLAP-Datenbank im Feld ZU ERSTELLENDE ANALYSIS SERVICES-DATENBANK (siehe Abbildung 20.67).

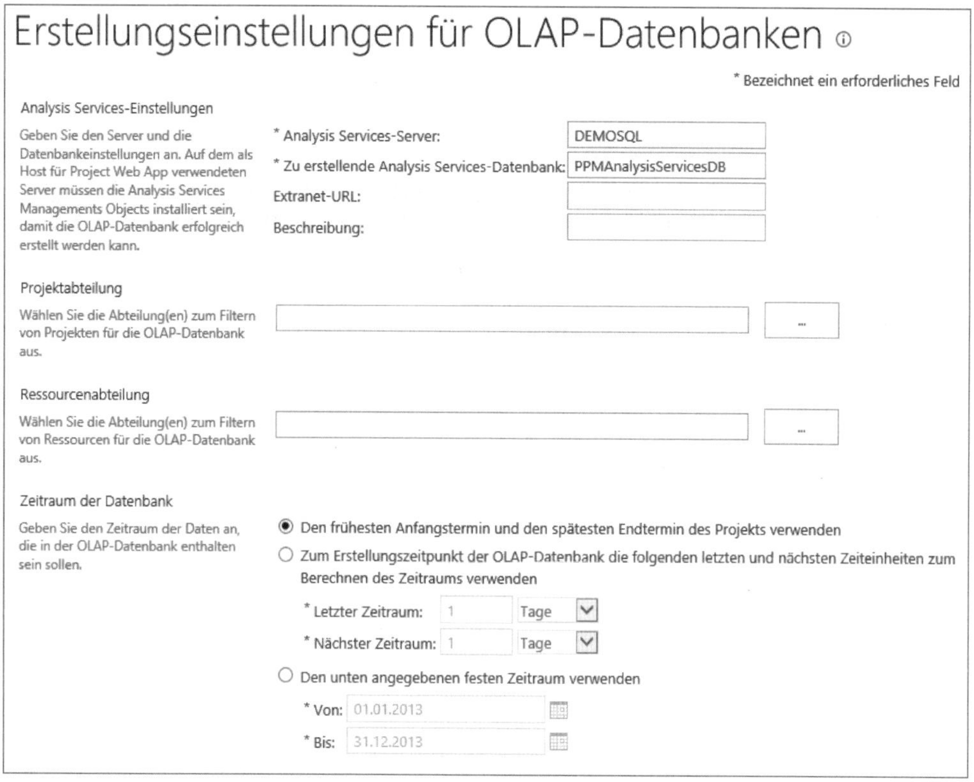

Erstellungseinstellungen für OLAP-Datenbanken

Abbildung 20.67 Formular zur Erstellung einer neuen OLAP-Datenbank

Die Abschnitte Projektabteilung und Ressourcenabteilung können Sie dazu verwenden, eine speziell für eine Zielgruppe gefilterte OLAP-Würfel-Datenbank zu erzeugen. Somit können Sie für verschiedene Abteilungen eine OLAP-Datenbank erstellen, die dann nur Projekte und Ressourcen dieser Abteilung enthält.

Sollte das Zeitfenster zur Erstellung der OLAP-Datenbank nicht mehr ausreichen, so ist eine Stellschraube der Zeitraum der Projekte, die in der OLAP-Datenbank verarbeitet werden sollen. Standardmäßig ist hier die Option Den frühesten Anfangstermin und den spätesten Endtermin des Projekts verwenden ausgewählt. Mit den anderen Optionen können Sie hier einen kleineren flexiblen Zeitraum (Zum Erstellungszeitpunkt der OLAP-Datenbank die folgenden letzten und nächsten Zeiteinheiten zum Berechnen des Zeitraums verwenden) oder einen fixen Zeitraum (Den unten angegebenen festen Zeitraum verwenden) auswählen.

Legen Sie dann noch im Abschnitt Aktualisierungsrate der OLAP-Datenbank den Zeitplan zur Erstellung der OLAP-Datenbank fest. Aktivieren Sie dazu beide Optionen und definieren Sie ein Wiederholungsintervall, abhängig von der benötigten

Aktualität der Daten, und einen Zeitpunkt, in dem nur wenige oder keine Benutzer den Server verwenden, da während der Erstellung der OLAP-Datenbank die Performance des Systems vermindert und die OLAP-Datenbank nicht nutzbar ist.

Speichern Sie ihre OLAP-Datenbankkonfiguration, und überwachen Sie die erfolgreiche Erstellung der OLAP-Datenbank.

Konfigurieren einer OLAP-Datenbank

Nach der Selektion einer OLAP-Datenbankdefinition können Sie diese Datenbank über die Schaltfläche KONFIGURIEREN noch mit weiteren Feldern auffüllen.

Neu erstellte benutzerdefinierte Felder werden nicht automatisch der OLAP-Datenbank hinzugefügt. So können Sie über die OLAP-Datenbankkonfiguration z. B. ein benutzerdefiniertes Feld PROJEKTSTANDORT, welches eine entsprechend definierte Nachschlagetabelle verwendet, im Abschnitt CUBEDIMENSIONEN dem Project Cube hinzufügen.

Im Abschnitt CUBEMEASURES können Sie Ihre benutzerdefinierten Messgrößen den verschiedenen OLAP-Datenbanken hinzufügen. So können Sie z. B. ein Enterprise-Ressourcenzahlenfeld wie »Jahre Berufserfahrung« zum Ressourcenwürfel hinzufügen.

Der Abschnitt INTEGRIERTE MEASURES bezieht sich auf die Standardfeldgruppen, die dieser OLAP-Datenbank hinzugefügt werden können. Wurde hier keine Auswahl getroffen, werden alle Feldgruppen hinzugefügt. Möchten Sie eine OLAP-Datenbank ohne Kosteninformationen erstellen, so können Sie diese Feldgruppe entsprechend abwählen. In der Standardkonfiguration sind auch keine Basisplanwerte (geplante Arbeit, geplante Dauer etc.) enthalten. Durch die fehlenden Measures verkürzt sich auch die Erstellungsdauer des Cubes. Sollten Sie aber Basisplanwerte für die Berechnung Ihres Würfels benötigen, können Sie diese in diesem Abschnitt durch Selektion der entsprechenden Checkboxen hinzufügen.

Seit Microsoft Project 2010 gibt es die Funktion INAKTIVE VORGÄNGE. Im Standard werden diese nicht in die OLAP-Datenbank übernommen. Achten Sie bei Ihren Auswertungen darauf, dass Sie beim Einschluss von inaktiven Vorgängen diese auch entsprechend in Ihren Berichten berücksichtigen. Bei Gesamtsummen sollten Sie diese z. B. für die in der Szenarienplanung verwendeten Vorgänge entsprechend herausfiltern.

BERECHNETE MEASURES können Sie zwar auch mit Excel im OLAP-Bericht erzeugen. Dies hat aber den Nachteil, dass diese Rechenergebnisse bei der Aufbereitung des Berichts aufgearbeitet werden müssen. Schneller wird das Rechenergebnis dargestellt, wenn Sie es zuvor über einen MDX-Ausdruck im letzten Abschnitt dem entsprechenden Würfel hinzufügen.

OLAP-Datenbankberechtigungen

Berechtigungen an einer OLAP-Datenbank müssen manuell vergeben werden. Diese werden über das SQL Management Studio vergeben. Verbinden sich dazu mit der entsprechenden Analysis-Services-Instanz, und fügen Sie Benutzer der Rolle PROJECTSERVERVIEWOLAPDATAROLE hinzu. Statt einzelne Benutzer zu berechtigen, empfiehlt es sich auch hier, eine entsprechende Active-Directory-Gruppe zu verwenden.

20.4 Aussehen und Verhalten

Im Abschnitt AUSSEHEN UND VERHALTEN können vordefinierte Project-Web-App-Ansichten und Formatierungen angepasst werden (siehe Abbildung 20.68). Darüber hinaus gibt es die Möglichkeit, die Schnellstartleiste der Project Web App anzupassen, um z. B. eigene Einträge hier hinzuzufügen oder bestehende Einträge auszublenden.

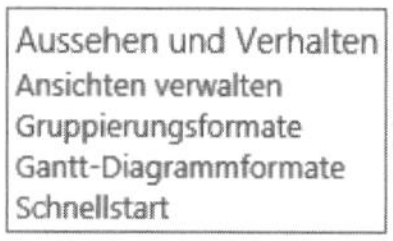

```
Aussehen und Verhalten
Ansichten verwalten
Gruppierungsformate
Gantt-Diagrammformate
Schnellstart
```

Abbildung 20.68 Menüpunkte des Abschnitts »Aussehen und Verhalten«

20.4.1 Ansichten verwalten

Im Auslieferungszustand werden bereits 44 Microsoft-Project-Web-App-Ansichten mit vorkonfigurierten Berechtigungen bereitgestellt. Microsoft-Project-Web-App-Ansichten sind die am einfachsten zu erstellenden Berichte für Microsoft-Project-Daten. Sie haben in Bezug auf ihre Anpassbarkeit aber Grenzen. Mehr über das Thema Berichtswesen und weitere Komponenten, die Sie dafür verwenden können, erfahren Sie in Kapitel 17, »Berichtswesen«.

Im Menü zur Ansichtsverwaltung können Sie bestehende Ansichten anpassen, im Projektberechtigungsmodus über die Zuordnung zu Kategorien mit Berechtigungen versehen und neue Ansichten erstellen. Da die Vielzahl der mitgelieferten Ansichten den Anwender eher verwirrt, sollten Sie zunächst einmal großzügig ausdünnen. Dabei sollten Sie die Ansichten nicht löschen, sondern durch Auflösung der Verknüpfung der Ansichten zu einer Kategorie die Ansichten nur ausblenden. Da dies im SharePoint-Berechtigungsmodus leider nicht möglich ist, bleibt Ihnen hier nur das Löschen von nicht benötigten Ansichten.

Die AIRBI GmbH entscheidet sich bei den drei wichtigsten Ansichtsgruppen dafür, alle Standardansichten auszublenden und eigene Ansichten zu verwenden:

- *Project Center* – Aufruf über PROJECT CENTER. Übersicht über Projektinformationen. Hier entspricht jede Zeile einem Projekt.
- *Projekt* – Aufruf z. B. über den Hyperlink im PROJECT CENTER. Zeigt die Projektdetails. Hier entspricht jede Zeile einem Vorgang, einer Zuordnung oder einer Ressource.
- *Ressourcencenter* – Aufruf über RESSOURCENCENTER in der Navigation. Hier entspricht jede Zeile einer Ressource.

Ausblenden von Standardansichten (nur im Projektberechtigungsmodus möglich)

Wechseln Sie zum Ausblenden von Standardansichten in der Microsoft Project Web App zu PWA-EINSTELLUNGEN • AUSSEHEN UND VERHALTEN • ANSICHTEN VERWALTEN. Wählen Sie dann die auszublendende Ansicht unter der entsprechenden Gruppierung aus, und öffnen Sie die Ansicht im Bearbeitungsmodus durch einen Klick auf den Ansichtsnamen. Scrollen Sie bei der Ansicht bis ganz nach unten zum Abschnitt SICHERHEITSKATEGORIEN. Klicken Sie dort auf die Schaltfläche << ALLES ENTFERNEN, um die Zuordnung dieser Ansicht zu allen Sicherheitskategorien zu löschen. Nach der Speicherung dieser Änderung steht diese Ansicht keinem Anwender mehr zur Verfügung.

Erstellen einer Ansicht

Das Controlling der AIRBI GmbH fordert eine Project-Center-Ansicht mit folgenden Einstellungen:

- Darstellung aller aktiven Projekte
- gruppiert nach Besitzer
- sortiert nach Projektnamen
- Neben dem Projektnamen sollen Starttermin, Endtermin, der letzte Änderungstermin und das letzte Veröffentlichungsdatum angezeigt werden.

Gehen Sie zur Erstellung dieser Ansicht wie folgt vor:

1. Wechseln Sie in der Microsoft Project Web App zu EINSTELLUNGEN • PWA-EINSTELLUNGEN • AUSSEHEN UND VERHALTEN • ANSICHTEN VERWALTEN. Wählen Sie dort NEUE ANSICHT aus.
2. Wählen Sie hier beim ANSICHTSTYP zunächst PROJECT CENTER aus (siehe Abbildung 20.69). Vergeben Sie NAME und BESCHREIBUNG. Im Abschnitt TABELLE UND FELDER wählen Sie aus den verfügbaren Feldern noch die Felder ZULETZT GEÄNDERT, ZULETZT VERÖFFENTLICHT und BESITZER aus.

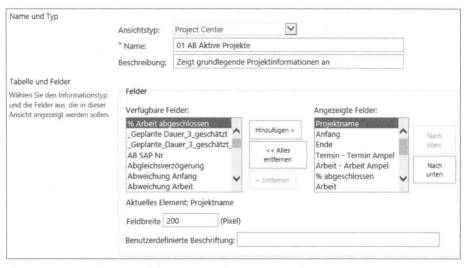

Abbildung 20.69 Erstellen einer neuen Project-Center-Ansicht

3. Im Abschnitt FORMATANSICHT wählen Sie für GRUPPIEREN NACH: das Feld BESITZER aus (siehe Abbildung 20.70). Beachten Sie, dass Sie nur nach Feldern gruppieren können, die Sie auch bei der Feldauswahl im Abschnitt TABELLE UND FELDER berücksichtigt haben. Wenn Sie nur nach dem Feld gruppieren wollen, es aber nicht dargestellt haben möchten, so sollten Sie es ans Ende der Tabelle stellen und die Spaltenbreite auf 1 setzen.

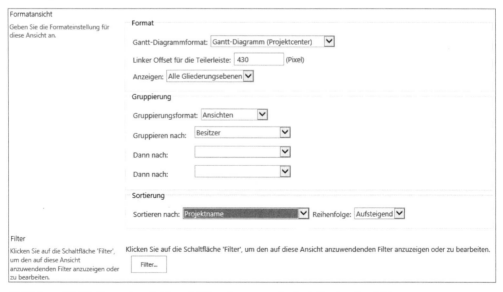

Abbildung 20.70 Formatansicht und Filter der neuen Project-Center-Ansicht

4. Im Abschnitt FILTER klicken Sie auf die Schaltfläche FILTER.... Wählen Sie bei FELD-
NAME das Feld PROJEKTSTATUS aus, und überprüfen Sie den Wert mit dem TEST
GLEICH auf den Wert AKTIV (siehe Abbildung 20.71). Beachten Sie, dass es sich bei
dem Feld PROJEKTSTATUS um ein benutzerdefiniertes Feld handelt, dass standardmäßig nicht vorhanden ist und eventuell zuerst von Ihnen erstellt werden muss.

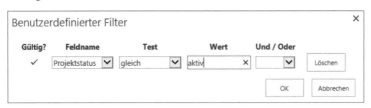

Abbildung 20.71 Definition eines Filters für Ansichten

5. Damit diese neue Ansicht verschiedenen Anwendergruppen zur Verfügung steht, muss sie im letzten Abschnitt noch den entsprechenden SICHERHEITSKATEGORI-EN zugewiesen und gespeichert werden (siehe Abbildung 20.72). Dies ist allerdings nur im Projektberechtigungsmodus möglich, im SharePoint-Berechtigungsmodus werden dem Anwender immer alle vorhandenen Ansichten zur Verfügung gestellt.

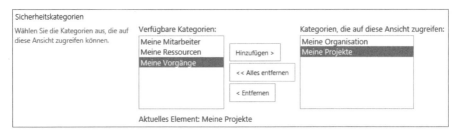

Abbildung 20.72 Zuweisen einer Sicherheitskategorie

20.4.2 Gruppierungsformate

Hier können Sie Farbschemata für unterschiedliche Gruppierungsformate anpassen, welche dann in Ansichten mit Gruppierungen verwendet werden können. Konfigurationen werden hier selten vorgenommen und sind auch eher was für echte Farbfetischisten.

20.4.3 Balkendiagrammformate

Da die Formatierung von Balkendiagrammen in der Microsoft Project Web App nur eingeschränkt möglich ist und weit von den Formatierungsmöglichkeiten des Microsoft-Project-Professional-Clients entfernt ist, werden auch nur selten Änderungen an den Formen und Farben für die Darstellung im Gantt-Diagramm vorgenommen.

Neue Formatierungsschemata können Sie nicht erstellen, sondern nur bestehende bearbeiten. Diese Formatierungsschemata werden dann in der Definition der Microsoft-Project-Web-App-Ansichten ausgewählt.

20.4.4 Schnellstart

Die Konfiguration der linken Navigationsleiste der Microsoft Project Web App erfolgt über den Menüpunkt SCHNELLSTART.

Ein- und Ausblenden von Menüelementen

Die Anzeige von Menüelementen wird zwar primär über Microsoft-Project-Berechtigungen gesteuert. Globale Berechtigungen eines Benutzers entscheiden darüber, ob ein Menüpunkt angezeigt wird oder nicht. Davon sind aber nicht alle Menüpunkte betroffen. So kann es notwendig sein, dass Sie einen Menüpunkt manuell ausblenden müssen, da er auch ohne Berechtigungen für alle sichtbar ist. Des Weiteren können Sie hier eigene Menüelemente erstellen und die Reihenfolge der Menüelemente ändern.

20.5 Zeit- und Vorgangsverwaltung

Mit den Einstellungen der Zeit- und Vorgangsverwaltung konfigurieren Sie die Möglichkeiten der Fortschrittsrückmeldung der Teammitglieder. Je nach Anforderung bzw. Reifegrad Ihrer Organisation können Teammitglieder den Erfüllungsgrad, durch das einfache Abhaken von Aufgaben in einer Aufgabenliste oder sehr detailliert mit Stundenbuchungen pro Tag, an den Projektleiter zurückmelden.

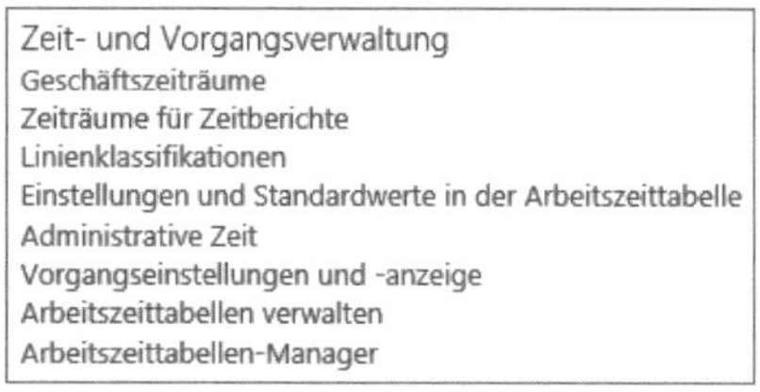

```
Zeit- und Vorgangsverwaltung
Geschäftszeiträume
Zeiträume für Zeitberichte
Linienklassifikationen
Einstellungen und Standardwerte in der Arbeitszeittabelle
Administrative Zeit
Vorgangseinstellungen und -anzeige
Arbeitszeittabellen verwalten
Arbeitszeittabellen-Manager
```

Abbildung 20.73 Menüpunkte des Abschnitts »Zeit- und Vorgangsverwaltung«

Fortschrittsberichtserfassungsmodelle

Seit der Version Microsoft Project Server 2007 gibt es zwei getrennte Module für die Themen Zeiterfassung und Fortschrittsaktualisierung. So ist die Rückmeldung über das Modul VORGÄNGE für die Aktualisierung von Fortschritten an Projektvorgängen. Eine Einschränkung ist hierbei, dass keine Buchungssperren nach Zeitraum, kein mehrstufiges Genehmigungsverfahren und keine Möglichkeit der Buchung von administrativen Zeiten vorhanden sind.

Parallel dazu existiert das Modul ARBEITSZEITTABELLEN, welches diese Funktionen bietet und ursprünglich dafür gedacht war, die Daten für das Projektcontrolling separat von den Daten für die Aktualisierung des Projektfortschritts zu verwenden. Nicht durchdacht war in Microsoft Project Server 2007 die Kopplung dieser beiden Module. So bestand zwar die Möglichkeit, die Arbeitszeittabellen in VORGÄNGE zu importieren, aber der manuelle Weg stieß auf keine große Gegenliebe bei den Anwendern. Auch die Schaffung einer eigenentwickelten Automatisierung des Imports führte nicht zu einer breiten Akzeptanz bei den Anwendern, da die Benutzeroberfläche der Arbeitszeittabellen gewöhnungsbedürftig und nur beschränkt anpassbar war.

Mit dem Microsoft Project Server 2016/Project Online gibt es nun nach wie vor die Möglichkeit der getrennten Verwendung und Verwaltung der beiden Module. Und es besteht weiterhin eine Möglichkeit, Arbeitszeittabellen manuell zu importieren und diese damit zur Projektfortschrittsaktualisierung zu verwenden. Seit Project Server 2010 gibt es die Möglichkeit, die Funktionen beider Module (VORGÄNGE und ARBEITSZEITTABELLE) im sogenannten EINFACHEN EINGABEMODUS zusammenzuschalten. So ist es dadurch z. B. möglich, die Arbeitszeit in einer Tabelle zu erfassen und, nach deren Genehmigung durch den Projektleiter, diese Stunden an den Teamleiter zur Genehmigung zu übermitteln.

20.5.1 Geschäftszeiträume

Wenn Sie ein vom Kalenderjahr abweichendes Geschäftsjahr verwenden, dann können Sie dieses nach verschiedenen Modellen im System anlegen. Dadurch erstellen Sie eine neue Zeitdimension für den OLAP-Würfel und können dadurch Pivot-Auswertungen über Ihr Geschäftsjahr filtern, gruppieren etc. Relativ verbreitet ist das Modell eines auf dem Standardkalender basierenden abweichenden Geschäftsjahrs. So beginnt z. B. das Fiskaljahr von Microsoft am 01. Juli und endet damit am 30. Juni.

In einigen Unternehmen werden auch Monate abweichend definiert. Im Bereich der Industrie existiert der Begriff des Industriemonats. Hier wird das Jahr in zwölf Perioden aufgeteilt, die immer an einem Montag beginnen und entsprechend sonntags enden. Auch solche fiskalischen Perioden können Sie definieren.

20.5.2 Zeiträume für Zeitberichte

Für die Zeiterfassung mit der Microsoft Project Web App gibt es grundsätzlich drei Möglichkeiten:

- Erfassung in VORGÄNGE
- Erfassung in ARBEITSZEITTABELLEN

- Eingabe in eine gemeinsame Maske (Vorgänge und Arbeitszeittabellen) im sogenannten EINFACHEN EINGABEMODUS

Bei den beiden letztgenannten Möglichkeiten müssen Sie Zeiträume für die Erfassung der Ist-Stunden festlegen. Wenn die Anwender die Stunden nur mit VORGÄNGE erfassen sollen, ist dieser Schritt nicht notwendig.

Die AIRBI GmbH hat sich dafür entschieden, die Stunden tagesgenau zu erfassen und Zeiträume von je 1 Woche zu definieren. Bei der Bezeichnung der Zeiträume orientiert man sich an der DIN 1355/ISO 8601 für eine Kalenderwoche. Hierbei ist die erste Woche des Jahres die Woche, in die mindestens 4 Tage des neuen Jahres fallen. Somit beginnt die KW 1 im Jahr 2016 am 04. Januar 2016.

Zur Erstellung von Zeiträumen für die Arbeitszeittabelle definieren Sie zunächst im Abschnitt PARAMETER FÜR MASSENZEITRÄUME die ANZAHL DER ZU ERSTELLENDEN ZEITRÄUME (siehe Abbildung 20.74). Mit 52 Zeiträumen und einem Starttermin am 04.01.2016 und einer Standardlänge von 7 Tagen werden Arbeitszeittabellen in Wochengröße für das ganze Jahr 2016 erstellt.

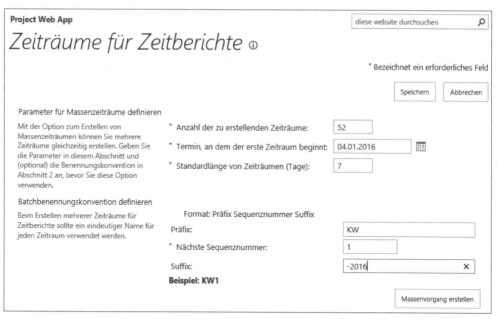

Abbildung 20.74 Definition von Zeiträumen

Durch einen Klick auf MASSENVORGANG ERSTELLEN werden die Zeiträume als Basis für neue Arbeitszeittabellen erstellt und im Abschnitt ZEITRÄUME ERSTELLEN dargestellt (siehe Abbildung 20.75). In diesem Abschnitt können Sie auch manuell Zeiträume erstellen bzw. schon erstellte Zeiträume löschen, sofern in ihnen noch keine Arbeitszeittabellen existieren.

20 Konfiguration von Project Server 2016/Project Online

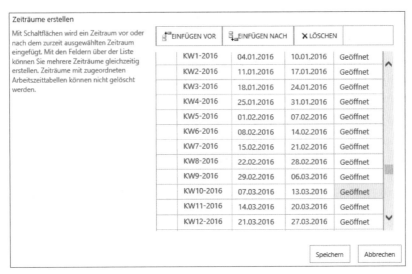

Abbildung 20.75 Abschnitt »Zeiträume erstellen« im Formular »Zeiträume für Zeitberichte«

Über die Spalte STATUS können Zeiträume für die Buchung gesperrt werden. Setzen Sie dazu den STATUS von GEÖFFNET auf GESCHLOSSEN.

20.5.3 Linienklassifikationen

Sie können Linienklassifikationen in Arbeitszeittabellen dazu verwenden, um die geleistete Arbeit in Ihrer Organisation zu kategorisieren. So können Sie z. B. Klassifikationen für fakturierbare und nicht fakturierbare Ist-Stunden verwenden.

Um Klassifikationen verwenden zu können, müssen Sie diese in diesem Menüpunkt über die Schaltfläche NEUE KLASSIFIKATION erstellen. Damit die Klassifikationen von Teammitgliedern in der Arbeitszeittabelle verwendet werden können, müssen Sie den STATUS der Klassifikation auf AKTIV setzen (siehe Abbildung 20.76).

Abbildung 20.76 Linienklassifikationen

Wenn Sie neue Klassifikationen erstellt und diese auf AKTIV gestellt haben, können Teammitglieder eine Klassifikation beim Ausfüllen ihrer Arbeitszeittabellen auswählen. Beim Hinzufügen einer neuen Zeile zur Arbeitszeittabelle können die Teammitglieder dann eine Arbeitskategorie aus der Liste der verfügbaren Zeilenklassifikationen auswählen.

> **Besonderheiten von Linienklassifikationen im »Einfachen Eingabemodus«**
> Wenn Sie den EINFACHEN EINGABEMODUS aktiviert haben oder Arbeitszeittabellen manuell in VORGÄNGE importiert werden und damit die Eingaben in den Arbeitszeittabellen auch zur Aktualisierung des Projektfortschritts verwendet werden sollen, gelten hier für die Linienklassifikation entsprechende Besonderheiten. So werden in der Standardkonfiguration nur Standardzeilen übernommen. Erst bei der Aktivierung der Option ALLE ZEILENKLASSIFIKATIONEN FÜR ARBEITSZEITTABELLEN IMPORTIEREN im Abschnitt VORGANGSEINSTELLUNGEN UND -ANZEIGE werden benutzerdefinierte Zeileneinträge übernommen. Dabei wird die Summe der Buchungen pro Tag und Zuordnung an den Projektleiter zur Genehmigung übermittelt, da Project selbst keine unterschiedlichen Kategorien pro Zuordnung kennt.

20.5.4 Einstellungen und Standardwerte in der Arbeitszeittabelle

Wenn Sie Arbeitszeittabellen für die Erfassung von Ist-Stunden verwenden, können Sie diese in diesem Abschnitt an die Anforderungen Ihrer Unternehmung anpassen.

Sollten die Teammitglieder keine Überstunden bzw. nicht abzurechnende Zeit erfassen, dann deaktivieren Sie die Checkbox im Abschnitt PROJECT WEB APP-ANZEIGE.

Die Buchungselemente, die bei der standardmäßigen Erstellung von Arbeitszeittabellen erstellt werden, können Sie im Abschnitt STANDARDMODUS DER ARBEITSZEITTABELLENERSTELLUNG auswählen. Wichtig für Ihre Entscheidung ist hierbei, auf welcher Ebene Teammitglieder ihre Zeiten erfassen sollen. Soll nur auf Projektebene zurückgemeldet werden (AKTUELLE PROJEKTE), können diese Informationen auch nicht zur Fortschrittsaktualisierung verwendet werden. Erst bei der detaillierten Rückmeldung auf Vorgangszuordnungen (AKTUELLE VORGANGSZUORDNUNGEN) ist eine Verwendung dieser Rückmeldungen zur Aktualisierung des Projektfortschritts möglich.

Die Zeitskala in der Arbeitszeittabelle, als Möglichkeiten gibt es hier Tages- oder Wocheneinheiten, konfigurieren Sie im Abschnitt EINHEITEN DER RASTERSPALTEN IN DER ARBEITSZEITTABELLE.

Für die Erfassung von Ist-Stunden stehen die Einheiten Stunden oder Tage zur Verfügung. Wird bei der Eingabe keine Einheit mit angegeben, so lässt sich im Abschnitt STANDARDEINSTELLUNG FÜR BERICHTSEINHEITEN die Standardeinheit dafür definieren.

Definieren Sie Überprüfungswerte für Arbeitszeittabellen im Abschnitt GRENZEN FÜR STÜNDLICHE BERICHTE, um Standards zu erzwingen. Werden diese Grenzen entsprechend über- bzw. unterschritten, so ist eine Übermittlung dieser Arbeitszeittabelle nicht möglich.

Weitere Richtlinien für das Erzwingen von Standards finden Sie im Abschnitt RICHTLINIEN FÜR ARBEITSZEITTABELLEN. Seit der Version 2010 gibt es die Möglichkeit des Abschaltens der Funktion ZEITBERICHTE AUF OBERSTER EBENE ZULASSEN. Diese Funktion sollten Sie deaktivieren, wenn die Stunden in der Arbeitszeittabelle auch zur Projektfortschrittsaktualisierung verwendet werden sollen. Wenn Teammitglieder Stunden auf Projektebene erfassen, dann können diese nicht zur Aktualisierung des Projektplans verwendet werden, da Microsoft Project auf dieser Ebene nur die Zuordnung von Budgetressourcen kennt.

Wenn Sie Arbeitszeittabellen in Kombination mit der Fortschrittsaktualisierung verwenden, dann sollten Sie die Option GENEHMIGUNG DES VORGANGSSTATUS-MANAGERS AKTIVIEREN, und den Haken bei der Checkbox GENEHMIGUNG VON ZEILEN IN DER ARBEITSZEITTABELLEN-GENEHMIGUNG VORSCHREIBEN setzen. Damit vermeiden Sie, dass Stunden, die schon vom Arbeitszeittabellen-Manager genehmigt wurden, noch vom Status-Manager abgelehnt werden können und damit die ganze Arbeitszeittabelle noch mal storniert werden muss.

Für die Überwachung der Verwendung der Arbeitszeittabellen dient der DETEKTIV. Bei gesetzter Checkbox ist die Arbeitszeittabellenüberwachung aktiviert und kann später mit der Schaltfläche BEREINIGUNGSPROTOKOLL aufgeräumt werden.

Wenn Sie die FESTE GENEHMIGUNGSWEITERLEITUNG nicht aktivieren, dann können Ersteller von Arbeitszeittabellen die genehmigende Person bei der Überwachung frei auswählen. Andernfalls wird die Arbeitszeittabelle an den in den Eigenschaften des jeweiligen Benutzers definierten *Arbeitszeittabellen-Manager* geschickt.

Als einfache Checkbox stellt sich die Option EINFACHER EINGABEMODUS dar. Diese Funktion gibt es seit der Version 2010 und wurde in der Vorgängerversion schmerzlich vermisst. Wenn Sie die Werte in den Arbeitszeittabellen auch zur Übermittlung an den Status-Manager zur Fortschrittsrückmeldung verwenden wollen, empfiehlt es sich, diese Option zu aktivieren. Andernfalls müssen wie in der Vorgängerversion die Werte der Arbeitszeittabelle manuell vom Erfasser in VORGÄNGE importiert werden.

20.5.5 Administrative Zeit

Wenn Sie zur Rückmeldung Arbeitszeittabellen oder den einfachen Eingabemodus verwenden, dann können Sie neben der Erfassung der Ist-Stunden pro Vorgang auch noch weitere nicht projektbezogene Ist-Stunden oder Abwesenheiten erfassen.

Bei der Art der Abwesenheitskategorie wird generell unterschieden, welche Auswirkungen die administrative Zeit haben soll. Ist die Art der Arbeit = ARBEITSTAG, dann erscheint diese Zeit in Ressourcenverwendungsansichten als eine Form von Ist-Stunden. Damit ist auch eine weitere Zuweisung der Ressource in diesem Zeitraum über die Kapazität der Ressource möglich. Die Überlastung wird entsprechend dargestellt.

Ist die Art der Arbeit = ARBEITSFREI, dann wird eine entsprechende Ausnahme im jeweiligen Ressourcenkalender erstellt. Ähnlich wie bei anderen Kalenderausnahmen (z. B. Wochenenden) ist dann an diesem Tag keine Zuweisung der Ressource möglich. Ist die Ressource schon an Vorgängen mit Arbeit zugewiesen, dann kommt es in diesen Projektplänen beim nächsten Bearbeiten zu entsprechenden Verschiebungen.

20.5.6 Vorgangseinstellungen und -anzeige

Über die Fortschrittsberichterstattung kann über webbasierte Formulare der Fortschritt einzelner Zuordnungen durch die Teammitglieder an den Projektleiter übermittelt werden.

Überwachungsmethode

Für die Fortschrittsrückmeldung durch die Teammitglieder können Sie abhängig von dem Reifegrad Ihrer Unternehmung unterschiedliche Methoden verwenden. So ist z. B. für die Verwendung der Methode ARBEITSSTUNDEN PRO ZEITRAUM meist eine Betriebsvereinbarung mit dem Personal- bzw. Betriebsrat erforderlich, da hiermit detaillierte Auswertungen über die Ist-Stunden einer Ressource möglich sind.

Ein Einstieg in die digitale Rückmeldung ist die Methode % ARBEIT ABGESCHLOSSEN, wobei die Ressourcen den Prozentwert der abgeschlossenen Arbeit als Wert zwischen 0 und 100 % eingeben (siehe Abbildung 20.77). Dies ist auch meist die Methode, die Projektleiter bei der manuellen Aktualisierung des Projektplans verwenden.

Abbildung 20.77 Vorgänge – Eingabe von »% Arbeit abgeschlossen«. Das Feld »Ist-Arbeit« ist schreibgeschützt und wird berechnet.

Genauer erfasst wird der Fortschritt mit dem Methodenpaar IST-ARBEIT und VER-BLEIBENDE ARBEIT (siehe Abbildung 20.78). Insbesondere durch die Korrektur der verbleibenden Arbeit können Planabweichungen durch das Teammitglied kommuniziert werden.

Abbildung 20.78 Vorgänge – Eingabe von »Ist-Arbeit« und »Verbleibende Arbeit«. Das Feld »% Arbeit abgeschlossen« ist schreibgeschützt und wird berechnet.

Am detailliertesten erfolgt die Erfassung über die Methode ARBEITSSTUNDEN PRO ZEITRAUM. Hierbei erfasst das Teammitglied die Stunden pro Zeitraum in der rechten Tabelle (siehe Abbildung 20.79), die bei den anderen Methoden zwar dargestellt werden, aber schreibgeschützt sind.

Abbildung 20.79 Vorgänge – »Arbeitsstunden pro Zeitraum«. Die »Ist-Arbeit« wird zeitphasenbasiert eingegeben. Das Summenfeld »Ist-Arbeit« in der linken Tabelle ist schreibgeschützt und wird berechnet.

Die letzte Option FORMLOS ist eher etwas für experimentierfreudige Zeitgenossen. Ohne höchste Disziplin aller Anwender werden Sie mit diesem Kompromiss für verschiedene Überwachungsmethoden nur Chaos ernten. Wir empfehlen Ihnen, die Überwachungsmethode fest vorzugeben, um vergleichbare Ergebnisse zu erhalten und den Schulungs- und Supportaufwand in Grenzen zu halten.

Überwachungsmethode beim »Einfachen Eingabemodus«

Wenn Sie den EINFACHEN EINGABEMODUS aktiviert haben, ist die Einstellmöglichkeit für die Überwachungsmethode deaktiviert. Hierbei ist die Überwachungsmethode, die für den einfachen Eingabemodus benötigt wird, fest vorgegeben auf ARBEITSSTUNDEN PRO ZEITRAUM.

Einfacher Eingabemodus

Wenn Sie die Features Buchungssperren nach Zeitraum, mehrstufiges Genehmigungsverfahren, die Möglichkeit der Buchung von administrativen Zeiten oder die Kategorisierung von Buchungen benötigen, empfehlen wir Ihnen die Aktivierung des EINFACHEN EINGABEMODUS.

Berichtsanzeige

Die tägliche Rückmeldung mit Wochenanfang am Montag ist meist der Standard in europäischen Organisationen. Eine Buchung von Wochensummen trifft man meist in nordamerikanischen Organisationen an. So verwendet auch Microsoft im Bereich der Project-Entwicklung die Rückmeldung auf Wochenebene.

Benutzeraktualisierung schützen

Wenn Sie die Zeiterfassungsmodule von Project nutzen (egal, ob mit VORGÄNGE oder mit EINFACHER EINGABEMODUS), sollten Sie unbedingt den Schalter VORGANGS-AKTUALISIERUNGEN NUR ÜBER VORGÄNGE UND MEINE ARBEITSZEITTABELLEN ZULASSEN aktivieren. Ansonsten besteht u. a. die Gefahr, dass der Projektleiter durch manuelle Bearbeitung der Werte % ABGESCHLOSSEN oder % ARBEIT ABGESCHLOSSEN den Wert AKTUELLE ARBEIT erzeugt. Dies führt dann zu ungewollten Inkonsistenzen bei den Werten der aktuellen Arbeit im Projektplan und den erfassten Arbeitsstunden der Ressource.

Fenster für die kurzfristige Planung definieren

Hierüber können Sie festlegen, welche zukünftigen Vorgänge (entscheidend ist hier der Starttermin des Vorgangs) für die Teammitglieder in VORGÄNGE in der Gruppierung IN BEARBEITUNG FÜR DEN AKTUELLEN ZEITRAUM dargestellt werden.

20.5.7 Arbeitszeittabellen verwalten

In diesem Abschnitt können Arbeitszeittabellen für vordefinierte Zeiträume erstellt werden. Hierbei kann noch gewählt werden, ob die Arbeitszeittabelle mit Zeilen für Projekte, Vorgänge oder ohne automatisches Auffüllen erstellt werden soll. Außerdem können in diesem Abschnitt auch einzelne Arbeitszeittabellen gelöscht oder auch nach einer Übermittlung wieder zurückgerufen werden.

20.5.8 Arbeitszeittabellen-Manager

In diesem Abschnitt muss die Liste von Managern definiert werden, welche als Genehmiger von Arbeitszeittabellen auftreten können sollen. Ist eine feste Genehmigungsweiterleitung aktiviert, dann muss eine Arbeitszeittabelle immer durch den für den Benutzer definierten Arbeitszeittabellen-Manager genehmigt werden.

20.5.9 Zu aktualisierende Vorgänge schließen

Anwender von älteren Project-Versionen werden in diesem Bereich (Zeit- und Vorgangsverwaltung) den Abschnitt ZU AKTUALISIERENDE VORGÄNGE SCHLIESSEN vermissen. Diese Funktion wird seit Project 2013 über ein neues Feld bereitgestellt, das allerdings nur in der Project Web App bearbeitet werden kann.

Verwenden Sie im Terminplan in der Project Web App die Spalte GESPERRT. Diese ist auch standardmäßig in der Ansicht ZU AKTUALISIERENDE VORGÄNGE SCHLIESSEN enthalten. Buchungssperren auf der Ebene von Vorgängen oder Projekten bewirken, dass Vorgänge zwar noch in MEINE VORGÄNGE dargestellt werden, aber nicht mehr von Teammitgliedern gebucht werden können.

Wenn Sie Vorgänge komplett aus VORGÄNGE ausblenden wollen, dann können Sie das Vorgangsfeld VERÖFFENTLICHT in Microsoft Project Professional auf NEIN setzen.

Beachten Sie, dass sich sowohl die Buchungssperre als auch die Veränderung des Vorgangsfeldes erst auswirken, wenn das Projekt neu veröffentlicht wird.

20.6 Betriebsrichtlinien

Der Abschnitt BETRIEBSRICHTLINIEN ist wie der Abschnitt WARTESCHLANGEN- UND DATENBANKVERWALTUNG sowohl in den PWA-Einstellungen der Project-Web-App-Instanz (siehe Abbildung 20.80) als auch in den PWA-Einstellungen der SharePoint-Zentraladministration (siehe Abbildung 20.81) zu finden.

```
Betriebsrichtlinien
Weitere Servereinstellungen
Synchronisierung des Active Directory-Ressourcenpools
Verbundene SharePoint-Websites
```

Abbildung 20.80 Menüpunkte des Abschnitts »Betriebsrichtlinien« in den PWA-Einstellungen der Project-Web-App-Instanz

So wurden auch hier wieder die für den eher IT-affineren Administrator relevanten Themen für den Betrieb in die SharePoint-Zentraladministration ausgelagert bzw. sind in Project Online nicht vorhanden.

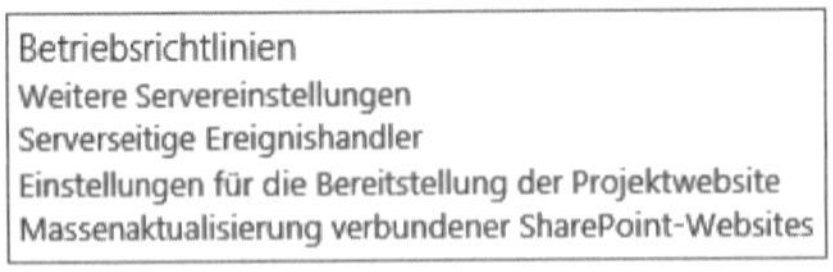

```
Betriebsrichtlinien
Weitere Servereinstellungen
Serverseitige Ereignishandler
Einstellungen für die Bereitstellung der Projektwebsite
Massenaktualisierung verbundener SharePoint-Websites
```

Abbildung 20.81 Menüpunkte des Abschnitts »Betriebsrichtlinien« der PWA-Einstellungen in der SharePoint-Zentraladministration

20.6.1 Warnungen und Erinnerungen

Die Konfiguration eines Mailservers mit Project Server 2016 erfolgt nun erstmals nicht mehr separat von den SharePoint-Einstellungen für ausgehende Mails. Wechseln Sie zur Konfiguration in der SharePoint-Zentraladministration in den Abschnitt SYSTEMEINSTELLUNGEN und dort zum Menüpunkt EINSTELLUNGEN FÜR AUSGEHENDE E-MAIL KONFIGURIEREN.

Damit der SharePoint Server Benachrichtigungen und Erinnerungen versenden kann, müssen Sie einen SMTP-Server, dessen SMTP-Port (standardmäßig ist dies Port 25) und eine Absenderadresse eintragen (siehe Abbildung 20.82).

Abbildung 20.82 Konfiguration eines SMTP-Servers

Achten Sie bitte darauf, dass der konfigurierte SMTP-Server anonyme (ohne Authentifizierung versandte) E-Mails des SharePoint Servers entgegennehmen kann. Zur Überprüfung der SMTP-Kommunikation hat sich ein Test mittels einer Telnet-Verbindung auf Port 25 bewährt. Eine detaillierte Beschreibung der Verwendung finden Sie in folgendem Knowledge-Base-Artikel:

http://support.microsoft.com/kb/153119/de

Die Absenderadresse muss nicht existieren und erhält auch primär Abwesenheitsnachrichten von Anwendern. Hin und wieder erhält dieses Postfach aber doch versehentlich versandte Antworten, wie z. B.: »Kann in der Kalenderwoche nicht außer Haus.« Deswegen sollten Sie ein entsprechendes Postfach mit Autobenachrichtigung einrichten.

20.6.2 Weitere Servereinstellungen

Das Menü für weitere Servereinstellungen befindet sich in Project Server 2016 sowohl in den PWA-Einstellungen der Project Web App als auch in den PWA-Einstellungen der SharePoint-Zentraladministration. Dabei ist der Funktionsumfang nicht identisch. So lässt sich das Synchronisieren von Abwesenheitszeiten mit dem Microsoft Exchange Server nur in der SharePoint-Zentraladministration aktivieren.

Project-Professional-Versionen

Über diese Funktion lässt sich verhindern, dass sich nicht aktuell gepatchte Clients mit dem Server verbinden. Im Regelfall erscheinen Updatepakete (*Cumulative Updates*) jeden Monat. Dabei erscheint sowohl ein Update für den Client als auch für den Server. Da Client und Server beide die gleiche Businesslogik (*Scheduling Engine*) besitzen, sollten Sie mit Ihrem Patchmanagement darauf achten, dass Client und Server zeitnah zueinander gepatcht werden und Sie ebenso zeitnah einen entsprechenden Patchlevel auf dem Client »erzwingen«. Somit verhindern Sie, dass Projektpläne mit ungepatchten Microsoft-Project-Clients bearbeitet und eventuell dadurch korrumpiert werden.

Enterprise-Einstellungen

Wenn Sie nicht möchten, dass Teilprojekte in Hauptprojekte eingefügt und diese Hauptprojekte auf dem Server gespeichert und veröffentlicht werden, dann deaktivieren Sie die entsprechende Option. Das Handling von Haupt- und Teilprojekten erfordert einen entsprechenden Reifegrad von den Anwendern und wird deswegen auch des Öfteren deaktiviert. Alternativ kann der Bezug von Projekten zueinander auch über eine entsprechende Metadatenstruktur abgebildet werden.

Vermeiden sollten Sie die Zulassung von lokalen Projektkalendern. Dies widerspricht jeder Form der Standardisierung und macht nur für exotische Anwendungsszenarien Sinn.

> **Lokale Ressourcen**
>
> Was leider nach wie vor fehlt, ist die Möglichkeit, das Speichern oder Veröffentlichen von Projektplänen mit lokalen Ressourcen zu verhindern. Wenn Sie vermeiden möchten, dass Projektleiter eigene Ressourcen anlegen und Projekte damit veröffentlichen, hilft nur die Verwendung eines entsprechenden VBA- oder besser VSTO-Programmcodes.

Währungseinstellungen

Eine echte Verwaltung von mehreren Währungen kann der Microsoft Project Server nicht. Umrechnungsfaktoren sind ihm gänzlich unbekannt. Sie können es aber erlauben, dass verschiedene Währungen verwendet werden. Dies wirkt sich aber nur auf die Darstellung des Währungszeichens aus. Wenn Sie mehrere Währungen verwenden, dann sollten Sie bei Berichten und Ansichten darauf achten, dass Kostenfelder nicht über zwei Währungen hinweg addiert werden. € plus US$ ergibt ohne Umrechnung kein vernünftiges Ergebnis.

Einstellungen für die Ressourcenkapazität

In der Microsoft-Project-Datenbank ist die Kapazität einer Ressource abhängig von dem hier definierten Zeitraum hinterlegt. Diese zeitphasenbasierte Kapazitätsinformation wird u. a. in der Ressourcenverwendungsansicht verwendet. Hierbei ist für jeden Tag ein entsprechendes Feld in der Datenbanktabelle hinterlegt. Bei einer Vielzahl von Ressourcen erhöht eine Vergrößerung des Zeitraums die Datenmenge. Klären Sie diese Einstellungen mit Ihrem Datenbankadministrator, um hier Engpässe zu vermeiden. Die Ressourcenkapazität kann maximal 36 Monate in die Vergangenheit bzw. in die Zukunft berechnet werden.

Berechnen der Vollzeitentsprechung

Hier können Sie festlegen, wie Vollzeitentsprechungen berechnet werden. Die Berechnung kann entweder aus dem Kalender der Ressource erfolgen, oder Sie können einen Wert angeben, der für alle Ressourcen verwendet wird.

Exchange-Server-Details (nur in SharePoint-Zentraladministration)

Seit Project Server 2013 gibt es die Möglichkeit, dass für entsprechend aktivierte Ressourcen die im Outlook-Kalender als abwesend markierten Termine als Kalenderausnahmen übertragen werden können. Standardmäßig ist diese Synchronisation global und für alle Ressourcen deaktiviert. Neben der entsprechenden Aktivierung ist auch noch eine entsprechende Konfiguration des entsprechenden SharePoint Server Timer Jobs notwendig.

Vorgangsmoduseinstellungen

Wenn Sie nicht möchten, dass Teammitglieder auf manuell geplante Vorgänge ihren Fortschritt zurückmelden können, dann können Sie diese von der Veröffentlichung generell ausnehmen. Damit erscheinen manuell geplante Vorgänge nicht in VORGÄNGE oder den Arbeitszeittabellen der Ressourcen.

Den Standardvorgangsmodus sollten Sie abhängig von der Erfahrung und dem Reifegrad der Projektleiter festlegen. Wenn Sie den Umgang mit manuell geplanten Tasks nicht geschult haben, dann sollten Sie AUTOMATISCH GEPLANT als Standardvorgangsmodus verwenden.

Einstellungen für Benachrichtigungs-E-Mail

Neu in Project Server 2016/Project Online ist die technische Realisierung von Benachrichtigungs-E-Mails. Diese waren in Project Online zunächst nicht vorhanden. Neu ist auch, dass diese Benachrichtigungen deaktiviert werden können, da nun automatisch Benachrichtigungen geschickt werden, wenn SharePoint für ausgehende Mails konfiguriert worden ist.

20.6.3 Serverseitige Ereignishandler

Der Menüpunkt SERVERSEITIGE EREIGNISHANDLER ist nur über die PWA-Einstellungen der SharePoint-Zentraladministration erreichbar und damit in Project Online nicht verfügbar.

Seit Microsoft Project Server 2013 gibt es ein im Vergleich zu Vorgängerversionen erweitertes Ereignismodell. Dadurch ist es für Entwickler möglich, den Funktionsumfang durch eine Verknüpfung mit angezeigten Ereignissen zu erweitern. Ein Ereignis ist dabei eine Nachricht, die von einem Objekt gesendet wird, um über eine Aktion zu informieren, die durch einen Anwender oder aufgrund einer Programmlogik ausgelöst wird.

So können Sie hiermit z. B., abhängig von dem Ereignis »Erstellung der Projektwebsite«, ein eigenes Berechtigungssystem für Projektwebsites implementieren. Durch eine Verknüpfung mit dem Ereignis »Projekt veröffentlichen« können Sie zudem sicherstellen, dass bei jedem Veröffentlichen eines Projektplans die Berechtigungen auf der Projektwebsite aktualisiert werden.

Auf der Konfigurationsseite SERVERSEITIGE EREIGNISHANDLER können Sie programmierte Ereignishandler erstellen bzw. löschen. Sollten Sie keine Ereignishandler programmiert haben oder verwenden, sind diese Konfigurationsseite und der entsprechende Windows-Dienst MICROSOFT PROJECT SERVER EVENTHANDLER für Sie nicht von Bedeutung.

20.6.4 Synchronisierung des Active-Directory-Ressourcenpools

Die Synchronisation des Active Directorys mit Project-Server-Sicherheitsgruppen wurde schon in Abschnitt 20.1.5, »Gruppen verwalten (Projektberechtigungsmodus)«, beschrieben. Da diese Synchronisation immer im Zusammenhang mit der Synchronisation des Active-Directory-Ressourcenpools stehen sollte, finden Sie dort alle entsprechenden Informationen.

Zur Erstellung einer Synchronisation wählen Sie über die Schaltfläche GRUPPE SUCHEN zunächst die richtige lokale, globale oder universelle ACTIVE DIRECTORY-GRUPPE aus (siehe Abbildung 20.83).

Abbildung 20.83 Konfiguration der Active-Directory-Synchronisierung mit dem Enterprise-Ressourcenpool

Aktivieren Sie die Checkbox im Abschnitt SYNCHRONISIERUNGSOPTIONEN, wenn das Active Directory als führendes System dient und die Mitgliedschaft in der Active-Directory-Gruppe darüber entscheiden soll, ob Ressourcen deaktiviert werden sollen.

Ist die Synchronisation des Active Directorys mit dem Enterprise-Ressourcenpool schon konfiguriert, dann können Sie den aktuellen Status im Abschnitt SYNCHRONISIERUNGSSTATUS einsehen (siehe Abbildung 20.83).

Über die Schaltfläche JETZT SPEICHERN UND SYNCHRONISIEREN können Sie eine Synchronisation manuell anstoßen.

20.6.5 Verbundene SharePoint-Websites (nicht in SharePoint-Zentraladministration)

Folgende Funktionen stehen Ihnen in diesem Menüpunkt zur Verfügung:

- SITE ERSTELLEN: Pro selektiertem Projekt können Sie eine Projektwebsite erstellen. Eine Multiselektion von mehreren Projekten zur Massenerstellung von Projektwebsites ist hiermit nicht möglich.
- SITEADRESSE BEARBEITEN: Wenn Sie eine Projektwebsite verschieben oder die URL nachträglich ändern, müssen Sie auch die Seitenadresse über diesen Menüpunkt entsprechend bearbeiten. Über den Dialog zur Bearbeitung der Seitenadresse können Sie auch eine nicht mehr gültige Verknüpfung zu einer Webseite löschen.
- SYNCHRONISIEREN: Hiermit können Sie die Berechtigungen vom Microsoft-Project-Berechtigungskonzept zur entsprechenden Microsoft-SharePoint-Projektwebsite synchronisieren, sofern die Berechtigungssynchronisation aktiviert ist. Sie

sollten die Berechtigungen synchronisieren, wenn Probleme mit dem Zugriff auf die Projektwebsite auftreten.

- SITE LÖSCHEN: Diese Funktion ist die einzige Möglichkeit, eine Projektwebsite zu löschen und gleichzeitig die registrierte Verknüpfung in Microsoft Project zu löschen. Sie sollten deswegen Projektwebsites nicht in den SharePoint-Einstellungen der Site löschen, da sonst die Verknüpfung in Microsoft Project immer noch auf diese Site verweist.

- ZU DEN EINSTELLUNGEN DER PROJEKTWEBSITE WECHSELN: Damit können Sie direkt zu der Einstellung der selektierten Projektwebsite wechseln. Sollten Sie an mehreren Projektwebsites manuell Änderungen vornehmen müssen, können Sie hiermit schnell zu den Site-Einstellungen dieser Projektwebsites wechseln.

- EINSTELLUNGEN: Hier besteht für die PWA-Instanz die globale Möglichkeit, das Verhalten für die Erstellung der Project-Website zu konfigurieren. Soll gegebenenfalls keine SharePoint-Project-Website genutzt werden, dann kann z. B. über KEINE WEBSITE ERSTELLEN die automatische Erstellung deaktiviert werden. Wird eine Projektwebsite erstellt, dann werden Vorgänge eines Enterprise-Projekts automatisch mit der Vorgangsliste der Projektwebsite synchronisiert. Dort sind diese Aufgaben dann schreibgeschützt, bieten aber die Möglichkeit, dass Aufgaben mit anderen SharePoint-Elementen wie z. B. Risiken verknüpft werden können. Die Synchronisation können Sie mit der Checkbox ENTERPRISE-PROJEKTVORGÄNGE MIT VORGANGSLISTE SYNCHRONISIEREN global deaktivieren.

Seit Project Server 2013 gibt es die Möglichkeit, ENTERPRISE-PROJEKTFUNKTIONEN zu aktivieren (siehe Abbildung 20.84).

Abbildung 20.84 Aktivierung von Enterprise-Projektfunktionen

Damit können Projekte, die auf SharePoint-Vorgangslisten basieren, in Enterprise-Projekte umgewandelt werden. Damit werden die Vorgänge der SharePoint-Vorgangsliste schreibgeschützt, und ein Bearbeiten des Projektplans ist nur noch mit der Project Web App oder Project Professional möglich (siehe Abbildung 20.85). Nur dadurch lassen sich aber erweiterte Projektmanagement-Funktionalitäten wie Basispläne, Ressourcenpläne etc. nutzen.

Auf diesem Wege lassen sich aber auch Enterprise-Projekte in SharePoint-Vorgangslisten umwandeln.

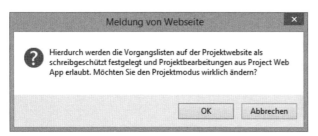

Abbildung 20.85 Meldung bei der Aktivierung von Enterprise-Projektfunktionen für SharePoint-Vorgangslisten

20.6.6 Einstellungen für die Bereitstellung der Projektwebsite (nur in SharePoint-Zentraladministration)

Dieser Menüpunkt befindet sich nur in den PWA-Einstellungen der SharePoint-Zentraladministration. In diesem Konfigurationsabschnitt definieren Sie die Webanwendung und die Websitesammlung, unter denen Project-Websites erstellt werden.

Erstellung einer Projektwebsite-Vorlage

Mit Microsoft Project Server/Project Online haben Sie die Möglichkeit, verschiedene Vorlagen von SharePoint-Websites (Projektwebsites) für verschiedene Projekttypen zu verwenden. So können Sie z. B. unterschiedliche Dokumentvorlagen und Listen für verschiedene Projekttypen in verschiedenen Projektwebsite-Vorlagen hinterlegen.

Zur Erstellung einer neuen Projektwebsite-Vorlage gehen Sie wie folgt vor:

1. Wechseln Sie zur Microsoft-Project-Web-App-Homepage, und wählen Sie unter EINSTELLUNGEN • WEBSITEINHALTE die Funktion NEUE WEBSITE aus (siehe Abbildung 20.86).

Abbildung 20.86 Neue Website

2. Wählen Sie dort die Vorlage PROJEKTWEBSITE aus, und vergeben Sie einen Namen für diese temporär verwendete Website (siehe Abbildung 20.87).

> **Project Web App**
> # Websiteinhalte ▸ Neue SharePoint-Website
>
> **Titel und Beschreibung**
> Titel:
> PWS_Template_Kleinprojekte
> Beschreibung:
>
> **Websiteadresse**
> URL-Name:
> http://airbi.solvin.local/AirBi/ 'S_Template_Kleinprojekte
>
> **Vorlagenauswahl**
> Vorlage auswählen:
>
> | Zusammenarbeit | Enterprise | Veröffentlichen |
>
> Teamwebsite
> Blog
> **Projektwebsite**
> Communitywebsite
>
> Eine Website für die Verwaltung und Zusammenarbeit an einem Projekt. Diese Websitevorlage führt alle Statusinformationen, Kommunikationselemente und Artefakte, die für das Projekt relevant sind, an einem zentralen Ort zusammen.

Abbildung 20.87 Auswahl der Vorlage »Projektwebsite«

3. Nun können Sie diese Projektwebsite anpassen und z. B. Dokumentvorlagen hinzufügen, eigene Listen erstellen und die Startseite über das Hinzufügen oder Löschen von Webparts neu gestalten. Wenn Sie alle Änderungen durchgeführt haben, wechseln Sie über EINSTELLUNGEN zu den WEBSITEEINSTELLUNGEN dieser Website. Dort finden Sie dann im Abschnitt WEBSITEAKTIONEN die Funktion WEBSITE ALS VORLAGE SPEICHERN (siehe Abbildung 20.88).

> Websiteaktionen
> Websitefeatures verwalten
> Website als Vorlage speichern
> Suchkonfigurationsexport aktivieren
> Web Analytics-Berichte der Website
> Auf Websitedefinition zurücksetzen
> Diese Website löschen

Abbildung 20.88 Website als Vorlage speichern

4. Vergeben Sie DATEINAME, VORLAGENNAME und eine VORLAGENBESCHREIBUNG. Setzen Sie einen Haken bei INHALTE EINSCHLIESSEN, wenn Sie die Dokumente oder Listenelemente mit in die Vorlage kopieren möchten (siehe Abbildung 20.89).

Abbildung 20.89 Speichern der Website-Vorlage

Diese Website-Vorlage können Sie nun als Projektwebsite-Vorlage einem Enterprise-Projekttyp zuweisen. Siehe auch Abschnitt 20.7.1, »Enterprise-Projekttypen«.

20.6.7 Massenaktualisierung von Projektwebsites

Diese Funktion finden Sie nur in den PWA-Einstellungen der SharePoint-Zentraladministration. Gedacht als Unterstützungswerkzeug für Sie als Administrator, gibt es die Funktion zur MASSENAKTUALISIERUNG VON PROJEKTWEBSITES. Diese Funktion bietet Ihnen Unterstützung, um z. B. nach einem Desaster-Recovery die Verknüpfung von Microsoft-Project-Datenbankobjekten mit Datenelementen der zugehörigen Projektwebsite wiederherzustellen.

Websitepfade aktualisieren

Ändert sich nach einer Wiederherstellung oder einer Migration der Websitepfad zu den Projektwebsites, dann können diese nach Eingabe des vorhergehenden und des neuen Websitepfades und der entsprechenden Site-URL neu mit der Microsoft-Project-Server-Instanz verknüpft werden.

Inhaltstypen aktualisieren

Eine spezielle Funktion der Projektwebsites im Vergleich zu einer normalen SharePoint-Site ist die Möglichkeit, Elemente der Listen, Projektdokumente, Risiken und Probleme mit Projektvorgängen zu verknüpfen. Sollten nach einer Migration oder einer Wiederherstellung die Verknüpfungen nicht mehr funktionieren, dann aktivieren Sie die Option INHALTSTYPEN AKTUALISIEREN, und lassen Sie die Projektwebsites aktualisieren.

Projektwebsite-Berechtigungen aktualisieren

Eine weitere Option bei der Aktualisierung von Projektwebsites ist die Synchronisation von Projektwebsite-Berechtigungen. Wenn Sie die PROJEKTWEBSITESYNCHRONISIERUNG aktiviert haben, dann können Sie diese Berechtigungssynchronisation – die ansonsten manuell beim Veröffentlichen eines Projektplans ausgeführt wird – auch für alle Webseiten im Massenupdate aktualisieren.

20.7 Workflow- und Projektdetailseiten

Seit der Version Microsoft Project Server 2010 gibt es die Funktionalitäten des Anforderungsmanagements. Mit dem Project Server 2016 haben sich im Vergleich zur Vorgängerversion im Abschnitt WORKFLOW- UND PROJEKTDETAILSEITEN keine Änderungen ergeben (siehe Abbildung 20.90).

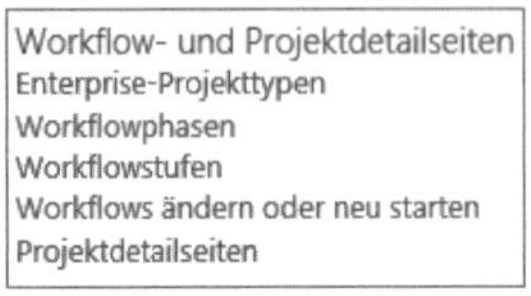

```
Workflow- und Projektdetailseiten
Enterprise-Projekttypen
Workflowphasen
Workflowstufen
Workflows ändern oder neu starten
Projektdetailseiten
```

Abbildung 20.90 Menüpunkte des Abschnitts »Workflow- und Projektdetailseiten«

Für verschiedene Projekttypen lassen sich in verschiedenen Workflowstufen unterschiedliche Projektfelder in Formularen (Projektdetailseiten) erfassen oder schreibgeschützt zur Ansicht bringen.

Die Erstellung der Formulare (Projektdetailseiten), die Konfiguration von Projekttypen, Workflowphasen und -Schritten erfolgt im Bereich WORKFLOW- UND PROJEKTDETAILSEITEN der Microsoft-Project-Web-App-Servereinstellungen. Für Projektdetailseiten wird häufig die englische Abkürzung *PDP* (Project Detail Page) verwendet.

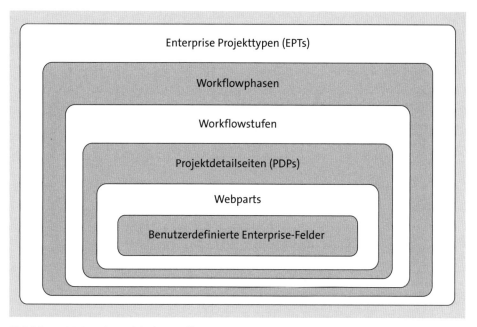

Abbildung 20.91 Hierarchischer Aufbau eines Enterprise-Projekttyps

Abbildung 20.91 zeigt den schematischen Aufbau eines Enterprise-Projekttyps im Zusammenhang mit den Elementen des Anforderungsmanagements. Benutzerdefinierte Felder werden innerhalb einer Projektdetailseite schreibgeschützt oder zur Bearbeitung mit einem Webpart als Formular innerhalb eines Workflow-Schrittes zur Verfügung gestellt. Ein oder mehrere Workflowstufen werden zu Workflowphasen zusammengefasst. Eine oder mehrere Workflowphasen werden dann innerhalb eines Enterprise-Projekttyps verwendet.

20.7.1 Enterprise-Projekttypen

Ein Enterprise-Projekttyp (auch *EPT* genannt) bildet die Klammer um verschiedene Vorlagen (Projektplanvorlage/Projektwebsite-Vorlage) und kann einem Workflow und einer Abteilung zugewiesen werden.

Name

Wählen Sie einen aussagekräftigen und kurzen Namen für den Projekttyp (siehe Abbildung 20.92). Dies ist der Name, den Benutzer in der Microsoft Project Web App im Kontext des Menüs NEUE PROJEKTE angezeigt bekommen (z. B.: *Mittleres Projekt < 500.000 € < 100 MT*).

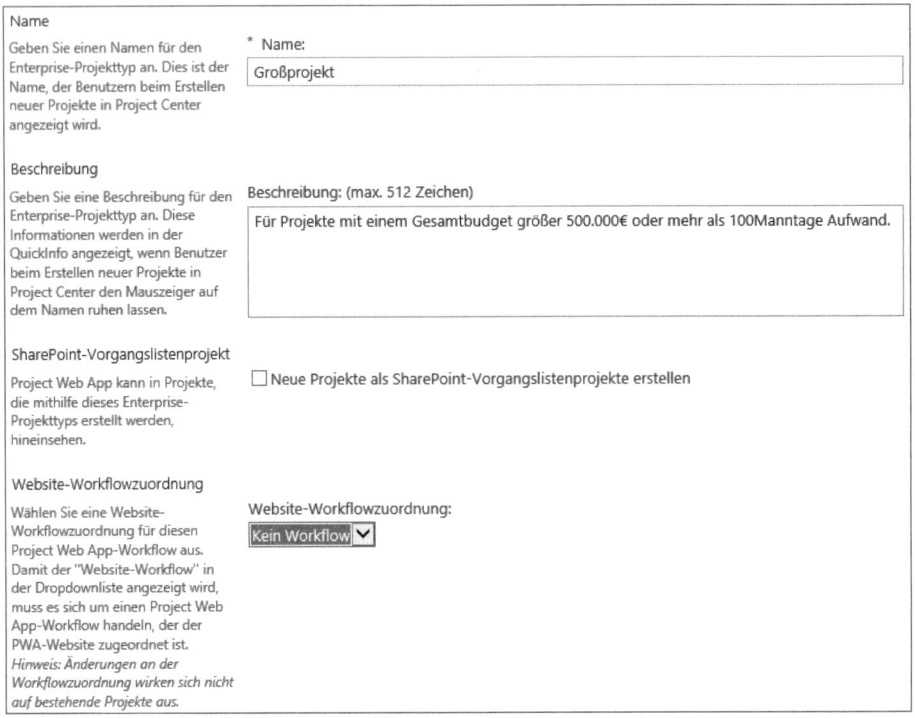

Abbildung 20.92 Definition eines Enterprise-Projekttyps

Beschreibung

Hier ist dann Platz für Prosatext zur Beschreibung des Projekttyps. Dieser Text wird als QuickInfo bei der Auswahl eines neuen Projekts angezeigt. Beschreiben Sie den Projekttyp ausreichend, damit dem Anwender die Verwendung ohne vorherigen Blick ins Handbuch klar wird (z. B.: *Für Projekte mit einem geschätzten Gesamtbudget kleiner als 500.000 € und einem geschätzten internen Personalaufwand kleiner als 100 und größer als 10 Manntage*).

Website-Workflow-Zuordnung

Workflows für das Anforderungsmanagement werden mit dem SharePoint Designer, mit Visual Studio oder einem anderen Autorenwerkzeug erstellt und auf der PWA-Website bereitgestellt. Erst danach kann der Workflow einem Projekttyp zugewiesen werden. Wenn Sie keinen Workflow verwenden wollen, setzen Sie die Auswahl auf KEIN WORKFLOW.

Neue Projektseite/Projektdetailseiten

Die erste Projektdetailseite, die beim Erstellen eines Projekts angezeigt wird, definieren Sie im Auswahlmenü NEUE PROJEKTSEITE. Standardmäßig ist hier PROJEKTDE-

TAILS ausgewählt. Damit werden bei der Anlage eines Projekts zunächst die Felder NAME, BESCHREIBUNG, ANFANGSTERMIN und BESITZER mit dieser Projektdetailseite abgefragt.

Wenn Sie dem Enterprise-Projekttyp keinen Workflow zuweisen, dann können Sie noch weitere Projektdetailseiten zuweisen und die Reihenfolge festlegen, in der diese Projektdetailseiten beim Öffnen eines Projekts in der Navigation der Microsoft Project Web App angezeigt werden. Wird kein Workflow verwendet, dann können alle Enterprise-Projektfelder in diesen Projektdetailseiten von einem berechtigten Benutzer bearbeitet werden. Erst bei der Verwendung eines Workflows kann durch diesen gesteuert werden, welche Projektdetailseiten in welchem Workflow-Schritt angezeigt werden und welche Enterprise-Felder wann bearbeitet werden dürfen.

Standard

Wird ein neues Projekt ohne Auswahl eines Projekttyps erstellt, z. B. durch Erstellung und Veröffentlichung eines Projekts in Microsoft Project Professional, dann wird der Standardprojekttyp verwendet.

Abteilungen

Weisen Sie dem Projekttyp eine oder mehrere Abteilungen zu. Ein Benutzer der Abteilung »Marketing« sieht damit nur Projekttypen, die mit der Abteilung »Marketing« verknüpft sind.

Bild

Sie können eigene Grafiken für die Auswahlanzeige im Menübefehl NEU auswählen. Wenn das Bild nicht über eine Web-URL aufrufbar ist, dann laden Sie das Bild z. B. in die Dokumentbibliothek *Freigegebene Dokumente* in PWA. Das Standardbild finden Sie unter */_layouts/pwa/images/CenterNormalProject.png*.

Reihenfolge

Wählen Sie eine sinnvolle Reihenfolge für den Projekttyp aus. Dabei sollte die Liste mit Kleinprojekten beginnen und mit dem größtmöglichen Projekttyp enden.

Projektplanvorlage

Sie können einen Projekttyp nur mit einer Projektplanvorlage verknüpfen. Sollten Sie für einen Projekttyp mehrere Projektplanvorlagen zur Verfügung stellen wollen, müssen Sie einen zweiten Projekttyp erstellen. Wie Sie eine Enterprise-Projektplanvorlage mit Microsoft Project Professional erstellen, erfahren Sie in Abschnitt 11.2.3, »Neue Projektplanvorlagen anlegen«.

Projektwebsite-Vorlage

Für mehrere Projektwebsite-Vorlagen für einen Projekttyp besteht auch hier die Möglichkeit, weitere Projekttypen mit unterschiedlichen Projektwebsite-Vorlagen zu erstellen. Wie Sie eine Projektwebsite-Vorlage erstellen, erfahren Sie am Ende des Abschnitt 20.6.6, »Einstellungen für die Bereitstellung der Projektwebsite (nur in SharePoint-Zentraladministration)«.

20.7.2 Workflowphasen

Workflowphasen fassen eine Sammlung von Workflowstufen zusammen, um eine Reihe gemeinsamer Aktivitäten während des Projektlebenszyklus zu identifizieren. Beispiele für Workflowphasen sind Projekterstellung, Projektauswahl, Projektplanung und Projektverwaltung. Phasen haben keine direkten technischen Auswirkungen auf das Verhalten eines EPT (Enterprise-Projekttyps). Damit wirkt sich eine Änderung der Reihenfolge von Phasen auch nicht auf das Verhalten des Systems aus. Der primäre Zweck von Workflowphasen ist die logische Gruppierung von Workflowstufen.

20.7.3 Workflowstufen

Eine Workflowstufe ist ein Schritt im Rahmen eines Projektlebenszyklus. Eine Workflowstufe setzt sich aus einer oder mehreren Projektdetailseiten zusammen, die durch eine Logik oder ein Thema miteinander verknüpft sind. Aus Benutzersicht erscheinen Workflowstufen als Schritte innerhalb eines Projekts. An jedem Schritt müssen Daten eingegeben, verändert, überprüft oder verarbeitet werden.

Aus technischer Sicht stellt jede Workflowstufe einen Schritt dar, in dem Daten bearbeitet werden können, bevor der Workflow zum nächsten Schritt gehen kann. Für einen einstufigen Workflow ist nur sehr wenig Implementierungsaufwand notwendig. Der Anwender gibt alle Daten in einer Projektdetailseite ein und kann dann wie gewohnt an seinem Projektplan arbeiten.

Name und Beschreibung

Wählen Sie einen kurzen und aussagekräftigen Namen für den Workflow-Schritt. Mit diesem Namen wird er in der Microsoft Project Web App angezeigt. Eine ausführlichere Beschreibung des Workflows und Hinweise zu seiner Verwendung erfassen Sie im Feld BESCHREIBUNG.

Beschreibung für »Übermitteln«

Geben Sie im Feld BESCHREIBUNG ein, welche Aktion durch die Übermittlung an einen Workflow ausgelöst wird. Diese Information wird u. a., sobald Sie auf die

Schaltfläche ÜBERMITTELN klicken, in einem Bestätigungsdialogfeld angezeigt (siehe Abbildung 20.93).

Abbildung 20.93 Bestätigungsdialogfeld nach Klicken auf »Übermitteln«

Workflowphase

Ordnen Sie den Workflow-Schritt der passenden Workflowphase zu.

Workflowstufenstatus-Projektdetailseite

Tritt ein Projekt in diese Workflowstufe ein, dann wird die hier ausgewählte Projektdetailseite als Erstes angezeigt. Über die Schaltfläche WEITER oder über die Navigation am linken Rand kann der Endbenutzer auf die weiteren Projektdetailseiten dieser Workflowstufe wechseln.

Sichtbare Projektdetailseiten

Weisen Sie in diesem Abschnitt die Projektdetailseiten dem Workflow-Schritt zu, die der Anwender in diesem Workflow-Schritt aufrufen können soll. Legen Sie über die Schaltflächen NACH OBEN und NACH UNTEN fest, in welcher Reihenfolge die Projektdetailseiten dem Endbenutzer angezeigt werden. Der Endbenutzer kann über die Schaltflächen VORHER und WEITER zwischen den einzelnen Projektdetailseiten dieses Workflow-Schrittes wechseln.

Weitere Einstellungen für die »sichtbare Projektdetailseite«

Um weitere Beschreibungen für SICHTBARE PROJEKTDETAILSEITEN zu erfassen oder um die Projektdetailseite mit der Option DIE PROJEKTDETAILSEITE ERFORDERT EINEN BENUTZEREINGRIFF auf der Seite WORKFLOWSTATUS für den Endbenutzer hervorzuheben, müssen Sie zunächst eine SICHTBARE PROJEKTDETAILSEITE im vorherigen Abschnitt selektieren. Die workflowspezifische Beschreibung und die Checkbox des aktuellen Abschnitts definieren Sie dann im Kontext der gewählten Projektdetailseite.

Benutzerdefinierte Pflichtfelder

Definieren Sie benutzerdefinierte Pflichtfelder, um Werte für die Fortschreitung des Workflows zum nächsten Workflow-Schritt vom Endanwender einzufordern. Beachten Sie dabei, dass der Anwender diese Pflichtfelder auch in Projektdetailseiten dieses Workflow-Schrittes zur Bearbeitung angezeigt bekommt. Sollte es keine Projektdetailseite mit der Möglichkeit zur Bearbeitung von Pflichtfeldern geben, kann der Endanwender den Workflow nicht zum folgenden Workflow-Schritt übermitteln.

Schreibgeschützte benutzerdefinierte Felder

Fügen Sie Felder, die in Projektdetailseiten dieses Workflow-Schrittes nur schreibgeschützt dargestellt werden sollen, über die Auswahl in der linken Liste mit der Schaltfläche HINZUFÜGEN der Liste auf der rechten Seite hinzu. Beachten Sie, dass die Felder dadurch nur in diesem Workflow-Schritt für den Endanwender schreibgeschützt sind.

Verhalten für strategische Auswirkungen

Wenn Sie als Basis für eine Portfolioanalyse betriebswirtschaftliche Faktoren in einem Projektantrag erfassen wollen, dann können Sie entscheiden, ob die Werte für diese Faktoren schreibgeschützt, im Lese- und Schreibzugriff oder ob es sogar Pflichtfelder für die Übermittlung dieses Workflow-Schrittes sein sollen. Achten Sie bei Verwendung der Option ERFORDERLICH darauf, dass Sie eine Projektdetailseite mit dem Webpart STRATEGISCHE AUSWIRKUNGEN zur Verfügung stellen.

Das Einchecken des Projekts ist erforderlich

Legen Sie mit der Checkbox EINCHECKEN DES PROJEKTS IST ERFORDERLICH fest, ob der nächste Workflow-Schritt durch Übermitteln nur nach vorherigem Einchecken des Projekts erreicht werden kann. Wenn in der folgenden Workflowstufe systemgesteuerte Projektaktualisierungen durchgeführt werden, dann sollten Sie das Einchecken erzwingen, da andernfalls die Projektaktualisierung blockiert ist.

20.7.4 Projektdetailseiten

Eine Projektdetailseite ist, technisch gesehen, eine Webpartseite innerhalb der Microsoft Project Web App. Projektdetailseiten können Sie dazu verwenden, um Informationen anzuzeigen oder um Benutzereingaben zu sammeln. Projektdetailseiten können ähnlich wie jede andere Webpartseite innerhalb einer SharePoint-Seite gestaltet werden, bei der Sie Webparts für Ihre Anforderungen hinzufügen. Sie können dabei beliebige Webparts aus der Standard-Webpart-Gallery hinzufügen.

Project-Web-App-Webparts und benutzerdefinierte Webparts können Programmaufrufe über CSOM und Abfragen an die Berichtsdatenbank ausführen oder mit anderen externen Systemen kommunizieren. Auch wenn Sie keine Workflows verwenden, so müssen Sie jedoch mindestens eine Projektdetailseite erstellen oder die bestehende Projektdetailseite »ProjectInformation« bearbeiten, wenn Anwender über Microsoft Project Web App Projektinformationen einsehen oder bearbeiten können sollen, die im Standard nicht angezeigt werden.

Neu erstellte benutzerdefinierte Felder werden nicht automatisch der Standard-Projektdetailseite (»ProjectInformation«) hinzugefügt. Sollten Sie nun z. B. ein Pflichtfeld erstellen, dann können Anwender das Projekt zwar zur Bearbeitung in der Microsoft Project Web App öffnen und auch speichern, aber nicht mehr erfolgreich einchecken. Beim Versuch, dieses Projekt einzuchecken, bekommen sie die in Abbildung 20.94 angezeigte Fehlermeldung.

Abbildung 20.94 Fehlende Pflichtfelder

Erweitern Sie deswegen schon vorhandene Projektdetailseiten, oder erstellen Sie eine neue Projektdetailseite mit allen Projektfeldern, die den Anwendern in der Microsoft Project Web App zur Bearbeitung zur Verfügung gestellt werden sollen, und weisen Sie diese den entsprechenden Enterprise-Projekttypen zu.

Zum Erstellen einer Projektdetailseite wechseln Sie in der Microsoft Project Web App zu Einstellungen • PWA-Einstellungen • Workflow- und Projektdetailseiten • Projektdetailseiten. Klicken Sie dort im Menüband Dateien auf Neues Dokument (siehe Abbildung 20.95).

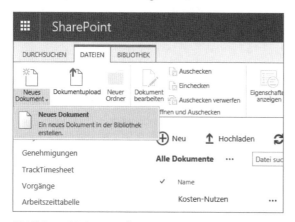

Abbildung 20.95 Erstellen einer neuen Projektdetailseite

Wählen Sie dann in dem Formular für eine NEUE WEBPARTSEITE das Layout für Ihre Projektdetailseite aus, und vergeben Sie einen sprechenden Namen (siehe Abbildung 20.96).

Abbildung 20.96 Layout der Webpartseite

Nach einem Klick auf die Schaltfläche ERSTELLEN wird die neue Webpartseite im Bearbeitungsmodus geöffnet (siehe Abbildung 20.97).

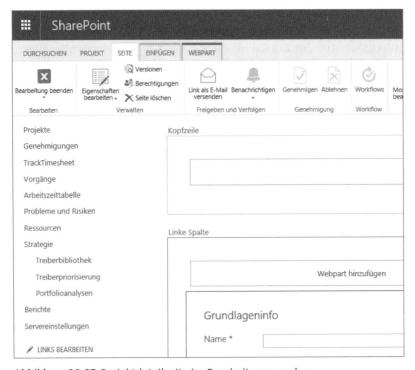

Abbildung 20.97 Projektdetailseite im Bearbeitungsmodus

20.7 Workflow- und Projektdetailseiten

Wählen Sie nun einen Bereich, in dem Sie Enterprise-Projektfelder anzeigen möchten, und klicken Sie dort auf WEBPART HINZUFÜGEN.

Navigieren Sie in der Webpart-Auswahl zu KATEGORIE • PROJECT WEB APP und zu WEBPART • GRUNDLAGENINFO, und klicken Sie dann auf HINZUFÜGEN (siehe Abbildung 20.98).

Abbildung 20.98 Projektdetailseite: Auswahl des Webparts »Grundlageninfo«

Nun wird ein noch nicht konfigurierter Webpart GRUNDLAGENINFO der Projektdetailseite hinzugefügt. Wählen Sie im Kontextmenü des Webparts die Funktion WEBPART BEARBEITEN aus (siehe Abbildung 20.99).

Abbildung 20.99 Projektdetailseite: Webpart bearbeiten

Auf der rechten Seite öffnet sich der Dialog zur Bearbeitung der Webpart-Eigenschaften. Klicken Sie im Abschnitt ANGEZEIGTE PROJEKTFELDER auf die Schaltfläche ÄNDERN (siehe Abbildung 20.100), und fügen Sie über den Dialog PROJEKTFELDER AUSWÄHLEN alle Projektfelder hinzu, die Sie in diesem Webpart anzeigen bzw. von den Anwendern bearbeiten lassen wollen.

Abbildung 20.100 Projektdetailseite: Projektfelder auswählen

Bestätigen Sie die Änderung im rechten Bereich der Webpart-Eigenschaften mit Klick auf OK, und schließen Sie die Bearbeitung der Projektdetailseite mit der Schaltfläche BEARBEITUNG BEENDEN ab. Nun müssen Sie diese Projektdetailseite einem oder mehreren Enterprise-Projekttypen zuweisen. Siehe dazu auch Abschnitt 20.7.1, »Enterprise-Projekttypen«.

20.7.5 Workflows ändern oder neu starten

Der manuelle Neustart eines Workflows kann aus mehreren Gründen notwendig werden. Der Neustart eines Workflows wird automatisch durchgeführt, wenn Sie für ein Projekt den Enterprise-Projekttyp ändern und der neue Enterprise-Projekttyp einen Workflow zugeordnet bekommen hat. Durch den manuellen oder automatischen Neustart eines Workflows startet der Workflow wieder ganz von Anfang. Dabei werden aber keine Projektdaten gelöscht oder zurückgesetzt. Hierbei wird dem Workflow lediglich mitgeteilt, dass er noch mal beim ersten Schritt beginnen soll und alle danach folgenden Schritte erneut durchlaufen werden müssen.

Neustarten eines Workflows/Überspringen einer Workflowstufe

1. Wählen Sie zunächst den Projekttyp aus, zu dem das Projekt, das geändert werden soll, gehört. Sollte der Workflow dieses Projekts auf einen Fehler gelaufen sein, könnte sich das Projekt in der Auswahlliste in der Kategorie OHNE befinden.

2. Im Bereich PROJEKTE AUSWÄHLEN können Sie die Projekte auswählen, bei denen Sie den Workflow neu starten bzw. eine Workflowstufe überspringen möchten.

Wählen Sie dazu das Projekt aus der Quellliste aus, und verschieben Sie es mit der Schaltfläche mit dem kleinen Pfeil in die Zielliste.

3. Für alle Projekte in der Zielliste können Sie im Abschnitt WÄHLEN SIE DEN NEUEN ENTERPRISE-PROJEKTTYP, ODER STARTEN SIE DEN WORKFLOW FÜR DEN AKTUELLEN ENTERPRISE-PROJEKTTYP ERNEUT folgende Aktionen ausführen:
   - Den Workflow neu starten: Wählen Sie dazu die Option STARTEN SIE DEN AKTUELLEN WORKFLOW FÜR DIE AUSGEWÄHLTEN PROJEKTE ERNEUT.
   - Oder alternativ einen anderen Workflow für dieses Projekt zuordnen: Wählen Sie dazu die Option PROJEKTE EINEM NEUEN ENTERPRISE-PROJEKTTYP ZUORDNEN.

4. Im Bereich WORKFLOWSTUFE AUSWÄHLEN, ZU DER GESPRUNGEN WERDEN SOLL können Sie dann für die Projekte, für die Sie den Workflow neu starten oder die Sie einem anderen Enterprise-Projekttyp zuordnen, folgende Optionen auswählen:
   - ÜBERSPRINGEN BIS ZUR AKTUELLEN WORKFLOWSTUFE: Dabei wird der Workflow von Anfang an ausgeführt, und zwar bis zur letzten Stufe, bei der er stand, bevor er neu gestartet wurde. Ob der Workflow bis zum letzten Schritt vor dem Neustart durchgeführt werden kann, ist natürlich abhängig davon, ob alle Bedingungen für den erfolgreichen Ablauf erfüllt sind.
   - ÜBERSPRINGEN HIN ZU EINER BESTIMMTEN WORKFLOWSTUFE: Hier können Sie auswählen, bis zu welcher Workflowstufe Sie den Workflow durchlaufen lassen möchten. Dabei wird der Workflow von Anfang an durchlaufen, und er wird an der Stufe anhalten, die Sie ausgewählt haben. Die Auswahlliste filtert dabei aber nicht auf die Workflow-Schritte des gewählten Enterprise-Projekttyps. Dadurch wird bei der Auswahl eines solchen Workflow-Schrittes der Workflow so weit ausgeführt, bis er einen gegebenen Haltepunkt erreicht.

> **Hinweis zum Überspringen bis zu einer bestimmten Workflowstufe**
>
> Das Überspringen von Workflowstufen wird nur funktionieren, wenn der Workflow so entwickelt worden ist, dass er das Überspringen von Stufen zulässt. Alle Microsoft-Project-Workflows halten immer an, wenn ein gegebener Haltepunkt erreicht ist. Dazu gehören:
>
> ▶ Workflowstufen, bei denen Pflichtfelder nicht ausgefüllt sind
> ▶ Workflowstufen, bei denen Genehmigungen durch entsprechende Benutzer erforderlich sind
> ▶ Warte-Aktivitäten, wie z. B. Warten auf Übermittlung oder Warten auf Commit
> ▶ andere ähnliche natürliche Haltepunkte
>
> Deswegen sollten Sie beim Entwerfen von Workflows if-Abzweigungen einbauen, welche Haltepunkte wie Genehmigungs- und Portfolio-Auswahlschritte umgehen, damit das Überspringen bis zu einer bestimmten Workflowstufe auch funktioniert.

20.7.6 Erstellen eines Project-Workflows mit SharePoint Designer

In diesem Abschnitt lernen Sie an einem kleinen Praxisbeispiel die Möglichkeiten zur Erstellung eines Project-Server-Workflows mit SharePoint Designer kennen.

Keine Version 2016 von SharePoint Designer

Microsoft wird SharePoint Designer nicht weiterentwickeln, und es wird keine 2016-Version des Produkts geben. Allerdings bleibt es weiterhin möglich, SharePoint Designer 2013 zusammen mit SharePoint und Project Server 2016 zu verwenden. Für die Entwicklung von Workflows können Sie also noch SharePoint Designer 2013 herunterladen und anwenden. Allerdings wird wahrscheinlich dieses Werkzeug in der nächsten Microsoft-Project-Server-Version obsolet.

Neben SharePoint Designer kann auch Visual Studio für die Entwicklung von Workflows verwendet werden, dies ist allerdings deutlich komplexer und erfordert Entwicklungskenntnisse. Verschiedene Drittanbieter-Tools wie Nintex Workflow für Project Server können ebenso benutzt werden. Allerdings steht zum Zeitpunkt der Drucklegung dieses Buches noch keine Version von Nintex for Project für 2016 zur Verfügung.

Ausgangslage der AIRBI GmbH

Das PMO der AIRBI GmbH möchte gerne einen Projekt-Workflow implementieren, der sich in vier Workflowstufen gliedert (siehe Abbildung 20.101).

Workflowstufe 1: Initiierung
In dieser Workflowstufe sollen lediglich die Projektdetailseiten »Projektstammdaten«, »Terminplan« und »Strategische Auswirkungen« angezeigt werden. Bevor das Projekt in die Workflowstufe »Planung« überführt wird, muss dieses in der Portfolioanalyse freigegeben werden.

Workflowstufe 2: Planung
Zusätzlich zu den Projektdetailseiten »Projektstammdaten«, »Terminplan« und »Strategische Auswirkungen« sollen hier die Projektdetailseiten zur Erfassung von »Kosten-Nutzen« und »Projektdetails« angezeigt werden. Bevor das Projekt in die Workflowstufe »Durchführung« überführt wird, muss dieses vom Vorstand genehmigt werden.

Workflowstufe 3: Durchführung
Zusätzlich zu den bestehenden Projektdetailseiten wird hier noch die Projektdetailseite »Statusbericht« angezeigt. Nach dem Übermitteln in die Workflowstufe »Projekt abgeschlossen« muss dieser Abschluss vom Vorstand genehmigt werden.

Workflowstufe 4: Projekt abgeschlossen
Alle benutzerdefinierten Felder sind in dieser Stufe schreibgeschützt.

20.7 Workflow- und Projektdetailseiten

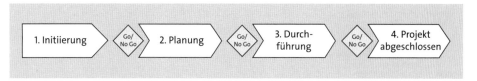

Abbildung 20.101 Schematische Darstellung des Projektlebenszyklus-Workflows

Technische Voraussetzung zur Implementierung eines Project-Workflows mit SharePoint Designer

Zur Erstellung eines Workflows mit dem SharePoint Designer benötigen Sie eine Windows-Azure-Workflow-Infrastruktur. Die zur Installation benötigte Software erhalten Sie auf den Microsoft-Webseiten. Die Installation ist selbsterklärend bzw. auch sehr gut auf den TechNet-Seiten von Microsoft dokumentiert. Wichtig ist nach der Installation der Infrastruktur, dass Sie mit PowerShell Ihre Project-Web-App-Instanz für diesen Workflow registrieren.

Als Autorenwerkzeug benötigen Sie Microsoft SharePoint Designer 2013. Optional können Sie den Workflow in Microsoft Visio 2013 exportieren, dort weiter bearbeiten bzw. sich als Visio-Diagramm darstellen lassen und wieder in den SharePoint Designer 2013 importieren.

Vorbereitungen in den PWA-Einstellungen

Definition der Enterprise-Felder: Zunächst sind alle Enterprise-Felder für die Projektdetailseiten zu erstellen. Da auf der Workflowstufe »Projekt abgeschlossen« die benutzerdefinierten Felder schreibgeschützt sein sollen, müssen Sie im Abschnitt VERHALTEN den Haken bei VERHALTEN VOM WORKFLOW GESTEUERT setzen (siehe Abbildung 20.102). Details zur Erstellung von Enterprise-Feldern erfahren Sie in Abschnitt 20.2.1, »Benutzerdefinierte Enterprise-Felder und -Nachschlagetabellen«.

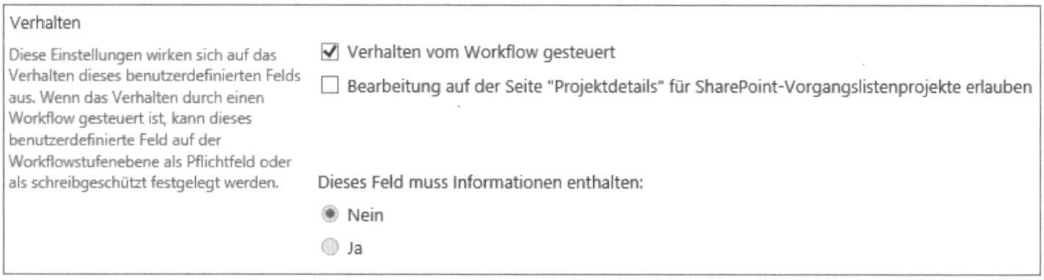

Abbildung 20.102 Verhalten vom Workflow gesteuert

Erstellung der PDPs (siehe Abbildung 20.103): Teilweise kann hier auf vordefinierte Projektdetailseiten zurückgegriffen werden. In Abschnitt 20.7.4, »Projektdetailseiten«, erfahren Sie mehr über die Erstellung und Anpassung von Projektdetailseiten.

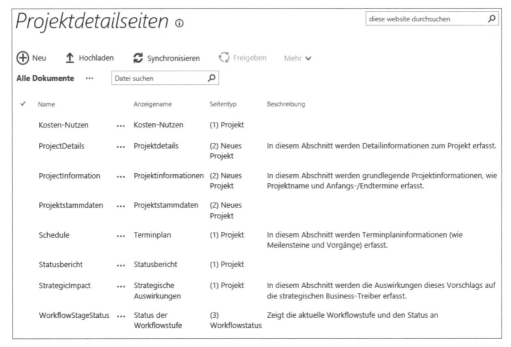

Abbildung 20.103 Projektdetailseiten für den Workflow der AIRBI GmbH

Erstellung der Workflowstufen: Mehr über die Erstellung von Workflowstufen erfahren Sie in Abschnitt 20.7.3, »Workflowstufen«. Wenn Sie für die vier Workflowstufen als Präfix eine fortlaufende Nummer wählen, dann können die Projekte im Project Center später auch danach sortiert werden. Ordnen Sie den Workflowstufen die in den Anforderungen definierten Projektdetailseiten zu (siehe Abbildung 20.104), und setzen Sie alle benutzerdefinierten Felder in der vierten Workflowstufe auf schreibgeschützt.

Workflowstufe	Beschreibung	Sichtbare Projektdetailseiten
Name der Workflowphase: Auswählen		
1.1 Vorbereitung		Projektstammdaten, Terminplan, Strategische Auswirkungen
1.2 Freigabe Initiierung		Projektstammdaten, Terminplan, Strategische Auswirkungen
1.3 Initiierung		Projektstammdaten, Terminplan, Strategische Auswirkungen
1.4 Abgelehnt		Projektstammdaten, Terminplan, Strategische Auswirkungen
Name der Workflowphase: Beendet		
4. Projekt abgeschlossen		Projektstammdaten, Projektdetails, Terminplan, Strategische Auswirkungen, Kosten-Nutzen, Statusbericht
Name der Workflowphase: Planen		
2. Planung		Projektstammdaten, Projektdetails, Terminplan, Strategische Auswirkungen, Kosten-Nutzen, Statusbericht
Name der Workflowphase: Verwalten		
3. Durchführung		Projektstammdaten, Projektdetails, Terminplan, Strategische Auswirkungen, Kosten-Nutzen, Statusbericht

Abbildung 20.104 Workflowstufen des Workflows der AIRBI GmbH

Erstellen des Project-Server-Workflows mit SharePoint Designer: Starten Sie SharePoint Designer 2013, und öffnen Sie die SharePoint-Site der Project-Web-App-Instanz (siehe Abbildung 20.105).

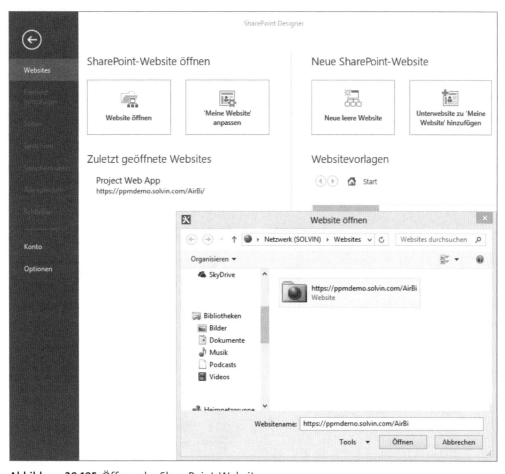

Abbildung 20.105 Öffnen der SharePoint-Website

Wechseln Sie in der Site-Navigation in den Abschnitt WORKFLOWS, und klicken Sie im Menübandabschnitt NEU auf WEBSITE-WORKFLOW. Vergeben Sie einen Namen für den Workflow, und stellen Sie sicher, dass Sie im Abschnitt PLATTFORMTYP SHAREPOINT 2013 WORKFLOW – PROJECT SERVER ausgewählt haben (siehe Abbildung 20.106).

Fügen Sie nun über den Befehl STUFE jede Workflowstufe hinzu, die Sie im Workflow verwenden möchten. In unserem AIRBI-Beispiel sind dies die Workflowstufen 1. Initiierung, 2. Planung, 3. Durchführung und 4. Projekt abgeschlossen (siehe Abbildung 20.107).

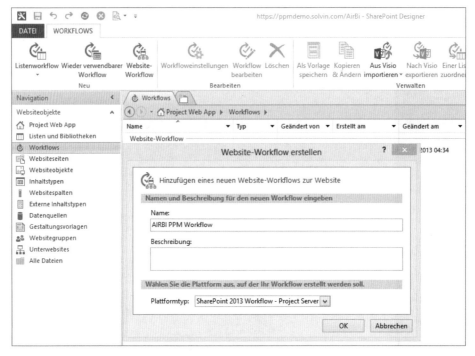

Abbildung 20.106 Website-Workflow erstellen

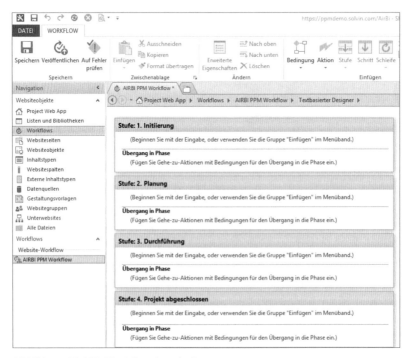

Abbildung 20.107 Workflow bearbeiten

Definieren Sie zunächst die Aktionen, die auf dieser Workflowstufe stattfinden sollen, und legen Sie dann im Abschnitt ÜBERGANG IN PHASE fest, auf welche Workflowstufe unter welcher Bedingung gewechselt werden sollte.

In unserem AIRBI-Beispiel fügen Sie dazu auf der Workflowstufe »1. Initiierung« über die Schaltfläche AKTION aus der Gruppe PROJEKT WEB APP-AKTIONEN die Aktion AUF PROJEKTEREIGNIS WARTEN hinzu (Abbildung 20.108). Für diese Aktion gibt es dann drei mögliche Optionen. Da wir für den Übergang die Freigabe des Projekts in der Portfolioanalyse benötigen, wählen Sie hier das EREIGNIS: WENN EIN PROJEKT ZUGESICHERT WIRD aus.

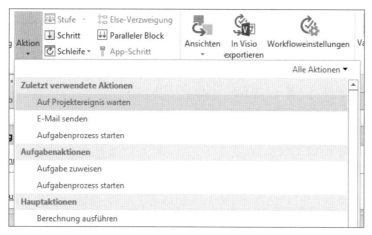

Abbildung 20.108 Auswahl der Aktion »Auf Projektereignis warten«

In unserem einfach gehaltenen Workflow wählen Sie dann im Abschnitt ÜBERGANG IN PHASE die Aktion GEHE ZU EINER STUFE aus. Bei der Auswahl der Stufe wählen Sie die Stufe »2. Planung« (Abbildung 20.109).

Abbildung 20.109 Aktionen der Workflowstufe »2. Planung«

Auf der Workflowstufe »2. Planung« kommen Sie zu einem Genehmigungsschritt. Dazu verwenden Sie die Aktion AUFGABENPROZESS STARTEN. Die erste Option bei dieser Aktion ist DIESE BENUTZER. Durch einen Klick auf diesen Link kommen Sie auf den Dialog VORGANGSPROZESS STARTEN. Hier wählen Sie unter TEILNEHMER eine Gruppe oder einzelne Benutzer aus, welche die Genehmigungsaufgabe zugestellt bekommen sollen. Über die nachstehende Eigenschaft PARALLEL (ALLE GLEICHZEITIG) sorgen Sie dafür, dass die Aufgabe direkt nach Übermittlung für alle Genehmiger erstellt wird (siehe Abbildung 20.110).

Abbildung 20.110 Teilnehmer des Aufgabenprozesses

Damit der Aufgabentitel sprechend wird, nehmen Sie hier aus den Projektdaten die Variable PROJEKTNAME mit dazu (siehe Abbildung 20.111).

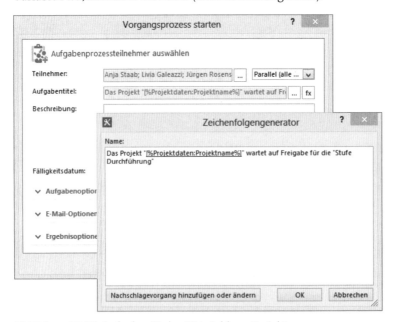

Abbildung 20.111 Aufgabentitel mit Variablen »Projektname«

Im Abschnitt AUFGABENOPTIONEN weisen Sie die Aufgabe jedem Mitglied zu, und für den Aufgabenabschluss reicht uns dann auch schon eine Antwort (siehe Abbildung 20.112).

Das Ergebnis der Aufgabe speichern Sie in einer neuen Variablen GENEHMIGUNG-DURCHFÜHRUNG (siehe Abbildung 20.113). Dieses Ergebnis verwenden Sie im Abschnitt Übergang in Phase mit der Bedingung Wenn ein beliebiger Wert gleich dem Wert ist. Und zwar überprüfen wir hier den Wert der eben neu erstellten Variablen. Ist der Inhalt gleich Genehmigt, dann geht es zur Stufe »3. Durchführung«, andernfalls zum »Ende des Workflows«.

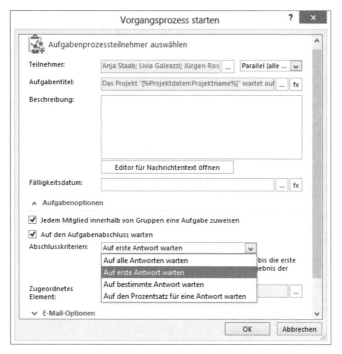

Abbildung 20.112 Aufgabenoptionen

Abbildung 20.113 Variablenprüfung

Die Realisierung des gesamten Workflows sieht dann aus wie in Abbildung 20.114.

Nach Fertigstellung können Sie noch Auf Fehler prüfen und diesen Workflow mit Veröffentlichen auf der Projektwebsite bereitstellen.

Enterprise-Projekttyp erstellen und Workflow zuordnen: Als letzten Schritt müssen Sie nur noch einen Enterprise-Projekttyp erstellen und den soeben erstellten Workflow zuordnen (siehe Abbildung 20.115).

20 Konfiguration von Project Server 2016/Project Online

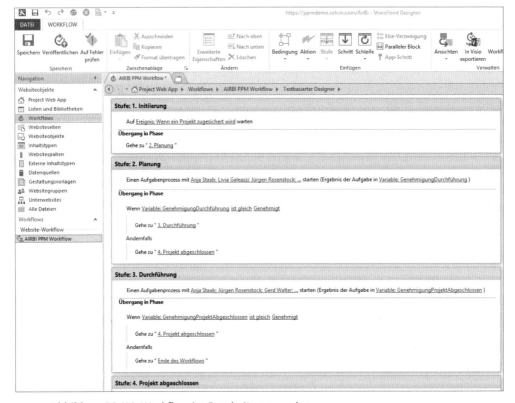

Abbildung 20.114 Workflow im Bearbeitungsmodus

Abbildung 20.115 Zuordnung des Workflows zu einem Enterprise-Projekttyp

20.7.7 Projektworkfloweinstellungen (nur in SharePoint-Zentraladministration)

Dieser Menüpunkt ist nur in den PWA-Einstellungen der SharePoint-Zentraladministration vorhanden. In diesem Abschnitt geht es um die Konfiguration von SharePoint-2010-Workflows. Dies betrifft insbesondere von Project Server 2010 migrierte Workflows. Für Windows-Azure-Workflows – also insbesondere Workflows, die mit SharePoint Designer erstellt wurden – ist dieser Abschnitt nicht relevant.

Project-Server-Workflows laufen im Anmeldekontokontext eines bestimmten Benutzers. Zu ihrer Ausführung laufen sie aber nicht im Kontext des Benutzers, der den Workflow gestartet hat, sondern im Kontext des WORKFLOW-PROXYBENUTZERS. Dadurch müssen Sie dem Benutzerkonto, welches Sie als WORKFLOW-PROXYBENUTZERKONTO auswählen, auch alle Berechtigungen zuweisen, welche zur Ausführung aller Aktionen des Workflows benötigt werden.

Benutzen Sie als Proxybenutzerkonto immer ein Dienstkonto, welches keinen Regularien wie Kennwortänderung oder Anmeldesperren unterliegt, oder ein SharePoint-Dienstkonto, welches für automatische Kennwortänderung konfiguriert wurde. Tragen Sie dieses Konto im Format DOMÄNE • KONTONAME ein (siehe Abbildung 20.116).

Abbildung 20.116 Workflow-Proxybenutzerkonto

Die minimalen Berechtigungen, die dieses Konto in der Microsoft-Project-Server-Sicherheit benötigt, sind:

Globale Berechtigungen:

- Anmelden
  - Benutzer und Gruppen verwalten
  - Workflow- und Projektdetailseiten verwalten
- Kategorieberechtigungen:
- Projekt öffnen

- Projekt in Project Server speichern
- Daten zu Enterprise-Ressourcen anzeigen
- Projektsammelfelder bearbeiten

Fehler- und Problembehandlung von Project-Server-Workflows

Bei Fehlern oder Problemen ist die erste Anlaufstelle für das Troubleshooting der Aufruf der Workflowstatusseite.

Überprüfung der Workflowstatusseite

Öffnen Sie dazu das Projekt mit dem fehlgeschlagenen Workflow im Project Center. Wechseln Sie zur Workflowstatusseite. Dies ist die erste Seite eines Workflow-Schrittes. Wenn Sie keinen Link zum Workflowstatus in Ihrer Navigation haben, rufen Sie die erste Projektdetailseite auf, und verwenden Sie die Seitennavigation im Menüband, um die Workflowstatusseite aufzurufen (siehe Abbildung 20.117).

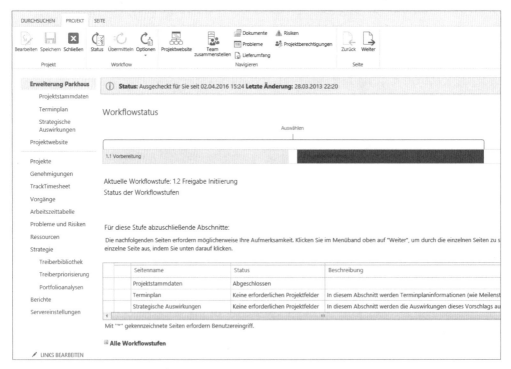

Abbildung 20.117 Workflowstatusseite

Erweitern Sie durch einen Klick auf das Pluszeichen unten auf der Seite den Bereich ALLE WORKFLOWSTUFEN (siehe Abbildung 20.118).

20.7 Workflow- und Projektdetailseiten

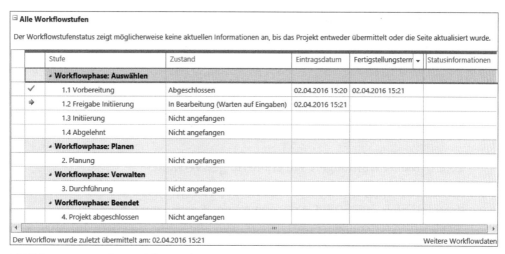

Abbildung 20.118 Alle Workflowstufen

Klicken Sie dort auf den Link für WEITERE WORKFLOWDATEN unten rechts (siehe Abbildung 20.119).

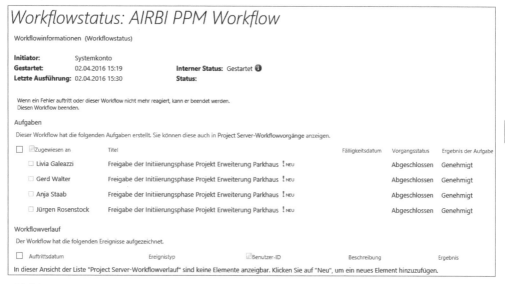

Abbildung 20.119 Weitere Workflowdaten

Analyse der ULS-Logs

Die ULS-Logs befinden sich standardmäßig auf dem Applikationsserver im Pfad *%commonprogramfiles%\Microsoft Shared\Web Server Extensions\15\LOGS*. Sie werden dort mehrere Logdateien vorfinden. Öffnen Sie die Logdatei, die von ihrem Datum her dem Zeitpunkt am nächsten kommt, zu dem das Problem auftrat.

20.8 Persönliche Einstellungen

Die persönlichen Einstellungen sind für die Anwender standardmäßig etwas versteckt, da sich in der Schnellstartleiste keine Verknüpfung zu dieser Konfigurationsseite befindet. Das Aufrufen der PWA-EINSTELLUNGEN sollte deswegen bei einer Anwenderschulung und Schulungsunterlagen insbesondere für Projektleiter berücksichtigt werden.

20.8.1 Meine Warnungen und Erinnerungen verwalten

Erst bei der Konfiguration eines Mailservers für ausgehende Mails in der SharePoint-Zentraladministration und Aktivierung von Benachrichtigungsmails werden die Menüpunkte zur Konfiguration für Warnungs- und Erinnerungsbenachrichtigungen angezeigt.

Im Abschnitt MEINE WARNUNGEN UND ERINNERUNGEN VERWALTEN kann ein Benutzer die vordefinierten Benachrichtigungen abwählen oder sich durch das Setzen weiterer Haken über weitere Project-Ereignisse per E-Mail informieren lassen (siehe Abbildung 20.120).

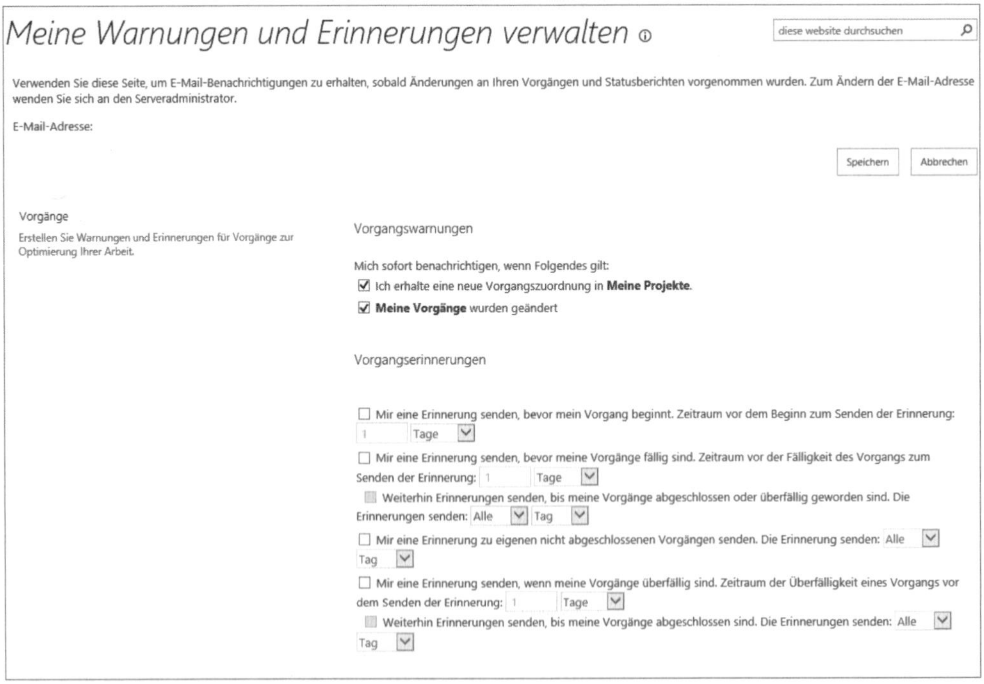

Abbildung 20.120 Meine Warnungen und Erinnerungen verwalten

20.8.2 Warnungen und Erinnerungen meiner Ressource verwalten

In diesem Abschnitt können Sie konfigurieren, bei welchen Ereignissen eine E-Mail an Sie oder an das betroffene Teammitglied versandt werden soll (siehe Abbildung 20.121).

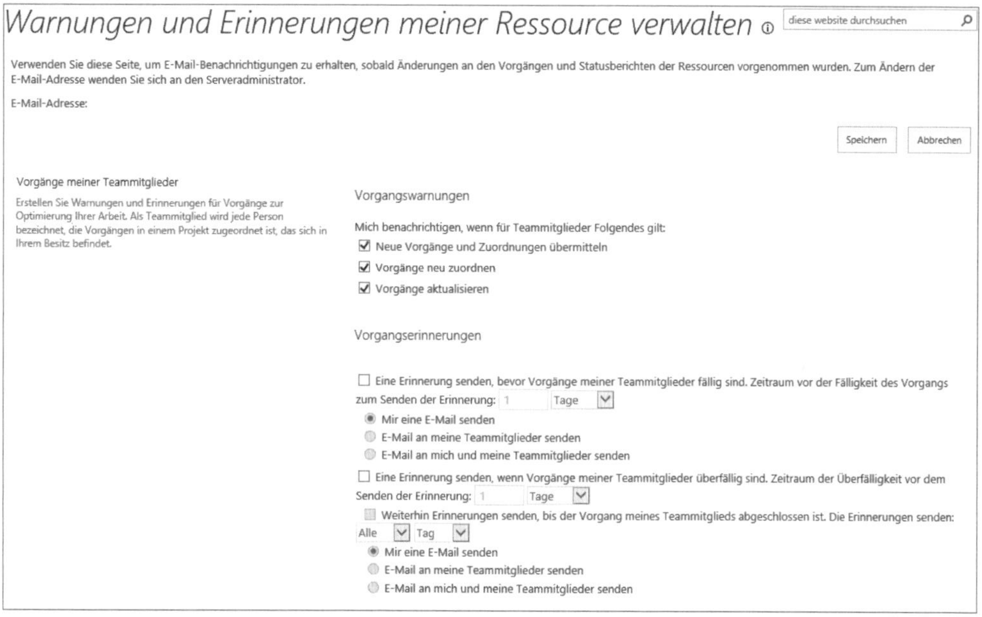

Abbildung 20.121 Warnungen und Erinnerungen meiner Ressource verwalten

20.8.3 Meine Warteschlangenaufträge

In der Standardsicherheitskonfiguration haben Projektleiter Zugriff auf diesen Abschnitt, in dem sie ihre Warteschlangenaufträge überwachen und einsehen können. Primär sollten Projektleiter darin geschult werden, wie sie feststellen können, ob ihr Warteschlangenauftrag, wie z. B. die Veröffentlichung des Projektplans, erfolgreich war. Noch wichtiger ist es aber für den Projektleiter, beim Auftreten eines Fehlers diesen selbst zu analysieren oder aber auch nur durch seine Mündigkeit den fachlichen oder technischen Administrator zu unterstützen.

20.8.4 Stellvertretungen verwalten (Projektberechtigungsmodus)

Ein Projektleiter kann in diesem Abschnitt eine Stellvertretung für sich selbst definieren. Wie eine Stellvertretung eingerichtet wird, wurde schon in Abschnitt 13.5, »Stellvertretungsfunktion«, beschrieben. Die Funktion der Stellvertretung kann nur im Projektberechtigungsmodus verwendet werden.

20.8.5 Als Stellvertretung agieren (Projektberechtigungsmodus)

Um als Stellvertreter agieren zu können, können Anwender hier eine definierte Stellvertretungssitzung auswählen und diese über die entsprechende Schaltfläche im Menüband starten. Sobald man eine Stellvertretersitzung gestartet hat, bewegt man sich in der Project Web App, als wäre man der zu Stellvertretende, und bekommt dies über einen gelben Balken unterhalb des Menübandes angezeigt. Während einer Stellvertretersitzung kann nicht mit Project Professional auf den Project Server zugegriffen werden.

Kapitel 21
Bereitstellung Microsoft Project Server on premises

In diesem Kapitel werden wir uns mit den eher technischen Aspekten einer Project-Server-2016-Umgebung beschäftigen – der Installation und den grundlegenden Wartungsaufgaben wie Datensicherung und Updates ...

Der Airport Bielefeld hat sich entschieden, zu Testzwecken ein Project Server System on premises zu installieren. Bei Microsoft Project Server 2016 handelt es sich um ein technisch relativ komplexes Serversystem, welches technisch Bestandteil von SharePoint Server 2016 ist. Wichtige Basiskomponenten sind der Internet Information Server (IIS) sowie das Datenbanksystem Microsoft SQL Server. Die Installation, technische Konfiguration und Wartung dieser Produkte werden in der Regel durch Administratoren aus der IT-Abteilung des jeweiligen Unternehmens vorgenommen. Diese sind daher auch primäre Zielgruppe dieses Kapitels.

Bevor Sie Microsoft Project Server 2016 installieren können, sollten Sie sich mit den Systemvoraussetzungen beschäftigen. Da Project Server 2016 technisch Teil des SharePoint Servers 2016 ist, sind die Voraussetzungen zu großen Teilen mit denen einer SharePoint-Server-2016-Installation identisch. Lediglich bei der Skalierung sowie einigen speziellen Features gibt es hier Besonderheiten zu beachten. Damit beschäftigt sich der erste Teil dieses Kapitels. In den Abschnitten 21.2 und 21.3 lernen Sie alle notwendigen Schritte zur Vorbereitung und Durchführung der Installation kennen. In den Abschnitten 21.3.4 und 21.3.5 werden die Voraussetzungen für die Verwendung von Apps und Workflows erläutert. In den Abschnitten 21.4 und 21.5 lernen Sie wichtige Aufgaben während des Betriebs kennen, die Installation von Updates und Verfahren zu Datensicherung und Wiederherstellung. Zu guter Letzt beschäftigt sich Abschnitt 21.6 mit der Migration von Vorversionen des Microsoft Project Servers.

21.1 Planung

Bevor Sie mit der Installation beginnen, sollten Sie sich einige grundlegende Gedanken machen, wie Sie die IT-Infrastruktur für Ihr zukünftiges Projektsystem aufbauen.

21.1.1 Hardware-Voraussetzungen

Für Hardware-Voraussetzungen gibt es grobe Mindestempfehlungen. Detailliertere Aussagen zur Skalierung sind von den spezifischen Einsatzszenarien abhängig und können daher hier nicht gegeben werden.

Bei den Mindestvoraussetzungen wird zwischen drei verschiedenen Servertypen unterschieden:

- Datenbankserver
  4 CPU, 16 GB RAM
- Einzelnes Front-End/Applikationsserver
  4 CPU, 24 GB RAM, 80 GB Systemlaufwerk, 100 GB Datenlaufwerk
- Front-End/Applikationsserver in einer Multiserverfarm
  4 CPU, 16 GB RAM, 80 GB Systemlaufwerk, 80 GB Datenlaufwerk

21.1.2 Software-Voraussetzungen

Folgende Software wird für den Einsatz von Microsoft Project Server 2016 benötigt:

- Windows Server 2012 R2
- SQL Server 2014

Folgende Browser werden unterstützt:

- Microsoft Edge
- Microsoft Internet Explorer 11
- Microsoft Internet Explorer 10
- Google Chrome (jeweils neueste Version)
- Mozilla Firefox (neueste und unmittelbar vorhergehende Version)
- Apple Safari (jeweils neueste Version)

21.1.3 Farmskalierung

Während der Installation von SharePoint Server 2016 wird abgefragt, was für ein Servertyp installiert werden soll. Im einfachsten Fall wird eine Einzelserverfarm installiert. Diese besteht aus einem einzelnen SharePoint Server, auf dem alle benötigten Dienste ausgeführt werden. Der benötigte Datenbankserver kann mit auf demselben System bereitgestellt werden. Das wird aber nur für Entwicklungs- und Testsysteme empfohlen.

In größeren Umgebungen wird man eine der in Microsoft Project Server 2016 neuen vier sogenannten *MinRoles* auswählen. Diese MinRole optimiert den Server automatisch für die Ausführung der damit zusammenhängenden Dienste.

- Front-End
- Anwendung
- Verteilter Cache
- Suche

Außerdem kann noch BENUTZERDEFINIERT gewählt werden.

21.2 Vorbereitung der Installation

Wir beschreiben hier bewusst das wohl einfachste Verfahren zur Installation. Wo immer möglich, nutzen wir die grafische Oberfläche und Assistenten. Für eine produktive Umgebung wird man meist einen eher manuellen Weg zur Installation wählen und große Teile der Installation per PowerShell durchführen. Dies hat insbesondere den Vorteil, dass nur so die Namen der Datenbanken frei gewählt werden können.

21.2.1 Benötigte Software

Das Installationsprogramm aktiviert automatisch benötigte Dienste auf dem Server und lädt benötigte Software aus dem Internet herunter und installiert diese. Wenn der Server nicht über einen Internetzugang verfügt, können die benötigten Produkte auch manuell heruntergeladen und über Kommandozeilenparameter installiert werden:

- Webserverrolle (IIS)
- Anwendungsserverrolle
- Microsoft .NET Framework, Version 4.6
- Microsoft SQL Server 2012 Native Client
- Microsoft WCF Data Services 5.6
- Microsoft Information Protection and Control Client (MSIPC)
- Microsoft Sync Framework Runtime 1.0 SP1 (x64)
- Windows Server AppFabric 1.1
- Kumulatives Updatepaket 7 für Microsoft AppFabric 1.1 für Windows Server (KB 3092423)
- Microsoft ODBC-Treiber 11 für SQL Server

- Visual C++ Redistributable Package für Visual Studio 2012
- Visual C++ Redistributable Package für Visual Studio 2015

Die manuelle Installation ohne Internetzugang ist hier beschrieben: *https://technet.microsoft.com/de-de/library/ff686793(v=office.16).aspx*.

21.2.2 Benutzerkonten

Benutzerkonto	Verwendung, Berechtigungen
Installationsbenutzer	Zur Installation verwendet. Domänenbenutzerkonto mit lokalen Adminrechten auf allen Applikationsservern und Mitglied der Rollen *dbcreator* und *securityadmin* auf dem Datenbankserver
Farmkonto	Domänenbenutzerkonto. Wird für den Datenbankzugriff von SharePoint verwendet und als Konto für den SharePoint-Timer-Dienst sowie den Anwendungspool der SharePoint-Zentraladministration-Website. Erhält automatisch *dbcreator*- und *securityadmin*-Rechte auf dem Datenbankserver.
Anwendungspoolkonto	Domänenbenutzerkonto. Wird für den Anwendungspool der SharePoint-Webanwendung sowie den oder die Anwendungspools der Dienstanwendungen verwendet.
PortalSuperUser	Domänenbenutzer. Wird vom SharePoint-Cache verwendet.
PortalSuperReader	Domänenbenutzer. Wird vom SharePoint-Cache verwendet.

Tabelle 21.1 Benutzerkonten

Aus Vereinfachungsgründen kann das Farmkonto auch für die Installation verwendet werden. Dazu benötigt das Farmkonto zur Installationszeit lokale Adminrechte auf den Anwendungsservern, die später entzogen werden können.

Nähere Informationen zu Benutzerkonten und benötigten bzw. automatisch erteilten Berechtigungen erhalten Sie unter *https://technet.microsoft.com/de-de/library/cc678863(v=office.16).aspx*.

21.2.3 Installation der Systemvoraussetzungen

Nachdem wir uns mit den Grundlagen beschäftigt haben, können wir Taten folgen lassen. Die SharePoint-2016-Installations-DVD begrüßt uns mit diesem Bildschirm.

Abbildung 21.1 Startbildschirm der SharePoint-2016-Installation

Hier wählen Sie SOFTWAREVORAUSSETZUNGEN INSTALLIEREN. Damit werden die oben erwähnten Software-Komponenten aus dem Internet heruntergeladen und installiert sowie die Applikationsserver und Webserverrollen konfiguriert.

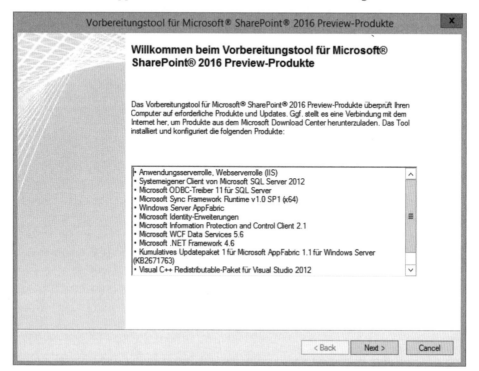

Abbildung 21.2 Vorbereitungstool für SharePoint-2016-Produkte

Das Tool arbeitet selbstständig und führt meist zwischendurch auch einen Neustart des Systems durch. Nachdem das Tool erfolgreich durchgelaufen ist, kann die eigentliche Installation vorgenommen werden.

Hier empfehlen wir jetzt noch eine vorbereitende Maßnahme: Wir empfehlen, einen SQL-Alias anzulegen. Die Konfiguration des SQL-Alias soll es Ihnen ermöglichen, später auf eine andere SQL Server-Instanz umzuziehen. Die häufigsten Gründe hierfür sind:

- Umzug auf einen Server mit besserer Performance
- Umzug auf einen SQL Server-Cluster
- Umzug des SQL Servers vom SharePoint Server auf eine getrennte Maschine

Ein solcher Umzug ist ohne SQL-Alias nur möglich, indem Sie

- eine Sicherung der SharePoint-Server-Farm erstellen,
- die SharePoint-Server-Farm deinstallieren,
- eine neue SharePoint-Server-Farm installieren und
- die Sicherung wiederherstellen und dabei dann einen anderen SQL Server auswählen.

Das ist eine relativ zeitaufwendige und vor allem auch riskante Aktion, da Sie die funktionierende Farm deinstallieren müssen.

Wenn Sie für die Installation hingegen einen SQL Server-Alias verwenden, so müssen Sie für einen Umzug lediglich die Datenbanken auf den neuen Server kopieren oder verschieben und dann den Alias neu konfigurieren.

Nachteil SQL-Alias

Leider hat die Erstellung eines SQL-Alias auch einen kleinen Nachteil:

Bei der Erstellung einer PWA-Instanz werden automatisch Datenquellen für die Verwendung durch Excel-Services-Berichte angelegt. Da Project Server nur den Alias und nicht den wirklichen Namen des SQL Servers kennt, verweisen auch diese Datenquellen auf den Aliasnamen des SQL Servers. Für die Excel Services ist das kein Problem, da der Server ja den Alias kennt. Die Benutzer aber, die von ihren PCs aus mit Microsoft Excel Berichte erstellen und in Excel Services Bibliotheken zur Verwendung speichern, benötigen später ebenfalls diesen SQL-Alias, damit sie auf den Server zugreifen können. Zumindest solange Sie die SQL-Standardinstanz verwenden, können Sie dieses Problem umgehen, indem Sie auch einen DNS-Eintrag für den SQL-Alias erzeugen.

Wenn Sie auf dem Project-Server-System den SQL Server Native Client installiert haben, können Sie den Alias über den SQL Server Configuration Manager konfigurieren.

Dies hat den Vorteil, dass Sie auf den ersten Blick sehen, dass es die SQL-Native-Client-Konfiguration sowohl für 32 Bit als auch für 64 Bit gibt. Sie sollten den Alias auf jeden Fall in beiden Abschnitten konfigurieren, damit Sie später keine unliebsamen Überraschungen erleben, falls doch irgendeine Anwendung 32 Bit verwendet. Der SQL Native Client wird als Installationsvoraussetzung für SharePoint Server 2016 automatisch mit installiert. Sie könnten also mit der Alias-Konfiguration bis zu diesem Schritt warten.

Die gleiche Konfiguration können Sie aber auch über ein Werkzeug vornehmen, das Teil des Windows-Betriebssystems ist. Sie finden die SQL Server-Clientkonfiguration unter dem Namen *cliconfg.exe*.

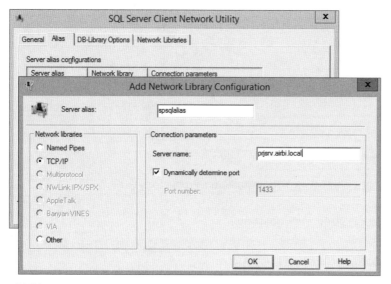

Abbildung 21.3 SQL-Alias-Konfiguration

Doppelte »cliconfg.exe«

Achten Sie bitte darauf, dass es dieses Programm doppelt gibt – einmal im Ordner *%systemroot%\system32* und einmal im Ordner *%systemroot%\syswow64*. Sie müssen die Konfiguration mit beiden Programmen vornehmen.

21.3 SharePoint-Server-Installation

Nachdem Sie den SQL-Alias konfiguriert haben, starten Sie die eigentliche Installation von SharePoint 2016:

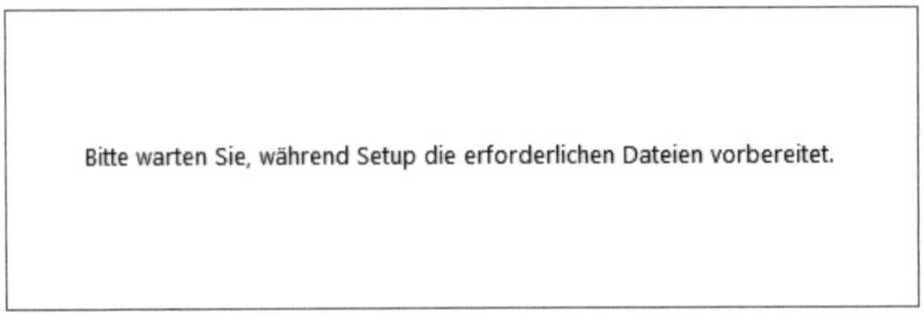

> Bitte warten Sie, während Setup die erforderlichen Dateien vorbereitet.

Abbildung 21.4 Start der SharePoint-2016-Installation

Zunächst muss der Product Key eingegeben werden. Hier ist es wichtig, dass Sie den Schlüssel für die Enterprise-Lizenz eingeben, da dieser von Project Server benötigt wird.

Abbildung 21.5 SharePoint-Server-2016-Installation: Product Key

Als Nächstes folgt die Lizenzvereinbarung.

Abbildung 21.6 SharePoint Server-2016-Installation: Lizenzbedingungen

Die einzige Option, bei der Sie tatsächlich etwas auswählen können bzw. müssen, ist der Dateispeicherort. Vorgeschlagen wird hier das Laufwerk *C:*. Wenn Sie mehr als eine Partition auf Ihrem Applikationsserver haben, sollten Sie hier gegebenenfalls eine andere Partition wählen. Die Verzeichnisse sollten aber auf allen Servern der Farm so existieren. Wenn Sie also den Index auf ein Laufwerk *D:* legen wollen, sollte es auf jedem Applikationsserver ein Laufwerk *D:* geben.

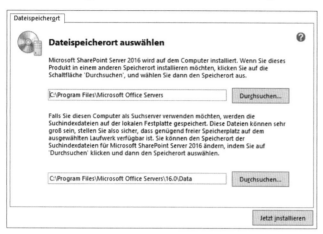

Abbildung 21.7 SharePoint-Server-2016-Installation: Dateispeicherort

Nach Durchlauf der Installation folgt die Aufforderung, den SharePoint-Konfigurations-Assistenten auszuführen.

Abbildung 21.8 SharePoint Server-2016-Installation: Abschluss

21.3.1 Konfigurations-Assistent

Da Sie die Ausführung des SharePoint-Konfigurations-Assistenten eben ausgewählt haben, startet dieser automatisch. Sollte dies nicht der Fall sein, findet er sich auch im Startmenü beziehungsweise der App-Liste.

Nach der Bestätigung der Lizenzbedingungen haben Sie zunächst die Wahl, ob Sie eine neue Farm erstellen oder einer vorhandenen Farm beitreten wollen. Falls die Farm aus mehreren Servern bestehen soll, würden Sie auf dem ersten Server die Farm installieren und dann auf den weiteren Servern der Farm beitreten.

Abbildung 21.9 Konfigurations-Assistent (1)

Abbildung 21.10 Konfigurations-Assistent (2)

Nun konfigurieren Sie die Verbindung zur neu zu erstellenden Konfigurationsdatenbank. Dies ist die zentrale Datenbank der Farm, in der die Konfigurationsinformationen (Server, Service-Konten etc.) gespeichert werden. Falls ein SQL-Alias verwendet wird, geben Sie diesen hier als Servernamen an. Als Benutzername geben Sie das Konto an, das Sie als Farmkonto verwenden wollen.

Abbildung 21.11 Konfigurations-Assistent (3)

Im nächsten Schritt wird eine sogenannte Passphrase für die Farm erstellt. Diese wird später benötigt, wenn weitere Server der Farm beitreten wollen. Die Passphrase kann später aber auch noch geändert werden.

Abbildung 21.12 Konfigurations-Assistent (4)

Nun erfolgt die Abfrage, welche Serverrolle für diesen Server gewählt werden soll (MinRole). Für unser System wählen wir hier EINZELSERVERFARM.

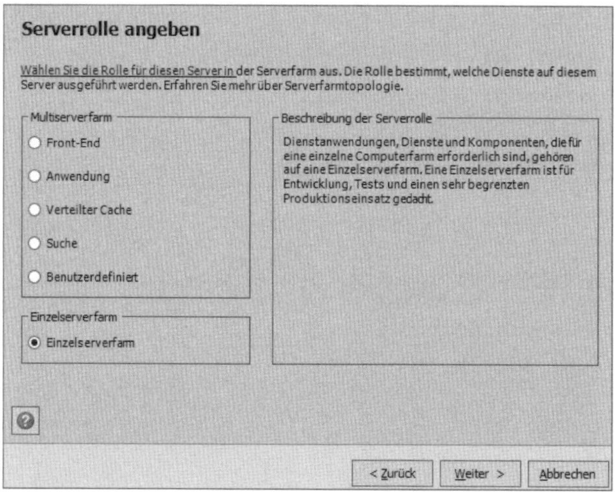

Abbildung 21.13 Konfigurations-Assistent (5)

Bei der Ausführung auf dem ersten Server wird die Webanwendung für die SharePoint-Zentraladministration erstellt. Der Port, unter dem sie später erreichbar ist, wird zufällig gewählt, kann aber auch geändert werden. Üblicherweise ruft man die Zentraladministration meist vom Server aus über das Startmenü (bzw. die Apps-Seite) auf, und der Port ist daher unerheblich. Wenn man die Seite aber auch von seinem Arbeitsplatz aus aufrufen können möchte, ist ein einfacher zu merkender Port zu empfehlen. Die vorgeschlagene NTLM-Authentifizierung können Sie beibehalten, wenn nicht erhöhte Sicherheitsanforderungen dagegensprechen.

21 Bereitstellung Microsoft Project Server on premises

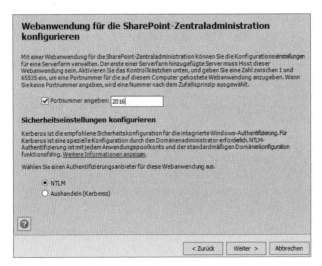

Abbildung 21.14 Konfigurations-Assistent (6)

Die gewählten Einstellungen werden jetzt noch einmal zur Kontrolle angezeigt. Wenn nichts dagegenspricht, können Sie die Farm erstellen lassen.

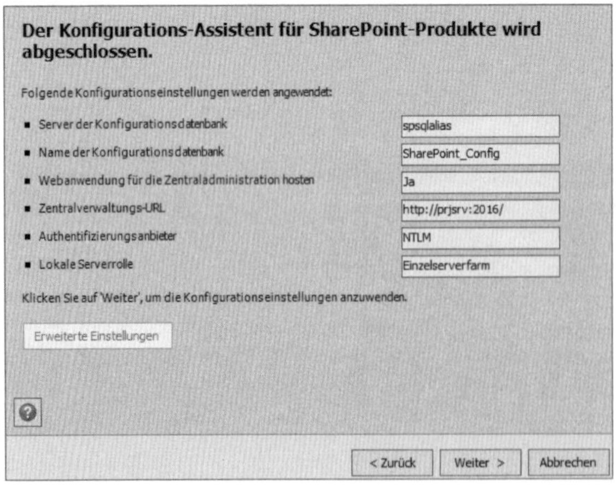

Abbildung 21.15 Konfigurations-Assistent (7)

Das dauert nun einige Zeit. Sie können sich in Ruhe einen Kaffee holen und vermutlich auch austrinken. Nach einiger Zeit erhalten Sie vermutlich eine Erfolgsmeldung.

Damit haben Sie eine leere Farm erstellt. Wenn Sie dieses Fenster schließen, startet als Nächstes ein Internet-Explorer-Fenster, und es öffnet sich die SharePoint-Zentraladministration.

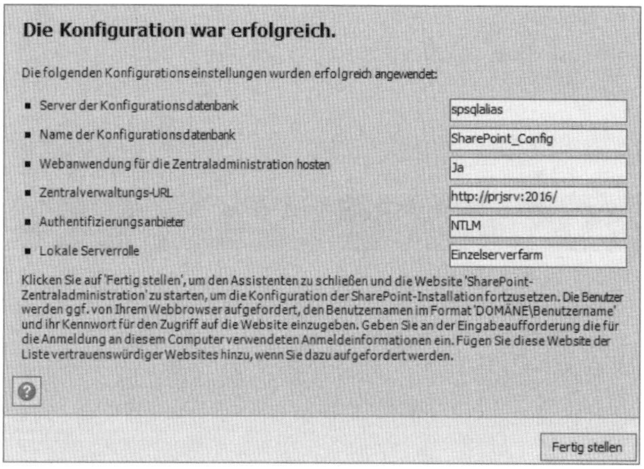

Die Konfiguration war erfolgreich.
Die folgenden Konfigurationseinstellungen wurden erfolgreich angewendet:
Server der Konfigurationsdatenbank
spsqlalias
Name der Konfigurationsdatenbank
SharePoint_Config
Webanwendung für die Zentraladministration hosten
Ja
Zentralverwaltungs-URL
http://prjsrv:2016/
Authentifizierungsanbieter
NTLM
Lokale Serverrolle
Einzelserverfarm
Klicken Sie auf 'Fertig stellen', um den Assistenten zu schließen und die Website 'SharePoint-Zentraladministration' zu starten, um die Konfiguration der SharePoint-Installation fortzusetzen. Die Benutzer werden ggf. von Ihrem Webbrowser aufgefordert, den Benutzernamen im Format 'DOMÄNE\Benutzername' und ihr Kennwort für den Zugriff auf die Website einzugeben. Geben Sie an der Eingabeaufforderung die für die Anmeldung an diesem Computer verwendeten Anmeldeinformationen ein. Fügen Sie diese Website der Liste vertrauenswürdiger Websites hinzu, wenn Sie dazu aufgefordert werden.
Fertig stellen

Abbildung 21.16 Konfigurations-Assistent (8)

21.3.2 Konfiguration der Farm über die Zentraladministration

Die Zentraladministration begrüßt Sie zunächst mit der Frage, ob Sie am Programm zur Verbesserung der Benutzerfreundlichkeit teilnehmen wollen.

Dann werden Sie gefragt, ob Sie die Farm manuell oder mithilfe eines Assistenten konfigurieren wollen. Wir machen uns das Leben zunächst einmal einfach und wählen den Assistenten.

Assistent für die Farmerstko...
SharePoint
AIRBI\administrator
FREIGEBEN
Willkommen
Zentraladministration
Anwendungsverwaltung
Systemeinstellungen
Überwachung
Sichern und Wiederherstellen
Sicherheit
Upgrade und Migration
Allgemeine Anwendungs-einstellungen
Apps
Office 365
Konfigurations-Assistenten
Wie möchten Sie die SharePoint-Farm konfigurieren?
Dieser Assistent unterstützt Sie bei der erstmaligen Konfiguration der SharePoint-Farm. Sie können die Dienste auswählen, die in dieser Farm verwendet werden sollen, und Ihre erste Website erstellen.
Sie können diesen Assistenten über die Seite 'Konfigurations-Assistenten' auf der Zentraladministrationswebsite erneut starten.
Ja, ich möchte schrittweise Anleitungen zur Konfiguration meiner Farm mithilfe dieses Assistenten erhalten.
Assistenten starten
Nein, ich führe die Konfiguration alleine aus.
Abbrechen

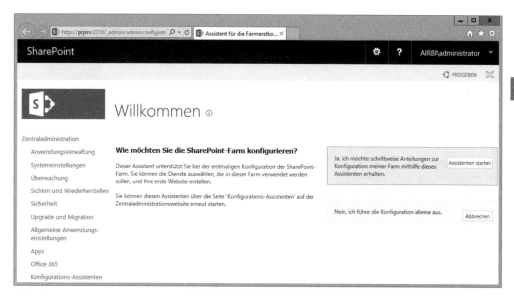

Abbildung 21.17 Startbildschirm der SharePoint-Zentraladministration

Dann stellt sich die Frage, unter welchem Konto die Dienste der Farm laufen sollen und welche Dienste Sie wünschen. Als Benutzerkonto fügen Sie der SharePoint-Farm das Dienstkonto hinzu.

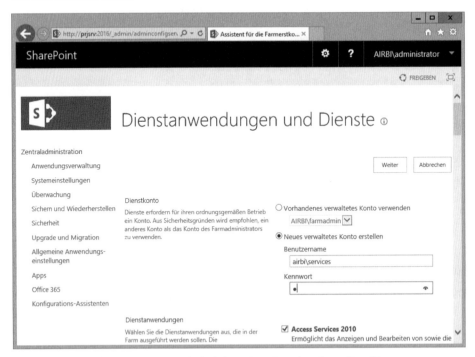

Abbildung 21.18 SharePoint-Zentraladministration: Farmkonfiguration (1)

Nun wählen Sie die Dienste aus, die Sie benötigen:

- App-Verwaltungsdienst: Wird benötigt, um SharePoint-Apps entweder aus dem App-Katalog oder manuell hinzufügen zu können.
- Benutzerprofildienst-Anwendung: Synchronisiert Benutzerinformationen aus dem Active Directory nach SharePoint und ist Voraussetzung für persönliche Websites (MySites).
- Business Data Connectivity-Dienst
- PerformancePoint Service-Anwendung: Reporting und Dashboard-Funktionalitäten
- Project Server-Dienstanwendung: Stellt den Project Server Webservice sowie Warteschlangen-, Ereignis- und Berechnungsdienst bereit.
- Sammlung von Verwendungs- und Integritätsdaten
- Secure Store Service: Single-Sign-On-Anwendung

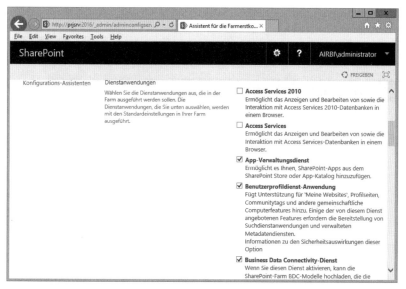

Abbildung 21.19 SharePoint-Zentraladministration: Farmkonfiguration (2)

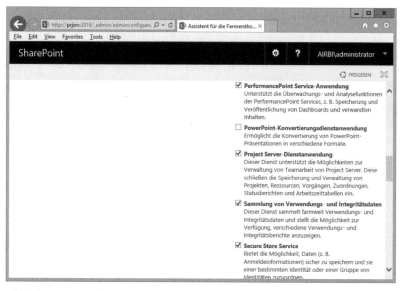

Abbildung 21.20 SharePoint-Zentraladministration: Farmkonfiguration (3)

- Statusdienst: temporäre Speicherung von Benutzersitzungs-Informationen
- Suchdienstanwendung: Indiziert Inhalte und stellt Suchergebnisse bereit.
- Verwalteter Metadatendienst: Dieser Dienst bietet Zugriff auf verwaltete Taxonomiehierarchien, Schlüsselwörter und die Infrastruktur von Communitytags sowie websitesammlungsübergreifende Inhaltstypveröffentlichung.

▶ Workflowdienstanwendung: Wird benötigt, damit Project Server Workflows verwenden kann.

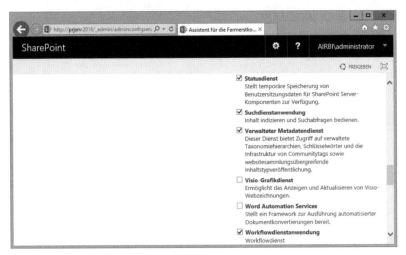

Abbildung 21.21 SharePoint-Zentraladministration: Farmkonfiguration (4)

Bei der Auswahl der auszuführenden Dienste können Sie die vorgeschlagenen Dienste (die sich auch nicht deaktivieren lassen) übernehmen.

▶ Ansprüche an den Windows-Tokendienst (Claims to Windows Token Service)

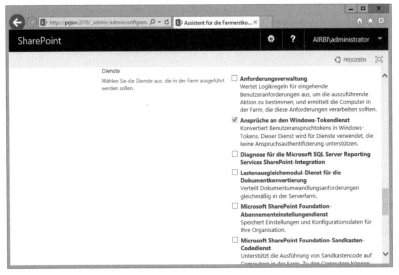

Abbildung 21.22 SharePoint-Zentraladministration: Farmkonfiguration (5)

▶ SharePoint Foundation-Workflowtimerdienst
▶ Verteilter Cache

Abbildung 21.23 SharePoint-Zentraladministration: Farmkonfiguration (6)

Nach einem Klick auf WEITER ist es dann wieder Zeit für eine Pause ...

Nach der Auswahl der Dienste für die Farm erfolgt die Frage nach der Erstellung der ersten Websitesammlung für die SharePoint-Webanwendung. Sie erhält einen Titel und eine Vorlage.

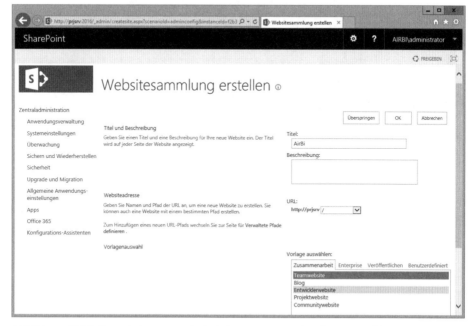

Abbildung 21.24 SharePoint-Zentraladministration: Farmkonfiguration (7)

Dann folgt eine Zusammenfassung der ausgewählten Konfiguration für die Dienste und die Webanwendung.

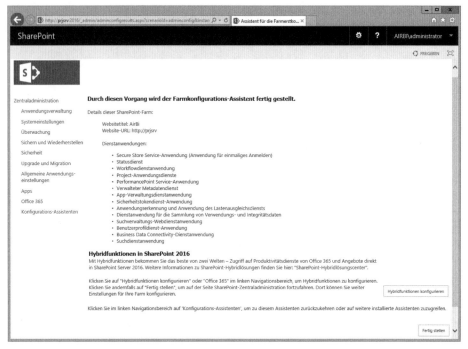

Abbildung 21.25 SharePoint-Zentraladministration: Farmkonfiguration (8)

Kurz darauf ist die SharePoint-Zentraladministration für die weiteren Konfigurationsarbeiten bereit.

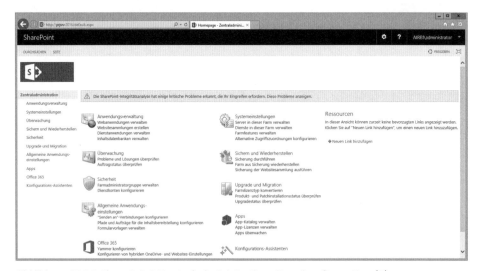

Abbildung 21.26 SharePoint-Zentraladministration: Farmkonfiguration (9)

Auf einer zweiten Registerkarte geben wir die URL für unsere Website ein, hier
»http://prjsrv1«. Es wird etwas dauern, aber nach ca. 30 bis 60 Sekunden sehen wir
unsere SharePoint-Website.

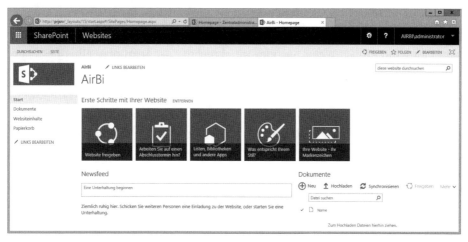

Abbildung 21.27 SharePoint-Teamsite

Sie haben nun zwar eine SharePoint-Website erstellt, aber von Project Server ist noch
nichts zu erkennen. Starten Sie daher die SharePoint-Zentraladministration, und navigieren Sie zu ANWENDUNGSVERWALTUNG • DIENSTANWENDUNGEN VERWALTEN.
Hier finden Sie die Project-Server-Dienstanwendung. Wenn Sie auf diese klicken, erhalten Sie eine Übersicht über die zu verwaltenden Project Web Apps.

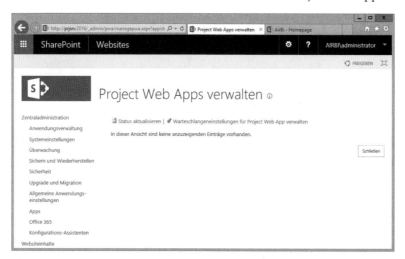

Abbildung 21.28 Project-Server-Dienstanwendung verwalten

Nun ist diese Liste leer, und wie Sie sehen, kann man hier auch keine erzeugen. Project Server wurde im Vergleich zur Vorversion 2013 zwar technisch weiter in Share-

Point integriert, aber dafür wurde »zum Ausgleich« das Erstellen von neuen Project Web Apps in die SharePoint Management Shell verbannt. Allerdings macht man das ja auch nicht so häufig, sodass man damit sicher leben kann.

Öffnen wir also eine SharePoint Management Shell mit administrativen Rechten.

Hier haben wir jetzt zwei Möglichkeiten. Entweder erstellen wir eine neue Websitesammlung mit Project Web App, oder wir aktivieren das Feature in einer bestehenden Websitesammlung.

Beide Varianten stellen wir hier vor. An dieser Stelle aber der Hinweis, dass die zweite Variante zum Zeitpunkt der Veröffentlichung dieses Buches nicht sauber funktioniert, sondern ein Problem aufweist. Wir empfehlen daher, die erste Variante zu verwenden.

Im ersten Fall verwenden wir den Befehl new-spsite:

```
new-spsite -url http://prjsrv/websites/pwa1 -template pwa#0 -owneralias airbi\farmadmin -secondaryowneralias airbi\administrator
```

Das genügt aber noch nicht. Im zweiten Schritt müssen wir für diese Websitesammlung noch das Project Web App Feature aktivieren:

```
Enable-SPFeature pwasite -url http://prjsrv/websites/pwa1
```

Wenn wir das allerdings versuchen, schlägt das fehl. An dieser Stelle schlägt nämlich die Lizenzprüfung zu. Bisher haben wir nur einen Lizenzschlüssel für SharePoint Server eingegeben. Damit stehen auch durchaus einige Elemente zur Verfügung, die nach Project Server aussehen. Wenn man aber wirklich damit arbeiten will, braucht man einen entsprechenden Lizenzschlüssel. Wir aktivieren also die entsprechende Lizenz mittels:

```
Enable-ProjectServerLicense -Key Lizenzschlüssel
```

Nun können wir auch erfolgreich das PWA-Feature aktivieren.

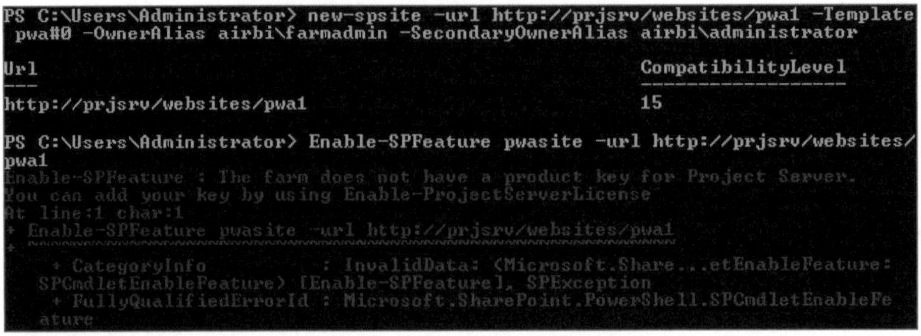

Abbildung 21.29 Erstellen einer neuen Websitesammlung mit PWA

Und wir finden nach Aufruf der URL auch eine Project-Web-App-Website vor:

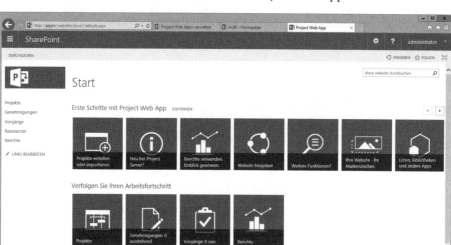

Abbildung 21.30 Project-Web-App-Website

Nun kann man in der Version 2016 auch Project Web App in einer bestehenden Websitesammlung aktivieren. Das wollen wir nun ausprobieren. Oben haben wir ja schon mithilfe des Assistenten in der Zentraladministration eine SharePoint-Websitesammlung als sogenannte *Root Website* erstellt (URL: *http://prjsrv*). An der Stelle findet sich im Moment eine reine SharePoint-Teamsite, die keine Project-Features kennt. Das ändern wir durch Aktivieren des entsprechenden Features für die Websitesammlung:

Abbildung 21.31 Aktivieren des PWASite-Features in bestehender Websitesammlung

Nun rufen wir diese Website auf und reiben uns verwundert die Augen. Da ist wohl etwas aktiviert worden – wir finden tatsächlich PWA-Einstellungen im SharePoint-Menü. Aber ansonsten sieht das nicht sehr nach Project Web App aus.

Das liegt daran, dass diese Website ja schon existierte und bei der Erstellung der Website nicht die entsprechende Vorlage für Project Server ausgewählt wurde. Dadurch fehlen nun die entsprechenden Elemente in der Website. Die Lösung dieses Problems besteht darin, dass in der Websitesammlung eine neue Unterwebsite mit der richtigen Vorlage erzeugt wird.

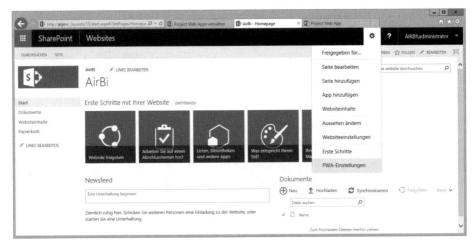

Abbildung 21.32 Websitesammlung mit PWASite-Feature

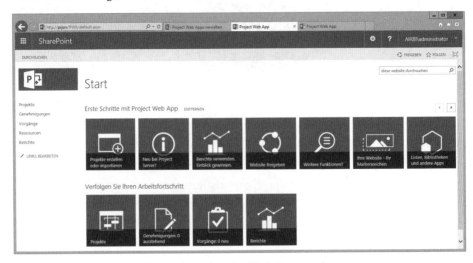

Abbildung 21.33 Erstellen einer neuen PWA-Website in einer vorhandenen Websitesammlung

Und tatsächlich erhalten wir so eine neue PWA-Website */pwa*, welche sich in der Websitesammlung / befindet.

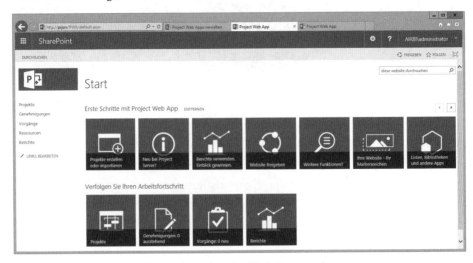

Abbildung 21.34 PWA-Website in bestehender Websitesammlung

Oben hatten wir erwähnt, dass diese Methode aktuell ein Problem aufweist. Vermutlich wird dieses zu einem späteren Zeitpunkt gelöst. In der RTM-Version werden Sie aber eine Fehlermeldung erhalten, wenn Sie auf den Link *Berichte* im Schnellstartmenü von Project Server klicken. Der Fehler kommt, weil kein ProjectBiCenter (eine automatisch erstellte Subsite für das Berichtswesen in Project Server) gefunden wird. Gemäß den aktuell vorliegenden Dokumentationen soll man den Befehl `upgrade-SPProjectWebInstance` ausführen. Dieser Teil der Dokumentationen stammt aber noch aus Vorabversionen, und der Befehl ist in der RTM-Version nicht verfügbar. Es gibt einen alternativen Befehl `repair-spprojectwebinstance`, der auch noch nicht vollständig dokumentiert ist. Er scheint aber derzeit (Stand Juli 2016) auch noch kein Mittel zur Lösung dieses Problems zu sein.

In der SharePoint-Zentraladministration finden wir nun unsere beiden Project Web Apps vor:

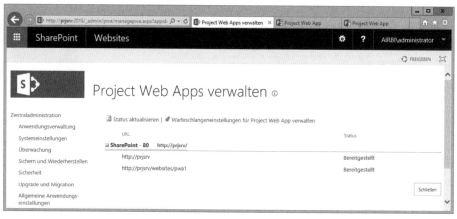

Abbildung 21.35 Project Web Apps in der Zentraladministration

21.3.3 Das Project-Server-Datenbankmodell

Die Datenhaltung von Project Server hat sich in der Version 2016 erneut geändert. Aus einem Satz von je 4 Datenbanken je Project-Server-2007-/2010-Instanz wurde in der Version 2013 eine gemeinsame Datenbank.

In der Version 2016 wurde auch die Datenbank »eingespart«. Die Project-Server-Inhalte sind in die entsprechende SharePoint-Inhaltsdatenbank integriert worden. In dieser finden sich jetzt die SharePoint-Inhalte in Tabellen des Schemas *dbo*, die Project-Server-Inhalte in Schemas *prjdraft*, *prjpub*, *prjrep* und *prjver*.

In einer SharePoint-Inhaltsdatenbank können sich mehrere Websitesammlungen und damit auch mehrere Project Web Apps befinden.

Allerdings ist dies nicht empfohlen, und spätestens wenn Sie auf die Inhalte der Project-Server-Tabellen zu Berichtszwecken zugreifen wollen, werden mehrere Web

Apps in einer Inhaltsdatenbank von Microsoft nicht unterstützt. Und ein entsprechendes Berichtswesen würde auch schwierig werden, da sich z. B. die Projekte mehrerer Instanzen dann in einer Tabelle befinden und die Zuordnung zur PWA-Site über deren ID erfolgen muss. Hie sehen Sie die beiden *Enterprise-Global* der oben erstellten Project Web Apps.

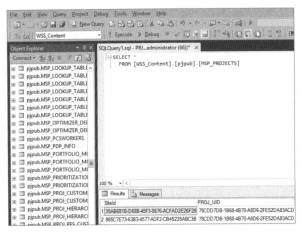

Abbildung 21.36 Projekte mehrerer Project Web Apps in einer Inhaltsdatenbank

Also sollten Sie unbedingt sicherstellen, dass sich Ihre Websitesammlungen mit Project Web App in isolierten Inhaltsdatenbanken befinden.

Wenn das Kind bereits in den Brunnen gefallen ist und Sie diese Trennung bei der Erstellung der Websitesammlung nicht berücksichtigt haben, können Sie eine neue Inhaltsdatenbank erstellen und eine Websitesammlung dann in diese neue Datenbank verschieben.

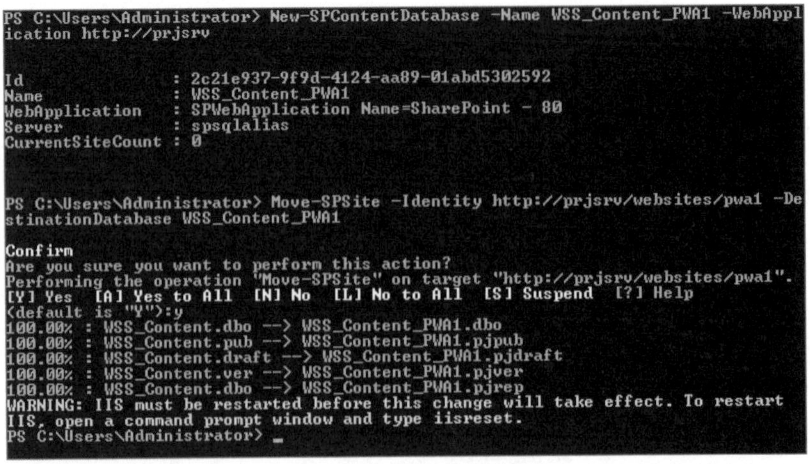

Abbildung 21.37 Erstellen einer neuen Inhaltsdatenbank und Verschieben einer Websitesammlung

21.3.4 Bereitstellung einer Infrastruktur für Apps

Ein wesentliches Feature ist die Erweiterbarkeit des Systems durch Apps. Diese können, wie von Windows oder Smartphones bekannt, aus einem Store bezogen und installiert werden.

Leider funktioniert das für SharePoint nicht ganz so einfach, wie von diesen Plattformen her eventuell bekannt. Eine App fügt man über das Systemmenü hinzu.

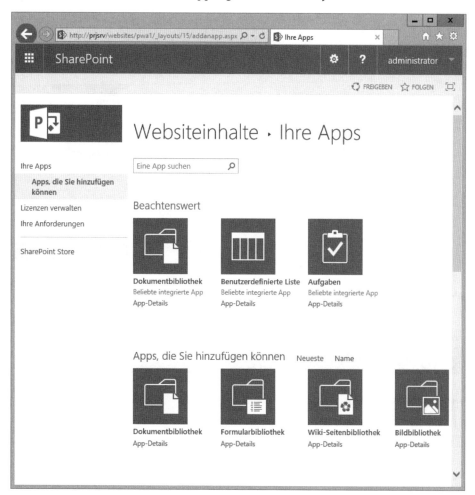

Abbildung 21.38 App hinzufügen (1)

Wenn das Ihre Anwender versuchen, werden sie mit einer Fehlermeldung empfangen – und stehen dann vermutlich bei Ihnen auf der Matte ...

Aktiviert werden Apps über die Zentraladministration. Dort gibt es in der Navigation einen eigenen Menüpunkt für Apps.

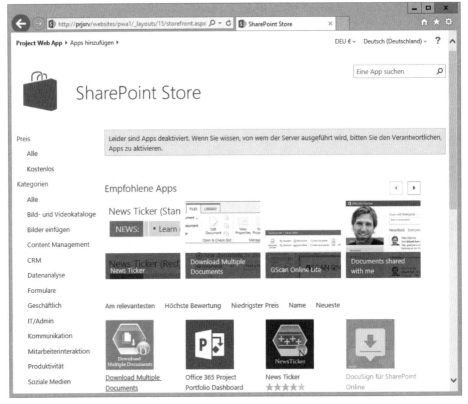

Abbildung 21.39 App hinzufügen (2)

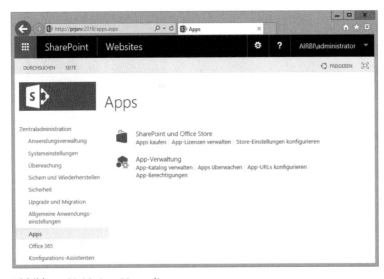

Abbildung 21.40 App-Verwaltung

Eine App verfügt über eine individuelle URL, die aus einem Präfix, der ID der App und einem wählbaren Domänennamen besteht. Präfix und Domäne werden in APP-URLS KONFIGURIEREN definiert.

Hier bekommen wir leider gleich die nächste Fehlermeldung. Um Apps nutzen zu können, benötigen Sie nicht nur die App-Dienstanwendung, sondern auch den *Abonnementeinstellungsdienst*.

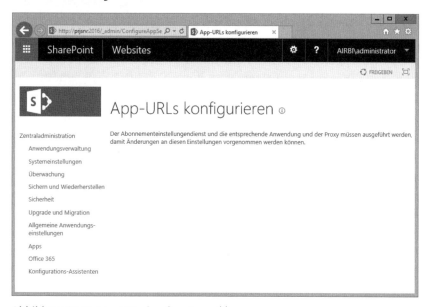

Abbildung 21.41 App-URLs konfigurieren (1)

Den Abonnementeinstellungsdienst kann man über die grafische Oberfläche nicht aktivieren. Das geht nur über PowerShell. Starten Sie die SharePoint Management Shell mit Adminrechten, und geben Sie folgende Befehle ein.

```
$account = Get-SPManagedAccount "airbi\services"
$appPoolSubSvc = New-SPServiceApplicationPool -Name AbonnementsdienstAppPool
  -Account $account
$appSubSvc = New-SPSubscriptionSettingsServiceApplication
  -ApplicationPool $appPoolSubSvc -Name Abonnementeinstellungsdienst
  -DatabaseName SettingsServiceDB
$proxySubSvc = New-SPSubscriptionSettingsServiceApplicationProxy
  -ServiceApplication $appSubSvc
```

Listing 21.1 Abonnementeinstellungsdienst

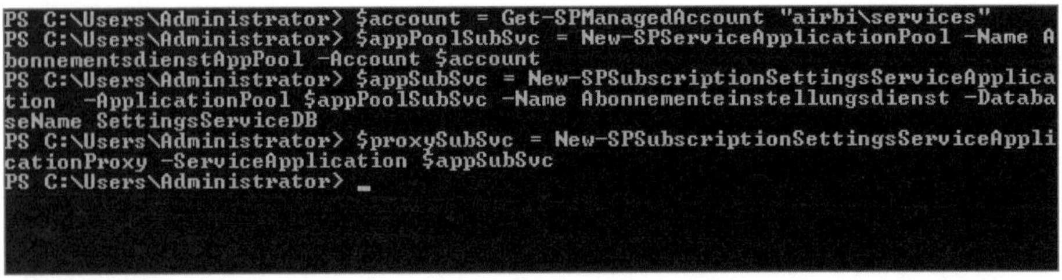

21 Bereitstellung Microsoft Project Server on premises

```
PS C:\Users\Administrator> $account = Get-SPManagedAccount "airbi\services"
PS C:\Users\Administrator> $appPoolSubSvc = New-SPServiceApplicationPool -Name A
bonnementsdienstAppPool -Account $account
PS C:\Users\Administrator> $appSubSvc = New-SPSubscriptionSettingsServiceApplica
tion -ApplicationPool $appPoolSubSvc -Name Abonnementeinstellungsdienst -Databa
seName SettingsServiceDB
PS C:\Users\Administrator> $proxySubSvc = New-SPSubscriptionSettingsServiceAppli
cationProxy -ServiceApplication $appSubSvc
PS C:\Users\Administrator> _
```

Abbildung 21.42 Erstellen des Abonnementeinstellungsdienstes

Jetzt können Sie einen neuen Versuch unternehmen, die App-URLs zu konfigurieren. Die Meldung bezüglich des Abonnementeinstellungsdienstes ist wie erhofft verschwunden.

Apps benötigen eine eigene DNS-Domäne. Dabei kann es sich entweder um eine eigenständige DNS-Domäne (z. B. *airbi-apps.local*) oder um eine Unterdomäne handeln. Wir entscheiden uns für die Unterdomäne und wählen *apps.airbi.local*.

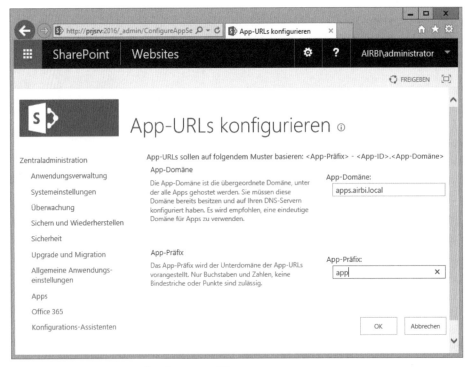

Abbildung 21.43 App-URLs konfigurieren (2)

Diese Domäne muss nun allerdings auch im DNS konfiguriert werden. Wir erstellen dazu eine Subdomain mit Namen »apps« und darin einen Alias (CNAME)-Eintrag. Als Aliasnamen geben Sie * an und als Zielhost den vollqualifizierten Namen Ihres

696

SharePoint Servers. Damit landen DNS-Anfragen nach *app-irgendeinetolleguid.apps.ppm.local* auf Ihrem SharePoint Server.

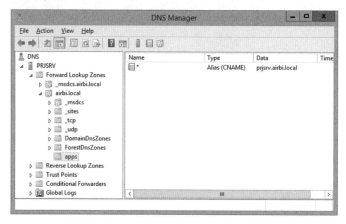

Abbildung 21.44 Einrichten der App-Domäne im DNS

Nun benötigen Sie noch eine Website für den App-Katalog. Hier werden die im System verfügbaren Apps verwaltet. Dazu wählen Sie in der SharePoint-Zentraladministration APPS • APP-KATALOG VERWALTEN und erstellen eine neue App-Katalogwebsite.

Abbildung 21.45 App-Katalog verwalten

Geben Sie der Site einen kreativen Titel sowie eine URL. Dann definieren Sie den künftigen Administrator des App-Katalogs und die zum Zugriff Berechtigten.

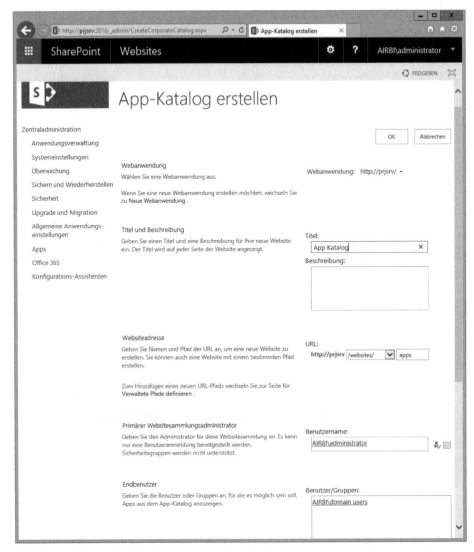

Abbildung 21.46 App-Katalogwebsite erstellen

Wenn Sie jetzt erneut versuchen, eine App unserer PWA-Site hinzuzufügen, erhalten Sie Zugriff auf den Store. Achtung: Verwenden Sie nicht das Systemkonto zum Zugriff auf den Store! Das Systemkonto kann keine Apps erwerben.

Wenn Sie jetzt eine App auswählen (wir wählen hier exemplarisch SOLVIN Track-Timesheet Go), erhalten Sie nähere Informationen zur App. Mit HINZUFÜGEN wählen Sie die App zum Kauf aus (auch wenn sie kostenlos ist …).

21.3 SharePoint-Server-Installation

Abbildung 21.47 SharePoint Store

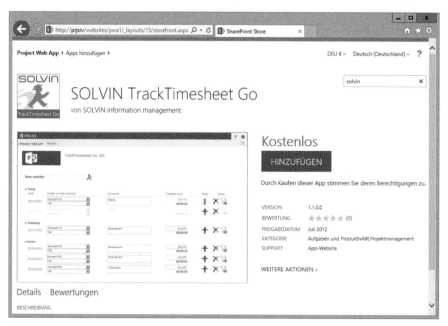

Abbildung 21.48 App aus Store hinzufügen (1)

Abbildung 21.49 App aus Store hinzufügen (2)

Wenn der Erwerb erfolgreich war, erhalten Sie eine Bestätigung und können die App gleich der PWA-Site oder der Site hinzufügen, von der aus Sie auf den App-Katalog zugegriffen haben.

Abbildung 21.50 App aus Store hinzufügen (3)

Wenn Sie das tun, werden Sie gefragt, ob Sie der App vertrauen wollen. Dabei erhalten Sie detaillierte Informationen darüber, auf welche Informationen die App Zugriff benötigt.

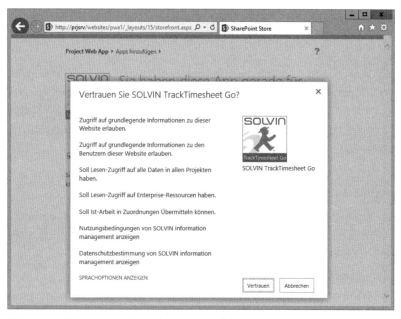

Abbildung 21.51 App aus Store hinzufügen (4)

Anschließend wird die App in den Websiteinhalten angezeigt. Es kann etwas dauern, bis Sie auf die App tatsächlich zugreifen können.

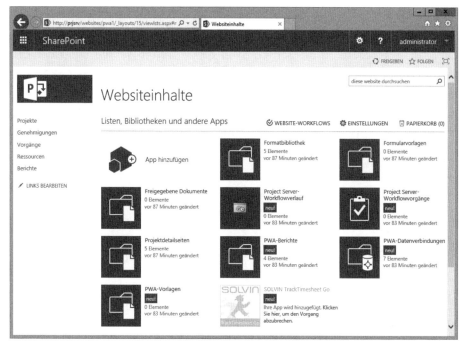

Abbildung 21.52 App aus Store hinzufügen (5)

21 Bereitstellung Microsoft Project Server on premises

Dann können Sie die App starten. Achten Sie auf die URL in der Adressleiste des Browsers. Hier finden Sie das von Ihnen definierte App-Präfix sowie den Domänennamen wieder.

Sie können Einfluss darauf nehmen, wer welche Apps hinzufügt und verwendet. Nähere Informationen finden Sie unter *http://technet.microsoft.com/de-de/library/fp161234.aspx*. Dieser Artikel bezieht sich noch auf die Version SharePoint 2013; eine aktualisierte Version ist zum Zeitpunkt der Drucklegung noch nicht verfügbar. Hier hat sich aber von 2013 zu 2016 nichts Wesentliches verändert.

21.3.5 Bereitstellung der Workflow-Infrastruktur

Workflows wurden in der Version Project Server 2010 eingeführt. Hier gab es nur die Möglichkeit, Workflows mit Visual Studio oder mit Drittanbieter-Tools zu entwickeln (Nintex Workflow für Project Server, UMT Project Essentials).

In der Version Project Server 2013 wurden die Workflows deutlich weiterentwickelt. Project Server verwendet seitdem die SharePoint-Workflow-Infrastruktur. Diese hat sich ebenfalls geändert, da sie »cloudfähig« gemacht werden musste. Dazu wurde der *Workflow Manager* entwickelt, um Workflows und andere Dienste zu hosten, die über längere Zeiträume hinweg ausgeführt werden. Der Workflow Manager bedient sich wie SharePoint einer Infrastruktur, die über mehrere Server hinweg in einer Farm installiert werden kann. Im Normalfall gestaltet sich die Installation aber sehr unproblematisch, und wir installieren die Umgebung einfach mit auf einem Server unserer SharePoint-Farm.

Zunächst laden Sie dazu die Software von der Microsoft-Website unter der URL *www.microsoft.com/de-de/download/details.aspx?id=35375* herunter. Hier wählen Sie WORKFLOWMANAGER.EXE.

Das Paket ist angeblich nur wenige MB groß. Das täuscht allerdings, da eine Reihe von Komponenten später nachgeladen wird.

Abbildung 21.53 Workflow-Manager-Installation (1)

Bestätigen Sie die Voraussetzungen und die Lizenzbedingungen.

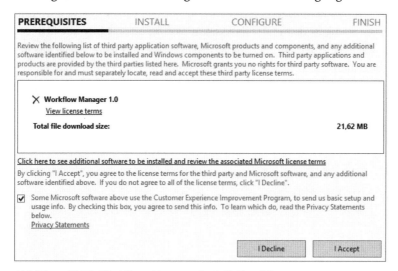

Abbildung 21.54 Workflow-Manager-Installation (2)

Anschließend werden die benötigten Komponenten heruntergeladen und ohne weitere Nachfragen installiert.

Zum Abschluss werden Sie dazu aufgefordert, einen Konfigurations-Assistenten auszuführen.

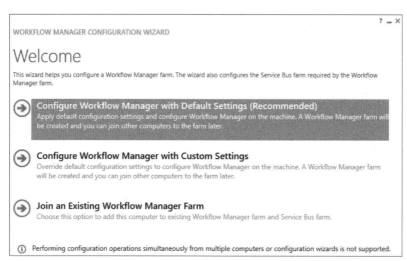

Abbildung 21.55 Workflow-Manager-Installation (3)

Der Einfachheit halber beschränken wir uns hier auf die Installation mit Standardeinstellungen, den ersten Punkt aus der Auswahl.

Geben Sie den Datenbankserver für die Workflow-Umgebung an. Hier wird es sich meist um denselben Datenbankserver handeln, den Sie auch für die SharePoint- und Project-Server-Datenbanken verwendet haben, und verwenden Sie hier auch wieder den SQL-Alias, sofern Sie einen definiert haben. Als Dienstkonto können Sie das Benutzerkonto verwenden, das Sie auch für die SharePoint-Dienste genutzt haben.

In produktiven Umgebungen sollten Sie hier unbedingt HTTPS verwenden, für unser Testsystem verzichten wir darauf und aktivieren daher die Option ALLOW WORKFLOW MANAGEMENT OVER HTTP ON THIS COMPUTER.

Abbildung 21.56 Workflow-Manager-Konfiguration (1)

Auf der nächsten Seite werden die Konfigurationsinformationen zusammengefasst dargestellt. Wenn Sie hier keinen Fehler feststellen, bestätigen Sie das Fenster.

Nach einigen Minuten sollte die Konfiguration abgeschlossen sein, und der Workflow Manager kann verwendet werden.

Abbildung 21.57 Workflow-Manager-Konfiguration (2)

Abbildung 21.58 Workflow-Manager-Konfiguration (3)

Jetzt sollten Sie den Workflow Manager noch aktualisieren. Das ist leider etwas kompliziert.

Zunächst starten Sie den Server bitte einmal neu, da sonst das Aktualisieren vermutlich fehlschlagen wird.

Dann starten Sie den *Web Platform Installer* und suchen dort nach *Service Bus 1.0 Cumulative Update 1*. Sollte es ein neueres Cumulative Update geben, nehmen Sie dieses. Das fügen Sie mit ADD hinzu und wählen INSTALL.

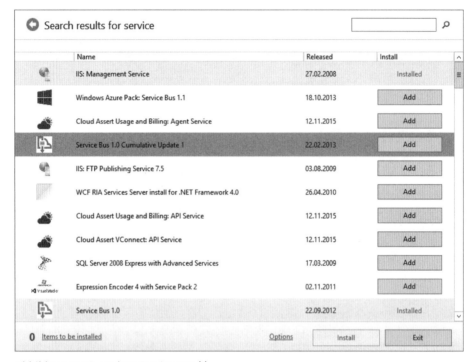

Abbildung 21.59 Update Service Bus (1)

Akzeptieren Sie die Lizenzbestimmungen.

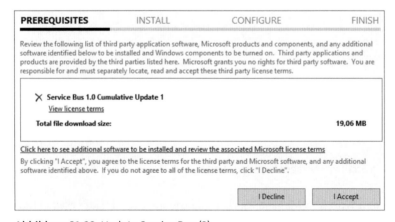

Abbildung 21.60 Update Service Bus (2)

Das Update ist dann hoffentlich erfolgreich:

Abbildung 21.61 Update Service Bus (3)

In einem zweiten Schritt müssen Sie jetzt noch den Workflow Manager selbst aktualisieren. Dabei kann es passieren, dass selbst nach Neustart des Web Platform Installers die Aktualisierung fehlschlägt mit dem Hinweis, Sie müssten erst Service Bus aktualisieren – was Sie ja gerade gemacht haben. Im Zweifel starten Sie also noch mal neu.

Dann suchen Sie im Web Platform Installer nach dem *Workflow Manager 1.0 Cumulative Update 3* (oder einem neueren Cumulative Update) und aktualisieren dieses auf demselben Weg wie eben.

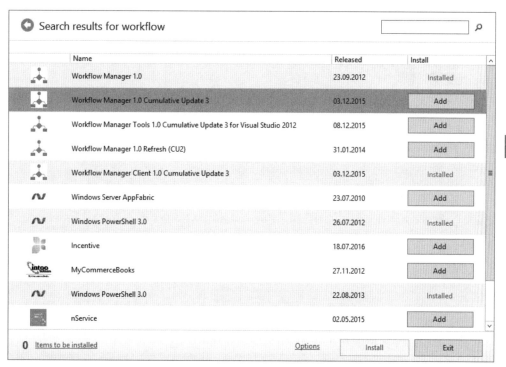

Abbildung 21.62 Update Workflow Manager

Achtung

Das System startet dabei automatisch ohne jede Nachfrage neu!

Nun bleibt noch die Verbindung zwischen der Project-Server-Webanwendung und dem Workflow Manager herzustellen. Das geschieht über PowerShell:

Als Site nehmen Sie eine beliebige Websitesammlung Ihrer Farm. Den Parameter AllowOauthHttp sollten Sie nur in Testumgebungen verwenden. Produktiv ist hier https die bessere Wahl.

```
Register-SPWorkflowService -SPSite "http://prjsrv" -WorkflowHostUri
  "http://prjsrv:12291" –AllowOauthHttp
```

Abbildung 21.63 Registrieren des WorkflowService

Die erfolgreiche Konfiguration der Verbindung zwischen SharePoint und der Workflow-Manager-Farm können Sie wie folgt überprüfen:

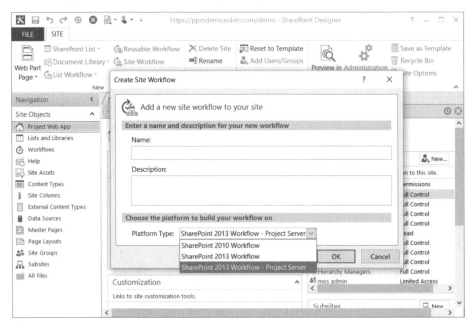

Abbildung 21.64 Test der Workflow-Manager-Installation

Starten Sie SharePoint Designer 2013 (es gibt keine 2016-Version davon, Sie können aber die 2013-Version auch für SharePoint 2016 verwenden). Wenn Sie dieses Programm noch nicht installiert haben, erhalten Sie es unter *www.microsoft.com/downloads*.

Verbinden Sie sich mit Ihrer PWA-Website. Wählen Sie in der Navigation WORKFLOWS und dann im Menüband SITE WORKFLOW. Wenn Ihre Installation erfolgreich war, können Sie unter PLATFORM TYPE sowohl SHAREPOINT 2010 WORKFLOW als auch SHAREPOINT 2013 WORKFLOW auswählen.

21.3.6 OLAP-Cube

Ein OLAP-Cube ist ein Datawarehouse, das regelmäßig (in der Regel nachts) aktualisiert wird und performante Analysen der Project-Server-Daten mittels Excel-Pivot-Tabellen-Technik ermöglicht. Weitere Informationen dazu finden Sie in Kapitel 17, »Berichtswesen«, und Abschnitt 20.3.8, »OLAP-Datenbankverwaltung".

Um ihn bereitstellen zu können, müssen technische Voraussetzungen erfüllt werden:

- Wir benötigen eine SQL-Analysis-Services-Instanz (auf dem gleichen oder einem anderen Datenbankserver).
- Auf dem Applikationsserver (dem Server, der den Project-Server-Warteschlangendienst ausführt) müssen aus dem SQL Server Feature Pack (*www.microsoft.com/de-DE/download/details.aspx?id=44272*) die Microsoft SQL Server 2008 R2 Analysis Management Objects installiert werden (SQLSERVER2008_ASAMO10.msi).
- Der Benutzer des Project-Server-Warteschlangendienstes benötigt Adminrechte in der genutzten SQL Server-Analysis-Services-Instanz.
- Der Benutzer des SQL Server-Analysis-Services-Dienstes benötigt Leserechte an den Project-Server-Inhalten – also *db_datareader*-Rechte an der entsprechenden Inhaltsdatenbank.
- Falls die Analysis Services nicht mit auf einem Server der SharePoint-Farm installiert sind und Sie einen SQL-Alias verwenden, müssen Sie den SQL-Alias auch auf diesem Server konfigurieren. Das liegt daran, dass die Analysis Services von Project Server die Information erhalten, von wo sie die Daten für den Cube bekommen. Und da Project Server nur den SQL-Alias und nicht den realen Namen der SQL Server-Instanz kennt, muss auch der Analysis-Services-Dienst diesen Namen auflösen können.

Wenn diese Voraussetzungen gegeben sind, können Sie über die Verwaltung der Project Web App in der SharePoint-Zentraladministration den Cube konfigurieren und erfolgreich erstellen.

Abbildung 21.65 Erstellung eines OLAP-Cubes

21.4 Updates

Für SharePoint Server 2016 erscheinen regelmäßig Updates. Diese erscheinen im Rahmen des Microsoft Patchdays üblicherweise am zweiten Dienstag im Monat als sogenannte Public Updates (PUs) sowohl für SharePoint als auch die Office-Clientprogramme. Dabei handelt es sich um Sammlungen von Hotfixes. Für Hotfixes gilt grundsätzlich die Empfehlung, dass man sie erst nach Durchführung von Tests in einer Testumgebung in ein produktives System einspielen sollte. Weiterhin zeigt die Erfahrung der letzten Jahre, dass man mit dem Einspielen möglichst ein paar Wochen nach Erscheinen des Updates abwarten sollte. Oft genug entstehen dabei Probleme, und diese werden erst nach einiger Zeit bekannt. Die Updates sind kumulativ, was bedeutet, dass sie jeweils auch die Fixes der Vorversionen enthalten. Es genügt also jeweils, das aktuellste Public Update einzuspielen.

Neben Public Updates werden auch Service Packs veröffentlicht. Diese unterliegen umfangreicheren Tests. Dafür erscheinen sie deutlich seltener. Frühestens nach einem Jahr ist normalerweise mit einem Service Pack zu rechnen.

Informationen über die Verfügbarkeit von Updates für SharePoint und Project Server erhalten Sie im Internet an unterschiedlichen Stellen, so z. B. im Microsoft Update Center für Office unter *https://technet.microsoft.com/library/dn789213*. »Führende Instanz« für SharePoint ist der Blog von Stefan Gossner: *https://blogs.technet.microsoft.com/stefan_gossner/*. Für Project Server finden Sie aktuelle Informationen im Project Support Blog von Brian Smith: *https://blogs.technet.microsoft.com/project-support/*. Dort gibt es auch eine übersichtliche historische Darstellung aller Fixes für ein Produkt. Man kann sich darüber eine Übersicht verschaffen, ohne jeden einzelnen KB-Artikel lesen zu müssen.

Die Public Updates für die Serverprodukte werden öffentlich zur Verfügung gestellt (daher der Name, »früher« mussten Patches einzeln beantragt werden). Download und Installation erfolgen aber manuell. Die Updates für die Client-Produkte – also auch für Project Professional – werden über Windows Update verteilt. Je nach Konfiguration Ihrer Umgebung erhalten Sie sie automatisch.

Das Einspielen von Updates auf dem Server geschieht grob in zwei Schritten:

- Aktualisierung der Binärdateien durch Ausführung des Update-Pakets auf allen Servern der Farm
- Ausführung des SharePoint-Konfigurations-Assistenten auf allen Servern der Farm
  Dabei werden die Datenbanken des Systems aktualisiert. Dies sollte auf den Servern nacheinander und nicht parallel erfolgen.
- Wenn Sie eine große Farm betreiben mit mindestens zwei Servern je Rolle (also 8 Servern), ist mit SharePoint Server 2016 ein *Zero Downtime Patching* möglich. Nähere Informationen dazu finden Sie hier: *http://blogs.technet.com/b/pla/archive/2016/03/10/zero-downtime-patching-in-sharepoint-server-2016.aspx*.

21.5 Datensicherung und -wiederherstellung

In diesem Abschnitt geht es um die Sicherung und Wiederherstellung des gesamten SharePoint-Server-Systems. Die Wiederherstellung einzelner Projekte ist in Abschnitt 20.3.5, »Tägliche Sicherung planen (nur in SharePoint-Zentraladministration)« ff, beschrieben.

Alle in SharePoint und Project Server gespeicherten Daten befinden sich in verschiedenen Datenbanken des Microsoft SQL Servers. Für eine Wiederherstellung des Systems nach einem Systemausfall (etwa Festplattendefekt oder Wiederherstellung nach einem fehlgeschlagenen Aktualisierungsversuch) genügt daher notfalls eine Sicherung der SQL-Datenbanken.

Mithilfe einer guten Dokumentation der installierten Umgebung und einer aktuellen SQL Server-Datensicherung kann die Farm neu aufgesetzt und können die benötigten Datenbanken in die Farm eingespielt werden.

Einfacher fällt eine Wiederherstellung aber, wenn nicht nur die Datenbanken gesichert wurden, sondern auch die SharePoint-Konfiguration. Das geschieht durch eine Sicherung der Farm von SharePoint aus.

21.5.1 Sicherung der Farm über Microsoft SharePoint

Eine SharePoint-Sicherung kann entweder grafisch mithilfe der Zentraladministration oder über PowerShell erfolgen. Den Weg über die PowerShell müssen Sie einschlagen, wenn Sie die Sicherung regelmäßig durchführen wollen. Die grafische Variante der Zentraladministration verfügt leider nicht über die Möglichkeit, eine zeitgesteuerte Ausführung zu konfigurieren.

Für die Sicherung und Wiederherstellung gibt es einen eigenen Menüpunkt auf oberster Ebene der Navigation. Der obere Block FARMSICHERUNG UND -WIEDERHERSTELLUNG bezieht sich auf die Sicherung oder Wiederherstellung der gesamten Farm, der untere Block DIFFERENZIERTE SICHERUNG auf einzelne Websitesammlungen, Sites oder Listen. Wählen Sie im oberen Block SICHERUNG DURCHFÜHREN.

Abbildung 21.66 Sicherung der Farm über die Zentraladministration (1)

Im nächsten Schritt kann ausgewählt werden, welcher Teil der Farm gesichert werden soll. Hier kann man nur genau einen Knoten zur Sicherung markieren, keine zwei getrennten Zweige der Hierarchie. Im Normalfall sichern Sie die gesamte Farm. Die Auswahl eines Teils der Hierarchie ist eher bei der Wiederherstellung relevant.

Im zweiten Schritt besteht die Möglichkeit, den Sicherungstyp zu bestimmen. *Vollständig* bedeutet alle Daten. *Differenziell* bedeutet die Sicherung aller Änderungen seit der letzten Vollsicherung. Entsprechend muss immer erst eine Vollsicherung durchgeführt worden sein, bevor eine differenzielle Sicherung erstellt werden kann.

Außerdem können Sie wählen, ob Sie nur die Konfiguration der Farm oder Konfiguration und Inhalte sichern wollen.

Zielverzeichnis der Sicherung sollte ein freigegebener Ordner in UNC-Schreibweise (*servername**freigabe*\[*optional Ordnername*]) sein, da der SQL Server in dieses Verzeichnis Datenbanksicherungen schreiben können muss. Das wäre mit einem Pfad

21.5 Datensicherung und -wiederherstellung

in Schreibweise *Laufwerk:\Ordnername* nur möglich, wenn der SQL Server lokal installiert ist, was nur in Testumgebungen vorkommen sollte.

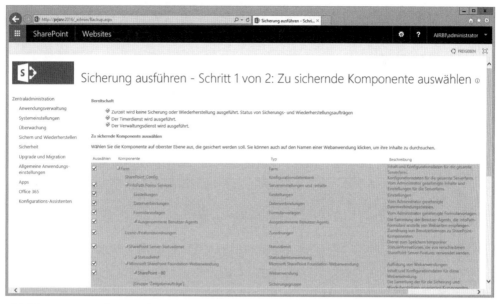

Abbildung 21.67 Sicherung der Farm über die Zentraladministration (2)

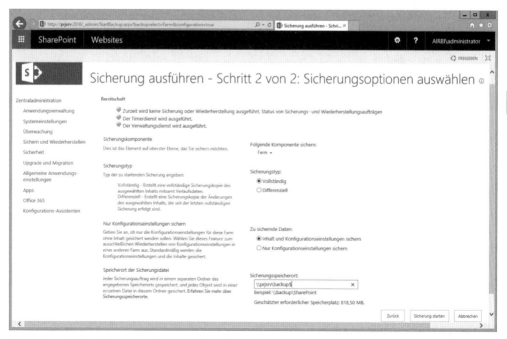

Abbildung 21.68 Sicherung der Farm über die Zentraladministration (3)

Anschließend können Sie den Status des erteilten Sicherungsauftrags beobachten.

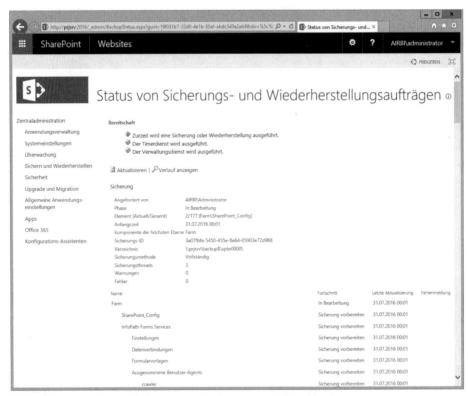

Abbildung 21.69 Sicherung der Farm über die Zentraladministration (4)

Die durchgeführten Sicherungen werden im angegebenen Verzeichnis abgelegt. Dabei wird für jede Sicherung ein Unterordner erstellt, der mit einer fortlaufenden Nummerierung versehen wird. Die Datei *sbprtoc.xml* enthält die Information, welche Sicherung (Typ, Inhalte, Datum) sich in welchem Ordner befindet.

Abbildung 21.70 Sicherungsverzeichnis (1)

Innerhalb der Ordner befindet sich eine Reihe von ebenfalls fortlaufend nummerierten Dateien. Was sich in welcher Datei befindet, steht in der *spbackup.xml*. Die *spbackup.log* enthält das Protokoll der Sicherung. Wenn diese Sicherung bereits für eine Wiederherstellung verwendet wurde, existiert hier auch eine *sprestore.log*.

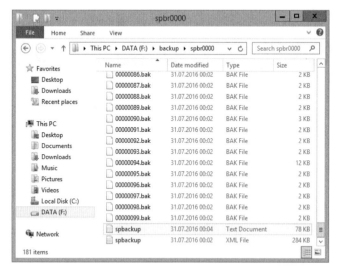

Abbildung 21.71 Sicherungsverzeichnis (2)

Die Sicherung via PowerShell lässt sich fast noch einfacher bewerkstelligen als auf dem grafischen Weg.

Der Befehl für eine vollständige Sicherung von Konfiguration und Inhalten lautet:

```
Backup-SPFarm -Backupmethod Full -Directory \\Server\Freigabe
```

21.5.2 Wiederherstellung der Farm

Wenn die SharePoint-Server-Farm aus einer Sicherung wiederhergestellt werden muss, geht dies am einfachsten mithilfe der oben beschriebenen SharePoint-Sicherung.

Bei der Wiederherstellung gehen Sie zunächst so vor, als ob Sie eine neue Farm installieren würden. Sie installieren bis zu der Stelle, an der sich nach Ausführung des SharePoint-Konfigurations-Assistenten die SharePoint-Zentraladministration der rudimentär installierten Farm öffnet. Das ist die Basis, die Sie für die Wiederherstellung benötigen.

Jetzt wählen Sie in der SharePoint-Zentraladministration die Option zur Wiederherstellung der Farm, FARM AUS SICHERUNG WIEDERHERSTELLEN.

Hier geben Sie den Pfad zu Ihrem Sicherungsordner an und wählen die Sicherung, die Sie wiederherstellen wollen. Dann können Sie wählen, ob Sie Inhalt und Konfiguration oder nur die Konfiguration wiederherstellen wollen. Falls Ihr Server weiterhin oder wieder so heißt wie zum Zeitpunkt der Sicherung und auch Systemkonten und Datenbankserver weiterhin gültig sind, können Sie GLEICHE KONFIGURATION wählen. Sonst haben Sie die Möglichkeit, für alle Konfigurationselemente neue Benutzerkonten, Datenbanknamen etc. zu wählen.

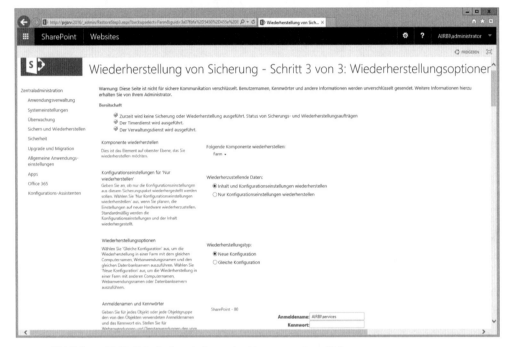

Abbildung 21.72 Wiederherstellung der Farm aus einer Sicherung

Das Problem bei dieser Art der Wiederherstellung ist, dass Sie keinen Fehler machen dürfen. Wenn Sie sich etwa bei einem Kennwort vertippen, wird die Wiederherstellung fehlschlagen, und Sie müssen wieder von vorne anfangen.

21.5.3 SQL Server-Sicherung

Der Microsoft SQL Server ist eigentlich nicht Thema dieses Buches. Da aber nicht in allen Unternehmen, die den Microsoft SharePoint Server einsetzen wollen, Experten für SQL Server-Administration zur Verfügung stehen, hat der technische Administrator des Microsoft SharePoint Servers oft »nebenbei« auch noch das Vergnügen, einen komplexen Datenbankserver betreuen zu dürfen. Daher wollen wir Ihnen hier zumindest die notwendigen Grundlagen vermitteln.

Der Microsoft SQL Server verwendet – wie die meisten modernen Datenbankserversysteme – zwei Arten von Dateien für die Datenbankspeicherung. Zum einen die Daten selbst, die in einer Datei mit der Endung *.mdf* gespeichert sind, zum anderen ein sogenanntes Transaktionsprotokoll in einer Datei mit der Endung *.ldf*, in der alle Vorgänge in zeitlicher Reihenfolge gespeichert sind, die Daten hinzufügen, ändern, löschen oder die Struktur der Datenbank verändern (z. B. durch Hinzufügen eines Feldes zu einer Tabelle).

Standardmäßig geht der SQL Server so vor, dass die Protokollierung der Vorgänge im Transaktionsprotokoll ewig fortlaufend durchgeführt wird. Wenn Sie nichts weiter unternehmen, enthält das Transaktionsprotokoll nach einem halbjährigen Betrieb des Servers ein lückenloses Protokoll aller Änderungen der letzten sechs Monate.

Das ist zunächst positiv, weil mit Transaktionsprotokollen eine Wiederherstellung zu einem beliebigen Zeitpunkt möglich ist. Sie könnten also den SQL Server anweisen, die Datenbank in den Stand von vor vier Monaten zu versetzen.

Leider gibt es dabei aber noch das Problem des endlichen Plattenplatzes. Je nach Verwendung einer Datenbank kann das Transaktionsprotokoll dramatisch anwachsen und nach einiger Zeit ein Vielfaches der Größe der zugehörigen Datenbank erreichen. Das geht so lange gut, bis der Plattenplatz erschöpft ist und der SQL Server die Daten nicht mehr schreiben kann. Dann verweigert er die Änderung von Daten – und die Microsoft-Project-Server-Farm funktioniert nicht mehr.

Dieses Problem tritt immer wieder auf, und einige unserer Kunden hatten in der Vergangenheit mehrfach den Ausfall von Microsoft-Project-Server-Systemen zu beklagen. Wir können Sie allerdings in zweierlei Hinsicht beruhigen:

▶ Nachdem das Plattenplatz-Problem gelöst ist, genügt in der Regel ein Neustart der Microsoft-Project-Server-Dienste, und alles funktioniert wieder ohne bleibende Schäden.

▶ Das passiert auch bei »professionell betreuten« Datenbankservern.

Wie können Sie nun das Problem der laufend anwachsenden Transaktionsprotokolldateien lösen? Hier gibt es zwei Möglichkeiten:

▶ *Regelmäßige Sicherung der Transaktionsprotokolle*

Der SQL Server kennt neben der Sicherung der Datenbanken auch eine Sicherung der Transaktionsprotokolle, die zusätzlich erfolgen kann. Wenn der SQL Server ein Transaktionsprotokoll sichert, werden die gesicherten Transaktionen in der Protokolldatei zum Überschreiben markiert. Die Protokolldatei schrumpft nicht automatisch, sondern behält ihre Größe. Sie wächst aber beim Schreiben neuerer Transaktionen nicht mehr an, sondern es wird der vorhandene freie Platz in der Datei genutzt. Erst wenn der freie Platz erschöpft ist, wächst die Protokolldatei auch physisch wieder weiter an. Das Wachstum von Datendateien können Sie konfigurieren, standardmäßig wächst eine Protokolldatei in Schritten von 10 %. Wenn also die Datei 4 MB groß ist und vergrößert werden muss, wird sie auf 4,4 MB vergrößert, ist auch dieser Platz erschöpft, wächst sie auf 4,84 MB etc.

▶ *Änderung des Wiederherstellungsmodus der Datenbanken*

Standardmäßig verhält sich eine SQL-Datenbank so wie oben beschrieben. Änderungen werden in die Protokolldatei geschrieben und von dort in die Datenbank übertragen. Die Protokolldatei wächst so lange an, bis sie entweder gesichert oder »abgeschnitten« wird. Dabei werden die bereits in die Datenbank übertragenen Inhalte des Protokolls zum Überschreiben markiert. Dieses Verhalten der Datenbank wird als *vollständiges Wiederherstellungsmodell* (Recovery model: Full) bezeichnet.

Sie können das Wiederherstellungsmodell einer Datenbank aber auch auf EINFACH (SIMPLE) ändern. In diesem Modus werden die in die Datenbank übertragenen Transaktionen automatisch als überschreibbar markiert, auch ohne, dass sie zuvor gesichert wurden. Die Protokolldatei wächst dadurch nur zu einer Größe an, wie sie für die Speicherung der jeweils noch nicht eingearbeiteten Transaktionen benötigt wird.

Um das Wiederherstellungsmodell zu ändern, klicken Sie im SQL Management Studio rechts auf die zu konfigurierende Datenbank und wählen EIGENSCHAFTEN • OPTIONEN • WIEDERHERSTELLUNGSMODELL.

Via SQL erreichen Sie das Gleiche, indem Sie

```
ALTER DATABASE DBNAME SET RECOVERY SIMPLE | FULL
```

ausführen.

Wiederherstellungsmodell »Einfach«

Die Änderung des Wiederherstellungsmodells auf EINFACH ist also sehr schnell umgesetzt – sie hat aber eine wichtige Konsequenz, über die Sie sich im Klaren sein sollten:

Nehmen wir an, es ist 15:45 Uhr am Montag. Sie führen werktags um 22:00 Uhr vollständige Sicherungen der Datenbanken durch. Sie nehmen eine Änderung am System vor, die Sie lieber hätten bleiben lassen.

Mithilfe der vollständigen Sicherung können Sie den Stand der Datenbank von Freitag 22:00 Uhr wiederherstellen. Mithilfe des Transaktionsprotokolls könnten Sie außerdem alle Änderungen seit 22:00 Uhr bis zum von Ihnen gewünschten Zeitpunkt (15:44 Uhr) in die Datenbank einspielen lassen – wenn die Protokolldatei alle Änderungen enthält. Wenn Sie aber das Wiederherstellungsmodell auf EINFACH konfiguriert haben, so enthält die Protokolldatei vielleicht nur die Änderungen von 15:40 bis 15:45 Uhr, aber nicht die vollständige Historie.

Wie werden nun Datenbanken und Transaktionsprotokoll gesichert? Dazu gehen Sie folgendermaßen vor:

1. Starten Sie das SQL Management Studio, und führen Sie einen Rechtsklick auf die Datenbank aus. Wählen Sie TASKS • SICHERN.

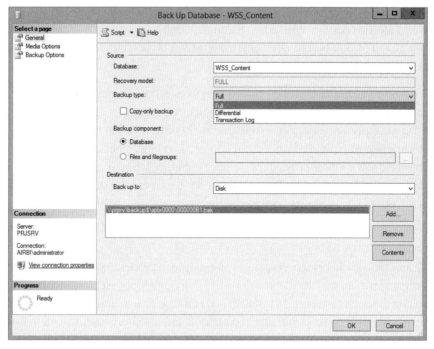

Abbildung 21.73 Sichern einer Datenbank

2. Hier können Sie den Typ der Sicherung auswählen. Folgende Sicherungstypen stehen zur Auswahl:
   - VOLLSTÄNDIG (FULL): Die Datenbank wird gesichert.
   - DIFFERENZIELL: Das Transaktionsprotokoll wird gesichert, und es wird nichts zum Überschreiben markiert (die Protokolldatei wächst also weiter an).
   - TRANSAKTIONSPROTOKOLL: Das Transaktionsprotokoll wird gesichert, und die Inhalte zum Überschreiben werden markiert.

   Sie können mehrere Sicherungen in das gleiche Medium schreiben, wobei ein Medium eine Datei oder ein Band sein kann.

3. Eine solche Sicherung wollen Sie vermutlich für mehrere Datenbanken und wiederholt durchführen. Dazu bedienen Sie sich am besten eines sogenannten Wartungsplans. Wartungspläne erstellen Sie im SQL Management Studio, indem Sie VERWALTUNG • WARTUNGSPLÄNE auswählen und dort mit einem Rechtsklick NEUER WARTUNGSPLAN wählen. Geben Sie dem Wartungsplan einen Namen (z. B. Vollsicherung).

4. Ziehen Sie aus dem Toolbox-Bereich den Vorgang TASK ›DATENBANK SICHERN‹ in den Entwurfsbereich. Doppelklicken Sie dann auf diesen Vorgang.

5. Wählen Sie die zu sichernden Datenbanken sowie einen Zielordner. Wenn Sie mehrere Datenbanken sichern und mehrere Sicherungen aufheben, sollten Sie die Option UNTERVERZEICHNIS FÜR JEDE DATENBANK ERSTELLEN wählen.
6. Wenn Sie sich für das Wiederherstellungsmodell VOLLSTÄNDIG entschieden haben, fügen Sie am besten noch einen weiteren Vorgang zur Sicherung der Transaktionsprotokolle hinzu.

Die erstellten Sicherungsdateien tragen jeweils den Datenbanknamen, Datum und Uhrzeit im Namen. Wenn Sie daher etwa tägliche Sicherungen durchführen, wird jeden Tag eine zusätzliche Datei erstellt und nicht etwa dieselbe Datei immer wieder überschrieben. Sie müssen daher dafür sorgen, dass alte Sicherungsstände aus dem Ordner gelöscht werden. Entweder machen Sie das im Rahmen der Übertragung dieser Sicherungen auf ein externes Medium, oder Sie lassen das durch den Wartungsplan mit erledigen. Wenn Sie Letzteres wünschen, gehen Sie wie folgt vor:

1. Fügen Sie aus der Toolbox noch den Vorgang WARTUNGSCLEANUP AUSFÜHREN hinzu.
2. Verbinden Sie die beiden Vorgänge miteinander. Standardmäßig wird der zweite Vorgang nur ausgeführt, wenn der erste erfolgreich abgeschlossen wurde. Das sollten Sie auch so lassen, damit nicht etwa aus irgendwelchen Gründen die Sicherung mal nicht funktioniert, der Job aber die alten Sicherungen trotzdem löscht und Sie dann gar keine Sicherungen zur Verfügung haben.
3. Wählen Sie dann die Eigenschaften des Vorgangs WARTUNGSCLEANUP AUSFÜHREN, und konfigurieren Sie die gewünschten Parameter für das Verzeichnis, die Dateiendung, den Schwellenwert für das Alter der zu löschenden Dateien sowie die Option, ob auch in Unterverzeichnissen gelöscht werden soll. Letzteres sollten Sie aktivieren, wenn Sie bei der Sicherung oben UNTERVERZEICHNISSE ERSTELLEN gewählt haben.
4. Abschließend sollten Sie in dem Wartungsplan noch einen Zeitplan für seine Ausführung konfigurieren.
5. Nach dem Speichern des Wartungsplans können Sie ihn zu Testzwecken manuell starten, indem Sie auf den erstellten Wartungsplan rechtsklicken und AUSFÜHREN wählen.

21.6 Aktualisierung von früheren Project-Server-Versionen

Beim Airport Bielefeld gibt es zwar keine Daten aus älteren Project-Server-Versionen zu übernehmen, aber trotzdem sprechen wir das Thema kurz an.

Für eine Aktualisierung auf Project Server 2016 sind folgende Kernpunkte zu beachten:

- Eine Aktualisierung ist nur von Project Server 2013 möglich. Wenn Sie eine ältere Version von Project Server einsetzen, müssen Sie schrittweise migrieren. Sie spielen also z. B. die 2007-Datenbanken zunächst in eine Project-Server-2010-Farm ein und aktualisieren sie aufs 2010-Format. Dann machen Sie das Gleiche mit den 2010-Datenbanken in einer 2013-Farm. Erst dann können Sie den nächsten Schritt zu 2016 gehen.
- Es gibt keine »In-Place-Aktualisierung« des bestehenden Systems. Sie müssen immer eine neue 2016-Farm aufsetzen und spielen dann dort die Datenbanken aus Ihrem 2013-System ein.
- In Bezug auf die Clients ist Project Server 2016 wieder »flexibler« geworden. Sie können auch mit Project Professional 2013 auf ein 2016-Serversystem zugreifen.
- Die grobe Vorgehensweise der Aktualisierung sieht wie folgt aus:
  - Installation der Farm inklusive Erstellung einer Webanwendung
  - Anhängen der 2013-Inhaltsdatenbank (Mount-SPContentDatabase)
  - Testen der Inhaltsdatenbank auf fehlende Features (Test-SPContentDatabase)
  - Aktualisieren der Project-Server-Datenbank (Migrate-SPProjectDatabase)
  - Aktualisieren der Ressourcenpläne in Ressourceneinsätze (siehe Abschnitt 12.2.3 für mehr Informationen über Ressourceneinsätze und Ressourcenanforderungen)

Ausführlichere Informationen zum Migrationsprozess finden Sie u. a. unter *https://technet.microsoft.com/de-de/library/gg502590(v=office.16).aspx*.

Kapitel 22
Bereitstellung Microsoft Project Online

In diesem Kapitel lernen Sie die Bereitstellung der cloudbasierten Variante kennen. Diese gestaltet sich deutlich einfacher als die im letzten Kapitel beschriebene lokale Variante.

Nachdem der Bau des neuen internationalen Verkehrsflughafens AIRBI in großen Schritten voranschreitet, macht sich der mittlerweile entstandene IT-Bereich des Flughafens Gedanken, wie die Bereitstellung von Project und Project Server optimiert und die Anwendungen für eine größere und vor allem verteilte Anwendergruppe realisiert werden kann.

Bisher wird Project über eine lokale Serverinfrastruktur des zukünftigen Flughafens betrieben, die ursprünglich als Testsystem gedacht war. Dies ist jedoch auch mit gewissen Nachteilen und Einschränkungen verbunden. Dazu gehören u. a.:

- In den Bauphasen des Flughafens steht noch keine ausreichende IT-Infrastruktur zur Verfügung, es gibt keine ausreichenden Ressourcen für die Verwaltung der IT.
- Es ist kein ausreichendes Budget für Investitionen in Hard- und Software vorhanden, Investitionen für die Einrichtung eines neuen Rechenzentrums sind nicht freigegeben.
- Die projektbeteiligten Anwender arbeiten oftmals auch außerhalb des AIRBI-Netzwerks. In der AIRBI-IT fehlt das Know-how für eine übergreifende Rechteverwaltung, um auch externe Mitarbeiter einzubeziehen.
- Durch die steigende Anzahl von Project-Anwendern müssen auch umfangreiche neue Lizenzen beschafft werden, was sich kostenseitig durchaus bemerkbar macht.

Eine umfassendere Gegenüberstellung on premises versus cloudbasiert finden Sie in Kapitel 19.

Aus den oben genannten Gründen entscheidet sich Reiner Sonnenschein für die Ablösung des Testsystems durch Project Online.

22 Bereitstellung Microsoft Project Online

22.1 Mit Project Online starten

Im Gegensatz zur Beschaffung von Project-Lizenzen für den lokalen Betrieb kann Reiner Sonnenschein mit Project Online direkt über die Homepage von Microsoft starten. In der Suche der Startseite gibt er den Begriff »Project« ein und landet sofort auf der Project-Homepage.

Hier werden nun umfangreiche Informationen bereitgestellt, über die sich Reiner Sonnenschein erst einmal einen Überblick verschaffen muss. Siehe dazu auch Abschnitt 2.4, »Das Project-Lizenzmodell«.

22.1.1 Erste Schritte

Auf der Project-Homepage werden nun vier verschiedene Lizenzgruppen angeboten, welche sich natürlich in den Abonnementkosten unterscheiden.

> **Änderungen im Microsoft-Lizenzmodell**
>
> Für die Auswahl der richtigen Lizenzen sollte man sich ausreichend Zeit nehmen und vor allem auf die Aktualität der Daten achten. Allein im Erstellungszeitraum dieses Buches waren die Autoren mit drei verschiedenen Lizenzansätzen konfrontiert. Die hier aufgeführten Daten basieren auf dem Stand vom 1. August 2016, können sich jedoch wieder ändern. Die nachfolgend gezeigten Screenshots des Anmeldeprozesses für Project in der Cloud sind nur exemplarisch zu verstehen und werden sich voraussichtlich in den nächsten Wochen, Monaten und Jahren ändern.

Features	Office 365 Suites*	Project Online Essentials	Project Online Professional	Project Online Premium
Planner	●			
Update Tasks, Issues & Risks		●	●	●
Submit Timesheets		●	●	●
Project Desktop Client			●	●
Web Interface for Project Management			●	●
Project Scheduling and Costing			●	●
Manage Tasks & Resources			●	●
Project Collaboration			●	●
Portfolio Planning & optimization				●
Demand Management				●
Resource Management				●
Portfolio Reporting				●

* Aktuell kein integraler Bestandteil von Project, kann aber funktional verbunden werden.

Abbildung 22.1 Abgrenzung der Project-Online-Varianten ab dem 1. August 2016

Um eine Übersicht über die verschiedenen Lizenzmodelle zu bekommen, erstellt sich Reiner Sonnenschein die folgende Gegenüberstellung zwischen Lizenzen und den notwendigen Rollen der AIRBI-Projektorganisation:

- *Office 365 Suites*: Diese Variante enthält lediglich den sogenannten Microsoft Planner. Der Planner steht für das Arbeiten mit kleinteiligen Arbeitspaketen und hat aktuell noch keine Verbindung zu Project. Ein mögliches Einsatzszenario der Office-365-Suites-Lizenz kann die Abarbeitung von Arbeitspaketen unterhalb von Project-Vorgängen darstellen. Die passende Rolle könnte hier z. B. die einer projektbeteiligten Fachabteilung sein.
- *Project Online Essentials*: Die Variante Project Online Essentials ist ideal für alle Mitarbeiter im Projekt, welche z. B. an den AIRBI-Projekten mitarbeiten, Vorgängen zugeordnet sind und ihre Zeiten zurückmelden. Ergänzend dazu können diese Projektmitarbeiter mit Project Online Essentials auch über die Project-Site sogenannte Issues (Probleme) und Risiken bearbeiten, haben also auch Zugang zu ausgewählten projektbegleitenden Informationen.
- *Project Online Professional*: Das Paket Project Online Professional ist mit seinen Komponenten genau richtig für den Projektleiter oder Projektplaner, der an allen projektrelevanten Themen in den operativen Projektphasen beteiligt ist. Dazu gehört zusätzlich zum Paket Project Online Essentials natürlich der Einsatz des zentralen Planungswerkzeugs Project in der Desktop-Variante für das Anlegen und Pflegen des Projektplans sowie u. a. die Ressourcenzuordnung zu Vorgängen des Projektplans. Darüber hinaus können mit dieser Variante auch alle weiteren Elemente der Projektzusammenarbeit, z. B. auch das Kostenmanagement, und viele zusätzliche über den Web Client bereitgestellte Funktionen genutzt werden. Für Projektleiter ist diese Variante ausreichend, es sei denn, sie möchten die neue Funktionalität *Resource Engagements* nutzen, diese steht nur in der Premium-Variante zur Verfügung.
- *Project Online Premium*: Die Premium-Variante bietet aufbauend auf den operativen Funktionen der anderen Pakete neben den eben erwähnten Resource Engagements auch noch Funktionen des strategischen Projekt- und Portfoliomanagements. Dazu gehören z. B. die Planung und Optimierung des Projektportfolios, Funktionen für das Anforderungsmanagement und das erweiterte portfolioübergreifende Berichtswesen. Diese Lizenz benötigt Reiner Sonnenschein jedoch nur für ausgewählte Entscheider und Mitarbeiter im Projektmanagement-Office (PMO).

22.1.2 Die Anmeldung für Project Online

Auf der Basis der obigen Entscheidung hat Reiner Sonnenschein nun die Entscheidung für den Erwerb von Project Online als Alternative für den bereits eingesetzten Project Server gefällt. Nun geht es an die Anmeldung.

Hierfür ist es notwendig, dass Reiner Sonnenschein erst einmal ein Konto für Office 365 anlegt und sich mit allen relevanten Daten registriert.

Alternativ könnte er auch, falls vorhanden, die Lizenzen über ein *Microsoft Enterprise Agreement*(dt.: Volumenlizenz) abschließen.

Einstellungen im Internet Explorer vor der Online-Bestellung

Damit die Bestellung im Browser reibungslos verläuft, muss für die entsprechende Internetzone der geschützte Modus aktiviert sein. Ansonsten wird der Zahlungsprozess aus Sicherheitsgründen verweigert. Im Internet Explorer finden sich die betreffenden Einstellungen dazu im Menü OPTIONEN unter INTERNETOPTIONEN.

Beispiel für Online-Anmeldung

Die folgenden Erläuterungen für die Registrierung und Anmeldung für Project in der Cloud-Variante erfolgt beispielhaft mit Project Online. Der Erwerb alternativer Project-Varianten aus der Cloud ist ähnlich und selbsterklärend und wird daher hier nicht separat erklärt.

Die Anmeldung für Project Online ist denkbar einfach. Im Groben müssen einfach vier Schritte bearbeitet werden, um innerhalb von maximal 24 Stunden auf Project Online zugreifen zu können (siehe Abbildung 22.2).

Abbildung 22.2 Anmeldeseite für Project Online – Stand Juni 2016

Nachdem die notwendigen Daten für die Anmeldung erfasst sind, geht es weiter mit dem Anlegen einer übergreifenden Benutzer-ID und der Erfassung der Webadresse für die AIRBI-Project-Online-Adresse. Die Adresse, hier z. B. airbi, wird immer mit *.onmicrosoft.com* ergänzt, lautet in diesem Fall also *http://www.airbi.onmicrosoft.com*.

> **Project-Online-Adresse**
> Die zukünftige Adresse für Project Online sollte mit Bedacht gewählt werden, da eine spätere Änderung nicht mehr möglich ist. Unter anderem ist darauf zu achten, dass die Adresse selbsterklärend und logisch ist.

Abbildung 22.3 Anlegen der Benutzer-ID und des Domänennamens – Stand Juni 2016

Nachdem er nun alle zentralen Daten eingegeben hat, muss er noch die Zahl der gewünschten Lizenzen erfassen.

Abbildung 22.4 Angabe der Anzahl der zukünftigen Project-Online-Anwender – Stand Juni 2016

22.1.3 Einrichtung von Nutzern für Project Online

Nachdem Reiner Sonnenschein eine gewisse Zahl Lizenzen für die AIRBI-Organisation als Online-Abonnement erworben hat, möchte er die Lizenzen nun seinen Kollegen zuweisen. Hierfür wechselt er in die ihm nach dem Abschluss des Lizenzerwerbs zur Verfügung stehende *Office 365 Admin Center-Sicht*.

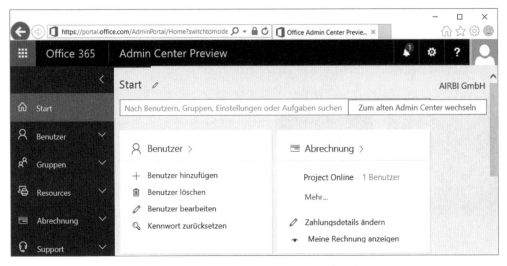

Abbildung 22.5 Zuweisen von Lizenzen an Nutzer – Stand Juni 2016

In dieser Maske stehen weitere administrative Einstellungen pro Nutzer zur Verfügung.

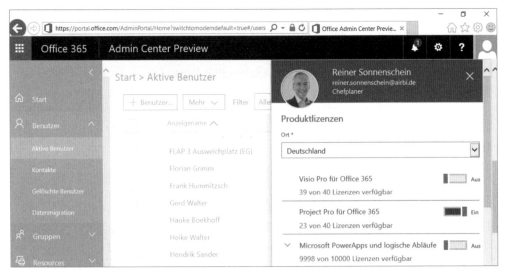

Abbildung 22.6 Verwalten der laufenden Lizenzbereitstellung – Stand Juni 2016

22.1.4 Zugang zu Project Online und Installation des Project Desktop Clients

Nachdem die einzelnen Anwender ihre Zugangsdaten und die Internetadresse der AIRBI-Project-Online-Umgebung erhalten haben, können sie sich über die Adresse *https://login.microsoftonline.com* im Browser anmelden. Diese Adresse ist allgemeingültig für die gesamte Microsoft Cloud. Die Unterscheidung der Organisationen erfolgt über den Benutzernamen.

Nach der Anmeldung erscheint die folgende Seite:

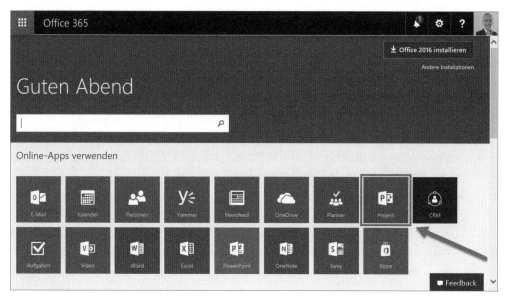

Abbildung 22.7 Zugang zu allen Online-Ressourcen je nach Umfang der Lizenzvereinbarung – Stand Juni 2016

Auf dieser Office 365-Seite erscheint eine Übersicht über alle zur Verfügung stehenden Online-Apps, u. a. Project. Durch einen Klick auf die Project-Kachel kommt der Anwender direkt auf Project Online.

Auf der Office 365-Seite findet sich oben rechts auch eine Schaltfläche für Office 2016-Installationen. Darunter steht aktuell der Punkt ANDERE INSTALLATIONEN. Hier findet sich nach einem weiteren Klick die sogenannte Klick-und-Los-Installation:

Die Installation über Klick-und-Los (Click2Run) steht für ein einfaches Streamen der Installationsdateien des Project-Desktop-Clients. Nach den aktuellen Lizenzrichtlinien kann sich ein Nutzer auf bis zu 5 Endgeräten den Project-Desktop-Client installieren.

Ein großer Vorteil der Online-Installation ist die automatische Bereitstellung der jeweils neuesten Project-Version aus dem Office 365-Paket.

Verschiedene Wege zur Installation des Project-Desktop-Clients

Neben der oben beschriebenen Möglichkeit, Project auf seinem Rechner zu installieren, gibt es u. a. auch auf der zentralen Startseite von Project Online eine Schaltfläche für den Aufruf der Installation des Desktop-Clients.

Ist die Anzahl der Installationen in einer Organisation höher, sollten die Installationsdateien zentral heruntergeladen und den Anwendern bereitgestellt werden, um einen zu hohen Datentransfer zu vermeiden.

22.1.5 Import von Daten nach Project Online

Natürlich fragt sich Reiner Sonnenschein, was er tun muss, um Daten von seinem bisherigen Project Server on premises nach Project Online zu importieren. Hierfür können nach aktuellem Stand zwei Varianten genannt werden:

- *Manuelle Migration*: Öffnen von Plänen mit Project von Project Server, lokales Speichern und anschließend mit Project auf der Online-Instanz anmelden und den lokalen Plan in die Cloud speichern.

- *Einsatz von FluentBooks*: FluentBooks ist eine Partnerlösung des Unternehmens FluentPro. Zum Zeitpunkt der Drucklegung dieses Buches stellt FluentBooks eine Empfehlung des Autorenteams dar. FluentBooks bietet komfortable Funktionen für die Migration von Project Server nach Project Online. Weitere Infos finden sich hier: *www.fluentpro.com*.

Anhang A
Kategorieberechtigungen

In diesem Anhang finden Sie Beschreibungen und Abhängigkeiten der globalen und Kategorieberechtigungen. Wie Sie diese konfigurieren, erfahren Sie in Abschnitt 20.1.5, »Gruppen verwalten (Projektberechtigungsmodus)«.

Dieser Abschnitt wird für Sie sehr hilfreich sein bei der Fragestellung: »Was hat diese Berechtigung für eine Bedeutung, und welche Abhängigkeiten bestehen denn zu anderen Berechtigungen?«

Neu hinzugekommen ist mit Project Server 2016 nur eine Kategorieberechtigung. RESSOURCENVERHANDLUNGEN VERWALTEN wird im Kontext der Resource-Engagement-Funktion benötigt.

Weggefallen ist hingegen die globale Berechtigung BENACHRICHTIGUNGEN UND ERINNERUNGEN VERWALTEN. Diese Konfigurationsmöglichkeit ist nun komplett an den SharePoint-Administrator ausgelagert worden.

Basis der hier bereitgestellten Informationen sind die bis zu Redaktionsschluss veröffentlichten Informationen des folgenden Microsoft-TechNet-Artikels:

http://technet.microsoft.com/de-de/library/cc197622.aspx

Die Spalten der Tabelle enthalten folgende Informationen:

- *Beschreibung:* Beschreibt, welche Aktionen die Berechtigung zulässt.
- *Abhängigkeiten:* Listet andere Berechtigungen (globale bzw. Kategorieberechtigungen) oder Anforderungen auf, die erforderlich sind, damit die Berechtigung wirksam ist.

A.1 Kategorieberechtigungen – Projekt

Berechtigung	Beschreibung	Abhängigkeit
GESCHÜTZTEN BASISPLAN SPEICHERN	Ermöglicht einem Benutzer das Speichern eines geschützten Basisplans oder das Löschen eines geschützten Basisplans, der einem in der Project-Server-Datenbank veröffentlichten Enterprise-Projekt zugeordnet ist. Erteilen Sie diese Berechtigung Projektmanagern, die Basispläne in ihren Projekten speichern müssen. Basispläne werden mit der Funktion BASISPLAN FESTLEGEN gespeichert, auf die über das Project-Professional-Menüband auf der Registerkarte PROJEKT in der Gruppe TERMINPLAN zugegriffen wird. Klicken Sie auf die Schaltfläche BASISPLAN FESTLEGEN, und wählen Sie dann BASISPLAN SPEICHERN oder BASISPLAN LÖSCHEN aus. Geschützte Basispläne liegen im Bereich 0 bis einschließlich 5. Nur Benutzer mit den Kategorieberechtigungen NICHT GESCHÜTZTEN BASISPLAN SPEICHERN, PROJEKT ÖFFNEN und PROJEKT SPEICHERN können Basispläne in den Basisplänen 6 bis 10 speichern.	Dem Benutzer muss die Kategorieberechtigung PROJEKT IN PROJECT SERVER SPEICHERN erteilt werden.
GRUNDLEGENDE PROJEKTSICHERHEIT VERWALTEN	Steuert, ob eine bestimmte Projektberechtigung für ein einzelnes Projekt über das neue Feature PROJEKTBERECHTIGUNGEN festgelegt werden kann.	

Tabelle A.1 Projektberechtigungen

A.1 Kategorieberechtigungen – Projekt

Berechtigung	Beschreibung	Abhängigkeit
NEUEN VORGANG ODER NEUE ZUORDNUNG ERSTELLEN	Bestimmt, welche Projekte beim Erstellen neuer Vorgänge verfügbar sind. Erteilen Sie diese Berechtigung jeder Gruppe von Projekten, in der einzelne Benutzer mithilfe der Seite EINEN NEUEN VORGANG ERSTELLEN in Project Web App neue Vorgänge erstellen können.	Dem Benutzer muss die globale Berechtigung NEUE VORGANGSZUORDNUNG erteilt werden, um auf die Seite NEUER VORGANG in Project Web App zugreifen zu können.
PROJECT-WEBSITE ERSTELLEN	Ermöglicht Benutzern das Anzeigen der Bereiche RISIKEN, PROBLEME und DOKUMENTE in Project Web App und Project Professional. Erteilen Sie diese Berechtigung allen Benutzern von Project Professional, die auf der Informationsseite in Backstage PROJEKTWEBSITE, DOKUMENTE, PROBLEME oder RISIKEN auswählen müssen, oder allen Benutzern von Project Web App, die auf die Navigationslinks der obersten Ebene PROJEKTWEBSITE, DOKUMENTE, PROBLEME oder RISIKEN zugreifen müssen.	
PROJEKT IN PROJECT SERVER SPEICHERN	Ermöglicht einem Benutzer das Speichern von Projekten in der Project-Server-Datenbank mithilfe von Project Professional. Außerdem erhalten Project-Web-App-Benutzer die Berechtigung zum Speichern von Zeitplänen und Daten zu strategischen Auswirkungen. Erteilen Sie diese Berechtigung allen Mitgliedern der Organisation, die Projekte in Project Professional mit dem Dialogfeld IN PROJECT SERVER SPEICHERN oder über serverseitige Projekte in der Project-Server-Datenbank speichern.	Dem Benutzer muss die Berechtigung NEUES PROJEKT erteilt werden, damit er das Projekt erstellen kann. Dem Benutzer muss die Kategorieberechtigung PROJEKT ÖFFNEN für jedes Projekt erteilt werden, das aus der Project-Server-Datenbank ausgecheckt werden muss.

Tabelle A.1 Projektberechtigungen (Forts.)

Berechtigung	Beschreibung	Abhängigkeit
PROJEKT LÖSCHEN	Ermöglicht Benutzern von Project Professional das Löschen eines in der Project-Server-Datenbank gespeicherten Projekts im Dialogfeld AUS MICROSOFT PROJECT SERVER ÖFFNEN in Project Professional. Erteilen Sie diese Berechtigung Mitgliedern der Organisation, um ihnen das direktere Verwalten der Projekte, die sie in der Project-Server-Datenbank gespeichert haben, in Project Professional oder mit dem Link ENTERPRISE-OBJEKTE LÖSCHEN in Project Web App zu ermöglichen. Bevor Sie das Löschen von Projekten durch Benutzer zulassen, sollten Sie überlegen, wie diese Projekte bei Bedarf wiederhergestellt werden können.	
PROJEKT ÖFFNEN	Ermöglicht einem Benutzer das Öffnen eines Projekts aus der Project-Server-Datenbank im schreibgeschützten Modus mithilfe von Project Professional. Erteilen Sie diese Berechtigung jedem Mitglied der Organisation, das mit dem Dialogfeld AUS MICROSOFT PROJECT SERVER ÖFFNEN in Project Professional oder im Projektcenter von Project Web App Projekte öffnen muss, die in der Project-Server-Datenbank gespeichert sind. Wenn Benutzern nicht die Berechtigung PROJEKT IN PROJECT SERVER SPEICHERN zugewiesen wird, wird das Projekt nur im schreibgeschützten Modus geöffnet.	

Tabelle A.1 Projektberechtigungen (Forts.)

Berechtigung	Beschreibung	Abhängigkeit
PROJEKT VERÖFFENTLICHEN	Ermöglicht einem Benutzer das Veröffentlichen von Projekten in der Project-Server-Datenbank mithilfe von Project Professional und Project Web App. Erteilen Sie diese Berechtigung allen Mitgliedern der Organisation, die Projekte veröffentlichen.	Dem Benutzer muss die Kategorieberechtigung PROJEKT ÖFFNEN für jedes Projekt zugewiesen werden, das aus der Project-Server-Datenbank ausgecheckt werden muss. Falls das Projekt seit dem Öffnen geändert wurde, benötigt der Benutzer die Berechtigung PROJEKT IN PROJECT SERVER SPEICHERN für das Projekt. Ansonsten wird im Fall einer Veröffentlichung nur die veraltete Version veröffentlicht.
PROJEKTPLAN IN PROJECT WEB APP ANZEIGEN	Ermöglicht einem Benutzer das Anzeigen von Projektinformationen für ein bestimmtes Projekt mithilfe des Projektcenters in Project Web App. Erteilen Sie diese Berechtigung Benutzern, die Projektdetails im Projektcenter anzeigen müssen.	
PROJEKTSAMMELFELDER BEARBEITEN	Ermöglicht einem Benutzer, nur die im Webpart für neue Projektfelder angezeigten Enterprise-Projektfelder zu bearbeiten. Verfügt der Benutzer nicht über diese Berechtigung, aber über die Berechtigung PROJEKT IN PROJECT SERVER SPEICHERN verfügen, kann er dennoch projektbezogene und benutzerdefinierte Felder im Projektfeld-Webpart bearbeiten.	

Tabelle A.1 Projektberechtigungen (Forts.)

Berechtigung	Beschreibung	Abhängigkeit
PROJEKTSAMMELVORGANG IN PROJECT CENTER ANZEIGEN	Ermöglicht einem Benutzer den Zugriff auf ein bestimmtes Projekt im Projektcenter mithilfe von Project Web App. Erteilen Sie diese Berechtigung jedem Mitglied der Organisation, das Projektzusammenfassungen im Projektcenter anzeigen muss.	
RESSOURCENPLAN VERWALTEN	Ermöglicht einem Benutzer das Bearbeiten eines Ressourcenplans.	
TEAM IN PROJECT ZUSAMMENSTELLEN	Ermöglicht einem Benutzer das Hinzufügen von Ressourcen zu einem Projekt, das bereits in der Project-Server-Datenbank gespeichert wurde. Erteilen Sie diese Berechtigung Projektmanagern, die mithilfe des Features TEAM ZUSAMMENSTELLEN in Project Professional ihre Projekte mit Mitarbeitern ausstatten möchten, bevor sie diese in der Project-Server-Datenbank speichern (und veröffentlichen). Oder erteilen Sie diese Berechtigung Ressourcenmanagern, die mithilfe des Features TEAM ZUSAMMENSTELLEN im Projektcenter von Project Web App einem Projekt Ressourcen hinzufügen möchten, das bereits in der Project-Server-Datenbank gespeichert ist.	Der Benutzer muss über die Kategorieberechtigungen DATEN ZU ENTERPRISE-RESSOURCEN ANZEIGEN und RESSOURCEN ZUORDNEN verfügen, um die Ressourcen im Enterprise-Ressourcenpool im Feature TEAM ZUSAMMENSTELLEN von Project Professional und Project Web App anzuzeigen. Der Benutzer muss über die Berechtigung (auf Kategorieebene) zum Zugriff auf die Projekte und Ressourcen verfügen, auf die zum Zusammenstellen des Projektteams oder zum Zuordnen von Ressourcen zugegriffen werden muss.

Tabelle A.1 Projektberechtigungen (Forts.)

Berechtigung	Beschreibung	Abhängigkeit
VERKNÜPFUNGEN ZWISCHEN LIEFERUNG UND VORVERSIONSELEMENT ERSTELLEN	Ermöglicht einem Benutzer das Erstellen, Ändern oder Löschen von Verknüpfungen zwischen Projektvorgängen und Elementen auf der Projektwebsite (Dokumente, Probleme, Lieferumfang und Risiken).	
VORGANGSAKTUALISIERUNGSANFRAGEN AKZEPTIEREN	Ermöglicht einem Benutzer, Aktualisierungen für Projekte zu akzeptieren, ohne dass er über die Berechtigung PROJEKT IN PROJECT SERVER SPEICHERN verfügen muss.	

Tabelle A.1 Projektberechtigungen (Forts.)

A.2 Kategorieberechtigungen – Ressource

Berechtigung	Beschreibung	Abhängigkeit
ARBEITSZEITTABELLE ANPASSEN	Ermöglicht einem Project-Web-App-Benutzer das Anpassen der Arbeitszeittabellen-Einträge eines Teammitglieds. Erteilen Sie diese Berechtigung jedem Mitglied der Organisation, das in der Lage sein muss, den Arbeitszeittabellen-Eintrag einer Ressource anzupassen, nachdem die Ressource den Eintrag gesendet hat.	Der Benutzer muss über die Berechtigung RESSOURCEN-ARBEITSZEITTABELLE ANZEIGEN verfügen, um diese Berechtigung zu verwenden.
ARBEITSZEITTABELLEN GENEHMIGEN	Ermöglicht einem Benutzer das Genehmigen der Arbeitszeittabellen-Einträge eines Teammitglieds. Erteilen Sie diese Berechtigung jedem Mitglied der Organisation, das in der Lage sein muss, die Arbeitszeittabelle einer Ressource zu genehmigen.	Der Benutzer muss über die Berechtigung ARBEITSZEITTABELLEN GENEHMIGEN über eine Kategorie verfügen, die die Ressourcen enthält, für die er Arbeitszeittabellen genehmigen möchte.

Tabelle A.2 Ressourcenberechtigungen

Berechtigung	Beschreibung	Abhängigkeit
DATEN FÜR ENTERPRISE-RESSOURCEN ANZEIGEN	Ermöglicht einem Benutzer das Anzeigen von Ressourcen und Ressourcendaten, die im Enterprise-Ressourcenpool gespeichert sind. Erteilen Sie diese Berechtigung allen Benutzern, die im Enterprise-Ressourcenpool gespeicherte Ressourcen und Ressourcendaten anzeigen müssen.	
ENTERPRISE-RESSOURCENDATEN BEARBEITEN	Ermöglicht einem Projektmanager das Bearbeiten von Enterprise-Ressourcendaten mit Project Professional (ausgecheckter Enterprise-Ressourcenpool) oder einem Ressourcenmanager das Bearbeiten von Enterprise-Ressourcen mit Project Web App (Ressourcencenter). Erteilen Sie diese Berechtigung Projektmanagern und Ressourcenmanagern, die Ressourcen aktualisieren müssen, die zum Enterprise-Ressourcenpool gehören. Ressourcenmanager mit dieser Berechtigung können Daten zu Enterprise-Ressourcen im Ressourcencenter von Project Web App bearbeiten. Außerdem können sie Kostendaten, benutzerdefinierte Gliederungscodedaten, benutzerdefinierte Felddaten und andere statische Informationen zu Ressourcen aktualisieren. Ressourcenmanager können keine Ressourcen im Enterprise-Ressourcenpool von Project Web App hinzufügen oder löschen.	Benutzern muss die Kategorieberechtigung DATEN ZU ENTERPRISE-RESSOURCEN ANZEIGEN erteilt werden.

Tabelle A.2 Ressourcenberechtigungen (Forts.)

A.2 Kategorieberechtigungen – Ressource

Berechtigung	Beschreibung	Abhängigkeit
Enterprise-Ressourcendaten bearbeiten (Forts.)	Projektmanager können Ressourcen im Enterprise-Ressourcenpool von Project Professional hinzufügen oder löschen, wenn sie über die globale Berechtigung Neue Ressource (zum Hinzufügen von Ressourcen) oder Project Server-Datenbank bereinigen (zum Löschen von Ressourcen) verfügen. Diese Berechtigungen sind zusätzlich zur Kategorieberechtigung Enterprise-Ressourcendaten bearbeiten erforderlich.	
Ressource zuordnen	Ermöglicht einem Benutzer das Zuordnen oder Zuteilen einer bestimmten Ressource zu Projekten. Aus dieser Berechtigung ergibt sich die Liste der verfügbaren Ressourcen im Team Builder in Project Web App und Project Professional. Erteilen Sie diese Berechtigung allen Projektmanagern und Ressourcenmanagern, die Ressourcen zuordnen, verwalten oder zuteilen müssen. Möchten Sie beispielsweise Ressource R dem Projekt P hinzufügen, benötigen Sie die Berechtigung zum Zuordnen von Ressource R (Ressourcen zuordnen) sowie die Berechtigung zum Erstellen des Teams für Projekt P (Team für Projekt zusammenstellen). Darüber hinaus benötigen Sie entweder über Project Web App oder über Project Professional Zugriff auf die Team-Builder-Seite (Ressourcen Projektteam zuordnen).	Der Benutzer muss über die globale Berechtigung Team Builder anzeigen verfügen, um die Seite Team zusammenstellen in Project Web App oder Project Professional zu verwenden. Der Benutzer muss über die Kategorieberechtigung Team für Projekt zusammenstellen verfügen, um eine Ressource einem vorhandenen Enterprise-Projekt zuzuordnen. Der Benutzer muss über die globale Berechtigung Team im neuen Projekt zusammenstellen verfügen, um eine Ressource einem neuen Enterprise-Projekt zuzuordnen.

Tabelle A.2 Ressourcenberechtigungen (Forts.)

Berechtigung	Beschreibung	Abhängigkeit
RESSOURCENSTELL-VERTRETUNGEN VERWALTEN	Ermöglicht einem Benutzer das Anzeigen anderer Benutzer, deren Manager er ist, und das Festlegen von Stellvertretungen für diese.	
RESSOURCEN-VERHANDLUNGEN VERWALTEN	Ermöglicht einem Benutzer, Ressourcenanforderungen zu bearbeiten und Ressourceneinsätze zu erstellen.	Der Benutzer muss über die Berechtigung (auf Kategorieebene) zum Zugriff auf die Ressourcen verfügen, um über das Ressourcencenter auf die Ressourcenanforderungen zugreifen zu können.
RESSOURCENZUORDNUNGEN IN ZUORDNUNGSANSICHTEN ANZEIGEN	Ermöglicht einem Benutzer das Anzeigen von Zuordnungsdetails mithilfe von Zuordnungsansichten im Ressourcencenter. Erteilen Sie diese Berechtigung Projektmanagern und Ressourcenmanagern, die Details von Ressourcenzuordnungen im Ressourcencenter mithilfe von Project Professional oder Project Web App anzeigen müssen.	

Tabelle A.2 Ressourcenberechtigungen (Forts.)

Anhang B
Globale Berechtigungen

Basis der hier bereitgestellten Informationen sind die bis zu Redaktionsschluss veröffentlichten Informationen des folgenden Microsoft-TechNet-Artikels:

http://technet.microsoft.com/de-de/library/cc197631.aspx

B.1 Administration

Berechtigung	Beschreibung und Abhängigkeiten
ACTIVE DIRECTORY-EINSTELLUNGEN VERWALTEN	Ermöglicht Benutzern das Ändern aller Active-Directory-Synchronisierungseinstellungen in den Project-Web-App-Project-Server-Einstellungen. Wenn dem Benutzer diese Berechtigung verweigert wird, kann er die folgenden Einstellungen nicht ändern: ▶ Einstellungen für die Synchronisierung des Enterprise-Ressourcenpools ▶ Einstellungen für die Synchronisierung von Project-Web-App-Sicherheitsgruppen ▶ Auswählen einer Active-Directory-Gruppe zum Synchronisieren mit einer bestimmten Sicherheitsgruppe auf der Seite zum Hinzufügen oder Ändern einer Gruppe
BENACHRICHTIGUNGEN UND ERINNERUNGEN VERWALTEN	Ermöglicht einem Benutzer das Verwalten der Einstellungen für Benachrichtigungen und Erinnerungen.
BENUTZER UND GRUPPEN VERWALTEN	Ermöglicht einem Benutzer den Zugriff auf die Seite BENUTZER UND GRUPPEN VERWALTEN auf der Seite SERVEREINSTELLUNGEN in Project Web App. Benutzer mit dieser Berechtigung können Project-Server-Benutzer hinzufügen, ändern oder löschen sowie Project-Server-Sicherheitsgruppen verwalten.

Tabelle B.1 Globale Berechtigungen: Administration

Berechtigung	Beschreibung und Abhängigkeiten
BENUTZER UND GRUPPEN VERWALTEN (Forts.)	Erteilen Sie diese Berechtigung Mitgliedern Ihrer Organisation, die Project-Server-Administratoren sind. Nur eine kleine Personengruppe sollte über die Zugriffsberechtigung für diese Seiten verfügen.
BENUTZERDEFINIERTE ENTERPRISE-FELDER VERWALTEN	Ermöglicht einem Benutzer das Ändern der Definitionen von ENTERPRISE-FELDER (BENUTZERDEFINIERT) und Nachschlagetabellen in Project Web App.
CUBEERSTELLUNGSDIENST VERWALTEN	Ermöglicht einem Benutzer das Festlegen und Ändern der Einstellungen zum Erstellen von OLAP-Cubes.
EINCHECKVORGÄNGE VERWALTEN	Ermöglicht einem Benutzer den Zugriff auf die Seite EINCHECKEN VON ENTERPRISE-OBJEKTEN ERZWINGEN in Project Web App. Auf dieser Seite können Benutzer das Einchecken von Projekten, Ressourcen, benutzerdefinierten Feldern, Kalendern, Nachschlagetabellen und Ressourcenplänen erzwingen.
ENTERPRISE GLOBAL SPEICHERN	Ermöglicht einem Benutzer in Project Professional das Auschecken, Bearbeiten und Speichern der Enterprise-Global-Vorlage in der Project-Server-Datenbank. Diese Berechtigung sollte nur einer kleinen Personengruppe in Ihrer Organisation erteilt werden, nämlich Projektmanagern, Mitgliedern des Projektmanagementbüros Ihrer Organisation oder Project-Server-Administratoren.
ENTERPRISE-KALENDER VERWALTEN	Ermöglicht einem Benutzer das Erstellen, Ändern und Löschen von Enterprise-Kalendern in Project Web App.
EXCHANGE-INTEGRATION VERWALTEN	Ermöglicht Administratoren, die Synchronisierung von Projektvorgängen mit Exchange Server zu aktivieren.
GANTT-DIAGRAMM- UND GRUPPIERUNGSFORMATE VERWALTEN	Ermöglicht einem Benutzer auf der Project-Server-Administrationsseite den Zugriff auf Anpassungsoptionen für die Balkendiagramm- und Gruppierungsformate für Project-Web-App-Ansichten.

Tabelle B.1 Globale Berechtigungen: Administration (Forts.)

Berechtigung	Beschreibung und Abhängigkeiten
Project Server-Datenbank bereinigen	Ermöglicht einem Benutzer den Zugriff auf die Seite Enterprise-Objekte löschen über die Seite Servereinstellungen in Project Web App. Erteilen Sie diese Berechtigung Benutzern, die Arbeitszeittabellen, Statusberichtsantworten, Projekte, Ressourcen, Benutzer und Benutzerstellvertretungen in Project Server löschen müssen.
Project Web App-Ansichten verwalten	Ermöglicht einem Benutzer den Zugriff auf die Seite Ansichten verwalten auf der Seite Servereinstellungen in Project Web App. Benutzer mit der Berechtigung für den Zugriff auf diese Seite können die Projekt-, Projektcenter-, Ressourcencenter-, Zuordnungs- und Portfolio-Analysierer-Ansichten hinzufügen, ändern oder löschen sowie Arbeitszeittabellen-Ansichten ändern. Erteilen Sie diese Berechtigung Projektmanagern, Ressourcenmanagern und Mitgliedern des Projektmanagementbüros Ihrer Organisation, damit sie Projektdatenansichten erstellen können, auf die Benutzer in Project Web App und Project Professional zugreifen können. Denken Sie unbedingt daran, dass möglicherweise für jedes Projekt eine eigene eindeutige Ansicht erforderlich ist, falls Ihre Organisation Projektmanagern das Erstellen von benutzerdefinierten Feldern auf Projektebene erlaubt. Möglicherweise sind in diesem Umgebungstyp für das IT-Administratorteam zu viele Projekte vorhanden. Die tägliche Verteilung dieser Arbeit auf die Personen in Ihrer Organisation, die auf Projektebene arbeiten, ist eine Möglichkeit zum Verteilen der durch die Verwaltung der Ansichten generierten Arbeitsauslastung.
Serverereignisse verwalten	Ermöglicht einem Benutzer das Registrieren von Ereignishandlern für bestimmte serverseitige Project-Server-Ereignisse. Für die Seite Serverereignisse verwalten muss der Ereignishandler gemäß der Definition im Project Server SDK vom Server registriert werden.

Tabelle B.1 Globale Berechtigungen: Administration (Forts.)

Berechtigung	Beschreibung und Abhängigkeiten
SERVERKONFIGURATION VERWALTEN	Ermöglicht einem Benutzer den Zugriff auf die Seite PROJECT WEB APP-BERECHTIGUNGEN in Project Web App. Benutzer mit Zugriffsberechtigung für die Seite PROJECT WEB APP-BERECHTIGUNGEN können Enterprise-Features aktivieren oder deaktivieren, Organisationsberechtigungen verwalten sowie benutzerdefinierte Menüs (auf oberster Ebene und im Seitenbereich) in Project Web App erstellen. Erteilen Sie diese Berechtigung Project-Server-Administratoren oder einer sehr kleinen und straff verwalteten Personengruppe.
SHAREPOINT FOUNDATION VERWALTEN	Ermöglicht einem Benutzer das Erstellen und Löschen von Projektwebsites, das Konfigurieren der automatischen Erstellung von Projektwebsites für neu veröffentlichte Projekte, das Konfigurieren von Berechtigungssynchronisierungseinstellungen und das Aktualisieren von Websitepfaden. Erteilen Sie diese Berechtigung Mitgliedern Ihrer Organisation, die Administratoren für Project Web App oder Administratoren für die Server mit SharePoint Server 2013 sind. Benutzern mit dieser Berechtigung sollten Administratorrechte für alle Server mit Project Server 2013 und SharePoint Server 2013 erteilt werden.
SICHERHEIT VERWALTEN	Ermöglicht einem Benutzer den Zugriff auf die Seite SICHERHEIT VERWALTEN in Project Web App, um Sicherheitskategorien, Sicherheitsvorlagen und Einstellungen für die Benutzerauthentifizierung zu definieren. Erteilen Sie diese Berechtigung Project-Server-Administratoren oder einer sehr kleinen und straff verwalteten Personengruppe. Mithilfe dieser Seite können die Benutzer Project-Server-Sicherheitseinstellungen ändern sowie Sicherheitskategorien und Sicherheitsvorlagen erstellen. Änderungen an Einstellungen auf dieser Seite sollten sorgfältig verwaltet und (im Idealfall) selten vorgenommen werden, sobald Sie Project Server in Ihrer Organisation verwenden.

Tabelle B.1 Globale Berechtigungen: Administration (Forts.)

Berechtigung	Beschreibung und Abhängigkeiten
WARTESCHLANGE VERWALTEN	Ermöglicht dem Benutzer das Lesen oder Festlegen von Konfigurationseinstellungen für die Warteschlange und das Wiederholen, Stornieren sowie Aufheben der Blockierung von Aufträgen in der Warteschlange.
WORKFLOW ÄNDERN	Ermöglicht einem Benutzer das Ändern des Enterprise-Projekttyps eines Projekts (PROJEKTTYP ÄNDERN).
WORKFLOW- UND PROJEKT-DETAILSEITEN VERWALTEN	Ermöglicht einem Benutzer das Verwalten und Anzeigen von Workflow- und Projektdetailseiten.

Tabelle B.1 Globale Berechtigungen: Administration (Forts.)

B.2 Allgemein

Berechtigung	Beschreibung und Abhängigkeiten
ANMELDEN	Ermöglicht einem Benutzer das Herstellen einer Verbindung mit Project Server von Project Professional aus oder das Anmelden bei Project Web App. Erteilen Sie diese Berechtigung jedem Benutzer, der von Project Server aus eine Verbindung mit Project Professional herstellen bzw. sich bei Project Web App anmelden darf.
AUF DEN PROJECT SERVER-BERICHTSDIENST ZUGREIFEN	Ermöglicht einem Benutzer den Zugriff auf den OData-Webdienst, um Daten aus Project Server abzurufen.
AUS PROJECT PROFESSIONAL BEI PROJECT SERVER ANMELDEN	Ermöglicht einem Benutzer das Laden der Enterprise-Global-Vorlage beim Herstellen einer Verbindung zwischen Project Professional und Project Server. Erteilen Sie diese Berechtigung allen Benutzern in Ihrer Organisation, die Project Professional zum Herstellen einer Verbindung mit Project Server verwenden.
LISTEN IN PROJECT WEB APP VERWALTEN	Ermöglicht einem Benutzer das Erstellen, Ändern und Löschen von Listen auf der Project-Web-App-Projektwebsite. Diese Berechtigung wird beim Synchronisieren eines Benutzers mit der Project-Web-App-Projektwebsite verwendet.

Tabelle B.2 Globale Berechtigungen: Allgemein

Berechtigung	Beschreibung und Abhängigkeiten
Neue Vorgangszuordnung	Ermöglicht Benutzern den Zugriff auf die Links Einen neuen Vorgang erstellen und Sich selbst zu einem Vorgang hinzufügen über die Schaltfläche Zeile einfügen auf der Seite Vorgänge von Project Web App. Erteilen Sie diese Berechtigung jedem Mitglied Ihrer Organisation, das neue Zuordnungen zu vorhandenen Vorgängen in Projekten erstellen muss, die in Project Server veröffentlicht wurden. Benutzer mit dieser Berechtigung können mit dem Link Einen neuen Vorgang erstellen auch neue Vorgänge in Project Web App für jedes Projekt erstellen, auf das sie Zugriff haben. Die Liste der verfügbaren Projekte, in denen ein Benutzer neue Vorgänge erstellen kann, wird durch die Kategorieberechtigung Neuen Vorgang oder neue Zuordnung erstellen bestimmt. Ein Benutzer mit der Berechtigung Neue Vorgangszuordnung benötigt auch Zugriff auf die Projekte, für die er sich selbst einem Vorgang zuordnen möchte.
Persönliche Benachrichtigungen verwalten	Ermöglicht einem Benutzer den Zugriff auf die Seite Meine Warnungen und Erinnerungen verwalten in Project Web App. Erteilen Sie diese Berechtigung jedem Benutzer, der in der Lage sein soll, sich für E-Mail-Benachrichtigungen und Erinnerungen im Zusammenhang mit Vorgängen und Statusberichten anzumelden.
Vorgang erneut zuordnen	Ermöglicht einem Benutzer das Delegieren eines zugeordneten Vorgangs an einen anderen (vorhandenen) Benutzer. Erteilen Sie diese Berechtigung Mitgliedern Ihrer Organisation, die Vorgangszuordnungen an andere Ressourcen delegieren müssen. Beispielsweise kann ein umfangreiches Projekt von einem einzigen Projektmanager ausgeführt, aber von mehreren Teams mit jeweils einem eigenen Teamleiter implementiert werden. Der Projektmanager könnte die Teamleiter im Projektplan zuweisen, und die Teamleiter könnten wiederum jeden Vorgang an einzelne Teammitglieder delegieren. In diesem Beispiel ergibt sich eine zusätzliche Ebene der Vorgangsverwaltung innerhalb der Gesamtorganisation.

Tabelle B.2 Globale Berechtigungen: Allgemein (Forts.)

Berechtigung	Beschreibung und Abhängigkeiten
VORGANG ERNEUT ZUORDNEN (Forts.)	Allerdings kann dadurch auch die Ressourcenzuordnung innerhalb der Projekte selbst sowie die Verwaltung umfangreicher Projekte für einen Projektmanager vereinfacht werden. Oder wenn eine Ressource in Kürze einen dreiwöchigen Urlaub antritt und über diese Berechtigung verfügt, könnte diese Person ihre Vorgänge direkt anderen Ressourcen zuordnen. Der Projektmanager müsste dann nicht das Projekt auschecken und Ressourcen neu zuordnen.
ZU PROJECT WEB APP BEITRAGEN	Ermöglicht Benutzern, Elemente in Listen auf Project-Web-App-Projektwebsites zu bearbeiten.

Tabelle B.2 Globale Berechtigungen: Allgemein (Forts.)

B.3 Ansichten

Berechtigung	Beschreibung und Abhängigkeiten
ARBEITSZEITTABELLEN ANZEIGEN	Wenn diese Berechtigung verweigert wird, sehen die Benutzer den Link ARBEITSZEITTABELLEN-CENTER nicht im Schnellstartmenü von Project Web App. Mit dieser Berechtigung wird der Zugriff auf die Seite ARBEITSZEITTABELLE nicht gesperrt. Die Benutzer können weiterhin zu dieser Seite navigieren.
BUSINESS INTELLIGENCE-LINK ANZEIGEN	Ermöglicht einem Benutzer das Anzeigen der Business-Intelligence-Verknüpfung auf der Schnellstartleiste. Die Berechtigung hat jedoch keine Auswirkung auf die Sicherheit im Berichtscenter.
GENEHMIGUNGEN ANZEIGEN	Ermöglicht einem Benutzer das Anzeigen des Genehmigungscenters. Benutzer haben Zugriff auf das Genehmigungscenter, wenn sie über die Berechtigung ARBEITSZEITTABELLEN AKZEPTIEREN oder GENEHMIGUNGEN ANZEIGEN verfügen.
OLAP-DATEN ANZEIGEN	Ermöglicht einem Benutzer das Lesen der Ausgabe für den OLAP-Cube. Diese Berechtigung wird nur aktiviert, wenn der OLAP-Cube erstellt wird.

Tabelle B.3 Globale Berechtigungen: Ansichten

Berechtigung	Beschreibung und Abhängigkeiten
PROJEKTCENTER ANZEIGEN	Ermöglicht Benutzern in Project Web App oder Project Professional den Zugriff auf das Projektcenter. Dem Benutzer muss die Kategorieberechtigung PROJEKTZUSAMMENFASSUNG IM PROJEKTCENTER ANZEIGEN erteilt werden.
PROJEKTZEITPLANANSICHTEN ANZEIGEN	Ermöglicht einem Benutzer das Anzeigen der Verknüpfung auf der Schnellstartleiste. Die Berechtigung hat jedoch keine Auswirkung auf die Sicherheit im Berichtscenter.
RESSOURCENCENTER ANZEIGEN	Ermöglicht Benutzern in Project Web App oder Project Professional den Zugriff auf das Ressourcencenter und das Anzeigen von Daten zur Ressourcenzuordnung. Erteilen Sie diese Berechtigung Benutzern, die das Ressourcencenter in Project Web App anzeigen müssen, indem sie auf der Navigationsseite der obersten Ebene auf den Link RESSOURCEN oder in Project Professional im Menü ZUSAMMENARBEIT auf RESSOURCENCENTER klicken. Dem Benutzer muss die Kategorieberechtigung DATEN ZU ENTERPRISE-RESSOURCEN ANZEIGEN erteilt werden.
RESSOURCENVERFÜGBARKEIT ANZEIGEN	Ermöglicht einem Benutzer den Zugriff auf die Seite RESSOURCENVERFÜGBARKEIT ANZEIGEN, um Daten zur Ressourcenzuordnung in Project Web App anzuzeigen. Erteilen Sie diese Berechtigung Benutzern in Ihrer Organisation, die die Ressourcenverfügbarkeit in Project Web App anzeigen müssen.
TEAM BUILDER ANZEIGEN	Ermöglicht einem Benutzer das Verwenden von TEAM ZUSAMMENSTELLEN in Project Web App und Project Professional sowie das Bestimmen der Liste der verfügbaren Ressourcen. Erteilen Sie diese Berechtigung Ressourcenmanagern, damit sie in Project Web App mithilfe von TEAM ZUSAMMENSTELLEN Projekten, die in der Project-Server-Datenbank gespeichert wurden, Ressourcen hinzufügen können. Projektmanager können mit dieser Berechtigung auch in Project Professional mithilfe von TEAM ZUSAMMENSTELLEN Projekten Ressourcen hinzufügen.

Tabelle B.3 Globale Berechtigungen: Ansichten (Forts.)

Berechtigung	Beschreibung und Abhängigkeiten
TEAM BUILDER ANZEIGEN (Forts.)	Dem Benutzer muss zusätzlich zur globalen Berechtigung TEAM BUILDER ANZEIGEN die Kategorieberechtigung RESSOURCEN ZUORDNEN erteilt werden. Die Kategorieberechtigung RESSOURCEN ZUORDNEN bestimmt die Ressourcen, die in Project Professional und Project Web App für TEAM ZUSAMMENSTELLEN verfügbar sind.
	Dem Benutzer muss die Kategorieberechtigung TEAM FÜR PROJEKT ZUSAMMENSTELLEN erteilt werden. Die Berechtigung TEAM FÜR PROJEKT ZUSAMMENSTELLEN bestimmt, mit welchen Projekten TEAM ZUSAMMENSTELLEN verwendet werden kann. Dies gilt für die Verwendung von TEAM ZUSAMMENSTELLEN in Project Professional und Project Web App.
VORGANGSCENTER ANZEIGEN	Wenn diese Berechtigung verweigert wird, sehen die Benutzer den Link VORGANGSCENTER nicht im Schnellstartmenü von Project Web App.
	Mit dieser Berechtigung wird der Zugriff auf die Seite VORGANGSCENTER nicht gesperrt. Die Benutzer können weiterhin zu dieser Seite navigieren.

Tabelle B.3 Globale Berechtigungen: Ansichten (Forts.)

B.4 Portfoliostrategie

Berechtigung	Beschreibung und Abhängigkeiten
PORTFOLIOANALYSEN VERWALTEN	Ermöglicht einem Benutzer das Erstellen, Lesen, Aktualisieren und Löschen von Portfolioanalysen.
PRIORISIERUNGEN VERWALTEN	Ermöglicht einem Benutzer das Erstellen, Lesen, Aktualisieren und Löschen von Faktorpriorisierungen.
TREIBER VERWALTEN	Ermöglicht es einem Benutzer, auf die Seite DRIVERS.ASPX zuzugreifen und betriebswirtschaftliche Faktoren für die Projektportfolioanalyse zu verwalten.

Tabelle B.4 Globale Berechtigungen: Portfoliostrategie

B.5 Projekt

Berechtigung	Beschreibung und Abhängigkeiten
NEUES PROJEKT	Ermöglicht einem Benutzer das Hinzufügen eines neuen Projekts zu Project Server mithilfe von Project Professional, Project Web App oder der Project-Server-Schnittstelle (Project Server Interface, PSI). Neue Funktionalität in Project Server 2013 für diese Berechtigung: Wenn Sie nicht auch über die Berechtigung PROJEKT ÖFFNEN verfügen, wird nach dem Erstellen eines Projekts wieder das Projektcenter angezeigt.
NICHT GESCHÜTZTEN BASISPLAN SPEICHERN	Ermöglicht einem Benutzer das Speichern oder das Löschen eines nicht geschützten Basisplans, der einem in der Project-Server-Datenbank veröffentlichten Enterprise-Projekt zugeordnet ist. Basispläne werden mit der Funktion BASISPLAN FESTLEGEN gespeichert, auf die über das Project-Professional-Menüband auf der Registerkarte PROJEKT in der Gruppe TERMINPLAN zugegriffen wird. Klicken Sie auf die Schaltfläche BASISPLAN FESTLEGEN, und wählen Sie dann BASISPLAN SPEICHERN oder BASISPLAN LÖSCHEN aus. Nicht geschützte Basispläne liegen im Bereich 6 bis einschließlich 10. Dem Benutzer muss die Kategorieberechtigung PROJEKT SPEICHERN erteilt werden.
PROJEKTVORLAGE ÖFFNEN	Ermöglicht einem Benutzer das Öffnen einer Enterprise-Projektvorlage von Project Server mithilfe von Project Professional. Erteilen Sie diese Berechtigung allen Benutzern in Ihrer Organisation, die Project Professional zum Erstellen und Verwalten von Projekten verwenden, die auf Enterprise-Projektvorlagen basieren. Dem Benutzer muss die globale Berechtigung NEUES PROJEKT erteilt werden, um das Projekt in der Project-Server-Datenbank als tatsächliches Projekt speichern zu können.
PROJEKTVORLAGE SPEICHERN	Ermöglicht einem Benutzer in Project Professional das Erstellen und Speichern eines Projekts als Enterprise-Projektvorlage in der Project-Server-Datenbank.

Tabelle B.5 Globale Berechtigungen: Projekt

Berechtigung	Beschreibung und Abhängigkeiten
Projektvorlage speichern (Forts.)	Erteilen Sie diese Berechtigung Mitgliedern Ihrer Organisation, die Enterprise-Projektvorlagen erstellen müssen. Wenn ein Benutzer ein Projekt zum ersten Mal in Project Server speichert, ist im Dialogfeld In Project Server speichern die Option zum Auswählen von Vorlage (im Gegensatz zu Projekt) in der Dropdown-Liste Typ aktiviert. Dem Benutzer müssen zusätzlich zu dieser Berechtigung die Kategorieberechtigungen Ressourcen zuordnen und Daten zu Enterprise-Ressourcen anzeigen erteilt werden, falls er auch für das Hinzufügen generischer Ressourcen zur Enterprise-Projektvorlage zuständig ist.
Team im neuen Projekt zusammenstellen	Ermöglicht einem Benutzer das Hinzufügen von Ressourcen zu einem Projekt, das nicht in Project Server gespeichert wurde. Erteilen Sie diese Berechtigung Projektmanagern, die mithilfe des Features Team zusammenstellen in Project Professional ihre Projekte mit Mitarbeitern ausstatten möchten, bevor sie diese in Project Server speichern (und veröffentlichen). Dem Benutzer müssen die Kategorieberechtigungen Ressourcen zuordnen und Daten zu Enterprise-Ressourcen anzeigen erteilt werden, um die Ressourcen im Enterprise-Ressourcenpool im Feature Team zusammenstellen von Project Professional anzuzeigen.

Tabelle B.5 Globale Berechtigungen: Projekt (Forts.)

B.6 Ressource

Berechtigung	Beschreibung und Abhängigkeiten
Kann Stellvertretung sein	Gibt an, ob ein Benutzer als Stellvertretung eingesetzt werden kann.
Meine Ressourcenstellvertretungen verwalten	Ermöglicht Benutzern, auf der Seite Stellvertretung hinzufügen bzw. Stellvertretung ändern einen Benutzer festzulegen, der eine Stellvertretung benötigt.

Tabelle B.6 Globale Berechtigungen: Ressource

Berechtigung	Beschreibung und Abhängigkeiten
MEINE STELLVERTRETUNGEN VERWALTEN	Ermöglicht Benutzern das Anzeigen des Links STELLVERTRETUNGEN VERWALTEN und das Festlegen einer Stellvertretung auf der Seite STELLVERTRETUNG HINZUFÜGEN bzw. STELLVERTRETUNG ÄNDERN.
NEUE RESSOURCE	Ermöglicht einem Projektmanager das Hinzufügen neuer Ressourcen zum Enterprise-Ressourcenpool mit Project Professional, dem Project-Web-App-Ressourcencenter oder der Project-Server-Schnittstelle (PSI). Erteilen Sie diese Berechtigung allen Mitgliedern Ihrer Organisation, die neue Enterprise-Ressourcen in Project Server erstellen müssen. Wenn in Ihrer Organisation das Active-Directory-Synchronisierungsfeature verwendet wird, sollten Sie diese Berechtigung möglicherweise allen Personen außer IT-Administratoren in der Organisation verweigern.
RESSOURCENBENACHRICHTIGUNGEN VERWALTEN	Ermöglicht einem Benutzer den Zugriff auf den Link zum Benachrichtigen über Vorgänge und Statusberichte der Ressourcen auf der Project-Web-App-Homepage. Erteilen Sie diese Berechtigung jedem Ressourcenmanager oder Projektmanager, der in der Lage sein soll, sich für E-Mail-Benachrichtigungen und Erinnerungen im Zusammenhang mit Vorgängen und Statusberichten seiner Ressourcen anzumelden.
RESSOURCENPLAN ANZEIGEN	Ist wohl noch nicht gelöscht worden und für Project Server 2016 ohne Bedeutung.

Tabelle B.6 Globale Berechtigungen: Ressource (Forts.)

B.7 Statusberichte

Berechtigung	Beschreibung und Abhängigkeiten
STATUSBERICHTSANFRAGEN BEARBEITEN	Ermöglicht einem Benutzer den Zugriff auf den Link ANFRAGEN DES STATUSBERICHTS im Project-Web-App-Statusberichtscenter sowie das Anzeigen von Teamberichten.

Tabelle B.7 Globale Berechtigungen: Statusberichte

Berechtigung	Beschreibung und Abhängigkeiten
STATUSBERICHTSANFRAGEN BEARBEITEN (Forts.)	Erteilen Sie diese Berechtigung jedem Mitglied der Organisation, das Statusberichtsanfragen erstellen und Teamberichte anzeigen muss, also in der Regel Projektmanagern, Ressourcenmanagern, Teamleitern und Mitgliedern des Projektmanagementbüros Ihrer Organisation.

Tabelle B.7 Globale Berechtigungen: Statusberichte (Forts.)

B.8 Zeit- und Vorgangsverwaltung

Berechtigung	Beschreibung und Abhängigkeiten
PROJEKT-ARBEITSZEIT-TABELLEN-GENEHMIGUNGEN ANZEIGEN	Ermöglicht einem Benutzer das zeilenweise Genehmigen von Arbeitszeittabellen.
REGELN VERWALTEN	Ermöglicht einem Benutzer den Zugriff auf die Seite REGELN im Genehmigungscenter von Project Web App und das Festlegen von Regeln zur automatischen Verarbeitung von Aktualisierungstransaktionen. Erteilen Sie diese Berechtigung Projektmanagern, Ressourcenmanagern oder Mitgliedern des Projektmanagementbüros Ihrer Organisation, damit sie definieren können, wie Transaktionsänderungen durch die Ressourcen automatisch empfangen und akzeptiert werden.
RESSOURCEN-ARBEITSZEIT-TABELLE ANZEIGEN	Ermöglicht Benutzern das Anzeigen der Arbeitszeittabellen für in den Kategorieauswahlkriterien identifizierte Ressourcen, und zwar unabhängig von deren Status oder Besitzverhältnis. Den Benutzern muss die globale Berechtigung ARBEITSZEITTABELLEN AKZEPTIEREN erteilt werden, um diese Berechtigung zu verwenden.
STATUSMAKLER-BERECHTIGUNG	Ermöglicht API-Updates für einen Benutzer von Orten wie beispielsweise Exchange Server.

Tabelle B.8 Globale Berechtigungen: Zeit- und Vorgangsverwaltung

Berechtigung	Beschreibung und Abhängigkeiten
TEAMVORGÄNGE SELBST ZU-ORDNEN	Ressourcen können Mitglieder eines Teamzuordnungspools sein. Mit dieser Berechtigung können Benutzer Vorgänge, die ihrem Teamzuordnungspool zugeordnet wurden, auf der Seite TEAMVORGÄNGE SICH SELBST ZU-ORDNEN in Project Web App sich selbst zuordnen.
ZEITBERICHTE UND FINANZZEITRÄUME VERWALTEN	Ermöglicht einem Benutzer das Erstellen und Ändern von Definitionen für Zeiträume in Arbeitszeittabellen und Geschäftszeiträume.
ZEITÜBERWACHUNG VERWALTEN	Ermöglicht das Weiterleiten von Arbeitszeittabellen an einen Benutzer zur Überprüfung. Nach der Überprüfung der Arbeitszeittabelle müssen dem Benutzer die folgenden Berechtigungen erteilt werden, um die Arbeitszeittabelle zu akzeptieren und zu genehmigen: ▸ Arbeitszeittabellen akzeptieren ▸ Arbeitszeittabellen genehmigen

Tabelle B.8 Globale Berechtigungen: Zeit- und Vorgangsverwaltung (Forts.)

Index

% Abgeschlossen ... 186, 204
% Arbeit abgeschlossen ... 186, 204, 364, 629

A

AA (Anfang-Anfang)
   Anordnungsbeziehung ... 121
   Verknüpfung ... 122
Abgleichen ... 169
Abgleichsoptionen ... 171
Abgleichsreihenfolge ... 172
Abgleichsverzögerungen ... 170
   Kapazitätsabgleich ... 169
Abgleichszeitraum ... 172
Abhängigkeit ... 474, 478
   durchsetzen ... 475
Abnahmetermin ... 103
Abonnementeinstellungsdienst ... 696
Abweichende Arbeitszeitmodelle ... 598
Abweichung
   Basisplan ... 197
Abwesenheit ... 330, 331, 379
Abwesenheitsprojekte ... 339
Active Directory
   Account ... 561
Active-Directory-Synchronisation ... 564
   Empfehlung ... 566
ACWP ... 206
Add-Ins ... 260
Administrative Arbeit ... 379, 381
   planen ... 386
Administrative Zeit ... 629
AE (Anfang-Ende)
   Anordnungsbeziehung ... 121
   Verknüpfung ... 123
Aktualisierung ... 720
Aktualisierung des Projektplans ... 368
Aktuelle Arbeit ... 186, 189, 363, 364, 630
Aktuelle Dauer ... 189
Aktuelle Kosten ... 189
Aktueller Anfang ... 188
Aktueller Basisplan ... 194
Aktuelles Datum ... 105, 200
Aktuelles Ende ... 188
Akzeptanz
   Microsoft Project Server ... 71

Alias
   CNAME ... 696
   SQL ... 704
Allgemein
   Optionen ... 246
Als planmäßig markieren
   Fortschritt ... 192
Als Stellvertretung agieren ... 393, 668
Ampel ... 183
Ampel für Terminabweichungen ... 587
Analytischer Hierarchieprozess ... 476
Anfang ... 108
   Basisplan ... 194
   Fällig am ... 149
Anfang nicht früher als
   Anfangsdatum ... 108
   Einschränkungsart ... 134
Anfang nicht später als
   Einschränkungsart ... 134
Anfangstermin ... 105
Anforderungen
   Projektmanagement ... 51
Anforderungsdetail ... 467
Anforderungsmanagement ... 414, 438
   Beispielprozess ... 415
Anmeldung ... 276
Anordnungsbeziehung ... 119, 120, 125
Ansicht
   erstellen ... 620
Ansichten ... 230, 281, 487
Ansichten verwalten ... 619
Anteilig
   Fällig am ... 149
Anwendungspool ... 672
Anwesenheitsstatus ... 151
Anzeigeoptionen ... 257
App-Katalog ... 697
Apps ... 693
   Infrastruktur ... 693
Arbeit ... 110, 156, 157, 191, 363
   Basisplan ... 194
   Ressource ... 146
   Spalte ... 156
Arbeit nach Ressource ... 338
Arbeitsfrei ... 155, 331
Arbeitsfreie Zeiten ... 106

Arbeitskräfte
  Grundlagen Projektmanagement 26
Arbeitsmenge 163
Arbeitspakete 97
Arbeitsressourcen 178
Arbeitsstunden pro Zeitraum 630
Arbeitstag 113
Arbeitsteilig
  Grundlagen Projektmanagement 26
Arbeitszeit 106, 151, 155
Arbeitszeittabelle 273, 627
  aktualisieren 379
  anzeigen 378
  bearbeiten 390
  Berichtsperiode 379
  einfacher Eingabemodus 377
  genehmigen 384
  importieren 390
  Kategorie 379
  Korrektur beim Genehmigen 386
  löschen 389
  Rückruf 389
  senden 383
  übermitteln 383
  verwalten 388, 631
  Vorgang einfügen 380
Arbeitszeittabellen-Manager 377, 631
Archive-Datenbank 492
Art
  Ressourcentabelle 148
Aufbewahrungsrichtlinien 614
Aufgabe hinzufügen 376
Auschecken 301
Ausgangslage 49
Auslastung 91, 166
Ausschluss erzwingen 454
Ausschneiden 116
Aussehen und Verhalten 619
Autofilter 254
Automatisch geplant 111, 136
Automatische Genehmigung 370
Automatische Speicherung 253

B

Backstage 99
Balken
  Gantt 94
Balkendiagrammformate 622
Balkenschubserprogramm 27

Basiskalender 152
  Projektinformation 106
  Ressourcentabelle 149
Basisplan 91, 193, 194, 317, 452
  bearbeiten 198
  festlegen 195
  löschen 198
BCWP 206
BCWS 206
Bearbeitungsmodus 301
Beispielprojekte 104
Benutzer 560
  erstellen 561
  löschen 612
Benutzer verwalten (Projektberechtigungs-
    modus) 560
Benutzeraktualisierung schützen 631
Benutzerdefiniertes Rollenfeld 464
Benutzerkonten 672
Benutzeroberfläche
  Optionen 246
Benutzersynchronisierungseinstellungen
    verwalten 577
Berechnen
  Basisplan 194
  Optionen 251
Berechnung 102
Berechnungsoptionen 251
Bericht 92, 208
Berichtsanzeige 631
Berichtswesen 479
Besitzer 295
Besprechung 95
Betriebsrichtlinien 632
BI-Technologien 487
Bottom-up
  Projektplanung 102
Buchungstyp 334, 347, 462
  Ressource 150
Budget 431
Budgetplanung 182
Budgetressourcen 147, 179, 182, 600
Business Case 416, 424, 450
Business Intelligence 481
Business-Intelligence-Technologien 487

C

Cache 253
  bereinigen 314
  Status 314

Cache (Forts.)
  Synchronisierungsfehler 314
  verwalten 313
CAL
  Lizenzen 54
Change Request 432
Click2Run 729
Client Access License
  Lizenzen 54
Cloud 275
Code
  Ressourcentabelle 149
Commit ausführen 460, 472, 479
Controlling 481, 516
CPI 207
CV 206

D

Dashboard 208, 518
Datacenter 492
Daten mit Zeitphasen 340
Datenanalyse 488
Datenbanken 492
  Archive 483, 485, 492, 524
  Draft 492, 524
  Published 492, 525
  Reporting 492, 525
Datenbankmodell 691
Datenquellen 518
Datensicherung 711
Datenzugriff 506
Datumsformat 246
Dauer 103, 107, 110, 157
  Basisplan 194
Defizit hervorheben 468
Defizit und Überschuss 468
Deliverable 307
Detaillierungsgrad 95
Diagramm
  Ressourcen 167
Dimensionen 503
DIN 69903 203
Dokument
  verwalten 400
Dokumentbibliothek
  erstellen 405
Dokumentenablage 400
Dokumentprüfung 251
Draft-Datenbank 493
Drilldown 484

Drucken 225
Drucker 226

E

EA (Ende-Anfang)
  Anordnungsbeziehung 121
  Verknüpfung 122
Earned Value Analysis 106, 186, 203
  Statusdatum in Projektinfo 106
EE (Ende-Ende)
  Anordnungsbeziehung 121
  Verknüpfung 123
Effektive Berechtigungen 569
Effizienzlinie 451, 456, 459
Eigenschaft
  Meilenstein 112
Ein- und Ausblenden von Menü-
  elementen 623
Einchecken 302
  erzwingen 310, 313
  Meine Projekte einchecken 311
Einfacher Eingabemodus 630
Einfügen 116
  Vorgang 115
Eingestellte Ressourcen-Bericht 470
Einh.
  Spalte 165
Einheit 107, 110, 157, 158, 177
Einschluss erzwingen 454, 478
Einschränkungen 135, 136
Einschränkungsarten 108, 133, 136
Einstellungen für die Bereitstellung der
  Projektwebsite 639
Einstellungen für die Ressourcen-
  kapazität 635
E-Mail
  Zeitachse 133
Ende
  Basisplan 194
  Fällig am 149
Ende nicht früher als
  Einschränkungsart 134
Ende nicht später als
  Einschränkungsart 134
Ende-Anfang 474
Endtermin 105
Enterprise-Ansicht
  erstellen 590
Enterprise-Daten 581
Enterprise-Einstellungen 634

757

Enterprise-Feld
- *benutzerdefiniert* 581
- *Definition* 583
- *Empfehlung für die Definition* 589
- *Projektabteilungen* 586

Enterprise-Global 590
Enterprise-Kalender 595
Enterprise-Objekt
- *Einchecken erzwingen* 612
- *löschen* 610

Enterprise-Projekttyp 278, 643
- *ändern* 287

Entity Data Model 507
Entscheidungsgremium 434
Entscheidungsmatrix 449
Entwurf 299
EPM 52
Ereignisse 103, 111, 113
Ersetzen
- *Ressourcen* 166

Erstellung einer Projektwebsite-Vorlage 639
Ertragswertanalyse 185
Ertragswertoptionen 257
Excel Online 508
Excel Services
- *Dateioperationen* 511
- *Diagramm* 488
- *Musterberichte* 509
- *Pivot-Tabellen* 488
- *Snapshot* 509
- *Verbindung aktualisieren* 511
- *Vorteile* 508

Externe Vorgänge 223

F

Fällig am
- *Ressourcentabelle* 149

Farmkonto 672, 678
Fehler- und Problembehandlung von Project-Server-Workflows 664
Feiertage 106, 107, 152
Feiertagsregelungen 595
Felder
- *lokale* 317
- *Ressourcen* 150

Feldname 282
Fensterteilung
- *Ressourcen zuordnen* 165

Fertigstellungsgrad 187
Fertigstellungstermin 106

Fertigstellungswert 106
Feste Arbeit
- *Fortschritt* 189
- *Vorgangsart* 159

Feste Dauer
- *Fortschritt* 189
- *Vorgangsart* 159

Feste Einheiten
- *Fortschritt* 189
- *Vorgangsart* 159

Feste Kosten 178, 189
Filter 281, 282
Filtern 238
Fixkosten 178
fm
- *fortlaufende Dauer* 107

fmin
- *fortlaufende Dauer* 107

Format
- *Speichern* 252

Formatierungen
- *erweiterte* 239

Formeln 242, 588
Formlos 630
Formular 428
Fortlaufende Dauer
- *Vorgang* 107

Fortschritt 110, 186
Fortschrittsbalken 189
Fortschrittsberichte 209
Fortschrittsberichterfassungsmodelle 623
Fortschrittserfassung 185, 362
- *automatische* 192

Fortschrittslinien 105, 194, 199
Fragezeichen
- *geschätzte Dauer* 108

Freie Pufferzeit 127
fstd
- *fortlaufende Dauer* 107

ft
- *fortlaufende Dauer* 107

Funktionsberechtigungen 558
Fußzeile 229
fw
- *fortlaufende Dauer* 107

G

Gantt 94
Gantt-Diagramm 99, 231
Gegenseitige Bedingung 474

Index

Gegenseitiger Ausschluss 474
Gemeinsame Ressourcennutzung 168
Genehmigung 273, 425
   Formular 426
   Prozess 429
Genehmigungscenter 367, 370, 371, 384, 387
Generische Ressourcen 147, 395, 463, 599
Geplant
   Basisplan 194
Gesamte Pufferzeit 127
Gesamtkosten 178
Gesamtprojekt 215
Geschäftsziel 421, 434
   anlegen 441
   priorisieren 435, 444
Geschätzte Dauer 250
Gitternetz 240
Gitternetzlinien 199
Gliedern 117
Gliederung 238
Gliederungscode 242
Gliederungsebenen 119
Gliederungsnummern 118
Gliederungsstruktur 118
Global.mpt 257, 261
Globaldatei 261
Globale Navigation 272
Goldene Regeln 47
Governance 433
Grafische Berichte 208
Grafische Indikatoren 587
Grafische Symbole 244
Greedy-Algorithmus 478
Grundrauschen 95
Gruppe
   Ressourcentabelle 148
Gruppen verwalten 562
Gruppenkopfzeilen 243
Gruppieren 238
Gruppierungen 281
Gruppierungsformate 622

H

Hardware-Voraussetzungen 670
Hauptprojekt 306
Heatmap 336
Hervorheben 238
Hoch- und Querformat 226

Höchstwert 176
Höherstufen 118

I

ID 116
   Optionen 257
IKAA 206
Implementierung
   Microsoft Project Server 63
   strategisches Vorgehen 63, 64
Import von Daten nach Project Online 730
Import-Assistent 291
Inaktive Vorgänge 304, 316
Indikatoren
   Optionen 247
Indikatorenspalte 113, 168
   Fortschritt 188
Informationen zum Vorgang 109, 113
Initiierungsprozess 413, 415, 416, 419
Installation
   SharePoint-Server-Installation 675
   Vorbereitung 671
Intervall 141
Issues 397
Ist-Arbeit 630

K

KA 206
Kalender 106, 151, 235, 290
   bearbeiten 317
   erstellen 154
   in der Projektwebsite 399
   Optionen 247
Kalenderausnahme 330
Kapazität 329, 331
   Kapazitätsplanung 336
Kapazitäts- und Einsatzwärmebild 336
Kapazitätsabgleich 317
   automatischer 91
   Überlastungen 169
Kapazitätslinie 336
Kategorieberechtigungen 562, 741
Kategorien
   bearbeiten 571
   verwalten 570
Kick-off
   Meilenstein 111
KLI 207
Klick-und-Los 729

Konflikt im Terminplan ... 139
Konsistenzfaktor ... 446
Konto ... 276
  als Standardkonto festlegen ... 276
  erstellen ... 276
  Verbindungsstatus manuell steuern ... 276
Kopfzeile ... 229
Kopieren ... 115
Kosten ... 110, 150, 178
  Basisplan ... 194
  pro Einheit ... 178
  pro Einsatz ... 178
  Ressourcen ... 147
  Soll-Ist-Abgleich ... 178
  variable ... 178, 179
  Vorgangskosten ... 179
Kosten/Einsatz
  Ressourcentabelle ... 149
Kostenanalyse ... 447
  durchführen ... 450
  Einrichtung ... 448
Kostenarten ... 178
Kostenberichte
  Kosten ... 209
Kostenbewertung ... 358
Kosteneinschränkung ... 449, 477
Kostengrenzen ... 451, 452
Kostenkontrolle ... 179
Kostenoptimierung ... 477
Kostenplanung ... 342
Kostenressourcen ... 146, 178, 181
Kostensatz ... 178
Kostensatztabellen
  Ressourcen ... 150
Kostentyp ... 359
KPI ... 435
Kritischer Pfad ... 119, 128, 169
Kürzel
  Ressourcentabelle ... 148

L

Layout ... 240
Lebenszyklus
  Portfolio ... 436
Leerzeilen
  Project Web App ... 317
Leistungsgesteuert ... 161
Leistungswertanalyse ... 186, 203
Lieferumfang ... 103, 307, 403
  aktualisieren ... 309

Lieferumfang (Forts.)
  definieren ... 307
  verknüpfen ... 308
Lineare Optimierung ... 477
Linienarten
  Fortschrittslinien ... 201
Linienklassifikationen ... 626
Liste
  erstellen ... 405
Lizenzmodell ... 54
Lokale Ressourcen ... 634
  ersetzen ... 290
Lync ... 151

M

M
  Zeiteinheit ... 107
Magisches Dreieck ... 49
MAK ... 471
Manuell geplant ... 102, 109, 120
Manuelle Planung ... 110, 119
Masken ... 235
Massenaktualisierung von Projektwebsites ... 641
Material ... 147, 178
Materialbeschriftung
  Ressourcentabelle ... 148
Materialressource ... 395
Materialressourcen ... 146
Max
  Ressourcentabelle ... 148
Max. Einheiten ... 331
MDX ... 503
Measures ... 503, 512
Mehrere kritische Wege ... 129
Mehrprojekttechnik ... 215
Mehrschichtbetrieb ... 108
Meilensteine ... 103, 138
  Projektplanung ... 103
Meine Organisation ... 559
Meine Projekte ... 559
Meine Warnungen und Erinnerungen
  verwalten ... 666
Meine Warteschlangenaufträge ... 667
Menüband ... 94, 280
  Optionen ... 258
Messaging ... 151
Metadaten ... 406
Metrik ... 451, 452, 466
  vergleichen ... 459

Microsoft Project Professional
   Lizenzen 54
Microsoft Project Server
   Lizenzen 54
Microsoft Project Web App 316
   Lizenzen 54
Microsoft SharePoint Enterprise-CAL
   Lizenzen 54, 55
Microsoft SharePoint Server
   Einführung 36
   Lizenzen 54
Microsoft SQL Server-CAL
   Lizenzen 55
Microsoft Windows Server
   Lizenzen 55
Microsoft Windows Server CAL
   Lizenzen 55
Microsoft-Lizenzmodell 724
Migration 150, 720
Migration eines lokalen Projekts 289
Migration von Berichten 498
Min
   Zeiteinheit 107
MinRole 711
Minuten
   Dauer 107
Monate
   Dauer 107
Multiprojekt 316
   Kapazitätsabgleich 172
   Ressourcenüberlastung 169
Multiprojektmanagement 68, 185, 215, 306, 432
Muss anfangen am
   Einschränkungsart 135
   sicheres Arbeiten 98
Muss enden am
   Einschränkungsart 135

N

Nachfolger 120, 125, 130
   gesteuerte 130
Nachfolgerbeziehungen 130
Nachschlagetabellen 581
Navigation 271
Netzplan 94
Netzplandiagramm 233, 317
Neue Vorgangsanfrage 367
Neuer Kalender 154
Neues Projekt 284

Neustarten eines Workflows/Überspringen
   einer Workflowstufe 652
Nintex 702
Notizen 113, 364
   Ressourcen 150
Nutzungsmodell 490

O

Objektberechtigungen 559
OData 506
Office 365 Admin Center-Sicht 728
Office 365 Suites 725
Office Online 509
Offline arbeiten 311, 317
OLAP 499
OLAP-Cube 709
OLAP-Datenbank 499
   Berechtigungen 619
   Datenfilterung 501
   Dimensionen 503
   Elemente 503
   erstellen 616
   Konfiguration 503, 618
   Measures 503
OLAP-Datenbankverwaltung 615
OLAP-Würfel 499, 500
   Erstellungszeiten 504
   Schema 500
on premises 54
Operator 244
Optimierungsalgorithmus 475
Organisieren 232, 261

P

PA 207
Paarvergleich 444, 476
Papierkorb 411
Periodische Vorgänge 140
Personalisieren 246
Personenressourcen 147
Persönliche Einstellungen 666
Persönlichen Vorgang einfügen 382
Pflegeaufwand 102
Pflichtfeld 427
Pflichtprojekt 439
Phasen 103, 413
Physisch abgeschlossen (%) 186, 204
Planung von Horizont und Granularität ... 463
Planungs-Assistent 138, 255

761

Index

Planungsoptionen 248
PLI 207
PMI 432
PMO 65, 70, 76
Portfolio 431, 432
   Lebenszyklus 436
   steuern 435
Portfolioanalyse 413, 448, 463
Portfolioplanung 473
Positionierung
   Microsoft Project Server 57
Power BI 487, 524
PowerPoint 133
   Zeitachse 133
PowerShell 695, 708, 711, 715
PPM 52, 269
Präsentation
   Zeitachse 131, 133
Priorisierung 435
Priorisierungstyp 444
Priorität 169, 459, 477, 478
   Kapazitätsabgleich 172
Probleme 273, 401
   verwalten 401
Professional 269
Programmmanagement 68, 215
Project Center 272, 279
Project Online 275
Project Online Essentials 725
Project Online Premium 725
Project Online Professional 725
Project Web App 255
   Ansichten 487
Project-Professional-Versionen 634
Project-Server-Berechtigungsmodi
   Wechsel der 553, 554
Project-Server-Berechtigungsmodus 552
Projekt
   bewerten 421, 437
   -bewertung 446
   -priorisierung 438, 442, 449
Projekt ausgecheckt lassen 312
Projekt in Enterprise importieren 291
Projektabhängigkeit 439, 457, 473
Projektabteilungen 585
Projektaktualisierung 105
Projektantrag
   Einführung 36
Projektauswahl
   Einführung 36
Projektauswahl vergleichen 459

Projektberechtigung 303, 394
   konfigurieren 580
   verwalten 579
Projektdetails 272
Projektdetailseite 293, 420, 428, 648
Projektdokumente 422
Projekte löschen 610
Projekte vergleichen 201
Projektfortschritt 273
   Überwachung 193
Projektidee 413, 414, 416, 417
Projektinformation 104, 152, 298
   Kapazitätsabgleich 172
Projektkalender 152
Projektlebenszyklus 413, 419
Projektmanagement-Kultur 66
Projektmanagement-Standards → Implementierung
Projektnamen ändern 295
Projektplanüberwachung 185, 193
Projektplanung
   Einführung 36
Projektplanvorlage 286
Projektportfolio 432
Projektportfoliomanagement 68
Projektpotenzial 438
Projektpriorisierung 421, 476
Projektrealisierung
   Einführung 36
Projektsammelvorgang 117
Projektstammdaten 294, 298
Projektstart 106
Projektsteuerung 481
Projekttyp 285, 292
Projektüberwachung 185, 361
Projektumfeld → Implementierung
Projektversionen 201
Projektversionen vergleichen 194
Projektvorlagen löschen 612
Projektwebsite 397
   Ansichten 408
   Berechtigungen 411
   Elemente verknüpfen 404
   Metadaten verwalten 406
   öffnen 398
   verwalten 405
Projektwebsite-Berechtigungen 578
Projektworkflowe instellungen 663
Prozess 413
Prozessstatus 366
Public Updates 710

Published-Datenbank ... 493
Puffer ... 169, 258
   einstellen ... 129
Pufferzeit ... 126
Punkt-Diagramm ... 458
PWA-Einstellungen ... 549

Q

Qualifikation
   Ressourcen ... 147

R

Reisekosten ... 147, 181
Report Builder ... 518, 521
Report Definition Language ... 517
Reporting ... 185, 208
Reporting Services ... 519
Reporting-Datenbank ... 479, 493
   Abfragen ... 497
   Ansichten ... 496, 520
   Dokumentation ... 495, 523
   Performance ... 499
   Tabellen ... 495, 520
Reporting-Schema ... 493
Ressourcen ... 560
   anlegen ... 148, 601
   Einführung ... 146
   entfernen ... 344
   ersetzen ... 166, 344
   erstellen ... 148, 601, 604
   generische ... 147, 395, 463, 599
   hinzufügen ... 343
   Kosten- ... 146
   löschen ... 327, 612
   Material- ... 146, 395
   Spalte ... 163
   Tabelle ... 148
   Team- ... 327, 376, 395, 600
   zuordnen ... 162, 164
Ressourcenabteilungen ... 585
Ressourcenanalyse ... 461
   durchführen ... 465
   einstellen ... 463
   Projekte verschieben ... 468
   Voraussetzungen ... 461
Ressourcenanforderung ... 347
   erstellen ... 348
   genehmigen ... 349
Ressourcenarten ... 146

Ressourcenberichte
   Ressourcen ... 208
Ressourcencenter ... 332, 598
Ressourcenersetzung ... 166
Ressourcenkalender ... 150, 153, 329, 339
Ressourcenmanagement ... 91, 146
Ressourcenmanager ... 377
Ressourcennamen ... 163
   Ressourcentabelle ... 148
Ressourcenoptimierung ... 477
Ressourcenplan ... 333, 348, 351, 422, 465
Ressourcenplan-Arbeitstag ... 635
Ressourcenplanung ... 342
Ressourcenplanung mit Zeitphasen ... 463
Ressourcenpool ... 146, 148, 168
Ressourcenrollen ... 461
Ressourcensichten ... 237
Ressourcenstrukturplan → RSP
Ressourcenüberlastung ... 106, 169, 170
   anzeigen ... 168
Ressourcenverfügbarkeit ... 150, 329
   Ansichten ... 336
   anzeigen ... 345
Ressourcenverwendung ... 337
Ressourcenzuordnung ... 339, 462
Restverfügbarkeit ... 338
Ribbons ... 94
Risiken ... 273, 401, 423
   verwalten ... 401
Rollenorganisation ... 275
RSP ... 572
Rückgängig ... 99, 142
Rückmeldemethode ... 365
Rückmeldeprozess ... 361
Rückmeldung ... 140, 273, 377, 394, 395
   ablehnen ... 368
   annehmen ... 368
   auf oberster Ebene ... 391
   Fortschritt ... 190
   sperren ... 372
Rückruf ... 389
Rückwärtsrechnung ... 105, 106

S

Sammelinformationen ... 358
Sammelvorgänge ... 100, 117
Sammelvorgangsebene ... 100
SAP
   Positionierung ... 58
Schnelldruck ... 225

Schnellstart	623
Schnellstart-Navigation	272
Schreibgeschützt	
Feld	427
Schrift	239
Seite einrichten	227
Sendestatus ausstehend	380
Serverseitige Ereignishandler	636
SharePoint Berechtigungsmodus	507
SharePoint Designer	
Erstellen eines Project-Server-Workflows mit SharePoint Designer	654
SharePoint Konfigurations-Assistent	711
SharePoint-Berechtigungsmodus	552
SharePoint-Listen	90
SharePoint-Server-Datenbank	499
SharePoint-Vorgangsliste	284
Sicherheit	551
Active-Directory-Synchronisation mit Microsoft-Project-Sicherheitsgruppen	564
Project-Server-Berechtigungsmodus	557
Projektberechtigungsmodus	552
SharePoint-Berechtigungsmodus	551, 555
Wechsel des Berechtigungsmodus	553
Sicherheitseinstellungen	557
Sicherheitskonzept	
Analyse	576
Evaluierungsphase	575
Sicherheitsvorlagen	
Empfehlungen	577
verwalten	576
Sicherung	
administrative	614
SharePoint-Sicherung	711
SQL Server-Sicherung	716
SKAA	206
Skalierung	670
Drucken	228
SKBA	206
Skill	
Ressourcen	147
Smart Tags	114, 115
SMART-Modell	434
SMTP-Server	633
So früh wie möglich	105, 108, 135
Anfangsdatum	108
Einschränkungsart	135
So spät wie möglich	105
Einschränkungsart	135
Software-Voraussetzungen	670

Soll/Ist	193
SOLVIN TrackTimesheet Go	698
Sortieren	238
Spalten	282
spbackup.log	715
spbackup.xml	715
Speicherformate	143
Speichern	142, 252, 287, 290
Speichern ausstehend	380
Speichern unter	142
SPI	207
Sprache	253
sprestore.log	715
SQL Management Studio	719
SQL Server Reporting Services	488, 516, 524, 529
Ausgabeformate	517
Berichtsdesigner	517
Filter	523
Formatierungen	522
nativer Modus	518
SharePoint-integrierter Modus	518
SSRS	519
Stabsstelle	65
Stakeholder	483
Stakeholder → Implementierung	
Standard	
Kapazitätsabgleich	172
Standardansicht	
ausblenden	620
Optionen	246
Standard-Arbeitszeittabellen-Manager	387
Standardbuchungstyp	334
Standardgruppen	564
Standardkalender	107
Standardkategorien	570
Standards	
Projektmanagement	97
Standardsatz	
Ressourcentabelle	148
Standardspeicherort	252
Standardstundensatz	
Stundensatz	179
Standardzuordnungsbesitzer	396
Teamressource	328
Startoptionen	246
Statusaktualisierungen	371
Statusberichtsantworten, Arbeitszeittabellen und Benutzerstellvertretungen	612
Statusdatum	105
Statusleiste	257

Status-Manager 366, 394, 574
Std
   Zeiteinheit 107
Stellvertretung 391
   als Stellvertretung agieren 393
   verwalten 392, 578, 667
Stellvertretungssitzung 393
   beenden 394
   starten 393
Strategie 433, 439
Strategische Ausrichtung 451, 457
   Berechnung 457
Strategische Projektauswirkungen 421
Strategische Unternehmensführung 433
Strategische Ziele 433
Strategischer Wert 447, 471
Struktur 101
Stunden
   Dauer 107
SV 207
Symbolleisten 259
Synchronisierung des Active-Directory-
   Ressourcenpools 636
Systemdatum 105
Szenarien 305
   vergleichen 459, 471

T

T
   Zeiteinheit 107
Tabellen 237
Tage
   Dauer 107
Tägliche Sicherung planen 613
Taskleiste 257
Taskzeile 115
Tastenkombinationen 100, 261
Team zusammenstellen
   in Microsoft Project Professional 342
   in Microsoft Project Web App 345
Teamplaner 90, 237, 317
Teamressource 327, 376, 395, 600
   Standardzuordnungsbesitzer 328
   Teamname 328
   Teamzuordnungspool 328
Teamvorgang hinzufügen 376
Teilprojekt 216, 306, 316
Teilprojektleiter 216
Terminplan 420, 428

Terminplanung
   Kalender 152
   Optionen 248
Terminverschiebungen
   Überwachung 193
Textarten 239
Tieferstufen 118
Top-down 99
   Planung 99
   Projektplanung 102
TrackTimesheet 698
Transaktionsprotokoll 717
Treiber 441
Treiberbibliothek 441
Treiberpriorisierung 444, 476
Trust Center 260

U

Überstunden 364
Überstundensatz
   Ressourcentabelle 149
Überwachung
   Tabelle 192
Überwachungsmethode 365, 629
Unterbrechen
   Vorgänge 140
Unternehmensstrategie 421, 433, 440
Unterprojekt 217
Updates 710
URL 277
Urlaub 379
   genehmigen 387
   planen 386
   Ressourcenkalender 156
Urlaubsplanung 331

V

Verbleibende Arbeit 186, 380, 630
   Fortschritt 189
Verbleibende Dauer 189
Verbundene SharePoint-Websites 637
Verfügbarkeit 91, 166, 329, 461
Vergleichsbericht 202
Verknüpfen 120, 121, 123, 124
Verknüpfung 121
   aufheben 125
   bearbeiten 125
   einfügen 224
   zwischen Projekten 220, 223

Verlauf 371
Veröffentlichen 299, 363, 398
Verschiebungen 103
Versionierung 409
Visio
   Kostenberichte 212
Vollzeitrückmeldung 378
Vorgänge 273
   aktualisieren 192, 364
   anzeigen 362
   Einsatz 175
   entfernen 373
   erstellen 375
   inaktive 90
   löschen 114
   neu zuordnen 374
   sich selbst zuordnen 376
   unterbrechen 316
   verschieben 116
Vorgänger 110, 120, 124, 130
   steuernde 130
Vorgängerspalte 122
Vorgangsaktualisierung 366
Vorgangsanzeige 629
Vorgangsart 159
   Darstellung 160
   Fortschritt 189
Vorgangseinschränkung 120, 156
Vorgangseinstellungen 629
Vorgangsinspektor 317
Vorgangskalender 152, 317
Vorgangskosten 189
Vorgangsliste → SharePoint-Vorgangsliste
Vorgangsmodus 110, 111, 119, 251
   manuell/automatisch 109
Vorgangsmoduseinstellungen 635
Vorgangsneuzuordnungsanfrage 367
Vorgangsnotizen 109
Vorgangspfad 130
Vorgangstabelle 103
Vorgehensmodell
   Einführung 82, 83
Vorgesehen 347, 351
   Ressource 150
Vorlage
   anlegen 288
Vorlagen 143
Vorlagen speichern 253
Vorschau der Aktualisierungen 368
Vorwärtsrechnung 105, 106

W

W
   Zeiteinheit 107
Währung 359
Währungseinstellungen 634
Währungsoptionen 247
Warnungen und Erinnerungen 632
Warnungen und Erinnerungen meiner
   Ressource verwalten 667
Warteschlangenaufträge verwalten 315, 608
Warteschlangeneinstellungen 609
Wartungsplan 719
Was-wäre-wenn-Szenarien 454, 459
Webpartseite 428
Websitesammlung 685
Weitere Servereinstellungen 633
Werkzeugauswahl 75
Wiederherstellung 715
   administrative 615
Wiederherstellungsmodus 718
Wiederkehrende Aufgaben 140
Windows Communication Foundation 507
Windows-Azure-Workflow-Infra-
   struktur 655
Wochen
   Dauer 107
Workflow 426, 460, 702
   ändern oder neu starten 652
   Konzeption 429
Workflow Manager 702
Workflow- und Projektdetailseiten 642
Workflowphasen 427, 646
Workflowstatusseite 419
Workflowstufe 419, 427, 460, 480, 646
Workflowvorgänge 425

Z

Zeichenfunktion 241
Zeichentools 131, 132
Zeile einfügen 380
Zeilenkopf 114
Zeitabstand 121
   negativer 125
   positiver 125
Zeitachse 94, 131, 282
   Drucken 226
   Export 133
   formatieren 132
Zeiterfassung 362

Zeitfenster 107
Zeitphase
    Fortschritt 186, 190
Zeiträume
    für Zeitberichte 624
    Geschäftszeiträume 624
Zellbearbeitung 257
Zentraladministration 711
Zielkonflikte lösen 444
Zoomen
    Drucken 227
Zu aktualisierende Vorgänge schließen 631
Zugesichert 347, 351
    Ressource 150
Zugesicherte Portfolioauswahl-
    entscheidung (Kosten) 460
Zugesicherte Portfolioauswahl-
    entscheidung (Termine) 472
Zugesicherter geplanter Anfangstermin ... 473
Zugesicherter geplanter Endtermin 473
Zugesichertes Datum für die Portfolio-
    auswahlentscheidung (Kosten) 460
Zugesichertes Datum für die Portfolio-
    auswahlentscheidung (Termine) 472
Zuletzt verwendet 257
Zuordnung 158
    Arbeit 337
Zuordnungsbesitzer 395
Zuordnungsdetails 167
Zuordnungseinheit 159
Zuordnungslöschanfrage 367
Zwischenablage 115
    Zeitachse 133

Wie hat Ihnen dieses Buch gefallen?
Bitte teilen Sie uns mit, ob Sie zufrieden waren,
und bewerten Sie das Buch auf:
www.rheinwerk-verlag.de/feedback

Ausführliche Informationen zu unserem aktuellen
Programm samt Leseproben finden Sie ebenfalls
auf unserer Website. Besuchen Sie uns!

www.rheinwerk-verlag.de